# PARA SER HISTORIADOR NO BRASIL

# PARA SER HISTORIADOR NO BRASIL

A história de um país e o ofício de historiador entre Alfredo Ellis Jr. e Sérgio Buarque de Holanda (1929-1959)

Diogo da Silva Roiz

alameda

*Grafia atualizada segundo o Acordo Ortográfico da Língua Portuguesa de 1990, que entrou em vigor no Brasil em 2009.*

Edição: Haroldo Ceravolo Sereza & Joana Monteleone
Editora assistente: Danielly de Jesus Teles
Assistente acadêmica: Tamara Santos
Projeto gráfico, diagramação e capa: Laura Klein
Revisão: Alexandra Colontini
Imagem da capa: *Desenho de Belmonte para ilustrar o Curso de Bandeirologia.* Fonte: TAUNAY, A.; CORREA FILHO, V.; HOLLANDA, S. B.; ELLIS JUNIOR, A.; MELLO FRANCO, A. A.; RIBEIRO, J. Curso de Bandeirologia. São Paulo: Departamento Estadual de Informações, 1946

Esta obra recebeu auxílio publicação, da Coordenação de Aperfeiçoamento de Pessoal de Nível Superior (Capes), por meio do Edital nº 013/2015 – Memórias Brasileiras: Biografias, que contemplou o projeto: "Biografias intelectuais: trajetórias de pesquisadoras pioneiras nos estudos históricos brasileiros", com vigência entre Nov./2016 e Nov./2019, auxílio nº 2003/2016, processo nº 88881.130669/2016-01.

CIP-BRASIL. CATALOGAÇÃO-NA-FONTE
SINDICATO NACIONAL DOS EDITORES DE LIVROS, RJ

R644P

Roiz, Diogo da Silva
Para ser historiador no Brasil : a história de um país e o ofício de historiador entre Alfredo Ellis Jr., Sérgio Buarque de Holanda (1929-1959) / Diogo da Silva Roiz. - 1. ed. - São Paulo : Alameda, 2020.
recurso digital

Formato: epdf
Requisitos do sistema: adobe acrobat reader
Modo de acesso: world wide web
Inclui bibliografia
ISBN 978-65-86081-52-7 (recurso eletrônico)

1. Ellis Jr, Alfredo, 1896-1974. 2. Holanda, Sérgio Buarque de, 1902-1982. 3. Historiografia e historiadores. 4. Historiadores - Brasil. 5. Historiadores - Formação profissional. I. Título.

20-62208 CDD: 907.2
CDU: 930.2(81)"1929/1959"

ALAMEDA CASA EDITORIAL
Rua Treze de Maio, 353 – Bela Vista
CEP: 01327-000 – São Paulo – SP
Tel.: (11) 3012-2403
www.alamedaeditorial.com.br

**Dedico esse livro**

Para meus avôs:

*Diogo Roiz Galindo (1925-2018)*

*Carmen Bazilio Roiz (1925-2018)*

*Anézia Joaquina da Silva (1930-1989)*

*Francisco Candido da Silva, o "Chicão" (1928-2011)*

Por mostrarem que o passado é importante, mas não é algo sagrado; forma memórias coletivas e individuais, que, todavia, alteram-se no tempo, refazem-se de acordo com a ocasião, como comecei a aprender em seus "causos" e suas "estórias"... e que deixam agora muita saudade ...

Meus pais:

*Faustino Bazilio Roiz*

*Ivanir da Silva Roiz*

Por mostrarem que o presente é sempre um desafio e deve ser encarado de frente...

Meus filhos:

*Sofia Isabelle Oliveira Roiz*

*Guilherme Augusto Oliveira Roiz*

Por estarem me mostrando que cada dia é uma dádiva, e o futuro, mesmo sendo imprevisível, está sempre em processo de construção...

E para

*Helenice Rodrigues da Silva* (in memoriam)

Por mostrar que o verdadeiro conhecimento é generoso, quando é transmitido aos aprendizes do ofício, sem esperar nenhum reconhecimento em troca...

# Sumário

# Apresentação

Em *Palomar*, seu último livro publicado em vida, Italo Calvino atribui ao personagem-título uma série de experiências, inquietações e questionamentos diante da complexidade do mundo, tanto o visível quanto o invisível, tanto o concreto quanto o simbólico. A última delas, como não poderia deixar de ser, refere-se à morte, partindo do momento em que "o senhor Palomar decide que doravante procederá como se estivesse morto, para ver como o mundo se comporta sem ele".

Não é uma tarefa fácil, por certo, ainda mais porque permeada, entre outras coisas, por uma contradição. Para os mortos, só resta "convencer-se de que a própria vida é um conjunto fechado, todo no passado, ao qual já nada mais se pode acrescentar" – o que não vale para os vivos, posto que as mudanças por estes sentidas são capazes de "introduzir modificações até na vida dos mortos, dando forma ao que não a tinha ou que parecia ter uma forma diversa: reconhecendo, por exemplo, um justo rebelde naquele que era vituperado por seus atos contra as leis, celebrando um poeta ou um profeta naquele que estaria condenado à neurose ou ao delírio".

Para os historiadores, decerto não há novidade alguma nessas palavras. Afinal, o gênero humano não está apenas dentro do mundo: está dentro da história. O próprio Calvino, de certa maneira, reconhece isso, ao mencionar o "dispositivo histórico" entre aqueles que asseguram "a sobrevivência de pelo menos uma parte de si mesmo na posteridade", graças, no caso, à transferência daquele "tanto ou aquele pouco de experiência que até o homem mais desprovido recolhe e acumula" à "memória e à linguagem de quem continua a viver".[1]

1 Todas as citações são de CALVINO, Italo. *Palomar*. Trad. Ivo Barroso. São Paulo: Companhia das Letras, 1994. p. 108, p. 111 e p. 111-112, respectivamente.

O que esse autor genial deixa de dizer, contudo, é que os vivos também têm o dom de ser cruéis com os mortos. Tanto quanto alterar a compreensão da imagem de alguém não mais presente, eles podem – ou melhor, *nós* podemos – cristalizá-la de modo a deixar poucas brechas, senão nenhuma, a novas avaliações e interpretações dos caminhos e descaminhos que ela encerra em si. E a isto, sim, os historiadores começaram a ficar atentos apenas muito recentemente, à medida que passaram a abordar o tradicionalíssimo gênero biográfico e a não menos tradicional história da historiografia sob novos ângulos, os quais buscam, no primeiro caso, romper com a ilusão da coerência da vida e, no segundo, ir além do cânone dos "grandes autores" e das "grandes obras".

Pois é exatamente tal atenção, expressa na crítica à cristalização de certa imagem dos historiadores Alfredo Ellis Júnior e Sérgio Buarque de Holanda, que o leitor irá encontrar, daqui a pouco, neste livro de Diogo Roiz. Uma atenção sustentada com rigor e por grande fôlego, guiada pelo interesse em recuperar a dinâmica das redes e relações sociais e intelectuais e, sobretudo, preocupado em compreender toda a complexidade dos significados do ofício de historiador no delicado período de constituição e afirmação de seu *lugar*, conforme a concepção de Michel de Certeau, na Universidade – ela mesma também a constituir-se e afirmar-se então, com todas as implicações disso decorrentes.

Há que se ter cuidado, porém, com as expectativas que estes comentários possam, quem sabe, despertar. Diogo Roiz não é "revisionista", nem tem a pretensão de sê-lo. A chave de seu trabalho não está em trocar o sinal de polos tidos como antagônicos, ou em redistribuir adjetivos como "conservador", "moderno", "tradicional", "inovador", tão frequentes quando se fala dos autores que tomou como objeto de análise; está, pelo contrário, em mostrar as várias facetas do que nomeia, com acuidade, dialética entre o intelectual-letrado (Ellis Júnior) e o letrado-intelectual (Sérgio Buarque), demonstrando assim como "ser historiador" naquele momento significava responder a várias demandas, não raro contraditórias.

Diante disso, o leitor poderia então se perguntar: mas, não é sempre assim? Os historiadores não respondem, a todo o tempo, a diferentes demandas, inclusive contraditórias? Sim, é verdade. E é por isso que este livro não se limita ao seu recorte temático e temporal, antes o transcende, ao nos fazer pensar como a operação historiográfica nunca é unívoca, nem pode ser reduzida a rótulos fáceis ou a um tempo que, de alguma maneira, não tenha um ponto de contato com o nosso próprio tempo. Não por acaso, Diogo Roiz o termina no presente, e com um ponto de interrogação que, de um só golpe, nos joga para o passado e nos desafia para o futuro do ofício do historiador no Brasil. Não por acaso, também aqui reencontramos Italo Calvino e o senhor Palomar, que, ao contemplar o mundo, vê-se obrigado a perguntar-se a si mesmo: "mas como é possível observar alguma coisa deixando à parte o eu? De quem são os olhos que olham?".[2]

*Fábio Franzini*

Professor do Departamento de História da Unifesp

2 *Idem*, p. 102.

# Prefácio

A escrita da história no Brasil e no mundo tem passado por um período de grandes mutações desde o final dos anos 1980. As "grandes narrativas", os projetos teóricos e metodológicos, assim como os políticos de outrora, já não respondem mais as nossas expectativas. A hegemonia da história cultural, estabelecida desde o final dos anos 1980, tem sido tão questionada, como outrora o foram as da história política e diplomática, de meados do século XIX, e da história econômica e social, das primeiras décadas do século passado, e que teve sua era dourada depois da II Guerra Mundial.

Quando passamos a observar as discussões sobre o ofício de historiador que são feitas no interior do "campo" e em outras áreas do saber, nota-se igualmente uma atmosfera de questionamentos e impasses teóricos e epistemológicos. No Brasil surpreende que justamente nesse período de intensos questionamentos se encontre em debate no Senado e no Congresso Nacional um projeto de lei para regulamentar a profissão de historiador no país. Se no Brasil a definição de um campo de pesquisa específico só começou a ser constituído nos anos 1930, com a criação dos primeiros cursos de Geografia e História, sendo por isso consideravelmente tardia em relação a outras partes do mundo, tampouco se vive aqui situação adversa à vivida na Europa ou na América do Norte. E em razão de os mesmos impasses serem aqui sentidos, e talvez até com maior intensidade do que em outros países, porque no Brasil a apropriação de modelos teóricos e metodológicos sempre esteve a alicerçar o(s) campo(s) de estudo(s), e a França sempre foi aqui um "grande paradigma" – e só a partir do final dos anos 1980 foi que começou a haver uma mudança considerável na história da historiografia e nos estudos históricos aqui praticados, com as traduções e discussões de autores ingleses, alemães, italianos e norte-americanos, que desde então têm se tornado cada vez mais férteis e promissoras entre nós historiadores e cientistas sociais.

Em ambos os casos devemos saldar o estudo que Diogo Roiz empreendeu para analisar como começou a ser definido o ofício de historiador no Brasil e a ser pensada a escrita de sua história a partir dos anos 1930, quando esses estudos passaram a ser praticados também por profissionais formados pelas universidades. Para abordar a questão o autor procurou estudar as obras e as trajetórias de Alfredo Ellis Júnior e de Sérgio Buarque de Holanda, entre os anos de 1930 e 1950, quando produziram a maior parte de suas respectivas obras e contribuíram diretamente para a formação das primeiras gerações de professores de história e de historiadores profissionais no país. Além disso, o autor mostra como a atenção de Ellis Júnior esteve pautada na historiografia francesa, ao passo que Sérgio Buarque sempre esteve mais instado pelos debates, apesar de concentrar suas discussões e leituras sobre a historiografia alemã, norte-americana, italiana e a francesa no período em destaque. Com uma pesquisa documental de fôlego em vários arquivos, e sabiamente articulada a uma problematização que perpassou tanto pelas fontes quanto pela bibliografia para dar embasamento a sua interpretação, é que tornaram esse trabalho, para mim, original em vários pontos.

O primeiro deles está em tentar construir uma categoria analítica para pensar os autores em pauta. Para pensar as obras e as trajetórias de Alfredo Ellis Júnior e Sérgio Buarque de Holanda, Diogo Roiz propôs que ambos poderiam ser inscritos como "intelectual-letrado" e "letrado-intelectual". Melhor dizendo, enquanto Alfredo Ellis Júnior seria um "intelectual-letrado", porque ainda estaria inscrito numa tradição bacharelesca, que foi se desenvolvendo no país a partir do século XIX, e seus estudos se pautaram nela ao demarcar a força das tradições e dos exemplos do passado, ao usar o passado como fronteira explicativa do presente (de modo à até justificá-lo em função da ação dos "grandes homens", onde ele próprio faria parte, junto com sua família), ao mostrar a importância de sua família para a história de São Paulo, e ao pensar a história mais como juiz do processo do que como intérprete da questão. Ao passo que Sérgio Buarque de Holanda se inscreveria como um "letrado-intelectual" por tentar romper com esse discurso, procurar estabelecer caminhos para a definição do ofício de historiador e para a consecução da escrita da história no país, por meio de um intenso debate com a historiografia internacional do Oitocentos e das primeiras décadas do século passado – especialmente a alemã e a francesa (e que em dados momentos era complementada ainda pela italiana e pela norte-americana), como nos mostra o autor.

Mas, para mim, o ponto mais original em sua tese não foi construir essas categorias analíticas (que já são por si só uma enorme contribuição, inclusive para a proposição de estudos comparativos, e particularmente com o levado a cabo pelo autor, até para testar suas hipóteses em outros sujeitos históricos), e sim tentar visualizar nelas um movimento dialético que teria dado impulso para a elaboração das primeiras definições do ofício e da escrita da história, como uma prática de profissionais, formados pelas universidades do país, entre os anos de 1930 e 1950. Para ele, a dialética entre o "intelectual-letrado" e o "letrado-intelectual" que teriam dado o suporte necessário para o começo da definição e da delimitação do ofício de historiador, ao estabelecer como deveria ser o trabalho do pesquisador profissional, do *homo academicus* nos termos de Pierre Bourdieu, nas universidades brasileiras.

Esse primeiro ponto me leva a chamar a atenção para um segundo. Diogo Roiz tentou articular em seu trabalho as proposições de Pierre Bourdieu sobre o *homo academicus*, com a tipologia de Jörn Rüsen a respeito da "consciência histórica" (*tradicional*, *exemplar*, *crítica* e *genética*). E essa articulação se estendeu para as categorias "intelectual-letrado" e "letrado-intelectual", que na verdade deram o norte para essas articulações. Primeiro, porque para o autor foram elas que deram sentido a uma dialética que proporcionou as condições mínimas necessárias para a proliferação de reflexões sobre o ofício de historiador, e por meio delas da definição do pesquisador profissional nesta área do saber. Depois, porque enquanto Alfredo Ellis estaria entre uma "consciência histórica" de tipo *tradicional* e *exemplar*, correspondendo a sua dependência com o bacharelismo e as tradições do passado; Sérgio Buarque movido por uma "consciência histórica" que transitava entre a *crítica* e a *genética* em suas obras foi que teve plenas condições de romper com o bacharelismo e as tradições do passado, entre os anos de 1930 e 1950, ao mesmo tempo em que sua obra era entendida plenamente como de história e o seu percurso como o de um historiador profissional – apesar de sua predisposição para a *crítica literária* e *sociológica* nunca ter sido abandonada completamente ao longo de sua trajetória profissional.

E esse ponto também é um avanço sobre as análises que têm sido feitas no país, que, em muitos casos, antecipadamente rotulam de "intelectuais" qualquer um que tenha tido uma formação universitária e/ou se tornado um letrado, e participado diretamente das contendas políticas e culturais que moveram o país a partir do Oitocentos. Para Diogo Roiz, Alfredo Ellis Júnior foi muito mais um letrado, do que um intelectual; mas em seu percurso e em seus escritos, Ellis Júnior teria associado sua formação jurídica às condições necessárias para agir como um "intelectual" em seu tempo, e como tal assim se colocava em vários de seus escritos, especialmente, os de cunho *político* dos anos 1930, que articulava sua formação em Direito nas suas interpretações históricas. Por sua vez, Sérgio Buarque, já em *Raízes do Brasil* (de 1936), notava que a formação jurídica não era uma pré-condição para que o letrado pudesse agir como um (verdadeiro) "intelectual", mas muito mais para formar uma predisposição política, com desdobramentos "conservadores" em suas ações, por primar exclusivamente pela permanência de uma ordem jurídica e institucional já em vigor no país, e nelas defender um *status quo* vigente entre as camadas dirigentes do país. Para Sérgio Buarque, como nos mostra o autor, o "intelectual" era antes de tudo um questionador de seu contexto e de sua própria obra, agindo como crítico e autocrítico permanentemente do sistema político e sociocultural e de suas próprias ações e escritos. De modo que o agir político no interior da sociedade civil era fundamental, mas a ação político-partidária não.

Com isso, o autor nos mostra outro movimento: o que torna o "letrado" um "intelectual" em seu tempo e para além de sua época. Além de destacar outros movimentos simultâneos, ao comparar as obras e as trajetórias de Alfredo Ellis e Sérgio Buarque, como: a do "homem de letras" em "pesquisador profissional", e a do "autodidata" em "historiador de ofício" – e assim reconhecido pelos "pares".

Esses dois pontos me levam a pensar num terceiro, intimamente articulado aos primeiros, e que diz respeito à própria divisão do trabalho. Pois, para mostrar sua tese, Diogo Roiz dividiu seu trabalho em duas partes: a primeira com cinco capítulos e a segunda com dois.

Na primeira parte, que corresponderia, em suas palavras, "a uma guerra de ideias" travada pelos letrados nos anos 1930 e 1940, cada um dos capítulos aborda uma batalha: pela *temporalidade*, pela *periodização*, pela *verdade histórica*, pela *representação do passado* e pelas *regras do método*. No entanto, apesar dessa estratégia analítica poder ser comparável com a "operação historiográfica" proposta por Michel de Certeau, esta primeira parte me parece que vai além das indicações de Certeau, por estar articulada a segunda parte de sua pesquisa, e também aos pressupostos de Bourdieu e Rüsen, o que faz com que o texto além de observar lugares, práticas e escritas, também inquira os "campos", "*habitus*", "bens simbólicos" e suas intrincadas "redes de relações". Mas, antes de ir para esse ponto, quero apontar mais um aspecto nessa parte: sua preocupação em explorar não somente a trajetória de Alfredo Ellis Júnior e de Sérgio Buarque de Holanda, mas mostrar como ambos se movimentaram em seus espaços de atuação profissional, e ao mesmo tempo dando ênfase a especificidade do contexto sociocultural em que viveram os autores analisados. Nesse aspecto, o autor destaca a relação entre texto e contexto, e como o contexto era articulado nas proposições dos autores em pauta nos seus respectivos textos.

Na segunda parte, e ai está o ponto de articulação, o autor se encarrega de rastrear as "redes de relações", ao adentrar na análise da trajetória e da produção de cada um dos autores ao longo do tempo – e, assim, destacando o que, para mim, é fundamental na "história intelectual": o cruzamento entre análises *sincrônicas* e *diacrônicas*, entre um espaço de atuação profissional e as possibilidades de produção de uma obra ao longo do tempo e numa dada época, e suas discussões e limitações, ou seja, entre as condições de elaboração dos textos e os seus respectivos contextos de produção. Nesse ponto, o autor indaga como Alfredo Ellis Júnior, em razão de suas escolhas teóricas e metodológicas, assim como políticas, foi instado a formar uma rede de relações, cujo centro de ação estava todo ele em São Paulo. Enquanto Sérgio Buarque de Holanda, cuja formação e percurso profissional não se limitaram a São Paulo (como o foi para o caso de Ellis Júnior), estabeleceu uma rede de relações de caráter internacional, e ela própria ajudou o autor empreender um (re)exame crítico e autocrítico de sua obra, definindo-a como "histórica" e seu autor como "historiador de ofício" a partir do final dos anos 1940.

E para demonstrar o processo de síntese das relações entre as categorias "intelectual-letrado" e "letrado-intelectual" e que teria dado base ao começo das discussões sobre o ofício de historiador e a definição do pesquisador profissional no país neste campo do saber, o autor mostra como foram feitas às avaliações sobre as primeiras edições das obras de Sérgio Buarque de Holanda: *Raízes do Brasil* (de 1936), *Cobra de vidro* (de 1944), *Monções* (de 1945), *Caminhos e fronteiras* (de 1957), e *Visão do Paraiso* (de 1959), por meio de um exame detalhado dos comentários e resenhas que saíram em jornais (na imprensa periódica de São Paulo e Rio de Janeiro, principalmente) e em revistas culturais e universitárias (que começavam a ser fundadas no período). Ao identificar os comentários e as críticas dos cerca de 140 textos publicados em jornais e revistas, e produzidos entre os anos de 1930 e 1950, sobre a obra de Sérgio Buarque de Holanda, o autor mostra como o percurso de Sérgio, que foi inicialmente identificado como "crítico literário" e "sociólogo" nos anos 1930, chegaria aos anos 1950 sendo quase que unanimemente percebido/definido como um "historiador profissional", inclusive, pelos "pares" de ofício - soube conciliar tal percurso, com seus textos e suas leituras de crítica literária e sociológica, e que se mantiveram, aliás, coexistindo com seus textos de caráter histórico. Como Diogo Roiz nos mostra, mesmo Sérgio Buarque percebeu nesse percurso a sua originalidade, pois a crítica literária e sociológica (depois acrescida com seus estudos e leituras etnográficas) foi que lhe permitiu avançar sobre a análise histórica, o estudo das fontes e a identificação de um *corpus* documental mais amplo para o encaminhamento de suas pesquisas e a produção de seus textos históricos, a partir de meados dos anos 1940.

Com isso, o autor consegue, para mim, efetuar o cruzamento das fontes e da bibliografia com base numa problemática consistente que lhe possibilitou fazer uma interpretação original do período e dos autores em pauta. E ao fazê-lo, mostra-nos como as obras de Rüsen e Bourdieu podem ser eficazes para a elaboração de uma história intelectual e dos intelectuais no Brasil. E nisso fez o que eu chamei a atenção a pouco, isto é, perceber como lugares, práticas e escritas são insuficientes para a análise e o questionamento dos textos e dos contextos de produção em seus pormenores, mas quando associados aos "campos", "*habitus*", "bens simbólicos" e suas intrincadas "redes de relações", o pesquisador tem condições de avançar em suas interpretações, ao estudar as relações entre texto e contexto e sua(s) dinâmica(s) no tempo.

Por fim, e um ponto a acrescentar aos anteriores, é o percurso que Diogo Roiz está fazendo. Somente em 2012 o autor lançou três livros: *Os caminhos (da escrita) da História e os descaminhos de seu ensino*; *Linguagem, cultura e conhecimento histórico*; e *As transferências culturais na historiografia brasileira: leituras e apropriações do movimento dos Annales no Brasil* – este último com Jonas Rafael dos Santos e que eu tive o prazer de Apresentar. No primeiro, estudou o percurso do curso de Geografia e História da USP no período inicial da constituição de seu campo disciplinar entre os anos 1930 e os anos 1960. No segundo, as relações entre História e Literatura; e no terceiro as leituras e apropriações que foram feitas sobre o movimento dos *Annales* no Brasil. Dei esse exemplo para mostrar que sua tese além de estar intimamente ligada a essas problemáticas, também avança consideravelmente sobre elas, e, em alguns casos, nos fornecendo algumas sínteses e novos questionamentos e hipóteses instigantes.

Em todos esses pontos, acredito que o novo trabalho de Diogo Roiz, cuja marca desde o momento de sua defesa (e agora em sua versão revista para publicação) foi a de grande erudição, e que muito me alegrou ter orientado, trará grande contribuição para as discussões sobre história intelectual, história da historiografia brasileira e teoria da história, no espaço acadêmico brasileiro e mesmo internacional.[1]

*Helenice Rodrigues da Silva*
Professora-Associada da UFPR

1 A professora Helenice Rodrigues da Silva me enviou este texto por e-mail em 17 de março de 2013, após ver a versão corrigida da tese. Como era de seu feitio, dizia-me que era apenas um primeiro esboço e que eu não devia levar muito em consideração, pois o texto ainda devia ser muito trabalhado. Infelizmente aquele foi o último e-mail que recebi dela, e nem pude lhe agradecer pessoalmente pela enorme gentileza de tê-lo escrito. Em 20 de março ela passou por uma intervenção cirúrgica, que a deixou em coma induzido por várias semanas. Lamentavelmente Helenice veio a falecer no dia 9 de maio de 2013. Sei perfeitamente que este texto seria o esboço de um futuro prefácio, que ela gentilmente me escreveria para apresentar a tese, em sua versão em livro. Só posso aqui deixar esse texto em sua homenagem, lhe agradecendo pela atenção em todos os momentos de execução da pesquisa, e pela sua enorme generosidade em escrever um texto tão elogioso para um mero iniciante no "ofício de historiador". A ela meu muito obrigado por tudo que me ensinou sobre o ofício, sobre ser professor, em como formar uma "rede de relações" respeitando as diferenças de cada um e primando pelo elogio e a boa conduta, e em observar sempre as qualidades, nunca os defeitos.

# Introdução e Agradecimentos

> O pensar a história é uma das marcas do século XIX, ao longo do qual são formulados os parâmetros para um moderno tratamento do tema. O discurso historiográfico ganha foros de cientificidade num processo em que a 'disciplina' história conquista definitivamente os espaços da universidade. Nesse processo, o historiador perde o caráter de *hommes de letres* e adquire o estatuto de pesquisador, de igual entre seus pares no mundo da produção científica. No palco europeu, onde desde o início do século este desenvolvimento é observável, percebe-se claramente que o pensar a história articula-se num quadro mais amplo, no qual a discussão da questão nacional ocupa uma posição de destaque. Assim, a tarefa de disciplinarização da história guarda íntimas relações com os temas que permeiam o debate em torno do nacional (Guimarães, 1988, p. 4).

> A partir de meados dos anos 1940, com a continuidade desse processo [de criação de Faculdades de Filosofia e de Universidades], sem dúvida quer o perfil do historiador, quer o da produção historiográfica se alteram de forma progressiva [no Brasil], sendo o momento que examinamos o de uma transição entre o modelo que datava ainda do século XIX e um novo modelo de escrita e de profissional da história, cujos contornos não eram muito nítidos e/ou consolidados (Gomes, 2007, p. 61).

O principal objetivo desta pesquisa foi investigar como começou a ser definido o "ofício de historiador" no Brasil, entre os anos de 1930 e 1950, quando a prática e as regras desse ofício passaram também a ser exercitadas por profissionais formandos nas universidades. Para tentar explorar essa questão procuramos estudar não as primeiras gerações de historiadores formados nas universidades, mas sim dois "autodidatas" que progressivamente passaram a exercer o ofício de historiador, como pesquisadores e professores do curso de Geografia e História da Faculdade de Filosofia, Ciências e Letras da Universidade de São Paulo (FFCL/USP). Nossa meta foi indagar como procuraram formar essas primeiras gerações de profissionais na área, ao mesmo tempo em que demarcavam o campo de atuação do historiador, definiam as regras do ofício e como ele deveria ser praticado (com o uso e o estabelecimento de teorias, periodizações, conceitos e procedimentos metodológicos), e mostravam como deveria ser escrita a história de São Paulo e do Brasil. E todo esse esforço ocorria em meio à execução de suas próprias pesquisas históricas sobre o estado de São Paulo e sobre o Brasil.[1]

Por esse motivo procuramos fazer uma análise pormenorizada das obras e das trajetórias de Alfredo Ellis Jr. (AEJ) e de Sérgio Buarque de Holanda (SBH), durante o período de 1929 a 1959. No momento em que produziram a maior parte de suas obras, pesquisaram em arquivos, fizeram crítica literária, análises sociológicas (e etnográficas) e escreveram romances, além de passarem por instituições de ensino e pesquisa e por associações, e serem, enfim, professores da cadeira de *História da Civilização Brasileira* do curso de Geografia e História da FFCL/USP, que foi criada em 1934.[2] Para embasar esta análise nos preocupamos em verificar em que medida o uso das categorias "intelectual-letrado" e "letrado-intelectual" poderiam subsidiar a pesquisa, para inquirirmos as ações e as escolhas[3] de AEJ e SBH. Mais precisamente, "intelectual-letrado" seria o indivíduo que agrega o termo intelectual ao seu agir e a sua produção devido exclusivamente a sua formação acadêmica e ações político-partidárias; enquanto, por outro lado, o "letrado-intelectual" seria aquele que alcançaria o reconhecimento como intelectual, em função

1 O leitor interessado poderá consultar a versão original da tese em: *A dialética entre o "intelectual-letrado" e o "letrado-intelectual": projetos, tensões e debates na escrita da história de Alfredo Ellis Jr. e Sérgio Buarque de Holanda (1929-1959)*. Tese de doutorado em História, UFPR, 2013. Link de acesso: https://www.acervodigital.ufpr.br/bitstream/handle/1884/29822/R%20-%20T%20-%20DIOGO%20DA%20SILVA%20ROIZ.pdf?sequence=1. Acesso em dezembro de 2018.

2 A escolha deste curso e universidade deveu-se ao fato de ter sido pioneiro na criação do curso de Geografia e História nos anos 1930 e lá terem atuado AEJ e SBH entre os anos 1930 e 1950. Para maior detalhamento do curso, ver: Roiz, 2012a.

3 Mesmo tendo em vista tais questões, como procuraremos demonstrar e justificar, não tivemos como embasamento central na análise proposta os procedimentos de Quentin Skinner (2005) e John Pocock (2003).

das contribuições trazidas para a sociedade, por intermédio de suas ações, conduta no espaço público e sua obra.

Nesse aspecto, nossa meta foi mostrar que enquanto AEJ foi um "intelectual-letrado", SBH teria sido um "letrado-intelectual". Para amparar essa afirmação, tanto percorremos seus ingressos no que definimos como uma guerra de ideias no mundo dos letrados de São Paulo (e do Rio de Janeiro), nos anos 1930 e 1940, na qual teriam enfrentado batalhas em torno do uso da "temporalidade", da "periodização", da "verdade", da "representação do passado" e das "regras do método histórico" presentes em suas narrativas sobre o passado brasileiro. Em um segundo momento, procuramos inquirir e interpretar a trajetória de cada um deles, para verificarmos como as categorias destacadas a pouco se movimentavam em suas obras. Com isso, nossa pretensão é mostrar que enquanto AEJ usava o passado para justificar suas teorias e orientar suas ações no presente, ao mesmo tempo como juiz e intérprete (historiador) do processo histórico, limitando-se a uma "rede de relações", com "agentes sociais" pertencentes exclusivamente aos setores e instituições do estado de São Paulo. SBH, ao contrário, teve como meta justamente descortinar as "raízes" do passado brasileiro, para inquirir como inviabilizavam a constituição plena da "democracia" nessas terras, com vistas a propor um projeto de transformação social, ao mesmo tempo em que formava uma "rede de relações" de nível nacional e internacional, e na qual sua obra passava simultaneamente pelo crivo desses "agentes", quanto por sua autocrítica, num movimento de constante elaboração e reelaboração de seus textos e de suas ideias.

Note-se ainda que se o momento inicial em que o ofício de historiador passou a ser pensado e praticado no país se deu com a criação do Instituto Histórico e Geográfico Brasileiro (IHGB), fundado em 1838, como mostram os estudos pioneiros de Manoel Luiz Salgado Guimarães (1988, 2011), Francisco Iglésias (2000), Astor Diehl (1998, 1999) e Arno Wehling (1994, 1999), foi somente a partir dos anos 1930 que a formação deste profissional passou a fazer parte do ensino universitário brasileiro, de modo a questionar as peculiaridades do momento anterior, ao começarem a ser definidas as "regras" para a prática deste ofício e os procedimentos, teorias e conceitos que iriam amparar, por extensão, a escrita da história do Brasil (Cf. Falcon, 2011; Glezer, 2011; Roiz, 2012a; Ferreira, 2013).

Com base nessa questão, e de acordo com as epígrafes iniciais, poderíamos situar o problema da seguinte maneira: a) de 1838 a 1930 se deu o momento inicial em que o ofício de historiador começou a ser pensado e praticado no Brasil, mas de modo eminentemente "autodidata", porque mesmo os profissionais com formação universitária tiveram que transitar de seu campo inicial de formação (Direito, Medicina, Engenharia, Letras etc.) para os estudos históricos (Cf. Janotti, 1977; Glezer, 1977; Malatian, 2001; Anhezini, 2011; Enders, 2014), já que nesse momento não havia nenhum local, isto é, um "lugar" (Cf. Certeau, 2002) que formasse esse profissional (a não ser nas associações e clubes, mas como tais, não tinham essa incumbência, pois eram muito mais espaços de agregação, debates e apresentação de estudos e levantamento de fontes, do que de formação de ofícios e de profissionais); b) de 1931 a 1969 quando foram criados os primeiros cursos universitários de Geografia e História em Faculdades de Filosofia, Ciências e Letras, e estes passaram a formar as primeiras gerações de historiadores profissionais no país, mas essas mesmas gerações foram formadas por letrados ("autodidatas") do momento anterior e por historiadores franceses (Cf. Capelato, Glezer, Ferlini, 1993; Falcon, 2011, 2015; Roiz, 2012a; Ferreira, 2013); c) e a partir de 1970 quando começou a ser definido o atual modelo de pós-graduação *stritu sensu*, com seus respectivos cursos de mestrado e doutorado, e ao redor dos quais se entenderia que, de fato, passava a ser formado o historiador profissional no país (Cf. Cardoso, Vainfas, 1997, 2012; Glezer, 2011).[4]

Como se vê, cada um desses momentos gerou disputas ao redor da definição do "ofício de historiador" e do que deveria ser uma obra de "história" e como deveria ser escrita a história do Brasil (Cf. Gomes, 1996, 2009; Falcon, 2011, 2015; Enders, 2014). Essas diputas eram estabelecidas no interior de cada período, ou mesmo de um momento para o outro, onde novas instituições e cursos se impunham como locais prioritários na formação desses profissionais (Cf. Gomes, 1996; Falcon, 2011, 2015; Glezer, 2011). Nessa linha de raciocínio

4 Convém salientar que de um momento para o outro havia a retomada de discussões, a revisão sobre o cânone de autores a serem situados como pioneiros no ofício no país, bem como reconsiderações sobre a relação de obras entendidas como de história. Ao mesmo tempo, a figura do "autodidata" e de associações como o IHGB não perderam, a partir dos anos 1930, a sua função e continuaram a contribuir diretamente com a produção histórica brasileira, coexistindo com outros *lugares* de produção e formação de historiadores profissionais no Brasil (Cf. Gomes, 1996; Ferreira, 2002; Falcon, 2011).

podemos questionar: 1 – como era definido o ofício de historiador em cada um desses períodos e de um momento para o outro?; 2 – como os profissionais ("autodidatas" ou não) agiam diante dessas demarcações, e como eles próprios formavam suas "regras" para definir o ofício, os procedimentos de pesquisa e o que deveria ser uma obra de história?; 3 – quais as estratégias utilizadas, que tipo de teoria(s) e metodologia(s) era(m) reivindicada(s), como se definiam e eram usadas as fontes, como eram demarcadas as periodizações e como se estabeleciam os procedimentos de pesquisa para subsidiar a escrita da história do Brasil? E é com base nessas indagações que queremos justamente situar nossa problemática, que embasou a pesquisa que foi realizada, e cujos resultados se encontram distribuídos entre os capítulos a seguir.

Isso porque, AEJ e SBH se situam no "primeiro momento" (quando se formam em Direito, praticam o jornalismo e a crítica literária, e começavam a se movimentar em direção aos estudos históricos nos anos 1920 e 1930) e contribuíram diretamente com a formação das primeiras gerações de historiadores profissionais no "segundo momento" (nos anos 1940 e 1950). Mas antes de anteciparmos todo esse caminho (isto é, os procedimentos definidos para a investigação que foi proposta neste estudo) devemos primeiro apresentar as ideias centrais que motivaram esse percurso de análise. De início, ilustremos dois pontos de vista, o primeiro de AEJ e o segundo de SBH:

> [...] não mudo de opinião como quem muda de camisa. Defendo a lavoura em qualquer terreno. Estarei sempre com seus interesses [...] não sei me calar quando está em jogo a própria vida da lavoura de café que é a própria vida do Estado de São Paulo.[5]
>
> A mudança de opinião é num pensador o sinal mais evidente de sua vitalidade. Só os imbecis têm opiniões eternamente fixas.[6]

Assim foi que Alfredo Ellis Jr. (1896-1974), no primeiro fragmento, pronunciou-se em 1935, com quase 40 anos de idade, em sessão ordinária da Assembleia Legislativa de São Paulo, onde exercia seu terceiro mandato como deputado estadual. Como em vários outros pronunciamentos dos anos 1920,

5 Discurso de Alfredo Ellis Jr. In: *Annaes da Assembleia Legislativa de São Paulo* – Sessão Ordinária, 1935, 1936, vol. II, p. 314.

6 HOLANDA, S. B. Homeophatias (texto publicado na revista *Fon-fon*, do Rio de Janeiro, em 8 de outubro de 1921). In: *Idem. Escritos coligidos*, vol.1, 2011a, p. 19.

em seus dois primeiros mandatos, bem como no terceiro que se iniciava em 1934, AEJ procurava mostrar a importância da lavoura para o desenvolvimento do estado de São Paulo e do país. Para ele, era a cafeicultura que havia dado uma nova fisionomia para a economia, ao fazer florescer desde estradas de ferro e rodovias, até prédios e cidades. De tal modo, que conforme nos ilustra, a crise econômica que afetou brutalmente a economia nacional e a cafeicultura em particular, a partir de 1929, não deveria fazer com que tanto as pessoas que viviam no estado de São Paulo, quanto no país, deixassem de ver que foi assim que o *passado* moldou o *presente*. Ao mesmo tempo insiste em recolocar a forma como se posicionava perante o passado, o presente e o futuro, de tal modo que não mudava de opinião tão somente porque alterava o contexto. E que, aliás, faria também alterar as expectativas dos indivíduos e os sentidos que davam então as suas escolhas, ao passado e a sociedade em que viviam. Do mesmo modo se passava com sua obra. Apesar de estar sendo revisada naquele momento, procurava manter suas posições, suas teses, seus métodos e suas perspectivas diante do passado e da (escrita da) História.

Por sua vez, Sérgio Buarque de Holanda (1902-1982) escreveu o texto (a que faz parte o segundo fragmento), com pouco mais de 19 anos e o publicou na revista *Fon-fon*, do Rio de Janeiro, em 8 de outubro de 1921, no mesmo ano em que havia se mudado com a família para aquele estado. Nele já esboçava seu descontentamento sobre os posicionamentos fixos no tempo, instandos à regularidade, e que despercebiam o dinamismo do processo histórico, sendo incapazes de acompanhá-lo. Em certa medida, aquele foi o posicionamento que seguiu sua obra, sempre em processo de elaboração e aprofundamento, sempre sendo revista e reescrita, ampliada e aprofundada.

Evidentemente, resumir o posicionamento de AEJ como o de um conservador, contrário as mudanças, em vista de preferir conviver com a regularidade das coisas, da política e da economia, na sociedade e na cultura, inclusive, em suas interpretações do passado (Cf. Abud, 1985, Monteiro, 1994; Ferreira, 2002; Ricci, 2002), não é suficiente para compreender a dinâmica de sua obra, assim como sua trajetória. Tampouco o é no caso de SBH, ao o situarmos como um reformista, um democrata liberal (Cf. Lamounier, 2014, p. 206-226), preocupado com as mudanças, com a defesa da democracia e a ampliação dos direitos dos indivíduos (Cf. Candido, 2006, 2008; Costa, 2014). Mesmo considerando que era esse posicionamento que o fazia pensar tanto o dinamismo do processo histórico, no qual era necessário desgarrar-se do passado colonial; quanto em sua obra, onde procurava mostrar que ao se conhecer melhor o passado, era possível planejar o presente, e, ao se romper com suas "amarras" e seus "grilhões", vindos do passado colonial, também era possível fazer o mesmo em relação à formação de expectativas para o futuro (Cf. Monteiro, Eugênio, 2008; Roiz, 2012a). Contudo, a trajetória e a obra desses autores não se limitaram apenas a tais questões, como veremos ao longo deste estudo.

Em ambos os casos, tal estratégia analítica, além de ser insuficiente para compreender suas obras e suas trajetórias, também o é para pensar por que escolheram esses caminhos e não outros para interpretarem a História e pensarem as categorias: passado, presente e futuro. Ademais, se pode parecer viável sintetizar o pensamento de AEJ perfazendo *um elogio (ainda que crítico, em alguns momentos, sobre) a tradição*, e o de SBH efetuando *uma crítica veemente a ela*, por visar romper com suas amarras no seu presente histórico, igualmente nos deparamos com uma fórmula simplista, ainda que válida – como veremos no primeiro capítulo deste estudo. Se partirmos da constatação de que a visão de AEJ se coadunava com a do Partido Republicano Paulista (o PRP), do qual foi partidário político, ligado a seu extrato agrário-exportador, e, por isso, defensor da ordem, da regularidade, da tradição e contrário as mudanças (Cf. Borges, 1979; Love, 1982; Casalechi, 1987); e a de SBH como a de um esquerdista de classe média (Cf. Costa, 2014), crítico da ordem e do sistema estabelecido, das tradições e das amarras do passado, porque era favorável a mudança, defensor da democracia e dos direitos humanos, tampouco avançamos em nossa análise. Por outro lado, também é insuficiente tentarmos compreender suas trajetórias em compasso apenas com as transformações socioeconômicas e culturais do período, que proporcionou certa recomposição da economia nacional e familiar, na qual a de AEJ vivia um processo de "decadência" financeira (a partir dos anos 1920 e 1930), ao passo que a de SBH convivia com os empecilhos e dificuldades de uma "classe média" em formação no país.

Nesse sentido, parece-nos mais frutífero começar esta análise sugerindo um conjunto de questionamentos sobre a trajetória e a obra desses autores, tendo em vista: 1) relações familiares e formação profissional; 2) produção acadêmica e recepção da obra; 3) vínculos políticos e "visões de mundo"; 4) objetos de pesquisa e procedimentos de análise; 5) e, enfim, a herança deixada pelas suas respectivas obras na história da historiografia brasileira. Com tal exercício queremos evidenciar que é na combinação complexa e dinâmica dos fatores apontados acima, em compasso com as especificidades do contexto socioeconômico e cultural em cada um dos "agentes" em pauta se moveu durante este período, que resultou na elaboração de suas respectivas obras e interpretações sobre a história de São Paulo e do Brasil entre os anos 1920 e 1950.

Por essa razão, também devemos inquirir as relações familiares e a formação profissional de ambos. Foi no final do século XIX, que AEJ veio ao mundo (em 1896), na Fazenda Santa Eudóxia, localizada em Mogi Guaçu, no município de São Carlos do Pinhal. Era então o filho caçula de Alfredo Ellis e de Sebastiana Eudóxia da Cunha Bueno Ellis, ao lado de seus outros nove irmãos e irmãs (Cf. Ellis, 1997; Ferreira, 2002; Roiz, 2012a). Desde criança aprendeu a respeitar a zona rural e a produção de produtos primários, e aos quais seu pai lhe mostraria que representavam o "coração" do estado de São Paulo, com a exportação de café, que era a base para o desenvolvimento político e socioeconômico do Brasil. Com o pai também aprendeu os rumos da política (Cf. Ellis Jr., 1949, 1950), o movimento da economia (Cf. Ellis, 1997) e como se posicionar nas contendas políticas e culturais de seu tempo (Cf. Ellis, 1997).

Não foi por acaso, neste aspecto, que viria a fazer de seu pai a imagem do parlamentar paulista da Primeira República, no final dos anos 1940 num esboço biográfico do senador Alfredo Ellis (Cf. Ellis Jr., 1949, 1950). Desde os anos 1920, AEJ vinha indicando em seus discursos políticos, depois, na dedicatória de suas obras, e, finalmente, em sua autobiografia (escrita no final dos anos 1960 e início dos 1970)[7] a importância do pai para a definição de seu caráter. E seus conselhos, tal como indicou em várias ocasiões, ainda lhe serviam para suas tomadas de decisão, para suas escolhas políticas e acadêmicas (inclusive, do curso de Direito), assim como fundamentaria seu amor irrestrito pelo estado de São Paulo. Contudo, apesar da importância de seu pai em sua formação, este não seria a única figura de relevo em sua trajetória. No campo profissional, Afonso d'Escragnolle Taunay (1876-1958) viria a ter também papel de destaque – como também o terá para SBH[8] (tal como veremos ao longo deste trabalho).

7 Infelizmente não conseguimos ter acesso à íntegra dos originais da autobiografia de AEJ, mas tão somente aos fragmentos, ainda que extensos e significativos, e que foram divulgados por sua filha, Myriam Ellis.

8 Da mesma forma que AEJ, SBH teve aulas com Afonso de Taunay no Colégio São Bento, mantendo certa amizade e respeito acadêmico com o antigo mestre ao longo

Ao que tudo indica, para SBH a figura do pai não lhe serviu como imagem a ser refletida e seguida (como foi o de AEJ em suas escolhas), nem tampouco como orientador de suas decisões, por seus conselhos e por sua conduta. Por sua rotina militarista (como lembraria em muitas ocasiões e entrevistas), desde criança (nascera em 1902) fez dos posicionamentos do pai um caminho a ser progressivamente questionado, e, em seguida, negado, e como viria a ressaltar: "O que sou hoje acho que é uma reação contra a lembrança deste autoritarismo" (Andrade, 1978. Abud. Nogueira, 1988, p. 19). Em ambos os casos, porém, há que se relativizar a compreensão que apresentavam sobre seus pais. Primeiro, porque essas relações eram evidentemente muito mais complexas, do que uma primeira aproximação pode pressupor. Depois, porque suas obras e suas escolhas políticas e profissionais, como já antecipamos acima, não podem ser reduzidas a meras intervenções familiares, apesar de certamente terem elas contribuído para a formação dos autores em pauta.

No bairro da liberdade, da cidade de São Paulo, onde nasceu, SBH foi o primogênito do casal Cristóvão Buarque de Holanda e Heloísa Buarque de Holanda. Ao contrário de AEJ que sempre teve a base de sua formação no campo, SBH a teve nos centros urbanos de São Paulo e do Rio de Janeiro. SBH nasceu em São Paulo, mas mudou-se com a família para o Rio de Janeiro em 1921 e só retornaria para São Paulo em 1946, para assumir a diretoria do Museu Paulista. Os 25 anos que passou no Rio foram fundamentais para ele, pois, além de formar-se em Direito, também foi lá que teve as primeiras experiências no campo da pesquisa histórica e da crítica literária, quando foi assistente na Universidade do Distrito Federal (UDF), em meados dos anos 1930 (Cf. Carvalho, 2003; Candido, 2005, p. 9-16; Caldeira, 2005). Ao lado dessa experiência, deve-se notar que SBH sempre esteve próximo das discussões efetuadas em São Paulo, especialmente, aquelas proporcionadas pelos modernistas Mário e Oswald de Andrade. Com as alterações de 1930 seria também favorável a investida do estado de São Paulo, em 1932, sobre a Federação e ao governo provisório de Vargas. A experiência acumulada nessas duas capitais iria

---

de sua vida (que, aliás, foi quem lhe apresentou para a grande imprensa, ao publicar seu primeiro artigo em 1920 no *Correio Paulistano*). Infelizmente, apesar de nossas constantes tentativas, não conseguimos ter acesso aos prontuários de AEJ e de SBH, assim como o de Afonso de Taunay, no colégio São Bento, durante o período em que os primeiros foram alunos, e o segundo foi docente naquela instituição de ensino.

marcá-lo em sua trajetória, tanto que suas obras viriam a demonstrar isso em diversas passagens. Por fim, deve-se destacar que foi no Rio que conheceu e se casou com Maria Amélia Alvim (1910-2010),[9] que além de esposa, também viria a auxiliá-lo em muitas de suas pesquisas, inclusive acompanhando-o em arquivos, ajudando-o no processo de levantamento e coleta de material,[10] que formaria a base de vários de seus textos: sejam os publicados em jornais e revistas, sejam ainda aqueles que fariam parte de seus livros, como mostrou Antonio Candido (Cf. Candido, 2005, p. 9-16; Caldeira, 2005; Marras, 2012).

Mas, ao contrário de AEJ que fez o curso de Direito em São Paulo sob a orientação do pai e também por escolha pessoal, tudo indica que SBH o fez com certo contragosto no Rio de Janeiro, inclusive, pelo desempenho que teve no curso. Tal como demonstra, que em um de seus períodos, as datas dos exames finais lhe impediu de participar da Semana de Arte Moderna que ocorreu em fevereiro de 1922 na cidade de São Paulo. Todavia, seria ali que faria grandes amizades, como a que iniciava com Prudente de Moraes Neto (1895-1961), ou também Prudente de Morais, neto, e que duraria pela vida toda (Cf. Candido, 2005, p. 9-16; Caldeira, 2005; Marras, 2012).

Também diferente de AEJ que teve o foco de sua formação em São Paulo (ficando apenas durante certo período na Europa com o pai, como veremos no sexto capítulo), SBH a fez por São Paulo e pelo Rio de Janeiro, além de atuar em Cachoeiro de Itapemirim no Espírito Santo (após se formar em 1925), onde esteve em 1927, depois de seu racha com parte do grupo de modernistas de São Paulo e do Rio de Janeiro. O motivo de tais desavenças se deveu a recepção das ideias contidas em seu artigo *O lado oposto e outros lados*, publicado na *Revista do Brasil*, em 15 de outubro de 1926, e que lhe rendeu fortes críticas. Mas, além disso, já no final dos anos 1920 e início dos 1930 permaneceu uma temporada de dois anos na Alemanha. Em 1941 passou outra nos Estados Unidos (local que retornou em várias ocasiões para trabalho e pesquisa). Em meados dos anos 1950 outra na Itália (entre 1952 e 1954), além de manter constante contato com letrados brasileiros e estrangeiros e participar de congressos no Brasil e no exterior (Cf. Wegner, 2000; Nicodemo, 2011; Monteiro, Eugênio, 2008; Marras, 2012).

9 Veja-se para maiores informações o Apêndice deste livro.

10 Veja-se sobre essa questão, no que diz respeito ao percurso de historiadores no Oitocentos: Smith, 2003.

Assim como AEJ (entre 1938 e 1956), SBH também foi professor da cadeira de *História da Civilização Brasileira* do curso de História da Faculdade de Filosofia, Ciências e Letras da Universidade de São Paulo (FFCL/USP) entre 1956 e 1969. Mas, diferente dele que foi correspondente, a partir de 1926, do Instituto Histórico e Geográfico Brasileiro (IHGB), e sócio do Instituto Histórico e Geográfico de São Paulo (IHGSP) e da Academia Paulista de Letras (APL); SBH foi do IHGB,[11] da APL, e passou pela Universidade do Distrito Federal (como docente a partir de 1936, mas deixando-a no final de 1938, em função de sua extinção), pela *Escola Livre de Sociologia e Política* de São Paulo[12] (nos anos 1940 como professor, e em meados dos anos 1950, como aluno para fazer o curso de mestrado, requisito para participar do concurso para a cátedra em 1958), e foi diretor do Museu Paulista entre 1946 e 1956.

Além disso, ambos participaram ativamente dos debates da imprensa periódica, além de contribuírem com a produção e publicação de vários artigos em jornais e revistas. A partir dessa primeira diferença formativa poderíamos inquirir: em que medida esta se refletiu no modo como cada um deles pensou o passado e interpretou a história de São Paulo e do Brasil? E, dadas às características de suas respectivas trajetórias (aqui grosseiramente sintetizadas), em que medida as figuras do pai e de Afonso de Taunay teriam contribuído com a formação, as escolhas e a produção acadêmica de ambos?

Do mesmo modo que compreender as relações familiares, as escolhas e as trajetórias profissionais de AEJ e SBH são de fundamental importância para inquirirmos o papel que tiveram na constituição da história da historiografia brasileira e na profissionalização do ofício de historiador no país, também o é saber cotejar a produção de suas respectivas obras e como elas foram recebidas entre os anos 1930 e 1950.

Ambos começaram a publicar seus primeiros textos nos anos 1920. AEJ teve em *Raça de gigantes* de 1926 seu primeiro livro de impacto, assim como SBH já o faria em seu livro de estreia: *Raízes do Brasil* de 1936. Contudo, enquanto este livro só teve uma segunda edição em 1948, a maioria dos livros de

11 Cumprindo aos seus rituais fúnebres, o Instituto Histórico e Geográfico Brasileiro (IHGB) não deixou de homenagear Sérgio Buarque de Holanda em seu número 335, relativo a abril/junho de 1982, após saber de seu falecimento, por ter ele sido um de seus sócios (RIHGB, 1982, p. 188).

12 Sobre a fundação e o desenvolvimento dessa instituição, ver: Limongi, 1988, 1989.

AEJ foi tendo reedições em um período de tempo muito mais curto naquele período. Tomemos apenas alguns exemplos: *Confederação ou separação*, de 1932, teve pelo menos três edições nos anos 1930, assim como: *A nossa guerra*, publicado no mesmo ano; *O bandeirismo paulista e o recuo do meridiano* (de 1924), teve (pelo menos) duas edições no mesmo período, valendo o mesmo para *Os primeiros troncos paulistas e o cruzamento Euroamericano*, que foi a edição revista e reformulada de *Raça de gigantes* de 1926.[13] Do mesmo modo, a maioria dos *Boletins* que AEJ publicou, entre 1939 e 1951,[14] num total de 13 números enquanto foi o catedrático da cadeira de *História da Civilização Brasileira* do curso de Geografia e História da FFCL/USP, também tiveram edições mais amplas, especialmente, pela Editora Companhia Nacional, na coleção Brasiliana.[15] Na coleção Brasiliana foram publicados vários de seus textos, anteriores e posteriores a sua entrada no curso de Geografia e História em 1938.

Todavia, o movimento promissor de edições da obra deste autor foi paulatinamente se invertendo ao longo dos anos 1950 e 1960, justamente enquanto os textos de SBH começavam a ganhar maior destaque no mercado editorial: em 1956 saiu a terceira edição de *Raízes do Brasil*. Sem contar que em 1944 publicou *Cobra de vidro*, no ano seguinte *Monções*, em 1957 *Caminhos e fronteiras* e, em 1958/1959, *Visão do Paraíso*[16] – além de uma antologia de poetas

13 Enquanto temos dados seguros que apontam que a primeira edição de *Raízes do Brasil* teve um total de 3 mil exemplares, não temos como precisar a tiragem média das edições dos livros de AEJ durante esse mesmo período. Como se verá foi apenas fazendo algumas conjecturas, que conseguimos aproximações sobre as tiragens médias dos livros de AEJ.

14 No primeiro semestre de 1952, AEJ sai de licença médica e não retornou mais a cadeira de *História da Civilização Brasileira*. Isso interrompeu a continuidade da publicação dos *boletins* sob sua supervisão, ao lançar textos seus e de alunos e colegas de área do saber e afins.

15 Infelizmente não conseguimos cotejar uma documentação tão rica e agrupada sobre a obra de AEJ, situando os comentários que recebeu da imprensa periódica, no momento em que foram lançadas as primeiras edições de seus livros, como conseguimos fazer para a obra de SBH, e que se encontram catalogados e arquivados no Siarq/Unicamp – e que analisaremos no sétimo capítulo deste estudo.

16 Já no período em que foram lançadas essas obras receberam uma significativa atenção da imprensa periódica. Entre 1936 e 1938, Cecília Buarque de Holanda, irmã de SBH, fez um álbum com 78 recortes de comentários e resenhas a respeito de seu livro de estreia *Raízes do Brasil*. Durante os momentos em que o livro teve sua segunda edição, em 1948, e a terceira, em 1956, foi igualmente comentado e analisado na imprensa periódica. O mesmo ocorreu com *Caminhos e fronteiras*, publicado em 1957, e, depois, com *Visão do paraíso*, de 1958/1959. Surpreende, nesse aspecto, a recepção quase silenciosa que se deu

brasileiros lançada em 1953, e começar a preparar os planos de pesquisa, que comporiam seu livro *O extremo Oeste*, que (mesmo sendo anunciado nos anos 1970, na segunda edição de *Monções*) ficou inacabado e só seria lançado postumamente em 1986 (Cf. Holanda, 1979b, 1986, 2000). Mas, porque ocorreu esse movimento editorial[17] entre as obras de AEJ e de SBH? Como suas obras foram recebidas pelo público especializado, principalmente, o de professores e historiadores profissionais que foram se formando, a partir dos anos 1930, nas universidades? O que explicaria esse movimento de ascensão e declínio de edições entre as obras dos autores?

Num primeiro momento talvez apressássemos uma resposta ao pontuar que isso se deveu as posições políticas e as "visões de mundo" que eles foram formando. Mas, se de um lado, AEJ, tal como indicou, seguiu aos passos do pai (Cf. Ellis, 1959, 1997), ao se filiar ao Partido Republicano Paulista (PRP) e concorrer às eleições para o cargo de deputado estadual. E como deputado ele defendeu a lavoura de café, posicionando-se a favor dos cafeicultores e da produção do campo e foi favorável a regularidade dos processos políticos e econômicos. Para ele, as mudanças bruscas mais serviam para desajustar a sociedade do que para renová-la. Enquanto, de outro, SBH sempre defendeu posições de esquerda, sendo favorável a democracia, a participação das massas nos processos políticos e crítico em relação ao sistema político em vigor no período, a tal ponto que a mudança social era um caminho viável, não somente para se desgarrar dos "grilhões" e das "amarras do passado colonial", mas também para o melhor planejamento do futuro. Tampouco essa assertiva, ainda que coerente e plausível possa, por si só, explicar tal questão. Ainda

com *Monções*, em 1945, que recebeu pouquíssimos comentários em sua primeira edição, a exceção de uma única propaganda efetuada pela própria editora que lançou o livro, nos indica como nos anos 1940 já começava a se situar a importância do processo de divulgação e propaganda das obras publicadas pelas editoras (Cf. Sorá, 2010). Toda essa documentação encontra-se armazenada no Siarq/Unicamp. Voltaremos a essas questões ao longo deste trabalho, especialmente, na segunda parte desta pesquisa, quando analisaremos essa problemática de perto.

17 Apesar de não adentrarmos especificamente nessa questão, deve-se considerar as mudanças ocorridas no mercado editorial durante este período, assim como do contexto e do público de leitores, para se explicar com maior propriedade essa mutação no mercado editorial brasileiro, que foi progressivamente redirecionando interesses, temáticas e autores. Algumas pistas interessantes podem ser encontradas em: Villas Bôas, 2006, 2007; Franzini, 2010; Dutra, 2013.

numa primeira aproximação poderíamos indagar se esse movimento não teria sido gerado, em função das mudanças nas regras de consagração, prestígio e disputas pelo poder que fundamentavam um "campo intelectual" (Cf. Bourdieu, 1983, 2011) em formação entre os anos 1920 e 1930 (Cf. Miceli, 2001) e em processo de consolidação ao longo dos anos 1940 e 1950 no Brasil (Cf. Pontes, 1998, 2011). Em todo caso, em que medida o posicionamento político de ambos se refletiu na produção de suas respectivas obras? Como este posicionamento político esteve cerceando as escolhas e a produção dos autores quando regeram a cadeira de *História da Civilização Brasileira*? [18]

Ao nos depararmos com os objetos de pesquisa e os procedimentos de análise de AEJ e de SBH, parece prevalecer o que já havia sido apontado nos dois fragmentos analisados acima. O primeiro mantém-se com certa regularidade sobre o uso de procedimentos metodológicos, que apesar de serem revistos e ampliados ao longo do tempo, não deixaram de estabelecer relações diretas com a sua produção inicial dos anos 1920. E SBH, ao contrário, parece estar sempre instado a rever seus posicionamentos teórico-metodológicos, suas teses e interpretações, de tal modo que impressiona a voracidade com que lia e analisava autores e historiografias aparentemente tão distintas como a alemã, a francesa, a norte-americana, a inglesa, a italiana, a portuguesa, a espanhola e a latino-americana, para embasar, inclusive, suas autocríticas.

Contudo, isso não quer dizer, obviamente, que tanto em um caso como no outro, não houvesse mudanças e/ou continuidades (e as quais retornaremos, especialmente, no quinto capítulo e na segunda parte desta pesquisa). Se tomarmos como base a história dos bandeirantes, estudada por ambos, notaremos que enquanto AEJ a viu como fundamento explicativo do pioneirismo paulista, ao valorizar a *tradição* que poderia ser utilizada no presente, por meio dos *exemplos* deixados pelos "mamelucos". E esses exemplos poderiam contribuir para restaurar o passado (entendido como) "glorioso", e há pouco perdido pelo estado de São Paulo, com a interrupção de sua autonomia política e econômica em meados dos anos 1930, em função das "drásticas mudanças" decorridas, especialmente, entre 1929 e 1932 (Cf. Monteiro, 1994; Ferreira, 2002; Roiz, 2012a). SBH, por sua vez, viu nesse mesmo bandeirante também um sinal de pioneirismo, mas não em relação a suas iniciativas amplamente

18 Evidentemente, em função do recorte da pesquisa, não teremos como aprofundar essa questão para o caso de SBH, que ingressou na cadeira no final de 1956, como veremos ao longo deste trabalho.

dependentes dos "povos nativos", dos "negros da terra", nem tampouco em relação a seus recursos materiais, ou ao acumulo de riquezas. Para ele, os bandeirantes mais viviam suas rotinas aventureiras para não morrerem de fome. Por isso, deteve-se sobre o estudo da especificidade do tipo de capitalismo que viria a se desenvolver nos Trópicos (Cf. Wegner, 2000) – e que retomaremos no quarto capítulo. Ao se apropriarem das estratégias de sobrevivência dos povos nativos para explorarem o território, para Sérgio Buarque, os bandeirantes souberam introduzir um comércio que serviu de base para a formação de capitais, do comércio e de cidades nessas terras.

Assim, enquanto AEJ procurou demonstrar os laços que uniam os paulistas daquele presente histórico aos seus antepassados bandeirantes (Cf. Ellis Jr., 1934a, 1936a, 1936b, 1937, 1939), inclusive, com o *exemplo* da trajetória de alguns de seus familiares, como o pai e o avô (Cf. Ellis Jr., 1949, 1950b, 1960). SBH parece que, ao contrário, preocupar-se-ia muito mais em indicar as mudanças comportamentais e culturais, assim como nas rotinas de trabalho: no tipo de empreendimento efetuado pelas bandeiras e pelos bandeirantes do século XVII, pelas monções no XVIII, ou pelos tropeiros e fazendeiros de café no XIX (Cf. Holanda, 1936, 1986, 1995, 2000, 2010c) – e que retomaremos a discussão, particularmente, no quarto capítulo desta pesquisa.

Daí a importância de questionarmos: o que eles entendiam por "regras do método histórico" e como as fundamentaram, e, depois, passavam a usá-las para dar consistência e pertinência as suas pesquisas e as suas narrativas históricas? Que relações teriam com o modo que apreendiam a "temporalidade", definiam a "periodização" de seus estudos, fundamentavam suas afirmações (ainda que nem sempre a cotejassem diretamente como o exercício de uma "verdade histórica" objetiva a ser alcançada em seus estudos, por intermédio da comprovação documental), ou construíam uma "representação do passado"? E, enfim, qual a herança deixada pelas suas respectivas obras na história da historiografia brasileira?

Destarte, o último questionamento deve ser até melhor cotejado. Se tomarmos como base o texto de Carlos Guilherme Mota (2000), cuja tese apresentada nos anos 1970 pretendia apreciar as explicações que foram construídas sobre o Brasil ao longo do século passado, veremos que se a obra de SBH[19]

19 Não podemos esquecer que nesse mesmo período a obra de Carlos Guilherme Mota sofreu severas críticas de SBH (Cf. Mota, 2008, 2010, 2011). Veja-se ainda a correspondência trocada entre ambos no período, e os textos que publicaram na imprensa

não passou ilesa em sua análise, no caso da de AEJ tampouco ficaria de pé, ao criticar igualmente a ineficiência do regime de cátedras na instituição. Ao observarmos as avaliações que Maria Helena Capelato, Raquel Glezer e Vera Ferlini (1994) fizeram a respeito do desenvolvimento dos estudos históricos, por meio da interpretação da trajetória do curso de História da USP, notaremos, igualmente, que enquanto SBH "abriu novos horizontes de pesquisa", cujos contatos anteriores com a *Escola Livre de Sociologia e Política* e a direção do Museu Paulista "possibilitaram o aprofundamento das análises sobre a identidade nacional, com novos trabalhos sobre o bandeirismo, a formação do Estado e suas vinculações sócio-político-econômicas", e seus estudos "sobre a cultura brasileira cruza[va]m a tradição da crítica literária com as análises históricas eruditas" (Capelato, Glezer, Ferlini, 1994, p. 352). Para o caso de AEJ (e de Taunay), as autoras asseveram que havia fértil produção, mas "patente em produção historiográfica tradicional, de grande erudição, voltada [apenas] para temas paulistas" (*Idem*, p. 351). Uma de nossas metas no trabalho é justamente tentar apreciar criticamente essas avaliações, que direta ou indiretamente compuseram um "cânone" de leitura na apreciação das obras dos autores em pauta, e onde SBH estaria em seu "panteão", na mesma medida que AEJ seria paulatinamente "descartado" e "esquecido", e na melhor das hipóteses amplamente criticado por seu conservadorismo, posições políticas e análises históricas de cunho tradicional.

Apesar da propriedade de alongarmos a análise de outros comentários nesse momento, parece desnecessário apressarmos aqui avaliações que tendem a indicar os mesmos resultados nas últimas décadas.[20] Muito mais promissor é inquirir porque tais estudos têm chegado sempre a esses resultados e não a outros? De que maneira as obras de AEJ e de SBH contribuíram para que se mantivessem tais assertivas? Ainda mais se considerarmos que, enquanto se

---

periódica. Parte do material se encontra arquivado no Siarq/Unicamp. Note-se ainda que já nos anos 1950 a obra de SBH despertou o interesse e a crítica de Dante Moreira Leite (1927-1976), em sua tese *O caráter nacional brasileiro*: Leite, 2003.

20 E que podem ser facilmente aferíveis em trabalhos como o de: Abud, 1985; Moraes, Antunes, Ferrante, 1986; Dias, 1985, 1994, 1998, 2002; Miceli, 1989, 1995; Lima, 1991; Oliveira, 1999; Luca, 1999, 2011; Reis, 1999, 2006; Velozo, Madeira, 1999, 2001; Piva, 2000; Wegner, 2000; Ferreira, 2002; Ianni, 2004; Bresciani, 2005; Françozo, 2005, 2007; Brandão, 2007; Costa, 2007; Faoro, 2007; Nicodemo, 2008, 2011; Botelho, Schwarcz, 2009; Iglésias, 1992, 2009; Gonçalves, 2009; Franzini, 2010; Gusmão, 2012.

multiplicavam os estudos sobre a obra e a trajetória de SBH (apesar de prosseguir certa concentração de pesquisas sobre seu livro de estreia),[21] parece pairar um silêncio cada vez maior sobre a de AEJ, do mesmo jeito que ocorreu com relação às edições de sua obra, promissoras entre os anos 1930 e 1950, mas decaindo progressivamente a partir da década seguinte (sendo dos anos 1970 e início dos 80 as últimas edições a que se tem notícia). Ao contrário do que ocorreu com a de SBH desde então, especialmente se considerarmos o intenso processo de "canonização" de sua obra a partir dos anos 1990 (Cf. Monteiro, Eugênio, 2008; Marras, 2012).

Com isso, chegamos ao núcleo dos questionamentos que instigaram nossa pesquisa. De imediato, cumpre salientar que este não é um trabalho sobre a história da cadeira de *História da Civilização Brasileira* do curso de Geografia e História da Faculdade de Filosofia, Ciências e Letras da Universidade de São Paulo (FFCL/USP), propriamente dito,[22] no qual se teria como base o estudo das trajetórias de AEJ e de SBH, apenas quando nela estiveram, para demarcar a história de uma disciplina escolar e a constituição de um campo disciplinar. Muito embora conhecer seus meandros seja crucial para a compreensão de um momento fundamental da trajetória de ambos os autores em pauta. Nossa maior meta foi esboçar e interpretar o panorama que propiciou uma mudança de cunho institucional e epistemológico, no campo do conhecimento e dos estudos históricos, na qual a pesquisa histórica de base "autodidata" passou, entre os anos 1930 e 1950, por uma transição que veio a definir como deveria ser entendido o "ofício de historiador" no Brasil e o que seria uma "obra de história", na mesma medida em que se refletia como deveria ser escrita a história do Brasil. Nesse processo tanto AEJ quanto SBH participaram ativamente das discussões e contribuíram diretamente com a formulação de um perfil (ou, melhor dizendo, dos "perfis") para o historiador profissional (poder atuar de forma adequada, no que concernia a pesquisa histórica) no país.

21 Para tal questão, ver: Monteiro, 1999; Reis, 1999; Galvão, 2001; Carvalho, 2002; Matos, 2003, 2006; Assis, 2004; Prado, 2004; Caldeira, 2005; Pesavento, 2005; De Decca, 2006, 2007; Eugênio, 2011; Ramirez, 2011; Nicodemo, 2008, 2014; Monteiro, 2015.

22 Tal como pode ser encontrado nas pesquisas de: Bontempi Jr., 2001; Vidal, Faria Filho, 2003.

Por isso mesmo, com base nas trajetórias e nas obras[23] de AEJ e de SBH é que buscaremos mostrar que entre os anos 1930 e 1950 começava a se definir a passagem do "homem de letras" para o "pesquisador profissional", no campo dos estudos históricos brasileiros.[24] Nesse caso, entender como foram pensadas e utilizadas às noções de "temporalidade", de "periodização", de "verdade", as concepções de "representação do passado" e as "regras do método histórico" são de fundamental importância para compreendermos como foi ocorrendo à "profissionalização" do ofício de historiador durante esse período. E as trajetórias de AEJ e de SBH vieram a expressar muito bem os desdobramentos dessas mutações no campo da pesquisa e na escrita da história, assim como no ofício de historiador (Cf. Lapa, 1981, 1985; Reis, 1999; Iglésias, 2009; Falcon, 2011, 2015; Glezer, 2011; Roiz, 2012a).

Entre outras razões, porque ambos formaram-se em Direito (um em São Paulo, o outro no Rio de Janeiro). Ambos atuaram neste campo durante certo período,[25] vindo a se deslocarem para o jornalismo, a crítica literária e sociológica, até se firmarem no campo dos estudos históricos. Ambos escreveram crítica literária (mais SBH do que AEJ) e ambos escreveram romances (mais AEJ do que SBH). Ambos escreveram manuais didáticos (mais AEJ do que SBH). Ambos passaram por instituições de pesquisa (e no caso de SBH pela diretoria de um Museu) até chegarem a ser catedráticos da cadeira de *História da Civilização Brasileira* no curso de Geografia e História da FFCL/USP. E ambos produziram a maior parte de seus textos entre os anos de 1930 e 1950.[26]

23 E aqui nos apoiamos nas premissas de Michel Foucault (1997, 2005, 2006), para quem a obra de um autor não se resume apenas aos textos publicados, mas abrange também os inéditos, como as missivas, diários, notas, comentários, entrevistas, aulas e anotações.

24 Sobre tal questão, ver ainda: Guimarães, 1988, 2000, 2002, 2005, 2006, 2011.

25 Infelizmente não conseguimos ter acesso a essa documentação, relativa ao período em que AEJ exerceu a advocacia na região de Limeira/SP, em 1918, e SBH em Cachoeiro de Itapemirim/ES, em 1927.

26 Convém salientar ainda que, em geral, a definição de novas áreas do conhecimento se dá por meio da participação de profissionais provenientes de outras, cuja formação "autodidata" caminhava em direção a progressiva profissionalização do novo campo do saber em formação. E na pesquisa histórica não foi diferente. Para um detalhamento desta questão em outros países e momentos históricos, ver: Langlois, Seignobos, 1946; Carbonell, 1976; Marrou, 1978; Bourdé, Martin, 1983; Furet, 1985; Iggers, 1988, 1997; Febvre, 1989; Gay, 1990; Bann, 1994; White, 1994, 1995; Darnton, 1995; Chesneaux, 1995; Bédarida, 1995; Le Goff, 1996; Veyne, 1998; Boutier, Julia, 1998; Fontana, 1998, 2004; Tétart, 2000; Aguirre Rojas, 2000, 2004, 2007; Bloch, 2001; Certeau, 2002; Wiggershaus, 2002; Pascale, 2002; Hobsbawm, 2002; Ginzburg, 2002, 2007; Kuhn,

Além disso, ambos refletiram sobre o ofício, até se tornarem formadores de professores e pesquisadores de História. E ambos participaram dos processos de regulamentação institucional, para a formação de professores e pesquisadores, como pode ser aferido nos *Anuários* da FFCL/USP, ou nas primeiras reuniões da Associação de Professores de História entre 1961 e 1963. Com seus exemplos e estudos ajudaram a promover um conjunto de regras que viriam tanto a contribuir para a especialização do funcionamento do "campo intelectual" no país (Cf. Bourdieu, 2011), assim como do ofício de historiador, e a compreensão que passaria a ser feita a respeito do que era uma obra de história e a forma pela qual deveria ser escrita a história de São Paulo e do Brasil.

Mas, entenda-se desde já, um "campo intelectual" em formação na área, com suas regras específicas em elaboração, suas disputas pelo poder em construção, seus mecanismos de ação em processo. Em resumo, não um ambiente, cujo *habitus* já estivesse dado aos seus "agentes sociais", mas onde tudo, ou quase tudo, estava sendo disposto, para configurar este "campo" (Cf. Bourdieu, 1983, 1989, 1990, 2009, 2011), que viria mediar os meios pelos quais os praticantes do ofício de historiador iriam atuar – como veremos no quinto capítulo e na segunda parte deste estudo. Daí a possibilidade de movimentação tanto do "intelectual-letrado", quanto do "letrado-intelectual", na qual a dialética desses dois modos de agir e pensar viria a dar subsídios para a elaboração do perfil do acadêmico nas universidades brasileiras, e para o desenvolvimento do ofício de historiador no país, entre os anos 1930 e 1950. Nossa meta, nesse caso, foi mostrar também que tipo(s) de *aporia(s)* entre o "intelectual-letrado" e o "letrado-intelectual" se deu entre AEJ e SBH.[27]

E isso nos coloca um segundo problema, não por acaso, articulado a esse primeiro. Ao mesmo tempo em que ocorria o início de certa transição do "autodidatismo" para a "profissionalização" do trabalho de pesquisa do historiador no Brasil, dava-se o mesmo em relação à formação do "intelectual" no país, entendido como "*homo academicus*" nos termos de Pierre Bourdieu

---

2003; Gaddis, 2003; Caire-Jabinet, 2003; Reis, 2003a, 2003b, 2011, 2012; Collingwood, 2004; Momigliano, 2004; Aróstegui Sánchez, 2006; Croce, 2006; Prost, 2008; Mannheim, 2008; Araujo, 2008; Lima, 2006, 2009; Revel, 2009, 2010; Bourdieu, 2011.

27 Agradeço a José Antonio Vasconcelos que em sua intervensão na banca de defesa da tese nos chamou a atenção para a *aporia* que ocorreu entre AEJ e SBH, além da *dialética* entre "intelectual-letrado" e "letrado-intelectual", que deu base a formação do acadêmico e do historiador profissional no país.

(2011). Mais precisamente, parecia se deslocar de uma acepção de "intelectual-letrado" para um "letrado-intelectual", e, durante esse processo, dar forma a ideia e a função do acadêmico no país. Isto é, *da compreensão de um indivíduo como intelectual porque este era um letrado, e cuja formação acadêmica, especialmente, em Direito, vinha amparar seus discursos e suas posições na política, no partido e na produção do conhecimento*, que se referia ao "intelectual-letrado" - nos moldes do bacharelismo oitocentista brasileiro (Cf. Adorno, 1988; Carvalho, 2003; Mota, 2006; Mota, Ferreira, 2010; Mota, Salinas, 2010), que se pautava mais pela retórica do discurso do que pela prática da ação no espaço público, mais pelos gestos do que pelas atitudes, sendo mais favorável a manutenção das estruturas de poder, do que contrário e crítico a elas (Cf. Mota, 2006; Mota, Ferreira, 2010). Aliás, exercício da função severamente criticada por autores como SBH, já em seu livro de estreia: *Raízes do Brasil* de 1936. Para um "letrado-intelectual", quer dizer, *o letrado que em função de sua atuação política (não exclusivamente partidária) e acadêmica e seus desdobramentos em torno e ao redor da sociedade em que viviam que o tornaria "verdadeiramente" um intelectual* - nos moldes em que veio a ser entendido o termo, após os desdobramentos do caso Dreyfus na França no final do século XIX. Melhor dizendo, o indivíduo cujo papel exercido na sociedade estaria em ser um crítico das estruturas de poder político, econômico e cultural, além de ser um constante autocrítico em relação às posições políticas e acadêmicas hegemônicas de sua época e, inclusive, as de si próprio.[28] Mas essa passagem não ocorreu de maneira puramente linear, onde uma sobrepusesse à outra. Antes, elas viriam a conviver e a coexistir num mesmo espaço de disputas, onde as posições políticas e intelectuais se confrontavam igualmente pelo *poder* e pelo

28 Não há dúvida de que ao definirmos assim o "intelectual", de certo modo o conceito prende-se a certo essencialismo. Contudo, como demonstrou Pierre Bourdieu (1992, 2011), em sua análise do *homo academicus*, na França, esse tipo de definição do intelectual favorece a percepção de como os "agentes sociais" atuam de modo parcial ou plenamente na execução desse papel. Atente-se ainda sobre a enorme discussão que se estabeleceu sobre o conceito, quem é e como atuam os intelectuais, como pode ser facilmente aferível nas análises de: Jacoby, 1990; Bobbio, 1997; Silva, 2002, 2008; Lopes, 2003, 2007; Gramsci, 2006; Benda, 2007. No Brasil não tem sido diferente, como mostram os estudos de: Gomes, 1996, 1999; Miceli, 1989, 1995, 2001, 2009, 2012; Vieira, 2008, 2011. Em função desses pontos foi que resolvemos formular tais categorias de análise e verificar em que medida estas poderiam ser aplicáveis e operacionais para estudarmos as obras e as trajetórias de AEJ e de SBH.

*reconhecimento* (Cf. Bourdieu, 1983, 1990, 2011; Ricoeur, 2017) - tal como veremos na primeira parte desta pesquisa.

Foi a quase exclusividade da formação jurídica brasileira às suas classes dirigentes, desde meados do século XIX, que cerceou a relativa homogeneidade da representatividade política no Congresso e no Senado através de seus atores sociais eleitos para àquelas funções (Cf. Carvalho, 2003), fincando raízes profundas sobre a construção do imaginário, a elaboração das ideias, a prática política e partidária e as disputas pelo poder na sociedade brasileira (Cf. Carvalho, 2001; Mota, 2006; Mota, Ferreira, 2010; Mota, Salinas, 2010). O início do processo de diversificação da formação de pessoal qualificação para o exercício das mais variadas atividades socioprofissionais no Brasil, a partir das primeiras décadas do século passado, não arrefeceu, nem tampouco obscureceu, a conduta, a postura, e as ações dos letrados, no que dizia respeito às questões jurídicas, arraigadas sobre aqueles que se formavam em Direito (Cf. Mota, Ferreira, 2010; Mota, Salinas, 2010). Mais do que isso, a convivência entre a "velha" formação (jurídica) e as "novas" oportunidades socioprofissionais (que se abriam com a criação das Faculdades de Filosofia, Ciências e Letras) conduziu muitos dos letrados brasileiros a se deslocarem de uma área do saber para outra, de modo a seguirem, quase sempre, como "autodidatas" por entre as especificidades de um campo do saber para o qual não haviam sido inicialmente formados. Obviamente, alguns optaram por uma segunda graduação, mas muitos outros não. O que foi o caso de AEJ e de SBH. Contudo, como nos salienta Richard Posner:

> O direito é, das profissões, aquela que é mais voltada para a história. Para sermos mais exatos, é a profissão que mais volta seu olhar para o passado, aquela que dele mais "depende". O direito venera a tradição, o precedente, o ritual, o costume, as práticas antigas, os textos antigos, a terminologia arcaica, a maturidade, a sabedoria, a experiência que vem com a idade, a gerontocracia e a interpretação concebida como método de resgate dos fatos históricos. Desconfia da inovação, das rupturas, das "mudanças de paradigma", bem como da energia e do ímpeto dos jovens. (Posner, 2011, p. 167).

As circunstâncias que levaram ao desenvolvimento dos cursos de Direito no Brasil do século XIX, ao lado apenas da formação em Medicina e em Engenharia (Cf. Coelho, 1999), sem que houvesse um campo de Ciências Humanas em formação, fizeram com que aqui as indicações de Posner (2011) viessem a ser ainda mais solidificadas (Cf. Mota, Ferreira, 2010), de modo a tornar essa estrutura, que se consolidou até o final do XIX (Cf. Mota, Salinas, 2010), muito difícil de ser transposta nas décadas iniciais do século XX - do que, aliás, observou Bourdieu (2011) para o caso francês em relação à sociologia na segunda metade do século XX. Foi naquele contexto sociocultural específico que teve início a trajetória profissional de AEJ e de SBH, e cada um a sua maneira tiveram que perfilhar seus caminhos por entre as brechas que o sistema ainda em vigor começava a propiciar aos seus "agentes sociais".

Quando Pierre Bourdieu (2011) estudou a formação do "*homo academicus*" na França, tendo em vista o processo de institucionalização do curso de Sociologia e da especialização das regras do "campo intelectual",[29] que passou a interagir com as áreas do saber então consagradas naquele país, ele nos apresenta questões instigantes. Para ele, durante este processo de formação do "campo intelectual" onde a área da Sociologia passava a fazer parte, a *política* (especialmente entendida como atuação partidária) deveria dar lugar progressivamente a pesquisa e a prática da *ciência*, na constituição do *corpus* documental, metodológico e conceitual que dirigia e fundamentava a atuação do acadêmico profissional na França da segunda metade do século XX. Ao mesmo tempo as Ciências Humanas tiveram que arregimentar certas tradições para coexistir com as Faculdades de Medicina e de Direito, cujas tradições, regras e meios de consagração eram bem mais antigas e já então fundamentadas entre as instituições de ensino e pesquisa e, por isso, já estavam consolidadas naquele país. Com isso, o autor nos fornece meios para pensarmos o caso brasileiro, apesar de suas especificidades – e de sua obra se deter muito pouco em exemplos, e em muitos pontos ser mais prescritiva do que demonstrativa.

29 Para Pierre Bourdieu o campo é o espaço de disposição e de diferenciação dos grupos sociais. Nele se avaliariam as formas de enfrentamento e disputas pelo poder. O campo possuiria um grau de autonomia relativa com relação ao espaço exterior, mas não se fecharia sobre si, porque não deixaria de analisar condicionantes e disposições externas. Apesar de seu grau de autonomia relativa, o campo depende das disposições de lucro, preço, venda, determinações políticas, no espaço social. No campo intelectual, tudo que o envolve formariam "ritos de consagração". Para ele, o campo científico "enquanto sistema de relações objetivas entre posições adquiridas (em lutas anteriores) é o lugar, o espaço de jogo de uma luta concorrencial. O que está em jogo especificamente nessa luta é o monopólio da *autoridade científica* definida, de maneira inseparável, como capacidade técnica e poder social; ou, se quisermos, o monopólio da *competência científica*, compreendida enquanto capacidade de falar e agir legitimamente (isto é, de maneira autorizada e com autoridade), que é socialmente outorgada a um agente determinado." (Bourdieu, 1983, p. 122-23).

No Brasil da primeira metade do século passado, não houve um deslocamento tão linear e contínuo como Bourdieu descreve para a França, porque em muitos casos a fundamentação de um "campo científico" era feita sem que se deixassem totalmente os laços com a política, inclusive, quanto à atuação partidária.[30] Além disso, a fundamentação de regras, disputas pelo poder e meios de consagração estiveram coexistindo com "lugares sociais" de reunião de letrados, para cujos espaços de atuação profissional começavam a ser severamente criticados pelos profissionais formados nas universidades (Cf. Villela Luz, 1961). Para além dessas questões, no entanto, as premissas de Bourdieu nos fornecem pistas interessantes para pensarmos a construção das tradições das Faculdades de Direito, de Medicina e de Engenharia, que começaram a ser fundadas no século XIX no Brasil, em relação às novas áreas que foram se formando, a partir dos anos 1930, como a de Geografia e História. E como seus primeiros profissionais, que vinham de outras áreas, como o Direito, foram progressivamente caminhando como "autodidatas" para os estudos históricos, de modo a virem a ser "historiadores por vocação" (Cf. Glezer, 1976). Nesse caso também as trajetórias de AEJ e SBH são ricas e complexas, além de nos proporcionarem pistas instigantes sobre essa questão, para pensarmos o desenvolvimento dos estudos históricos brasileiros na primeira metade do século XX.

Desse modo, uma de nossas metas foi pensar como a dialética entre o "intelectual-letrado" e o "letrado-intelectual" poderia ter dado subsídios para o desenvolvimento do ofício de historiador e para a definição do papel a ser exercido pelo professor universitário, o *homo academicus* (nos termos de Pierre Bourdieu), nesta área do saber no Brasil dos anos 1930 aos anos 1950. Para exemplificar essa questão foi que tomamos como ponto de análise as trajetórias de AEJ e de SBH, durante o período de 1929 a 1959. De um lado, com vistas a testarmos a operacionalidade destas categorias e se seriam adequadas para estudarmos esses dois autores – já que não procuramos fazer aqui uma "sociologia dos intelectuais" (Cf. Mannheim, 1986, 2008; Lowy, Sayre, 1995; Alonso, 2002). Nesse caso, nossa proposta foi mais a de efetuar um estudo comparativo[31] entre esses dois autores, de modo a demarcarmos suas *aproxi-*

30 Que, aliás, começamos a refletir em: Roiz, 2012a. Para uma análise da questão, ver também: Miceli, 1989, 1995, 2001; Lahuerta, 1999; Peixoto, 2000; Pontes, 1998, 2011; Miranda de Sá, 2003; Oliveira, 2006; Pulici, 2008; Martinez, 2008; Meucci, 2011.

31 Uma análise dos pontos altos e baixos dos estudos comparativos pode ser encontrada, em: Bloch, 1993, 2001, 2009, 2011; Beired, 1999; Barros, 2004, 2011; Pallares-Burke, 2005, 2012; Capelato, 2009.

*mações e distanciamentos*, e as contribuições que trouxeram para a definição do ofício de historiador e de acadêmico na área de História e para a fundamentação de sua(s) escrita(s).

Ademais, a justificativa em iniciar esta periodização em 1929 está no impacto que aquele ano causou na economia mundial, em geral, e na brasileira, em particular, e como tais eventos se reverteram na produção dos autores em pauta. E 1959 porque foi quando começava a se definir novos rumos tanto nos cursos de História do país,[32] quanto no campo de pesquisa de SBH, que o levaria a coordenar a *História Geral da Civilização Brasileira* (entre 1962 e 1972), quanto no de AEJ, que passou a mediar o estudo das fontes documentais, com os processos de rememoração e imaginação, para dar ensejo a produção de suas narrativas históricas. Tudo indica que nesse período SBH foi dando maior enfoque a história política e social, como apareceria em seu livro *Do Império a República*[33] (muito embora as questões socioeconômicas e culturais não deixassem, de forma alguma, de manter sua importância na análise esboçada pelo autor em seus textos do período).[34] Naquele mesmo ano entrou para a gráfica da Editora João Bentivegna a última obra que foi publicada por

32 Em 1955 havia sido aprovada lei federal que desdobrava os cursos de Geografia e História, em cursos independentes. A partir de 1956, medidas estaduais vinham a regularizar a situação para os cursos do estado de São Paulo, e, em princípios de 1957, começavam a funcionar separados os cursos de Geografia e História (Roiz, 2012a). Se a pressão para que a separação dos cursos veio mais dos geógrafos do que dos historiadores (Cf. Ferreira, 2012), nem por isso teria menos impacto as medidas, pois, viriam a especializar mais as duas áreas (Cf. Roiz, 2012a). Evidentemente, o processo de formação de pesquisadores só ganharia maior regularidade e especialização com a regulamentação das pós-graduações na área, que se deu entre o final dos anos 1960 e início de 1970, quando se formaria o modelo atual de mestrados e doutorados (Cf. Falcon, 2011; Glezer, 2011). No entanto, e aí é o ponto em discussão, foi entre as décadas de 1930 e 1950 que começariam a serem efetuadas as primeiras discussões na área, especialmente, entre os catedráticos que tiveram sua formação inicial distinta da que viriam a praticar, como no caso de advogados que foram progressivamente caminhando pela crítica literária e sociológica, até se firmarem na pesquisa histórica e virem a exercer o ofício, como "historiadores por vocação" (Cf. Glezer, 1976), a exemplo de AEJ e SBH.

33 Mesmo considerando as especificidades da produção de SBH durante este período, as ligações desta produção com sua obra anterior são evidentes, como pode ser aferido em: Assis, 2004; Gusmão, 2012.

34 Tais questões podem ser igualmente cotejadas nos vários capítulos que SBH escreveu nos 7 volumes que coordenou da *História Geral da Civilização Brasileira*, entre os anos 1960 e meados de 1970.

AEJ[35] (e ao que tudo indica custeada pelo próprio autor). Nela ele esboçou a biografia de seu avô, o Tenente-coronel Francisco da Cunha Bueno, que, para ele, teria sido um pioneiro da cafeicultura no século XIX em São Paulo. A obra também marcou a incursão de Ellis Jr. para o campo do provável, do imaginável e do especulativo, para ele justificado pela falta de documentos, mas que até aquele momento o autor se revelava contrário em sua produção, aulas e orientações teórico-metodológicas.

Nesse aspecto, nossa meta foi mostrar que enquanto AEJ foi um "intelectual-letrado", SBH teria sido um "letrado-intelectual". Mas, de imediato, queremos deixar claro que nenhum deles foram "tipos puros", no sentido de "tipos ideais" weberiano (Cf. Ringer, 2004; Schluchter, 2012; Mata, 2013),[36] apenas que cada um deles se aproximou mais, ao longo da trajetória e de suas obras, de um modelo de agir e pensar e não de outro. Para amparar essa afirmação tanto percorreremos seus ingressos no que definimos como uma guerra de ideias no mundo dos letrados de São Paulo (e do Rio de Janeiro), na qual teriam enfrentado *batalhas* em torno do uso e da compreensão que tinham da "temporalidade", da "periodização", da "verdade", da "representação do passado" e das "regras do método histórico". Ao mesmo tempo, num segundo momento, procuramos inquirir e interpretar a trajetória de cada um deles, para verificarmos como cada um daqueles pontos se movimentava em suas obras, destacando nesta etapa mais as diferenças, do que as aprofximações entre ambos.

Com isso, objetivamos testar a plausibilidade da hipótese de que AEJ usava o passado para justificar suas teorias e orientar suas ações no presente, ao mesmo tempo como juiz e intérprete (historiador) do processo histórico, limitando-se a uma "rede de relações", com "agentes sociais" pertencentes exclusivamente aos setores e instituições do estado de São Paulo – com raríssimas exceções. Ao passo que SBH, ao contrário, teria como meta justamente descortinar as raízes do passado brasileiro, para inquirir como inviabilizavam a constituição plena da democracia nessas terras, com vistas a propor um pro-

---

35 Apesar de nesse mesmo ano ainda se encontrar no prelo as obras: *História econômica de São Paulo*, em 7 volumes, anunciada no *Anuário da FFCL* da USP de 1952, e concluída em 1954, e de *História da expansão cafeeira em São Paulo*, não conseguimos acumular dados seguros que nos afiançassem a confirmação de que tenham sido efetivamente publicadas.

36 Como, aliás, não é nenhuma produção intelectual, como já havia destacado: Barros, 2011.

jeto de transformação social. Ao mesmo tempo em que formava uma "rede de relações" de nível nacional e internacional, e na qual sua obra passava simultaneamente pelo crivo desses "agentes", quanto por sua autocrítica, num movimento de constante elaboração e reelaboração.

Em função desses aspectos é preciso detalhar melhor as categorias a serem testadas. A definição de novas categorias interpretativas são sempre muito arriscadas, porque são passíveis de imprecisões, ou pior, de não alcançarem adequadamente a possibilidade de generalização, para a compreensão dos temas em pauta. Mas sempre se fazem necessárias quando as existentes não conseguem abranger a complexidade de domínios espaços-temporais, e de temas e objetos de pesquisa. Nesse sentido, as categorias "intelectual-letrado" (de tradição bacharelesca) e "letrado-intelectual" (nos moldes do "*homo-academicus*", do acadêmico e pesquisador profissional) servem para dimensionar, entre outras coisas, a reconfiguração tanto dos "espaços de sociabilidade" (Cf. Sirinelli, 1996, 2003), quanto dos campos e dos *habitus*[37] dos indivíduos e dos grupos, entre os anos 1930 e 1950[38] no país. Um processo a que passaria, especialmente, a pesquisa histórica no Brasil,[39] num momento de mutações, especializações e (re)organizações dos espaços socioculturais e institucionais do pequeno mundo dos "homens de letras" do país (Cf. Gomes, 1996, 1999, 2009; Falcon, 2011, 2015; Ferreira, 2013).

Por isso, além de definir o tipo de atuação dos "homens de letras" (e como poderiam e deveriam desempenhar suas funções, agora como pesquisadores profissionais), seja o do formado na área ou o "autodidata" que caminhava

37 Para Bourdieu: "Os condicionamentos associados a uma classe particular de condições de existência produzem *habitus*, sistema de *disposições* duráveis e transponíveis, estruturas estruturadas predispostas a funcionar como estruturas estruturantes, ou seja, como princípios geradores e organizadores de práticas e de representações que podem ser objetivamente adaptadas ao seu objetivo sem supor a intenção consciente de fins e o domínio expresso das operações necessárias para alcançá-los, objetivamente "reguladas" e "regulares" sem em nada ser o produto de obediência a algumas regras e, sendo tudo isso, coletivamente orquestradas sem ser o produto da ação organizada de um maestro" (2009, p. 87).

38 Ver: Miceli, 1989, 1995, 2001; Balbachevisky, 1996; Gomes, 1996, 1999; Pontes, 1998; 2011; Lahuerta, 1999; Miranda de Sá, 2003; Pérrone-Moisés, 2004; Pulici, 2008; Meucci, 2011.

39 Ver: Capelato, Glezer, Ferlini, 1994; Petitjean, 1996; Ferreira, 2002; 2011; Ferreira, 2006, 2012; Falcon, 2011; Prado, Munteal, 2012; Roiz, 2012a.

para ela, tais categorias nos possibilitam avaliar como a par dessa função, alguns se definiram como "intelectuais", para dar maior credibilidade e plausibilidade teórica e representatividade política aos seus projetos e a sua ação. Alguns eram recrutados pelo Estado, nos moldes em que os definiu Sérgio Miceli (2001). Enquanto outros, em função do papel que exerceram na sociedade e na compreensão das instituições e do "mundo das letras" foram reconhecidos como "intelectuais". Primeiro, por serem produtores de "bens simbólicos" (participante direto ou não das questões partidárias, ou na arena dos debates políticos), e envolvendo-se diretamente com a produção de alternativas aos problemas de sua época, especialmente, com a interpretação da realidade social, sendo, por isso também, um elaborador e divulgador de "visões de mundo", por meio de sua obra (Cf. Manheim, 1986; Gomes, 1996, 1999; Sirinelli, 2003). Depois, pelo modo como eram críticos da ordem estabelecida, e autocríticos sobre sua própria produção.

Destarte, ao analisar as diferentes linhas interpretativas da história intelectual, Claudia Wasserman (2015, p. 63-79) procurou definir o termo "intelectual" da seguinte forma:

> [...] para tornar-se um intelectual, na acepção moderna do termo [após o caso Dreyfus], não basta pensar, elaborar conhecimentos acerca da sociedade e de seus problemas ou produzir objetos culturais concretos. A definição de intelectual, independente da atividade profissional, ou da natureza reflexiva do seu trabalho, está condicionada pela intervenção desses produtos ou elaborações reflexivas nos assuntos públicos. [...] de um lado, por tratar-se de uma pequena parcela da população que se ocupa das atividades intelectuais e, de outro, por ser ainda menor a porção daqueles que, em se ocupando de atividades intelectuais, se comportam como tal. (Wasserman, 2015, p. 64-65).

Para ela, ainda é preciso observar que "a partir do episódio francês, a palavra intelectual foi utilizada não apenas para designar a condição profissional do sujeito ou ao fato de ele dedicar-se a atividades não manuais", mas sim que "passou a referir-se a alguém que, dedicado a atividades assim consideradas, assume uma posição política ou ideológica e intervém nos assuntos públicos" (Wasserman, 2015, p. 68), de tal forma que suas posições façam com que seja repensada a condição na qual vive aquela sociedade. A autonomia de suas posições, nesse caso, não inviabiliza que mantenha uma posição política na arena dos debates públicos, mas sim que uma posição político-partidária, atuando como um político profissional pode vir a intervir diretamente na autonomia de suas ações, ideias e representações perante a sociedade da qual fazem parte. Em certo sentido é um pouco o que nos apresenta Antonio Gramsci (2006), que todos os homens são por definição "intelectuais", em função de seu agir, mas nem todos eles conseguem desempenhar a função de intelectuais na sociedade em que vivem. E o que faz a diferença para Norberto Bobbio (1997) é "precisamente a diversa tarefa que desempenham como criadores ou transmissores de ideias ou conhecimentos politicamente relevantes, é a diversa função que eles são chamados a desempenhar no contexto político." (Bobbio, 1997, p. 72). Para ele é justamente por essa razão que:

> Toda vez que a cena política é atravessada por uma ação que sai fora dos esquemas habituais, volta ao palco com particular força o tema da relação entre os intelectuais e a política [...] repropondo-se o debate sobre a responsabilidade dos homens da cultura perante os problemas cruciais de seu tempo. (Bobbio, 1997, p. 92).

Daí a importância da assertiva de Claudia Wasserman (2015) de que:

> Nesses contextos críticos, as disputas intelectuais se agudizam. Os intelectuais embarcam então em batalhas públicas e os debates ficam subsumidos a uma luta: a preservação ou a mudança social. Nesse ambiente, o presente torna-se passado e o futuro ou a sua projeção protagonizam a cena. (Wasserman, 2015, p. 72-73).

O que temos mostrado até aqui é que parece ser justamente esse ambiente que tornou propícia as ações e a produção das obras de AEJ e de SBH entre 1929 e 1959. Atente-se ainda, que em vista do exercício pleno dessa função que, em muitos casos, se dava o reconhecimento de "intelectual", também pelos "pares" que o cercavam naquela época e, depois, na posteridade. Esse "reconhecimento" não estarava limitado apenas ao redor do grupo, do partido ou partidários políticos, e em função das ideias que defenderam e que os tornaram conhecidos, mas também pela ação que exerceram e por suas tomadas de decisão no âmbito político e acadêmico (Cf. Bourdieu, 2008, 2011).

Evidentemente, como destaca Bolívar Lamounier (2014), os "intelectuais" (1) constituem um grupo no interior da comunidade em que vivem com um "nível de escolaridade muito superior ao da média da sociedade" (Lamounier, 2014, p. 22); (2) seu compromisso estaria cerceado em um vínculo genuíno "com valores públicos, ou seja, abrangentes, transcendentes, potencialmente universalizáveis"; (3) no qual a "plena configuração do papel [do] intelectual acontece à medida que o letrado se desloca em direção a uma fronteira imaginária que separa a vida cultural ou científica da vida pública" (Lamounier, 2014, p. 24). Para ele, esses seriam os três requisitos fundamentais para a definição do papel de um intelectual na sociedade.

Em sua análise propõe três papéis para os quais os intelectuais exerceriam sua função na sociedade: o *tribuno*, o *profeta* e o *sacerdote*. Deles os dois primeiros nos parecem promissores em nossa proposta, por que segundo indica: o *tribuno* "é motivado por um desejo de realizar a justiça de forma incidental, ou seja, em casos concretos", valendo-se "de seus recursos intelectuais e de seu prestígio para defender uma pessoa, um grupo social ou uma instituição – no limite, a estrutura constitucional de seu país – de riscos que considera imediatos" (Lamounier, 2014, p. 25); enquanto o *profeta* se coloca como um visionário, portador de uma mensagem de salvação, na qual "anuncia um mundo novo e convoca as massas a realizá-lo através de reformas ou de uma revolução social". Por mais que pareça sedutor aproximarmos AEJ do perfil do *tribuno*, e SBH do *profeta*,[40] em função de terem certas características que demonstram em sua trajetória e em sua obra nos permitirem associá-los a tais condutas e representações, espera-se mostrar ao longo deste estudo que ambos não se limitaram a elas. Daí a razão de preferirmos manter o trocadilho "intelectual-letrado" e "letrado-intelectual", por demonstrar, na forte expressão de E. P. Thompson (1987), o "fazer-se" de cada um deles, enquanto um processo em constante movimentação e constituição, isto é, enquanto num caso o exercício desse papel se dava em função da formação jurídica e da prática da pesquisa histórica, no outro essa mesma prática era uma decorrência do vínculo com valores públicos expressos para a sociedade, e que contrariavam e questionavam o papel exercido no primeiro caso.

---

40 Aliás, é o que nos sugere o próprio Lamounier ao analisar o livro *Raízes do Brasil* de SBH (Cf. Lamounier, 2014, p. 206-226).

Nesse sentido, devemos ter claro que, entre os anos 1930 e 1950, havia um movimento geral em torno das Humanidades, com vistas a definir a especificidade de cada uma das áreas do saber, em função da criação e desenvolvimento das primeiras universidades no país (Cf. Miceli, 1989, 1995, 2001). Nesse movimento geral se encontrava também os estudos históricos no Brasil (Cf. Petitjean, 1996; Malatian, 2001; Guimarães, 2006; Glezer, 2011; Roiz, 2012a; Ferreira, 2013) e no mundo (Cf. Malerba, 2010, 2013). Foi no interior desse processo que se deu o começo da transição do "autodidatismo" para a "profissionalização" do trabalho de pesquisa do historiador, entendendo-se aí pessoas que produzem um tipo específico de conhecimento histórico; que vivem de um ofício (em geral diplomado) e que tem uma preparação para exercê-lo, isto é, aquele que passa a seguir regras tácitas estabelecidas socialmente e que definem um estudo como de "história", e uma obra como "histórica" ou não. Enfim, o pesquisador que a partir de um problema, de evidências empíricas e de uma metodologia passa a interpretar o passado e a escrever uma história, nos moldes de uma pesquisa cientificamente conduzida (Cf. Febvre, 1989; Braudel, 1993, 2002; Bloch, 2001). Por essa razão, o "autodidatismo" aqui indicado, não foi o do século XIX, onde a maioria de seus praticantes não tinha uma formação acadêmica. Mas sim a de formados numa área do saber, e que progressivamente se estabeleciam em outra área.[41]

E aqui chegamos a um ponto fundamental: por que SBH se tornou o modelo de intelectual, de "*homo academicus*", primeiro na Universidade de São Paulo, e, depois, no país, e não AEJ que chegou a atuar até mais tempo do que ele naquela instituição, além de publicar mais livros e estes terem até mais edições no período? Por que SBH e não AEJ se tornou um exemplo de "historiador profissional", já que ambos vieram de uma mesma "tradição autodidata", sendo "historiadores por vocação"? É o que destaca, por exemplo, Sérgio Costa ao dizer que "Buarque de Holanda deixou uma obra monumental, sem a qual uma historiografia profissional seria impensável no Brasil." (Costa, 2014, p.828).

Nossa hipótese é que no processo de transição do "autodidatismo" para a "profissionalização" do trabalho de pesquisa do historiador no Brasil, SBH soube perscrutar as principais tradições teórico-metodológicas de sua época, especialmente, a alemã e a francesa, mas sem se prender a nenhuma delas, ao mesmo

41 Agradeço a Carlos Vieira que, em sua intervenção no exame de qualificação da tese, sugeriu que se aprofundasse melhor essa definição.

tempo em que se manteve autocrítico, inclusive, de sua obra inicial. E na dialética "intelectual-letrado" e "letrado-intelectual", que deu base para a formação da definição do papel do acadêmico (do "*homo academicus*", e do historiador profissional) no país, SBH não se prendeu ao jargão retórico do bacharelismo Oitocentista brasileiro. Pelo contrário, ele foi um crítico ferrenho deste tipo de postura no espaço público, onde suas obras eram direcionadas, via livros e/ou por meio da publicação de textos na imprensa periódica, especialmente, a de São Paulo e do Rio de Janeiro. E ao efetuar essa crítica, ele buscava construir um estilo específico para que o historiador pudesse formular uma narrativa histórica adequada para inquirir e compreender o passado (Cf. Dias, 1985, 1988, 1994, 1998, 2002).

Por sua vez, para dar consistência aos seus estudos, desde os anos 1920, AEJ foi formando um conjunto de procedimentos teórico-metodológicos para suas pesquisas (revistos e ampliados nos anos 1930 e 1940), de tal modo que aos poucos estes foram sendo definidos quase que como um "dogma" em seus escritos e aulas, para que efetuasse a análise do objeto; para interpretar as fontes; inquirir o passado e elaborar os resultados de seu trabalho, por meio de uma narrativa sobre as "causas" e as "consequências" de uma dada questão, ação ou acontecimento, e que davam vazão a certos "fatos e acontecimentos" e não a outros. Por essa razão, o modelo que fundamentou suas pesquisas, e que estava também imerso na tradição bacharelesca do Oitocentos, na qual sua formação jurídica, ao lado de sua experiência política, literária, jornalística e como historiador, vir-lhe-iam colocar como um "intelectual-letrado" de sua época. Mais precisamente, mesmo fazendo o mesmo percurso que SBH em direção aos "estudos históricos", AEJ não conseguiu se desgarrar completamente do jargão retórico de cunho bacharelesco, da área jurídica a qual havia se formado no final dos anos 1910. Nesse ponto, SBH pareceu seguir melhor tal percurso como um "historiador por vocação", ao passo que AEJ pareceu ser mais um "historiador por inércia",[42] em função da indução que sua prática de pesquisa esteve sempre a sugerir e a depender de outros autores e procedimentos, inclusive de outras áreas do saber (como o Direito), para fundamentar seus textos históricos e dar maior sustentabilidade aos seus argumentos. E aqui não podemos deixar de questionar: tais hipóteses seriam plausíveis para inquirir e interpretar as obras e as trajetórias de AEJ e de SBH?

42 Agradeço a Estevão Rezende Martins por me alertar esse ponto na defesa da tese.

Evidentemente, para tentar responder a essas questões, foram utilizadas fontes de várias procedências. Ao lado de um estudo pormenorizado da obra que produziram no período,[43] cotejando suas primeiras edições, procuramos cruzar as correspondências passivas e ativas de ambos, de modo a rastrear os processos de produção, as revisões, correções e alterações na análise (do objeto, do passado, ou mesmo na interpretação da História), tentando cruzar texto e contexto nesta análise. Em nossa pesquisa conseguimos levantar cerca de 370 cartas passivas enviadas a SBH e 29 ativas, que se encontram armazenadas no Arquivo Central do Sistema de Arquivos da Unicamp (Siarq/Unicamp), no fundo Sérgio Buarque de Holanda, e no Instituto de Estudos Brasileiros da Universidade de São Paulo (IEB/USP), no fundo Mário de Andrade. E cerca de 20 cartas ativas de AEJ, a maioria das quais de cunho eminentemente administrativo, e outras 20 passivas, que se encontram armazenadas em seu prontuário arquivado no Centro de Apoio à Pesquisa em História "Sérgio Buarque de Holanda" da Faculdade de Filosofia, Letras e Ciências Humanas da Universidade de São Paulo (CAPH/FFLCH/USP) e no Museu Paulista, no prontuário de Afonso de Taunay.

Do mesmo modo foi de fundamental importância à análise dos *Anuários da Faculdade de Filosofia, Ciências e Letras*, produzidos entre os anos de 1930 e 1950,[44] porque dimensionam a participação de ambos em bancas, na cátedra

43 E aqui não deixamos de consultar a biblioteca de ambos, ou mais precisamente, o que restou delas. No caso da de SBH, há um acervo de cerca de 10 mil exemplares na biblioteca central da Unicamp. No caso da de AEJ, há um acervo de cerca de 2.200 exemplares que se encontram no Instituto de Estudos Brasileiros (IEB) da Universidade de São Paulo (USP). Em ambos os casos, há desde livros que não estão grifados e anotados, até aqueles em que há anotações, especialmente, no caso do acervo de SBH.

44 Os *Anuários da FFCL* da USP foram produzidos entre as décadas de 1930 e 1950. Na década de 1930 elaboraram-se três números relativos aos anos de: 1934-1935; 1936; 1937-1938. Neles apresenta-se: aulas inaugurais; os programas de disciplinas de cada um dos cursos das subseções (com súmula de matéria da disciplina); listas de matriculas de alunos e lista de formandos entre os cursos; relatórios de cadeira, de onde os docentes avaliavam procedimentos didáticos, matéria e leituras; há reprodução de atas das reuniões da congregação da Faculdade de Filosofia; súmula curricular de docentes contratados para os cursos e gráficos de orçamentos e gastos da Faculdade. Na década de 1940 a produção dos anuários foi interrompida. Foi nos anos 50, com a administração de Eurípedes Simões de Paula, que os anuários voltaram a serem produzidos. Na década de 1950 foram organizados mais quatro números: 1939-1949, 2v; 1950; 1951; 1952. O formato foi similar aos daqueles produzidos nos anos 30. Contudo, diminuiu-se a reprodução de atas e aumentou a reprodução de editais de concursos de cátedra e de incorporação de legislações entre os cursos.

e nos relatórios que escreveram – e como eles exprimiam suas expectativas sobre o curso e o ofício[45] é, aliás, um ponto a ser questionado na análise proposta. Com base nesses documentos é que cotejamos os Anais da Assembleia Paulista dos anos 1930, da qual AEJ foi deputado estadual, os documentos do Museu Paulista do qual SBH foi diretor entre 1946 e 1956. Mas, especialmente, nos detivemos no período em que foram professores do curso de Geografia e História da FFCL/USP. No caso de AEJ entre 1938 e 1956, e de SBH entre 1956 e 1959 – apesar dele se manter no curso até meados de 1969, quando solicita a aposentadoria, em função das consequências do AI-5 para seus colegas na instituição (Cf. Reis, 1999; Costa, 2007; Sanches, 2007; Roiz, 2012a).

Para compreendermos esse processo, dividimos nosso estudo em duas partes. Na primeira, com cinco capítulos, procuramos analisar quais as arenas de debate que se formaram ao longo dos anos 1930 e 1940, dando base *a uma verdadeira guerra de ideias no mundo dos letrados de São Paulo*. Com o objetivo de inquiri-la, tendo em vista a atuação de AEJ e de SBH, foi que recortamos em cada um dos capítulos, um ponto a ser discutido e analisado.

No primeiro, procuramos inquirir como pensaram a historicidade de sua época, ao refletirem como deveria ser usada a "temporalidade", proporem uma escrita da história, e repensarem as categorias: passado, presente e futuro, para darem alternativas aos problemas enfrentados e aventados com os eventos de 1929 a 1932. Eventos esses que senão romperam com as estruturas políticas e econômicas então vigentes, ao menos as fizeram ser amplamente reestruturadas, e nas quais AEJ e SBH sentiram diretamente em seus percursos profissionais, o que resultou em certas constatações em suas obras do período. Por

45 Assim também foi importante pesquisar as seções da *Revista de História* que foi criada em 1950 por Eurípedes Simões de Paula. Foi uma publicação trimestral, sem interrupção de 1950 a 1977, totalizando 112 números impressos até o desaparecimento de seu fundador. Segundo ele (no editorial do primeiro número) foi inicialmente pensada em 1937, junto a Fernand Paul Braudel, mas somente inaugurada em 1950, devido a vários imprevistos de ordem institucional e financeira. A revista foi dividida em sete seções: I – Conferências; II – Artigos; III – Fatos e Notas; IV – Documentário; V – Questões pedagógicas; VI – Resenha bibliográfica; VII – Noticiário. Apresentava-se como um lugar de debates e trocas de ideias entre "intelectuais" brasileiros e estrangeiros, constando em seus objetivos principais: a) oferecer a oportunidade aos estudiosos divulgarem suas pesquisas; b) estimular os jovens a aprimorarem a sua cultura histórica, via leitura e apresentação de trabalhos ao periódico; c) e contribuir para a divulgação da bibliografia nacional e internacional, no "ensino normal" e "secundário", proporcionando-lhes um acesso para conhecerem a "História da Nação".

isso mesmo, comparamos nesse capítulo a atuação de AEJ e de SBH, com a de Fernando de Azevedo, para mostrar que outros projetos, além dos desses dois autores, também estavam em disputa no período. Além disso, AEJ seria um crítico das ações movidas pelo grupo de Fernando de Azevedo na Assembleia Legislativa de São Paulo, onde exercia seu terceiro mandato de deputado estadual.

No segundo capítulo nos detemos na batalha pela "periodização" da história do Brasil, cujo século XIX pareceu ser um paradigma, tanto na obra de AEJ, quanto na de SBH. Assim como pareceu também estar nas indagações das obras da maioria dos letrados que escreveram entre os anos 1920 e 1930, pois, procuravam mostrar que foi no Oitocentos que verdadeiramente se formou as raízes do Estado e da Nação no país. E esse fator igualmente teve reflexos nos anos 1930, em função da maneira com que o governo de Getúlio Vargas procurou justificar suas ações, ao promover a estruturação de um tipo de Estado e de Nação para o Brasil (Cf. Gomes, 1996, 2003; Fausto, 2006). Muitos destes "homens de letras", como SBH e AEJ, foram contrários a tais iniciativas.

No terceiro capítulo focalizamos a batalha pela "verdade histórica", na qual a produção literária parecia dar caminhos e favorecer a reflexão sobre a produção e a constituição do "princípio de realidade" na obra dos "historiadores por vocação" (Cf. Glezer, 1976). Mas, enquanto AEJ parecia se (re)apropriar das estratégias narrativas desenvolvidas no período, para dar subsídios a constituição de sua obra histórica e literária, e dar continuidade a formulação de uma "epopeia bandeirante" (Cf. Ferreira, 2002). SBH, a princípio seguindo as trilhas do modernismo paulista, depois tentando avançar sobre suas formulações, procurou rever os discursos que foram construídos sobre o país, tanto no campo literário quanto no histórico, para propor formas de transpor as barreiras que esses mesmos discursos impunham aos atores sociais do período, e cujo norte estava em cercear certos tipos de "relações cordiais" entre os indivíduos, além de moverem certo formato de narrativa que ambientava os fatos entendidos como "verdadeiros", limitando, portanto, a criatividade e a imaginação na construção da interpretação histórica (Cf. Monteiro, Eugênio, 2008; Monteiro, 2012). Além disso, tudo indica que se foi AEJ que melhor praticou a escrita de romances, foi SBH que soube aproveitar mais eficazmente as relações e aproximações entre história e literatura para analisar as fontes e produzir seus textos históricos.

No quarto capítulo discutimos a batalha pela "representação do passado", tendo em vista as imagens e as interpretações que, então, se faziam sobre os bandeirantes paulistas, por meio da análise detalhada do *curso de bandeirologia* de 1946. Nesse sentido, procuramos demonstrar que ao invés de uma narrativa linear, composta ao longo das seis conferências (das 14 planejadas) que foram publicadas do *Curso de Bandeirologia* de 1946, apresentavam-se duas que caminhavam paralelas (apesar da hegemonia de uma sobre a outra) entre, de um lado, os textos de Afonso de Taunay (1876-1958), Virgilio Corrêa Filho (1887-1973), Afonso Arinos de Mello Franco (1905-1990), AEJ e Joaquim Ribeiro (1907-1964), que visualizaram positiva e complacentemente o papel do bandeirante no desbravamento dos sertões, na captura de indígenas e na exploração do Território, como o feito mais importante na história de São Paulo e para o Brasil, acabando por *construírem uma narrativa elogiosa sobre a(s) tradição(*ões*) do passado*. E, de outro, com o de SBH, que seguindo as pistas e as críticas de Capistrano de Abreu (1853-1927) e de José de Alcântara Machado (1875-1941), deteve-se nas *monções*, visualizando a pobreza dos bandeirantes, a dependência que tinham com os nativos e a fragilidade das opções, nos percursos que eram trilhados pelas bandeiras paulistas, ao formular *uma crítica a narrativa elogiosa da(s) tradição(*ões*) do passado*. Além dessas duas narrativas paralelas em disputa, o curso teria uma terceira, em parte síntese, em parte continuidade da primeira, proposta pelos desenhos de Belmonte – pseudônimo de Benedito Carneiro Bastos Barreto (1896-1947) –, que ilustravam momentos das narrativas dos textos, com suas imagens figurativas.

Por fim, no quinto capítulo desta parte, procuramos refletir a batalha pelas "regras do método histórico", que circunstanciaram tanto a produção quanto a compreensão que AEJ e SBH faziam do ofício de historiador e da escrita da história, em meados dos anos 1940 e 1950, quando efetivamente começava a se dar o início de uma transição do "autodidatismo" para a "profissionalização" do trabalho de pesquisa do historiador no Brasil (Cf. Gomes, 1996, 2007, 2009; Ferreira, 2006, 2012, 2013; Falcon, 2011, 2015; Roiz, 2012a), e eles começavam a ensinar as primeiras gerações de historiadores profissionais formados pelas universidades.

Por se tratar de um momento de mudanças cruciais para o ofício de historiador no Brasil, no qual não apenas parecia se começar a transitar do "autodidatismo" para a "profissionalização" do trabalho de pesquisa do historiador, mas nesse mesmo processo se passava de uma orientação que tinha como base o "historicismo alemão" e a "escola metódica" francesa, para outra que tinha como base o "movimento dos *Annales*",[46] não podemos deixar de inquirir esses dois movimentos em nossa pesquisa.

Para conduzirmos essa análise sobre os fundamentos da escrita da história, pautamo-nos nas indicações de Jörn Rüsen (2001, 2007a, 2007b) sobre a função da *matriz disciplinar*, que nada mais seria do que o conjunto sistemático de fatores, que prescrevem um processo dinâmico, e visam determinar os princípios constitutivos da "ciência da história" – tendo em vista que aquele era um momento de transições e de tomadas de decisão no campo da pesquisa e da escrita da história, tanto no Brasil como no mundo (Cf. Iggers, 1988, 1997; Reis, 1999, 2000, 2011, 2012; Prost, 2008).

Mais precisamente, a *matriz disciplinar* corresponderia à articulação de fatores que envolveriam a "vida prática" e a "ciência especializada", e por meio delas seria possível conduzir cientificamente a pesquisa histórica. Para ele, a *matriz disciplinar* corresponderia à articulação de cinco fatores, a saber: interesses, ideias, métodos, formas e funções. Para ele, se passaria dos *interesses* (que orientam o fluxo do tempo e a maneira que os indivíduos definem seu agir), para as *ideias* (as perspectivas orientadoras da experiência sobre o passado, no presente histórico), e destas para os *métodos* (as regras da pesquisa empírica), que almejariam em seguida *formas* de apresentação do conhecimento histórico, e que teria como *funções* regularem a orientação existencial dos indivíduos no tempo e lhes permitir tomadas de decisão.

Nesse sentido, "articulados na matriz disciplinar da ciência da história, eles adquirem a especificidade que permite distinguir o pensamento histórico constituído cientificamente do pensamento histórico comum" (Rüsen, 2001, p. 35). O que implicaria em reconhecer a especificidade do conhecimento histórico em "moldes científicos", sem negar a sua correspondente ligação com a "criação artística e literária", em função de seus resultados serem expostos, via de regra, por meio de "narrativas".

Ao mesmo tempo, deve-se ter em conta que mediante certas alterações (algumas delas drásticas), num determinado contexto, onde vivem os indivíduos, e, em certas ocasiões, vindo a causarem verdadeiras crises de "consciência histórica" (Cf. Rüsen, 2001), nas quais os sentidos e as funções prescritas sobre as categorias: passado, presente e futuro perdem a função que lhes eram dadas

46 E que começamos a investigar em: Roiz, Santos, 2012.

(ainda que num espaço de tempo determinado), que os incitaria, por isso, a formularem novos sentidos para o seu agir no tempo, bem como para o modo que compreendiam a "temporalidade" (Cf. Rüsen 2001; Koselleck, 2006).

Para Rüsen (2001), a "consciência histórica" deve ser entendida como "*fenômeno do mundo vital*, ou seja, como uma forma da consciência humana que está relacionada imediatamente com a vida humana prática", pois, ela se refere "a suma de operações mentais com as quais os homens interpretam sua experiência da evolução temporal de seu mundo e de si mesmos, de forma tal que possam orientar, intencionalmente, sua vida prática no tempo" (Rüsen, 2001, p. 56-57, itálico no original). A *consciência histórica* é o "modo pelo qual a relação dinâmica entre experiência do tempo e intenção no tempo se realiza no processo da vida humana" (Rüsen, 2001, p. 58). Além disso, ela é "guiada pela intenção de dominar o tempo que é experimentado pelo homem como ameaça de perder-se na transformação do mundo e dele mesmo" (Rüsen, 2001, p. 60).

Nesse aspecto, a *consciência histórica* "serve como um elemento de orientação chave, dando à vida prática um marco e uma matriz temporais, uma concepção do 'curso do tempo' que flui através dos assuntos mundanos da vida diária", e essa "concepção funciona [também] como um elemento [de ligação] nas intenções que guiam a atividade humana" (Rüsen, 2010, p. 56), no curso dos processos de ação e de tomadas de decisão. Isso porque, ela "transforma os valores morais em totalidades temporais: tradições, conceitos de desenvolvimento ou outras formas de compreensão do tempo" (Rüsen, 2010, p. 57). A *consciência histórica* se caracteriza pela sua capacidade de estabelecer uma competência de experiência, de interpretação e de orientação nos indivíduos. Para ele, a *consciência história* poderia ser agrupada no interior de uma tipologia, na qual se inscreveriam: uma forma *tradicional*, uma *exemplar*, uma *crítica* e uma *genética*. Essa tipologia serviria tanto para analisar o desenvolvimento da história da historiografia, quanto os processos de ensino-aprendizagem e a dinâmica da prática do ensino de história (Cf. Rüsen, 2001, 2007a, 2007b, 2010, 2012).

Para ele, a *tradicional* dá significado contínuo ao passado no presente e no futuro, sendo reproduzida continuamente, ao apresentar "a totalidade temporal que faz significativo o passado e relevante a realidade presente e a sua extensão futura como uma continuidade de modelos de vida e os modelos culturais pré-escritos além do tempo" (Rüsen, 2010, p. 64). Mais precisamente, a consciência histórica de tipo *tradicional* estabelece uma relação de força entre o passado e o presente e o futuro, de modo a dar continuidade às ações humanas, nas quais o passado determina as decisões a serem tomadas no presente e que refletirão diretamente na constituição do futuro. O passado direciona o presente e, com isso, estabelece o futuro.

A *exemplar* rastreia os casos e acontecimentos significativos ao longo do tempo, dando assim base de orientação e tomada de decisão no presente, ao revelar "a moralidade de um valor ou de um sistema de valores, culturalmente materializados na vida social e pessoal, através da demonstração de sua generalidade", quer dizer, "que tem uma validade que se estende a uma gama de situações" (Rüsen, 2010, p. 66). Mas, diferente da consciência histórica *tradicional*, que tem sua matriz nos relatos de "origem" que dão sentido a trajetória de um povo e que, por isso mesmo, são a moldura de seu presente e de seu futuro, a *exemplar*, ainda que mantenha a "força diretriz do passado", não o faz com base nos relatos de *origem*, mas sim em função de *ações exemplares*, que servem de apoio para os homens e as mulheres se fundamentarem em decisões posteriores e em seu agir humano no tempo.

A *crítica* faz um corte com o passado, dando novos significados tanto a este, quanto ao presente e ao futuro, onde a história "funciona como a ferramenta com a qual se rompe, 'se destrói', se decifra tal continuidade – para que perca seu poder como fonte de orientação no presente" (Rüsen, 2010, p. 67). A força diretriz do passado é desfeita neste caso, para fundamentar um novo sentido ao processo, redirecionando o presente e o futuro para outros caminhos e possibilidades de realização.

Por fim, a *genética* demonstra como nos próprios desdobramentos de sentido do passado se encontra a mudança, onde a "memória histórica prefere representar a experiência da realidade passada como acontecimentos mutáveis, nos quais as formas de vida e de cultura distantes evoluem em configurações 'modernas' mais positivas" (Rüsen, 2010, p. 69). Isto é, buscavam-se no próprio passado "novas matrizes interpretativas", com as quais se movem novas "relações de força" (Cf. Ginzburg, 2002), de modo a perfazer outros sentidos ao processo histórico, mas sem romper com a temporalidade (passado – presente – futuro), tal como o faz a consciência histórica de tipo *crítica*, ao romper com o passado para produzir novos presentes e propiciar outros futuros. A *genética* propõe novas leituras do passado, do presente e até do futuro, mas sem causar uma ruptura, um corte, direto com o passado. Deve-se ainda notar que para Rüsen cada tipo de consciência histórica está articulado a outro, de modo que um tipo de consciência pode vir a propiciar a passagem para outro tipo. É o caso, por exemplo, da consciência histórica de tipo crítica, que serve de passagem de uma tradicional para outra exemplar, ou de uma destas duas para a genética; ou mesmo de momento de transição no qual se detecta a mudança que fora atingida no processo, mas esta ainda não é convertida em outro tipo de consciência histórica.

Nesse aspecto é que para Rüsen, "*designa-se*" por narrativa "*o resultado intelectual mediante o qual e no qual a consciência histórica se forma e, por conseguinte, fundamenta decisivamente todo pensamento-histórico e todo conhecimento histórico científico*" (Rüsen, 2001, p. 61, itálico no original).

Assim, ao serem instados por seu contexto a pensarem a produção dos sentidos que lhes fornecem subsídios para as tomadas de decisão, os indivíduos podem muito bem, nesse processo, se voltarem para o *elogio da tradição*, isto é, para a recuperação dos sentidos do passado para a orientação das decisões no presente, ao tangenciarem por uma "consciência histórica" *tradicional* e/ou *exemplar* (como teria sido o caso de AEJ?). Ou ainda, partirem da *crítica à tradição*, rompendo com o passado, com vistas a proporem novos sentidos para o presente e para se guiarem no planejamento do futuro, ao tangenciarem por uma "consciência histórica" *crítica* e/ou *genética* (como teria tentado fazer SBH?). Para Rüsen:

> [...] a história, como realidade, constitui-se nos processos do agir intencional com os quais os homens superam as condições e circunstâncias dadas de sua vida prática, a fim de realizar, na prática, a transformação do tempo natural em tempo humano. Esses processos só podem ser pensados como conteúdo de algo já acontecido, ou seja, do agir passado. Como conteúdo da consciência histórica, a história é a suma das mudanças temporais do homem e de seu mundo no passado, interpretadas como transformação de tempo natural em tempo humano, vale dizer, como ganho de tempo. Com tal interpretação, ela se insere no quadro de referências de orientação da vida prática atual, no qual pode abrir perspectivas de futuro (Rüsen, 2001, p. 84).

Desse modo, instigados pelas circunstâncias que proporcionavam alterações drásticas em seu contexto, os indivíduos (nesse caso, intérpretes do processo) seriam instados a formularem novos sentidos para seu agir no tempo, não somente refletindo as categorias temporais: passado, presente e futuro, mas igualmente cotejando formas para pensar, compreender e se guiar no transcurso do processo histórico, ao repensarem as regras de seu ofício e o modo de apresentação de suas pesquisas. Daí a importância dos critérios de produção da verdade no pensamento histórico serem fundamentais para diferenciar as histórias comuns das histórias científicas, já que estas almejam mediar um conjunto circunscrito de orientações, para propiciar a tomada de decisões dos indivíduos, ao servirem de guia para a produção de sentido em suas ações e decisões.

Com isso, chegamos a mais um conjunto de hipóteses. Em função de sua crítica ao passado colonial brasileiro, SBH tangenciaria em sua obra entre uma "consciência histórica" *crítica* e *genética*. Enquanto AEJ, por procurar usar o passado para restaurar a ordem política e social perdida após 1930, apoiar-se-ia numa *tradicional* e *exemplar*. Do mesmo modo que inquirimos o primeiro conjunto de hipóteses, devemos fazer para esse segundo e questionar: em que medida essa tipologia sobre a "consciência histórica" (Cf. Rüsen, 2007b, 2010) poderia ser eficaz e operacional para analisarmos as obras de SBH e de AEJ?

Portanto, mudança no direcionamento do contexto, produção de novos sentidos, e (re)orientação das tomadas de decisão dos indivíduos em seu presente, são, para Rüsen (2001, 2007a, 2007b, 2015), o movimento que demarca o tipo de percepção, de "consciência histórica", que alicerça a interpretação e a transformação do tempo natural em tempo humano (histórico). Esse movimento também fundamenta as ações dos indivíduos no transcurso do processo histórico. A base teórica que nos servirá de fundamento para guiar nossa incursão pela análise da trajetória e da obra de AEJ e de SBH na primeira parte de nosso estudo, não por acaso, está também intimamente articulada com as prescrições de Pierre Bourdieu (2011) para inquirirmos de que modo se formou o "*homo academicus*" no país. Assim, nosso objetivo foi tentar usar as obras de Rüsen e Bourdieu para nos servirem de guia teórico-metodológico nessa incursão de tentativa de análise das obras e das trajetórias de AEJ e de SBH.

Com isso, na segunda parte desta pesquisa, com dois capítulos, procuramos analisar o *mundo das representações*, isto é, *a história e seu ofício* na produção histórica de AEJ e de SBH, tendo em vista que o passado e o futuro estavam constantemente sendo inquiridos na escrita da história desses autores, em seu presente histórico. No primeiro capítulo desta parte, estudamos a obra de AEJ e as revisões que fez sobre a "temporalidade", a "periodização", a "verdade", a "representação do passado" e as "regras do método histórico", no transcurso dos anos 1940 para os 1950, ao mesmo tempo em que formava uma "rede de relações", especialmente, distribuída entre os quadros de funcionários e profissionais do estado de São Paulo. Procuramos refletir as mesmas questões no capítulo seguinte, para estudar a obra e a trajetória de SBH, cotejando como foram interpretadas as primeiras edições de seus livros, em função de também vir a estabelecer uma "rede de relações", mas, nesse caso, com profissionais tanto do Brasil, quanto do exterior. Como o leitor perceberá, nossa meta foi colocar em movimento ideias e pensamento, texto e contexto, e, nessa dialética, vislumbrar as escolhas[47] que os autores fizeram e que deram base à construção de diferentes heranças para a construção e interpretação de suas posteridades e produções intelectuais na história da historiografia brasileira.

***

Este trabalho foi feito entre março de 2009 e fevereiro de 2013, e foi escrito, basicamente, entre novembro de 2011 e dezembro de 2012, com a última revisão do texto sendo feita em janeiro de 2013, para ser entregue para a defesa da tese – e aqui, evidentemente, foi revisto para viabilizar a sua versão em livro. Nesse período muita coisa aconteceu. No meio do caminho sempre tinha uma pedra, como dizia Carlos Drummond de Andrade (1902-1987), mas felizmente em cada esquina sempre havia também alguém disposto a ajudar a tirá-la. Os agradecimentos além de marcarem parte desse percurso, sendo verdadeiramente um momento de retribuição e de expressão de humildade intelectual, também revelam o quanto um trabalho de pesquisa, apesar de ter sua dose de individualidade, é amplamente estabelecido por uma "rede de relações", que formam parcerias e estabelecem amizades. E assim é a história de toda pesquisa. Por isso agradeço a todas as pessoas que indiretamente trouxe-

47 Não há dúvida de que apontar todas as possibilidades que estiveram por traz das escolhas que os atores sociais fizeram em sua época extrapolaria completamente o alcance deste estudo. Primeiro, porque os documentos, ainda que sistematicamente analisados, não nos permitem tais conjecturas. Segundo, porque o movimento das obras, das ideias e do pensamento dos autores, assim como suas trajetórias, não é um percurso estritamente linear, racional, teleológico e direcionado do início ao fim. Terceiro, porque nem que tivéssemos a totalidades das fontes que foram produzidas por eles e sobre eles, nem por isso teríamos condições de situar todas às possibilidades de escolhas que tiveram oportunidade para direcionarem suas respectivas tomadas de decisão. Nesse campo, apesar das diferenças, as obras de Skinner (2005) e de Pocock (2003) são muito elucidativas e inspiradoras (Cf. Roiz, 2012b).

ram contribuições para a execução deste trabalho, mas deixo nominalmente abaixo aquelas que me ajudaram diretamente, assim como as instituições e os arquivos onde pesquisei.

Como não poderia deixar de ser, todos os méritos desta pesquisa, se houver, devem ser atribuídos a minha orientadora, a Prof.ª Dr.ª Helenice Rodrigues da Silva, pela precisão nas indicações e correções, pelo profissionalismo e pela generosidade em dividir sua experiência de pesquisa, com quem ainda estava em processo de formação. Esta tese foi defendida no dia 8 de março de 2013 perante a banca examinadora composta pelos professores doutores Estevão Rezende Martins (UnB), Jurandir Malerba (PUC/RS), José Antonio Vasconcelos (USP) e Renato Lopes Leite (UFPR), aos quais gostaria de expressar meus agradecimentos por suas arguições tão precisas, seus comentários e críticas tão pertinentes, que dentro do possível foram acrescentadas a esta versão do trabalho. Lamentavelmente Helenice Rodrigues veio a falecer em 9 de maio de 2013, e em sua memória espero que esta versão do trabalho possa fazer jus a sua seriedade e dedicação à pesquisa histórica. Evidentemente as fragilidades ainda remanecentes são de inteira responsabilidade do autor.

A todos os funcionários do Centro de Documentação da Unicamp, no Siarq/Unicamp, aos da Biblioteca Central da Unicamp, onde se encontra o acervo da Biblioteca de Sérgio Buarque de Holanda, aos do Centro de Apoio a Pesquisa Histórica (CAPH) "Sérgio Buarque de Holanda" da FFLCH/USP, do Arquivo do Instituto de Estudos Brasileiros (IEB/USP), e aos do Museu Paulista, pela atenção, generosidade e profissionalismo com que me atenderem em todos os momentos de coleta e fichamento das fontes.

A todos os professores e professoras do programa de pós-graduação em História da Universidade Federal do Paraná (UFPR), por terem mostrado caminhos, nas mais de trinta disciplinas que cursei no programa, e ainda serem gentis, com várias indicações extra-sala de aula. Da mesma forma agradeço a secretaria da seção de pós-graduação, na pessoa de Maria Cristina Parzwski pelo profissionalismo, atenção e sempre pronto atendimento, tanto aos docentes, quanto aos alunos do programa. O mesmo agradecimento gostaria de estender aos colegas que fiz no programa, alunos e alunas, que como eu estavam no começo de suas carreiras, e, particularmente ao Raphael Carvalho, Daiane Machado, Alexandro Neundorf e Hilton Costa, interlocutores no grupo de

*História intelectual, história dos intelectuais e historiografia*, liderado por Helenice Rodrigues da Silva e Renato Lopes Leite.[48]

Em 31 de agosto de 2012 esta pesquisa passou pelo exame geral de qualificação, onde participaram o Prof. Dr. Carlos Eduardo Vieira (UFPR) e o Prof. Dr. Alexandro Dantas Trindade (UFPR), e que aproveito aqui para agradecer os comentários e as críticas, assim como os caminhos sugeridos para a conclusão do trabalho, que foram extremamente úteis na etapa de finalização da pesquisa.

Agradeço ainda a Prof.ª Dr.ª Karina Anhezini (da UNESP/Assis) por ter me disponibilizado as missivas trocadas entre Alfredo Ellis Jr. e Afonso de Taunay, e ao Prof. Dr. Marcos Costa por ter gentilmente me fornecido as provas dos artigos que recolheu de Sérgio Buarque de Holanda, antes mesmo de serem organizados e publicados numa coletânea em dois volumes pelas Editoras UNESP e Perseu Abramo. Agradeço também ao meu amigo, o Prof. Dr. Jonas Rafael dos Santos, que leu os originais, sugeriu caminhos e forneceu sempre comentários interessantes para o trabalho, além de ter ido muitas vezes me auxiliar na coleta de fontes feita nos arquivos da Unicamp.

Aos meus colegas da Universidade Estadual de Mato Grosso do Sul (UEMS), especialmente, os do curso de História e de Ciências Sociais da unidade de Amambai, e de Pedagogia e de Ciências Sociais da unidade de Paranaíba, assim como aos meus alunos e alunas, e, particularmente, ao André Dioney Fonseca, Marcilene Nascimento de Farias e Eduardo de Melo Salgueiro, atualmente doutores(as) e profissionais em universidades, que entre 2006 e 2008 com bolsas de Iniciação Científica, me auxiliaram no início da coleta de dados para essa pesquisa nos arquivos da USP. E agradeço ainda a instituição por ter me liberado integralmente durante o período em que estive fazendo o doutoramento na UFPR. Agradeço ainda aos colegas do programa de pós-graduação em História da UFGD, do qual integrei seu quadro no progama, pela interlocução; e aos colegas do ProfHistória e do programa de pós-graduação em Educação da UEMS, dos quais faço parte em seu quadro de docentes permanentes.

Durante esses anos, a pesquisa foi apresentada, em versões parciais, em vários eventos e congressos nacionais. Algumas versões anteriores de partes do que se tornariam capítulos da tese foram publicadas nas revistas: *Revista*

48 A partir de junho de 2013 o professor Renato Lopes Leite assumiu a liderança do grupo de pesquisa e Diogo Roiz passou a ser seu vice-líder.

*de Ciências Humanas* (UFV), *Revista de Teoria da História* (UFG), *Dimensões* (UFES) e *OPSIS* (UFG), às quais agradeço aos pareceres anônimos recebidos, que ajudaram a enriquecer o trabalho, na sua fase de conclusão.

Versões anteriores de partes de capítulos foram lidas e apreciadas por vários colegas de trabalho, principalmente, nos congressos em que estivemos, especialmente nos *Seminários Brasileiros de História da Historiografia*, realizados na UFOP. Por suas sugestões e contribuições, agradeço: ao Prof. Dr. Antonio Celso Ferreira (UNESP/Assis); ao Prof. Dr. Milton Carlos Costa (UNESP/Assis), ao Prof. Dr. Paulo Henrique Martinez (UNESP/Assis), ao Prof. Dr. José Luis Bendicho Beired (UNESP/Assis), ao Prof. Dr. Ivan Aparecido Manoel (UNESP/Franca), a Prof.ª Dr.ª Teresa Maria Malatian (UNESP/Franca), ao Prof. Dr. Nelson Schapochnik (USP), a Prof. ª Dr.ª Marieta de Moraes Ferreira (UFRJ), ao Prof. Dr. José Carlos Reis (UFMG), a Prof.ª Dr.ª Márcia Mansor D'Aléssio (Unifesp), a Prof.ª Dr.ª Sara Albieri (USP), ao Prof. Dr. José Costa D'Assunção Barros (UFRRJ), ao Prof. Dr. Pedro Spinola Pereira Caldas (UFU), a Prof.ª Dr.ª Rebeca Gontijo (UFRRJ); ao Prof. Dr. Júlio Bentivoglio (UFES), ao Prof. Dr. Thiago Nicodemo (UFES) e a Prof.ª Dr.ª Raquel Glezer (USP). A todos agradeço pela atenção. Evidentemente, as falhas ainda remanecentes (e, quase sempre, inevitáveis) do texto são de inteira responsabilidade do autor.

Minha família, especialmente, meu pai Faustino Roiz e minha mãe Ivanir Roiz, assim como meu irmão, Denis Roiz, foram, como sempre, um porto seguro para recuperar forças, meus filhos Sofia Roiz e Guilherme Roiz, reduzir em palavras a alegria que me dão a cada dia seria no mínimo impossível, mas aqui deixo ao menos minhas desculpas pelas ausências durante as pesquisas em arquivos, fichamento de livros e fontes, e enquanto ia escrevendo e reescrevento o texto e o revisando para se tornar um livro.

Por fim, mas não menos importante, quero agradecer ao CNPq, pela bolsa que me concedeu durante os 48 meses de andamento do doutorado, que foi indispensável para fornecer condições materiais, para fazer todas as viagens para coletar dados, apresentar trabalhos, assegurando um ambiente adequado para que essa pesquisa pudesse ser concluída dentro dos prazos. Do mesmo modo, gostaria de agradecer a Capes pelo fomento fornecido em outras ocasiões, como no mestrado que fiz na UNESP, Campus de Franca. Agradeço ainda a Capes ao auxílio publicação que tornou possível a publicação deste livro, e a

Alameda Casa Editorial, na pessoa de sua editora Joana Monteleone, favorável ao projeto de publicação do livro desde o começo.

*Amambai-Dourados/MS, Setembro-Novembro de 2014*
*Paranaíba/MS, Abril-Julho de 2018.*

# Parte I
## Guerras e ideias

# 1.

# *A batalha pelo uso da "temporalidade": projetos de escrita da história para pensar o Brasil entre os "homens de letras" de São Paulo no início da década de 1930*

> [...] contemporâneo é aquele que mantém fixo o olhar no seu tempo, para nele perceber não as luzes, mas o escuro. Todos os tempos são, para quem deles experimenta contemporaneidade, obscuros. Contemporâneo é, justamente, aquele que sabe ver essa obscuridade, que é capaz de escrever mergulhando a pena nas trevas do presente. [...] Pode dizer-se contemporâneo apenas quem não se deixa cegar pelas luzes do século e consegue entrever nessas a parte da sombra, a sua íntima obscuridade. [...] o contemporâneo é aquele que percebe o escuro do seu tempo como algo que lhe concerne e não cessa de interpelá-lo, algo que, mais do que toda luz, dirige-se direta e singularmente a ele. Contemporâneo é aquele que recebe em pleno rosto o facho de trevas que provém de seu tempo (Agamben, 2009, p. 62-64).

Numa síntese bastante eficaz e esclarecedora sobre o papel exercido pelos poetas, os contemporâneos de seu próprio tempo, Giorgio Agamben (2009) nos fornece pistas interessantes para pensarmos o papel exercido pelo "intelectual-letrado" e pelo "letrado-intelectual"[1] no estado de São Paulo, especialmente, durante a conjuntura de 1929 a 1932. Primeiro, porque foi um momento particularmente rico para fomentar a produção de interpretações sobre São Paulo e sobre o Brasil. Depois, porque com a criação das primeiras universidades no país, a partir dos anos 1920, e que fizeram florescer o campo das Humanidades, a partir dos anos 1930, houve a formação de um espaço de disputas entre uma *retórica de cunho bacharelesco* originada no Oitocentos (e

1 Discutimos as definições de "intelectual-letrado" e "letrado-intelectual" na introdução desta pesquisa, e ao longo deste trabalho procuraremos testar a viabilidade e operacionalidade dessas categorias analíticas para interpretar as trajetórias e as obras de Alfredo Ellis Júnior e Sérgio Buarque de Holanda.

proveniente, especialmente, dos cursos de Direito), quando foram fundadas as primeiras Faculdades de Direito, Medicina e Engenharia, de um lado. E, de outro, *propostas de mudança social*, cuja raiz não apenas se fincavam aos cursos das Faculdades de Filosofia, Ciências e Letras, criados a partir dos anos 1930, como ainda estavam atreladas fortemente aos partidos de esquerda, que então se organizavam pelo Brasil e, particularmente, entre São Paulo e Rio de Janeiro (Cf. Brandão, 1997, 2010).

Com base nessas questões, o principal objetivo deste capítulo é analisar como Alfredo Ellis Jr. (AEJ), Sérgio Buarque de Holanda (SBH) e Fernando de Azevedo (1894-1974) procuraram inquirir e compreender a historicidade de sua época, nos anos iniciais da década de 1930, e, ao fazerem isso, como elaboraram diferentes interpretações das categorias: passado, presente e futuro, e, por conseguinte, do próprio processo histórico.

Nesse sentido, nossa hipótese é a de que em função das relações familiares, políticas e profissionais que cada um deles foi construindo ao longo do tempo (como já antecipamos na introdução, com exceção de Fernando de Azevedo), e devido às cismas causadas pelos eventos de 1929 a 1932,[2] fa-

2 Evidentemente, esses eventos tiveram efeitos diferentes para cada um dos autores em pauta; assim como em outros, que escreveram partes de suas obras no mesmo período, a exemplo de Gilberto Freyre, que em seu livro *Casa-grande & senzala* (de 1933) viu no passado da casa-grande e da senzala, as bases para a construção das relações sociais, dos modos de vida, da sociedade e da identidade brasileira, cujo efeito nostálgico de alteração daquelas estruturas no período em que escreveu sua obra, demonstraria sua ambição de fazer com que aquelas tradições do passado não fossem esquecidas no seu presente histórico (Cf. Pallares-Burke, 2005, 2012; Araujo, 2005; Bastos, 2006; Larreta, Giucci, 2007; Burke, Pallares-Burke, 2009; Nicolazzi, 2011). Igualmente poderia se indicar o caso de Caio Prado Jr., que tanto em *Evolução Política do Brasil* (de 1933), quanto em *Formação do Brasil Contemporâneo* (de 1942), fosse instado a questionar as estruturas que formaram a história do país, de modo a lhe dar certo sentido em sua trajetória como Colônia e, depois, como Nação, e cujo norte estaria em sua economia de base monocultora e escravista, além de estar voltada para o mercado externo. Nesse caso, diferentemente de Freyre, que procurou pensar o Brasil a partir do Nordeste, Prado Jr. o fez tendo em vista a região Sudeste. E ao invés de tentar projetar o passado no presente de modo a tentar mantê-lo, Prado Jr. estava preocupado com a transformação da sociedade, com a mudança das estruturas (Cf. Ricupero, 2000; Rego, 2000; Santos, 2001; Iumatti, 2007; Martinez, 2008; Secco, 2008). De acordo com Fernando Novais: "Caio Prado e Gilberto Freyre formam um curioso contraponto. Ambos podem ser vistos, de algum modo, como expressões de duas regiões que, entretanto, evoluem (à época) de forma divergente: São Paulo em franca ascensão econômica, o Nordeste em acentuado declínio. Gilberto Freyre, talvez por isso, analisa sempre o Brasil a partir de seu passado, isto é, daquilo que deixou de ser; Caio Prado, ao contrário, pensa

voreceu a produção de um exame detalhado sobre essa época, da qual foram participantes ativos. E também contribuiu para instigá-los a revisar, questionar e compreender qual o tipo de "consciência histórica"[3] que vinha a nortear a apreensão que faziam da "temporalidade",[4] e a análise que então construíam do processo histórico e das categorias: passado, presente e futuro.

Certamente a produção desses autores começou a despontar nos anos 1920. Mas como procuraremos demonstrar ao longo deste capítulo, as cismas causadas entre 1929 e 1932 favoreceram que eles retomassem questões, repensassem as obras em andamento, indagassem os projetos em disputa no país (assim como o defendido por eles) e efetuarem uma avaliação crítica do que até então havia sido feito, inclusive, no campo dos estudos históricos e educacionais brasileiros.

---

sempre o país pelas suas potencialidades, isto é, pelo que ele pode vir a ser. Esta visão é provavelmente utópica, aquela seguramente nostálgica. Sérgio Buarque, também aqui, é mais difícil, porque tenta fundir, ao mesmo tempo, as duas visões e descobrir no processo de formação as possibilidades de transformação" (2005, p. 322). Por certo, as reflexões que foram produzidas no período não podem e não devem ser simplificadas as análises desses dois autores, ainda que estas viessem a ser tornar um marco para a compreensão dos anos 1930, e das novas interpretações que foram feitas sobre a história do Brasil a partir daí. (Para um panorama destas discussões, ver: D'Incao, 1989; Velozo, Madeira, 1999, 2001; Lima, 1999; Piva, 2000; Mota, 2000; Miceli, 2001; Reis, 1999, 2006; Bresciani, 2005; Villas Bôas, 2006; Brandão, 2007; Botelho, Schwarz, 2009; Iglésias, 2009; Franzini, 2010). Por outro lado, é preciso indagar que mesmo no caso de São Paulo, que estava em franca recuperação de seu desenvolvimento econômico no período, não se produziu apenas visões utópicas e progressistas sobre sua história, antes esteve àquela época, em função dos eventos do final dos anos 1920 e início dos anos 1930, cerceada por interpretações que ora se pautavam no passado, ora no presente, ora no futuro, como procuraremos refletir ao longo deste capítulo, e que pode ser aferido nos escritos de AEJ, SBH e Fernando de Azevedo.

3 De acordo com a tipologia esboçada e experimentada por Rüsen (2001, 2007a, 2007b, 2010, 2012), e discutida na introdução, a saber: a "consciência histórica" *tradicional*, *exemplar*, *crítica* e *genética*.

4 Entende-se aqui a temporalidade na dupla relação entre um *tempo físico* (no qual a passagem de um instante anterior para um posterior, como o entendeu Aristóteles, é sua unidade de medida) e um *tempo psicológico* (que se refere ao modo como o tempo físico, do calendário, é apreendido pelos sujeitos, como sugeriu Santo Agostinho), e nessa intersecção se formaria um terceiro tempo, o *tempo histórico* que é mediado pela construção de uma narrativa (Cf. Ricoeur, 2010a, 2010b, 2010c). Como já havia ressaltado Koselleck: "no processo de determinação da distinção entre passado e futuro, ou, usando-se a terminologia antropológica, entre experiência e expectativa, constitui-se algo como um 'tempo histórico' [...] [e] evidencia-se como um resultado constante o fato de que, à medida que o homem experimentava o tempo como um tempo sempre inédito, como um 'novo tempo' moderno, o futuro lhe parecia cada vez mais desafiador" (Koselleck, 2006, p. 15)

Muito embora, AEJ tenha se pautado no passado, ao se utilizar da figura do bandeirante, para demonstrar como aquele passado entendido como "glorioso" poderia vir a se reproduzir no presente, se cotejado adequadamente (Cf. Ellis Jr., 1933, 1934a, 1934b, 1934c, 1936, 1937; Ellis, 1997; Abud, 1985), de modo a fazer com que fosse restaurada a autonomia política e econômica de São Paulo, assim como dos grupos (agrários) até então no poder, tal afirmação é insuficiente para compreendermos suas ações e sua produção. Assim como também o é limitar a análise de SBH como um esforço inverso, ao criticar as raízes ibéricas de um passado colonial ainda persistente em sua época, donde a necessidade de então romper com suas amarras no seu presente histórico (de meados dos anos 1930), com base numa saída "democrática", de viés "americanista", e com certo caráter "utópico" (Cf. Holanda, 1936; Reis, 1999; Piva, 2000).

No caso de Fernando de Azevedo, que se vinculou a iniciativas liberais e empresariais de sua época, e pretendeu contornar a crise[5] com um novo projeto para a educação no país (Cf. Azevedo, 1963; Cardoso, 1982; Monarcha, 2009), também não foi diferente. Apesar de somente procurar historiar as iniciativas do grupo da "escola nova" e de o jornal *O Estado de S. Paulo* (das quais fez parte) nos anos 1940, nem por isso podemos deixar de lado a sua ampla preocupação com o "presente" em processo nos anos 1930. Aliás, tal preocupação fazia parte de uma interpretação peculiar das categorias: passado, presente e futuro, e que veio a começar sistematizar em *A cultura brasileira*, de 1943.[6] Desse modo, apesar de nossa preocupação se deter com maior atenção para as trajetórias e as obras de SBH e de AEJ, tentar pensá-las em comparação com a de Fernando de Azevedo serve, ao mesmo tempo, para indicar a variedade de propostas então em disputa para interpretar o estado de São Paulo e o Brasil, e para mostrar que a ênfase daqueles contemporâneos, em função dos projetos que defendiam, colocava-se ora no *passado exemplar*, ora no *presente em construção*, ou ainda *no futuro (ainda) utópico*. A análise desses três autores ainda se justifica porque havia um debate em andamento entre eles nesse período, particularmente o circunscrito entre o grupo de AEJ, representado

5 Que, não por acaso, significa, entre outras coisas, "escolha" e/ou "tomada de decisão".

6 Sobre o perfil e as peculiaridades dessa obra, assim como da trajetória de seu autor, ver: Rocha, 1990, 2004; Matte, 1991; 2002; Fávero, Britto, 2002; Saviani, 2007, 2008, 2008b; Monarcha, 2009.

pelo PRP, e o de Fernando de Azevedo, representado pelo PD, a "escola nova" e o grupo de *O Estado de S. Paulo*, na Assembleia Legislativa de São Paulo nos anos 1930.[7] E essas interpretações se fixavam de acordo com o modo com que compreendiam as categorias temporais e o andamento do processo histórico.

Além disso, não podemos perder de vista que AEJ fez tais considerações como membro do Partido Republicano Paulista (o PRP), cuja base era formada pelo setor agrário-exportador, isto é, de fazendeiros de café (e alguns grandes comerciantes e industriais). Por isso, suas finalidades básicas eram restabelecer a ordem política e econômica, que fora destituída com os eventos de 1929 a 1932, colocando outros grupos no poder (Cf. Ramos, 1980; Perissinotto, 1994, 2000, 2v.). Nesse caso, voltar ao passado era uma estratégia para utilizá-lo como mecanismo de ação política e intelectual e para dar base ao projeto de cercear o retorno da autonomia política e econômica para o estado de São Paulo. Para ele, isso poderia ainda assegurar o restabelecimento da regularidade dos processos históricos no Estado e no país, com a ação dos "novos bandeirantes" (Cf. Abud, 1985; Ferreira, 2002).

Por sua vez, SBH (1936) era favorável às mudanças socioculturais em marcha desde o final do século XIX (com o fim da escravidão e o início do regime republicano), por que poderiam proporcionar a sobreposição das "atitudes democráticas", de viés americanista, sobre as "relações cordiais". Mais ligado às ações das esquerdas políticas de sua época não via, como a direita política, o passado com essa utilidade de regular as estruturas sociais no seu presente. Mas, antes, como um empecilho a constituição da democracia e da ação das massas, donde a necessidade de romper com essa estrutura institucional e cultural excludente em seu presente histórico (Cf. Candido, 2006, 2008).

E, entre essas duas posições, ainda havia a de Fernando de Azevedo, junto com o Partido Democrático (fundado depois de uma cisão interna com o PRP, em 1926),[8] e tangenciava pelo centro – ainda que mais próximo a atitude da direita política (Cf. Prado, 1986). De modo a se articular com o novo governo instituído em 1930, e com suas ligações junto às forças políticas de São Paulo, tentar por em "prática" no presente seu projeto de recons-

7 Agradeço a sugestão de José Antonio Vasconcelos e Jurandir Malerba na banca de defesa da tese para acrescentar essa justificativa.

8 Para detalhamento desta questão, ver: Carone, 1977b; Capelato, Prado, 1980; Prado, 1986.

trução do Estado e da Nação, por meio da educação (Cf. Cardoso, 1982). E a qual Fernando de Azevedo lhes colocaria, a partir dos anos 1940, como os "novos bandeirantes" de seu tempo.[9]

Não obstante a propriedade de tais afirmações, evidentemente, a forma pela qual esses preceitos foram se movimentando, ao longo dos anos 1930, demonstravam, de imediato que, apesar da coerência em vê-los como explicações das escolhas políticas e intelectuais dos autores em pauta, não são suficientes para compreender suas ações e seus textos. Apenas nos permitem um caminho de acesso as suas opções no período. E é sobre isso que queremos nos debruçar neste capítulo, isto é, *na batalha pelo uso da "temporalidade"*, que resultou numa forma de pensar as categorias temporais (passado, presente e futuro), de modo a justificar um tipo de projeto social, para contornar os problemas vistos pelos autores em sua época.

Nesse sentido, entender o movimento do processo histórico na tensão permanente entre "passado", "presente" e "futuro", apesar de sempre estar entre às pretensões dos historiadores e cientistas sociais, ao buscarem compreender a sua época, não quer dizer que este mesmo horizonte sempre estivesse igualmente entre as metas de interpretação na história da historiografia (Cf. Hartog, 2003c, Koselleck, 2006). Com esse horizonte em perspectiva, buscaremos analisar a maneira pela qual pensaram a História e praticaram a sua escrita na década de 1930.[10] Mais diretamente, visa-se analisar de que modo cada um deles ancoraram suas interpretações sobre a história de São Paulo e do Brasil, ora dando destaque ao "passado", ora ao "presente", ora ao "futuro", para construírem suas hipóteses e darem coerência aos seus modelos teóricos.

Evidentemente, o choque entre posições políticas e disputas de opinião na imprensa periódica e nas publicações sequenciais, alicerçadas por jornais

9 Não temos subsídios suficientes para afirmar se essa resposta foi feita diretamente para o grupo de AEJ, que almejava tal estatura (de "novos bandeirantes"), ou se foi um rótulo para dar exclusividade aos feitos do grupo, ou ainda se houve paralelamente o encadeamento de ambos os fatores – que, provavelmente, tenha sido o caminho mais plausível.

10 Como indica Chartier: "Para situarmos melhor grandezas e misérias do presente, talvez seja útil convocar a única competência da qual podem gabar-se os historiadores. Foram sempre eles lastimáveis profetas, mas, algumas vezes, ao lembrarem que o presente é feito de passados sedimentados ou emaranhados, puderam contribuir para um diagnóstico mais lúcido sobre as novidades que seduziam ou assustavam seus contemporâneos" (Chartier, 2010, p. 11).

e revistas de cunho cultural (Cf. Luca, 1999, 2011), não deixaram de ser uma constante no "mundo dos letrados" de São Paulo e do Rio de Janeiro, com a fundação, a revelia de muitos, no final de 1930, da Nova República (ou Segunda República, como a definiu Edgar Carone).[11] Ela se manteve com a tomada do poder efetuada pela investida contra o resultado das eleições daquele ano, que colocou Getúlio Vargas na liderança do país com seu governo provisório que duraria até 1934 (Cf. Costa, 1974).

Mas, ao contrário, o clima que surgiu com as reviravoltas causadas pelas alterações nos grupos políticos e econômicos no poder, exigidas em função da formação do novo governo e daquele contexto social, com o ingresso de Vargas na Presidência da República, parece que veio a possibilitar um cenário ainda mais favorável às disputas políticas e de opinião (Cf. Borges, 1979); ao choque de valores e de projetos sociais e culturais e *às guerras de ideias tão comuns no mundo dos letrados* daquela época, especialmente, entre o final da Monarquia e durante a Primeira República (Cf. Ventura, 1991; Gomes, 1996, 1999, 2009; Luca, 1999, 2011; Alonso, 2002; Ferreira, 2002).

Portanto, os anos iniciais da década de 1930 pareciam carregados de expectativas quanto à economia, a política, a cultura e a sociedade,[12] assim como de perspectivas sobre as categorias: passado, presente e futuro, que propiciavam a produção de projetos para a escrita da história, com vistas a pensar o estado de São Paulo e o Brasil. E não somente entre os "homens de letras" de São Paulo,[13] e não apenas em função da mudança brusca no Governo Federal, mas também por impor, de certo modo, àqueles grupos e

11 Edgar Carone se dedicou a tais classificações fundamentalmente em: Carone, 1971, 1975, 1976, 1977, 1978.

12 Como demonstram as análises de: De Decca, 1982; Cano, 1998; Fausto, 1997, 2006; Gomes, 2003.

13 De Norte a Sul, aqueles eventos pareciam favorecer reflexões tão instigantes, quanto adversas, seja valorizando as tradições do passado, seja refazendo as visões de mundo no presente, seja ainda combinando a análise do passado e do presente para planejar o futuro, como podem ser encontradas nas obras de Gilberto Freyre, Paulo Prado, Oliveira Vianna, Menotti Del Picchia, Cassiano Ricardo, Caio Prado Júnior, Nelson Werneck Sodré, Roberto Simonsen, Wilson Martins, Afonso de Taunay, Mário de Andrade, Oswald de Andrade, dentre outros. Veja-se ainda a esse respeito, as importantes análises de: Lima, 1981, 1991; Abud, 1985; Moraes, Antunes, Ferrante, 1986; Miceli, 1989, 1995; Beired, 1999; Luca, 1999, 2011; Mota, 2000; Oliveira, 1999, 2000; Ferreira, 2002; Bastos, Ridenti, Rolland, 2003; Ianni, 2004; Ricupero, 2007.

indivíduos que repensassem o "passado", dessem alternativas ao "presente" e planejassem o "futuro" da Nação (Cf. Oliveira, 1990).

## *O tempo e o movimento do processo histórico*

> A ciência histórica, ao levar em conta o ponto de vista temporal, transforma-se em uma disciplina investigativa do passado. Essa temporalização das perspectivas foi certamente favorecida pelas rápidas transformações da experiência provocadas pela Revolução Francesa. Tais rupturas de continuidade pareciam querer livrar-se de um passado cuja crescente estranheza só poderia ser esclarecida e recuperada pela pesquisa histórica (Koselleck, 2006, p. 174).

Em linhas gerais, o problema que nos ocupamos aqui será o de refletir quais os tipos de "regimes de historicidade", tal como o define François Hartog (2003c), isto é, como um meio específico de pensar e interpretar as categorias: passado, presente e futuro, norteou as interpretações da "cultura historiográfica" (Cf. Diehl, 2002) brasileira do período, na medida em que a conversão de um "tempo histórico" no enredo de uma "narrativa" (Cf. Ricoeur, 2010, 3v), também representaria a tomada de posição daqueles autores na "arena política" e no "espaço público". E a qual conformava um tipo de "postura intelectual" específica entre cada um dos "agentes sociais" em pauta, fazendo com que eles estivem em movimento sobre o que vimos definindo como "intelectual-letrado" e "letrado-intelectual".

Para sermos mais exatos, enquanto Hartog (2003a, 2011) supôs que se passaria de um "regime antigo de historicidade" (onde a história era mestra da vida, porque fornecia exemplos do passado que serviam para orientar os sujeitos históricos em seu presente), para um "regime moderno de historicidade", a partir do século XVIII (no qual a história seria vista como um processo contínuo em direção ao futuro). E que, ao longo do século passado, estes regimes entraram em "crise", ao mesmo tempo em que se configurava um "regime presentista de historicidade" (porque tanto o passado quanto o futuro não serviam mais de orientação para o planejamento das ações humanas, ao passo que o presente se tornava mais elástico e contínuo). Com isso, propõe-se demonstrar que em momentos precisos estes "regimes de historicidade" coexistiam, ao mesmo tempo em que estando em constante disputa, um pretendia alcançar certa hegemonia sobre os outros.[14]

---

14 Como já destacaram: Delacroix, Dosse, Garcia, 2009; Delacroix, Dosse, Garcia, Offenstadt, 2010, 2v.

Para Hartog (2003c), embora a *história* (como) *mestra da vida*, por ser também fornecedora de exemplos do passado para a orientação dos homens no presente, constituísse um modelo de escrita da história fundamental para o Ocidente durante séculos, deve-se notar que houve muitas variações no modo sutil com que cada autor, grego ou romano, da Antiguidade Clássica e Tardia (e mesmo depois no período Medieval e Moderno), apropriou-se dele na sua apresentação dos dados e do(s) tempo(s), por meio de uma narrativa. Basta para isso ver as análises que Hartog propôs das obras de Homero, Heródoto, Santo Agostinho ou Chateaubriand, que especialmente neste último caso, encontrava-se num momento de transição de um regime de historicidade antigo para outro moderno.

Esse modelo de escritura da história, para Hartog (2003a, 2003b, 2003c, 2011), entrará em crise apenas no século XVIII. Para que isso ocorresse foi necessário a formação de novas expectativas sobre o passado, o presente e o futuro, que se deram em função da crise do Antigo Regime e das consequências que plasmaram a Revolução Francesa. Num caminho semelhante ao que já havia argumentado Reinhart Koselleck (1999, 2006), para quem a mudança na compreensão da História (*enquanto processo contínuo*) teria sido fruto das críticas do Iluminismo, prolongadas na Revolução Francesa, contra a religião e a organização corporativa do Antigo Regime. Para Koselleck (2006) ainda, a história como fornecedora de exemplos do passado para a orientação dos sujeitos no presente teria perdido parte de sua eficácia, por causa das consequências de um acontecimento inédito, que foi a Revolução Francesa. Esta teria indicado que os acontecimentos que se dão no tempo não se repetiriam noutro momento, porque o processo histórico teria um movimento continuo em direção ao presente e ao futuro, apreendendo o conceito de "coletivo singular", ao destacar que acima das "histórias" estaria a "História", e entre as "revoluções" a "Revolução".

No entanto, não foram todos os "homens de letras" do século XVIII, marcado pelo Iluminismo, que apreenderam a História (apenas) *enquanto processo contínuo em direção ao futuro*. Como destaca Maria das Graças de Souza (2001), além das posturas serem diversas, em várias ocasiões também eram divergentes umas em relação às outras. Para ela, enquanto Rousseau se detinha na demarcação das razões que indicavam a decadência do gênero humano, em função do declínio das tradições e das relações com o passado, voltando-se exemplarmente sobre uma interpretação (e um retorno) das relações que os homens tinham num passado longínquo; Condorcet descortinaria os momentos decisivos que plasmariam as épocas revolucionárias, com vistas a transformar o seu próprio presente histórico. E Voltaire, por sua vez, ao elencar os valores e as circunstâncias de que se apoiavam os grupos humanos para formarem suas civilizações, deter-se-ia sobre os motivos que desencadeariam os progressos, para planejar o futuro. Nesse sentido, ora se apoiavam no passado, ora no presente, ora no futuro, para interpretarem o processo histórico e apreenderem o seu movimento. Com isso, Rousseau vislumbraria a decadência daquela sociedade, em função das consequências do progresso técnico e material; Voltaire efetuaria o elogio do progresso, ao evidenciar os caminhos de um futuro possível para a civilização europeia; e Condorcet daria um prognóstico ao presente, com base nas escalas de desenvolvimento e de progresso que a civilização europeia poderia alcançar em períodos revolucionários (como o da Revolução Francesa).

Destarte, apesar da questão apontada por Souza (2001), Hartog (2003c, 2011) avançaria em suas propostas teórico-metodológicas, sugerindo a hipótese de que cada época formaria nos grupos e nos indivíduos diferentes formas de apreensão do tempo histórico, no qual (as categorias) passado, presente e futuro seriam articuladas de acordo com as *relações de força*, que seriam impulsionadas pelos indivíduos, e proporcionadas pelos projetos políticos e de mudança social, ao enfatizarem com maior ou menor propensão as *tradições do passado*, as *ideologias no presente*, ou as *utopias para o futuro*, como observou em autores como Chateaubriand ou Jules Michelet. Em vista disso, cunhou o conceito de "regime de historicidade", em que entende "os diferentes modos de articulação das categorias do passado, do presente e do futuro", e conforme a "ênfase seja colocada sobre o passado, o futuro ou o presente, a ordem do tempo, com efeito, não é a mesma". Por isso, "não é uma realidade acabada, mas um instrumento heurístico" (Hartog, 2006, p. 16) de interpretação do processo histórico, e da maneira pela qual é apreendido pelos indivíduos.[15]

Mas, evidentemente, não podemos perder de vista que entre 1789, que daria ensejo à formação de um "novo regime de historicidade", e 1989, quando se passou a questioná-lo mais incisivamente, ao mesmo tempo em que se

15 De forma muito sintética teríamos, para ele, um antigo "regime de historicidade" configurado com a *historia magistra vitae*, a história como mestra da vida porque fornecedora de exemplos do passado para a orientação das ações dos grupos e dos indivíduos no presente, estando "fundado sobre o paralelo", que dimensiona "apelo às lições da história e recorre à imitação" de seus gestos e de suas opções para o presente, em vista

definia um "regime de historicidade presentista", teríamos outras conjunturas importantes, como a que culminou com a crise de 1929, ou a que se situou entre 1939 e 1945, com a II Guerra Mundial (Cf. Delacroix, Dosse, Garcia, 2009).

No primeiro caso, como nos indica Eric Hobsbawm (1995), em seu *Era dos extremos*, ao contrário do que muitos supõem, a "crise de 1929" que começou com pequenas variações no cambio, por meio de especulações nas bolsas de valores, especialmente, a de Nova York, acabou por fazer com que a economia mundial tivesse que ser totalmente repensada. Quase que programaticamente, o movimento dos *Annales* lançaria o primeiro número de sua revista nesse mesmo ano, compartilhando com os estudiosos do período a importância das relações entre História e Ciências Sociais, de pensar os processos históricos numa dialética entre a "curta" e a "longa duração", e, nesse aspecto, como a história econômica e social poderia ser eficaz para pensar o mundo contemporâneo, que surgia com aquela crise econômica, ao mesmo tempo em que inquiria o conhecimento fornecido pelo passado. No segundo, quando o movimento começava a consolidar certa hegemonia na história da historiografia internacional, e Braudel igualmente começava a esboçar sua compreensão da História, numa dialética de temporalidades, como prisioneiro de guerra – e veremos o resultado dessas indagações para a historiografia brasileira no quinto capítulo e na segunda parte desta pesquisa.

de o passado ser sempre uma construção retrospectiva, em cada presente histórico e lhe servir de modelo. Este regime teria vigorado até o século XVIII, quando então se formaria um novo "regime de historicidade", em que o "tempo é percebido como aceleração, [e] o [acontecimento] exemplar deu lugar ao [processo] único", porque o "acontecimento é aquilo que não se repete". Tal processo configuraria um regime *futurista*, sobre os critérios de apreensão das categorias: passado, presente e futuro. Na medida em que os exemplos do passado não nos servem como opções de orientação no presente, tanto quanto a compreensão de sequências de acontecimentos vinculados a um processo histórico único, linear e progressivo em direção ao futuro, não fornece mais as reais dimensões do que ainda não ocorreu, ter-se-ia, ao longo do século passado, a conformação de um regime *presentista*, em função da atrofiação tanto do *passado* quanto do *futuro*, e em vista da maior elasticidade do próprio *presente*. Donde a constante preocupação com a memória (coletiva e individual), os lugares de memória, os museus e o patrimônio histórico, cujo valor, entre outras coisas, estaria em efetuar uma constante manutenção das *identidades coletivas*, por virem a ser mais fluídas e dinâmicas no contexto que se formaria a partir do último quarto do século XX.

### *Um período de mudanças no Brasil dos anos 1920 e 1930*

No Brasil, a década de 1930 parece ter sido muito favorável a esse tipo de coexistência de diferentes "regimes de historicidade", porque além de possibilitar vislumbrar uma alteração significativa das estruturas institucionais e dos grupos no poder, propiciou significativas reflexões entre os letrados do período, de modo a (re)pensarem não apenas a cultura, a economia, a política e a sociedade, mas a própria configuração das categorias temporais (passado, presente e futuro) e o desdobramento dos processos históricos.[16]

No estado de São Paulo, o ambiente em que viviam os letrados parecia ainda mais propício à produção dessas reflexões, porque além de uma brusca alteração das estruturas institucionais promovidas com a formação do governo provisório de Getúlio Vargas, já em 1929, os grupos políticos e econômicos então no poder viveram uma das maiores crises da economia mundial, em função de a economia nacional estar basicamente alicerçada sobre a "cafeicultura"; e, por isso, sentiu drasticamente seus efeitos imediatos (Cf. Dean, 1981; Love, 1982; Cano, 1998a, 1998b).

Além de incentivar e efetuar a conversão de investimentos para outros setores da sociedade, vindo a contribuir com o desenvolvimento do espaço urbano e com a criação de indústrias e a intensificação da movimentação dos comércios locais, regionais e nacional, a "crise de 29" também proporcionou uma grande reviravolta na economia nacional, então amparada pelos cafezais paulistas, que representavam, em média, mais de 60% do Produto Interno Bruto (Cf. Cano, 1998a, 1998b). Veja-se, que mesmo SBH que se encontrava na Alemanha, não deixou de se pronunciar a esse respeito em vários artigos (Cf. Holanda, 2011a). Além disso, que a "crise de 29" ligou-se, depois, diretamente com as reviravoltas de 1930, já se tornou quase que lugar comum nas interpretações da historiografia brasileira (Cf. Daibe, 1985; Fausto, 1997, 2006). Ao lado desses eventos, não deixa de estar articulada a tentativa mal sucedida em 1932, na qual alguns grupos do estado de São Paulo tentavam recuperar sua autonomia política e econômica (Cf. Borges,

16 Como pode ser facilmente aferível pelas várias interpretações que foram propostas no período, a exemplo das elaboradas por Gilberto Freyre, Caio Prado Jr., SBH, Roberto Simonsen, Paulo Prado, Oliveira Vianna, dentre outros. Para uma apreciação da questão, ver: Bresciani, 2005; Brandão, 2007.

1979; Capelato, Prado, 1980; Love, 1982; Prado, 1986; Capelato, 1989; Santos, Mota, 2010; Rodrigues, 2012).

Mas essa conjuntura não esteve limitada apenas a crítica e a análise dos "homens de letras" do período. Por ter se espalhado em todos os setores da sociedade, reverberando no fracionamento de propriedades, na valorização do terreno urbano, na compra e venda de imóveis e no desenvolvimento do comércio e da indústria, em várias regiões do estado de São Paulo (e do país), seus efeitos foram perfeitamente sentidos pelo teor dos testamentos e inventários do período (Cf. Santos, 2004; Barbosa, 2006). A imprensa periódica (da capital e do interior) do estado de São Paulo não deixou igualmente de estampar várias manchetes sobre o tema (Cf. Ramos, 1980; Capelato, Prado, 1980; Prado, 1986). Tome-se, como exemplo, a notícia reproduzida pelo *Correio de São Carlos*, em 24 de outubro de 1930, de matéria publicada anteriormente no jornal *O Paiz*, do Rio de Janeiro, na qual informava que:

> A bravura paulista é apenas uma expressão do sentimento da unidade e grandeza do Brasil. Aquele estado brasileiro revela com veemência, com uma síntese, a hora moral de toda nacionalidade. E a prova é que a palpitação do civismo paulista vibra no mesmo diapasão na Bahia, no Pará e em outras parcelas do Brasil. Dir-se-ia que uma comunhão de defesa se cristalizou em São Paulo. Mas a sua substância é a mesma das demais unidades da Federação que se conjugam para manter a unidade da Pátria. Em São Paulo, pela sua própria situação geográfica, aquele instinto se manifesta com mais evidência e entusiasmo na brilhante atuação. É o Estado tradição, onde as grandes energias da nacionalidade se perpetuam e de onde tem partido, desde os Bandeirantes, a individualidade mesma de nossa raça (Abud. Abreu, Conceição, 2011, p. 71-72).

Assim, tendo em vista essas questões, de início procuraremos conjecturar em que medida aqueles "letrados", ao apreenderem as dimensões e os desdobramentos da "crise de 1929", que deu suporte ao início do governo Vargas em 1930, e que este provocou a reação do estado de São Paulo em 1932, veio a favorecer igualmente a elaboração de interpretações peculiares a respeito do passado e das categorias temporais. Não por outra razão, cada um deles se voltou para o passado, e propuseram maneiras de representar o passado, o presente e (até) o futuro, por meio de projetos que reconsideravam "questões mitológicas", "questões ideológicas" e "questões utópicas".

Evidentemente, as condições de produção que mediaram a elaboração desses textos e o contexto que permeou a ação política e intelectual de cada um, definiria reações peculiares, mas, nem por isso, seriam apenas esses acontecimentos que possibilitaram a elaboração de tais ideias e reações, haja vista que muitos daqueles letrados, como AEJ, SBH e Fernando de Azevedo, já se detinham em parte desses problemas desde o início dos anos 1920.[17]

Para cada um deles pensar a História foi necessário que inquirissem os seguintes pontos: "como o passado deveria ser usado", "como o passado deveria ser interpretado" e "como o passado poderia ser superado". De igual modo, cada um desses pontos traria em seu interior os seguintes problemas: a) por que o presente usa o passado?; b) por que o passado também está no presente?; c) e por que no presente procura-se forjar um "novo futuro", para poder se ultrapassar o passado?

Além disso, para cada um deles praticarem a escrita de uma história, e ao mesmo tempo tentarem dar respostas aos problemas de sua época, tiveram não apenas que rever a relação passado-presente-futuro, mas também elaborarem projetos alternativos para aquele momento, na medida em que (re)pensavam a história de São Paulo e do país.

---

17 Mas, como veremos ao longo deste estudo, na medida em que seus caminhos profissionais foram se cruzando na FFCL/USP, os projetos que empreenderam nos anos de 1930 também foram sendo reavaliados. Nossa hipótese é que justamente por terem seus caminhos cruzados eles reviram seus projetos políticos e historiográficos, e as suas ações "intelectuais", e, ao fazerem isso, os próprios caminhos de seus projetos e da escrita da história de São Paulo e do Brasil iniciaram vários movimentos, como o de se abordar "as massas anônimas", ao invés de simplesmente "os grandes homens", de pensar a história "vista de baixo", e não apenas a "de cima", de observar questões culturais e sociais, juntamente com as políticas e econômicas. Além disso, na medida em que seus caminhos foram se cruzando na FFCL/USP, ao longo dos anos de 1940 e de 1950, os próprios rumos desses discursos e desses projetos também foram se entrelaçando, metamorfoseando e se transformando. Nossa hipótese é que ao criticar o "mito" que se formou sobre a história do bandeirante paulista, o próprio AEJ em sua obra teria contribuído para a inauguração de um novo mito sobre o bandeirante; ao se distanciarem do governo Vargas, após 1945, o grupo d'*O Estado*, representado por Fernando de Azevedo, que primaram por uma ação centrada no presente, reconstituiriam a memória do tempo presente, colocando-se como os "novos bandeirantes" (Cf. Roiz, 2009); e, ao pensar uma "utopia", com a realização de uma democracia plena no país, para romper com os "grilhões do passado", SBH teve que repensar o mito do paraíso terreno, para identificar por que aquele projeto utópico não alcançava efetivamente a prática – como veremos na segunda parte desse estudo.

Isso porque, para AEJ, SBH e Fernando de Azevedo (e para uma parte significativa dos letrados de São Paulo e mesmo do resto do país),[18] os acontecimentos de 1929 (crise da bolsa de valores de Nova York e da economia cafeeira no Brasil), de 1930 (início do governo provisório de Getúlio Vargas e fim da Primeira República), e de 1932 (derrota dos combatentes paulistas, ao tentarem "restaurar" a hegemonia do estado de São Paulo, na "Revolução Constitucionalista") causaram uma verdadeira "crise de valores" e de "expectativas" quanto ao passado, ao presente e ao futuro da Nação. Em função dos caminhos então duvidosos para o estado de São Paulo (e também para o Brasil), esses autores (e alguns outros grupos e letrados)[19] se organizaram com o objetivo de pensar novos projetos de escritura da história, para rever o "passado", o "presente" e até o "futuro" paulista e nacional, e contornar a situação, a que se encontravam imersos, diante daquela "crise" política, social, econômica e cultural.

Na falta de uma melhor definição, tentaremos averiguar a plausibilidade de pensar os projetos que Alfredo Ellis Jr., Fernando de Azevedo e Sérgio Buarque de Holanda elaboraram na década de 1930, entre:

> 1 - *um discurso mitológico* (com ênfase nas origens de um passado mítico, centrado na figura do bandeirante) que foi defendido tanto pelos "verde-amarelos", quanto por Afonso d'Escragnolle Taunay (1876-1958) e por AEJ. Especialmente, quando AEJ se encontrava na Assembleia Legislativa de São Paulo, como deputado estadual representante do Partido Republicano Paulista (o P. R. P.), como uma forma de se sair da crise, tendo em vista o passado "grandioso" e "exemplar" do povo do estado de São Paulo, e que fundamentou a ação dos "novos bandeirantes";
>
> 2 - *um discurso ideológico*[20] (por estar centrado no presente e em projetos políticos de transformação econômica e social, por meio da educação), que foi defendido pelo grupo dirigente do jornal *O Estado de S. Paulo*, articulados politicamente no interior do Partido Democrático (o P. D.). Esse grupo era representado por Júlio de Mesquita Filho (1892-1969), Fernando de Azevedo e Armando de Salles Oliveira (1887-1945). Ao ser chamado por Getúlio Var-

18 Ver: Love, 1982; Prado, 1986; Capelato, 1989; Fausto, 1997; Moraes, 2000; Skidmore, 2012.

19 Como no caso dos modernistas de São Paulo, ou dos "verde-amarelos", e que retomaremos no terceiro capítulo.

20 Para maior detalhamento do conceito, ver: Eagleton, 1997; Konder, 2002.

> gas, em 1933, como interventor federal no estado de São Paulo, viram na administração de Salles Oliveira a oportunidade ideal para porem em "prática" um projeto político, articulado a um projeto educacional. Esse projeto colhia suas bases no movimento da "escola-nova" dos anos 1920 (Cf. Cardoso, 1982). Para eles, uma vez perdida a hegemonia e a autonomia no campo político e econômico, o estado de São Paulo poderia recuperar seu lugar junto a Nação, não ao mitificar o seu *passado glorioso*, mas sim ao transformar as bases da cultura nacional, por meio de um projeto de implantação de universidades, escolas e salas de aula, e de novos profissionais para o ensino *no presente*;
>
> 3 – e *um discurso utópico* (com ênfase numa mudança gradual, mas profunda, da consciência histórica e da postura dos indivíduos), primeiro defendido por alguns letrados vinculados ao movimento modernista em São Paulo, Minas Gerais e Rio de Janeiro (voltaremos a esse ponto no terceiro capítulo), e, depois, de modo mais sistemático por SBH, ao presumir que o grande problema, não do estado de São Paulo, mas sim da Nação brasileira, era justamente as suas amarras com as raízes ibéricas de um passado, que além de não "engrandecer" o país, tornava-o amplamente excludente em relação as massas anônimas, que não tinham representatividade política, o que inviabilizava o desenvolvimento da democracia no país. Haja vista que os processos políticos se definiam com base em acordos entre as classes dirigentes, que tornavam suas vontades privadas as metas a serem almejadas e alcançadas no espaço público, especialmente, junto ao Estado, e não em função de processos democráticos.

Não há dúvida de que todos *os três tipos de discurso* mantinham certo aspecto *ideológico* em suas propostas, se entendermos pelo termo a formulação de um pensamento sistemático, com vistas à produção de "visões de mundo", nas quais um indivíduo, grupo ou movimento sociocultural procura impor tais preceitos ao resto da sociedade. Mas, enquanto AEJ e SBH não buscaram, no momento em que expunham suas propostas, a colocarem em "prática", por meio da ação política e da administração pública, Fernando de Azevedo e o grupo d'*O Estado* (Cf. Cardoso, 1982) procuraram justamente fazer isso, daí o que os diferencia. Porém, como os subtítulos a seguir em forma de questionamento vão indicar, nenhum desses discursos deve ser tomados como "tipos puros". Da mesma forma que a ação desses protagonistas indica que, embora se aproximem mais de um tipo de discurso, em certos momentos poderiam muito bem serem alocados em outro,[21] em função do dinamismo do processo e da reconfiguração de suas análises e ações.

## *A tradição (re)descoberta: como se forma um "cânone" de autores e obras?*

> Originalmente, o Cânone significava a escolha de livros em nossas instituições de ensino [...]
>
> *Bloom, 2010, p. 27*

Foi com essa perspectiva que Harold Bloom (2010) procurou definir o que seria um "cânone" para as universidades norte-americanas. Para ele, um "dos sinais de originalidade que pode conquistar *status* canônico para uma obra literária é aquela estranheza que jamais assimilamos inteiramente, ou que se torna um tal fato que nos deixa cegos para suas idiossincrasias" (Bloom, 2010, p. 15). Por conseguinte, "o cheiro de originalidade deve sempre pairar num aspecto inaugural de qualquer obra que vença incontestavelmente o agon com a tradição e entre no Cânone" (Bloom, 2010, p. 17).

Muito embora sua perspectiva pairasse mais em dirimir os aspectos que modelaram os meios pelos quais uma obra literária poderia vir a se tornar canônica, talvez tenha sido justamente essa perspectiva que tenha tido Antonio Candido, em 1967, quando escreveu um novo prefácio[22] para a quinta edição de *Raízes do Brasil*, que seria publicada em 1969. Com os ensejos que lhe davam as restrições que o Regime Militar instaurado em 1964 impôs, Candido (1984) pôde aferir obras que se diferenciavam nos anos 1930, não somente pelo modo original com que inquiriram e interpretaram a história brasileira, mas, especialmente, em função de suas perspectivas de análise estarem intimamente relacionadas com sua época, já que nos anos 1930 foram instados por uma (outra) ditadura de caráter civil, e a qual foram críticos. Desse modo, *Casa-grande & Senzala*, de Gilberto Freyre, publicado em 1933, *Raízes do Brasil*, de Sérgio Buarque de Holanda, publicado em 1936, e *Formação do Brasil*

21 Agradeço a sugestão de Estevão Rezende Martins e José Antonio Vasconcelos na defesa da tese para acrescentar esse esclarecimento.

22 Antonio Candido (1963) já havia escrito um prefácio para esta obra no início dos anos 1960, que foi agrupado na quarta edição de *Raízes do Brasil*. Nele ainda não apareceria tal perspectiva de análise.

*contemporâneo*, de Caio Prado Jr., publicado em 1942, teriam, para Candido, os requisitos necessários para serem elevados à categoria de *clássicos* e seus autores a de "intérpretes do Brasil", que, a partir da década de 1930, inauguraram novas *formas* de pensar o país.

Mas, nos anos 1930 e 1940 essas obras não tiveram tal impacto, nem na totalidade da historiografia que então se praticava ou no pensamento social brasileiro que então se constituía entre os cursos de Ciências Sociais e Políticas das recém-criadas Faculdades de Filosofia, apesar de não deixarem de ter certo efeito imediato sobre uma parte (ainda que reduzida) daquela produção histórica. Nem tampouco se constituíram como "canônicas" naquele período (como veremos na segunda parte de nosso estudo). Seja nos relatórios de cadeiras de *História da Civilização Brasileira*, que começavam a surgir a partir dos anos 1930 em Faculdades de Filosofia, em São Paulo (Cf. Roiz, 2012a), no Rio de Janeiro (Cf. Ferreira, 2006, 2008, 2012), no Paraná e em Minas Gerais, seja mesmo nos balanços que foram feitos no período (Cf. Franzini, Gontijo, 2009). Também nos textos produzidos por Antonio Candido nos anos 1940 e 1950 não aparecia essa perspectiva de análise sobre os três autores apontados acima (Cf. Candido, 2002). Quando escreveu, no início dos anos 1960, seu primeiro prefácio para a quarta edição revista de *Raízes do Brasil*, publicada em 1963, apesar de expressar certo balanço positivo da obra, pois, "publicado faz quase trinta anos, atravessou fàcilmente o período mais transformador dos estudos sociais no Brasil e se tornou um clássico" (Candido, 1963, p. IX), nem por isso, veria uma conexão de autores e obras, que formariam um cânone de "intérpretes do Brasil" nos anos 1930. Foi somente a partir do novo prefácio, escrito em 1967, que Antonio Candido explorou essa via, começando por destacar que:

> A certa altura da vida, vai ficando possível dar balanço no passado sem cair em autocomplacência, pois o nosso testemunho se torna registro da experiência de muitos, de todos que, pertencendo ao que se denomina uma geração, julgam-se a princípio diferentes uns dos outros e vão, aos poucos, ficando tão iguais, que acabam desaparecendo como indivíduos para se dissolverem nas características gerais da sua época. Então, registrar o passado não é falar de si; é falar dos que participaram de uma certa ordem de interesses e de visão de mundo, no momento particular do tempo que se deseja evocar (Candido, 2006, p. 235).

Com essas palavras, portanto, Antonio Candido daria início a sua famosa análise da obra *Raízes do Brasil* de SBH, acrescentada a partir da 5ª edição do livro, em 1969. Nela o autor acabaria dando ensejo à constituição de um "cânone" de autores (Cf. Franzini, Gontijo, 2009, p. 141-160), que marcaram os anos 1930 com suas obras, e trouxeram interpretações "modernas" e "inovadoras" sobre o Brasil. Assim como aos anos 1960, por darem novos subsídios para pensar a história do país, e, consequentemente, se investigar a história do pensamento social brasileiro. Ao lado de SBH e sua obra *Raízes do Brasil* (de 1936) estariam também Gilberto Freyre, com *Casa-grande & Senzala* (de 1933), e Caio Prado Jr. com *Formação do Brasil Contemporâneo* (de 1942).[23]

Menos conhecido, mas nem por isso menos importante, foi seu depoimento concedido a Sônia Maria de Freitas, no início dos anos 1990, no qual Antonio Candido, com base em suas memórias, demonstrava a consolidação de outro "cânone", ao mesmo tempo em que concordaria com ele, sobre a fundação da Universidade de São Paulo (USP). Em suas palavras:

> A Universidade [...] nasceu realmente de um projeto político de setores esclarecidos da classe dominante, e seu idealizador, a pessoa que mais lutava, que mais tinha vontade de que houvesse uma Universidade em São Paulo, foi Júlio de Mesquita Filho. Isso foi possível quando o cunhado dele, Armando de Salles Oliveira, se tornou interventor federal, quer dizer, o homem que dirigia o Estado. Tendo os instrumentos políticos na mão, os referidos setores esclarecidos das classes dirigentes de São Paulo realizaram o projeto da Universidade, que acarretou a criação da Faculdade de Filosofia, Ciências e Letras. Júlio de Mesquita Filho disse mais de uma vez que eles desejavam que São Paulo, derrotado pelas armas em 1932, recuperasse a sua força através da cultura. É curioso que, numa espécie de paranoia de classe, ele compara a situação de São Paulo com a situação da França, depois de derrotada pela Alemanha em 1870, como se fosse um país. Acho que esta é a versão mais próxima da realidade: um projeto político, a fim de equipar o Estado com os instrumentos culturais necessários para ele assumir em nível elevado a liderança da Federação (Freitas, 1993, p. 35-36).

23 Note-se que o autor não deixa de atribuir importância ao livro *Evolução Política do Brasil*, publicado em 1933, no qual Caio Prado Jr. já esboçaria de maneira original sua leitura do marxismo, tentando projetá-lo para pensar a história brasileira (Cf. Candido, 1984).

Contudo, essa não seria a primeira vez que ele iria falar sobre a fundação da Universidade de São Paulo, nem tampouco sobre os autores, que segundo ele, iriam marcar a "geração" que vivenciou as mudanças trazidas com os acontecimentos dos anos 1930,[24] especialmente, com a fundação do *Estado Novo* varguista em 1937. Quando se referiu a essa questão no início dos anos 1940 (Cf. Candido, 2002), tanto o "cânone" sobre os "intérpretes do Brasil" da década de 1930, quanto o da fundação da Universidade de São Paulo, eram temas em construção, ainda não estabelecidos e aceitos, no interior de um "cânone" (Cf. Franzini, Gontijo, 2009, p. 141-160). Nem tampouco no pensamento do autor. Isso só aconteceu nos anos 1960, e, não por acaso, no auge de outra ditadura, mas dessa vez de caráter militar e não civil.

Curiosamente, foi justamente com base nas assertivas de Candido, no final dos anos 1960, que houve certo avanço nas análises sobre a história do pensamento social brasileiro. Aliás, não contrariando a leitura deste autor a respeito dos "intérpretes do Brasil" dos anos 1930. Mas, ao contrário, tornando-a de certo modo até paradigmática, tanto para se entender o período, quanto para se pensar à história do pensamento social brasileiro (Cf. Ricupero, 2000, 2007; Brandão, 2007; Franzini, 2010). Nesse sentido, a história do pensamento político e social brasileiro, embora tenha voltado a ser muito pesquisada, continua sendo um tema em permanente construção e reconstrução. Basta que constatemos seu desenvolvimento ao longo do tempo:

> 1 - de 1838 a 1930, com a definição do objeto no século XIX, em função da organização do *Instituto Histórico e Geográfico Brasileiro* (IHGB), criado em 1838, e seus congêneres estaduais, o que permitiu a organização e catalogação de fontes e o empreendimento

24 Em 1947, quando foi paraninfo de uma turma de formandos da FFCL/USP, assim já percebia a questão: "Nas Faculdades jovens, como a nossa, as distâncias entre professôres e alunos são, felizmente, pequenas, porque todos têm o sentimento vivo de participar, lado a lado, na construção de alguma coisa que não adquiriu contornos definitivos; a tradição ainda não ergueu, em nossa casa, as barreiras segregadoras do *status*, as pequenas querelas de precedência e as grandes vaidades catedráticas. [...] No conjunto das vocações universitárias, pertence-vos a do magistério secundário - convicção de grandeza intelectual de um povo. Independente da pesquisa e da criação, que também definem a Faculdade de Filosofia, é como professôres que nos apresentaremos à comunidade universitária e à sociedade do nosso país, e é nessa qualidade que tanto se espera de nós". In: Oração do paraninfo Antônio Cândido de Mello e Souza. In: *Anuário da FFCL de 1939-1949*, 2v., 1953, p. 283.

de estudos (alguns de caráter regional) que primavam pela análise das "três raças": o branco, o índio e o negro – embora os dois últimos permanecessem marginais nas interpretações (Cf. Guimarães, 1988, 2011; Schwarcz, 1993);

2 – de 1930 a 1964, com a retomada dos estudos sobre o "povo brasileiro", de modo a se "redescobrir o Brasil e a sua história", com o ingresso das "massas" no interior de parte destas análises (Cf. Carvalho, 1998; Reis, 1999, 2006; Botelho, Schwarcz, 2009);

3 – de 1964 a 1985, quando houve, com o Regime Militar, um recuo dos estudos monográficos sobre a história do pensamento político e social brasileiro, que passaram a ser produzidos com o surgimento das primeiras universidades no país, a partir da década de 1920. Além de promover um retorno do "estilo ensaístico", tendo-se como base os trabalhos elaborados entre os anos 1930 e 1950 (Cf. Miceli, 1989, 1995, 1999);

4 – de 1986 a 1999, marcado por um momento de (re)interpretação dos estudos "clássicos" sobre a história do pensamento político e social brasileiro, em função do desenvolvimento dos cursos de pós-graduação em Ciências Sociais e em História, retomando as análises de autores, obras e momentos históricos, especialmente, sobre os "intérpretes do Brasil" da década de 1930, daí a importância e a recorrência as reflexões e aos textos de Antonio Candido (Cf. Ricupero, 2007; Brandão, 2007, 2010);

5 – e de 2000 para cá, com as comemorações dos "500 anos de descobrimento da América Portuguesa", a reimpressão de obras esgotadas, de autores e livros clássicos (conhecidos ou esquecidos), e a continuação da produção de histórias a respeito do pensamento político e social brasileiro, com estudos monográficos, ensaios, resenhas e comentários de autores e obras, marcadamente, as que apareceram a partir dos anos 1930 (Cf. Mota, 1999, 2001; Santiago, 2002, 3v.; Botelho; Schwarcz, 2009, 2011).

Contudo, se de um lado, agrupa-se SBH na geração de "intérpretes do Brasil" da década de 1930, ao lado de Caio Prado Jr. e Gilberto Freyre, de outro, quase não se mencionava o nome de Afonso de Taunay e de Alfredo Ellis Jr., mesmo se considerarmos que estes se aproximaram mais de Freyre, em suas interpretações do Brasil, do que de SBH. Por outro lado, o nome de Fernando de Azevedo é agrupado aos reformadores do ensino, que nos anos 1920 estiveram reunidos no movimento da "Escola Nova".

Neste aspecto, analisar os projetos e as ações intelectuais de AEJ, SBH e Fernando de Azevedo é importante não apenas para demonstrar seus diálogos, seus posicionamentos políticos, teóricos e metodológicos, mas também de investigar de que maneira eles pensaram alternativas para o estado de São Paulo e para o Brasil, após a "crise de 1929", e seus desdobramentos na década de 1930. Além disso, esse tipo de análise contribui para pensarmos as ações e as atitudes dos "verde-amarelos", dos "modernistas" de São Paulo e da "escola--nova", movimentos, aliás, que os autores em pauta estavam articulados no período. Ao perscrutarmos, portanto, o pensamento histórico produzido nos anos 1930, além de não podermos deixar de lado essas questões, igualmente devemos observar que autores como SBH, apareciam, muitas vezes, não canonizados, e com um impacto bem menor que o produzido pelas obras de Alfredo Ellis Jr. e de Fernando de Azevedo, por exemplo, como veremos abaixo.

Foi justamente tendo em vista essas questões que procuramos problematizar as trajetórias de AEJ, SBH e Fernando de Azevedo: e visto que estes se moveram em um contexto de amplas transformações sociais, culturais, políticas e econômicas, qual o tipo de "regime de historicidade" (Cf. Hartog, 2003c) se pautaram para interpretarem a sua época e as categorias: passado, presente e futuro é um ponto importantíssimo a ser indagado nessa investigação.

Esse tipo de questão é importante em primeiro lugar, porque como demonstrou José Carlos Reis (1999), em *As identidades do Brasil*, houve a partir dos anos 1930 maior proliferação de interpretações sobre o que era o Brasil, e como se constituiu a sociedade brasileira. Em segundo lugar, prossegue esse autor, os meios pelos quais aqueles letrados se utilizavam das categorias temporais igualmente eram diversificadas. Mesmo se considerarmos que Reis (2012) retomou essa questão, alguns anos depois, e apoiando-se em Hartog (2003c) procurou estabelecer certa hegemonia de "regimes de historicidade" na própria constituição da história do pensamento social brasileiro, onde se passava de um "regime passadista", cujo auge esteve entre 1930 e 1940, para um "moderno", marxista-futurista, entre os anos 1960 e 1970, até se chegar a um "presentista" nos anos 1980 e 1990. Nem por isso, sua interpretação anterior se torna irrelevante ou contraditória. Contudo, como viemos tratando, nossa hipótese é justamente a de que mesmo que houvesse certa hegemonia de um tipo de "regime de historicidade" nos anos 1930, como destaca esse autor, as mudanças bruscas do período teriam permitido aos letrados que perpassassem facilmente por um ou mais "regimes de historicidade", de uma obra para outra, ou numa mesma obra. E é isso que passamos a inquirir abaixo.

## *Voltar ao passado "bandeirante": um "discurso mitológico" em Alfredo Ellis Jr.?*

> [...] [conhecer] um facto não é apenas saber da sua realização mais ou menos minuciosamente [porque] se faz mister serem as suas causas bem esmerilhadas e esclarecidas, assim como as suas consequencias bem vislumbradas e prophetisadas (Ellis Jr., 1937, p. 7).[25]

Com base nessas questões, pretende-se discutir nesse item de que maneira AEJ propôs que se escrevesse a história dos bandeirantes e das bandeiras paulistas nos anos 1920 e 1930. Em vista dos acontecimentos e das transformações drásticas e rápidas na economia e na política do país, este viu no passado uma estratégia para a valorização do presente, de modo a reforçar uma "identidade", por meio da figura e da ação dos bandeirantes do passado e da reconstrução da "memória coletiva" do povo e do próprio estado de São Paulo. Por certo, ao efetuar essa tarefa tinha em mente que conhecer "um facto não é apenas saber da sua realização mais ou menos minuciosamente", porque era também fundamental "serem as suas causas bem esmerilhadas e esclarecidas, assim como as suas consequencias bem vislumbradas e prophetisadas" (Ellis Jr., 1937, p. 7). Caso contrário, nada "disso aproveita ao estudioso do passado e ainda menos ainda ao estadista contemporaneo, que queira buscar na experiencia do passado elementos para a solução de problemas do presente" (Ellis Jr., 1937, p. 30).

Durante os anos 1920 e 1930, AEJ já vinha acumulando certo "capital cultural" (Cf. Bourdieu, Passeron, 2008, 2009). Muito de seu prestígio vinha das relações que seu pai, o senador Alfredo Ellis, fora construindo ao longo da Primeira República, junto ao Partido Republicano Paulista. Do mesmo modo, a amizade que então se consolidava com Afonso de Taunay, que era então diretor do Museu Paulista, dava-lhe mais subsídios para explorar os vestígios da

25 Em todas as citações de documentos e obras de época procuramos não atualizar nem a grafia, nem corrigir possíveis erros tipográficos, até para demarcarmos melhor o próprio contexto de produção, em que foram elaborados esses estudos e documentos.

documentação oficial, que começava a ser publicada com maior sistematicidade naquele período pelo governo do estado de São Paulo, e, particularmente, os inventários e testamentos quinhentistas e seiscentistas (Cf. Pereira, 2010; Anhezini, 2011). Aliado a experiência política do pai, em muitos casos solicitadas pelos amigos, como Afonso de Taunay, e mediado pelo prestígio deste pesquisador, AEJ se aventurava pelas fontes documentais, em suas primeiras incursões que lhe dariam subsídios para escrever: *O bandeirismo paulista e o recuo do meridiano* (de 1924), *Raça de gigantes* (de 1926) e deixar preparado *Populações paulistas* (que viria a ser publicado em 1934). Ao mesmo tempo em que preparava estas obras, dedicava-se ao ofício de professor de história, em escolas de São Paulo, e entre 1925 e 1930 foi deputado estadual por São Paulo, em duas legislaturas, a última das quais veio a ser interrompida pelo início do governo provisório de Getúlio Vargas.

Com a chegada de Vargas ao poder é que começou uma verdadeira batalha em torno da obra e da ação empreendida por AEJ. Primeiro, de caráter político e militar: quando seu mandato fora interrompido, ele ingressava nas forças de coalizão paulista, que em 1932 lutaram contra o governo instituído em 1930. Depois, enveredaria por uma luta intelectual, na qual buscou, por meio da palavra, mostrar os resultados desastrosos deste governo para o estado de São Paulo e para a Nação brasileira.

E, como já antecipamos, AEJ reuniu sua experiência literária, inclusive, quando esteve ao redor dos "verde-amarelos" no jornal *O Correio Paulistano* (voltaremos a essa questão no terceiro capítulo), junto com seu prestígio político acumulado em seus mandatos como representante do Partido Republicano Paulista, para operar uma verdadeira onda de críticas contra o governo instituído em 1930 (Cf. Santos, Mota, 2010). Não podemos esquecer que AEJ viveu em uma sociedade, na qual a grande maioria da população não sabia ler nem escrever, e, além disso, participava pouco do regime político. Como tal, a via como uma propensa massa de manobra no "jogo político", em que os partidos deviam conduzir as "massas". Naquele momento, instituído pelo Partido Republicano Paulista (PRP) – do qual fazia parte havia anos – como seu representante político, e amparado em sua experiência como advogado (conhecedor das leis) e como historiador (estudioso do passado), o autor se colocava como "porta voz" do povo de São Paulo, para demonstrar as mazelas cometidas pelo Governo Federal, após a instituição do governo provisório de Vargas no final de 1930.[26]

Não sendo indiferente a tal situação, portanto, AEJ que, em 1934 seria (re)eleito para um novo mandato como deputado estadual na Assembleia Legislativa do estado de São Paulo (e seria, a partir de 1938, professor do curso de Geografia e História da Universidade de São Paulo, que foi fundada em 1934), também procurou elaborar um projeto de escrita da história para repensar São Paulo e o Brasil, e que havia iniciado na década anterior, mas com a conjuntura do final dos anos 1920 e início dos anos 1930, este projeto foi amplamente revisto. Na falta de uma melhor definição, como indicamos acima, veremos a plausibilidade deste projeto estar calcado, nos anos 1930, *num discurso mitológico* (com ênfase nas origens de um passado mítico, centrado na figura do bandeirante) que foi defendido não apenas por AEJ, mas antes dele também pelos "verde-amarelos" e por Afonso D'Escragnolle Taunay, como uma forma de se sair da "crise", tendo em vista o passado *grandioso* e *exemplar* do povo do estado de São Paulo. Embora existam continuidades evidentes entre os projetos de escrita da história, que foram elaborados por esses autores (Cf. Anhezini, 2011), não há como negar que também houveram mudanças significativas entre eles.

Foi em meio a essas circunstâncias que Ellis Jr. participou das revoltas de 1932 contra a Federação, como voluntário da Liga de Defesa Paulistana, que defendia a liberdade e a volta da autonomia para o estado de São Paulo.[27] Ferido no *front* de guerra e abalado psicologicamente com a derrota da Liga no setor de Cunha, AEJ ainda enfrentaria forte perseguição política, após os

---

26 Apesar das críticas contundentes que Ellis Jr. efetuaria ao regime Vargas, como indica Boris Fausto (2006), Vargas trouxe uma conduta mais ética para a presidência, lidando com maior transparência o orçamento do Estado, e contribuiu diretamente para a promoção da industrialização, para a aprovação de leis e criação de novos ministérios. Para ele, Vargas soube conduzir o país com austeridade, apesar do autoritarismo; "inaugurou no Brasil as presidências carismáticas"; fez de si a imagem de uma época, a era Vargas, e de seu estilo de governar uma marca, o varguismo; fez o país entrar em novo patamar de desenvolvimento econômico, educacional e social; e foi figura central mesmo quando não esteve no poder, por propiciar a criação de partidos, pró e contra ele. Para maior detalhamento da questão, ver: Borges, 1979; Love, 1982; Draibe, 1985; Brandão, 1997; Corsi, 2000; Tota, 2000; Levine, 2001; De Decca, 2004; Capelato, 2009.

27 Aqui se vê um momento em que o discurso mitológico também assume um caráter ideológico na obra de AEJ.

desdobramentos daqueles eventos. Após a Revolução, e em meio à luta para não ser exilado, retorna ao magistério, lecionando no período diurno, no Liceu Pan-Americano e no Ginásio Paulistano, além de escrever vários livros didáticos de *História* e de *Geografia* – como veremos no terceiro capítulo. Com o fim da "Revolução Constitucionalista" de 1932, preocupou-se em expor seus pontos de vista sobre o "drama".[28] Portanto, durante o período de 1930 até 1933, é que deram ensejo a produção de duas obras sobre o assunto, como: *A nossa guerra* (1933) e *Confederação ou separação* (1934a),[29] escritas no período de andamento e logo após o final do conflito, e que assumiram, não por acaso, caráter "denunciativo" e "panfletário" (ainda que claramente defendidas, pelo autor, como obras de história), que ele tentou avançar sobre os procedimentos de pesquisa, que praticava até então.[30]

Tanto *Confederação ou separação* (1934a), quanto *A Nossa Guerra* (1933), foram frutos diretos da ocupação militar em São Paulo nos anos iniciais da década de 1930, e da consequente "guerra cívica" de 1932, e que acabou condicionando a trajetória e a produção intelectual de AEJ neste período. No primeiro, escrito em maio de 1932, discute o conceito de Federação e de Confederação, denunciando a "ingrata" posição de São Paulo frente à Federação na década de 1930. O problema estava na excessiva centralização do sistema federativo, e na política econômica e financeira, que nivelava todos os estados brasileiros com as alterações das leis de arrecadação e distribuição de impostos (Cf. Nozoe, 1983), o que significou para São Paulo não apenas redução nas "receitas de exportação, mas inferiu diretamente no controle da política cafeeira, além de impor novas taxas sobre a movimentação do porto de Santos e novos impostos sobre o café" (Santos, Mota, 2010, p. 69). Para o paulista AEJ,

28 Para maior detalhamento sobre sua obra e trajetória ver: Abud, 1985; Ellis, 1997; Monteiro, 2001; Ferreira, 2002.

29 Além desses dois textos, o autor se expressaria novamente sobre o tema em seu romance histórico *Jaraguá* (1936b), publicado em 1936, ao se voltar para as glórias do passado do bandeirante paulista.

30 Antes de escrever esses textos, o autor já havia publicado no ano de 1922, *Ascendendo na história de São Paulo*; *Novas bandeiras e novos bandeirantes* e *Alguns paulistas do século XVI e XVII*. O primeiro resultou de uma conferência proferida em 17 de junho de 1922, no Centro paulista no Rio de Janeiro; os dois últimos foram apresentados no Congresso Internacional de História da América realizado em 1922 no Rio de Janeiro. Em seguida foram publicados: *O bandeirantismo paulista e o recuo do meridiano* (1924); *Raça de gigantes* (1926); e *Pedras lascadas* (1928).

não havia maior injustiça do que pôr em pé de igualdade a pujante São Paulo (Cf. Love, 1982), com os demais estados brasileiros. Por isso, defendia o sistema de Confederação, um sistema político de extrema descentralização, onde os estados teriam maior autonomia interna, ligados por um pacto comum, por uma Constituição e um Governo central.

Nada mais cômodo para São Paulo, como queria ele, dado o seu desenvolvimento frente a muitos Estados, naquele momento. Amplamente engajado ao movimento "confederacionista", com pesquisas em fontes oficiais, o livro destinou-se à propaganda desse movimento. Interessante notar a tensão do autor entre encarar o livro como uma alusão a causa confederacionista e tentar manter uma possível "imparcialidade" em seus argumentos (Ellis Jr., 1934a). Como nos indicam Marco Cabral dos Santos e André Mota:

> O que se deve considerar é que foram múltiplos os sentidos assumidos pela revolução nas cabeças daqueles que deram suas vidas no *front*, ou daqueles mobilizados por todo o Estado de São Paulo. Personalidades como Alfredo Ellis Júnior, Monteiro Lobato e Mário de Andrade são apenas alguns exemplos dessa multiplicidade de sentidos (Santos, Mota, 2010, p. 56).

E, no caso de AEJ, deve-se notar ainda, insistem os autores, que:

> Para além dos aspectos econômicos, razões culturais e sociais eram evocadas para igualmente justificar o separatismo. O mesmo "espírito bandeirante" valorizado quando da arregimentação de voluntários para a luta fomentava o clamor separatista, que via em São Paulo claros sinais de sua excepcionalidade, quase sempre comprovadores de uma superioridade ancestral da "civilização do planalto". A "raça de gigantes", delineada por Alfredo Ellis Júnior, havia de merecer o controle de seus destinos. A paulistanidade, portanto, era munição retórica perigosa, pois trazia em seu bojo o recrudescimento dos latentes ideais secessionistas (*Idem*, p. 70).

Daí o uso intenso de símbolos do passado, como o bandeirante, trazidos para o presente para incentivarem as investidas dos paulistas contra a Federação (Cf. Capelato, 1981; Love, 1982; Rodrigues, 2012) – e que retomaremos no quarto capítulo, para demonstrar como esse mesmo símbolo e personagem, o bandeirante, estava sendo interpretado nos anos 1940, imediatamente após o fim do Estado Novo.

Com esses recursos, históricos e retóricos, em *A nossa guerra*, sob um caráter de depoimento, ainda que com o amparo em documentos oficiais, AEJ procurou reunir todas as suas impressões sobre o movimento de 1932, louvando os "herois" que lutaram em defesa de São Paulo, "São Paulo que apenas lutava pela sua autonomia arrebatada e pela constitucionalização de todo o País" (Ellis Jr., 1933, p. 9).

Por isso mesmo, ele escreve como historiador, outra obra de caráter "panfletário", cuja função era denunciar as mazelas orquestradas no país, e sobre São Paulo, após o ingresso de Vargas ao poder. Também escreve como combatente que viu de perto os efeitos da guerra, e cuja narrativa pretendia expressar a verdade sobre os fatos. Sua análise tomava o partido dos cafeicultores, que como o pai, Alfredo também, viveu os dilemas de políticas mal sucedidas sobre a defesa do café (Cf. Ellis, 1924). E, que para ele, no governo Vargas foram ainda piores (Cf. Ellis Jr., 1933, 1934a). Além disso, procurava ver os acontecimentos também como ex-deputado estadual, vinculado ao Partido Republicano Paulista (o PRP), cuja defesa aos cafeicultores, à produção rural, e contra a política de implantação de um processo acelerado de industrialização no país eram evidentes (Cf. Borges, 1979; Casalecchi, 1987).

Em função dos ritmos de mudança e de adaptação legal, que eram impostos pela Federação aos Estados, ele viu que só "a demagogia dos opposicionistas systhematicos, poderia ter indusido os outubristas em erro, a respeito do P. R. P.; erro em que teimam em persistir, como se ainda pudessem estar com os olhos vendados" (Ellis Jr., 1933, p. 20). Por sua vez: "O Partido Democratico que deveria, exercer, em sã politica, uma acção fiscalisadora e esclarecedora, passou a trabalhar em systhematica opposição" (Ellis Jr., 1933, p. 22), ao estado de São Paulo (ao qual dizia representar) e ao PRP. Como nota Maria Lígia Coelho Prado (1986), até meados de 1930 havia certa aliança entre o PRP e o PD, mas cujos efeitos eleitorais do final daquele ano iriam arrefecer os ânimos e as atitudes dos dois partidos diante da Federação. E era esse tipo de aliança que AEJ reivindicava seu retorno entre os partidos, para que unissem forças em prol de uma luta comum contra a Federação e a favor de São Paulo. Mas, como veremos abaixo, os objetivos do PD, segundo AEJ, ao se aproximar de Vargas eram outros. E, entre as principais metas do PD, estava por em prática um projeto para o Estado e a Nação, por meio da reestruturação da educação nacional.

Por esse motivo, ele se expressava ainda como um observador, que com os instrumentos da pesquisa histórica, visava deixar à posteridade um relato "imparcial" e de cunho "científico" para os que virão depois, de por quê São Paulo não teve êxito em 1932, e como "o sr. Getulio Vargas [tratou], a S[ão] Paulo, como uma entidade vencida", pois, mesmo a "França, em 1870-1871, não teve por parte da Allemanha, tratamento mais rigoroso", e essa "teria sido a norma getulina de agir, a respeito de cousas paulistas" (Ellis Jr., 1933, p. 32). Com isso, o "povo paulista, sendo tratado por esta forma naturalmente comprehendeu logo que a revolução de 30 havia sido dirigida contra S[ão] Paulo" (Ellis Jr., 1933, p. 40-41).

Desse modo, AEJ se colocou no papel de conhecedor dos fatos, participante direto do contexto e instituído como tal, para exercer essa função, como político (do PRP) e historiador (paulista), sendo ao mesmo tempo juiz e intérprete do processo histórico. Seu público alvo foi o povo paulista e, em especial, os que virão no futuro próximo, que não viveram aqueles acontecimentos "fatídicos" para o estado. Por essa razão, de acordo com Pierre Bourdieu (1996), AEJ se colocava como o "porta-voz dotado de poder pleno de falar e de agir em nome do grupo, falando sobre o grupo pela magia da palavra de ordem", e, além disso, "ele personifica[va] uma pessoa fictícia, que ele arranca[va] do estado de mero agregado de indivíduos separados, permitindo-lhe agir e falar, através dele, 'como um único homem'" (Bourdieu, 1996, p. 83). Ao pretender dizer a verdade, e estabelecer as causas e as consequências dos acontecimentos que resultaram na "derrota de 1932", AEJ recorre, ao que Bourdieu define como a "especificidade do discurso de autoridade", que "reside no fato de que não basta que ele seja *compreendido* (em alguns casos, ele pode inclusive não ser compreendido sem perder o seu poder), é preciso que ele seja *reconhecido* enquanto tal para que possa exercer seu efeito próprio" (Bourdieu, 1996, p. 91). Por isso, para alcançar tal objetivo, AEJ exaltava as "cenas" da guerra, em seus livros de história como em seus romances, nas quais o "sangue paulista, não foi regateado, para a compra da liberdade" e "batalhões partiam floridos, em alegria jamais vista". Essa narrativa estava amparada não apenas na pena do historiador, advogado e político, mas, principalmente, no olhar do observador e participante da batalha, como um dos soldados do *front* de guerra.

Foi justamente amparando-se nesses instrumentos metodológicos, que AEJ visava demonstrar a posição do estado de São Paulo, junto à nação, após 1930. Para isso, destacava a importância do bandeirante e da cruzada civilizatória promovida pela lavoura do café, como fatores primordiais, ainda que em momentos distintos, e que tornaram o Estado a "locomotiva" do país. Mas, em função dos acontecimentos fatídicos de 1930, e após os de 1932, os sujeitos e os feitos "grandiosos" da história de São Paulo estavam sendo esquecidos. Por esse motivo era fundamental se voltar os olhos para o passado e rever a escrita da história de São Paulo.[31] Neste ponto, o empenho de AEJ, talvez tenha sido até maior que o de Afonso de Taunay, para realçar a importância do bandeirante na configuração histórica da identidade do povo paulista.[32] Mas, como ele próprio indicou em vários momentos, Taunay era seu mentor e inspirador deste tema.

No início da década de 1930, em função daquelas circunstâncias, argumentava que o problema do estado de São Paulo não estava só no presente, mas também nas leituras e nos usos que foram feitos do passado (Ellis, 1997; Ferreira, 2002). Em seu mandato como deputado estadual pelo PRP nos anos 1930, voltou-se para essa questão, e ao homenagear Afonso de Taunay e sua obra na Câmara dos Deputados, diante da Assembleia Legislativa, destacava a importância de se conhecer o passado de São Paulo, com a cruzada dos bandeirantes e a expansão das bandeiras paulistas por quase todo o território que formou o Brasil. E que foram fundamentais não apenas para dar ensejo a fundação de nossa nacionalidade, mas também na consolidação de nossa "identidade", "raça", "valores", e de nossa política, cultura, sociedade e economia.

Assim, já em 1932, em *A nossa guerra*, indicava a importância de formular uma "syntese dos acontecimentos bellicos de 1932, com as suas causas e consequencias politicas e sociaes", ao pretender "fazer obra de historiador", e "desde já fazer claro os elementos para a historia", para que "os vindouros saibam, por que os diversos capítulos da guerra, tiveram o desenvolvimento que todos sabem, e foram obrigados a seguir determinada orientação". Para que isso fosse feito, "eu busquei, sempre percorrer o caminho mais estricto

31 Nesse mesmo período muitas análises foram feitas para pensar não somente o estado de São Paulo, como também o Brasil, e que podem facilmente ser encontradas nos estudos de autores como Sérgio Buarque de Holanda, Gilberto Freyre, Caio Prado Jr., Roberto Simonsen, Fernando de Azevedo, Oliveira Vianna, dentre outros. Para uma análise detalhada da questão, ver: Moraes, Bastos, 1993; Bresciani, 2005; Brandão, 2007, 2010; Botelho, Schwarcz, 2009.

32 "O problema com que nos pretendemos defrontar exige uma definição preliminar e, em suma, aceitável, de 'mitificação' como simbolização incônscia, identificação do objeto com uma soma de finalidades nem sempre racionalizáveis, projeção na imagem de tendências, aspirações e temores particularmente emergentes num indivíduo, numa comunidade, em toda uma época histórica" (Eco, 2008, p. 239).

da verdade", e habituado "como sou, de longa data, a manusear os elementos reconstituidores do passado, essa tarefa não me foi penosa" (*Idem*).

Também em *A nossa guerra*, dirá que foi justamente em função de sua "grandiosidade" (no passado, e também no presente) que o estado de São Paulo seria "traído" por seus antigos aliados (como Minas Gerais), e foi deixado a sua própria "sorte" pelo resto da Federação. Com menos soldados, armas, munição, apoio político e econômico, a derrota acabou sendo inevitável. No entanto, para ele, a derrota política daquele momento, que se apresentou eminente mais em função dos acontecimentos de 1929, do que pelos de 1930 (e que colocou aquele grupo político no poder), só teriam um efeito passageiro. Desde que os paulistas não deixassem de lado as suas "origens" no bandeirante. Portanto, esse quadro nos indica os lugares e as formas de ação de AEJ nos anos 1930, em que buscou "restaurar" a posição de São Paulo junto à nação, rever a história paulista, para que sua população participasse do processo de recuperação política e econômica, tanto quanto da autonomia do estado de São Paulo junto a Nação. E demonstrar que as atitudes de certos partidos, ainda que sob um discurso de progresso e de desenvolvimento, posicionavam-se contrariamente a esses objetivos.

Com base nesses prognósticos sobre a história paulista, que ao retornar a Assembleia Legislativa de São Paulo, em 1934, AEJ se colocou em oposição direta ao projeto do Partido Democrático (PD) para o estado de São Paulo. Nesse sentido, a participação de Armando de Salles Oliveira nessa conjuntura política, não seria vista com tamanha contribuição por AEJ. Seja na efetivação do projeto de criação da universidade no Estado, seja quanto à melhoria e a expansão dos níveis de ensino, seja ainda, sobre a revisão da crise política e econômica, vivida com a desvalorização constante dos cafezais. O mesmo vale, para o papel desempenhado por Júlio de Mesquita Filho e por Fernando de Azevedo, que, para ele, foi secundário, se comparado a história da universidade no Brasil. Nesse ponto, AEJ observava da seguinte forma a intervenção que houve no estado de São Paulo:

> [...] a administração do sr. Armando de Salles Oliveira fez crescer a dívida interna consolidada e a dívida interna flutuante, as quaes subiram nas proporções phantasticas de 200 e 300%, crescendo egualmente em proporções formidáveis a dívida externa, em virtude da queda do câmbio, ao qual ainda estamos amarrados na nossa vida financeira.[33]

33 AEJ. 25ª sessão ordinária em 9 de agosto de 1937. In: *Annaes da Assembleia Legislativa do Estado de São Paulo. Sessão ordinária de 1937*. São Paulo: Industria Gráfica Siqueira S. A., 1953, vol.1, p. 531.

Não era apenas uma disputa partidária. AEJ se diferenciava do grupo d'*O Estado de S. Paulo*, que centralizava a ação do Partido Democrático (Cf. Prado, 1974; Capelato, Prado, 1980; Cardoso, 1982), também sob a análise do processo. Para ele o:

> [...] dr. Armando de Salles Oliveira, quando era Interventor, em 1935, para 'fazer bonito' para os outros Estados brasileiros em propaganda da sua futura candidatura á Presidência da República [depois cancelada, por causa do golpe de 1937], creou, de uma só vez 1.024 [...] escolas públicas. Mal sabem os nossos ilustres patrícios que essa proeza foi feita com grande sacrifício para o misero professor paulista, á custa da reducção dos seus minguados vencimentos de rs. 400$000 para 300$000 no Estado que se diz o 'leader' da Federação. Introduziu no magistério [...] a famosa classe de estagiários que não têm direito a cousa alguma na vida.[34]

Antes de ser reeleito deputado em 1934, AEJ estava exercendo o magistério como professor secundário de *História da Civilização* em colégios da cidade de São Paulo. Por isso, nas seções da Câmara ressaltava corriqueiramente sua trajetória como docente, e manifestava abertamente seu "orgulho" em "ser paulista", que:

> [...] desde 1935 [...] venho dizendo em successivos discursos, que o nosso magno objectivo na guerra de 1932 foi tirar uma satisfacção contra a oppressão que a dictadura [...] baixava sobre nós, desde 1930 [...] queríamos lavar a nossa cara! [...]. Queríamos nos reabilitar perante nós mesmos [...] outro objectivo era a conquista do regimen constitucional. Elle nos daria a autonomia que nos fôra arrancada em 1930 naquella tragédia que se iniciava soturnamente [...] quer por meio da palavra quer por meio das armas.[35]

Com isso, vimos nessa incursão como AEJ se posicionou em seus textos, quais os objetivos que pretendeu alcançar, porque fez uso de certas metáforas e não de outras, porque ao mesmo tempo tencionou produzir um discurso ob-

34 AEJ. Leitura da carta 'Os estagiarios' na 28ª sessão ordinária em 12 de agosto de 1937. In: *Annaes da Assembleia Legislativa do Estado de São Paulo. Sessão ordinária de 1937.* São Paulo: Industria Gráfica Siqueira S. A., 1953, vol.1, p. 604.

35 AEJ. 14ª sessão ordinária em 27 de julho de 1937. In: *Annaes da Assembleia Legislativa do Estado de São Paulo. Sessão ordinária de 1937.* São Paulo: Industria Gráfica Siqueira S. A., 1953, vol.1, p. 320.

jetivo, verdadeiro, imparcial e científico, "sem acuzar ninguém". E, ao mesmo tempo, se posicionava acusando o governo Vargas por sua ação contra São Paulo, com vistas à por "a nu" as circunstâncias que possibilitaram a instituição daquele regime político após 1930. Assim como as "causas" e as "consequências" de sua ação para o país e, principalmente, para o estado de São Paulo. De igual modo, critica o posicionamento do Partido Democrático e de seus membros após os desdobramentos dos acontecimentos "fatídicos" de 1932, em função de sua aproximação com o governo federal.

## *A reação do grupo d'O Estado de S. Paulo a "crise" da década de 1930: um "discurso ideológico" em Fernando de Azevedo?*

> Mas, a escola secundária, capaz de exercer essa função, na sua plenitude, não é como sabeis e já tendes a experiência, o tipo de escola que encontrareis no país, e sôbre o qual, a despeito da transformação parcial dos métodos de ensino, não passou ainda um sôpro vigoroso de renovação, inspirada no sentido real do humano e mais nìtidamente orientada para a cultura do espírito (Azevedo, *Anuário*, 1952, p. 59).

Assim Fernando de Azevedo sintetizava a situação a que se encontrava a educação brasileira, e cuja mudança havia sido assinalada pela reação oferecida pelo movimento da "escola-nova" no país e pelo grupo de *O Estado de S. Paulo*, que desde o final dos anos 1920 vinham lutando para mudar aquela realidade. Veja-se, por exemplo, a missiva enviada a Francisco Venâncio Filho, em 1º de fevereiro de 1934, na qual Fernando de Azevedo lhe noticia:

> Leu o Decreto, criando a Universidade de São Paulo? Mandei-o ao Anísio, pedindo-lhe que o lesse e o desse a ler aos amigos comuns, e entre estes, a você evidentemente, que aliás, senão me engano, citei pelo empenho de ter a sua opinião. Esse decreto é um grande serviço a S. Paulo e uma vitória para os nossos ideais.[36]

Desde meados dos anos 1920, que Fernando de Azevedo vinha militando por aqueles ideais, e que seriam estampados no inquérito de 1926, feito para radiografar a educação pública no estado de São Paulo. E, depois, retornariam

36 *Carta de Fernando de Azevedo a Francisco Venâncio Filho*, São Paulo, 1º de fevereiro de 1934. In: Penna, 1987, p. 111.

ainda no manifesto dos pioneiros da educação em 1932 (Cf. Azevedo, 1971). Como ele próprio nos indica:

> [...] Quando fazia crítica literária no *O Estado de S. Paulo*, fui incumbido pelo meu amigo Júlio de Mesquita Filho, de proceder a um inquérito sôbre a instrução pública em S. Paulo. Um vasto inquérito que durou meses e do qual se concluiu que estávamos numa encruzilhada, em que se abriam para a educação dois caminhos: o do conservadorismo ou do reacionarismo, e o de transformações radicais. Eu optava francamente por êste, com o apoio sem reservas do *O Estado*. Mas a reação que êsse inquérito provocou, foi a mobilização de fôrças conservadoras contra as reformas que nele já se anunciavam, como necessárias (Azevedo, 1971, p. 75).

Com as adversidades que o contexto impunha as iniciativas de Fernando de Azevedo, meio desiludido informava a seu amigo Francisco Venâncio Filho, em 14 de setembro de 1926, que: "Esse país, meu caro! A chaga política que o corrói, só o ferro em brasa poderá eliminá-la".[37] Evidentemente, não seria o "ferro em brasa" que resolveria o problema, como o próprio Fernando de Azevedo percebeu alguns anos depois, junto com o grupo da "escola-nova" e d'*O Estado* (Cf. Cardoso, 1982). Mas sim por meio de alianças políticas, mesmo a revelia deles, que pudessem proporcionar o poder necessário para por em "prática" um projeto de intervenção na realidade, com base em mudanças no funcionamento da educação (Cf. Azevedo, 1944, 1971; Monarcha, 2009; Roiz, 2009). E seria o que fariam em meados dos anos 1930, quando Armando de Salles Oliveira foi incumbido por Getúlio Vargas de ser o interventor federal no estado de São Paulo.

Desse modo, para eles, o problema não estava tanto em recuperar as "heranças do passado", mas sim em se (re)pensar o que se deveria fazer no "presente". Foi, assim, tomando de empréstimo parte das estratégias de outros letrados, ao usarem a imprensa periódica para articularem a criação de universidades (Cf. Wachowicz, 2006), que o grupo dirigente de o jornal *O Estado de S. Paulo* almejou, no início dos anos 1930, fundar uma universidade em São Paulo, como parte de seus planos para transporem aquela "crise". Por isso,

37 Carta de Fernando de Azevedo a Francisco Venâncio Filho, São Paulo, 14 de setembro de 1926. In: Penna, 1987, p. 104.

para aqueles letrados o problema de São Paulo estava não apenas em questões econômicas e políticas, mas, principalmente, em questões sociais e culturais, que deviam ser corrigidas no "presente", e não por meio de um retorno, puro e simples, ao "passado".[38]

Com a crise estrutural que se desenrolou entre 1929 e 1932, na qual São Paulo perdeu sua hegemonia política e econômica perante a Nação, ocorrendo uma verdadeira remodelação das camadas dirigentes do país, onde se destacaria o papel de Vargas (1930-1945), que se formou um conjunto de estratégias políticas e culturais, entre políticos e letrados de São Paulo, com vistas a contornarem a situação a que se encontrava tanto o Estado quanto o país (Cf. Cardoso, 1982; Nadai, 1987; Miceli, 1989; Gomes, 1996, 2009; Mate, 2002). É nesse contexto preciso que se desenvolveu o projeto político e cultural do grupo dirigente d'*O Estado de S. Paulo*, onde se destacou as ações de Fernando de Azevedo, Júlio de Mesquita Filho e Armando de Salles Oliveira (Cf. Azevedo, 1971, 2010; Mesquita Filho, 1960; Cardoso, 1982; Nadai, 1987; Roiz, 2009).

Quando, em 1934, foi criada a Universidade de São Paulo (USP) muito já se tinha discutido sobre o que era a universidade e qual a sua função. Para Francisco Campos (1891-1968), ainda no início dos anos 1930, a Universidade era entendida como uma "unidade administrativa e didática que reun[iria], sob a mesma direção intelectual e técnica, todo o ensino superior, seja o de caráter utilitário e profissional, seja o puramente científico e sem aplicação imediata" (Campos, 1940, p. 60). O mesmo entendimento sobre a universidade era tido pelo grupo que se convencionou caracterizar como movimento por uma "escola nova" (Cunha, 1992). Vários "homens de letras" participaram daquele grupo, dentre os quais: Fernando de Azevedo, Anísio Teixeira (1900-1971), M. B. Lourenço Filho (1897-1970), Roquette Pinto (1884-1954), Sampaio Dória (1923-1964), Paschoal Leme (1904-1997), Afrânio Peixoto (1876-1947) e o próprio Júlio de Mesquita Filho. Antes de serem organizadas as primeiras universidades no Brasil, alguns daqueles "agentes sociais" participaram de importantes reformas no ensino. Sampaio Dória foi responsável pela reforma de 1920, em São Paulo. Lourenço Filho pela reforma de 1922 no

38 [...] ideias não se transformam em ideologias ou mesmo em formas de pensamento sem que sejam submetidas a processos mais ou menos sistemáticos de rotinização, nos quais autores habitualmente considerados secundários e obras logo esquecidas desempenham papéis fundamentais" (Brandão, 2005, p. 243).

Ceará. Fernando de Azevedo foi, ao lado de Paschoal Leme que fazia parte de sua equipe, responsável pela reforma de 1927 no Distrito Federal (Cf. Piletti, 1982; Rocha, 1990, 2004; Mate, 2002). Nos anos 1930, o movimento diversificou sua ação, indo parte do grupo para gabinetes estaduais e federais, outra parte para escolas e institutos normais de formação de professores, e outros se dirigiram para iniciativas que pretendiam construir universidades no país (Cf. Rocha, 1990, 2004). Anísio Teixeira foi um dos idealizadores da Universidade do Distrito Federal, fundada em 1935, e Júlio de Mesquita Filho e Fernando de Azevedo contribuíram diretamente na fundação da USP, em 1934, quando Armando de Salles Oliveira era o interventor federal no estado de São Paulo.

Para ambos,[39] o fato de ter sido convocado, em 1933, Armando de Salles Oliveira (aquela altura cunhado de Júlio de Mesquita Filho e diretor de o jornal *O Estado de S. Paulo*), como interventor federal em São Paulo, foi-lhes decisivo na viabilização do projeto que deu o formato da futura universidade. Mas se foram aquelas circunstâncias precisas que favoreceram a execução do empreendimento, o projeto que deu forma a iniciativa, por outro lado, era fruto das discussões efetuadas pela intelectualidade paulista, desde, pelo menos, a década de 1920 (Cf. Prado, 1974; Cardoso, 1982; Nadai, 1987). Quando Fernando de Azevedo ingressou no jornal *O Estado de S. Paulo* em 1923, ele já conhecia Júlio de Mesquita Filho. Foi em 1926, como já antecipamos, que Fernando de Azevedo organizou um inquérito sobre a educação, publicado na íntegra no jornal naquele mesmo ano, com o objetivo de verificar a situação da educação pública paulista, circunstanciar as relações entre educação e política, e demonstrar que ao Estado caberia a promoção da educação.

Mesmo após sua saída do jornal, em 1926, continuaram a serem divulgadas nos anos seguintes notícias e artigos sobre a universidade e o ensino "secundário" do estado de São Paulo, e depois de criada a universidade, em 1934, o jornal passou a indicar também as suas contribuições, para resolver parte daqueles problemas educacionais, políticos e econômicos (Cf. Bontempi Jr., 2001, 2006). Nesse sentido, segundo Irene Cardoso, a universidade "teria basicamente duas funções dentro da sociedade: formação do professorado se-

39 Oração do paraninfo Júlio de Mesquita Filho In: *Anuário da FFCL de 1936*, 1937, p. 198-206; Discurso do paraninfo Júlio de Mesquita Filho. In: *Anuário da FFCL de 1939-1949,* 1953, p. 273-283; Discurso do paraninfo prof. dr. Fernando de Azevedo. In: *Anuário da FFCL de, 1950*, 1952, p. 56-70.

cundário e superior e, 'função superior e inalienável', formação, isto é, preparo e aperfeiçoamento das classes dirigentes" (Cardoso, 1982, p. 29-30). Neste ponto, Jorge Nagle (1976) observa de forma semelhante a questão. Para ele, no inquérito de 1926 se acentuava a:

> [...] tríplice função dos estabelecimentos universitários, 'de elaborar, ensinar e divulgar as ciências' [...] ao [...] regime universitário atribuíam-se tarefas de suma importância: o preparo das classes dirigentes [...] a formação do professorado secundário e superior - problema importante devido ao autodidatismo reinante - e o desenvolvimento de uma obra nacionalizadora da mocidade - núcleo para o qual convergem os problemas da universidade e da sociedade (Nagle, 1976, p. 134).

A aproximação dos autores se deve ao fato de o inquérito ter sido proposto como parte integrante das ações do grupo d'*O Estado de S. Paulo* (Cf. Cardoso, 1982; Nadai, 1987; Roiz, 2009). A ação daqueles protagonistas pode ser mais bem analisada quando comparados seus discursos de paraninfos na universidade,[40] dado que eles procuravam neles demarcarem retrospectivamente as iniciativas que começaram a se firmar nos anos iniciais da década de 1930. Além das mesmas propostas se repetirem na fala de Fernando de Azevedo em 1950, quando fora paraninfo de outra turma de formandos, o próprio Armando de Salles Oliveira avaliou sua intervenção no estado de São Paulo, diante da Assembleia Legislativa, em 1937, da seguinte maneira:

> O ensino é hoje, em São Paulo, um apparelhamento complexo, que vae das formas rudimentares adaptadas aos meios ruraes á organização grandiosa de sua Universidade [...]. A escola e o voto são as armas das democracias - serão as grandes armas do Brasil. No governo de São Paulo, disseminei escolas e respeitei o voto. Por isso, ainda que não tivesse realizado as obras que realizei, teria feito um genuíno governo para o povo.[41]

40 Oração do paraninfo Júlio de Mesquita Filho In: *Anuário da FFCL de 1936*, 1937, p. 198-206

41 Armando de Salles Oliveira. In: *Annaes da Assembleia Legislativa do Estado de São Paulo. Sessão ordinária de 1937*. São Paulo: Industria Gráfica Siqueira S. A., 1953, vol.1, p. 985 e 992.

Em discurso pronunciado no "Theatro Municipal" de Belo Horizonte, em Minas Gerais, a 16 de agosto de 1937, acrescentaria as suas realizações que:

> Nunca será demais repetir que as universidades, qualquer que seja o logar do paiz em que se ergam, devem ser criadas para exercer sua influencia, não sobre uma região, mas sobre toda a nação. Essas instituições, que não podem subsistir sem um sólido systema de educação secundaria, têm o objetivo de cultivar as sciencias, ajudar o progresso do espírito humano e dar á sociedade elementos para a renovação incessante de seus quadros scientificos, culturaes, technicos e políticos.[42]

Assim, tanto o grupo d'*O Estado de S. Paulo*, quanto Fernando de Azevedo, instados pelo seu contexto social procuraram ajustar as demandas sociais, a falta de profissionais para o ensino e de escolas e salas de aula, para empreenderem ao mesmo tempo um projeto educacional, com vistas a restaurarem o lugar de São Paulo não pela via política e econômica, mas pela cultural, além de visarem também responder aos problemas de sua época. E, nesse caso, eles próprios com o papel de "novos bandeirantes", a darem "novos" horizontes e perspectivas para o povo de São Paulo, por meio da formação de grupos dirigentes e a restauração da educação no país (Cf. Roiz, 2009). Evidentemente, não seria nos anos 1930 que Fernando de Azevedo proporia um projeto de escrita da história para o estado de São Paulo e para o Brasil, com base na análise da educação, mas foi a partir dos desdobramentos daquela iniciativa, que ele viu a possibilidade de fazê-lo, a partir dos anos 1940, como mostrou em seu *A cultura brasileira*, de 1943. Nele o autor destacava, a partir da terceira edição revista, de 1958, que:

> [...] nem os resultados da política que se instituiu com o regime autoritário corresponderam aos fins e foram proporcionais aos esforços desenvolvidos para atingi-los, nem se mantiveram inativas, na sua vigência, as forças mobilizadas pela revolução de 1932 que, dominada pelas armas, acabou por alcançar a vitória política, com a restauração, embora passageira, da ordem legal. É que tanto os grupos que, tendo à frente o Presidente Getúlio Vargas e apoiados pelas forças armadas, promoveram o golpe de Estado de 1937, quanto os que permaneceram ou se levantaram depois em

42 Discurso pronunciado no Theatro Municipal de Belo Horizonte, em 16 de agosto de 1937. In: *Annaes da Assembleia Legislativa do Estado de São Paulo. Sessão ordinária de 1937*. São Paulo: Industria Gráfica Siqueira S. A., 1953, vol.1, p. 993-994.

> oposição, correspondiam a tendências e aspirações coletivas, diferentes se não opostas, e o conflito a que deram origem estava ainda longe de chegar a uma solução. [...] A queda da ditadura e a volta ao regime constitucional [a partir de 1946] foram, por certo, uma das manifestações desse novo estado de espírito, para cujo triunfo, estimulada pelos acontecimentos na esfera internacional, a velha guarda dos democratas e liberais que se empenharam, desde o princípio, na luta política contra o regime discricionário, conseguia afinal, nessa encruzilhada, a adesão de gerações jovens, civis e militares, e mesmo de uma parte das gerações outrora vanguardeiras da Revolução de 1930, e, se não velhas ainda, já enquadradas nas classes conservadoras (Azevedo, 2010, p. 221-222).

Definidas as armas da crítica intelectual retrospectiva, era, portanto, chegado o momento de fixar na "memória coletiva" qual o tipo de história que deveria ser lembrada, a partir dos anos 1940 e 1950, quando houve o desfecho do Estado Novo, e um novo contexto começava a se formar no Brasil. E, nesse caso também, a escrita da história deveria ser feita pelos "novos bandeirantes" que lutaram nos anos 1930, e cuja causa então se tornava progressivamente vitoriosa aos olhares de seus protagonistas (Cf. Mesquita Filho, 1960; Azevedo, 1971, 2010; Oliveira, 2002).

## *A esperança no "futuro democrático": um "discurso utópico" em Sérgio Buarque de Holanda?*

> Em um país como o nosso, onde em todos e em tudo domina a filosofia tupinambá da negligência, só se olham como grandes benfeitores, os homens que fazem reformas de efeito. Embora para isso seja necessário onerar a nação de dívidas e pejar seu futuro de incertezas é essa a maneira mais prática e mais cômoda para os nossos governantes, de conquistar popularidade (Holanda, 2011a, p. 12).

Era como SBH asseverava sua avaliação sobre a política brasileira, em seu artigo *A bandeira nacional*, publicado na revista *Cigarra* em agosto de 1920. Sua desconfiança também estava em relação à política externa, na qual a "política que o Brasil tem que seguir com relação aos Estados Unidos deve ser outra", porque "ou perdemos para sempre a condição de Estado soberano ou, de acordo com as tradições de um povo livre, repelimos com dignidade e altivez os engodos com que nos procuram atrair os *amigos* do norte" (Holanda, 2011a, p. 10), como expressava em *A quimera do monroísmo*, também publicado em 1920, na mesma revista.

No ano seguinte, em *Rio-jornal*, ao analisar a *Pintura no Brasil*, SBH destacava que o "que todos devem desejar é o abandono da imitação cega do passado, condenada pelos verdadeiros artistas" (Holanda, 2011a, p. 22), e que o "retornelho do regionalismo cairá, por si mesmo e já é tempo de cair", porque só "uma forte tendência modernista absolutamente moderna poderá criar a arte nossa, a arte brasileira" (Holanda, 2011a, p. 23). Mudança nas atitudes políticas, desconfiança com relação à política externa, esperança num movimento de cunho nacional, o *modernismo*, para mostrar "o Brasil aos brasileiros", eram as metas que pareciam carregar um jovem de pouco mais de 19 anos de idade, que em 1921 havia se mudado com a família de São Paulo para o Rio de Janeiro, e estava prestes a começar o curso de Direito.

Aos poucos, o desejo juvenil foi se definindo na mente do jovem crítico literário, ao estreitar suas relações com os "futuristas de São Paulo", representando-os no Rio de Janeiro, como vendedor de assinaturas e colaborador do projeto da revista *Klaxon* (Cf. Monteiro, 2012). Ao mesmo tempo, dava andamento ao seu curso de Direito, que a revelia de sua vontade, em função de exames, o impediu de participar da Semana de Arte Moderna em fevereiro de 1922 na cidade de São Paulo. Aquele era o começo do andamento de um movimento, cuja "rebeldia literária" de Mário e Oswald de Andrade, liderando um grupo de jovens e talentosos artistas e escritores viria, aos poucos, a invadir o cenário nacional, ainda impregnado pelos "cânones" estabelecidos no passado (Cf. Velloso, 1993, 1996; Luca, 1999). Para Tania de Luca:

> A entrada do grupo de *Klaxon* na *Revista do Brasil* ganha maior relevo quando se tem em vista que, em fins de 1923, surgiu *Novíssima. Revista de arte, ciência, literatura, sociedade, política*, a única revista ligada ao Modernismo lançada em São Paulo durante a gestão Paulo Prado na *Revista do Brasil*. Dirigida por Cassiano Ricardo e Francisco Patti, circulou de dezembro de 1923 a julho de 1926, em um total de treze edições. Lançada como mensário, tornou-se bimestral do quarto número em diante e apresentou periodicidade irregular a partir do segundo ano de vida. O empreendimento colaborou para demarcar a cisão entre os modernistas da primeira hora, já insinuada em *Klaxon* e que se aprofundou ao longo da dé-

> cada de 1920. Menotti del Picchia, Alfredo Ellis Júnior e Plínio Salgado participaram intensamente da publicação e, em conjunto com Cassiano e Patti, foram os responsáveis pelas posturas estéticas do periódico, jocosamente denominado *Velhíssima* (Luca, 2011, p. 25).

E seria justamente em meio a tais movimentações no cenário literário de São Paulo e do Rio de Janeiro, que SBH começava a ensaiar seus primeiros textos, demarcando posições e formando alianças, como a que fez com Mário de Andrade. Apesar de os limites do modernismo estarem "dados, precisamente, no momento em que a *construção* se torna um anátema no pensamento de Sérgio Buarque, ao mesmo tempo que é para ela que caminha, malgrado de si mesmo, o pensamento de Mário de Andrade" (Monteiro, 2012, p. 172), como nos aponta Pedro Meira Monteiro, este ainda insiste, que mesmo assim:

> Salta aos olhos o sentido de *missão* que os conecta, como se dependesse deles a invenção de um público para as novidades das artes e da literatura, na onda das inovações das vanguardas que eles recebiam com entusiasmo. Fica também claro, desde as primeiras cartas [trocadas entre Sérgio e Mário, durante 1922 a 1944], que se tratava de um grito paulista, e que no Rio de Janeiro seria preciso ainda descobrir solo fértil para as ideias daqueles que ganhariam o ambivalente epíteto de "futuristas" (Monteiro, 2012, p. 174).

Não surpreende, ademais, que a postura do jovem crítico literário SBH, que já no interior da família era contrário as posições ditatoriais do pai, fosse também, por isso, distanciando-se das iniciativas modernistas pautadas num "passadismo", no qual os "verde-amarelos" vinham a se refugiar para destacar o "pioneirismo paulista", ou num "academicismo" desprovido de atitudes práticas, malgrado estar limitado a uma retórica vazia de perspectivas e cheia de floreios (Cf. Holanda, 1989, 1996a). Tal seria a tônica de seu artigo: *O lado oposto e os outros lados*, de 1926, que, não por acaso, lhe rendeu várias críticas e reservas – voltaremos a essa questão no terceiro capítulo.

Se considerarmos o ambiente que SBH sai do Rio de Janeiro, para passar uma temporada em Cachoeiro de Itapemirim, no Espírito Santo, em 1927 (Cf. Saliba, 2007), e os desdobramentos da experiência que contraiu durante o período em que ficou na Alemanha, no final dos anos 1920 e princípio de 1930 (Cf. Candido, 1998a, 1998b), não será de estranhar que a rebeldia do crítico literário (Cf.

Schapochnik, 1999) se coadunaria com a precisão do analista, que viria a inquirir com maior sistematicidade nosso passado, e que fora forjada em sua temporada na Alemanha. Foi lá que SBH notou os efeitos da "crise de 1929" para a cafeicultura brasileira e as reviravoltas das eleições de 1930, enquanto procurava representar o país, de modo a estabelecer contatos culturais entre as nações, por meio dos textos que então publicava na revista *Duco* (Cf. Holanda, 2011a).

Daí a razão que para SBH (1936, 2006), recuperar o passado para dar um novo contorno ao presente, não era suficiente para mudar a situação vivida pelo estado de São Paulo e pelo país no início dos anos 1930. Nem tampouco era viável empreender projetos políticos no presente, sem antes mudar as "atitudes" e a "mentalidade" da "classe dirigente" do país, que estavam enraizadas no passado colonial (Cf. Costa, 2007; Sanches, 2007; Monteiro; Eugênio, 2008). Portanto, voltar ao passado e analisá-lo era necessário, mas não para "mitificá-lo" na figura do desbravador "bandeirante", e sim para desgarrar-se dele, por estar impedindo mudanças de "hábitos" e de "ação", em pleno século XX, ainda enraizado nas atitudes coloniais portuguesas, cujo caráter "cordial" ainda se fazia presente na sociedade brasileira (Cf. Rocha, 1998, 2005, 2008; Wegner, 2000). Voltar-se, com isso, para o presente também era necessário, mas não para empreender "discursos ideológicos", que, inevitavelmente, amarrados ao passado, excluiriam "as massas anônimas" dos processos políticos, ao serem debatidas as propostas políticas e sociais para o país (Cf. Holanda, 1996a, 2011a).

Desse modo, não se fixando a um "discurso mitológico" sobre o passado, ainda centralizado no Instituto Histórico e Geográfico Brasileiro (IHGB), e a seus congêneres estaduais, e a historiografia metódica francesa do século XIX (Cf. Rodrigues, 1979; Lapa, 1981; Ferreira, 2002; Anhezini, 2011), nem tampouco a um "discurso ideológico" que prescrevia "visões de mundo" para o presente (Cf. Mannheim, 1986; Gomes, 1996; Monarcha, 2009), e voltado para a experiência histórica francesa do último quarto do século XIX (Cf. Azevedo, 1963, 2010), mas sim se inspirando no "americanismo", e tendo por base o historicismo e a sociologia alemã das primeiras décadas do século XX (Cf. Monteiro, Eugênio, 2008). O que SBH propôs, naquele momento, foi justamente uma saída "utópica".[43] Para ele, uma "superação da doutrina demo-

43 "Para considerar o próprio tempo como radicalmente novo em oposição à história passada, e por isso antiga, precisava-se de uma atitude diferente não apenas em relação ao passado, mas, muito mais ainda, em relação ao futuro" (Koselleck, 2006, p. 278).

crática só será efetivamente possível, entre nós, quando tenha sido vencida a antítese liberalismo-caudilhismo" (Holanda, 2006, p. 198), que, em verdade, nada mais fazia do que reproduzir o comportamento "cordial", no qual os indivíduos agiam mais por impulso do "coração" e pelo "sentimento imediato", do que a partir da "razão" e do "planejamento". Portanto, desvencilhar-se das "raízes do passado", naquele momento histórico, possibilitaria a construção de um "futuro democrático", mais aberto às mudanças socioculturais e à participação das massas nas tomadas de decisão.

Para ele, uma "grande revolução brasileira" foi se dando lentamente no final do século XIX, quase que subterraneamente por entre as estruturas de controle do poder, amplamente cerceadas pelo mundo rural, e cuja ação seria justamente a de transferir o poder do campo para as cidades, de modo a sobrepor as ações do "homem cordial", por novas, de caráter "democrático" e sob um viés "americanista". Muito embora, tal movimento viesse se fazendo sentir desde o fim da escravidão em 1888, e da implantação do regime republicano no ano seguinte, os traços mais característicos dessa mudança, ainda estavam coexistindo com os padrões anteriores, cujas raízes coloniais ainda se faziam presentes mesmo nos anos 1930. De acordo com ele:

> Se a forma de nossa cultura ainda permanec[ia] nitidamente iberica e lusitana [nas primeiras décadas do século XX], deve attribuir-se tal facto sobretudo ás insufficiencias do "americanismo", que se resume até agora, em grande parte, numa sorte de exacerbamento de manifestações extranhas, de decisões impostas de fóra, exteriores á terra. O americano ainda é [em nós brasileiros] interiormente inexistente (Holanda, 1936, p. 137).

Além disso:

> O Estado brasileiro preserva[va] como reliquias respeitaveis algumas das formas exteriores do systema tradicional depois de desapparecida a base que o sustentava. [...] A maturidade precoce, o extranho requinte de nosso apparelhamento de Estado é uma das consequencias mais typicas dessa situação. [...] Tudo isso são feições bem caracteristicas do nosso apparelhamento politico, que se empenha em desarmar todas as expressões genuinas e menos harmonicas de nossa sociedade, em negar toda espontaneidade nacional (Holanda, 1936, p. 141-142).

Assim, SBH resume nossa trajetória política, como um conjunto de manifestações esporádicas em busca de certa "democracia", restringida pelos grupos dirigentes, com suas posições "cordiais", que vinculavam suas vontades privadas também para a esfera pública, em processo de definição e expansão no Brasil das primeiras décadas do século passado e "laços cordiais" que, não sem razão, fincaram raízes em todas as esferas da sociedade, daí a dificuldade de superá-los. Ainda que após 1888 e 1889 novos rumos pudessem ser traçados sobre essas questões, nem por isso, se consolidaria, de fato, a "grande revolução brasileira". Apesar de ocorrer a transferência de poder do campo para as cidades, entre o final do século XIX e as primeiras décadas do XX, cujo processo tinha sido iniciado em 1850, o mesmo não ocorreu com relação aos modos de tratamento entre os indivíduos. Por que eles estavam cerceados pelas formas "cordiais", cujas "raízes ibéricas e lusitanas", ainda restringiam nosso desenvolvimento como Nação, e nossa política, por meio da plena implantação da "democracia" nessas terras.[44]

Mas, diferente de AEJ, SBH não exprimiu no calor do momento sua avaliação a respeito do governo imposto por Getúlio Vargas, especialmente, depois dos eventos de 1932, apesar de haver implicitamente uma crítica severa a este em seu: *Raízes do Brasil*, de 1936. Uma avaliação mais direta apareceu em 1948, em seu artigo *Palmares as avessas*, publicado no jornal *O Estado de S. Paulo*, em 26 de setembro. Ao sugerir uma leitura crítica da obra de Paulo Duarte,[45] SBH apontava que:

> Se há gênero literário que, no Brasil ao menos tem resistido bem a inconstância das modas e costumes, é o das narrativas de guerra. Desde os tempos de um frei Manuel Calado e de um frei Rafael de Jesus, que a fabricação de mitos heroicos e a exaltação das virtudes bélicas, indi-

44 Note-se, como indica Sérgio da Mata (2016), que a primeira edição de *Raízes do Brasil* não deixava de ter um foco conservador sobre a análise do processo de mudanças sociais em andamento nas primeiras décadas do século XX na sociedade brasileira. Para Mata, isso era perceptível na leitura que Buarque de Holanda empreendeu sobre autores brasileiros e alemães, e como eles lhe serviram de base para a construção de sua interpretação em 1936; e que será consideravelmente refeita a partir de sua segunda edição em 1948 (Mata, 2016, p. 63-87; Waizbort, 2011, p. 39-62).

45 Note-se ainda que a referência de SBH a Paulo Duarte não era casual. Ele foi fundamental em vários momentos da trajetória de SBH, como em sua indicação para o cargo de diretor do Museu Paulista em meados de 1945, junto ao interventor federal do estado de São Paulo (Cf. Valente, 2009; Nicodemo, 2012).

> viduais e coletivas, tem constituído sua função necessária, observada sempre com religiosa fidelidade. É função que requer, por sua vez, uma linguagem mais ou menos luxuriante, de acordo, nisto, com a velha regra da retórica do "decoro", que pedia para assuntos elevados, palavras sublinhadas (Holanda, 2011a, p. 507).

Para ele, isso fazia a monotonia de muitas obras do gênero, justificando seu público reduzido. Mas esse não era o caso do livro de Paulo Duarte, nem tampouco não foi antes com *Os sertões*, de Euclides da Cunha. Como indicou, ao interpretar a obra de Paulo Duarte, "a atitude dos paulistas que em 1932 se rebelaram, não poderia deixar de ser, na hipótese mais favorável, um gesto de precipitação", e na pior "lastimável reação de orgulho regional ferido ou tentativa de desesperado retrocesso a uma situação política já amplamente superada" (Holanda, 2011a, p. 508). Note-se que o SBH de 1948 é muito mais contido que o de 1932, quando no Rio de Janeiro vibrava incondicionalmente favorável sobre a reação movida por São Paulo contra a Federação, causando-lhe certa represália política e militar (Cf. Candido, 1998b). Contudo, ainda em 1948 seria "incontestável [...] que todos se achavam, plenamente convencidos da justiça da causa defendida pelo povo de São Paulo" (Holanda, 2011a, p. 509). E foram justamente os efeitos do *Estado Novo* (Cf. Corsi, 2000), que ainda creditavam tal análise do processo, pois:

> [...] Sabemos que em muitos espíritos, esse abalo serviria para desenvolver um conformismo descuidado e uma disponibilidade inerte. Em outros, nos melhores, pode criar uma visão menos idílica, menos preguiçosa, de nosso presente e de nosso futuro [e, não sem razão, esse era o seu caso]. Se nos dias de hoje o movimento de 1932 chega a parecer a muitos um sucesso já remoto e ultrapassado, se alguns dos problemas que tentou resolver, não são mais os nossos problemas ou são-no de modo incompleto, as virtudes e energias que representou com tanta dignidade, estas tem valor certo e permanente. A reabilitação daquelas virtudes e daquelas energias é talvez tarefa mais importante das gerações que mal começam a despertar do pesadelo de 1937-1945. E no seu empenho de reabilitá-las, o livro do Sr. Paulo Duarte, livro de revolta e de retrospecção é, ao mesmo tempo, uma obra fecunda e de atualidade perdurável (Holanda, 2011a, p. 512).

Uma avaliação, aliás, que tinha certa aproximação com a crítica caústica movida por AEJ, no calor dos acontecimentos, ainda em processo, em 1932, logo após sua saída do *front* de guerra (Cf. Ellis Jr., 1933, 1934a), mas, enquanto AEJ (1933, 1934a) viu certa vitória paulista na constituinte de 1934, para SBH se "em 1932 foram vencidos nas trincheiras, sua derrota, realmente decisiva, por paradoxal que isso pareça, deu-se algum tempo mais tarde, quando o governo central convocou, enfim, as eleições para a Constituinte" (*Idem*, p. 509). E, ao procurar compreender o movimento do processo histórico, como lembraria em 1967 (não por acaso, num outro momento ditatorial), em sua conferência, *Elementos básicos da nacionalidade: o homem*, o autor destacava que:

> Para a história e para o historiador, o que acima de tudo importa é captar em sua própria mobilidade e transitoriedade o curso dos tempos, sem contudo desdenhar, é claro, o que possa haver de solidariedade ou de continuidade entre as sucessivas gerações. Pretender destacar qualquer parte desse processo, para erigi-lo depois em cânone perenemente válido, é o mesmo que querer condenar as sociedades a uma esclerose mortífera. O passado nunca se repete. Essa a aflição do historiador, que há de sempre alertar contra as seduções do imobilismo e do estéril saudosismo a quem quer que procure acompanhar a procissão das eras, esforçando-se por ela retirar seu mais escondido significado. Direi mais, que a boa inteligência do passado é naturalmente vedada a todos quantos, por obstinação ou incapacidade, se mostrem indiferentes aos apelos, aos problemas, às exigências da hora presente (Holanda, 2008b, p. 623).

E aqui já não era apenas crítico em relação a outros autores, mas também autocrítico de sua obra, de modo a começar a preparar a forma pela qual seus textos deveriam ser lidos e interpretados pelo público, ao iniciar a composição de uma "escrita sobre si", com o objetivo de dimensionar como sua obra deveria ficar para a posteridade (Cf. Carvalho, 2015, p.103-119).

## *Considerações Finais*

Ao nos debruçarmos nas trajetórias e nos projetos socioculturais de AEJ, SBH e Fernando de Azevedo, nossa meta foi mostrar os usos diversos que se procurou fazer da "temporalidade" para "perscrutar o passado", "definir o presente" e "planejar o futuro". E que essa estratégia foi à base dos projetos de escrita da história para São Paulo e o Brasil, que os autores arrolados acima tiveram como fundamento, até para justificarem suas propostas políticas e sociais, e darem alternativas aos problemas de sua época. Vimos como as respostas foram diversas, assim como o posicionamento assumido pelos autores, quanto ao governo que se implantou no país, a partir de 1930. Note-se ainda que a hipótese de interpretar a obra de AEJ, SBH e Fernando de Azevedo, amparando-nos sob a distinção de um discurso de cunho *mitológico*, outro de perfil *utópico*, e outro *ideológico*, só em parte nos permitiu avaliar os escritos e a ação de tais protagonistas. Isso porque, além de se moverem por caminhos que tornavam suas ações e escritos mais dinâmicos, o discurso que defendiam perpassava por entre os outros. E nossa meta, nesse caso, como já adiantamos, era a de tentar evidenciar que mesmo assim, nos anos 1930, seus textos e suas ações podiam ser agrupados a tais posições.

No entanto, esse seria apenas o início de *uma guerra de ideias no mundo dos letrados de São Paulo*, na qual sua arena de debates se estenderia para outras *batalhas*, nas quais seriam discutidas a "periodização" na história do Brasil, onde o século XIX se colocaria como um paradigma nas interpretações; a "verdade histórica", numa tensão entre a narrativa histórica e a literária; a "representação do passado", onde a história e a ação dos bandeirantes viria a ser parcialmente repensada em meados dos anos 1940; culminando nas disputas pelas "regras do método histórico", num período de transição entre o "autodidatismo" e a "profissionalização" do trabalho de pesquisa do historiador no Brasil, como veremos nos próximos capítulos, dessa primeira parte da pesquisa. E para conduzir a análise dessas questões, AEJ e SBH continuarão sendo nossos protagonistas.

# 2

# *A batalha pela "periodização" da História do Brasil: o século XIX como paradigma?*

> O período compreendido entre 1830 e 1889 foi para o Brasil, como para toda a América hispânica, a continuação do longo e doloroso parto de seus respectivos Estados-nação iniciado na primeira década do século.
>
> Carvalho, 2012, p. 19

Assim, José Murilo de Carvalho (2012, p. 19-37) resume os principais momentos da periodização que marcou a consolidação dos Estados-nacionais ao longo do século XIX na América Latina, em geral, e no Brasil, em particular. Com o objetivo de sintetizar como teria ocorrido *a construção nacional* de cada um daqueles países, o autor procurou definir, especialmente, as marcas deixadas pelo período imperial na formação tanto do Estado quanto da Nação no Brasil, e que teve a sua base territorial estabelecida mediante as características da colonização portuguesa, em disputa com a hispânica, no momento anterior.

Apesar de os estudos sobre a história global demonstrarem a necessidade de pensarmos os cruzamentos entre as diferentes formações sociais, culturais, econômicas, políticas e históricas no mundo,[1] ao simultaneamente indicar as deficiências de estudos centrados sobre a formação nacional (Cf. Gruzinski,

1 Para Helenice Rodrigues da Silva (2009) a história global trabalha em termos comparativos e conectivos, por que não é uma história mundial, nem universal, nem as nacionais reunidas, mas sim uma tentativa de fazer uma leitura interativa (com base em temáticas) da humanidade. Seu principal objetivo, ao tentar estabelecer certas conexões, comparando diferentes formações históricas, culturais e sociais, além de demonstrar as aproximações e diferenças entre as sociedades, no tempo e no espaço, é mostrar em que medida suas histórias se cruzam e se conectam, de modo a formarem certas ligações em comum.

2010; Armitage, 2011), nem por isso, a história dos Estados e das Nações na formação da América Latina perdeu sua importância nos últimos vinte anos (Cf. Jancsó, 2003, 2005). Muito pelo contrário, renovando suas problemáticas e análises do tema, a história da formação dos Estados e das Nações na América Latina tem feito justamente um movimento inverso, como demonstram vários estudiosos da questão. (Cf. Jancsó, 2003; Dolhnikoff, 2005).

Como mostra a coletânea de estudos organizada por Marco Pamplona e Don Doyle (2008), durante muito tempo a América Latina foi deixada em segundo plano para se explicar o movimento geral dos nacionalismos no Ocidente. Ao lado dessa questão, os autores destacavam que o conhecimento da experiência americana pode perfeitamente beneficiar a compreensão geral dos movimentos em torno do nacionalismo no Ocidente. Além disso, instados por uma experiência colonial, de cunho hispânico e português, nem sempre foi simultanea a formação dos Estados e das Nações na América Latina. Justamente por isso as Américas não se encaixavam no tradicional paradigma europeu a respeito do conceito de nação, pois elas não se formaram somente mediante *disputas internas* entre as camadas sociais que compunham seu território (Cf. Balakrishnan, 2000; Guerra, 2001; Guerra, Annino, 2003), mas antes em meio a *disputas externas* com suas respectivas metrópoles, com vistas a alcançarem sua independência em relação a elas (Cf. Pamplona, Doyle, 2008).

Em vista disso, em geral, a formação do Estado antecedeu ao da própria Nação na maioria dos países que foram se estabelecendo, a partir das primeiras décadas do século XIX, na América Latina. Como destaca José Murilo de Carvalho (2001), em *Cidadania no Brasil – o longo caminho*, nos Trópicos a formação dos direitos humanos não seguiu ao modelo europeu teorizado por Marshall (1967), no qual se definiu primeiro os direitos "civis" no século XVIII, depois os "políticos" ao longo do século XIX, e, por fim, os "sociais" nas primeiras décadas do século XX. No caso do Brasil, como salienta Carvalho, em função da formação do Estado ter antecedido ao da Nação, os direitos sociais igualmente antecederam aos civis e aos políticos, até como uma forma estratégica de assegurar os grupos políticos e econômicos no poder. Para ele, o modelo de Marshall teria sofrido trajetórias peculiares não somente no Brasil, como em outros países. Mas, no Brasil, houve "maior ênfase em um dos direitos, o social, em relação aos outros", o que resultou numa "alteração da sequência em que os direitos foram adquiridos: entre nós o social precedeu os outros" (Carvalho, 2001, p. 11-12).

Como indicou o próprio Carvalho (2003) em outra obra, desde o período imperial houve no Brasil uma formação relativamente homogênea das elites políticas e econômicas no poder, subsidiada primeiro em Coimbra, e, depois, esse tipo de formação se manteve coexistindo com as primeiras Faculdades de Direito e de Medicina criadas no Império, a partir da chegada da família real portuguesa em 1808 (avançando nos anos 1820), e cujo núcleo estava centrado na formação jurídica, dos cursos de Direito (Cf. Mota, 2006). Esta formação, aliada ao momento de definição das bases institucionais do Estado, em formação no Império, que viriam a assegurar esses grupos no poder (Cf. Carvalho, 2003). Nesse aspecto, para Carvalho (1998, p. 233-268), em seu texto *Brasil: nações imaginadas*, ao longo do período de 1822 a 1945, pelo menos três imagens sobre a nação teriam sido construídas pelas elites políticas e intelectuais. Na *primeira* haveria a ausência do povo, isto é, apenas as elites apareceriam nas narrativas e interpretações do processo; na *segunda* o povo formado no país seria visto de maneira negativa; e na *terceira* o povo seria concebido de forma paternalista, pois, o líder político (no caso Getúlio Vargas) que teria o papel de conduzir as "massas".

Não por acaso, as discussões sobre a formação dos Estados e das Nações na Europa e nas Américas se encontram na ordem do dia,[2] como temática fundamental para a compreensão dos próprios processos contemporâneos que desencadearam a globalização da economia mundial (Cf. Azevedo, Raminelli, 2011). Contudo, em geral, as histórias sobre a formação do Estado e da Nação nas Américas foi mais produzida sob um ângulo estritamente nacionalizador, do que propriamente comparativo, com a meta de se observar as semelhanças e os distanciamentos do andamento do processo entre as Américas: Hispânica, Portuguesa e Inglesa. O que desencadeou certo silêncio quanto às especificidades e peculiaridades do processo, entre os diferentes Estados e Nações que se formaram, a partir do século XVIII, nas Américas.

Nesse sentido, os debates sobre a formação e a participação dos povos ditos "crioulos" – isto é, nativos de uma região, que se formavam por meio de cru-

2 Desde a publicação dos hoje clássicos trabalhos de Fernando Uricoechea, *O minotauro imperial* (1978), e de Ilmar Mattos, *O tempo saquarema* (2004), produzidos entre o final dos anos 1970 e o início dos 1980, que a produção nesta área tem se multiplicado extraordinariamente, a ponto de qualquer tipo de recenseamento se tornar facilmente incompleto. Para um balanço da questão, ver: Jancsó, 2003, 2005.

zamentos étnicos entre diferentes grupos do local, com os estrangeiros que ali passavam a residir; ou ainda, com povos estrangeiros que vieram a se estabelecer no local, de modo a gerar certa descendência – nos processos de Independência, têm se constituído como temática promissora, ao perscrutar a maneira que a população que se originou nas Américas, nos vários processos de miscigenação, juntamente com os povos nativos do território americano, contribuíram para a definição dos Estados e das Nações nos Trópicos. Evidentemente, tal análise não deixou de ter também certas fragilidades ao centralizar a interpretação do processo no estudo dos grupos nativos e crioulos (Cf. Jancsó, 2003, 2005).

No Brasil, além de os anos 1930 serem um marco representativo na conformação deste tipo de estratégia analítica do processo, a qual o Estado getulista procurou assegurar a manutenção de seu poder, mediante a criação de ministérios e a aprovação de leis, além de procurar definir um tipo de história, na qual se fundamentou durante o Estado Novo (Cf. Visentini, 1997; Corsi, 2000; Carvalho, 2001; Gomes, 1996, 2003a, 2003b).

Note-se que durante o governo Vargas, como mostrou Angela de Castro Gomes (1996), também houve muitas aproximações com o segundo reinado de D. Pedro II, em vista de Getúlio Vargas (ao se comparar com o imperador e inspirar-se nele)[3] procurar construir instituições que lhe favorecessem a escrita de uma história, atrelada com as metas de seu governo. De modo à até justificar suas iniciativas, como se daria, especialmente, durante o Estado Novo (1937-1945), com a fundação de revistas e instituições, e mediante a confecção de calendários comemorativos (Cf. Gomes, 1996, 2003b). No século XIX, quando D. Pedro II era então imperador do Brasil, isso se dava por intermédio do Instituto Histórico e Geográfico Brasileiro (IHGB), fundando em 1838, e do Colégio Pedro II (Cf. Gomes, 1996; Guimarães, 2011; Enders, 2014).

3 Isso não quer dizer, evidentemente, que o governo Vargas dos anos 1930 e 1940, pretendesse buscar uma volta a Monarquia, mas sim usar o modelo monárquico de D. Pedro II, primeiro, para diferenciar-se da Primeira República (1889-1930) e do perfil administrativo empreendido pelos partidos e políticos do período; e, depois, para justificar um projeto de cunho nacional, e não regional, como demarcava que fora durante as primeiras décadas daquele século. Desse modo, ao centralizar o funcionamento burocrático do Estado, principalmente, durante o Estado Novo, sua meta era a de impor a construção de uma Nação, nos moldes a que se formavam nos regimes totalitários de direita e esquerda na Europa (Cf. Draibe, 1985; Gomes, 1996, 2003a; Corsi, 2000; Levine, 2001; Capelato, 2009; Skidmore, 2010).

Por outro lado, D. Pedro II reinou por quase 50 anos o Brasil Império, enquanto Vargas esteve na presidência da República do país por 18, assegurando, em ambos os casos, que fosse feito tanto o "retrato que fizeram de si", como daquele que foi construído por letrados, pela imprensa, por biógrafos, e que se fixaram na "memória coletiva" e perduraram pela posteridade: a exemplo de um D. Pedro II como o "imperador letrado", ou de Getúlio Vargas como o "pai dos pobres" (Cf. Levine, 2001; Gomes, 2003a; Fausto, 2006; Carvalho, 2007). Ademais, aquele também foi um dos períodos mais ricos na produção de "interpretações" sobre o Brasil (Cf. Gomes, 1996, 2009; Bresciani, 2005; Brandão, 2007) – como já destacamos no primeiro capítulo deste livro.

Contudo, tal produção ora se estabelecia historiando a formação do território nacional, mediante a análise de uma região, a qual suas características políticas, culturais, econômicas e sociais eram generalizadas e comparadas para as outras regiões do país.[4] Ora se analisava a formação do país mediante uma comparação com o resto das Américas (Cf. Oliveira, 2000; Ianni, 2004; Reis, 2006; Azevedo, Raminelli, 2011), ora se estudava a história do país, com base no transplante de características étnicas, culturais, políticas e econômicas vindas da Europa.[5] E foi nesse denso ambiente histórico, historiográfico e cultural que seriam produzidas as obras de Alfredo Ellis Jr. (AEJ) e de Sérgio Buarque de Holanda (SBH).

Por outro lado, o Estado varguista procurava construir um tipo de Nação, que pretendia formar para prolongar e manter as bases de seus projetos (Cf. Draibe, 1985; Carvalho, 1998, 2001; Corsi, 2000; Fausto, 2006), fortemente amparado por diversos "homens de letras", ligados ou não a cargos públicos e políticos daquele governo (Cf. Pécaut, 1990; Miceli, 2001; Bastos, Ridenti, Rolland, 2003). Na outra estremidade se formava uma pluralidade de análises sobre o país, nas quais se faziam desde leituras críticas quanto a sua formação histórica, de modo a romper com suas barreiras, vindas do período colonial, até aquelas que vinham a querer demonstrar a importância de sua manuten-

4 Ver: Moraes, Antunes, Ferrante, 1986; Moraes, Bastos, 1993; Goes Filho, 1999; Luca, 1999; Jancsó, 2003, 2005; Dolhnikoff, 2005; Bresciani, 2005; Brandão, 2007; Odalia, Caldeira, 2010a, 2010b, 2010c.

5 Ver: Reis, 1999, 2006; Alonso, 2002; Pallares-Burke, 2005; 2012; Faoro, 2007; Ricupero, 2007; Souza, 2007, 2011; Monteiro, Eugênio, 2008; Botelho, Schwarcz, 2009; Burke, Pallares-Burke, 2009.

ção para assegurar o *status quo* dos grupos no poder.[6] Além disso, também havia as que procuravam contrapor a construção de uma unidade nacional, com as peculiaridades da formação histórica de regiões do país, e mesmo no momento seguinte, com o estabelecimento do regime republicano, procurava-se indicar a especificidade dos Estados, bem como de seus processos de miscigenação (Cf. Schwarcz, 1993; Maio, Santos, 1996; Larreta, Giucci, 2007; Botelho, Schwarcz, 2009; Burke, Pallares-Burke, 2009).

Daí resulta três premissas a serem consideradas na análise que se seguirá:

> 1 – a história dos Estados e das Nações nas Américas apesar de ser marcada por um processo com proximidades e peculiaridades entre os diferentes territórios, que foram se formando desde o século XVIII, a escrita de suas histórias tomou mais o ângulo nacional em suas interpretações (Cf. Ricupero, 2004);
>
> 2 – tais interpretações, em muitos casos, estabeleciam-se mediante uma acirrada disputa entre os discursos de cunho nacional, regional e local (Cf. Jancsó, 2003, 2005);
>
> 3 – e, não por acaso, os processos de miscigenação eram estrategicamente utilizados nas análises, seja para dar maior ênfase ao local e ao regional na formação da Nação e do Estado, seja para definir a identidade da população que se formava no interior desse processo, seja ainda para tentar justificar o *status quo* dos grupos no poder (Cf. Schwarcz, 1993; Maio, Santos, 1996; Barros, 2009).

Com base nesses apontamentos é que devemos questionar: de que maneira SBH e AEJ pensaram o século XIX, em suas obras históricas dos anos 1920 e 1930? Qual a importância desse período para seus modelos interpretativos da sociedade paulista e brasileira? Que tipo de proposta(s) almejavam atingir no seu presente histórico, ao repensarem os processos históricos e as categorias: passado, presente e futuro?

Esses foram os questionamentos que nortearam nossa proposta de estudar, neste capítulo, *a batalha pela periodização* da História do Brasil, onde o século XIX parecia se tornar um verdadeiro paradigma interpretativo, e não somente

6 Cf. D'Incao, 1989; Reis, 1999, 2006; Ianni, 2004; Bresciani, 2005; Brandão, 1997, 2007, 2010; Lima, David, 2008; Monteiro, Eugênio, 2008.

nas obras de AEJ e SBH. Primeiro, por que foi o momento de formação dos Estados e das Nações na América Latina. Depois, por que o momento em que se formaram aqueles países também seria usado, sob as circunstâncias mais diversas, para justificar as ações e os grupos no poder nas primeiras décadas do século XX. E isso não foi diferente para o caso brasileiro, onde se acirravam os debates sobre a formação do Estado e da Nação nas primeiras décadas do século passado, e em que SBH e AEJ participaram ativamente dessas discussões.

Para SBH (1936) o século XIX seria o momento onde as amarras com o passado colonial começavam a ser quebradas, com as rupturas causadas em 1888 (fim da escravidão) e 1889 (fim da monarquia e início do período republicano). Para AEJ seria o momento em que São Paulo alcançou de fato certa autonomia econômica, e, depois, política sobre o Império. E na sequência dos acontecimentos (em suas *causas* e *consequências*, mediadas pelo movimento das decisões políticas e pelo dinamismo da economia) também sobre a República Brasileira. Note-se, que, além disso, o século XIX foi um período marcante para as Américas (especialmente a Central e a Latina) porque foi quando se iniciaram, de fato, os processos de independência, nos quais o Brasil não estaria de "fora dessa história" (Cf. Pimenta, 2002, 2015).

Por essa razão, tanto para SBH quanto para AEJ, o século XIX parece ter sido um paradigma interpretativo, pois, para o primeiro daria origem a uma forma de agir diferente daquela fundamentada pelas atitudes do "homem cordial", e que a falta de outra denominação seria "americanista", em vista de tornar possível a participação das massas nas tomadas de decisão política, e dando assim subsídios para o desenvolvimento e a ampliação da democracia no país. E, para o segundo, seria a oportunidade de voltar ao passado, para reproduzi-lo de modo a viabilizar seu uso e interpretação no presente, com vistas a contornar a crise política e econômica que permeava tanto o estado de São Paulo, quanto a Nação brasileira, a partir de meados dos anos 1930, com o ingresso de Getúlio Vargas no poder.

## *Processos de Independência e formação dos Estados e das Nações nas Américas*

Desde o século XIX, pelo menos, quando começaram a serem escritas as histórias das Independências, contando a formação dos Estados e das Nações nas Américas, que se procurou apreender o processo sob um ponto de vista nacionalista, até pelo próprio significado do momento de inauguração daqueles respectivos países (Cf. Leite, 2000; Malatian, 2001; Pamplona, Doyle, 2008; Silva, Nicolazzi, Pereira, 2014; Pimenta, 2015). Só que, ao mesmo tempo, inviabilizou-se, desde então, na maioria dos casos, a produção de histórias que demarcassem as aproximações, diferenças e peculiaridades que configuraram o processo entre as Américas: Portuguesa, Hispânica e Inglesa (Cf. Jancsó, 2003, 2005; Pimenta, 2015), como pode ser facilmente constatável em autores, como: Varnhagen e Capistrano de Abreu (Cf. Costa, 2005). Houve autores, evidentemente, como Manuel de Oliveira Lima (1997), que já naquele período se preocuparam em produzir uma história comparativa dos processos de Independência nas Américas (bem como sobre Brasil e Portugal), de modo a inquirir como se deu a formação dos Estados e das Nações nessas terras.[7]

Por outro lado, a própria historiografia europeia e norte-americana, produzida a partir da segunda metade do século passado, tendeu a estudar o período, de modo a visualizar como se formou os Estados Unidos, de um lado, e como apareceram os Estados e as Nações na Europa, de outro. Esse tipo de abordagem deu subsídios para definir que a então colônia inglesa, no último quarto do século XVIII, se contrapusesse a sua metrópole, de modo a formar um Estado e uma nova Nação na América do Norte (Cf. Greenfeld, 1995).[8] Se as interpretações de Eric Hobsbawm (2008) e de Ernest Gellner (1993) não fogem totalmente desta linha interpretativa, ao estudarem o "nacionalismo", suas origens na Europa e desdobramentos nos Estados Unidos e outras partes do mundo, o trabalho de Benedict Anderson (2008), apesar de suas fragilidades, teve o mérito de tentar incluir a América Latina no desencadeamento desses processos.

Para ele, o fenômeno do "nacionalismo" se apresentava em meados dos anos 1970, como o reflexo dos desdobramentos dos processos de colonização nas Américas e, depois, de neocolonialismo europeu sobre outros povos e nações pertencentes ao continente Africano. Além disso, conforme indicou, seu estudo se justificava por pelo menos três questões interligadas: a) a partir da

7 Estudos recentes têm demonstrado a propriedade dessas questões, como o de: Carvalho, Pereira, Ribeiro, Vaz, 2011.

8 Além disso, note-se que a identidade norte-americana foi construída por meio de intensos processos de comparação e diferenciação com outros povos e sociedades, como os latino-americanos (Cf. Féres, 2004), os asiáticos (Cf. Said, 1990, 1995), ou, mais recentemente, em contraposição aos muçulmanos e aos povos do Oriente Médio (Cf. Said, 2012).

II Guerra Mundial os fenômenos revolucionários ficaram mais circunscritos ao espaço nacional, do que ao internacional; isto é, no interior dos próprios Estados-nacionais formados ou em formação; b) havia uma ausência de teorização do fenômeno do nacionalismo, do aparecimento das Nações modernas e da nacionalidade no interior do pensamento marxista; c) e, ao contrário dos teóricos liberais e conservadores, que imaginaram um progressivo e gradual encerramento do fenômeno nacionalista, este continuava a ser muito atual e presente nas sociedades ocidentais e orientais.

Nesse aspecto, ao invés de tratar das tensões entre as instituições dos Estados nacionais e a ascensão do sentimento nacional no interior da sociedade, de modo a estabelecer as relações entre as estruturas estatais e a sociedade civil, o autor preferiu partir desse segundo ponto, definindo-o como o estabelecimento de "comunidades imaginadas", e não meramente imaginárias. Melhor dizendo, pautou-se sobre a análise da formação do "sentimento nacional", como um desdobramento dos laços que compunham uma "comunidade imaginada", firmada com base no estabelecimento de uma identidade em comum entre os seus membros. Com base num "espírito antropológico", o autor entendeu a nação como: "uma comunidade imaginada – e imaginada como sendo intrinsecamente limitada e, ao mesmo tempo, soberana" (Anderson, 2008, p. 32).

Desse modo: a) "Ela é *imaginada* porque mesmo os membros da mais minúscula das nações jamais conhecerão, ou sequer ouvirão falar da maioria de seus companheiros, embora todos tenham em mente a imagem viva da comunhão entre eles" (*Idem*), quer dizer, de um "sentimento nacional"; b) "As comunidades se distinguem não por sua falsidade/autoridade, mas pelo estilo em que são imaginadas" (Anderson, 2008, p. 33), ou melhor, formam a sua "consciência nacional"; c) "Imagina-se a nação *limitada* porque mesmo a maior delas [...] possui fronteiras finitas, ainda que elásticas, para além das quais existem outras nações" (Anderson, 2008, p. 33), o que constitui propriamente o "espaço territorial"; d) "Imagina-se a nação como *soberana* porque o conceito nasceu na época em que o Iluminismo e a Revolução estavam destruindo a legitimidade do reino dinástico hierárquico de ordem divina" (Anderson, 2008, p. 34), e estabelecendo em seu lugar a "soberania nacional", representada pelo "povo"; e) e "ela é imaginada como uma *comunidade* porque, independentemente da desigualdade e da exploração efetivas que possam existir dentro dela, a nação é sempre concebida como uma profunda camaradagem horizontal" (Anderson, 2008, p. 34), isto é, independente da classe, ou condição econômica, todos estão incluídos, por terem um sentimento comum de pertencimento àquela Nação, Estado e Território.[9]

Por essa razão, de acordo com Anderson (2008), nas Américas tal processo se daria por meio da consciência que se formaria entre os "crioulos" (os descendentes de europeus nascidos nas Américas, seja por processos de miscigenação ou não), que pelo exercício de suas profissões em todo território americano, estes passaram a se ver como iguais, pertencentes à mesma condição de subalternidade perante a Europa e a outros funcionários, que nascidos do outro lado do Atlântico, sempre exerciam postos superiores aos seus, ou com ganhos maiores quando exerciam as mesmas funções. Assim, o transcurso de funcionários crioulos no exercício de suas funções em várias partes do Continente, ou mesmo em suas peregrinações, juntamente com o papel exercido pelos impressores locais, foram decisivos no processo de criação de "comunidades imaginadas" nas Américas, durante os períodos de Independência e na formação dos Estados e das Nações nessas terras.

Contudo, como nos informa José Carlos Chiaramonte (2009), a "consciência nacional" não se forma como um processo homogêneo em todo território, mas se dá como um princípio estritamente limitado a determinados locais daquele território, de onde a organização de famílias e comunidades, em especial as "crioulas", exerciam pressões por meio dos governos locais, diante das metrópoles europeias. E a permanência e o fortalecimento da autonomia destas cidades e de seus autogovernos contribuíram diretamente para a formação de uma consciência, a princípio limitada ao local, e, com os processos de Independência, passava a se irradiar para o resto do território.

No caso da Argentina, como demonstra este autor, tal consciência adviria com os desdobramentos das *reformas bourbônicas*, que limitaram a ação e o poder das famílias locais "crioulas" nos territórios americanos. A princípio, por que a reforma procurou centralizar o poder da monarquia espanhola, então distribuído entre suas cortes e vice-reinos, assim como, depois, vieram a propagá-las para a América hispânica. Contudo, as tradições de autogovernos existentes desde o início do processo de exploração das colonias, mantiveram-

9 Essas questões foram retomadas pelo autor em seu livro *Sob três bandeiras* (Cf. Anderson, 2014).

-se nas cidades centrais do território americano colonizado. E, em função da diminuição do poder das famílias "crioulas" junto à monarquia espanhola, que teria, para ele, gerado o início de um processo geral de descontentamento. Como resultado, a ação irradiada a partir de Buenos Aires, que proporcionou a Independência do território argentino, também daria margem a formação de uma "consciência nacional" que se propagou daquele local para o resto da Nação, ainda em formação no século XIX.

## *A história das Américas no Brasil dos anos 1930*

Já no Brasil das primeiras décadas do século passado houve autores, como SBH, que em *Raízes do Brasil* (1936), procurava apreender justamente como se deu os processos de formação do Estado e da Nação nos Trópicos, estudando comparativamente o caso brasileiro, de herança portuguesa, com os territórios de herança hispânica, na América Latina (Cf. Venâncio, Furtado, 2016). Assim como ele, Viana Moog (1906-1988), em *Bandeirantes e Pioneiros* (2006), de 1954, procurou estudar a questão, comparando como ocorreu o processo na América do Sul e na América do Norte, de modo a identificar as semelhanças e diferenças entre cada uma delas, ao fazer um paralelo entre duas culturas. Como vimos acima, tal percepção não fora a regra naquele período, mas muito mais a exceção (Cf. Costa, 2005). Nesse aspecto, é importante nos questionarmos de que maneira era estudada a história das Américas no Brasil dos anos 1930. Para tanto, nos deteremos no caso da cadeira de *História da Civilização Americana*, criada em 1934, com a fundação do curso de Geografia e História na Faculdade de Filosofia, Ciências e Letras da Universidade de São Paulo (FFCL/USP).[10]

Nela ingressou Paul Vanorden Shaw, da Universidade de Columbia nos Estados Unidos, que ocupou a cadeira a partir de 1935. Neste mesmo ano apresentou um programa para a cadeira em sua exposição de *Ideias e Sugestões*, que seria agrupado em seu relatório do ano seguinte, onde indicou como devia ser trabalhado ensino, pesquisa e extensão, para o bom desenvolvimento do campo da História da Civilização Americana no Brasil. Nas suas *Ideias e Sugestões* (*Anuário da FFCL*, 1937, p. 41-65) destacava que "os governos e os centros intelectuais da América estão percebendo o profundo valor de conhecimentos abalizados sôbre a civilização americana" (*Anuário da FFCL*, 1937, p. 41). Ao mesmo

10 Para uma análise pormenorizada da questão, ver: Roiz, 2012a.

tempo em que tal empreendimento estaria sendo proposto tanto na América do Norte, quanto na Central e do Sul, em diferentes centros de ensino e pesquisa (antigos ou recém-criados para tal finalidade). Para ele, o que explicaria essas diferentes iniciativas, que estavam ocorrendo quase que de maneira simultânea, seria justamente a necessidade de os Estados Unidos conhecerem melhor seus vizinhos, para estabelecerem melhores vínculos e relações comerciais, políticas e diplomáticas. O mesmo valia para o caso da América Latina e Central, o que fomentaria em todas as partes das Américas a criação de centros de estudo, museus e institutos de pesquisa sobre a história americana.

Nesse sentido, para o desenvolvimento deste campo de estudo na FFCL/USP era necessário o aumento do número de "cursos dentro da própria cadeira", ou o estabelecimento de "um grande Centro de Estudos Americanísticos de S. Paulo", visto que pelos motivos acima apontados, "todos os países da América Latina devem vir a conhecer os seus vizinhos, e especialmente os Estados Unidos da América do Norte" (*Anuário da FFCL*, 1937, p. 42).

Entre as razões imediatas para por em prática essa iniciativa estava a própria experiência que Shaw teve com o ensino no curso de Geografia e História, onde os alunos se envolveram mais detidamente com a temática da escravidão e da condição do negro no Brasil e nos Estados Unidos,[11] e:

> Vê-se aí, ainda que seja em ponto muito pequeno e em linhas muito gerais, que o estudo de *um* problema americano, no sentido mais lato da palavra *americano*, tem atraído a atenção de estudantes brasileiros sôbre um aspecto dêste problema no seu próprio país e lhes tem proporcionado certos dados para comparar as soluções ou falta de soluções no Brasil e nos Estados Unidos (*Anuário da FFCL*, 1937, p. 42-43).

Mais do que simplesmente pensar na formação de um campo de pesquisa, Shaw estava preocupado com o estabelecimento de melhores relações comer-

11 Ao estudar a trajetória de Rüdiger Bilden (1893-1977), Maria Lúcia Pallares-Burke (2012) mostrou o pioneirismo deste alemão, radicado nos Estados Unidos, que viu na história do Brasil uma oportunidade para pensá-la comparativamente com a do sul dos Estados Unidos, tendo como eixo analítico a questão da escravidão. No processo de composição do painel que propiciou os estudos e os fracassos deste autor, Pallares-Burke nos mostrou como então o Brasil era visto pelos estudiosos norte-americanos, entre os anos de 1920 e 1940, e como este estudioso se ligaria a Oliveira Lima, Roquette-Pinto, Gilberto Freyre e outros estudiosos brasileiros, que também começavam a pensar o país, por meio de questões como a escravidão, a miscigenação étnica e cultural, as trocas culturais e a formação do povo brasileiro.

ciais no Continente, de modo a propiciar uma formação adequada para o professor "secundário", para o estudioso, assim como ao jornalista e ao diplomata.

Era justamente por essa razão que a cadeira deveria primar pela formação do: a) professor para as escolas primárias e secundárias, assim como para os centros de altos estudos; b) preparar jornalistas para escreverem sobre as Américas com conhecimento de causa; c) formar diplomatas para representarem o Brasil em outros países e continentes; d) e criar especialistas na matéria, "os quais, por meio de suas produções, desvendariam problemas importantes sôbre a América e tomariam o seu lugar ao lado de outras autoridades sôbre a matéria" (*Anuário da FFCL*, 1937, p. 44). Para ele, esta "cadeira deveria estar a cargo de um grupo de especialistas, cada um dos quais se encarregaria de uma fase especializada da matéria" (*Anuário da FFCL*, 1937, p. 45), como: a História Antiga Americana; a História do Império Espanhol e das Repúblicas Hispano-Americanas; a História do Império Britânico e dos Estados Unidos da América do Norte; e a História de Portugal e do Brasil (muito embora já houvesse uma cadeira específica para tal finalidade no curso de Geografia e História, então ocupada por Afonso de Taunay e, depois, por Alfredo Ellis Jr., como veremos abaixo).

Ao mesmo tempo, "o historiador da civilização americana, que deseje recriar tôda a história passada do continente americano, terá de lançar mão da mais importante documentação ao seu dispor, que é a proporcionada pela arqueologia, pela antropologia e por outras ciências sociais" (*Anuário da FFCL*, 1937, p. 46). Uma vez que os povos nativos e os africanos trazidos para as Américas, na maioria dos casos, não deixaram registros escritos sobre suas experiências e histórias nas Américas (sendo-as, quase sempre, escritas pelos povos colonizadores do território). Assim também deveria ocorrer com o ensino. Visto que este ganharia ao ser articulado com o avanço das pesquisas, e com propostas de cursos de extensão que venham a lhes mostrar a diversidade étnica e cultural das Américas (diversidade, aliás, que não estaria limitada apenas as suas histórias nacionais; e o quê proporcionaria melhores condições de serem efetuados estudos comparativos). Nesse caso, contribuiria com o ensino o formato de aulas que propiciassem ao aluno *aprender fazendo*, como seria o caso de dramatizações de eventos políticos, econômicos, sociais ou mesmo culturais. E esse exercício teria sempre maior resultado na medida em que os alunos conhecessem a língua dos povos colonizadores das Américas: o inglês, o francês e o espanhol, além do português.

Por essa razão, ao lado de uma proposta de formação de especialistas, de professores aptos para o ensino primário e secundário, de jornalistas e diplomatas, esta deveria vir articulada a propostas de criação de sociedades de estudos americanísticos, de museus e institutos, para maior catalogação, armazenamento e exposição de resquícios arqueológicos, orais, escritos e materiais dos povos das Américas, tendo em vista o papel exercido por suas respectivas metrópoles: inglesa, francesa, espanhola e portuguesa, antes e depois dos processos de Independência. Por isso também que se devia ter em conta que esta cadeira não teria apenas um fim *cultural*, pois, ela teria, antes disso, uma finalidade *prática*, segundo Shaw.

Nesse aspecto era fundamental conhecer a época Pré-Colombiana, dando-se ênfase a história destas civilizações (Maia, Inca e Asteca), suas relações com os ibéricos, africanos, anglo-saxões e franceses nos séculos XV e XVI.[12] Num segundo momento, era primordial analisar a época colonial, em especial, o papel que tiveram Espanha e Portugal nos desdobramentos desse processo entre a América Latina, a Europa e a África. Num terceiro, verificar como houve o desenvolvimento dos Estados Unidos e qual a participação da França nesta questão. Em seguida, descortinar os processos de Independência com "um estudo comparativo dos movimentos de independência em tôda a América, desde o ponto de vista de: causa, ideologia, inspiração, vultos e personagens de importância, das consequências nos Estados Unidos, Haití, Canadá e América Latina" (*Anuário da FFCL*, 1937, p. 264-65) – mas, as "guerras, sendo só meios para um fim, serão omitidas nas discussões e estudos" (*Anuário da FFCL*, 1937, p. 264-65). Por esse motivo deveriam ser estudados os séculos XIX e XX, com base numa análise comparativa da maneira como os Estados Unidos, o Haiti e a América Latina se comportaram em seus respectivos processos de Independência.

Ademais, infelizmente não temos subsídios suficientes para averiguar o programa de outras disciplinas de *História da Civilização Americana*, em cursos de Geografia e História criados em Faculdades de Filosofia, que também se proliferaram pelo Rio de Janeiro, pelo Paraná e por Minas Gerais, a partir dos anos 1930 e 1940. Primeiro, por que como nos informa Marieta de Moraes Ferreira (2006, 2008, 2011, 2012), no Rio de Janeiro não houve a produção sistemática de

12 Para maior detalhamento desta questão, ver: Gruzinski, 1999, 2001, 2003, 2006, 2012; Campos, 2008.

*Anuários*, tal como ocorrera em São Paulo, o que permitiria detalhar pelo menos parte dos programas das disciplinas. Depois, por que no caso do Paraná, apesar de a produção dos *Anuários* não serem problemáticas,[13] não temos estudos sistemáticos sobre seus cursos de Geografia e História (Cf. Oliveira, 2006).

A importância deste tipo de comparação estaria em ver o modo como a História da América foi tratada em outros cursos de Geografia e História, e, no caso do Rio de Janeiro, conhecer o espaço onde SBH teve a sua primeira experiência como professor assistente, na Universidade do Distrito Federal (UDF), nas cadeiras de *História Moderna e Contemporânea*, com Henri Hauser, e em *Literatura Comparada*, com Henri Tronchon (Cf. Carvalho, 2003). Ainda assim, o que foi apresentado nos permite ter minimamente uma base de como a temática era então tratada.

## *A periodização da História do Brasil: as disputas sobre a formação do Estado e da Nação*

No Brasil, desde, pelo menos, a Independência, pensar a construção da nacionalidade foi uma constante em todo século XIX, no quadro dos estudos históricos, em que os historiadores se encontravam ligados diretamente à esfera política, lugar que favorecia o desempenho das funções profissionais, por facilitar a pesquisa em arquivos, Museus e Institutos nacionais e estrangeiros. Na qualidade, quase sempre, de funcionários públicos, os historiadores aplicavam-se ao estudo do passado. No século XIX foi comum o desempenho de funções diplomáticas articularem-se ao exercício da escrita da história, a exemplo de: Francisco Adolfo de Varnhagen (1816-1878), (José Maria da Silva Paranhos Jr. mais conhecido como) Barão do Rio Branco (1845-1912) e Manuel de Oliveira Lima (1865-1928), que, não por acaso, seriam "historiadores-diplomatas", que exerciam o ofício como "historiadores por vocação" (Cf. Rodrigues, 1965; Glezer, 1976; Wehling, 1999; Malatian, 2001).

Ao destacar a importância do Instituto Histórico e Geográfico Brasileiro (IHGB), criado em 1838, Manoel Luiz Salgado Guimarães (2011) demonstrou como esta instituição foi fundamental não somente na coleta de fontes e na formulação de propostas para a escrita da história do país, com Estado e Na-

13 Eles foram produzidos entre 1940 e 1971, e a coleção se encontra na biblioteca central da UFPR, em Curitiba.

ção, aliás, em processo de constituição naquele momento, mas especialmente no favorecimento da conformação das estruturas políticas e culturais que viriam justamente a contribuir para a definição e o estabelecimento do Estado e da Nação no Brasil, entre os anos de 1830 e 1850. Para ele, aquele foi um momento crucial para a construção das estruturas institucionais que passaram a vigorar no país. Entre outras razões, por que além de demarcar como deviam ser estudados os povos nativos e os cruzamentos étnicos e culturais no país, demonstrando a importância do índio, do negro e do branco na formação da sociedade brasileira, ainda que este último prevalecesse nas interpretações, também se instituiam as bases para a própria formulação das histórias regionais e nacionais. Além disso, começava-se a moldar o panteão de "herois" que passaria a vigorar nas escritas das histórias nacionais, dando-se enfoque a civis e militares, além de políticos e dos próprios sócios do IHGB, que tinham as suas biografias definidas nas páginas da revista do instituto, que foi criada em 1839 (Cf. Oliveira, 2007, 2010a, 2010b, 2012).

Nas primeiras décadas do século XX, acirraram-se os projetos para a escrita da história do país, na mesma medida em que se diversificavam os grupos no poder, com o fortalecimento de certas regiões do país, em função do desenvolvimento do regime republicano. É nesse contexto que ganhava efetivamente destaque a elaboração de histórias regionais, como a construída sobre o estado de São Paulo, na qual o bandeirante, não por acaso, seria elevado também à categoria de símbolo, especialmente, nas obras dos "homens de letras", muitos dos quais sócios do IHGSP (Cf. Abud, 1985; Ferreira, 2002; Anhezini, 2011). A obra de autores como Afonso de Taunay, Alfredo Ellis Jr. e Alcântara Machado surgiram justamente no interior deste contexto sociocultural favorável, no qual se começava a publicar um variado conjunto de documentos quinhentistas e seiscentistas, como inventários e testamentos, efetuados durante a administração de Washington Luis na presidência do governo do estado de São Paulo (Cf. Ferreira, Luca, Iokoi, 1999; Pereira, 2010) – voltaremos a esta questão no quarto capítulo deste trabalho.

Para Lúcia Lippi Oliveira (1990), ao apresentar uma história das versões sobre a nação no Brasil que foram construídas ao longo da Primeira República, a existência de matrizes nas quais, "de um lado, estão aquelas que privilegiam a cultura como fator primordial na construção da nação e, de outro, aquelas que priorizam o elemento político" (Oliveira, 1990, p. 29), não deveriam ser desconsideradas na análise do tema. Na primeira, com base na cultura, estava o enfoque contrário as escalas de progresso, por se contrapor a elas com a justificativa de que caberia ao "nacionalismo descobrir a continuidade cultural e reconstruir o passado" (Oliveira, 1990, p. 29) daquela sociedade. Na segunda, onde o político preponderaria: "valoriza a ação do legislador, do homem de Estado, como principal fator de constituição da nação" (Oliveira, 1990, p. 29).

No Brasil, estas duas vertentes de origem europeia seriam reapropriadas de acordo com as necessidades de cada contexto, em certos casos até sendo sintetizadas num modelo, onde o político e o cultural se converteriam na análise da constituição da Nação e do Estado. Para a autora, apesar das diferenças entre as interpretações ufanistas, de direita e de esquerda produzidas neste período, estas tiveram por base as mesmas matrizes teóricas. Nesse aspecto, a construção da história da nação, onde o "triângulo das três raças" e o "homem cordial" são "certamente, construções culturais tributárias desta visão que maximiza as qualidades imanentes da natureza nos trópicos e do homem que neles vive" (Oliveira, 1990, p. 143), e tributária, aliás, das intepretações ufanistas, que nesse caso são amplamente revistas, contrariadas e criticadas, por formarem as bases para algumas das principais versões sobre o nacionalismo no país. Assim, descortinando os principais atores sociais e suas respectivas análises, a autora estudou o nacionalismo militante, a vertente católica da temática, as análises culturais e políticas, até o apogeu da "República das Letras"[14] no final dos anos 1920, e:

> Ao fazermos este acompanhamento de diferentes versões sobre a identidade nacional que tiveram lugar no Brasil durante a primeira metade do século XX, não estivemos, vale ressaltar, comprometidos com nenhuma fé nacionalista nem julgando maus e bons nacionalismos. Pudemos notar, isto sim, que algumas destas versões foram capazes de conectar perspectivas e interesses, símbolos e comportamentos com grande sucesso. Este, nos parece, foi o caso do ufanismo do início do século [passado] assim como do neo-ufanismo produzido pelos intelectuais durante o Estado Novo. A cultura política brasileira revelou-se capaz de integrar os componentes do ufanismo, principalmente aqueles derivados do espaço geográfico, fazendo-os presentes nas formulações do 'homem cordial', do 'luso-

14 Sobre a ideia e a formação de uma "República das Letras", ver também: Senna, 1996; Casanova, 2002.

> -tropicalismo' e da 'mineiridade', construções simbólicas que marcaram a identidade nacional (Oliveira, 1990, p. 198).

Aqui ganha significado inquirirmos e analisarmos os programas de *História da Civilização Brasileira*, que começaram a ser colocados em prática, a partir da década de 1930, quando foram criados os primeiros cursos de Geografia e História no país.

Se a cadeira de História da Civilização abriu espaço para um intercâmbio que se fez com a vinda de professores franceses na FFCL/USP (Cf. Roiz, 2012a), no caso da de História da Civilização Brasileira tal abertura não ocorreu. Entre outras razões, por que se preferiu aproveitar os letrados do próprio estado de São Paulo, cujos vínculos com os Institutos de Pesquisa, Museus e a historiografia oitocentista[15] eram evidentes, apesar de não estarem limitados a ela (Cf. Ferreira, 2002; Anhezini, 2011).

Afonso de Taunay ficou a frente da cadeira na FFCL/USP entre 1934 e 1938.[16] Em sua proposta para a cadeira (*Anuário da FFCL*, 1937, p. 122-131) estabelecia quais os rumos que deviam seguir o ensino e a pesquisa histórica brasileira. Ao elencar as mudanças que se deram a partir do século XIX em nossa historiografia, na qual os processos e acontecimentos haviam "sido largamente explorados [...] sob os aspectos daquilo que se chama hoje a história batalha" (*Anuário da FFCL*, 1937, p. 122), e que nos primeiros decênios do século passado já não eram "a história militar e a administrativa as únicas que interessa[va]m aos autores e ao público", pois, os estudiosos estariam preocupados em se incumbirem também "da história econômica e da religiosa [...] da literária, artística e científica e sobretudo [...] da história dos costumes" (*Anuário da FFCL*, 1937, p. 123).

Por essa razão era importante conhecer a obra de Varnhagen e Capistrano de Abreu, de Pedro Calmon, Oliveira Vianna, Alcântara Machado, Gilberto

---

15 Entende-se por historiografia oitocentista, grosso modo, os movimentos que proliferaram no século XIX, especialmente, o historicismo na Alemanha e a "escola metódica" na França, que inspiraram diretamente a produção histórica brasileira entre o final daquele século e a primeira metade do século XX. Para maior detalhamento da questão, ver: Carbonell, 1976, 1987; Diehl, 1998, 1999; Araujo, 2008, 2008b; Franzini, 2010; Nicolazzi, 2011.

16 Para uma análise pormenorizada de sua trajetória antes de ingressar na cadeira, ver: Araujo, 2003, 2006.

Freyre, Roberto Simonsen e Felix Contreiras Rodrigues, em função da preocupação que tiveram com a coleta e análise das fontes, e isso teria ocorrido simultaneamente com um nítido desenvolvimento da pesquisa histórica no país. Daí ser importante organizar as temáticas que foram trabalhadas de forma monográfica ou não; verificar aquelas que ainda não o foram; o estado das fontes e os possíveis procedimentos para inquiri-las. Nesse processo seria viável conhecer os Museus e Arquivos, nacionais e estrangeiros, além de ter abalizadas questões como o bandeirante e o café, temáticas fundamentais para o conhecimento da história de São Paulo e do país. E que para ele ainda estavam permeadas por grandes lacunas e careciam de pesquisas mais sistematizadas, destrinchando as fontes documentais então disponíveis, como as coleções de inventários quinhentistas e seiscentistas publicadas entre o final dos anos 1910 e meados dos anos 1920 pelo governo do estado. O uso da iconografia, de acervos públicos e privados, de mapas e livros, de relatos de viajantes e de testemunhos epistolares, biográficos e autobiográficos, desse modo, eram também primordiais para a composição "da história dos costumes" e de novos retratos sobre a história do país. Por que vasto é o "campo de pesquisa [...] aos pesquisadores de boa vontade no conjunto da enorme documentação virgem oferecida aos estudiosos da história da civilização brasileira", e que ainda aguarda os "elementos exigidos para a construção das sínteses" (*Anuário da FFCL*, 1937, p. 131).

Em razão disto, o programa da disciplina (*Anuário da FFCL*, 1937, p. 285-286) estava distribuído em 39 itens, nos quais se esboçavam desde panoramas sobre algumas temáticas (épocas, guerras, personagens), até análises mais pormenorizadas e circunscritas, como: a tentativa colonizadora de Martim Afonso de Souza; a vida municipal seiscentista; o bandeirantismo da caça ao índio; a civilização do ouro; as agitações nativistas; o reinado de Pedro II. A proposta não seria alterada nos anos seguintes (*Anuário da FFCL*, 1937, p. 260-261), embora outras questões fossem incluídas para os seminários. Como nos informa Ernesto de Souza Campos (*Anuário da FFCL*, 1938, p. 181-182), secretário da Faculdade de Filosofia no período, ao relatar o trabalho desenvolvido pelas cadeiras do curso de Geografia e História, Taunay teria discutido neste período: a escravidão negra e vermelha; o açúcar e a mineração; o povoamento do território e a vida familiar; o café e a moeda no Brasil.

Quando AEJ ingressou interinamente na cadeira em 20 de julho de 1938, não operou mudanças bruscas e imediatas no programa (*Anuário da FFCL*,

1953, p. 455-458). E isso por várias razões, como passaremos a ver algumas delas abaixo – e que a retomaremos ainda nos próximos capítulos. Do mesmo modo que não tivemos como ampliar o painel esboçado sobre a *História da Civilização Americana* no item anterior, não tivemos como o fazer para o caso da *História da Civilização Brasileira*, e pelos mesmos fatores apontados acima.

## *"São Paulo é o canteiro do Brasil": o bandeirante e a cafeicultura são os alicerces da formação do Estado e da Nação em Alfredo Ellis Jr.*

> A solidez de um paiz se mede pela natureza da nacionalidade de seu povo.
>
> Ellis Jr., 1934a, p. 23

Nesses termos AEJ sintetizava a questão da nacionalidade, com o objetivo de pensá-la para o caso brasileiro, em seu livro *Confederação ou separação* escrito em 1932, logo após os desdobramentos da "Revolução Constitucionalista" de São Paulo, a qual seu autor veio a participar nas linhas de frente do conflito - como vimos no capítulo anterior. Para ele, se a nacionalidade de um povo é pouco concreta, "o paiz necessariamente não tem força de agregação, nem fórma um blóco compacto, não se solidifica em rigeza homogenea de uma só unidade inquebrantavel". E se é quebradiça, pois suas estruturas não foram solidificadas com temperança e sensatez, "o paiz não passa de uma ficção geographica, ao sabor dos vendavais politicos e das convulsões sociaes e economicas" (Ellis Jr., 1934a, p. 23).

Por isso mesmo, a nacionalidade deveria ser pensada como uma entidade política, social, psicológica e econômica, "formada por um povo, composto de um numero maior ou menor de indivíduos ligados por laços de natureza varia" (Ellis Jr., 1934a, p. 23-24), era como AEJ a procurava definir. Além disso, para ele, aqueles indivíduos estariam unidos por uma origem comum, na qual se formariam uma comunidade de interesses e de sentimentos. Para ele, os laços que formariam a nacionalidade de um povo seriam da seguinte natureza: com identidade de raça, de língua, de religião, de origem e de tradição, de costumes, de mentalidades, de sentimentos e de ideias, de interesses econômicos, além de estarem ligados por uma vontade comum de viverem em um mesmo território. Daí a importância da unidade política para regular as fronteiras geográficas da Nação, e da literatura para construir um sentimento de empatia entre os indivíduos.[17] Evidentemente, a composição da nacionalidade de um povo não se daria simplesmente pela existência desses fatores. Em muitos casos, a nacionalidade se formava com a solidificação de um deles, ou pela combinação de vários, o que para AEJ era certamente o mais adequado.

No caso do Brasil, para o autor, o problema já se encontrava na composição racial da população, cujas peculiaridades regionais, inviabilizavam a constituição de laços em comum, "justamente pelo estado de completa heterogeneidade de caracteres raciaes aparentes e perfeitamente distinguíveis" (Ellis Jr., 1934a, p. 27). Quanto à língua e à religião fatores semelhantes, de especificidades regionais, quando não culturais, arrefeciam as diferenças, de modo a dificultar a construção de laços em comum entre a população. Muito embora a mentalidade fosse "mais uma consequencia de factores diversos do que propriamente uma causa, [...] é ella que traça com acentuada nitidez as fronteiras de uma nacionalidade" (Ellis Jr., 1934a, p. 36-37). E, no caso brasileiro, ela se acentuou mais em função de fatores externos, ligados a imigração, como a de italianos para São Paulo, do que propriamente internos ao país. Ao lado desses fatores, a imposição de ideologias de grupos, conformando-se num ambiente social e psicológico, igualmente contribuiriam com a definição (ou não) da nacionalidade de um povo. E isso se revelaria cristalinamente no país, por intermédio dos choques políticos entre grupos de diferentes regiões, almejando converter suas posições para o resto da Nação (Cf. Oliveira, 1990).

Para ele, além de o Brasil "evidentemente não te[r] identidade de raça" (Ellis Jr., 1934a, p. 45), em função de sua diversidade étnica, cultural e regional, a "mesma cousa se dá com a religião" (Ellis Jr., 1934a, p. 51) e a língua. E em "materia de costumes, a heterogenidade brasileira é ainda mais marcada", pois, cada "região tem costumes differentes" (Ellis Jr., 1934a, p. 54). Se como indica:

> O paiz unitario que foi o Brasil, no tempo do Imperio, em que havia um nivel de progressão, mais ou menos igual por toda a extensão territorial do paiz, legou á Republica uma unidade.
>
> [No] Imperio unitario, [que] havia de facto conseguido uma mentalidade mais ou menos homogenea, uma consciencia mais ou me-

17 O que, aliás, instigou AEJ a compor seus romances históricos nos anos 1920 e 1930, para definir a identidade paulista, por meio das cruzadas dos bandeirantes, como veremos no próximo capítulo desta pesquisa. Para uma análise sobre a importância desta questão em outros países, ver: Hunt, 2007, 2009.

> nos geral [...] o immenso desenvolvimento do paiz durante o regimen republicano [...] nos ultimos 43 annos, provocou um desnivel regional, que a unidade de consciencia, no paiz soffreu um colapso innegavel. Foi um terremoto que fez estremecer e despedaçar essa antiga unidade (Ellis Jr., 1934a, p. 55).

E é com base nessas questões que procuraremos discutir nesse item, como AEJ procurou fazer a leitura do processo nos anos de 1930 e 1940. Para este autor, foi a ação dos bandeirantes que desencadeou a Independência do Brasil e propiciou a formação do Estado e da Nação nessas terras ao longo do século XIX. Ao centralizar sua interpretação no papel que tiveram os bandeirantes paulistas, no momento anterior à independência do país, Ellis Jr. tenta evidenciar em sua interpretação as continuidades do passado em outros momentos históricos. Mais precisamente, procuraremos analisar como ele se voltou para o período colonial e imperial brasileiro e fez a leitura do processo, com base no "mameluco paulista". Melhor dizendo, o bandeirante "desbravador" dos sertões, formador de cidades, criador de fronteiras, militar, administrador e planejador (Cf. Ellis Jr., 1934b, 1934c, 1936a, 1937, 1948, 1959). E seus atos repercutiriam na formação da Capitania, depois, Província de São Paulo, cuja autonomia e potencial econômico diante do Império em reestruturação nas décadas de 1830 e 1840, segundo ele, apareceriam em momentos como o da Regência de Diogo Feijó (Cf. Ellis Jr., 1940, 1980).

Não sendo indiferente a situação que se aguçou no final dos anos 1920 e início da década de 1930 em São Paulo, foi que AEJ também procurou elaborar um projeto de "escrita da história" para repensar o estado de São Paulo e o Brasil. Como vimos, ele o havia iniciado na década anterior, mas com a conjuntura do final dos anos 1920 e início dos de 1930, este foi amplamente revisto – tal como vimos no capítulo anterior.

Mas, ao contrário de SBH, Viana Moog e Paul Vanorden Shaw, que procuraram pensar o Brasil e sua história, em comparação com a do resto da América Latina e do Norte (como vimos acima), AEJ estudou a história do país, com base na Capitania e, depois, Província de São Paulo. Para ele, o papel desempenhado pelo bandeirante foi fundamental, não só para a formação e proteção das fronteiras do que se tornaria o Brasil, mas, principalmente, para a própria fundação de uma consciência local, que se propagaria para o resto da Nação em formação, a partir de meados do século XVIII e se consolidaria no século XIX, com a fundação do Império do Brasil (Cf. Ellis Jr., 1937, 1946, 1959). A mesma perspectiva que esboçava em suas obras históricas ele apresentava em seus livros didáticos, como o que preparou sobre *História da Civilização* para a 5ª série do ensino secundário em 1935, no qual destacava que:

> A consequência mais importante para as colónias lusas da vinda para a América da família dos Bragança, foi sem dúvida a unificação dessas colónias com um govêrno central forte. Laços até então inexistentes foram creados e um número respeitável de indivíduos exóticos, foi creando e desenvolvendo um grande antagonismo entre os de aquém e os de além mar.
>
> Divididos assim, os de aquém mar foram se integrando em uma mentalidade comum, na qual era visado ùnicamente o antagonismo contra os de além mar, ficando esquecidos e apagados os antagonismos regionais que naturalmente deviam separar os coloniais. Muitas instituições nacionais foram creadas no Rio de Janeiro, as quais deveriam sêr outras tantas cadeias acorrentadoras das colónias que foram ficando mais unidas, na estreita dependência da côrte, cuja fama, se esparramava por todas as colónias que cada vez orbitavam mais apertadamente em torno dêsse astro central metropolitano (Ellis Jr., 1935h, p. 479-481).

E este foi o contexto que propiciou a formação do Império do Brasil nos anos 1820. No entanto, a unidade criada no Império fora perdida na República. Mas, para destacar tal questão, AEJ procurou antes demonstrar o papel dos bandeirantes para a consolidação do território que se tornou independente no século XIX.

Com isso, seus textos procuravam historiar desde o "bandeirismo apresador", ao "bandeirismo pesquisador", e deste para o "sedentário ou minerador" (Cf. Ellis Jr., 1934c, 1936a, 1937) – e essa temática também será privilegiada em sua conferência de 1946, proferida no *curso de bandeirologia*, que veremos no quarto capítulo, e em seus *Boletins* dos anos 1940, publicados pela cadeira de *História da Civilização Brasileira* da FFCL/USP, tal como veremos na segunda parte deste estudo. Mas, se tal empreendimento fora feito pelos "bandeirantes paulistas", que era o cruzamento do "português europeu" com o "índio da terra" e que viria a formar o "mameluco", como vimos acima, este não deixava também de ser um tipo de "crioulo americano" (Cf. Matos, 2009), pois, era nativo da região em pauta.

Todavia, de acordo com AEJ a peculiaridade da Capitania e, depois, Província de São Paulo, em relação ao resto do território que formou o Brasil, era justamente que a miscigenação de sua população não se deu com o negro africano, nem tampouco com o crioulo, nascido nos Trópicos, filho de escravos, ou de escravos com livres (Cf. Ellis Jr., 1934b, 1934c, 1936a, 1937, 1948) – fator, aliás, que resultou em severas críticas sobre sua interpretação, e que em muitos casos era avaliada como "racista", "preconceituosa", "irrealista" e sem "comprovação documental adequada" (Cf. Abud, 1985; Monteiro, 2001; Ferreira, 2002; Ricci, 2002). Mas, para AEJ, isso era um fator decisivo por que, em função da ação e do empreendimento das bandeiras paulistas, conduzidas pelo "mameluco", que se formou as fronteiras da futura Nação, que foram desenvolvidas as vias fluviais e terrestres, que se fundaram entrepostos comerciais e cidades no litoral e no interior do território que formou o Brasil no Oitocentos.

Em suas indicações, fica-nos claro que seu entendimento da questão levava em consideração o significado de "crioulo" como nativo do local, mas não como filho de africano, com ou sem cruzamento étnico com o índio e/ou o branco, e nascido nos Trópicos. Por isso, via o bandeirante paulista como sendo proveniente de um cruzamento étnico peculiar, entre o "branco europeu" e o "índio nativo", que formou o "mameluco". Além disso, o bandeirante teria propiciado a constituição de uma identidade, a princípio limitada a sua Capitania, e que com suas ações se propagou para o resto do território, mas sem, com isso, deixar de manter sua peculiaridade étnica ("racial") e cultural (Cf. Ellis Jr., 1934c, 1936a, 1937; Abud, 1985; Monteiro, 2001; Ferreira, 2002). Veja-se, por exemplo, o caso que nos apresentava AEJ, ao analisar a trajetória de Amador Bueno (personagem que será analisado em várias obras deste autor, ao longo dos anos 1930 e 1940), em *Amador Bueno e a evolução da psicologia Planaltina*, de 1944. Nesta obra, AEJ justificava seu trabalho ao destacar a imprecisão de Pedro Taques e Frei Gaspar, ao conjecturarem sem subsídios adequados a "lealdade" de Amador Bueno perante a coroa portuguesa.

Com base nessa questão, AEJ procurou mostrar como se formou pioneiramente, a partir do século XVII, um "espírito nativista" ligando os paulistas, em prol de uma causa comum. Para ele, "não havia nenhuma lealdade do povo Planaltino para, com Portugal", e o episódio da aclamação de Amador Bueno, em 1641, "teria sido [...] a primeira manifestação de nativismo, havida na história brasileira" (Ellis Jr., 1944a, p. 14), muito embora circunstâncias adversas tivessem contribuído para que fosse mal sucedida no período. Como mostra:

> Portugal, como as outras nações colonizadoras, procedeu no sentido de proteger os conacionais reinóis, contra os crioulos, que eram elaborados nas suas colônias brasileiras pela paulatina assimilação. Eu naturalmente, como seria humano, não posso ocultar que, sou favoravel à causa dos crioulos. Certo, procurei a imparcialidade rígida, mas, apenas mostrando os fatos e os comentando [...]. Eu tenho como princípio que, Portugal tinha no Brasil não, apenas uma colônia, mas, sim colônias espalhadas ao longo de uma grande area territorial, separadas por distâncias não pequenas, as quais só podiam ser vencidas pelas comunicações marítimas, cercadas de condições ambientais as mais diversas, que pressionavam os moradores de forma diferente e engolfados em ambientes econômicos dos mais variados matizes. Esses agrupamentos heterogêneos de colonização, recebendo influxos tão diferentes, tiveram, cedo o seu complexo de circunstâncias, as suas evoluções próprias, a sua constituição social diferente, a sua tonalidade econômica particular etc. O estudo da História do Brasil, ainda não tem sido compreendida assim, por que todos os trabalhos realizados sobre o passado brasileiro o têm encarado politicamente e sob o ponto de vista da sua administração [quando, na verdade, para ele, o mais adequado seria pensar o país de acordo com suas especificidades regionais] (Ellis Jr., 1944a, p. 16-17).

Nesse sentido, era "preciso, préviamente situar a História planaltina na História brasileira" (Ellis Jr., 1944a, p. 18), de modo a destacar as suas peculiaridades, assim como sua centralidade na formação das fronteiras do país, como também das vias comerciais, terrestres e fluviais, que foram propiciadas em função da empresa bandeirante. Assim, AEJ faz questão de salientar a "força da tradição" na formação da história de São Paulo e do Brasil. Mas, enquanto Arno Mayer (1990) observou como houve certa persistência do Antigo Regime no século XIX e início do XX na Europa, estabelecendo uma verdadeira "força da tradição", AEJ procurou demonstrar que o passado, quando cotejado adequadamente, configuraria também uma força, na qual sua persistência no presente, além de ser vista como uma *tradição*, também favoreceria a restauração da autonomia política e econômica do estado de São Paulo diante da nação brasileira.

Isso porque, *a história de São Paulo era a história do Brasil*, em função das raízes que foram fincadas pelo movimento das bandeiras paulistas e pela lavoura cafeeira, e ao serem ampliadas e demarcadas às fronteiras e se proporcionar o desenvolvimento político e a modernização do país, que a partir do período imperial consolidou certa unidade. Este, aliás, era o lema do Instituto Histórico e Geográfico de São Paulo (IHGSP), que foi criado em 1894, com o objetivo de escrever e circunstanciar as fontes e a história de São Paulo, e do qual AEJ era então um de seus sócios efetivos (Cf. Ferreira, 2002).[18] Mas, pelas características da conjuntura política e econômica dos anos 1930, e em função da própria trajetória do regime republicano, *a história de São Paulo também não era a história do Brasil*, por suas peculiaridades étnicas ("raciais") e culturais, pela especificidade de sua gente, com traços físicos e características emocionais distintas do resto do país, e que fizeram com que o autor pensasse, no limite, na separação do estado de São Paulo do resto da Nação. Para ele isso se justificava porque São Paulo formava um outro país, como destacou em seu *Confederação ou separação* (1934a), escrito em 1932.

E, num movimento dialético, que foi se definindo a partir do final dos anos 1930, *a história de São Paulo era e não era a história do Brasil*, visto que se as raízes políticas, econômicas e sociais da Nação eram fruto do esforço paulista, consolidadas no período imperial, a conformação étnica e cultural era uma peculiaridade de São Paulo, que o distinguia do resto da Nação (Cf. Ellis Jr., 1934b, 1934c, 1936a, 1937, 1948, 1959; Ellis, 1997; Adduci, 2000). Nesse processo, residiria, para ele, uma das chaves fundamentais para se entender a Independência e a formação do Estado e da Nação no Brasil.

Ainda que a lavoura cafeeira tivesse favorecido a Província de São Paulo junto ao Império do Brasil, a partir da década de 1840, lhe fornecendo certa autonomia de decisões, como indicou em outro plano de análise Miriam Dolhnikoff (2003, 2005, 2005b) e Cássia Adduci (2000), nem por isso tais relações se fizeram sem contradições, discussões e revoltas, numa relação tensa entre a Província e o Império. Como indica AEJ (1940a, 1940b, 1980), ao avaliar a regência do padre Diogo Antonio Feijó (1784-1843), este teria indicado

---

18 Essa intituição estava intimamente associada com as premissas da APL, e: "Aceitos sem grandes contestações foram imediatamente Cândido Mota Filho, Plínio Salgado [...] e Alfredo Ellis Jr. – alguns deles vindos do modernismo, mas todos defensores de ideias conservadoras, expressivas do regionalismo colado a 1932, e muitas vezes de um nacionalismo de direita" (Ferreira, 2002, p. 259).

que o "Brasil é um país difícil de ser governado", por que, entre outras razões, cada "uma das suas partes tem um desejo e naturalmente puxa para este lado". Por isso, só "um governo muito forte pode impedir a desordem, isto é, pode amainar a fúria da tempestade" (Ellis Jr., 1980, p. 191).

Para ele, Feijó representava a vontade da Província de São Paulo, em ascensão naquele momento. Apesar das dificuldades de sua regência, Feijó teria conseguido contrabalançar as expectativas das Províncias em relação ao Império, mas sem, com isso, deixar de lado a centralização do poder, pois:

> Feijó que, na vida foi um expoente dessas virtudes lacedemônias, que levaram Leonidas, a assim morrer na defesa da Grécia, bem mereceria um epitaphio que lembrasse, sempre, aos de hoje a figura vincada do maior paulista do oitocentos, que na soleira de uma porta, onde elle iniciou sua vida de engeitado subiu até aos degráus do throno da Regencia, levando unicamente pelas suas virtudes, que nelle não se esboçavam esfumaçadamente mas gryphavam, marcadamente definindo com saliência uma personalidade bem vincada (Ellis Jr., 1940b, p. 575).

Além disso, AEJ também teve a preocupação de demonstrar com esse exemplo, qual o lugar da Província de São Paulo diante do Império do Brasil. Para ele, esta era uma das chaves para se entender a própria formação e ocupação de nossas fronteiras e vermos a expansão de uma cultura local para o resto do território, mas sem deixar sua peculiaridade "étnica" e "racial". Avaliação semelhante foi expressa em seu romance histórico *Jaraguá*, de 1936, no qual indicou que:

> Em 1842 S. Paulo erguia bem alto o seu facho de guerra. Um governo centralizador queria obrigar S. Paulo a receber bem o bahiano marquez de Monte Alegre, como o presidente da provincia paulista – essa provincia que era a patria de Feijó, o immortal – essa provincia que, mesmo desmembrada de Goyas e de Matto Grosso, ainda era uma potencia que inspirava terror aos centralistas do Rio de Janeiro (Ellis Jr. 1936b, p. 169).

Para Magda Ricci (2002), o olhar de AEJ sobre Feijó não fugiu dos padrões de análise e dos fundamentos da escrita da história canonizados no Oitocentos, no qual se via o sujeito como "grande homem", de modo a elencar objetivamente os dados documentais, que comprovariam tal afirmação, ao descrever suas ações.

Vimos, portanto, a importância dos estudos sobre a formação do "crioulismo americano", e qual seu papel na compreensão dos processos de Independência e implantação dos Estados e das Nações nos Trópicos. Assim como a leitura peculiar que AEJ fez da questão, ao tomar como base o bandeirante paulista, o mameluco da terra, cuja ação foi essencial para a elaboração e proteção das fronteiras do que se tornou o Brasil, consolidando-se no século XIX.

Apesar de já naquele período existirem interpretações, como a de SBH e de Viana Moog, que procuraram analisar o tema de modo comparativo; ou de programas como o de Paul Vanorden Shaw, na cadeira de *História da Civilização Americana* do curso de Geografia e História da FFCL/USP, apontando a propriedade deste tipo de estudo, quando efetuado de modo comparativo. A opção de AEJ não foi a de estudar o Brasil, a partir de comparações com o resto das Américas, mas sim o de fazer a análise da Capitania e, depois, Província de São Paulo, visto ser esta a base para o surgimento da Nação brasileira. Para ele, só entendendo a ação e o empreendimento das bandeiras paulistas, conduzidas pelo mameluco, que seria possível entender a própria história do Brasil, que começou a formar sua Nação a partir do século XIX, com a expansão das lavouras de café.

Evidentemente, sua escolha não era fortuita, ela estava intimamente relacionada com a conjuntura de 1929 a 1932, na qual o estado de São Paulo perdeu sua autonomia econômica e hegemonia política diante do país. Não sendo indiferente a tal contexto, AEJ também procurou enfrentar a situação, ao refazer os momentos decisivos da história do país, centralizando o papel do estado de São Paulo no conjunto do processo, por meio do empreendimento efetuado pelo bandeirante paulista, que teria sido fundamental para a formação do território, da Nação e do Estado no Brasil (Cf. Abud, 1985; Ellis, 1997; Monteiro, 2001; Ferreira, 2002).

## *"O Império brasileiro é maior que a Província de São Paulo": caminhos e descaminhos da democracia no século XIX em Sérgio Buarque de Holanda*

> Se a data da Abolição marca no Brasil o fim do predominio agrario, o quadro politico instituido no ano seguinte quer responder á conveniencia de uma fórma adequada para a nova composição social (Holanda, 1936, p. 135).

Assim, SBH começava sua análise de "nossa revolução", no último capítulo de seu livro *Raízes do Brasil* de 1936. A expectativa que o autor trazia para analisar a história do país nesse momento, por certo já vinha sendo desenvolvida desde os anos 1920 (Cf. Holanda, 1989, 1996a, 2004, 2011a) - como vimos no capítulo anterior. Mas, a experiência que trouxe com sua viagem pela Alemanha entre 1929 e 1930, ao observar a ascensão de regimes totalitários de direita e de esquerda, lhe permitiram perceber em seu regresso ao país, que o governo provisório de Getulio Vargas tampouco fugia dos rastros deste tipo de governo, dadas as suas posições "autoritárias". O que fez com que a possibilidade de concretização da democracia brasileira se distanciasse ainda mais. Com isso, *Raízes do Brasil*, mais que uma análise de nosso passado colonial e de sua herança "ibérica" e "cordial" ainda ativa nos anos 1930, foi uma tentativa para projetar saídas, até certo ponto *utópicas*, para a sua época (Cf. Candido, 1984, 2006, 2008).

Muito embora a discussão sobre o desenvolvimento da concepção de "homem cordial" de SBH tivesse sido recebida muito criticamente no período[19] - como veremos na segunda parte deste estudo - foi com ela que o autor traçou estratégias para transpor as barreiras coloniais ainda presente no Brasil dos anos 1930. Para ele, a "cordialidade" teria começado a ser originada desde o período colonial brasileiro, por intermédio do transplante da cultura ibérica, portuguesa, para os Trópicos; e cuja característica peculiar seria marcadamente a sobreposição do privado sobre o público, das decisões pessoais sobre as coletividades, dos sentimentos sobre o cálculo e as posições racionais, marcando toda nossa formação histórico-cultural (Cf. Marras, 2012). Por isso não devemos nos furtar de apresentar aqui um resumo, ainda que sucinto, da questão. Aliás, a necessidade de retomar a discussão apresentada por SBH em *Raízes do Brasil*, está justamente em demonstrar a importância do século XIX, no modelo interpretativo do autor, onde procuraremos também compará-lo com o enunciado por AEJ.

19 A discussão sobre isso é tão extensa e diversificada que não há como ser feito um recenseamento, mesmo que sucinto, desta questão. Apenas para indicar os trabalhos mais importantes, veja-se como exemplo: Moraes, Antunes, Ferrante, 1986; Dias, 1988; Iglésias, 1992, 2009; Candido, 1998a, 2002; Reis, 1999; Vianna, 1999; Velozo, Madeira, 1999; Monteiro, 1999; Piva, 2000; Wegner, 2000; Prado, 2004; Pesavento, 2005; Bresciani, 2005; Caldeira, 2005; De Decca, 2006, 2007; Ricupero, 2007; Brandão, 2007; Monteiro, Eugênio, 2008; Botelho, Schwarcz, 2009; Eugênio, 2011; Ramirez, 2011.

Para empreendermos esta análise usaremos a primeira e a segunda edição de *Raízes do Brasil*, especialmente a primeira de 1936. De acordo com SBH, apesar de a empresa colonizadora ter sido eficaz, num esforço bem sucedido de transplante da cultura europeia para extenso território nos Trópicos,[20] está na raiz desse empreendimento as causas centrais de nosso descaso pela coisa pública. Entre outras razões, por que o "indice do valor de um homem infere-se, antes de tudo, da extensão em que não precise depender dos demais, em que não necessite de ninguem, em que se baste" (Holanda, 1936, p. 5). Donde, por sua vez, os "elementos anarchicos sempre fructificar[em] aqui facilmente, com a cumplicidade ou a indolencia displicente das instituições e costumes" (Holanda, 1936, p. 6). Daí a relação complexa e paradoxal de os portugueses que vieram para as Américas, ao mesmo tempo se aproximarem mais das características da Antiguidade Clássica e Tardia, onde os homens viviam ao redor de seu *oikos*, isto é, de sua propriedade, com certa autonomia em relação às cidades ou as instituições (Cf. Vernant, 1999, 2001, 2008; Vidal-Naquet, 2002). Enquanto os modos pelos quais concebiam o mundo e as coisas estar cerceado à Idade Média, especialmente, sobre a doutrina tomista. Desse modo, a verdade é que da Península Ibérica, e, especialmente, de Portugal foi que vieram nossos modos de agir e pensar, pois, deles que "nos veio a *forma* actual de nossa cultura; o resto foi materia plastica, que se sujeitou mal ou bem a essa forma" (Holanda, 1936, p. 15).

Com uma capacidade impressionante de adaptação, a cultura ibérica, portuguesa, fez com que os homens que vieram para as Américas sobejamente estivessem preocupados em adquirir riquezas, por meio do menor esforço, o que fez prevalecer, nesse caso, o espírito aventureiro na iniciativa. E a isso "cumpre accrescentar-se outra face bem typica de sua extraordinaria plasticidade social – a ausencia completa, ou praticamente completa, entre elles, de qualquer orgulho de raça" (Holanda, 1936, p. 27), que fez com que os processos de miscigenação se prosperassem facilmente entre o índio e o europeu. Como resultado "a mestiçagem, que foi, sem duvida, um notavel elemento de fixação ao solo tropical, não representou, entre elles [os portugueses], um phenomeno esporadico, mas antes um processo natural" (Holanda, 1936, p. 39). Por essa razão, e aqui SBH começava adentrar no século XIX:

20 Esta avaliação foi revista na terceira edição do livro (Cf. Holanda, 1956).

> Toda a estructura de nossa sociedade colonial teve sua base fóra das cidades. Esse facto é do mais vivo interesse para quem queira comprehender um estado de coisas, que em seus aspectos essenciaes prevaleceu até o final da monarchia ou, mais precisamente, até a abolição da escravidão. 1888 é o marco divisorio entre duas épocas – o instante talvez mais decisivo em toda a nossa evolução de povo. A partir desse momento, a vida brasileira desloca-se nitidamente de um polo a outro, com a transição para a "urbanocracia", que só de então em diante se impõe completamente (Holanda, 1936, p. 43).

Para demonstrar a propriedade desse modelo analítico de interpretação da sociedade brasileira,[21] SBH destacava que era possível visualizar datas que estabeleciam momentos semelhantes de ruptura em outras sociedades: na Argentina teria sido em 1852, "o anno da batalha de Caceres e da queda de Rosas" (Holanda, 1936, p. 43) e nos Estados Unidos, embora tal demarcação fosse mais difícil de ser feita, o ano de 1812 seria ilustrativo, pois, definia um novo caráter modernizador ao país, "com a inauguração do grande commercio ultramarino" (Holanda, 1936, p. 44). Mas, no Brasil os efeitos de 1888 teriam sido ainda mais marcantes. Com um movimento que se iniciava em 1850, quando, de fato, ocorreu o fim do tráfico transatlântico de escravos para o país, contribuindo para a transferência de investimentos para outros setores da sociedade, e inaugurando um surto de modernização sem precedentes pelo Império, mas cujos desdobramentos só seriam concluídos no final dos anos 1880, com o fim da escravidão. Tal processo deu ensejo a aprovação de um código comercial e de uma lei de terras que regulamentava a ocupação de propriedades e seu processo de compra e venda. Contudo:

> [...] bem antes de se firmar o predominio decisivo das cidades, com a victoria final do esforço abolicionista, nunca se cessou de estimu-

21 E que será mais bem desenvolvido na segunda edição da obra em 1948 (Cf. Holanda, 1948, p. 35-202), quando o autor refaz o antigo capítulo *O passado agrário*, para os atuais: *Herança rural* e *O semeador e o ladrilhador*, nos quais aprofunda sua análise dos tipos humanos que se formavam nos Trópicos; a peculiaridade do processo de colonização da América Portuguesa; de que maneira foi se formando um modelo de tratamento "cordial" entre os sujeitos, que passaria a se proliferar do âmbito privado da família, para vir a constituir as bases do próprio estado brasileiro; e como suas raízes ibéricas, transplantadas para os Trópicos, encontraram aqui ambiente favorável ao seu desenvolvimento, tanto que ainda persistiam nas décadas iniciais do século XX, sendo um dos principais agravantes para a proliferação e a ampliação da democracia nestas terras.

> lar a introdução em larga escala, no paiz, dos traços de civilização material mais caracteristicamente urbanos, sem que isso lhe affectasse em absoluto a estructura moral e sem que fosse arruinado o predominio da casta dos senhores ruraes (Holanda, 1936, p. 45).

Apesar de nunca ter havido uma década tão próspera para o desenvolvimento do progresso material em nossa sociedade, como foi a de 1850, somente com o "declinio da velha agricultura e com a lenta formação de uma burguesia urbana é que se desenvolvera, com caracter proprio, o nosso apparelhamento burocratico" (Holanda, 1936, p. 47). O que não quer dizer que o predomínio construído pelo domínio rural, em função da constituição de um aparelhamento burocrático, fosse consequentemente substituída por um predomínio urbano, ou que esta camada fosse excluída do poder ou dos processos de decisão, que mediavam à política e a economia da época. Em primeiro lugar, por que se manteve o predomínio do privado sobre o público nos processo de decisão. Depois, por que "em nosso dominio rural do tempo da colonia é o typo de familia organizada dentro das normas do velho direito romano-canonico, mantido na peninsula iberica atraves de gerações, que prevalece como centro e base de toda essa vasta estructura" (Holanda, 1936, p. 87), que, não por acaso, seria mantida durante o período imperial, no século XIX. Além disso:

> A contiguidade que se estabelece no ambito domestico entre os membros de uma familia desse typo [patriarcal], tem seu correlativo psychologico bem determinado. O quadro familiar é, nesse caso, tão poderoso e exigente, que acompanha aos individuos mesmo fóra do recinto domestico. A entidade privada prevalece sempre nelles á entidade publica. A nostalgia desse quadro compacto, unico e intransferivel, onde prevalecem sempre e necessariamente as preferencias fundadas em laços affetivos, deixou vestigios patentes em nossa sociedade, em nossa vida politica, em todas as nossas actividades (Holanda, 1936, p. 89).

Assim, é sobre a herança deixada pelos traços afetivos ligados estreitamente sobre as decisões, especialmente, no âmbito político, cujo arquétipo teria sido justamente a formação de relações "cordiais", fomentadas pelo predomínio do "homem cordial", sendo o maior empecilho para a formação de um Estado verdadeiramente democrático entre nós que SBH procurou expor, pois:

> Em terra onde não existia praticamente trabalho manual livre, em que uma classe media quasi nulla não tinha como impor sua influencia, os individuos que iriam servir nas funcções creadas com a nova ordem de coisas tinham de ser recrutados, por força, entre elementos da mesma massa dos antigos senhores ruraes. Toda a estructura administrativa, a pouco e pouco elaborada durante o Imperio, e depois já no regime republicano, comportava elementos estreitamente vinculados ao velho systema domestico, ainda em pleno viço, não só nas cidades como nas fazendas (Holanda, 1936, p. 99).

Ao lado desta estrutura cordial, desenvolveu-se ainda no Império certo apego pelas profissões liberais, especialmente, as ligadas ao exercício do Direito, e cuja sedução "vincula[va]-se estreitamente ao nosso apego quasi exclusivo aos valores da personalidade" (Holanda, 1936, p. 117). Esse é, por certo, um dos principais motivos para que "a ideologia impessoal e antinatural do liberalismo democratico, com as suas maiusculas impressionantes e com as suas fórmulas abstractas jamais se naturaliz[asse] entre nós" (Holanda, 1936, p. 122). Com o fim da escravidão em 1888 e o fim da Monarquia em 1889 parecia que se abriam novas perspectivas para o desenvolvimento da democracia no país, mas cujos germes profícuos que ali brotavam foram cerceados e, depois, restringidos pelo regime que se instaurou no final de 1930 (Venâncio, Furtado, 2016).

Contudo, a análise empreendida por SBH, de acordo com Jessé Souza (2015), estaria cerceada por fragilidades em função de seu conceito de "homem cordial". Para este autor, SBH desconsideraria em sua interpretação a estrutura classista que já vinha se formando na sociedade brasileira, ao transpor tal conceito para toda sociedade, sem observer as peculiaridades das camadas sociais; sua crítica seria exclusivamente à estrutura estatual que se proliferou no país desde o século XIX, desconsiderando as fragilidades inerentes a sua organização socioeconômica e mercantil, ao sugerir uma visão negativa do Estado e positiva (ou no mínimo neutra) do mercado; transpõe questões do senso comum, operacionalizando-a e a sintetizando num conceito, o que o tornaria convincente, mas não um fator explicativo da sociedade brasileira; além de fazer uma idealização do americanismo, para formular sua crítica ao "homem cordial" brasileiro. Para ele, SBH estaria preso a um modelo interpretativo proveniente de um "culturalismo" inaugurado por Gilberto Freyre, e isso resultaria em fazer com que o "homem cordial não t[ivesse] classe social, mesmo em um país tão desigual como o Brasil sempre foi", e isso faria com que a noção "desde o início" escondesse "conflitos sociais de toda espécie e cria[ria] um ser 'genérico' que existe unicamente para ser contraposto ao 'protestante ascético' como símbolo da cultura norte-americana" (Souza, 2015, p. 45). Apesar das críticas pertinentes desse autor, não podemos deixar de observar, como salienta Sérgio Costa, que a categoria "homem cordial" levou a formação de duas escolas interpretativas no pensamento social brasileiro: 1. No primeiro caso "se concentra no 'homem cordial' como padrão sociopsicológico e o transforma em núcleo da identidade brasileira, que permanece constante com o passar do tempo"; 2. Enquanto no segundo "questiona especialmente qual é o padrão de sociedade que se esconde por detrás do 'homem cordial', perseguindo os obstáculos institucionais e sociais que dificultam a implementação de normas universais no Brasil (e também na América Latina) e bloqueiam assim a consolidação dos direitos de cidadania" (Costa, 2014, p. 837). Além disso, tal como aponta Souza, SBH havia criado "um caminho alternativo universalizável para toda a nação: um antiestatismo sob a condução dos interesses de mercado do estado de São Paulo" (Souza, 2015, p. 49), e sob tal aspecto poderíamos notar sua aproximação com o modelo interpretativo de AEJ, que apontamos há pouco.

Portanto, assim como AEJ, SBH procurava dimensionar o século XIX, mas não para demonstrar a importância de São Paulo para o resto do país a partir daquele período, e sim para aventar novas possibilidades para a inserção da democracia nessas terras. Por isso mesmo, enquanto AEJ parecia falar como um representante direto das velhas elites rurais (e como um "intelectual-letrado"), que parecia se encontrar em declínio em meados dos anos 1930; SBH parecia mais se inquietar como um representante de uma classe média urbana (e como um "letrado-intelectual"), cujos direitos além de não estarem sendo respeitados pelo novo regime que se implantou com a subida de Vargas ao poder, os próprios nexos de uma "revolução silenciosa" que se formava a partir do final da Monarquia, e que conduzia a progressiva extinção das "relações cordiais", em prol do avanço do "americanismo", com suas relações democráticas e impessoais, igualmente teriam sido arrefecidas pelo governo provisório que se instaurou no final de 1930.

### *Considerações Finais*

Ao longo deste capítulo procuramos tentar detalhar um tipo de *batalha pela "periodização" da história do Brasil*, onde o século XIX pareceu ser um paradigma, tanto na obra de AEJ, quanto na de SBH, bem como na obra da maioria dos letrados que escreveram parte de suas obras entre os anos 1920 e 1930 (Cf. Reis, 1999, 2006; Bresciani, 2005; Brandão, 2007), pois, procuravam mostrar que foi no Oitocentos que verdadeiramente se formaram as raízes do Estado e da Nação no país (Cf. Jancsó, 2003, 2005; Dolhnikoff, 2005). Esse fator igualmente teve reflexos nos anos 1930, em função da maneira com que o governo de Getúlio Vargas procurou justificar suas ações, ao promover a estruturação de um tipo de Estado e de Nação para o Brasil (Cf. Pécaut, 1990; Gomes, 2003; Fausto, 2006). E do qual muitos destes "homens de letras", como SBH e AEJ, foram contrários a tais iniciativas, ao passo que outros contribuíram diretamente com a consolidação daquele regime político e interpretação do passado brasileiro (Cf. Miceli, 2001).

Para AEJ o governo Vargas estava alterando completamente a estrutura política e econômica do país, com a formulação de leis para as quais estados como o de São Paulo saiam amplamente prejudicados, tal como identificou em suas obras *A nossa guerra* (1933) e *Confederação ou separação* (1934a). Esse foi um dos motivos que levaram o autor a revisar sua obra dos anos 1920, e novamente se voltar para a época das bandeiras. Nesse caso, não apenas para escrever a história dos bandeirantes de São Paulo, mas antes para dar certo sentido ao processo histórico, no qual o empreendimento das bandeiras dos séculos XVI e XVII fomentaram as monções do XVIII, e formaria os alicerces do Estado e da Nação que surgia a partir das primeiras décadas do século XIX. Nesse processo, além de a Província de São Paulo aparecer efetivamente como partícipe na construção do Estado e da Nação, com a participação de sujeitos como Feijó no período Regencial, também começava a despontar economicamente, com o desenvolvimento da cafeicultura e sua inserção no mercado internacional, a partir da segunda metade do século XIX (Cf. Ellis Jr., 1937, 1940b).

Já para SBH, o século XIX marcou no país o começo do fim do predomínio agrário, que vinha desde o período colonial, no qual a cultura ibérica foi transplantada para os Trópicos, especialmente, a portuguesa. Nela se sobressaiam o "espírito aventureiro", a mentalidade "cordial" de tratamento nas relações políticas, sociais e até trabalhistas, e onde se suplantavam de um lado os espaços de sociabilidade entre senhores e escravos, e de outro, entre esses grupos e uma camada intermediária de brancos livres pobres e negros forros. Além disso, as cidades estavam sempre sob a dependência do campo, conformando uma cultura na qual o espaço privado se sobressaia sobre o público, de tal modo que com a constituição do Império do Brasil, a partir da década de 1820, as decisões políticas eram mais mediadas pelos interesses privados, do que em função do benefício da maioria. No entanto, a ruptura antevista pelo autor com os eventos de 1888 e 1889 - iniciadas, aliás, a partir da década de 1850, e que começava a efetuar verdadeiramente uma "revolução silenciosa", na qual as cidades começavam a ter certa autonomia em relação ao campo - além de favorecer a formação de uma camada burguesa, com o maior desenvolvimento do comércio e das indústrias no país, foram igualmente arrefecidas com o governo provisório de Vargas nos anos 1930. E tendo, certamente, mais continuidade com o passado, ao propiciar formas para que a "cordialidade" se mantivesse, ao passo que a democracia era concomitantemente controlada e subjulgada pelo regime político em vigor.

Evidentemente, tanto as expectativas de AEJ quanto as de SBH não foram totalmente alcançadas em seu presente histórico, onde suas análises da história do país, além de servirem para fazer um balanço sobre as tomadas de decisão no passado, também procuravam verificar suas possibilidades para o presente, e estas virem a dar meios para a construção de "novos futuros" (Cf. Hartog, 2003c; Koselleck, 2006). Ao mesmo tempo, enquanto AEJ procurou pensar as transformações que se davam no país, por meio de uma reavaliação da história de São Paulo, SBH procurou fazer isso, tendo em vista toda a história da América Latina, na qual o Brasil dividiu um passado em comum de colonização, e nesse caso não hispânica, mas portuguesa.

De um lado, os grupos dirigentes da Primeira República, dos quais AEJ fazia parte, em partidos como o PRP, viu o predomínio agrário perder força a partir do final dos anos 1920 e ainda mais com o ingresso de Vargas no poder no final de 1930. Nesse caso, a avaliação de AEJ era para projetar novas expectativas em sua época, ao forjar uma interpretação peculiar do passado bandeirante, no qual o passado deveria ser usado no seu presente histórico para restaurar a perda da autonomia política e econômica do estado de São Paulo diante da Nação. De outro, mesmo o favorecimento do desenvolvimento do espaço urbano, a partir do final do século XIX, com as rupturas de 1888 e 1889, não seriam tão eficazes como esperava SBH, para converter as relações "cordiais" num espaço de decisões democráticas, de viés americanista. Mas, ao avaliar o século XIX de modo a projetar uma saída *utópica* para o contexto que estava vivendo o país nos anos 1930, tampouco SBH deixou de inquirir o passado para formular alternativas ao seu presente, com a projeção de uma "revolução lenta e silenciosa", que em sua época ainda estava em processo.

# 3.

# *A batalha pela "verdade histórica": ou a produção literária como paradigma na constituição do "princípio de realidade"?*

> Se, ao menos, o punhal de Lucrécia tivesse existido, vá; mas tal arma, nem tal ação, nem tal injúria, existiram jamais, é tudo uma pura lenda, que a história meteu nos seus livros. A mentira usurpa assim a coroa da verdade, e o punhal de Martinha, que existitu e existe, não logrará ocupar um lugarzinho ao pé do de Lucrécia, pura ficção. Não quero mal às ficções, amo-as, acredito nelas, acho-as preferíveis às realidades; nem por isso deixo de filosofar sobre o destino das cousas tangíveis em comparação com as imaginárias. Grande sabedoria é inventar um pássaro sem asas, descrevê-lo, fazê-lo ver a todos, e acabar acreditando que não há pássaros com asas... (Machado de Assis. O punhal de Martinha. In: Schwarz, 2012, p. 309-310).[1]

Foi assim que o escritor Machado de Assis (1839-1908), ao publicar em *A semana*, a 5 de agosto de 1894, a crônica *O punhal de Martinha*, demonstrava as complexas relações entre verdade e ficção, real e imaginado, num movimento onde a farsa bem tramada e deixada a posteridade, poderia até ganhar maior visibilidade e tinha talvez maior impacto do que o ocorrido, o "verdadeiro" de outrora, mas não eternizado numa narrativa. Narrativa, aliás, que deveria ser produzida por um perito, um especialista, reconhecido em seu meio. Para ele, não foi por outra razão que o drama eternizado na pena de Tito Lívio (59 a.C. – 17 d.C.), no qual Lucrécia, ultrajada por Sexto Tarquínio, resolvera *não sobreviver a desonra do que lhe havia ocorrido, até que numa noite tira sua vida com um punhal, e tal evento viria a ganhar tamanha repercussão na posteridade*, dados os desdobramentos orquestrados na trama. Porque

1 O texto original de Machado de Assis pode ser encontrado em suas obras completas publicadas em 4 volumes, no vol. 4, p. 1017-1019, edição revista publicada em 2015 pela editora Nova Aguilar; ou em: http://www.cronicas.uerj.br/home/cronicas/machado/rio_de_janeiro/ano1894/05ago1894.html. Acesso julho de 2019.

além de ter sido narrado por um perito, o drama também mantinha o registro no qual Lucrécia teria feito tal ação, mas não sem antes denunciar ao marido e ao pai o ocorrido, para que se vingassem por ela.

Já Martinha não era uma nobre romana, nem tampouco seu drama foi contado – mas nisso, talvez, o narrador tente nos enganar, com suas estratégias narrativas, pois, ele, Machado, nos conta o drama de Martinha. Era uma rapariga franzina, natural de Cachoeira, onde era muito conhecida. Ao contrário de Lucrécia, não hospedava nenhum moço de sangue régio em sua casa, mas fora agredida e insultada, por um tal João, "com o sobrenome Limeira", em função dos desdéns da moça. Nova agressão se deu à porta de sua casa, mas com precaução a moça pedira ao sujeito para não se aproximar. Mas, ao desrespeitar o pedido da moça, o rapaz vai em sua direção, ao passo que sua reação a aproximação do moço a fez desferir-lhe uma apunhalada "que o matou instantaneamente".[2] Nesse caso, a diferença das duas ações, é ainda o que nos fala Machado, "é justamente a que vai do suicídio ao homicídio" – e poderíamos acrescentar, ao que fará o narrador na sequência: do que poderia ter acontecido, para o quê, de fato, aconteceu.[3]

Mas, voltemos a Martinha e Lucrécia, pintadas pela (pena) narrativa de Machado de Assis. Ao aproximar, diferenciar e analisar as relações entre "real" e "imaginado", "verdade" e "ficção", Machado em fins do século XIX (Cf. Schwarz, 1999, 2000, 2001; Gledson, 1991, 2006; Chalhoub, 2003), nos dá conta de uma contenda, que naquela época estava apenas começando a se aflorar na crítica literária moderna e na pesquisa histórica (Cf. Rocha, 2013; Guimarães, 2011), então entendida como "científica", especialmente, no Ocidente.[4]

2 Mesmo nesse caso as fronteiras entre real e imaginado são muito tênues, em vista de Martinha, no limite, também ter sido uma criação de Machado de Assis. Agradeço a José Vasconcelos por sua observação na defesa da tese.

3 Portanto, assim como Aristóteles (1963), em seu *Tratado da poética*, havia dado maior realce e importância à Poesia Épica do que a narrativa histórica, dado que esta se estenderia ao geral (e, como a Filosofia, poderia dar simultaneamente lições morais), ao passo que a História tão somente se fixaria ao particular. Também nesse caso, certa versão ganharia respaldo na posteridade, donde o silenciamento de seu *Tratado da retórica*, onde Aristóteles (2012) retoma a questão, ao comparar o discurso histórico com o jurídico, e dar a devida importância a cada um deles, especialmente ao histórico (Cf. Auerbach, 2007; Aristóteles, 2010; Ginzburg, 2002; Roiz, 2012b).

4 Para maiores detalhes sobre essa questão, ver: Gay, 1990; White, 1992, 1994; Malerba, 2011; Pesavento, 2000, 2003, 2004, 2005; Vasconcelos, 2005; Munslow, 2009; Reis, 2003a, 2003b, 2010, 2011, 2012; Gay, 2010.

No Brasil, como indicaremos abaixo, essas questões estavam apenas começando a se adensar no interior do Instituto Histórico e Geográfico Brasileiro (IHGB), cuja fundação em 1838 deu maior envergadura ao levantamento documental e a pesquisa histórica nacional (Cf. Guimarães, 2011), e na Academia Brasileira de Letras (ABL), fundada em 1897, na qual Machado foi seu primeiro presidente. Essas duas instituições foram tendo tamanha importância no Oitocentos brasileiro, tanto no cerceamento da pesquisa histórica e na consagração dos "homens de letras", inclusive, dos "historiadores por vocação" (Cf. Glezer, 1976), que vieram a amparar e a justificar a criação de instituições similares em vários estados da jovem República brasileira – mesmo se considerarmos que, em muitos casos, as instituições estaduais eram contrárias as diretrizes do IHGB e da ABL, seja no direcionamento de suas pesquisas, seja na consagração de seus sócios, seja ainda no(s) tipo(s) de história(s) que procuravam construir para suas regiões (Cf. Ferreira, 2002) –, quanto no direcionamento de parte da produção literária e histórica no país, em fins do século XIX e décadas iniciais do XX.

Com a criação das primeiras universidades do país, a partir dos anos 1920, e das primeiras Faculdade de Filosofia, Ciências e Letras, a partir dos anos 1930, o palco desses debates foi se tornando mais complexo, pois, o jogo em torno da institucionalização de cursos e da profissionalização de ofícios, como o de historiador e de crítico literário, fez com que estivesse em discussão à formulação tanto de regras do método, como a de procedimentos de pesquisa, que assegurassem a essas áreas a sua fundamentação "científica", além de formar as bases para o desenvolvimento do profissional em crítica literária e estudos históricos no Brasil (Cf. Gomes, 1996, 2009; Ferreira, 2002; Roiz, 2012a; Luca, 1999, 2011; Rocha, 2011; Falcon, 2011, 2015).

Antes, porém, de avançarmos nessa direção devemos desenvolver melhor nossa discussão sobre Lucrécia e Martinha. É salutar, neste caso, o modo como Roberto Schwarz (2012), em meados do século XXI, recolheu aquela crônica para embasar e dar consistência a mais uma coletânea de ensaios e entrevistas que organizou para seu livro *Martinha versus Lucrécia: ensaios e entrevistas*. Com muita lucidez, Schwarz retoma a discussão de seu ensaio, *As ideias fora do lugar*, de 1973, e que foi, depois, reunido em seu livro *Ao vencedor as batatas* (2000b), de 1977, no qual analisa a gênese dos primeiros romances de Machado de Assis. Com vistas a rebater as críticas que lhe foram feitas, especialmente, por Maria Sylvia de Carvalho Franco, em *As ideias estão no lugar* (de 1976), e de Alfredo Bosi, em *A escravidão entre dois liberalismos* (depois reunido em seu livro: *Dialética da colonização*, de 1992), o autor começava por esclarecer que o maior problema do ensaio fora o título, não seus pressupostos.[5] Quer dizer, para ele, as ideias "funcionam diferentemente segundo as circunstâncias", e mesmo "aquelas que parecem mais deslocadas, não deixam de estar no lugar segundo outro ponto de vista" (Schwarz, 2012, p. 165).

Desse modo, o "propósito do ensaio não foi de afirmar [...] que as instituições e ideias progressistas do Ocidente são estrangeiras e postiças em nossos países, mas sim de discutir as razões pelas quais parecem que seja assim". Mais precisamente, tratava-se de "esclarecer as razões históricas pelas quais as ideias e as formas novas, indispensáveis à modernização do país, causavam não obstante uma irrecusável sensação de estranheza e artificialidade, mesmo entre seus admiradores e adeptos" (Schwarz, 2012, p. 167). Donde a dialética entre Martinha e Lucrécia, ao longo dos textos, visar demonstrar que também nesse caso, real e imaginado, verdade e ficção, articulavam-se tanto no discurso poético e literário, quanto no discurso histórico, de tal modo que é difícil diferenciá-los, simplesmente por que o primeiro é pautado no que poderia ter acontecido e o segundo de acordo com códigos que visavam reconstituir a "verdade" de outrora, com base na análise dos resquícios (documentais) deixados pelo passado. Primeiro, por que o passado não é uma matéria passiva, inclusive, nos discursos que nos são legados e nos restam como resquícios do que foi aquela sociedade de outrora, sob a forma de documentos (escritos ou não). Depois, por que os usos e as interpretações que são feitos em cada contexto social daquele passado, que nos foi legado por meio de vestígios materiais ou imateriais (como os resquícios de uma "memória coletiva" que se mantêm ao longo do tempo, ou por meio de códigos linguísticos e culturais definidos nos costumes e nas tradições), inclusive, os escritos e entendidos como documentais, são mediados pelas questões que lhe são postas, pelos meios que são usados para respondê-las, pelas fontes que ampararam as afirmações cerceadas nas narrativas, entendidas como "verdadeiras", e pelos critérios de plausibilidade fornecidos pelo(a) autor(a) (Cf. Rüsen, 2001, 2007a, 2007b). E, tudo isso, ainda é pautado pelas posições políticas e teórico-metodológicas do(a) pesquisador(a).

Com base nesses pressupostos é que devemos indagar: como Sérgio Buarque de Holanda (SBH) e Alfredo Ellis Júnior (AEJ) pensaram a "verdade

5 Para uma análise da trajetória deste autor, ver: Cevasco; Ohata, 2007.

histórica" na década de 1930? Quais as diferenças e as aproximações que se estabeleceriam entre a produção literária e a pesquisa histórica na obra desses autores? Quais as conexões que os romances efetivamente produziam com a realidade de outrora, em comparação com a efetuada pelos textos históricos? Essas são as indagações que balizaram a interpretação que procuraremos fazer neste capítulo[6] – que dá continuidade a empreendida nos anteriores.

Ao longo dos anos de 1920 e 1930 tanto SBH quanto AEJ escreveram obras históricas, artigos para a imprensa periódica, pesquisaram em arquivos e coletaram dados. Mas, igualmente escreveram romances (mais Ellis Jr. do que Sérgio) e fizeram crítica literária (mais Sérgio do que Ellis Jr.). Com base nessas questões, que procuraremos inquirir como: pensaram a verdade; que função a davam para a confecção do texto histórico e para o literário; como poderia ser apreendida e o que poderia comprovar sobre as sociedades do passado. Ao mesmo tempo, não se deve deixar de lado que indagações não menos instigantes também pairavam sobre a produção literária, como vimos acima, e muito bem salientaria SBH em seus artigos do período (Cf. Holanda, 1989, 1996a, 2011a). De tal modo que a "verdade" não era apenas um modo de provar (com a comprovação dos testemunhos documentais e imateriais deixados pelo passado), a serventia e a propriedade da pesquisa e do discurso histórico, como pretendeu AEJ, ao mesmo tempo em que produzia seus romances históricos sobre as jornadas dos bandeirantes e das bandeiras paulistas. Mas sim que já naquele período a fronteira entre História e Literatura parecia ser tão tênue, que o simples amparo em documentos, com o objetivo de fornecer uma narrativa "verdadeira" sobre os acontecimentos do passado, não era efetivamente um diferencial seguro para distinguir a pesquisa histórica da produção literária.

E, não por acaso, este momento foi um canteiro fértil que deu embasamento as críticas das Ciências Sociais (então em formação) sobre a pesquisa histórica oitocentista e das primeiras décadas do Novecentos, e essas indagações favoreceram o aparecimento de alternativas, como as mediadas pelo movimento dos *Annales* (Cf. Reis, 2000; Roiz, Santos, 2012). Foi na França do final dos anos 1920, que procuraram demonstrar que a propriedade da pes-

6 E as quais outras poderiam ser ainda incluídas, tais como: De que maneira ela seria apreendida com o estudo das fontes e na análise dos documentos e da bibliografia? Que relações teria com a realidade extratextual do passado e do presente? Como esses campos contribuíriam com a formação do indivíduo e das identidades coletivas do passado e do presente? Que funções teriam para a sociedade?

quisa histórica se encontrava antes nas perguntas que eram feitas no presente sobre o conhecimento que se tinha a respeito do passado, do que pelo modo que se indicava tão somente a autenticidade documental ou se analisava as fontes, e por meio delas se estabelecia um discurso "verdadeiro" sobre o passado, no qual a pesquisa histórica era entendida como "científica". Tais questões não limitariam a interpretação dos historiadores apenas numa curta duração acontecimental (Cf. Reis, 2000, 2003b, 2012; Malerba, Aguirre Rojas, 2007), mas sim começaria a dar ensejo à produção de análises estruturais do processo histórico, numa dialética entre curta e longa duração, além de procurar estabelecer relações (de aproximação e de diferenciação) entre o passado e o presente (Cf. Dosse, 1994, 2003, 2009; Delacroix, Dosse, Garcia, 2012).

Os anos de 1930 no Brasil favoreceram não somente tais debates, em função da criação dos primeiros cursos de Geografia e História no país, que contou com a vinda de professores franceses para cercearem o desenvolvimento dessas áreas, como *a história das civilizações* (Cf. Ferreira, 2006, 2012, 2013; Roiz, 2012a). Mas também foi o momento em que se deu o desenvolvimento e a cristalização do movimento e do discurso modernista em São Paulo, Rio de Janeiro e Minas Gerais (Cf. Candido, 2011; Rocha, 2011; Luca, 2011). Daí a *batalha subterrânea* que foi se formando em torno da "verdade histórica", por meio da profissionalização das áreas do saber, a partir dos anos 1930 (Cf. Rocha, 2011; Roiz, 2012a), na qual a produção literária não deixava de ser um paradigma na constituição do "princípio de realidade". Inclusive, para justificar a pesquisa histórica e indicar suas peculiaridades em relação à produção artística e literária do período, na qual os embates entre "passadistas" e "futuristas" (Cf. Fabris, 1994, 2010) se tornaram ainda mais acirrados do que o foram nos anos de 1920. Especialmente, por que foi o momento em que o "projeto estético" modernista daqueles anos dava fundamentos a sua reestruturação nos moldes de um "projeto ideológico", apontando a diluição da vanguarda modernista, em função da cristalização do discurso e da memória do movimento (Cf. Lafetá, 2000). Ao falar d'*A revolução de 1930 e a cultura* como contemporâneo e como estudioso do período, Antonio Candido nos informa que:

> Quem viveu nos anos de 1930 sabe qual foi a atmosfera de fervor que os caracterizou no plano da cultura, sem falar de outros. O movimento de outubro não foi um começo absoluto nem uma causa

> primeira e mecânica, porque na história não há dessas coisas. Mas foi um eixo e um catalisador: um eixo em torno do qual girou de certo modo a cultura brasileira, catalisando elementos dispersos para dispô-los numa configuração nova. Nesse sentido foi um marco histórico, daqueles que fazem sentir vivamente que houve um "antes" diferente de um "depois" (Candido, 2011, p. 219).

E no plano específico do modernismo, Candido indica que a "incorporação das inovações formais e temáticas do Modernismo ocorreu em dois níveis: um nível específico, no qual elas foram adotadas, alterando essencialmente a fisionomia da obra; e um nível genérico, no qual elas estimulavam a rejeição dos velhos padrões", e, justamente por isso, prossegue o autor, "no decênio de 1930 o inconformismo e o anticonvencionalismo se tornaram um direito, não uma transgressão, fato notório mesmo nos que ignoravam, repeliam ou passavam longe do Modernismo" (Candido, 2011, p. 225). Apesar de notar a multiplicidade de fatores que favoreciam a recomposição dos movimentos literários nos anos 1920 e 1930, Candido o fez dando ensejo a leitura do processo, mas tendo em vista o Modernismo como fator aglutinador de tais iniciativas.

Para João Cezar de Castro Rocha (2011) há que se notar que isso se revelaria perspicaz para a maioria dos intérpretes dos movimentos literários do período, porque durante a disputa entre a cátedra e o rodapé, isto é, o crítico literário profissional, formado nas universidades, e o autodidata, contribuinte dos rodapés dos jornais (e que se tornou mais acalorada a partir dos anos 1940), a cátedra teve ao seu lado o discurso modernista, que foi fundamental para sua vitória, como modelo para cercear suas críticas aos rodapés e aos críticos literários autodidatas do período – e foi justamente durante este período que Antonio Candido se formou na USP, em Ciências Sociais e Políticas (Cf. Pontes, 1998). Para Roberto Schwarz foi nos anos iniciais da década de 1940 que a "época do autodidatismo, que havia impregnado a cultura nacional desde os inícios, começava a terminar" (Fonseca, Schwarz, 2018,p. 12), em função do rápido processo de profissionalização, no qual as áreas do saber então se encontravam no país.

Ao estudar as vangardas modernistas no Brasil e na Argentina, Sérgio Miceli (2012) nos fornece mais subsídios para indagar o perfil conservador por trás das iniciativas vistas como inovadoras dos "agentes sociais" envolvidos nos movimentos literários nos dois países. Para ele, enquanto "a maioria dos modernistas brasileiros continuava dependente das oportunidades de inserção no serviço público", ocasionando e buscando "na medida do factível, resguardar a obra literária do aceso de injunções políticas, um percentual expressivo dos escritores argentinos da geração vanguardista buscou abrigo institucional e lastro financeiro junto aos figurões do mecenato privado" (Miceli, 2012, p. 29). Nesse sentido, segundo indica, as "condições de emergência das vanguardas não resistiram à mudança drástica das circunstâncias políticas, direcionadas pela coalizão conservadora vitoriosa no rio da Prata e no Rio de Janeiro" (Miceli, 2012, p. 43), em meados da década de 1930. Por outro lado, nota ainda que:

> O fato de o espanhol e o português serem os idiomas expressivos dessas vanguardas periféricas barrou naquela conjuntura a difusão internacional de seus autores e obras, mas, em compensação, dilatou as margens de explosão criativa por conta dos reajustes e reciclagens a que tiveram de submeter os empréstimos feitos junto aos modelos europeus. Dito de outro modo, o mercado confinado pelos idiomas ibéricos foi também revertido em trunfo nada desprezível ao alcance dos vanguardistas, ainda que disso não tivessem então plena consciência, em pedágio capaz de preservar certo tônus de riscos e ousadias de fatura, hoje alicerce irrecusável de um mercado avantajado de bens culturais (Miceli, 2012, p. 21).

Nesse sentido, é que procuraremos pensar como AEJ e SBH entenderam e responderam a essas indagações, e como se posicionaram nesta *batalha sobre a verdade histórica*, tendo em vista que a produção literária também não deixava de ser um paradigma para a constituição do "princípio de realidade" naquela época, tanto no Brasil como em outros países (Cf. Gay, 1990, 2010; White, 1992, 1994; Lima, 1989, 2006; Reis, 2003b, 2011, 2012; Munslow, 2009). E para fazer tal incursão devemos questionar a possibilidade de utilizar a crônica de Machado de Assis, sintetizada há pouco, para interpretar as estratégias de AEJ e SBH, no que tange as suas produções históricas e literárias do período. Mais precisamente, teria AEJ, feito como Lucrécia, e aproveitado os efeitos da "epopeia bandeirante" construída no período (Cf. Abud, 1985; Ferreira, 1999, 2002), para escrever uma história dos bandeirantes, além de circunstanciar igualmente suas jornadas por meio de romances históricos, nos quais, não por acaso, os bandeirantes eram os "grandes homens", além de "herois" de seu tempo? Enquanto SBH, muito mais próximo de Martinha, ao contrário de descrever esta epopeia, buscou justamente demonstrar as suas fragilidades, mesmo no que dizia respeito a narrativa sobre os bandeirantes, seus trajes, suas ações, seus percursos e suas estratégias de sobrevivência, além de suas inevitáveis dependências diante das populações nativas? – temática, aliás, que retomaremos com mais vagar no quarto capítulo.

Nesse caso também, como vimos demonstrando até aqui, veremos como AEJ, um "intelectual-letrado" do período, forjou suas estratégias de ação também por meio de suas incursões históricas e literárias, nas quais o passado não era um mero artefato de pesquisa, mas um componente dinâmico a ser usado no presente, para dar subsídios tanto as suas acusações sobre o governo provisório liderado por Getúlio Vargas, a partir de 1930, como para proporcionar a recuperação da autonomia política e financeira de São Paulo, por meio das ações e do pensamento dos "novos bandeirantes" de seu tempo (dos quais, não por acaso, ele e seus ancestrais faziam parte diretamente). Enquanto SBH, um "letrado-intelectual", perpassou pelo interior da vanguarda modernista no início dos anos 1920, rachando com o movimento no decorrer deste decênio, e vindo a repensar suas ações e opções entre sua estada em Cachoeiro de Itapemirim, no Espírito Santo, e, depois, na Alemanha, até vir em meados dos anos 1930 sistematizar sua leitura da herança ibérica brasileira, como fator primordial de interrupção do desenvolvimento da democracia, do espaço público e da sociedade civil nos Trópicos.

Para adentrarmos nessas questões devemos simultaneamente pensar tanto a inserção de AEJ e de SBH na pesquisa histórica e na crítica literária de seu tempo.[7] Por mais que AEJ parecesse subjulgar os empecilhos, as limitações e as críticas à historiografia oitocentista, informando sua atualidade teórica e metodológica, ao estruturar suas análises, por meio de interpretações do processo histórico, nas quais a economia e as formações sociais eram as bases fundamentais que direcionavam suas narrativas, nem por isso este deixou de se amparar nos fundamentos da historiografia oitocentista, que lhe eram informadas, especialmente, pelo IHGB e pelo IHGSP (Cf. Ferreira, 2002). Já SBH por mais que dimensionasse sua crítica aos fundamentos da escrita da história

7 Lembrando que neste período SBH tangenciava ainda pela análise sociológica, enquanto AEJ estava se convertendo em meio a certa "indução" para a prática dos estudos históricos. Agradeço a Estevão Rezende Martins, por surgerir o acréscimo desta observação.

pautados pela historiografia oitocentista, e nesse caso se aproximasse mais do movimento dos *Annales* em ascensão naquele período, em nenhum momento ele deixou de notar a importância de certos princípios desenvolvidos no Oitocentos pelo historicismo alemão, no qual a história tentou se fundamentar metodologicamente para alcançar o *status* de ciência. Em particular, os fornecidos pelo historicismo alemão, no qual a obra de Ranke seria uma das bases principais, por propiciar dialógos favoráveis que ampliavam suas perspectivas, e também contrários, ao criticarem suas premissas e proporem alternativas.[8]

Por outro lado, enquanto SBH desde o início dos anos 1920 fora partícipe do movimento modernista de São Paulo e do Rio de Janeiro (ainda que rachasse com alguns segmentos do movimento em 1926), sendo visto por seus contemporâneos como um dos "futuristas". AEJ esteve, por sua vez, ao lado dos "verde-amarelos", envolvido num projeto de reconstrução nacional, no qual o estado de São Paulo além de ser a base de uma narrativa de cunho regionalista, que visava dar subsídios a interpretação da Nação e fundamentar a escrita de uma história nacional, também cerceava o modo com que aqueles atores sociais procuravam usar o passado para interpretar o presente, de modo a fazerem a herança do passado ser restaurada no presente, por meio das ações dos "novos bandeirantes" (Cf. Abud, 1985; Velloso, 1993, p. 89-112).

Todavia, não estamos aqui circunstanciando uma mera disputa entre historiografia metódica oitocentista e movimento dos *Annales*, "passadistas" *versus* "futuristas", passado paulista *versus* história nacional, como indicam as próprias obras e as trajetórias de AEJ e SBH, mas sim diante de um processo muito mais complexo, que envolveu uma dialética entre "intelectuais-letrados" e "letrados-intelectuais", e mediante estas disputas e contendas que se fundamentaria tanto o ofício de historiador, quanto a imagem que se formaria do *acadêmico* no país (como temos procurado mostrar neste estudo).

8 Como viria, muitas décadas depois, em meados dos anos 1970, a dirimir em sua análise da obra de Leopold von Ranke, originalmente publicada em 1974, na *Revista de História* da USP (Cf. Holanda, 1996c, p. 162-218).

## *Os espaços e os limites da "verdade histórica"*

> [...] a História se inclina com simpatia para o específico. [...] ela reivindica o interesse pelo particular; reconhece o existente e o que tem valor; opõe-se ao mudancismo negador; ela reconhece até mesmo no erro a sua parcela de verdade; eis por que ela vê nas filosofias já abandonadas, anteriormente vigentes, uma parcela do conhecimento eterno (Ranke. *O conceito de história universal.* In: Martins, 2010, p. 207).

Com tais palavras, Leopold von Ranke (1795-1886) distinguia o discurso histórico do filosófico, em seu texto: *O conceito de história universal*, de 1831 (Ranke. *O conceito de história universal.* In: Martins, 2010, p. 202-215). Nele o autor procurava traçar os princípios que fundamentavam a pesquisa histórica. E o primeiro deles [1] "é o amor à verdade"; depois, esta deveria ser amparada numa [2] "investigação documental, pormenorizada e aprofundada", na qual o [3] "interesse [pelo] universal", mediado por uma [4] "fundamentação do nexo causal" e em um [5] "apartidarismo", com vistas a [6] "compreensão da totalidade", que estabeleciam as bases seguras e essenciais para se proceder a investigação histórica.

Em *Sobre o caráter da ciência histórica*, Ranke (In. Malerba, 2010, p. 141-154) dá continuidade a sua análise (que, aliás, é uma versão revista do texto anterior), começando por sugerir que a "história distingue-se de todas as outras ciências por ser também uma arte", isto é, a "história é uma ciência ao coletar, buscar, investigar; ela é uma arte porque recria e retrata aquilo que encontrou e reconheceu", e porque enquanto outras ciências "satisfazem-se simplesmente registrando o que foi encontrado; a história requer a habilidade para recriar" (Ranke. *Sobre o caráter da ciência histórica. In:* Malerba, 2010, p. 141). Por sua vez, como ciência a história é parecida com a filosofia, e como arte com a poesia. Mas, enquanto a filosofia e a poesia lidam com o reino do ideal e da especulação, a história mantém-se detida sobre a realidade de outrora e em sua comprovação documental. Além disso, a história também se distinguia dessas áreas, em função do objeto que aborda: os homens e as sociedades no tempo (Cf. Bloch, 2001). Por isso, a "história [...] traz-nos para as condições de existência", e, nesse caso, "volta-se com simpatia para o particular" (Malerba, 2010, p. 145).

É sabido o quanto os princípios do método definidos por Ranke fundamentaram o historicismo alemão, em sua primeira fase (dadas as críticas que sua obra recebeu no momento seguinte do movimento, a partir do final do século XIX),[9] e estes vieram a inspirar a historiografia metódica francesa do último quarto do século XIX, especialmente retratados no manual de Langlois e Seignobos, *Introdução aos estudos históricos*, de 1898 (Cf. Delacroix, Dosse, Garcia, 2012). Do mesmo modo é sabido o quanto o historicismo alemão e a historiografia metódica francesa cercearam a fundação do IHGB e a pesquisa histórica brasileira do final do século XIX e das primeiras décadas do XX (Cf. Wehling, 1994; Gomes, 1996, 2009; Anhezini, 2011). Mas, em que medida esta herança do Oitocentos esteve pautando a pesquisa histórica brasileira, após as críticas efetuadas pelas Ciências Sociais e pelo movimento dos *Annales*, que começaram a ser feitas nos anos 1930? Como os "historiadores por vocação" (Cf. Glezer, 1976) entenderam essas contendas em meados dos anos 1930 no Brasil? É com base nestes pontos, que devemos analisar neste item de que maneira era compreendida a "verdade histórica" nas primeiras décadas do século passado na historiografia brasileira. Nossa meta foi indicar de que forma tanto AEJ quanto SBH vislumbraram tais discussões em suas obras, especialmente, a de cunho romanesco e de crítica literária (que desenvolveremos a seguir). Esta produção estava intimamente articulada as suas análises históricas da sociedade paulista e da brasileira.

Para AEJ, verdade e investigação documental profunda sempre estiveram entre seus principais princípios de método a direcionarem suas investigações históricas. Mas, por mais que viesse a citar a obra de Ranke, este vinha a ser sempre preterido pelo autor, que dava maior importância a obra de Fustel de Coulanges (1830-1889). E nesse caso a razão era mais política do que metodológica, e se complementava tanto com a dificuldade linguística, AEJ conhecia muito bem o francês, mas tinha dificuldade com o alemão, apesar de não deixar de ler certos autores, com sua paixão pela história antiga, comparando o "espírito espartano" e o "caráter estoicista",[10] com os ideiais paulistas de seu tempo. Além disso, Ranke defendia a unificação da Alemanha, num processo que se extendia desde, pelo menos, os anos 1830, e só viria a se consolidar, de fato, em 1870, e sua perspectiva era por uma história mundial. Por sua vez, Coulanges havia estudado as cidades-estados da Antiguidade Clássica em meados dos anos 1850 e 1860, e depois disso passou a estudar a história francesa durante o período medieval (Cf. Hartog, 2003a), mas um domínio, ao que tudo indica, que não fora conhecido por AEJ.

9 Para maior detalhamento da questão, ver: Wehling, 1994; Falcon, 1997; Araujo, 2008.

10 Para uma análise mais abrangente do tema, ver: Chauí, 2002, 2010.

Com os desdobramentos do "golpe de 1930", a que muitas vezes AEJ se referiu (Cf. Ellis Jr., 1933, 1934a, 1934b, 1936), este passou a defender mais ardorosamente o estado de São Paulo, e para isso obras como a de Coulanges lhe davam subsídios condizentes. Como o autor nos indica em *A evolução da economia paulista e suas causas* (de 1937), Fustel de Coulanges, em um de seus livros dizia que "ao historiador necessita ser tão imparcial que deve sobrepor esse sentimento de imparcialidade mesmo ao do patriotismo", e seria o "que eu faço da maneira a mais rigida possivel" (Ellis Jr., 1937, p. 29-30). Além disso:

> Verifico e é facil o fazer que os que passaram pelas paginas do passado do Brasil como historiadores, não souberam observar esse sabio conselho do grande mestre francez. Tudo quanto se tem escripto em materia do passado da colonisação lusa na America sulina está bitolado pelas paginas carcomidas da famosa carta de Pero Vaz de Caminha e das letras amarelecidas de Rocha Pitta. Nada disso aproveita ao estudioso do passado e ainda menos ainda ao estadista contemporaneo, que queira buscar na experiencia do passado elementos para a solução de problemas do presente.
>
> *É preciso que os quadros do passado sejam fielmente interpretados pelo cerebro a raciocinar, deixando de lado o coração lyrico a sentir. Isso só é possivel graças* a imparcialidade. Sem ella o caminho errado, prenhe de damnosas consequencias conduzirá a lugar diverso do que foi objectivado e consequencias falsas seriam tiradas (Ellis Jr., 1937, p. 30).

Além de manter princípios muito próximos aos de Coulanges, porque, entre outras coisas, este mostrara a importância das localidades para a formação das nações, além de também fundamentar todas as suas propostas para se analisar o passado, mediante critérios que estabeleciam a pesquisa histórica em "moldes científicos". E era esse tipo de justificativa que AEJ buscava para demonstrar a importância de São Paulo para a formação do Brasil, especialmente, depois de 1930, quando o estado perdeu sua autonomia econômica e sua hegemonia política diante da Federação.

Para François Hartog (2003a), a obra de Coulanges é fundamental para se compreender o movimento da historiografia Oitocentista e a prática da história científica, que nela se formou. Para demonstrar o movimento deste autor e de sua obra na historiografia Oitocentista, ao ser também um praticante de seu modelo de história científica, Hartog toma por base não apenas a periodização de nascimento e morte de Coulanges (1830-1889), mas também a de rememoração, ampliação e crítica de seu legado (entre 1905 e a comemoração do centenário de seu nascimento em 1930). Para ele, embora a escolha mais provável fosse estudar a obra de Jules Michelet (1798-1874),[11] não o fez por que estava numa universidade onde Fustel havia ensinado e esta mantinha uma sala com seu nome, e também por que "Michelet está [mais] do lado da memória [...] [e] Fustel está [mais] do lado da história" (Hartog, 2003a, p. 19). Além do mais, a "escrita em nome do futuro conheceu no século XIX uma forma dominante e até evidente: a da história nacional", e também "nela, e sobretudo nela, se encontra a dissonância de Fustel, ele que jamais deixou de pensar na história recente da França, mesmo quando elaborou *A cidade antiga*" (Hartog, 2003a, p. 23). Por outro lado, ao "longo de todo o século, os historiadores tentaram entender esse momento fundador [da Nação], e, portanto, inscrevê-lo e dar-lhe sentido no longo percurso da história da França", pois, daí "adveio, na verdade, o moderno conceito de história e definiu-se a tarefa (ou mesmo a missão) do historiador" (Hartog, 2003a, p. 24).

Ao se tornar também leitor dos historiadores do século XIX, Fustel, nas últimas décadas de sua vida, efetuou certa "operação historiográfica", como a definiu Michel de Certeau (2002) de acordo com a articulação de um *lugar*, uma *prática* e uma *escrita*, mas dando ênfase apenas a condução da *prática* de pesquisa, como notará Hartog. De acordo com Hartog, Fustel teria como "objeto privilegiado do historiador" o estudo (do que amplamente definiria) das *instituições*. Assim:

> Nesses avatares da história nacional de um século ao outro, Fustel de Coulanges propôs uma apreensão do nacional no tempo: rejeitada naquele momento, ela não deixou de avançar, com a sua série de equívocos (Hartog, 2003a, p. 30).

Como o próprio Fustel indicará – no acervo de textos reunidos na segunda parte desta obra (Hartog, 2003a) – minha "única preocupação será buscar a verdade, e, por muito cruel que esta possa ser, vou enunciá-la de acordo com minha convicção", visto que quando "*escrevo a história, já não sou um francês, sou um ser humano*" (Hartog, 2003a, p. 185, grifo no original). De seu prefácio

11 Jules Michelet foi historiador francês, e é reconhecido por suas inovações no campo dos estudos históricos, pelos seus estudos sobre o povo, as mulheres, além de ter escrito uma extensa história da França.

a respeito da discussão sobre a França e a Prússia entre 1815 e 1866, Fustel ainda acrescentará que: imparcial "*entre os dois povos, terei mais facilidade em sê-lo em relação aos governos e aos partidos*" (Hartog, 2003a, p. 186, grifo no original). Além do mais, ao circunstanciar as regras do método, em "A história, ciência pura" (de 1875), notou que:

> A história é uma ciência pura, uma ciência como a física ou como a geologia. Ela visa apenas encontrar fatos, descobrir verdades. Estuda o ser humano, em suas inúmeras diversidades, em suas incessantes modificações, como a fisiologia estuda o corpo humano, ou como a geologia observa e conta as revoluções do globo.
>
> Ela é tão imparcial, tão independente e tão impessoal quanto todas as demais ciências. Acrescento que ela nem sequer tem um objetivo prático.
>
> Ouço por vezes dizer que a história do passado deve ajudar-nos a entender o presente e a advinhar o futuro, e que pode, portanto, ser útil ao homem de Estado. Não nego isso de maneira absoluta, embora me incline a crer que o político fará muito melhor se observar o presente e se o conhecer bem do que se mantiver os olhos fixos no passado. Pode-se contudo tirar da história algum proveito para o presente e para o futuro. É possível que, ao nos mostrar como as sociedades humanas viveram em outras épocas, ela nos permita concluir por indução como devemos viver e como se viverá depois de nós. É possível que, ao nos dizer de que maneira se formaram as instituições sociais e políticas e de que modo duraram, ela [a História] nos ensine indiretamente em que condição um governo se institui e dura (Hartog, 2003a, p. 305-6).

Destarte, que não "é preciso dizer que a verdade histórica só se encontra nos documentos", assim como também "não é preciso acrescentar que é pela análise correta de cada documento que o historiador deve iniciar seu trabalho", e que isso "consiste em examinar cuidadosamente cada elemento desse texto, em estabelecer o sentido de cada palavra e em apurar o verdadeiro pensamento de quem escreveu" (Hartog, 2003a, p. 313). Por que a "verdade não consiste em pensar de acordo com os textos, mas em pensar como eles" (Hartog, 2003a, p. 338), mesmo que se admita que exista "a parcialidade que se reconhece e se confessa", e aquela "que não se vê e da qual não se escapa" (Hartog, 2003a, p. 331). Não por acaso, Fustel mencionaria que a "história muda de acordo com as ideias que fazemos de cada época" (Hartog, 2003a, p. 333).

Nessa incursão, apesar de não termos subsídios suficientes para aferir se AEJ teve contato direto com este texto de 1875, não há dúvida sobre o quanto se inspirou nos enunciados de *A cidade antiga* (de 1864), para compor parte de seus procedimentos e demonstrar a importância da verdade e da imparcialidade para se formular uma narrativa histórica com "caráter científico". Não cabe aqui destacar as diferenças entre a obra de Coulanges e a de AEJ, nem tampouco esmiuçar pormenorizadamente neste espaço o modo como esta foi sendo apropriada, de forma a também justificar certas posições de AEJ sobre a História e como deveria ser escrita, assim como sobre sua época.[12]

Já SBH viu em Ranke uma fonte de inspiração em suas pesquisas, ao lhe tomar o que ainda era *atual* em seus procedimentos para guiá-lo pelas veredas obscuras da documentação, e lhe criticar em sua *inatualidade*, para pontuar sua interpretação do processo histórico, questão que será sistematizada em texto célebre dos anos 1970 (Cf. Holanda, 1996c, p. 162-218). Ao que tudo indica, SBH passou a ter contato direto com a obra de Ranke em sua estada na Alemanha em fins dos anos 1920 e começo de 1930, especialmente, por meio das críticas que então lhe eram feitas por Dilthey, Weber, Burckhardt, Meinecke,[13] ou mesmo na crítica arrasadora de Nietzsche sobre o historicismo alemão (Cf. Monteiro, Eugênio, 2008; Martins, 2009; Eugênio, 2011).

Contudo, não será nos anos 1930, nem tampouco na década de 1940, que apareceram as análises mais consistentes de SBH sobre a obra de Ranke. Du-

12 Evidentemente estamos aqui procurando dimensionar mais a aproximação de AEJ com o pensamento de Coulanges e SBH com o de Ranke. Mas é claro que em muitos pontos Ranke pensou o particular, ao passo que Coulanges o geral. No entanto, as escolhas dos autores em pauta estiveram atreladas ao contexto brasileiro dos anos 1930, assim como as suas predisposições políticas e teóricas. Agradeço a observação de José Vasconcelos, para que eu procurasse relativizar melhor esses pontos ao leitor.

13 Note-se que boa parte das obras que SBH possuía sobre esses autores foram adquiridas durante sua estadia em Berlim entre 1929 e 1930. Esse material pode ser pesquisado no setor de obras raras da Biblioteca Central da Unicamp, onde se encontra a biblioteca de SBH, com cerca de 10.000 títulos. Os relativos a esses autores são quase todas edições dos anos 1920, inclusive as relativas à obra de Ranke. Todos esses títulos encontram-se anotados, alguns deles com muitas anotações e comentários sugestivos. Infelizmente não temos como adentrar nestas questões neste espaço. Sergio da Mata, em seu artigo "Tentativas de desmitologia: a revolução conservadora em Raízes do Brasil", demonstra como estas anotações são pertinentes para se avançar no conhecimento e na interpretação da obra de SBH (Mata, 2016, p. 65-87). Link para acesso do texto: http://www.scielo.br/pdf/rbh/2016nahead/1806-9347-rbh-2016v36n73-005.pdf.

rante esse período SBH foi mais um apreciador das críticas sobre o momento inicial do historicismo alemão, do qual Ranke foi um de seus inauguradores. Detendo-se nas críticas que foram produzidas na Alemanha e na França, e, nesse caso, especialmente, aquelas provenientes do movimento dos *Annales*, do qual SBH procurou conhecer com as leituras que fez das obras de Marc Bloch, Lucien Febvre e Fernand Braudel (Cf. Holanda, 2004, 2011a, 2011b). É no início dos anos 1950 que SBH se voltou com maior propriedade para interpretar a obra de Ranke (e que se estenderá até os anos 1970), o que não quer dizer que, mesmo sem o referir, ao visualizar as críticas que lhe eram dirigidas, SBH não estivesse a manter seu débito com a obra de Ranke, mesmo em suas pesquisas iniciais dos anos 1930 e 1940 (Cf. Monteiro, Eugênio, 2008).

Em *A lenda negra*, texto publicado no *Diário Carioca* em 6 de abril de 1952, SBH ironicamente começa por observar que sem "documentos é impossível se escrever a história", mas desde o "declínio de certa historiografia simploriamente positivista, essa observação, que ainda em começo de nosso século [XX] tinha valor quase axiomático, perdeu aos poucos uma parte de sua força de atração" (Holanda, 2011b, vol. 2, p. 178). No entanto, ao se ir abandonando o fetichismo dos "fatos", e no caso "o dos 'fatos históricos', não hesitaram muitos em abandonar igualmente, e creio que injusta e perigosamente, a noção de que os estudos históricos se hão de fundar sobre uma base largamente documental" (Holanda, 2011b, vol. 2, p. 178). Para ele:

> [...] havia uma coerência indissimulável entre essa tácita admissão e o conjunto dos seus propósitos e ideias. O princípio dominante, a própria razão de ser do método crítico, estribava-se, em realidade, na ambição de ver apagar-se o historiador em face de seu objeto, que fora a ambição de um Ranke antes de se tornar a dos positivistas (Holanda, 2011b, vol. 2, p. 178-179).

Ao voltar a discutir essa questão em *Verdade e ideologia III* (Holanda, 2011b, p. 205-210), publicado no *Diário Carioca* em 25 de maio de 1952, no qual discutia a obra de Caio Prado Júnior, *Dialética do conhecimento*, SBH retomou a discussão do historicismo alemão e as críticas que Meinecke dirigira a obra de Ranke. Neste período, apesar das análises empreendidas por SBH não deixarem de esboçar a fortuna crítica deixada pela obra de Ranke, só será nos anos 1970, que procurará, de fato, efetuar uma interpretação mais sistemática da obra deste autor. Em *O atual e o inatual na obra de Leopold von Ranke* (de 1974), SBH começou por demonstrar que apesar das várias críticas feitas desde o último quarto do século XIX irem cada vez mais se estendendo sobre a obra deste autor, nem por isso esta deixava de ter certa *atualidade*. Entre esses pontos teria, para ele, que ser considerado que:

> Foi esse ideal [de neutralidade nos estudos históricos] que, ainda no pórtico de sua carreira de historiador, ele [Ranke] exprimiu numa fórmula que logo se celebrizaria. Disse então que o verdadeiro mister do historiador não consiste, como outros presumiam, no querer fazê-lo juiz supremo do passado, a fim de instruir os contemporâneos em benefício de vindouras gerações. Quem quer que se ocupe da história, ajuntou, em vez de se propor tão alta missão, deve contentar-se com ambições mais modestas (Holanda, 1996c, p. 168).

Apesar das várias críticas que Dilthey lhe dirigiu, observava SBH, e "que foi historiador, mas foi sobretudo filósofo, pode ver em Ranke, por esse motivo, o incomparável mestre da história encarada com objetividade e universalidade" (Holanda, 1996c, p. 170). Além disso, do mesmo modo que não cabia ao historiador tentar ser juiz do processo histórico, este também não devia fazer o papel de filósofo. Em suas aulas, Ranke "criou para os estudos históricos o sistema dos seminários, que aos poucos iriam proliferar em outros países" (Holanda, 1996c, p. 171), inclusive, no curso de Geografia e História da FFCL/USP (Cf. Roiz, 2012a). Na sua análise, SBH também mostra as aproximações entre as premissas de Ranke e as de Marc Bloch e de Lucien Febvre, apesar de o primeiro ser preterido pelos segundos em suas obras, em função das críticas que lhe dirigiam, assim como o faziam em relação aos historiadores metódicos de seu país (Cf. Dosse, 2003, 2004, 2009). Com relação às limitações de Ranke, uma nos parece de particular importância, quando se refere que "não está em que para ele o tempo histórico pode comportar um ontem, quando muito um hoje, cujo conhecimento nos é acessível através de pesquisas ou de experiências, mas sem abranger o amanhã, de contornos ainda esquivos", ou, mais precisamente, estaria "antes em sua insensibilidade para o que possa haver de virtualidade, de promessa, de agouro no hoje, para a parte do futuro contida no presente" (Holanda, 1996c, p. 186). E aqui parece estar alguns dos lampejos que apareceram nitidamente em *Raízes do Brasil*, em 1936, ao pensar caminhos para se subjugar o "caráter cordial" das relações sociais estabelecidas no Brasil, em prol de um "espírito democrático", de viés americanista.[14]

Evidentemente, tanto AEJ quanto SBH não reduziram suas premissas teórico-metodológicas apenas as leituras críticas que fizeram das obras de Coulanges e de Ranke (como nos ocuparemos melhor no quinto capítulo deste estudo), mas com base nelas foram construindo os fundamentos pelos quais lhe propiciaram atingir a "verdade", ou ao menos tê-la como meta, em suas investigações históricas nas décadas de 1930 e 1940.

## *As fronteiras e as possibilidades da produção literária*

> [...] mas se hoje parece óbvio que a cultura produzida no Brasil seja brasileira, ou possa ser entendida como tal, isso se deve também à atuação dos modernistas. Eles deram visibilidade, colocaram em discussão e problematizaram os tradicionais mecanismos sociais de transplante cultural numa sociedade de matriz colonial como a brasileira, sempre em busca dos últimos modismos europeus ou norte-americanos. E cuja adoção, ou macaqueação como então se dizia, porém, nunca alcançou êxito, dadas as muitas e incontornáveis particularidades e complexidades da sociedade brasileira. Mas os modernistas também contribuíram para evidenciar e problematizar os mecanismos de segmentação regional na sociedade brasileira [...] (Botelho, 2012, p. 106).

Ao analisar a trajetória de Mário de Andrade (1893-1945), André Botelho (2012) demonstrou a importância de seu papel no desenvolvimento do movimento modernista não só em São Paulo, onde cumpriu papel de destaque (Cf. Monteiro, 2012), mas também em outras partes do país, como articulador das perspectivas do movimento no Rio de Janeiro e em Minas Gerais.[15] Além disso, informava quais foram os méritos do movimento modernista na "redescoberta do Brasil pelos brasileiros", nos anos 1920 e 1930. Essa questão será o norte fundamental da "missão francesa" de professores que vieram para São Paulo lecionar na recém-criada Faculdade de Filosofia, Ciências e Letras

14 Em muitos pontos de sua obra SBH não deixa esclarecido seu entendimento do termo, democracia, como esta poderia ser plenamente introduzida no país, ou como as barreiras "cordiais" seriam ultrapassadas (Cf. Carvalho, 1997; Monteiro, 1999; Marras, 2012)

15 Para uma análise do surgimento do movimento modernista fora do Brasil, ver: Gay, 2009.

da Universidade de São Paulo (FFCL/USP), em meados dos anos 1930, e da qual AEJ e SBH iriam fazer parte de seus quadros docentes nos anos 1940 e 1950 (Cf. Ferreira, 2011; Roiz, 2012a). No Rio de Janeiro, primeiro com a Universidade do Distrito Federal (a UDF), criada em 1935, e depois extinta com a fundação da Universidade do Brasil e sua Faculdade Nacional de Filosofia, Ciências e Letras, no início de 1939, formou-se igualmente uma atmosfera propícia a "redescoberta do Brasil", em função do papel exercido pelos professores franceses que lá também estiveram em "missões", durante este momento inicial de formação das instituições e de seus cursos, como o de Geografia e História (Cf. Ferreira, 2006, 2012, 2013).

No campo da literatura, há muito vem se desenvolvendo a tese de que o Modernismo não criou um *antes* e um *depois*, em função da Semana de Arte Moderna de 1922, que se deu em São Paulo, mas sim que o movimento esteve alicerçado a outras iniciativas que vinham se formando desde o início daquele século, daí a incongruência do termo "pré-modernista" (Cf. Sevcenko, 1992, 1993, 2003; Gomes, 1999; Luca, 1999, 2011; Miceli, 2001).[16] O que não quer dizer, evidentemente, que o Modernismo não tivesse sido inovador em vários pontos (Cf. Rocha, 2011; Monteiro, 2012). Ao mesmo tempo, o movimento não esteve apenas em São Paulo, de onde surgiu as primeiras manifestações, mas esteve articulado a iniciativas provenientes tanto de Minas Gerais, quanto do próprio estado do Rio de Janeiro (Cf. Gomes, 1999; Luca, 2011).

Para João Cezar de Castro Rocha (2011), os efeitos do modernismo brasileiro não estiveram apenas em manifestar uma extraordinária corrente de sugestões, obras e manifestos, que vinham a compor um painel sobre a história do país, como vieram também a expor uma nítida redescoberta sobre o (próprio) sentido do termo e da história do "povo brasileiro". Para ele, os efeitos do Modernismo se deram conjuntamente com a disputa que se manifestou entre a *cátedra* e o *rodapé*, no momento mesmo em que o discurso e a memória do

16 Como ressalta ainda Flora Sussekind: "Entre o 'cinematógrafo' de que fala Artur Azevedo, o 'cinematógrafo de letras', de João do Rio, e as montagens de Oswald, operam-se significativas mudanças de perspectiva. Passa-se de uma compreensão, sobretudo, documental do aparelho à noção de que, por trás da câmera, haveria o olhar do seu operador, fixando 'impressões pessoais' na fita, e já na década de [19]20, à compreensão de que o cinematógrafo envolveria uma linguagem própria, de que não apenas *reproduziria* imagens, mas as *produziria* de acordo com uma sintaxe e uma lógica peculiares" (2006, p. 135-136). Ver também: Jackson, 2002; Pesavento, 2003, 2004; Nicolazzi, 2011.

movimento se cristalizavam em meados dos anos 1940, vindo, por isso, a também estabelecer um arcenal crítico aos profissionais, os críticos literários, que começavam a se formar nos cursos de Letras e de Ciências Sociais das recém-criadas Faculdades de Filosofia, Ciências e Letras do país – fundadas a partir dos anos iniciais da década de 1930. Em suas palavras:

> O Modernismo não se impôs em 1922, relegando sumariamente a tradição ao olvido, embora sem dúvida tenha anunciado rumos que se tornaram hegemônicos a partir de 1930, porém [...], com a obrigação paradoxal de condenar o impulso iconoclasta subjacente à Semana de Arte Moderna. De igual modo, a crítica universitária não se impôs em 1948 desterrando sem mais a crítica de rodapé, mas seu projeto foi sem dúvida articulado nesse marco zero de sua modernidade. O paralelismo importa porque o estabelecimento da crítica universitária, quando o curso de Letras começa[va] a ser organizado segundo o modelo atual, foi decisivo para a assimilação plena do legado modernista, especialmente de suas ousadias formais e linguísticas, pois, tanto a arte de vanguarda quanto a crítica universitária valoriza[va]m o caráter autotélico da linguagem litarária, em geral, e da linguagem poética, em particular. Portanto, a cátedra e o Modernismo compartilha[va]m afinidades eletivas fundamentais e, na formulação do projeto institucional da cátedra, os ideais estéticos modernistas desempenharam um papel de grande relevância (Rocha, 2011, p. 293-294).

Muito embora, somente em longo prazo a cátedra tivesse vencido a disputa com os rodapés, e criado meios para os críticos literários profissionais se articularem as iniciativas da imprensa periódica brasileira, por estarem também municiados pelo discurso modernista, nem por isso o rodapé deixou de existir no momento preciso da disputa entre os anos 1940 e 1950. Apesar de esta intempestiva situação ter sido inicialmente centrada pelo debate travado, a partir de 1948, entre Afrânio Coutinho (1911-2000) e Álvaro Lins (1912-1970), os seus efeitos foram sentidos para muito além de seus lugares de ação, como os jornais e a universidade (Sussekind, 2002). Para ele, a "disputa pela hegemonia linguística, com a consequente substituição do francês pelo inglês, é inseparável da polêmica da catedrá com o rodapé" (Rocha, 2011, p. 185), e, naturalmente, "Lins lutava para preservar a trincheira do rodapé, ou seja, da imprensa, e, para tanto, relativizava o meio considerado por Coutinho como o único adequado para a produção de crítica literária propriamente dita: revistas especializadas e livros" (Rocha, 2011, p. 194).

Ao mesmo tempo em que se dava esta disputa, "a avaliação do legado da Semana de 1922 enfrentou uma hostilidade inicial que se prolongou por algumas décadas" e a "maior novidade da crítica universitária residiu na aceitação", desde meados dos anos 1930 (quando começava a se cristalizar o discurso e a memória do movimento modernista), e "em princípio incondicional, das conquistas do Modernismo", e esse "aspecto é mais importante do que o pretendido abismo entre rigor científico e impressionismo diletante, em tese o fundamento da batalha da cátedra contra o rodapé" (Rocha, 2011, p. 272). E foi justamente no interior dessas contendas que se moveram AEJ e SBH, entre os "verde-amarelos" e os "futuristas" de São Paulo, entre os anos 1920 e 1930. Como nos informa o próprio João Cezar de Castro Rocha:

> [...] a trajetória de Sérgio Buarque de Holanda é exemplar. Jovem aliado dos modernistas, editor, junto com Prudente de Moraes Neto, da revista *Estética*, em 1936 publicou seu primeiro livro, o ensaio *Raízes do Brasil*, cujo título anunciava o novo norte a ser seguido pelas gerações pós-1922: investigar o passado, a fim de intervir com propriedade na definição do futuro. Não se confunda, porém, esse elã com a noção clássica de "*Historia magistra vitae*"; afinal, o propósito não era aproveitar as lições do passado, a fim de aplicá-las, sem modificações, num presente estável, mas, muito pelo contrário, transformar esse estudo num instrumento de transformação social (Rocha, 2011, p. 278-279).

Já AEJ, como nos indica Antonio Celso Ferreira:

> [...] ficaria conhecido como um dos principais ideólogos do regionalismo paulista, manteve contatos políticos estreitos com os verde-amarelos, apesar de não ter participado das experiências estéticas do modernismo. As suas ligações com o grupo iniciaram-se em 1923, quando ingressou na redação do jornal *Correio Paulistano*, sob indicação do mestre Taunay, então se juntando a Menotti, Cassiano Ricardo e Plínio Salgado, também colaboradores do jornal e líderes da corrente. Foi o último e mais radical expoente de uma safra de intelectuais dispostos a cantar as glórias de São Paulo, e com ele se encerra este capítulo (Ferreira, 2002, p. 331).

Com base na análise do item anterior e nos pontos que começamos a destrinchar neste é que procuraremos refletir nesse momento de que maneira era então concebida a produção literária nos anos de 1920 e 1930, dando especial destaque ao grupo "modernista" e aos "verde-amarelos" (que se desdobrou daquele movimento), os quais, respectivamente, SBH e AEJ foram partícipes. Não é nosso objetivo refazer a história desses movimentos (sabidamente conhecida), mas tão somente elencar os meios pelos quais os autores em pauta participaram deles, tirando o que de útil lhes parecesse para efetuarem suas investigações históricas e suas investidas pela crítica e pela produção literária.

Não há dúvida de que o contexto no qual se moviam aquelas iniciativas cruzava-se com os debates então em voga sobre a propriedade do uso do termo "raça", e a aparente novidade com que se apresentava a noção de "cultura", para se interpretar os grupos étnicos brasileiros (Cf. Ventura, 1991; Schwarcz, 1993; Skidmore, 2012). Para Thomas Skidmore:

> No final de 1921, os artistas rebeldes tinham se tornado revolucionários em seus ataques ao *establishment* cultural liderado por Olavo Bilac, Coelho Neto e Rui Barbosa. Declararam guerra total contra a fraseologia gramaticalmente impecável da literatura abençoada pela Academia Brasileira de Letras e apregoaram uma nova estética baseada no impulso e na contemporaneidade. [...] A Semana de Arte Moderna marcou de fato a transição entre uma fase destrutiva e uma fase construtiva, à medida que os escritores tradicionalistas começaram a ser obscurecidos pela avalanche modernista (Skidmore, 2012, p. 249-250).

E a aproximação de SBH com os modernistas paulistas, especialmente as obras de Mário e Oswald de Andrade, e com os textos iniciais de Gilberto Freyre (1979, 2v.), que se desdobrariam em seu *Casa-grande & senzala* (de 1933), foram-lhe aguçando uma atitude crítica com relação ao uso do termo "raça" no interior daquelas contendas, ao passo que a noção de "cultura" vinha a servir de *lócus* analítico promissor para pensar a história do país, como pode ser visto em seus primeiros escritos para a imprensa periódica do Rio de Janeiro e de São Paulo nos anos 1920 e 1930 (Cf. Holanda, 1989, 1996a, 2011a; Prado, 2004). Depois se reafirmaria na primeira edição de *Raízes do Brasil* (em 1936). Evidentemente, não há dúvida sobre o quanto SBH procurou rever suas posições nos anos 1940, inclusive, sobre a obra de Gilberto Freyre, Carl Schmidt e outros (Cf. Rocha, 2008; Nicolazzi, 2011; Mata, 2016), sendo ao mesmo tempo autocrítico em relação a sua produção anterior (Cf. Nicodemo, 2008, 2011), quando então avançava em suas análises com seu livro *Monções*, de 1945, e com os primeiros textos que dariam forma a *Caminhos e Fronteiras*, que foi publicado em 1957 (Cf. Wegner, 2000, 2016). Mas, as afinidades e as críticas de SBH sobre os modernistas, além de poderem ser vistas em seus textos dos anos 1920 (Cf. Holanda, 1996a, p. 141-270), também podem ser igualmente apreciadas nas missivas trocadas entre ele e Mário, durante o período de 1922 a 1944 (Cf. Monteiro, 2012) – como veremos abaixo.

Para formularem suas interpretações, por outro lado, os modernistas, os "futuristas" de São Paulo, se punham a tarefa de repensar os cânones da história literária, de modo a romper certas barreiras, nas quais o discurso literário se encontrava então enclausurado (Cf. Candido, 2011; Luca, 2011). Apesar de não deixarem de embeber-se nos ventos que sopravam dos Estados Unidos e da Europa (Gay, 2009), os modernistas de São Paulo não se limitavam a uma mera cópia de técnicas e valores, antes se reapropriavam delas para pensarem as especificidades da formação histórica e cultural brasileira, dando-lhes ao mesmo tempo novas feições e usos locais (Cf. Lara, 1972; Prado, 2004; Luca, 2011; Rocha, 2011). Para o Gilberto Freyre (1900-1987) de *Tempo de aprendiz* (1979, 2v.), que nos anos 1920 se encontrava municiado na produção de manifestos regionalistas no Nordeste brasileiro, após seu retorno dos Estados Unidos, onde fazia estudos na Universidade de Columbia (Cf. Pallares-Burke, 2005), viu em *A propósito de Guilherme de Almeida*, publicado no *Diário de Pernambuco* em 15 de Novembro de 1925, que:

> O chamado "futurismo" de certos poetas e artistas jovens do Brasil tem mais de "primitivismo" ou "instintivismo" que de "futurismo" ou "modernismo". E sendo uma volta contra o passado imediato não é, nos melhores novos, uma volta total. Eu poderia sobre este ponto recordar o muito que deve o traço, hoje deliciosamente brasileiro, do Sr. Vicente do Rego Monteiro – um modernista à sua maneira: nada a la Semana de Arte Moderna – à influência dos primitivos e dos pré-rafaelitas (Freyre, 1979, vol. 2, p. 226).

Mas não ficaram apenas aí as ressalvas sobre o Modernismo e aos modernistas de São Paulo. Surgindo no interior do movimento modernista, mas ao longo dos anos 1920, e, principalmente, depois dos anos 1930, começando a destoar de algumas de suas premissas, os "verde-amarelos" constituíram um grupo importante de "agentes sociais" a pensarem a formação histórica e cultural do Brasil, por meio de uma maior pormenorização da de São Paulo (Cf. Velloso, 1993, p. 89-112). Mas, as dissidências não se reduziram apenas aos "verde-amarelos", como nos lembra Antonio Arnoni Prado (2010), mas igualmente se prolongaram por outros agentes, setores e movimentos, cuja safra conservadora impregnada em suas formações, revelavam-se cristalinamente quando os líderes do movimento modernista, especialmente, Oswald e Mário de Andrade passaram a acentuar cada vez mais suas posições nos debates políticos e culturais. E isso ocorreu simultaneamente com o processo de cristalização de certas obras, autores e eventos no interior do movimento modernista, a partir da década de 1930, e o que vinha a causar a recusa de outros "agentes sociais" em relação as posições defendidas por Mário e Oswald.

Para Mônica Pimenta Velloso (1993), se a princípio poderiam ser encontradas premissas comuns entre os "modernistas" e os "verde-amarelos", como: a vontade de encontrar uma "identidade nacional, rompendo com um passado de dependência cultural" com o exterior, especialmente sobre os meios pelos quais a realidade brasileira era analisada com base em modelos analíticos vindos da Europa; preocupavam-se em reformular "a função da literatura na sociedade"; questionavam o papel que deveria ser exercido pelo "intelectual" na sociedade; colocavam-se diante de uma "função eminentemente pedagógica na sociedade"; ao mesmo tempo em que visavam "combater seus adversários passadistas para realizar a revolução literária" (Velloso, 1993, p. 90 e 93). E, nesse processo, "o manejo de recursos simbólicos destinados a 'ideologizar' a superioridade paulista", atingiu ao longo dos anos 1920, e, depois, com ainda maior envergadura nos anos 1930, "dimensões surpreendentes" (Velloso, 1993, p. 94), nessas reviravoltas que sua dissidência com o Modernismo ficava mais evidenciada. Contudo, enquanto para Oswald e Mário de Andrade a incorporação da modernidade se fazia por meio de uma leitura crítica do passado, tendo em vista o desenvolvimento urbano e industrial de São Paulo e o cosmopolitismo do Rio de Janeiro. Para Menotti del Picchia, tal leitura se fez com um ataque direto ao Romantismo, por meio de uma expressiva tentativa de restauração de uma "herança cabocla" e "rural".[17] Para ela:

17 Não temos como detalhar aqui com a devida consistência e exemplificação essa questão, que mereceria atenção a parte, e pode ser vista com maior propriedade em: Velloso, 1996; Ferreira, 1996, 2002; Luca, 1999, 2011; Monteiro, 2012.

> [...] o que está em primeiro plano [para o grupo verde-amarelo] é o culto das nossas tradições, ameaçadas pelas influências alienígenas, tornando-se, por isso, urgente a criação de uma "política de defesa do espírito nacional". Assim, a valorização do regionalismo coloca[va]-se como imprescindível porque possibilitava "delimitar fronteiras, ambiente e língua local". E mais: só o regionalismo é capaz de dar sentido real no tempo e no espaço, já que o ritmo da terra é *local*. Assim, o brasileiro não deve acompanhar o ritmo da vida universal, pois este é abstrato, genérico e exterior. A alma nacional tem um ritmo próprio que deve ser respeitado custe o que custar. É este senso de extremado localismo que marca a doutrina verde-amarela, diferenciando-a do ideário modernista (Velloso, 1993, p. 97).

Em sua defesa do "caipirismo como elemento definidor da brasilidade", os "verde-amarelos" acabaram se indispondo com o grupo antropofágico e com a corrente lidarada por Mário de Andrade, com a justificativa de que os antropofágicos se mantinham ligados estreitamente a correntes europeias para interpretarem a realidade nacional, e a corrente de Mário limitava-se a mero intelectualismo, e não conseguia perceber o genuinamente nacional (Cf. Velloso, 1993, p. 96-97). Além disso, as ideias "do particular, da fronteira e da guarda do primitivo" passavam, entre eles, a "constituir as bases do seu nacionalismo cultural" (Velloso, 1993, p. 97), onde, não por acaso:

> Para os verde-amarelos, São Paulo se apresenta[va] como o cerne da nacionalidade brasileira, justamente pela sua configuração geográfica. A originalidade da geografia paulista investiu a região de um destino especial: ser o guia da nacionalidade brasileira. O argumento se desenvolve da seguinte forma: diferentemente das demais regiões do país, em São Paulo os rios correm em direção ao interior. Este fato teria obrigado os paulistas a caminharem em direção ao sertão, abandonando o litoral. Por uma questão de fatalidade do meio ambiente, eles se tornaram, então, bandeirantes e desbravadores. Ao se internarem nos sertões, os bandeirantes teriam abdicado dos falsos valores do litoral-alienígena para encontrar os filões do Brasil-autêntico, que é o rural. [...] [e] Na formação da cultura brasileira, o litoral representaria a parte falsa e enganadora do Brasil por reproduzir os valores estrangeiros (Velloso, 1993, p. 100).

Daí as ressalvas que foram construindo contra os modernistas de São Paulo e do Rio de Janeiro. Com a perspectiva de demonstrarem a propriedade de seus pontos de vista, viam que as cidades encarnavam a noção de *tempo*, da velocidade e da rapidez desenfreável, ao passo que o campo estava impregnado com a noção de *espaço*, na qual os homens se ligavam diretamente com a terra e a natureza, formando vínculos duradouros entre eles e seu meio ambiente local. Daí, por conseguinte, a defesa que faziam das raízes rurais do passado nacional, que davam a autenticidade do Brasil aos brasileiros. Por isso o "espírito citadino" era um dos grandes males do país a serem resolvidos (Velloso, 1993, p. 102-103). Também nesse caso, para os "verde-amarelos" foi "São Paulo que deu início ao processo nacionalizador", por meio da "epopeia das Bandeiras", e "em pleno século XVI, o estado partiu para a conquista do território", o que lhes justificava, de certo modo, que caberia, portanto, a São Paulo a função de "coordenar todas as vozes regionais, assegurando a comunhão brasileira" (Velloso, 1993, p. 104).

Foi no início dos anos 1920, quando Menotti del Picchia assumiu o cargo de crítico literário e de redator d'*O Correio Paulistano*, com a participação constante de Cassiano Ricardo, Plínio Salgado, Cândido Motta Filho e Afonso de Taunay, e a partir de 1923 viriam a contar também com a participação de Alfredo Ellis Jr., que este seria o grupo que cercearia os ideais do movimento "verde-amarelo" (Cf. Velloso, 1993; Ferreira, 2002; Anhezini, 2011). Apesar de os laços de AEJ serem estreitos com Menotti (com quem publicou em 1928 o romance *O thesouro de Cavendish*), seria com Taunay que estes laços (profissionais e de amizade) se manteriam mais profundamente ao longo do tempo. Tome-se como exemplo, que já em 24 de setembro de 1922, ao responder ao pedido de auxílio financeiro de Taunay, para o Museu Paulista onde era seu atual diretor, assim se colocava AEJ:

> Conversei com meu Pae, sobre o pedido de auxilio ao Museu, tendo meu Pae, abraçado a idéa com effusão, pedindo apenas uma exposição minuciosa, do Museu Histórico, e a carencia do auxilio, afim de o habilitar a defender um projecto que apresente nesse sentido.
>
> Estou certo que meu presado mestre enviará com prestesa esta exposição, pois esforço-me para que seja apresentado a medida ainda este anno, para figurar no orçamento para 1923. Meu Pae lembrou, a formula de subvenção annual, como mais viavel.[18]

18 Carta de Alfredo Ellis Júnior a Afonso de Taunay, Rio de Janeiro, de 24 de setembro de 1922. Arquivo Permanente Museu Paulista/Fundo Museu Paulista (APMP/FMP), 1ª entrada, pasta 117. Em 29 de Setembro de 1922, Taunay responde a AEJ, sobre seu pedido de auxilio para o Museu Paulista. Carta de Afonso de Taunay a Alfredo Ellis

A amizade que se formou entre ambos, desde o tempo em que AEJ fora seu aluno no Colégio São Bento, na década anterior, manteve-se numa rotina de missivas, nas quais se apresentava tanto questões políticas, como as indicadas acima, como questões profissionais, nas quais AEJ expunha o andamento de seu trabalho para o antigo mestre, como o fez em carta de 23 de novembro de 1923, na qual lhe mostrava o andamento de sua obra *O Bandeirismo paulista e o recuo do meridiano.*[19]

Assim, após indicarmos sinteticamente o percurso de AEJ e de SBH por entre os "verde-amarelos" e os "modernistas", respectivamente, e mostrarmos algumas de suas discussões sobre como deveria ser escrita a história, devemos a seguir inquirir melhor como pensaram a "verdade" e as relações desta com suas obras literárias e históricas do período.

## A "verdade histórica" em Alfredo Ellis Jr.

> A revolução venceu. O presidente Washington Luis, homem de uma probidade e de uma rigidez de caracter admiráveis, não tinha, entretanto, o senso preciso na escolha de seus auxiliares. Fez-se rodear por uma turma de ineptos que o traziam mal informado. E o presidente tinha uma idéa erronea da situação. Dest'arte, não tomou as providencias necessarias, a tempo, e deixou cégamente que os companheiros do presidente Vargas se armassem e depois desferissem a rebeldia, que, afinal, venceu por varias coincidencias que, conjugadas, tornaram ineficaz a acção energica do presidente Washingtou [sic], sempre sincero e de estremada boa-fé no seu proceder.
>
> Sempre fôra assim! Minas, São Paulo e Rio Grande representaram sempre, os tres trunfos na politica brasileira. Só com esses elementos a politica se vem fazendo desde que o Imperio baqueou em

Júnior, de 29 de setembro de 1922. Arquivo Permanente Museu Paulista/Fundo Museu Paulista (APMP/FMP), 1ª entrada, pasta 117. E em 26 de Novembro daquele ano, Taunay entraria em contato com o senador Alfredo Ellis, para lhe esmiuçar, como lhe fora solicitado, o pedido de subvenção para o Museu. Carta de Afonso de Taunay ao senador Alfredo Ellis, de 26 de novembro de 1922. Arquivo Permanente Museu Paulista/Fundo Museu Paulista (APMP/FMP), 1ª entrada, pasta 117. Agradeço a gentileza de Karina Anhezini (da UNESP/Assis) por ter me cedido às missivas trocadas entre AEJ e Afonso de Taunay, que usou em suas pesquisas.

19 Carta de Alfredo Ellis Júnior a Afonso de Taunay, São Paulo, 23 de novembro de 1923. Arquivo Permanente Museu Paulista/Fundo Museu Paulista (APMP/FMP), 1ª entrada, pasta 120.

> 1889. São os unicos Estados que representam, pelo seu poder economico, os factores de importancia no taboleiro politico do Brasil. O resto de nada vale ou, antes, é um factor desprezivel. Não tem poder economico, não tem poderio, enfim, não tem influenciado na politica nacional brasileira.
>
> Eis que se apresenta o problema da sucessão do presidente Washington. Minas, mais experta, depressa ligou-se ao Rio Grande do Sul, deixando São Paulo isolado. E por força tinha que vencer (Ellis Jr., 1936b, p. 192-193).

Foi assim que o coronel Villela expôs a situação do estado de São Paulo em meados da década de 1930, para seu interlocutor Arlindo Silveira, como nos conta AEJ, em seu: *Jaraguá: romance de penetração bandeirante*, no quarto capítulo de sua narrativa, não por acaso, intitulado *Os parasitas*, e que fora publicado pela primeira vez em 1936. A mesma explicação apareceu, quase com as mesmas palavras em *A nossa guerra* (1933), que AEJ havia escrito em 1932, logo após os desdobramentos da "Revolução Constitucionalista", da qual havia participado no *front* de guerra – como vimos no primeiro capítulo desta pesquisa. Esse romance histórico estava ligado a outros. Desde meados dos anos 1920, AEJ estava praticando a escrita de textos literários, ao lado de sua produção histórica, e uma parte destes textos começava a aparecer com maior regularidade no *Correio Paulistano*, onde após 1923 AEJ estreitava suas relações com o redator do jornal, Menotti del Picchia (1892-1988), e com autores como Cassiano Ricardo, Plínio Salgado, Cândido Motta Filho e, particularmente, Afonso de Taunay, como vimos acima.

Em 1928 havia publicado *O thesouro de Cavendish* (1928), em parceria com Menotti del Picchia, e *Pedras lascadas* (1928). Com as alterações do contexto, que se deram entre 1929 e 1932, AEJ ocupou-se de narrar ao mesmo tempo à história dos bandeirantes, por meio de suas pesquisas históricas, que haviam sido iniciadas na década anterior, e contar as "aventuras" destes "desbravadores" em seus romances: *O tigre ruivo* (1934g) e *A madrugada paulista – lendas de Piratininga* (1934h), publicados em 1934, *Amador Bueno o rei de São Paulo* (1935i), editado no ano seguinte, e cujo desfecho, de certo modo, se daria em *Jaraguá: romance de penetração bandeirante*, de 1936. Para Antonio Celso Ferreira, o "leitor preferencial de *Jaraguá* pode ter sido o velho paulista, talvez um tanto ressentido com os reveses de 1932, e por isso mesmo identificado com as glórias locais do antanho e suas personagens heroicas" (Ferreira, 2002, p. 337). Além disso:

> Não há nada no livro que lembre a experimentação estética modernista, apesar do contato que o autor manteve com a vanguarda literária verde-amarela. Ao contrário, Ellis Jr. procurou montar sua narrativa nos moldes dos romances históricos do século XIX. Algumas personagens de *Jaguará* podem, até mesmo, prestar-se a leituras intertextuais, se cotejadas às páginas de José de Alencar, mestre do gênero, ou de Júlio Ribeiro, pioneiro na temática do sertanismo paulista. A proximidade com este último autor é flagrante, não só pelo assunto comum, como também pelo enredo rocambolesco e excessivamente maniqueísta (Ferreira, 2002, p. 337-338).

Se no estilo e na experimentação não havia nos textos de AEJ evidências de uma aproximação com a vanguarda literária "verde-amarela", havia sim em relação aos projetos de escrever a história de São Paulo, como o fundamento para o desenvolvimento da própria história do país - como vimos no item anterior. Mas, mais importante do que formarmos tais conjecturas, é o de destacar que apesar das temáticas estarem articulas entre seus textos literários e suas narrativas históricas, nem por isso AEJ viria a aproximar História e Literatura. Em vista das diferenças para as quais o autor via entre ambas, especialmente, no que dizia respeito ao caráter "verossímil" e "realista" das narrativas históricas, amplamente pautadas em "fontes documentais", que além de lhe creditarem um patamar "verdadeiro" em suas afirmações e interpretações sobre as sociedades de outrora, tais premissas ainda favoreciam a compreensão dos estudos históricos em "moldes científicos" (Cf. Ellis Jr., 1934b, 1934c, 1936a, 1937). Contrariamente, porém, as suas assertivas, o que vemos são nítidas experimentações em seus textos literários, que mais que estarem voltados para um público específico de leitores ressentidos com os "efeitos de 1932" (sobre o estado de São Paulo), parecia justamente o de querer educar e preparar as "novas gerações" para exercerem o papel de "novos bandeirantes" em seu estado. Daí o tom igualmente "realista" que cerceava suas narrativas literárias, nas quais muito embora não tivessem diretamente o cotejamento com as fontes documentais do período a que se referiam, estas nitidamente traziam a experiência de pesquisa de seu autor, juntamente com suas memórias sobre os eventos de 1932, que então eram habilmente articuladas nas falas de seus personagens em *Jaguará*. É justamente com esta perspectiva, que procuramos discutir neste item os romances históricos de AEJ e como eles estiveram articulados a sua produção histórica dos anos 1930.

Ao compararmos seus livros didáticos de *História* e de *Geografia* da 1ª a 5ª série do ensino secundário, publicados entre 1934 e 1935, com os seus romances históricos sobre as jornadas bandeirantes, publicados entre 1934 e 1936, observa-se justamente o sentido pedagógico expresso em ambos. Há entre eles um nítido objetivo de *formação*, não só de leitores e apreciadores da história regional, mas principalmente de "novos cidadãos", com o intuíto de que incorporassem o sentido "desbravador" genuíno dos "velhos bandeirandes", para que pudessem exercer seu papel no estado de São Paulo, como os "novos bandeirantes" do século XX. Tome-se o exemplo de "bravura" oferecido por AEJ em seu romance histórico, *Jaguará*, quando em 1932, durante as investidas do exército paulista contra os da Federação, assim se posicionavam no *front* de guerra:

> Poucos delles são paulistas, mas eu me reverencio deante das suas figuras que se agiganta[va]m projectadas no meu espirito, pelo que fizeram e eu assisti, quando a batalha fervilhante nos collocava deante da morte possivel, atravessando juntos, hombro a hombro, todos os perigos e vencendo lado a lado todos os obstaculos (Ellis Jr., 1936b, p. 249).

Aliás, esse será também o papel que AEJ tomará para si, ao narrar a história de sua família, nos anos 1940 e 1950, destacando, especialmente, as atitudes e as funções exercidas, primeiro, pelo avô, o tenente-coronel Francisco da Cunha Bueno, que no século XIX teria sido um pioneiro do café, e, depois, de seu pai, Alfredo Ellis, como político *exemplar* da Primeira República (Cf. Ellis Jr., 1949, 1950, 1960), para culminar em suas próprias ações como advogado, político, professor e historiador das "coisas" e das "causas" paulistas – voltaremos a essa questão no sexto capítulo deste estudo.

Note-se ainda que neste período AEJ já havia escrito *O bandeirismo paulista e o recuo do meridiano* (1924), nos anos 1920, no qual conjecturava sobre as primeiras bandeiras de 1599 até 1690, onde destacava: João Pereira de Souza Botafogo, Domingos Rodrigues, André de Lião, Nicolau Barreto Croquis, Belchior Dias Carneiro, Martin Rodrigues, Lazaro da Costa, Antonio Pedroso de Alvarenga, Henrique da Cunha Gago, o velho, Sebastião e Manuel Preto, Fernão Dias Paes, João Correa de Sá, Amador Bueno, dentre outros – e que retomou, em 1939, na sua tese de cátedra *Meio século de bandeirismo (1590-1650)*, na qual se ocupou com "novas pesquisas na documentação arquival paulista, de publicação oficial, comparadas com conhecimentos anteriores" (Ellis Jr., 1939, p. 2 e 3), tal como apareceu no subtítulo da tese. Esses estudos lhe deram base para enveredar em outras investigações sobre os "velhos" e os "novos" bandeirantes de sua terra. O processo de pesquisa e, depois, de escrita da história desses "pioneiros", os bandeirantes, em suas obras dos anos iniciais da década de 1930, favoreceu-lhe ainda na elaboração de seus enredos literários, como podemos notar em muitas passagens de *A madrugada paulista - lendas de Piratininga* (1934h) e de *Amador Bueno o rei de São Paulo* (1935i).

Em 1926, com seu livro, *Raça de gigantes* (1926), AEJ destacava a peculiaridade "étnica" e "racial" do povo planaltino, cujo cruzamento do português com o indígena da terra, deu origem ao "mameluco paulista", e como mostrou em seu *Populações Paulistas*:

> A gente paulista que se vem formando depois da immigração de 1888 para os nossos dias [anos 1920 e 1930], poderá ter variado na sua composição racial. A marcha evolutiva está porem fatalisada. O mesmo "berço esplendido" que produziu o bandeirismo ou a formação da lavoura de café é o que impera. Eis a mesma mesologia geographica, com a mesma climatologia, o mesmo solo, a mesma configuração etc. a servir de ambiente externo para a nossa gente. Seja qual fôr, ella terá de ser sempre superior; ella terá sempre que produzir phenomenos humanos-sociaes ofuscantes (Ellis Jr., 1934c, p. 10).

Era justamente por isso, que nos anos iniciais da década de 1930, as duas obras (*O bandeirismo paulista e o recuo do meridiano* e *Raça de gigantes*) estavam sendo revistas, além de vir elaborando outros estudos sobre as *Populações Paulistas*, que foram publicados em 1934, mas cujos originais já se encontravam prontos bem antes. Esses também deveriam ser publicados no *Correio Paulistano*, mas enquanto "*Populações Paulistas* estava na redacção desse jornal, quando, sobrevindo o movimento de 30, foi ella vandalicamente destruida", e os "originaes do '*Populações Paulistas*' acompanharam a desdita da redacção do 'Correio Paulistano', victima innocente da voragem destruidora dos alliados do Sr. Getulio Vargas, esses que, confessam hoje, tiveram a boa fé de abrir as portas de Itararé ao invasor da nossa terra" (Ellis Jr., 1934c, p. 7).

Apesar de o trabalho não ser perfeito, como relatou, ele deveria abrir "novos horizontes e novas buscas que se irão fazer", em vista de ser um "livro baseado '*na verdade, em toda a verdade, e só na verdade*'" (*Idem*, p. 8, grifo do original). Como em outros estudos, baseou-se nos trabalhos "monumentaes" de Pedro Taques de Almeida Pais Leme (1714-1777), com sua *Nobiliarquia paulistana histórica e genealógica* (em 3 volumes), e Luís Gonzaga da Silva Leme (1852-1919), no seu *Genealogia paulistana*. Foi com esses recursos bibliográficos e a pesquisa sobre novas fontes documentais, há pouco publicadas pelo governo do estado de São Paulo, durante a administração de Washington Luis, que AEJ fez seu livro, *Populações Paulistas*, e como antes "tentei fazer com o meu '*Raça de gigantes*' no qual aproveitei os recursos bebidos nos trabalhos dos dois immortaes genealogistas [...], os quaes são dignos de a elles, os paulistas erigirem estatuas, em ouro massiço, que mostrem aos habitantes da terra o muito que lhes devemos" (Ellis Jr., 1934c, p. 9).

O painel, que como queria, deveria aparecer ricamente documentado em suas pesquisas, dava-lhe oportunidade de também incluí-lo sinteticamente em seus livros didáticos de *História*, no qual o voltado para a 5ª série do ensino secundário, e feito, segundo ele, de acordo com as normas da reforma do ensino, regulamentadas pelo decreto nº 19.890 de 18 de abril de 1931, procurava destacar entre os problemas mais importantes nas Américas e do Brasil dos anos 1920 e 1930, que:

> Os problemas do Brasil são completamente diferentes dos norte-americanos. O Brasil não tem o problema de uma expectativa guerreira com qualquer outro país e as suas lutas são ùnicamente internas, tendo tido depois de 1930 constantes periodos de lutas [como o de 1932].
>
> O Brasil não tem ainda o problema dos sem trabalho, pelo contrário é um país de vastidão territorial imensa e de uma população pequena que apenas se adensa na parte perifèrica que pode e deve ainda procurar braço alienígena onde êste se ofereça em melhores condições sob pena de graves consequências serem resultantes para o trabalho nas várias regiões dêsse país, especialmente em S. Paulo, região onde abundam os esforços agrícolas e industriais em diversas ramificações do trabalho humano. S. Paulo tem grandes necessidades braçais e portanto precisa imperiosamente da imigração [de europeus e asiáticos] com o que o problema paulista está na questão da imigração.
>
> Além disso, o Brasil tem um problema dificílimo de resolver consistente no pagamento das dívidas externas, por lhe faltarem as condições necessárias para êsse fim (Ellis Jr., 1935h, p. 636-637).

Aliado a correção destes problemas, especialmente os inerentes a São Paulo, foi que AEJ esboçou suas propostas de interpretação do passado, e como Lucrécia, tomava para si o punhal da História, de modo a construir uma narrativa adequada para seus fins, e a ser exposta para a população de São Paulo tomar as rédeas do processo, tal como o pai e o marido de Lucrécia, vingando-se, mas nesse caso, dos inimigos do estado de São Paulo como um juiz que toma partido de uma causa a seu favor. E como "novos bandeirantes", ao mesmo tempo, eles deveriam incentivar a recuperação da autonomia ecônomica e da hegemonia política deste estado junto a Federação. Como vimos, o papel dos romances históricos que escreveu nos anos iniciais da década de 1930 era crucial para articular seu projeto e fornecer subsídios literários, como o papel exercido pelos "herois", com a finalidade de propiciar a construção de "novas práticas", por meio de "revigoradas atitudes" a serem expressas pela "população paulista" em suas ações cotidianas.

### *Produção literária e "princípio de realidade" em Sérgio Buarque de Holanda*

Enquanto AEJ procurava apresentar alternativas para os problemas antevistos por ele e pelos agentes dos locais por onde estava passando entre os anos 1920 e 1930, como aqueles inscritos no jornal *Correio Paulistano*, escolas da capital paulista, o IHGSP, a APL e na Assembleia Legislativa de São Paulo, de modo a corriguir como um "medico a, não só testemunhar o estado de facto do paciente diagnosticando e apresentando a situação exata do mesmo", por que "eu tratei de conhecer e fazer conhecidas as causas desse estado", e o "util disso está em fornecer ao estadista elementos para que elle saiba porque isso aconteceu assim a S. Paulo, fazendo-o ministrar com facilidade a terapeutica se houver algum mal, ou a persistir na linha traçada se houver beneficios" (Ellis Jr., 1937, p. 28-29), como nos indicaria em seu *A evolução da economia paulista e suas causas*, em 1937. E ainda que:

> O livro presente não [seja] um grito regionalista. Não [seja] uma obra de puro paulistanismo, em que eu reivindicaria justiça unicamente para S. Paulo, cuja situação na União Brasileira, está reclamando uma revisão.
>
> É antes, uma exposição em que a justiça para todos vem sendo advogada (Ellis Jr., 1937, p. 18, grifos no original).

Sendo, por isso, um "intelectual-letrado" a tentar encontrar mecanismos para intervir em sua "realidade", para que a justiça seja *advogada a todos*, por meio de um *elogio sobre as tradições do passado*, na qual a "raça de gigantes" daria o norte do sentido "empreendedor" e "desbravador" de São Paulo para as "gerações vindouras".

Por sua vez, SBH encontrava-se no inicio dos anos 1920 imerso nas iniciativas do grupo modernista de São Paulo, ao qual representava no Rio de Janeiro, especialmente, nas vendas e aquisição de assinaturas para a revista *Klaxon* (Cf. Monteiro, 2012).[20] Apesar da vida curta do periódico, que circulou entre março de 1922 e janeiro de 1923 (Cf. Luca, 2011), tal experiência havia rendido para ele maior estreitamento de relações com o grupo, e, particularmente, com Mário de Andrade. Nesse sentido, tentaremos analisar neste item a crítica literária produzida por SBH nos anos 1920 e como ele procurou se debruçar sobre a produção histórica, num período em que transitava entre a crítica literária e a análise sociológica, para o ofício de historiador, em meados dos anos 1930, e do qual passaria a se dedicar com maior afinco a partir dos anos 1940 – como veremos no quinto capítulo deste estudo. Em 8 de maio de 1922, Mário de Andrade, falando de São Paulo, para o colega de iniciativa SBH, que se encontrava no Rio de Janeiro, assim dava o tom do empreendimento:

> Sei que *Klaxon* saíra no dia 15 sem falta. É preciso que não te esqueças de que fazes parte dela. Trabalha pela nossa Ideia, que é uma causa universal e bela, muito alta. Estou à espera dos artigos e dos poemas que prometeste. E não te esqueças do teu conto. Desejo conhecer-te na ficção.[21]

---

20 Veja-se ainda a carta de Nico D. Horigutchi a SBH, de 18 de março de 1922, na qual informa sobre a leitura que fez do artigo que Sérgio publicou na "Rio-Journal". Siarq/Unicamp, Cp13 P5. Ou a de Murilo Mendes, na qual informa a remessa do soneto atendendo a solicitação. Carta de Murillo Mendes a SBH, 29 de março de 1922, Siarq/Unicamp, Cp14 P5. Ou mesmo a de Tácito de Almeida, informando futuras colaborações, incluive com a revista *Klaxon*. Carta de Tácito de Almeida a SBH, 27 de junho de 1922, Siarq/Unicamp, Cp15 P5. Todas essas missivas indicam o quanto SBH estava se aplicando no projeto coletivo que representava a revista *Klaxon*, na qual ele começava a exprimir seus ideais junto com o grupo dos modernistas de São Paulo.

21 Carta de Mário de Andrade a Sérgio Buarque de Holanda, São Paulo, 8 de maio de 1922. In: Monteiro, 2012, p. 20-21. A original se encontra arquivada no Siarq/Unicamp, Cp19 P5.

Como nos indica Pedro Meira Monteiro, ao interpretar a lembrança de Mário na sua carta a SBH, que "instava o destinatário a uma atividade que, de fato, ele nunca chegou a desenvolver a fundo", uma vez que o "campo da imaginação ficaria reservado, então, para a atividade crítica e para uma narrativa em outro registro, quando mais tarde Sérgio se notabilizaria como historiador e, ao mesmo tempo, escritor de pulso" (Monteiro, 2012, p. 22, nota 5). Pouco tempo depois, em junho de 1922, SBH dá notícias a Mário do modo que a revista estava sendo então recebida no Rio de Janeiro:

> Mando-lhe os dois jornais [o ataque e a resposta em defesa de *Klaxon*]. Além desses saíram mais dois artigos, dois ataques a *Klaxon*, um no *Fon-Fon*, do Gustavo Barroso e outro no *Mundo Literário*, creio que do Eneias Ferraz. Não respondi ao do *Fon-Fon* por ser uma nota sem importância. Quanto ao do *Mundo Literário* espero responder por essa mesma revista se me permitirem. Se não, estou na dúvida se deixo de fazer a seção paulista ou se continuarei a pregar as ideias klaxistas que são as minhas nessa mesma seção. Convidaram-me para fazê-la por estar o Ribeiro Couto doente em Campos do Jordão. Com a ida dele para Marselha para onde foi nomeado auxiliar de consulado ficarei com ela definitivamente.[22]

Nota-se pelas palavras de SBH seu entusiamo pelo empreendimento, cuja rebeldia literária ia contra o "campo literário" (Cf. Bourdieu, 1996b) então definido no Rio de Janeiro, no qual suas regras estavam sendo parcialmente quebradas por um grupo de "novatos" de São Paulo no mundo literário então cristalizado no Rio, o que justificava o tamanho de críticas que a iniciativa recebeu na imprensa periódica do Rio de Janeiro (Cf. Luca, 2011; Monteiro, 2012). Se, de um lado, isso valeu a SBH certa experiência com o mundo das letras e o círculo dos letrados de São Paulo e do Rio de Janeiro, inclusive, com a parceria que fez com Prudente de Morais, neto, quando tentaram empreender um projeto semelhante, com a criação da revista *Estética*, em 1924, surpreendendo até o silêncio (ou a falta de entusiasmo) de Mário de Andrade[23] pela iniciativa. De outro, o

22 Carta de SBH a Mário de Andrade, junho de 1922. In: Monteiro, 2012, p. 37-38. Os originais se encontram no Instituto de Estudos Brasileiros (IEB), no fundo Mário de Andrade.

23 Como vemos nas cartas que SBH enviou neste período, e cujas respostas tardaram a chegar, e quando chegaram surpreenderam a SBH, pelas notas que expressava o amigo Mário. Carta de SBH a Mário de Andrade, Rio de Janeiro, maio de 1924; Carta de SBH

entusiasmo inicial de SBH pelas iniciativas do movimento modernista de São Paulo – que foi cada vez mais dando o norte de seus objetivos, por meio da "aura" (Cf. Benjamin, 1996) que estava sendo criada sobre a Semana de Arte Moderna de 1922 (Cf. Prado, 2004, 2010; Rocha, 2011; Luca, 2011; Monteiro, 2012) – estava progressivamente arrefecendo, na mesma medida em que começava a se formar os contornos de um novo "cânone literário" (Cf. Kothe, 2003; 2004; Bloom, 2010). E vê-se justamente o começo dessa mudança de expectativas, com relação ao movimento modernista em São Paulo e no Rio de Janeiro, em seu artigo *Perspectivas*, publicado na revista *Estética*, em 1925, no qual SBH diria que:

> Paralela a essa tendência que não é um privilégio do homem primitivo, a necessidade de *confissão*, essa doença moderna que condena à morte, pela palavra e pela sintaxe, todos os sentimentos que nos oprimem, toda *manifestação* de vida inoportuna correspondente a essa mesma lei de aspiração ao inerte (Holanda, 1996a, p. 217-218).

E a "mesma lei de aspiração ao inerte" era o rumo que parecia estar tomando o movimento modernista, que, cada vez mais, fragmentava suas iniciativas, como expressou de forma mais contundente ainda em seu artigo *O lado oposto e outros lados*, onde ressaltava que:

> *É indispensável para esse efeito romper com todas as diplomacias nocivas, mandar* pro diabo qualquer forma de hipocrisia, suprimir as políticas literárias e conquistar uma profunda sinceridade pra com os outros e pra consigo mesmo. A convicção dessa urgência foi pra mim a melhor conquista até hoje do movimento que chamam de "*modernismo*". Foi ela que nos permitiu a intuição de que carecemos, sob pena de morte, de procurar uma arte de expressão nacional (Holanda, 1996a, p. 224).

Daí a necessidade de combater todas as formas de expressão fossilizadas pelo tempo, ainda que viessem a se inssurgir sobre a bandeira do "cânone" que

a Mário de Andrade, Rio de Janeiro, após abril de 1925; Carta de SBH a Mário de Andrade, Rio de Janeiro, 2 de dezembro de 1925; Carta de SBH a Mário de Andrade, Rio de Janeiro, 12 de janeiro de 1926; Carta de SBH a Mário de Andrade, Rio de Janeiro, 26 de fevereiro de 1926. E cuja reposta Mário de Andrade apresentaria em carta enviada a SBH, em 13 de fevereiro de 1926. In: Monteiro, 2012, p. 65-89. Os originais das cartas de SBH a Mário, encontram-se no fundo Mário de Andrade do IEB; a de Mário a SBH, no Siarq/Unicamp, Cp26 P5.

fundaram no passado. Dos fantasmas a serem combatidos, o "academicismo [...] em todas as suas várias modalidades [...] já não é mais um inimigo, porque ele se agita num vazio e vive à custa de heranças", e seus autores se "acham situados positivamente *do lado oposto* e [...] fazem todo o possível para sentirem um pouco a inquietação da gente da vanguarda" (Holanda, 1996a, p. 225). E o que idealizam, "em suma, é a criação de uma elite de homens, inteligentes e sábios, embora sem grande contato com a terra e com o povo", e por sua vontade de "nos impor uma hierarquia, uma ordem, uma experiência que estrangulem de vez esse nosso maldito estouvamento de povo moço e sem juízo" (Holanda, 1996a, p. 226). Aqui SBH demonstra sua posição diante da situação a que se encontrava o movimento modernista entre São Paulo, Rio de Janeiro e Minas Gerais, fragmentando suas intenções e seus objetivos, na mesma medida em que começava a se formar um certo "cânone" em torno de suas iniciativas. Nesse ponto o autor é categórico:

> [...] prefiro homens como Oswald de Andrade, que é um dos sujeitos mais extraordinários do modernismo brasileiro; como Prudente de Moraes Neto; Couto de Barros e Antônio de Alcântara Machado. Acho que esses sobretudo representam o ponto de resistência necessário, indispensável contra as ideologias do construtivismo. Esses e alguns outros. Manuel Bandeira, por exemplo, que seria para mim o melhor poeta brasileiro se não existisse Mário de Andrade. E Ribeiro Couto que com *Um homem na multidão* acaba de publicar um dos três mais belos livros do *modernismo* brasileiro. Os outros dois são *Losango cáqui* e *Pau-Brasil* (Holanda, 1996a, p. 227-228).

Sabe-se o desenrolar dessas questões: as críticas que SBH recebeu por suas avaliações do modernismo, resultaram em sua ida para Cachoeiro de Itapemirim, no estado do Espírito Santo, em 1927, onde no exercício do jornalismo, entremeado pela defesa de causas jurídicas (onde praticou por pouco tempo, a profissão a que havia sido formado em Direito), e que lhe renderam a alcunha de "Doutor progresso" (Cf. Carvalho, 2003; Saliba, 2009; Nicodemo, 2014). Do mesmo modo é conhecido seu retorno para o Rio de Janeiro no ano seguinte, onde viria a representar os periódicos do estado, vindo depois a ser correspondente na Alemanha,[24] local que passaria de 1929 até o início dos anos 1930 (Cf. Monteiro,

24 Não temos como aprofundar, com a devida atenção, as condições socioculturais e intelectuais da Alemanha, quando SBH lá esteve no final dos anos 1920. Para uma apreciação dessa questão, ver: Ringer, 2000.

1996, 1999, 2012). É muito interessante como SBH notou as reviravoltas sobre o preço do café, com a crise das bolsas em Nova York, e, em 1930, a sua percepção dos eventos que se seguiram após as reviravoltas das eleições daquele ano e que conduziram Getúlio Vargas ao poder, quando estava na Alemanhã (Cf. Holanda, 2011a, p. 37-42) – como vimos no primeiro capítulo. Ao mesmo tempo em que o é sua avaliação da literatura brasileira, onde enfatizava que entre "os incentivadores da inesperada iniciativa [que foi o modernismo, no país] encontramos nomes respeitados, como os de Guilherme de Almeida e de Menotti del Picchia, e ao lado deles apareciam os de Mário e Oswald de Andrade, então ainda quase desconhecidos do grande público, mas que eram na realidade os líderes do movimento" (Holanda, 2011a, p. 43). Note-se aqui a articulação desses argumentos com a sua avaliação de 1926, em *O lado oposto e outros lados*, no qual Guilherme de Almeida representava o "academicismo retrógrado". E neste Menotti del Picchia, então um representante direto dos "verde-amarelos", como vimos acima, e ambos sendo preteridos em prol dos nomes de Mário e Oswald de Andrade.

Muito mais incisiva seria a avaliação que expressou em 1936, em seu *Raízes do Brasil*, no qual sintetizava a questão dizendo que o "essencial de todas as manifestações, das creações originaes como das cousas fabricadas, é a *forma*" (Holanda, 1936, p. 160), com que são concebidas e, depois, postas em "prática". E ao aplicar tal premissa para pensar a história do país, dava-se que para "nós é [...] a rigidez, a impermeabilidade, a perfeita homogeneidade da legislação [e poderíamos acrescentar do pensamento] que nos parece ser o requisito [...] de toda disciplina social" (*Idem*, p. 145-146). Instado por essas questões, é que SBH viria a expor em 1939, no seu artigo *Caminhos e fronteiras*, publicado na *Revista do Brasil*, que:

> Todo o sentido da história paulista prende-se por muito tempo aos caminhos, atalhados de pé posto ou estradas seguidas, sobretudo às vias de penetração criadoras de cidades e disciplinadoras do povoamento. O estudo desses caminhos detém-nos justamente no processo através do qual a plasticidade admirável dos colonizadores procura imprimir a um mundo novo desconhecido estilos de vida que lhes são mais familiares e aplica-se nisso com extraordinária consistência. A consistência do couro – não a do ferro e do bronze – dobrando-se, adaptando-se, amoldando-se a todas as asperezas e peculiaridades da terra (Holanda, 2011a, p. 84).

E cujo papel do "gentil da terra", dos índios acostumados com tais caminhos, foi fundamental para o sucesso da empresa levada a cabo pelo colonizador. Assim vemos como, aos poucos, vai se formando a sensibilidade do historiador, que a experiência pela crítica literária ajudou a moldar, com a preocupação não só de investigar o passado, mas antes de inquirir modos de como compreendê-lo e ao mesmo tempo superá-lo em seu presente histórico. Mas aqui ainda não estava plenamente definido o historiador, porque sua análise do processo histórico continuava permeada pela crítica literária e a análise sociológica. A primeira edição de *Raízes do Brasil* revela isso muito bem (Cf. Holanda, 1936). O SBH historiador se estabeleceria a partir dos anos 1940 (Cf. Carvalho, 2003; Nicodemo, 2014), quando passou a rever criticamente suas posições estabelecidas nos anos 1930, inclusive com relação a autores como Gilberto Freyre (Cf. Mata, 2016).

Ao circunstanciar, portanto, as mutações que tanto no passado, quanto em seu presente histórico, vinham a propiciar possibilidades de transformação social, SBH faria como Martinha, que a revelia das possibilidades de seu contexto, utilizou-se do punhal do processo histórico, não para desferir um golpe mortal em seu algoz, o passado ibérico, mas para expor a seus leitores e leitoras, as "raízes" que se encontravam "ocultadas" no passado. Mais precisamente, não se fixando nas tradições literárias de sua época, muito embora estas viessem a lhe inspirar diretamente, SBH procurou "exorcizar o passado" dos "corações" e "mentes" de seus interlocutores diretos e de seus leitores e leitoras. Com base num jogo de metáforas, onde o estudo dos "pares antitéticos" (Cf. Candido, 2006), fundamentaria suas narrativas sobre o passado brasileiro, nas quais mais importante do que conhecer este passado, era antes saber se desvencilhar dele (Cf. Holanda, 1936), para que novas expectativas sobre o presente e sobre o futuro pudessem ser criadas. Na medida em que os processos democráticos fossem apreendidos com maior regularidade na sociedade civil, e esta viessa a interferir diretamente sobre as decisões políticas.

## *Considerações Finais*

Por mais que fosse crítico das *tradições*, e em relação ao modo como estavam sendo usadas em sua época, inclusive, no que dizia respeito ao campo histórico e historiográfico (e, particularmente, nas narrativas de caráter ufanista), AEJ não deixava de se pautar nelas em suas obras históricas, assim como em seus romanes históricos, nos quais a apresentação de certa rotina bandeirante, suas cruzadas, iniciativas, intempestividades, lutas e aventuras, apareciam de forma intensa e apaixonada. Muito embora, durante este período, o autor procurasse efetivamente demonstrar a distância entre criação artística e literária e produção e pesquisa histórica, vimos como seus romances e suas obras históricas estavam intimamente relacionadas, inclusive, com seus manuais didáticos, para destacar a história dos bandeirantes, seus desdobramentos nas lavouras de café e no processo de industrialização a que se encontrava o estado de São Paulo, nos anos iniciais da década de 1930.

Nesse percurso vimos também como foi importante para AEJ, pautar-se nas premissas indicadas por Fustel de Coulanges, no que se referia ao trato das fontes, para ser construído um discurso de cunho verdadeiro, imparcial, objetivo e científico. Assim como suas ligações com os "verde-amarelos" lhe rendeu além de amizades no interior daquela confraria de "homens de letras", caminhos para começar a divulgar sua produção no *Correio Paulistano*, antes de publicá-la na forma de livros (fato, aliás, que se alteraria com a tomada do poder efetuada por Getúlio Vargas no final de 1930, e entre seus desdobramentos estaria a censura a períodicos e jornais, como o *Correio Paulistano*). Daí, com esses recursos, almejar dar maior substrato e densidade as suas afirmações sobre os caminhos que seguiam o estado de São Paulo e a Federação, nos anos iniciais da década de 1930. Assim como começar a rever seus princípios teórico-metodológicos e suas interpretações sobre a escrita da história de São Paulo e do Brasil, construídas em seus primeiros textos, que foram publicados nos anos 1920, como *Raça de gigantes* de 1926. E nisso também está sua apreciação do termo "raça", ao passo que SBH se voltaria para as questões "culturais" do passado e de seu próprio tempo.

Como isso, vimos como SBH esteve ligado inicialmente aos "futuristas" de São Paulo, como um de seus representantes no Rio de Janeiro, de que maneira ele rachou com alguns seguimentos do movimento, ainda que mantivesse laços estreitos com Mário de Andrade (e que duraram até sua morte em fevereiro de 1945). E nesse percurso, de uma cidade para a outra e de um país para o outro, o crítico literário foi se aproximando dos estudos históricos. Mas sua primeira tentativa sistemática de interpretação da história do Brasil, em seu livro de estreia: *Raízes do Brasil*, de 1936, ainda estaria carregada de uma interpretação sociológica (Cf. Gusmão, 2012).

Além disso, vimos como ele se aventurou pelo campo da poesia e da crônica, mas como revelaria a Mário, não conseguia formular uma escrita tão livre e descompromissada, o que o fez se distanciar da produção literária, mas não de sua crítica e interpretação dos textos literários. Foi justamente nesse trabalho como jornalista que rendeu a SBH acumular certo "capital cultural" (Cf. Bourdieu, Passeron, 2008, 2009), que depois seria revertido em suas incursões pelos estudos históricos, nos quais sua sensibilidade literária, aliada a sua interpretação das fontes documentais, inclusive, a complementando com a análise de cronistas de época, lhe assegurou condições para começar a produzir suas primeiras interpretações sobre a história do país, ainda que enraizadas em premissas sociológicas – voltaremos a esse ponto no sétimo capítulo. Mesmo considerando que não estivesse limitado aos princípios esboçados primeiramente por Ranke, e que inauguraram o historicismo alemão em meados do século XIX, SBH não os deixou de lado, assim como sua experiência de crítico literário, que foram consignadas na maioria de seus textos históricos dos anos 1940 e 1950 (Cf. Holanda, 1996a, 1996b, 2011a, 2011b).

# 4.

# *A batalha pela "representação do passado" bandeirante: imagens e representações do bandeirantismo no Curso de Bandeirologia de 1946*

> O bandeirismo estático e minerador, empregou não a *"bandeira caçadora"* do apresador, não a *"bandeira povoadora"* do colonizador, não a "Entrada" do pesquisador, mas a *"Monção"*, que era uma grande massa de gente, homens, mulheres, crianças, velhos etc., que, povoadora como a já referida, se locomovia como em comboios, pela via fluvial, com data e itinerários certos, para os pontos de fixação junto às lavras, povoando largas zonas em tôrno delas, não só se entregando à atividade mineradora, mas, também, às correlatas (Ellis Jr., 1946, p. 75, grifos no original).

> [as] monções representa[va]m, em realidade, uma das expressões nítidas daquela força expansiva que parece ser uma constante histórica da gente paulista e que se revelara mais remotamente nas bandeiras (Holanda, 1946, p. 127).

Aqui vemos a síntese de duas posições sobre o bandeirantismo paulista. Apesar das semelhanças temáticas e em certos pontos da análise, não há como deixar de notar nítidas diferenças, especialmente, quanto ao tratamento do objeto. De um lado, uma "raça de gigantes" em busca de rotas para "desbravar" os sertões. De outro, homens dependentes das rotinas "nativas" para trilharem os caminhos inóspitos, desesperados que estavam diante de uma condição econômica adversa, na qual lutavam para não morrerem de fome. De acordo com José Honório Rodrigues:

> As extensas viagens fluviais, que superavam grandes obstáculos, atravessavam milhares de quilômetros, terras habitadas por gentil hostil e belicoso, não foram a via predileta do movimento expansionista, como observou primeiramente Alfredo Ellis Junior e acentuou Sérgio Buarque de Holanda. A via predileta foi, a princípio, a terrestre (Rodrigues, 1979, p.123).

Mas também aqui, como veremos abaixo, a tônica do discurso e da ação movidas por Alfredo Ellis Jr. (AEJ) e por Sérgio Buarque de Holanda (SBH), estaria numa análise voltada para um passado *tradicional* e *exemplar* (Cf. Rüsen, 2001, 2007a, 2007b), no qual seus exemplos davam subsídios à formulação de estratégias de ação no presente histórico, onde os "agendes sociais" deviam se colocar como os "novos bandeirantes" de seu tempo, no primeiro caso. E, no segundo, com uma ótica nitidamente *crítica* e *genética* em relação ao passado (Cf. Rüsen, 2001, 2007a, 2007b), de modo a circunstanciar, em seus diferentes momentos, as situações que viriam a plasmar mutações, e estas se convertiam em possibilidades de transformação sociocultural, tal como Holanda procurou averiguar nas sociedades móveis setecentistas e oitocentistas, dando ênfase particular aos paulistas, ou mais precisamente, aos comboios bandeirantes associados às monções.

Nesse caso – como nos anteriores, que vimos nos capítulos passados – AEJ parece agir como um "intelectual-letrado", enquanto SBH como um "letrado-intelectual". Em vista de o primeiro se amparar em sua formação, experiência política e jurídica, assim como em procedimentos de pesquisa que lhe garantissem a cientificidade de suas pesquisas e em suas narrativas históricas. Ao passo que o segundo continuava: a) a romper com a retórica bacharelesca (limitada apenas aos floreamentos do discurso, sem que este fosse necessariamente convertido num tipo de prática sociocultural, com vistas à transformação social); b) com as posições hegemônicas de seu tempo (a exemplo do discurso então em voga sobre os bandeirantes); c) ao mesmo tempo em que movia uma autocrítica em relação as suas análises anteriores (como as de *Raízes do Brasil*, que estava sendo revisto para a publicação de sua segunda edição nos anos 1940), nas quais as descrições históricas ainda não estavam amplamente amparadas em demonstrações circunstanciadas, que deviam ser sustentadas em função dos questionamentos feitos ao passado e ao modo como eram interpretadas as fontes.

Nesse sentido, o principal objetivo deste capítulo é analisar a representação do bandeirante e do bandeirantismo paulista no *Curso de Bandeirologia*, que foi sendo apresentado ao longo do ano de 1946, num ciclo de várias conferências, a pedido do Departamento Estadual de Informações de São Paulo. Ele foi organizado por José Carlos de Macedo Soares – então interventor federal daquele Estado – e Honório de Sylos (advogado e jornalista), e editado no final daquele ano, no formato de livro, com 6 (das 14) conferências (inicialmente planejadas para o evento).[1]

Em 6 de março de 1946, ao reexpedir o convite para SBH realizar uma das conferências do curso, Honório de Sylos procurou lhe explicar novamente a iniciativa:

> Tenho o prazer de reiterar os termos do ofício abaixo, que lhe enviamos recentemente:
>
> Deseja este Departamento promover a realização, a partir do próximo dia 22 de Abril, de um ciclo de doze conferências quinzenais, que constituirão um curso amplo de "Bandeirologia", sob o alto patrocínio do Exmo. Senhor Embaixador José Carlos de Macedo Soares, Interventor Federal no Estado, o qual deverá pronunciar o discurso de solene instalação do curso.
>
> Como o ilustre patrício verá pela anexa relação de conferências – constituída de grandes expressões do pensamento brasileiro – caberá ao eminente escritor dissertar sobre "As monções", razão por que vimos consulta-lo sobre a possibilidade de nos honrar com sua aquiescência ao presente convite.
>
> O D. E. I. pretende remunerar o trabalho de cada conferêncista na base de Cr$ 2.000,00 (dois mil cruzeiros), reservando-se, porém, a faculdade de, oportunamente, editar os trabalhos em volume a ser prefaciado pelo Senhor Embaixador Macedo Soares.
>
> Muito me penhoraria, assim, uma resposta em que Vossa Senhoria tivesse a bondade de informar, para nossa orientação, qual a data que julga mais conveniente para sua conferência.
>
> Renovo-lhe os meus cordiais cumprimentos.[2]

Naquele momento, SBH começava a ver os primeiros resultados de seu livro *Monções*, que havia sido publicado no ano anterior. Além de alguns poucos comentários em panfletos de divulgação, o livro passou quase despercebido no momento de sua publicação na imprensa periódica, muito embora expressasse para os organizadores do curso a importância da participação de seu

1 Ofício de Honório de Sylos a Sérgio Buarque de Holanda, São Paulo, 6 de março de 1946, 3p. Siarq-Unicamp, Vp 38 P1.

2 Ofício de Honório de Sylos a Sérgio Buarque de Holanda, São Paulo, 6 de março de 1946, 3p. Siarq-Unicamp, Vp 38 P1, p. 1.

autor no evento. É bem provável que as deficiências de divulgação se deviam ao perfil da editora em que havia sido lançada a primeira edição de seu livro. Certamente, SBH era ainda muito mais conhecido por seu livro de estreia: *Raízes do Brasil* de 1936.[3] Não temos a data precisa em que ele aceitou ao convite. Mas ao fazê-lo estava também às voltas com os tramites para assumir a diretoria do Museu Paulista,[4] cujo convite lhe foi feito pelo próprio Interventor Federal no Estado, o Embaixador José Carlos de Macedo Soares.

Até então, a direção do Museu Paulista estava sob a responsabilidade de Afonso de Taunay, antigo professor no Colégio São Bento, onde SBH foi seu aluno, e quem lhe havia aberto as portas na imprensa periódica, publicando seu primeiro ensaio no *Correio Paulistano* em 1920 (Holanda, 1996a, vol. 1, p. 35-41). Com esse exemplo, podemos ver facilmente como certas "redes de relações" iam sendo formadas, inclusive, no caso específico do *curso de bandeirologia* de 1946.

3 Como a resenha, no Panfleto de propaganda do livro *Monções*, que saiu no Rio de Janeiro, pela Casa do Estudante do Brasil, local, aliás, em que fora publicada a primeira edição do livro; mas, infelizmente, sem a data de sua publicação. Siarq-Unicamp, Pt279 P62. Saliente-se ainda que diferente de seu livro de estreia, *Raízes do Brasil*, que entre 1936 e 1938, Cecília Buarque de Holanda, irmã de SBH, fez um álbum com recortes de comentários e resenhas da obra, que saíram na imprensa periódica, especialmente, do Rio de Janeiro e de Minas Gerais, totalizando 78 textos, seu terceiro livro, *Monções*, passava quase que despercebido pela crítica especializada no momento de seu lançamento em 1945. Siarq-Unicamp, Pt176 P61. Do mesmo modo, todas as reedições do livro *Raízes do Brasil* tiveram comentários na imprensa periódica. Siarq-Unicamp, Pt178 e 179 P61. Quando, em 1944, lançou *Cobra de vidro*, no qual reuniu alguns de seus artigos de jornal, este recebeu em 12 de agosto de 1944 a resenha de Nelson Werneck Sodré. Siarq-Unicamp, Pt177 P61. Assim também ocorreu com *Caminhos e fronteiras*, quando foi lançado em 1957, e, depois, com *Visão do Paraíso*, entre 1958 e 1959. Siarq-Unicamp, Pt190, 191, 192, 193, 194, 195, 196, 197, 203, 204, 205, 206 e 209 P61; Pt210, 211, 215, 216, 217, 219 e 220 P62; e sobre *Visão do Paraíso*: Pt222, 223, 226, 227, 228, 229, 230, 231, 232, 233, 234, 235, 236, 237, 238, 240, 241, 242, 243, 244, 245, 246. 247, 248, 252, 253, 265, 266 e 267 P62. Em vista da quantidade de resenhas e comentários que receberam os livros: *Raízes do Brasil*, *Caminhos e fronteiras* e *Visão do Paraíso*; surpreende o silêncio da crítica especializada com relação ao seu livro *Monções*, que teve apenas alguns poucos panfletos de divulgação no período de seu lançamento – voltaremos a tratar desta questão, com maior detalhamento, no sétimo capítulo de nossa pesquisa.

4 E que chegou até a gerar certos comentários na imprensa periódica, como a que se encontra no artigo de José Lins do Rego, publicado no *Correio Paulistano*, em 22 de março de 1946, com o título: "A ausência de Sérgio Buarque de Holanda". Recorte de Jornal, de artigo de José Lins do Rego, *Correio Paulistano*, 22 de março de 1946, p. 3. Siarq-Unicamp, Pt56 P59.

De qualquer maneira, mais importante do que saber a data exata em que SBH aceitou ao convite foi sua participação no curso, e seu texto ter sido um dos 6 publicados no final daquele ano, como resultado do evento. Infelizmente o volume nem foi prefaciado por Macedo Soares, como estava previsto, nem tampouco foram publicadas todas as conferências apresentadas no curso. Mas contou com a participação de Belmonte, para fazer as ilustrações do volume.

Num primeiro momento o curso estava previsto para que as conferências fossem realizadas no Anfiteatro da Escola Normal "Caetano de Campos" (onde, de fato, quase todas foram apresentadas). O *Discurso inaugural* ficou a cargo do Embaixador Macedo Soares. Na sequência seriam apresentadas quinzenalmente as seguintes conferências: 1 – *O bandeirante e os primeiros caminhos do Brasil*, sob a responsabilidade de Affonso d'E. Taunay; 2 – *O bandeirismo na fundação das cidades*, com Virgilio Corrêa Filho; 3 – *A cidade de São Paulo na história do bandeirismo*, com Antonio Batista Pereira; 4 – *O bandeirismo na unidade nacional*, com Pedro Calmon; 5 – *O bandeirismo e a economia do século 17*, com Alfredo Ellis Jr.; 6 – *Vida e morte do bandeirante*, com Sérgio Milliet; 7 – *As monções*, com Sérgio Buarque de Holanda; 8 – *Folklore bandeirante*, com Joaquim Ribeiro; 9 – *A sociedade bandeirante das minas*, com Afonso Arinos de Mello Franco; 10 – *O bandeirismo e o ouro na economia do século 18*, com Roberto Simonsen; 11 – *A bandeira na formação social e política no Brasil*, com Cassiano Ricardo; 12 – *O bandeirismo e as grandes revoluções modernas*, com Paul Vanorden Shaw; 13 – *Os últimos bandeirantes*, com Tito Lívio Ferreira; e 14 – *Alexandre de Gusmão e o Tratado de 1750*, com Rodolfo Garcia.[5]

No dia de cada apresentação ainda estava agendada a participação de um presidente de seção, para acompanhar ao conferencista. Seguindo a mesma ordem em que foram indicados os conferencistas, assim estava a dos presidentes das seções: 1 – Artur Pequeroby de Aguiar Witacker (Secretário da Justiça); 2 – Plinio Caiado de Castro (Secretário da Educação); 3 – Benedito Montenegro (Reitor de Universidade); 4 – Altino Arantes (Presidente da Academia Paulista de Letras); 5 – Gabriel de Resende Filho (Diretor da Faculdade de Direito); 6 – Celestino Bourroul (Diretor da Faculdade de Medicina); 7 – André Dreyfus (Diretor da Faculdade de Filosofia, Ciências e Letras); 8 – Paulo Men-

5 Ofício de Honório de Sylos a Sérgio Buarque de Holanda, São Paulo, 6 de março de 1946, 3p. Siarq-Unicamp, Vp 38 P1, p. 2-3.

des da Rocha (Diretor da Escola Politécnica); 9 – "Sua eminência o Cardeal" d. Carlos Carmelo; 10 – Menotti Del Picchia (da Academia Brasileira de Letras); 11 – Francisco Patti (Diretor do Departamento Municipal de Cultura); 12 – Guilherme de Almeida (da Academia Brasileira de Letras); 13 – Eduardo Pellegrini (Presidente da Associação Paulista de Imprensa); e 14 – José Torres de Oliveira Dias (Diretor do Instituto Histórico e Geográfico).[6] Em resumo, todos os participantes (com exceção dos números 10 e 12) ocupavam postos de comando no estado de São Paulo, ou estavam ligados as suas instituições culturais e de pesquisa (e nesse caso vale também para os números 10 e 12, que não eram apenas membros da Academia Brasileira de Letras, mas também faziam parte dos círculos e movimentos culturais de São Paulo)[7] – como a Universidade de São Paulo, que havia sido criada em 1934.[8]

Dito isto, pretendemos verificar de que maneira AEJ e SBH elaboraram uma "representação do passado",[9] pautando-se numa interpretação do bandei-

---

6 *Idem*.

7 Assim como no caso dos participantes do curso, que eram representantes dos grupos dirigentes na produção cultural do período, os presidentes das sessões eram eminentemente representantes dos grupos dirigentes na política, na economia e na educação no estado de São Paulo, majoritariamente ligados as secretarias do Estado, a Universidade de São Paulo e a Imprensa Periódica. Sintomático desta atitude é que no período em questão, encerrava-se há pouco o Estado Novo e o momento em que Vargas esteve no poder (ao qual voltará somente em meados dos anos 1950), ao mesmo tempo em que São Paulo retomava a força de sua economia, com o rápido processo de industrialização, em quase todo o Estado, assim como rearticulava as forças políticas junto a Federação (Cf. Cano, 1998b; Fausto, 2006; Porta, 2005, vol. 3; Odalia, Caldeira, 2010, vol. 2; Villa, 2011, 5v.).

8 Para detalhamento desta questão, ver: Capelato, Prado, 1980; Cardoso, 1982; Roiz, 2012a.

9 O termo "representação do passado" é entendido aqui como uma das estratégias utilizadas pelos historiadores para estabelecerem uma versão plausível sobre a história dos homens e das sociedades no tempo. Mais precisamente, circunscreve tanto as técnicas de análise do objeto, quanto os modos com que foi apresentado, por meio de uma narrativa, ou outras estratégias argumentativas e expositivas. Como indica Stephen Bann (1994), a formulação de uma representação sobre o passado não se limita a estratégias analíticas baseadas num conjunto de técnicas, ainda que operacionais, que modelariam um tom científico e objetivo sobre o discurso histórico, como o que foi inaugurado por Ranke no século XIX. Ela também estaria pautada sobre o tipo de inventividade que o historiador aplica para dar maior vivacidade e credibilidade ao tom de seu discurso para seus leitores. Nesse caso, esta poética da história (inevitavelmente, articulada aos métodos de pesquisa) constitui "uma série de procedimentos retóricos que ajudam a dar conta do prodigioso desenvolvimento da conscientização histórica [...] assim como de

rante paulista e nas suas relações com os povos nativos, em meio ao processo de desbravamento dos sertões. A história dos bandeirantes nas primeiras décadas do século passado, tanto os circunstanciavam entre o século XVI, quando iniciaram as primeiras bandeiras, e meados do século XVIII, quando estas vão se fixando entre os povoados que foram formados nesse processo, especialmente, por causa do movimento das *Monções* (inclusive, em função da descoberta do ouro nas Minas Gerais, no século anterior).[10] Ao mesmo

---

algumas dificuldades que foram experimentadas quando os códigos foram submetidos a uma irônica segunda visão" (1994, p. 18). Isso porque, assim como as "invenções da história são [...] decididamente plurais" (*Idem*, p. 19), os meios pelos quais o passado é representado no discurso, em mapas, esculturas, ou por meio de imagens figurativas, para construir uma interpretação do processo histórico também o é. Nesse sentido, o *curso de bandeirologia* de 1946 foi ao mesmo tempo o resultado de estratégias políticas com o objetivo de valorizar e dar ênfase a trajetória do estado de São Paulo, por meio do personagem que se tornou símbolo, na síntese de um povo, que foi o bandeirante paulista; os meios pelos quais foi representado no período foram plurais, pois, estavam em mutação tanto as técnicas de pesquisa, quanto os métodos e teorias a disposição, o que fazia com que os pesquisadores formulassem suas análises e narrativas, tendo em vista esse novo contexto político e econômico, bem como os meios pelos quais se concebiam então a escrita da história. Além disso, o curso permite que sejam inquiridas tanto as formas narrativas com que o passado, centrado na figura dos bandeirantes e das bandeiras paulistas, estavam sendo representados, quanto os meios pelos quais estavam sendo concebidas as imagens figurativas, que igualmente se encontravam em mutação no período, como veremos na sequência deste capítulo.

10 Muito embora Sérgio Buarque (1995, 2000) trace o início do bandeirismo no século XVII, deve-se ter em conta que Alfredo Ellis Jr. (1934b), em seu livro *O bandeirismo paulista e o recuo do meridiano*, entende que este inicia no XVI, pois, o Quinhentismo preparou o salto que seria dado pelo bandeirante, firmou os alicerces, formou os cenários e os personagens, com base nos primeiros cruzamentos étnicos com os indígenas. Argumentos semelhantes aparecem em *Os primeiros troncos paulistas* (1936a) e em *Capítulos da História Social de São Paulo* (1944b). Assim, se há concordância entre os autores de que o século XVII é o auge das bandeiras e do bandeirismo paulista, para Ellis Jr. só é possível compreender a temática, tendo em vista o século anterior, pois, no limite, este é que forma o bandeirismo. Por outro lado, o século XVIII irá marcar um movimento peculiar, em relação ao das bandeiras, cujas conexões se davam em rotas terrestres e fluviais, por principiar o movimento das Monções, nas quais as rotas fluviais formaram as bases dos deslocamentos populacionais para Goiás e Mato Grosso. Também nesse caso, os autores têm proximidades e divergências no trato do tema. Muito sinteticamente, enquanto Alfredo Ellis Jr. o indica para demonstrar o desdobramento do movimento das bandeiras paulistas, Sérgio Buarque o faz para avaliar os contatos entre os adventícios e os povos nativos. Ao mesmo tempo, enquanto Ellis Jr. busca em seus estudos averiguar certas continuidades entre os bandeirantes do passado e os paulistas dos anos 1920 e 1930; Sérgio Buarque quer indicar mais as mudanças que se faziam no interior da aparente continuidade do processo histórico. Como indica Robert Wegner

tempo em que se formavam as primeiras análises críticas do processo. Foram essas narrativas, diversificadas em seu conjunto, que serviram de base para a elaboração de uma verdadeira "epopeia bandeirante", nas palavras de Antonio Celso Ferreira (2002), entre 1870 e 1940.

Por isso mesmo, devemos ter em conta, de imediato, que:

> 1 – o *Curso de Bandeirologia* foi apresentado num momento de "retomada dos processos de democratização no país" (Cf. Weffort, 1980), com o fim do primeiro governo de Getúlio Vargas (entre 1930 e 1945);
>
> 2 – que o curso ocorreu quando não mais se encontrava no auge as tentativas de elaboração de uma "epopeia bandeirante", elogiosa a tradição, ao pioneirismo do bandeirante paulista, bem como ao seu acumulo de riquezas, como muito bem salientou Antonio Celso Ferreira (2002). Mas que, evidentemente, com o novo contexto que se abria na segunda metade dos anos 1940, dava-se ensejo a sua retomada, e, muitas vezes, de forma apaixonada por parte dos pesquisadores do tema, ao fazerem da história do bandeirante, também um símbolo na história paulista (Cf. Abud, 1985), cujo significado servia tanto para pensar o passado, quanto o presente (e até o futuro do Estado e do país);
>
> 3 – e que o curso esteve entre a comemoração do primeiro centenário da Independência do país em 1922 e a comemoração do quarto centenário de fundação da cidade de São Paulo que ocorreria em 1954.[11]

(2000), é "possível esquematizar os estudos de Sérgio Buarque através da correspondência de certas figuras emblemáticas a cada século de conquista do Oeste", pois, pode-se "dizer que no século XVII predomina o *bandeirante*, no XVIII o *monçoeiro*, e ao seguinte corresponde o *tropeiro* e o *fazendeiro*" (2000, p. 181). Para Wegner, a preocupação central de Sérgio Buarque era mostrar que no interior "da dinâmica de conquista do Oeste forma-se uma mentalidade compatível com o moderno capitalismo, sem, contudo, um completo rompimento com valores e costumes associados normalmente a um mundo pré-burguês" (*Idem*, p. 185); uma vez que o capitalismo que se formaria nos Trópicos não seria mero transplante do sistema que se formou na Europa, dado que estamos "diante de uma situação na qual temos [...] Sérgio Buarque descrevendo um longo processo de desenvolvimento material e de formação dos atores envolvidos em que não há ascetismo [nos moldes a quê Weber pensou o processo para a Europa], mas uma série de reformas graduais sem rompimento radical com o passado e que, ao cabo, resulta em uma mentalidade capitalista [peculiar]" (*Idem*, p. 196).

11 Se no primeiro deles, a "epopeia bandeirante" ainda definia a produção das narrativas feitas em São Paulo para compor o caráter pioneiro do Estado, e, ao mesmo tempo, forjar uma identidade regional (Cf. Abud, 1985; Ferreira, 2002; Anhezini, 2011); quando foi comemorado, em 1954, o quarto centenário da fundação da cidade de São Paulo, a tônica dos discursos passou a ser outra, apesar de não deixarem de lado a im-

Cada um desses pontos deve ser levado em consideração em nossa análise, porque deram subsídios a formulação de diferentes representações, que foram construídas sobre o bandeirante, durante esse período.

Além disso, como muito bem salientou Danilo Ferretti (2009):

> O Curso de Bandeirologia constitui[u]-se de uma série de 12 conferências públicas sobre as bandeiras, realizadas entre 16 de maio e 12 de dezembro de 1946, na cidade de São Paulo, em sua maior parte no salão de honra da Escola Normal "Caetano de Campos". O evento, na realidade, foi a culminância de uma série de iniciativas tomadas pelo Departamento Estadual de Informações (DEI), órgão cultural do governo paulista, reformulado sob a direção do jornalista Honório de Sylos. Substituindo o antigo DEIP, sessão estadual do DIP, o novo órgão pretendia acabar com o caráter de censor e propagandista do governo de seu antecessor, adequando-o aos novos tempos democráticos. Tratava-se de uma redefinição política encaminhada pela interventoria de José Carlos Macedo Soares, governo de transição indicado pelo presidente Dutra, que assumiu em dezembro de [19]45 e que deveria gerir o estado até a posse do novo governador eleito, em 1947 (Ferretti, 2009, p. 2).

Para ele, as conferências seriam o resultado da confluência de dois movimentos. No primeiro, buscava-se "avançar no processo de institucionalização dos

---

portância das bandeiras e do bandeirante para a formação da identidade de São Paulo, pois, tais narrativas coexistiam com outras que relacionavam o bandeirantismo, não ao pioneirismo do europeu, mas ao papel exercido pelos povos nativos no desbravamento dos sertões; não a riqueza do bandeirante, mas a necessidade viral da própria sobrevivência, em meio às circunstâncias adversas, que mal lhe propiciava o vestir, o comer, a aquisição de posses, terras, bens ou dinheiro. E que, aliás, pode muito bem ser visto no texto que Sérgio Buarque apresentou nessa ocasião, *Piratininga: 1532-1560*, publicado entre 24 e 25 de janeiro de 1954 na *Folha da Manhã*, de São Paulo, no caderno especial, comemorativo do quarto centenário de fundação da cidade de São Paulo. Nele destacava as primeiras bandeiras e caminhos, que a "própria atração do metal precioso, que por essa época seria menos forte entre os moradores da capitania do que a caça ao gentio da terra, deveria incliná-los para outras direções". Evidentemente, seria em 1957, que sua análise aparecerá de forma sistemática, com a publicação de *Caminhos e fronteiras*, que além de retomar seus estudos da década anterior, também avançaria em sua interpretação das relações entre os bandeirantes, europeus e mamelucos, e os gentios, negros da terra, povos nativos do território que formará o Brasil, e que já se encontrava em seu livro *Monções* de 1945. Ao mesmo tempo, não deixaria de aparecer o elogio das bandeiras em textos como o de Afonso de Taunay, publicados na mesma edição do jornal indicado acima.

estudos sobre as bandeiras", que até meados dos anos 1930 tomavam a forma de uma "epopeia bandeirante".[12] Como salientou Antonio Celso Ferreira (2002), essas narrativas tinham como norte o Instituto Histórico e Geográfico Brasileiro (IHGB) e o Instituto Histórico e Geográfico de São Paulo (IHGSP), a Academia Brasileira de Letras (ABL) e a Academia Paulista de Letras (APL), onde as obras de cunho histórico, memorialístico e literárias foram às marcas dessa iniciativa, que teve seu auge entre 1870 e 1940 (Cf. Ferreira, 2002). A esses pontos, a interpretação de Katia Abud (1985) acrescentava que durante as primeiras décadas do século XX, especialmente, entre os anos 1920 e 1930, foram efetuadas as principais análises do processo, decorrente das pesquisas históricas empreendidas por Afonso de Taunay, Alfredo Ellis Jr., Alcântara Machado e Paulo Prado.

Para Danilo Ferretti (2009), o *curso de bandeirologia*, por sua vez, anunciava o começo de um processo lento e diversificado de institucionalização dos estudos sobre as bandeiras paulistas nas universidades, que começavam a se multiplicar entre os cursos de Geografia e História, que foram criados a partir dos anos 1930 (Cf. Ferreira, 2006, 2012, 2013; Roiz, 2012a). Assim, um dos traços marcantes destas conferências seria justamente a variedade de concepções históricas, como destacou ao analisar os textos de Afonso de Taunay e SBH. Evidentemente, como mostraremos a seguir, o curso não se reduziu tão somente as análises desses autores.

Além disso, para Ferretti (2009), articulado a esse primeiro movimento estava um segundo que visava reinvestir "no discurso da paulistanidade, em um novo contexto político, pós-Estado Novo" (*Idem*). Como demonstrou o estudo de Katia Abud:

> [...] toda vez que se sentia a necessidade de manter a integração em torno de São Paulo, o bandeirante, não mais como objeto de conhecimento histórico, mas como símbolo, era lembrado. Isto aconteceu na Revolução de 1932, quando as elites paulistas precisavam unir em torno do seu projeto político todas as camadas da população de

12 "Como esses escritos configuram uma epopeia paulista?" É o que se questiona Antonio Celso Ferreira, dando como resposta: "Antes de tudo, por meio da consagração dos grandes personagens da região, daí a predominância dos perfis biográficos, das genealogias, dos discursos e elogios fúnebres. São biografados indivíduos ilustres do período colonial (donatários portugueses, sesmeiros, jesuítas, governantes, cronistas, bandeirantes e chefes indígenas lendários); políticos influentes à época da Monarquia e das Regências; republicanos paulistas e sócios falecidos do instituto" (Ferreira, 1999, p. 99).

> São Paulo – a ideia de unidade podia ser sintetizada no bandeirante. Aconteceu também, num projeto político que lhe era oposto – o do Estado Novo. O sentido do símbolo não mudou – era ainda o de integração a unidade – dessa vez, porém, numa outra direção que não o "federalismo hegemônico", mas o governo centralizador (Abud, 1985, p. 208).

Com o objetivo de subsidiar essas expectativas, o jornalista e ensaista Cassiano Ricardo (1895-1974) buscava dar novos significados a figura do bandeirante e das bandeiras paulistas. Tornado símbolo de São Paulo ao longo dos anos 1920 e 1930, na interpretação deste autor, a figura do bandeirante poderia também vir a representar os anseios do Estado Novo (1937-1945),[13]

13 Atente-se ainda que durante os anos iniciais da década de 1940, em plena II Guerra Mundial, a Alemanha sob o comando de Hitler almejava forjar uma nova identidade para o povo alemão, com a raça ariana, além de aspirar torná-la a base para a formação do III Reich (Cf. Kershaw, 2010). Sabidamente parte destas estratégias, notadamente no que se refere ao uso da imprensa e da propaganda política, foram utilizadas amplamente pelo Estado Novo Varguista (Cf. Capelato, 2009). Igualmente na França, de acordo com Glaydson José da Silva (2007), utilizou-se amplamente da Antiguidade e do passado gaulês, romano e galo-romano durante o Regime de Vichy, entre 1940 e 1944. Para ele: "Essas diferentes antiguidades, ou melhor, essas diferentes leituras da Antiguidade, apontam sempre para o presentismo do pensamento antigo na elaboração das práticas políticas, das doutrinas, dos jogos identitários, enfim, das visões de homem e de mundo no Ocidente" (2007, p. 30). Nesse sentido, evidencia como o regime Vichy, nesse mesmo período, se apoiou no passado gaulês, romano e galo-romano, e, em especial, na figura de Vercingetórix, para empreender suas ações políticas. Vale notar, que a França não foi o único país Europeu que sucumbiu às ações do Nazismo e do Fascismo durante a II Guerra Mundial (1939-1945), e se apoiou no passado para justificar suas ações no presente. Mesmo fora da Europa, esses regimes tiveram forte influência sobre a maneira com que o passado era usado e estudado, e a propaganda política era uma das estratégias para impor o consenso. No Brasil, como indicamos acima, Getúlio Vargas é um exemplo emblemático, de como o Fascismo e o Nazismo serviram de base para que este desenvolvesse estratégias semelhantes de usar o passado e a propaganda política, como formas de construir o consenso em sua época (Cf. Gomes, 1996; Capelato, 2009). Por outro lado, nos Estados Unidos, começava-se a ampliar os contatos com os países latino-americanos, inclusive, nas universidades, onde ao lado das questões sobre a história dos EUA, da formação de suas fronteiras, encontrava-se a distinção entre o 'eu' norte-americano e os outros (povos nativos de seu país, afro-descendentes, e mesmo em relação aos latino-americanos), cuja marca era justamente a de fortalecer a ideia que se fazia de pertencimento a Nação, num período de guerras, por meio do ajustamento de uma identidade nacional (Cf. Wegner, 2000; Tota, 2000; Féres, 2004). Os usos que foram feitos pelos letrados brasileiros dessas interpretações do passado, desses usos que se faziam dele para forjar uma identidade nacional, do modo como se estudava a história

como procurou mostrar no seu livro *Marcha para Oeste* (de 1940), cuja interpretação foi ampliada em seu artigo *O Estado Novo e seu sentido bandeirante* (de 1941).[14] Para Abud (1985):

> Cassiano Ricardo fundamentou sua obra sobre bandeirismo muito mais nas pesquisas de outros historiadores (Taunay, Paulo Prado, Alfredo Ellis) do que em informações que ele próprio colhera nas fontes – no entanto deu outro significado ao conhecimento que aqueles historiadores tinham elaborado. Se os primeiros tinham valorizado a mestiçagem e a colocado como um elemento fundamental do bandeirismo, ele também o fez. Mas há diferenças fundamentais: para uns, a mestiçagem teria feito surgir uma "raça paulista" [como expôs Alfredo Ellis Jr.], que explicava o arrojo e a valentia do bandeirante, para ele a mestiçagem era um elemento nivelador da bandeira, aspecto que denotava sua formação democrática, origem do "self-government" brasileiro. O "espírito de iniciativa" que para os primeiros autores provinha das condições étnicas, sociais e mesológicas do Planalto, foi corrigido pela cooperação e associação, numa construção de harmonia, que o Estado Novo pretendia anunciar (Abud, 1985, p. 196).

Desse modo, os "valores que destacou", segundo Katia Abud, "foram os que serviriam para pensar a bandeira como a gênese do Estado Novo", e o que "procurou no conhecimento histórico produzido anteriormente foram os elementos que transpôs como advindos da bandeira para o seu momento presente", isto é, a "concentração de poderes nas mãos do chefe da bandeira; a expansão geográfica e a integração territorial que o movimento bandeirista proporcionara, formando o contorno físico do Estado Nacional; a miscigenação, como instrumento de democratização" (Abud, 1985, p. 198). Portanto,

---

de uma nação, são muito difíceis de serem reconstituídas (Cf. Massi, 1989; Pécaut, 1990; Oliveira, 1990, 2000; Pallares-Burke, 2005, 2012; Villas Bôas, 2006), mas não devem ser deixadas de lado, porque como veremos o *curso de bandeirologia* sinalizava, por meio da diversidade de análises sobre os bandeirantes, como autores como Alfredo Ellis Jr. e Sérgio Buarque de Holanda faziam usos diferentes desses itinerários para formularem suas representações do passado bandeirante (Cf. Wegner, 2000; Ferreira, 2002).

14 Para Alcir Lenharo: "A construção da imagem da 'Marcha' ancora-se na técnica da propaganda e nos conteúdos míticos das ramificações romântica e pietista católica, disseminadas na cultura nacional. Cassiano Ricardo, do Deip paulista, sabia muito bem disso tudo. Na sua obra, *Marcha para Oeste*, as cores, os sons, a poesia, um especial clima de religiosidade são instrumentalizados para compor o itinerário mítico que vai das bandeiras paulistas ao Estado Novo." (Lenharo, 1986, p. 15).

conclui a autora, o mesmo "símbolo de luta pela autonomia do estado e pela hegemonia dos estados mais ricos, se transformou mediante a análise de Ricardo, no símbolo de um governo que lhe era oposto" (Abud, 1985, p. 198).

Contudo, não temos evidências suficientes para inferir em que medida o *curso de bandeirologia* foi uma resposta direta a esse tipo de estratégia, em vista da escassez de referências diretas aos textos de Cassiano Ricardo (cuja conferência não fora publicada no volume), nas seis conferências que foram publicadas. Muito embora, seus autores provavelmente também tivessem em vista responder a esse tipo de interpretação do processo – como vimos às estratégias utilizadas por AEJ para contornar os problemas então enfrentados pelo estado de São Paulo, nos anos iniciais da década de 1930, nos primeiros capítulos deste estudo.

Além disso, os discursos pronunciados nas conferências do curso tinham um caráter estratégico, além de político, pedagógico e historiográfico. Se até meados dos anos 1930, o estado de São Paulo buscava recuperar sua autonomia política e econômica, em função dos eventos que ocorreram entre 1929 e 1932, na segunda metade dos anos 1940 o Estado era novamente a "locomotiva do país", num rápido processo de industrialização, com a diversificação de investimentos do campo para as cidades – e que resultaram da crise do início da década de 1930 (Cf. Dean, 1971; Love, 1982; Draibe, 1985; Suzigan, 2000).

Como apontou Joseph Love (1982) foi o "bandeirantismo, essa infatigável busca de aventura e oportunidade que havia impulsionado São Paulo durante o período colonial, que ofereceu a solução simbólica para o problema da lealdade dividida, que se devia ao estado e à nação" (1982, p. 300), entre o final dos anos 1920 e meados dos anos 1930. E não "há dúvida de que o apelo maior exercido pelo bandeirantismo em São Paulo derivava da adesão implícita ao 'federalismo hegemônico', ou seja, idealizado como a locomotiva a puxar vagões vazios, como o centro dinâmico do progresso, num quadro de atraso generalizado" (*Idem*). Nesse sentido, em meados dos anos 1940, ganhavam novos sentidos às interpretações que autores, como AEJ, vinham destacando, desde os anos 1930 – em obras como: *A nossa guerra* (de 1932), *Os primeiros troncos paulistas e o cruzamento Euroamericano* (de 1936, versão revista de seu livro *Raça de gigantes* de 1926), *A evolução da economia paulista e suas causas* (de 1937) e *Meio século de bandeirismo* (de 1939) –, sobre a "representação do passado" paulista, por meio das ações e das conquistas das bandeiras e dos bandeirantes.

Mais precisamente, usar o passado[15] para justificar as escolhas e os caminhos tomados nos anos 1940, segundo alguns dos autores das conferências do curso de bandeirologia (como: Afonso de Taunay, AEJ, Virgilio Corrêa Filho e Afonso Arinos de Mello Franco), ganhava ainda mais sentido do que nos anos 1930. Embora nesta década fossem elaboradas muitas narrativas sobre o tema, reforçando a figura do bandeirante como símbolo da história paulista (Cf. Abud, 1985; Ferreira, 2002), e, em muitos casos, como uma alternativa a crise política e econômica que se alastrou pelo estado de São Paulo, só seria nos anos 1940, que o Estado começaria a recuperar sua representatividade diante da Nação, e o discurso sobre as bandeiras e os bandeirantes ganhou ainda mais sentido, ao justificar as ações dos "novos bandeirantes".

Contudo, deve-se notar que havia uma pluralidade de análises sobre o tema, e aquele não era o único tipo de discurso. Como já acontecia nos anos

15 Na década de 1970, Jean Chesneaux (1995) destacaria em sua análise da história e dos historiadores, tomando de empréstimo o debate do *Le Monde* de 26 de julho de 1974, que: "Tem-se sempre necessidade de ancestrais quando o presente vai mal" (1995, p. 23). Ainda na década de 1970, Georges Duby (1993), com seu livro *O domingo de Bouvines, 27 de julho de 1214* (de 1973), demonstraria como aquela batalha seria recriada e adequada às circunstâncias de cada momento histórico, ao ponto de no limite também indicar os 'choques franco-prussianos'. Nos anos 1980, Raoul Girardet, ao estudar os mitos e as mitologias políticas, lembrará que: "[...] a cada momento de sensibilidade [...] corresponde [...] uma leitura da História, com seus esquecimentos, suas rejeições e suas lacunas, mas também com suas fidelidades e suas devoções" (1987, p. 98). Com as devidas especificidades, Stephen Bann (1994) propôs pensar as representações que foram (e são) criadas sobre o passado (europeu do século XIX), em narrativas (históricas e ficcionais), mapas, pinturas e esculturas, com vistas a enfatizar o papel exercido pelos historiadores e pelos lugares de produção da 'memória social' (como os museus, os arquivos e as universidades), ao serem elaboradas certas leituras sobre o passado. Usar o 'passado' para dar 'sentido' às ações no 'presente', desse modo, não é algo novo nem na História (dos homens e das mulheres do passado), nem na historiografia (Cf. Hartog, 2003). Mas a maneira com que o passado é usado para demarcar as ações e as reflexões no presente, de cada momento histórico, senão é 'novo' em todos os instantes, ao menos é múltiplo. Foi nesta direção que os trabalhos de François Hartog acabaram percorrendo desde os anos de 1980, quando demonstrou em seu livro *O espelho de Heródoto* (1999), as diferentes formas de apropriação deste autor ao longo do tempo. Nesse sentido, com seu conceito de 'regimes de historicidade', Hartog (2003) se preocupou em teorizar de que modo os grupos e as sociedades do passado se apropriavam da história para fazerem diferentes usos do tempo e das categorias: passado, presente e futuro. Nesta pesquisa estamos pensado *o uso do passado* como uma ferramenta política e historiográfica para inquirir tanto as categorias temporais; quanto dar alternativas aos problemas vividos numa determinada época, ao refazer os modos como os homens e as mulheres viam o passado, definiam o presente e planejavam o futuro. Sobre essas questões, pode-se ainda consultar: Abreu, Soihet, Gontijo, 2007.

1930 – como vimos nos capítulos anteriores e como aponta Abud (1985) –, outras interpretações coexistiam nos anos 1940, as quais não apenas criticavam o uso da história como fornecedora de exemplos do passado para a orientação das ações humanas no presente, mas que tinham como alternativa vê-la enquanto um processo contínuo em direção ao futuro. Como pode ser observado no texto de SBH, que já o vinha fazendo desde meados dos anos 1920, em sua atividade jornalística. Fator, aliás, também indicado por Danilo Ferretti (2009), em sua análise do *curso de bandeirologia* de 1946. Além disso, o mesmo discurso que servia para justificar a representatividade de São Paulo, também era refeito para construir uma memória e uma história específica para o Estado Novo varguista.

Assim, procuraremos mostrar que ao invés de uma narrativa linear, composta ao longo das seis conferências (das 14 planejadas), publicadas do *Curso de Bandeirologia* de 1946, apresentavam-se duas que caminhavam paralelas, muito embora fosse facilmente perceptível a hegemonia da primeira sobre a segunda (como veremos abaixo).[16] De um lado, com os textos de Afonso de Taunay (1876-1958), Virgilio Corrêa Filho (1887-1973), Afonso Arinos de Mello Franco (1905-1990), AEJ e Joaquim Ribeiro (1907-1964), que visualizaram positiva e complacentemente o papel do bandeirante no desbravamento dos sertões, na captura de indígenas e na exploração do Território, como o feito mais importante na história de São Paulo e para o Brasil, acabando por *construírem uma narrativa elogiosa sobre a(s) tradição(ões) do passado.* E, de outro, com o de SBH, que seguindo as pistas e as críticas de Capistrano de Abreu (1853-1927) e de José de Alcântara Machado (1875-1941),[17] deteve-

16 Agradeço a Alexandro Trindade, que no exame de qualificação sugeriu que esclarecêssemos melhor essa disputa.

17 Para Katia Abud: "Capistrano foi sem dúvida, um dos primeiros, senão o primeiro dos historiadores brasileiros a questionar a matança e destruição dos povos indígenas pela ação dos bandeirantes" (1985, p. 165); enquanto "Alcântara Machado desprezou o que a História, tradicionalmente vinha fazendo, estudando os "grandes homens", governos, enfim, o que se convencionou chamar de "evolução política", e no caso especial das bandeiras, desviou-se também da narrativa das atividades da própria organização bandeirista, expansão territorial, rotas e caminhos, as descobertas, para se deter na visão do padrão social e econômico dos paulistas do século XVII" (*Idem*, p. 161). De acordo com Antonio Celso Ferreira: "*Vida e morte do bandeirante*" de Alcântara Machado "não anuncia, apenas, o desvanecimento de uma representação gloriosa de São Paulo, mas, talvez, sua transmutação em nova figuração histórico-literária" (Ferreira, 1999, p. 105). Quando, em 15 de julho de 1951, Sérgio Buarque de Holanda veio a publicar O

-se nas *monções*, visualizando a pobreza dos bandeirantes, a dependência que tinham com os nativos e a fragilidade das opções nos percursos que eram trilhados pelas bandeiras paulistas em direção a Goiás e Mato Grosso, ao formular *uma crítica a narrativa elogiosa da(s) tradição(ões) do passado.*[18]

Além dessas duas narrativas paralelas, num movimento de tensão entre elas, o curso teria uma terceira, em parte síntese, em parte continuidade da primeira, proposta pelos desenhos de Belmonte – pseudônimo de Benedito Car-

---

*pensamento histórico no Brasil nos últimos 50 anos*, no jornal *Correio da Manhã* do Rio de Janeiro, este já demonstrava a importância da obra de Capistrano de Abreu, para a constituição da moderna pesquisa histórica no Brasil. Entre outras coisas, porque não deixava de lado que toda pesquisa deve partir de uma interrogação, plasmada pelo presente e que aguçava o pesquisador a inquirir, estudar e interpretar os homens e as sociedades do passado. Ressaltava a importância do empreendimento levado a cabo por Washington Luis, para efetuar a publicação de um conjunto de documentos da história de São Paulo, e que vieram a fundamentar os estudos de Alcântara Machado. Em suas palavras: "À impressão desses valiosos documentários deve-se o surto de estudos sobre o passado paulista, especialmente sobre a expansão geográfica do Brasil colonial. Sem os *Inventários e testamentos* não teria sido possível um trabalho como o de Alcântara Machado sobre a *Vida e morte do bandeirante*, publicado em 1930. E sem os textos municipais mal se conceberiam os valiosos estudos de Afonso d'E. Taunay sobre São Paulo no século XVI, prolongados depois em sua história da vila e da cidade de São Paulo. O acesso mais fácil a esses documentos permitiu, além disso, os numerosos trabalhos de reconstituição e revisão da história paulista e das bandeiras, empreendidos por Washington Luiz, Basílio de Magalhães, Paulo Prado, Ellis Júnior, Américo Moura, Carvalho Franco, Cassiano Ricardo, Aureliano Leite, Nuto Sant'Ana e muito especialmente Afonso d'E. Taunay, cuja opulenta *História geral das bandeiras paulistas* começou a publicar-se em 1924 e só se completou neste ano de 1951, abrangendo ao todo onze copiosos volumes" (Holanda, 2008a, p. 604).

18 Contudo, deve-se destacar que a análise de Sérgio Buarque não seria meramente um estudo da importância dos povos nativos na constituição das bandeiras e das monções, como uma antítese as teses até então em vigor na historiografia. Como mostrou Robert Wegner, embora pareça "bastante clara a indicação da produtividade e da positividade que a adaptação ao nativo adquire para a conquista das terras americanas pelos adventícios" (2000, p. 142), e que "os mamelucos foram obrigados a se adequar e também aprender esses recursos advindos, *não na tentativa de dominar a natureza, mas na busca de ajustar-se a ela*" (*Idem*, p. 147), constituindo-se tal estratégia como uma regra na formação das fronteiras que formarão o Brasil (ao contrário do que ocorrerá nos Estados Unidos, como destacou Turner), a nova raça que foi se formando a partir daquelas iniciativas, que resultaram das Monções do século XVIII, "já não se identifica completamente com o nativo, como no caso dos bandeirantes" (*Idem*, p. 171), além de o "aventureiro e seu individualismo anárquico" vir a se transformar "em retalhista" e o "ócio começa[va] a ceder lugar ao negócio, no próprio ritmo do desenvolvimento da sociedade de fronteira" (*Idem*, p. 172). E que, entre outras coisas, irá marcar a especificidade da mentalidade capitalista que se formará em São Paulo (Cf. Wegner, 2000, p. 180-213).

neiro Bastos Barreto (1896-1947)[19] –, que ilustraram momentos das narrativas dos textos (destacando ainda como se mantinha um discurso hegemônico sobre a história das bandeiras, que foi construído nas primeiras décadas daquele século, e que era então movido pelo primeiro conjunto de narrativas). É nas imagens figurativas elaboradas por este autor que tentaremos também nos deter, para visualizar melhor a relação entre *imagem*, *narrativa* e *história*, que ele construiu para expressar o bandeirantismo e o bandeirante paulista, e destacar como as narrativas informadas acima se movimentavam entre os desenhos desse autor.

Fundamentalmente, porque essas imagens figurativas indicavam que apesar de já não se encontrar no auge a produção de uma "epopeia bandeirante", esta ainda tinha, ao longo dos anos 1940, forte efeito sobre as "representações do passado" que eram construídas, tendo em vista o papel desempenhado pelas bandeiras e pelo bandeirante paulista.[20] Neste ponto, nossa meta é demonstrar as disputas pela "representação do passado" bandeirante, que tencionadas entre o *elogio* e a *crítica* as tradições paulistas, alcançariam parcialmente uma síntese nas ilustrações feitas por Belmonte.

Ao mostrarmos esse movimento nas interpretações que se faziam do processo, pretendemos ilustrar o que indica Jörn Rüsen (2001) sobre as pretensões de análise da "vida prática", em meio à produção do "conhecimento histórico", como forma de estabelecer e fundamentar certas orientações para que os sujeitos pudessem dar sentido às suas escolhas, fundamentando suas tomadas de decisão. E nesse nível fundamentarem uma certa "consciência histórica" sobre o processo analisado, indo de um perfil *tradicional* e *exemplar*, até aquelas de caráter *crítico* e *genético*. Nesse sentido, não era casual a *batalha* sutil que se travava sobre os tipos de *representação* que deveriam ser feitos e aceitos sobre o *passado* paulista. Nele, o bandeirante era uma das figuras centrais na análise do processo

---

19 Encontra-se análise interessante desse autor em: Oriá, 2011.

20 Papel, aliás, que não deixará de ser lembrado mesmo nas comemorações do quarto centenário da cidade de São Paulo, em 1954, nos vários textos publicados no período, seja na *Folha da Manhã* ou em outros jornais (de São Paulo ou do Rio de Janeiro), a exemplo dos de Afonso de Taunay, Alfredo Ellis Jr., Afonso Arinos de Mello Franco (sobrinho), ou mesmo, os de Sérgio Buarque de Holanda, que retomando as suas análises críticas da década anterior, as iria ampliar, no que culminaria com a publicação de *Caminhos e fronteiras*, em 1957. Cassiano Ricardo, aliás, em 1956, no seu *Pequeno ensaio de bandeirologia*, retomou o tema das bandeiras que discutiu nos anos 1940, e como indica Abud (1985): "ligando, com o mesmo arcabouço teórico, as bandeiras ao Estado Novo, que teria representado a instalação de uma democracia social no Brasil" (1985, p. 200).

histórico e nos sentidos que se davam as categorias: passado, presente e futuro, para se tentar procurar compreender tanto o estado de São Paulo, quanto o Brasil, exatamente num momento histórico no qual este estado passava a contornar a situação a que se viu instado a partir do final dos anos 1920.

Portanto, entre os anos 1930 e 1940, como já indicamos acima, ocorreu uma rica revisão do tema das bandeiras, do bandeirantismo e do bandeirante paulista (Cf. Abud, 1985; Ferreira; Luca; Iokoi, 1999; Goes Filho, 1999; Ferreira, 2002), inclusive com SBH (2000) avançando sobre questões pouco estudadas, como as *monções* – designação do percurso periódico seguido pelos bandeirantes em busca de pedras preciosas nos sertões de Goiás e Mato Grosso.[21] Contudo, as gravuras de Belmonte, ao contrário do que indicavam partes dos textos de SBH e de Joaquim Ribeiro (e aos quais aquelas imagens figurativas se referiam), ilustrando um bandeirante pobre e se apropriando das técnicas nativas, entre outras coisas, e que as ilustrações procuravam apresentar, ao contrário, com um bandeirante rico, submetendo suas ordens aos indígenas, com botas, armas, fardas, enfim, toda sua indumentária e costumes típicos etc. Mas, tal como indicou José de Alcântara Machado, em seu livro *Vida e morte do bandeirante* (cuja primeira edição data de 1929), pelos inventários dos séculos XVI e XVII (e do conhecimento dos palestrantes e do ilustrador da edição), aquelas mercadorias e utensílios pessoais não compunham os bens da maioria dos paulistas do período, como a historiografia bandeirante do XVIII, XIX, e parte do XX (Cf. Abud, 1985) visava demonstrar (Cf. Machado, 2002). Mesmo assim, as imagens

21 Análise, aliás, que retomará em seus textos dos anos 1960, publicados nos primeiros 5 volumes da *História Geral da Civilização Brasileira*, que SBH estava dirigindo neste período. Nesses volumes se encontrariam os textos: *O descobrimento do Brasil*, *As primeiras expedições*, *A instituição do governo geral*, *Conquista da costa leste-oeste*, *Os franceses no Maranhão*, *As monções*, *A colônia do Sacramento e a expansão no extremo-sul*, *A mineração: antecedentes luso-brasileiros*, *Metais e pedras preciosas*, *A herança colonial – sua desagregação*, *São Paulo*, *As colônias de parceria* (Cf. Holanda, 2001, 2002b, 2004c, 2004d, 2004e). Apenas não apresentaria contribuição, com texto de sua autoria, no sexto volume da coleção: *Declínio e queda do império* (t2, vol. 4). No sétimo volume, *Do Império à República*, escreveria sozinho e encerraria sua participação na coleção, deixando o período republicano sob os cuidados de Boris Fausto. Nestes textos despontam as discussões maduras de SBH, cujas contribuições seriam marcantes para o desenvolvimento da historiografia brasileira praticada por historiadores profissionais, a partir dos anos 1970, cuja formação em programas de pós-graduação, em nível de mestrado e doutorado, passariam a dar os contornos de como deveria ser praticado o ofício de historiador no país.

figurativas não se reduziram ao que foi apresentado nas outras conferências, as quais tiveram maior aproximação. Pelo contrário, estas ilustrações estavam muito mais próximas daquelas que Belmonte havia feito para seu livro *No tempo dos bandeirantes*, cuja primeira edição foi de 1937, inclusive, com a reutilização de algumas delas, para ilustrar o *Curso de Bandeirologia* em fins de 1946. Apesar disso, tal estratégia só dá maior consistência ao argumento exposto, quanto à sobreposição ainda evidente de tipos diferentes de narrativas sobre os bandeirantes, num período em que se iniciavam as críticas sobre as narrativas elogiosas das tradições paulistas, mas cuja hegemonia ainda se mantinha relativamente preservada nos anos iniciais da década de 1940.

De imediato, poderíamos indagar se o recurso utilizado por Belmonte, em parte, se assemelhava as indicações de autores como Ulpiano Toledo Bezerra de Meneses (2003a, 2003b, 2005) de que as imagens são mais usadas como ilustrações, do que como parte de construção (e componente) de análise da narrativa histórica. Mas estávamos também num período intermediário de profissionalização de editores e de editoras no país, e o recurso usado para ilustrar o curso foi também distinto ao que será feito na pesquisa histórica, mais rotineiramente, a partir dos anos 1960 (Cf. Gatti Jr., 2004).

Ao invés de o próprio pesquisador selecionar as imagens que incluirá no corpo do texto de sua narrativa para ilustrar a questão discutida, no *curso de bandeirologia* não foram os autores dos ensaios que selecionaram os desenhos, mas sim um autor de charges de jornal, ilustrador de livros e também produtor de estudos sobre o tema em questão, que foi convidado pelos organizadores do curso. E tendo por base os textos apresentados no curso, que Belmonte procurou elaborar os desenhos que ilustraram partes das narrativas.

Assim, o problema que se apresenta, além de necessitar que se identifiquem os termos de *causa*, *comparação* e *efeito*, como os definiu Michael Baxandall (2006), será também o de visualizar os *encargos* e as *diretrizes* que estiveram por trás das escolhas de Belmonte. Além disso, não poderemos perder de vista o que Jacques Aumont (2010) indicou sobre "a representação do espaço e do tempo na imagem", porque são "consideravelmente determinadas pelo fato de que, na maioria das vezes, esta representa um acontecimento também situado no espaço e no tempo" (Aumont, 2010, p. 254). Neste caso, a "imagem representativa [...] costuma ser uma imagem narrativa, mesmo que o acontecimento contado seja de pouca amplitude" (Aumont, 2010, p. 254-255).

Portanto, pretendemos situar neste capítulo, com base no *curso de bandeirologia*, como foram construídas as "representações do passado" sobre o bandeirante paulista, em meados dos anos 1940. Daí a necessidade de inquirir: como AEJ e SBH fizeram suas escolhas no transcurso desta outra *batalha*, com vistas a formar a(s) imagem(ns) e as representações que deveriam ser feitas a respeito do bandeirante e das bandeiras paulistas na história da historiografia? E para destacá-la buscamos analisar simultaneamente o movimento tanto das narrativas históricas apresentadas durante as conferências, e que foram depois publicadas no livro, quanto o das ilustrações (das imagens figurativas) feitas, em seguida, por Belmonte.

## *A tese do bandeirantismo na historiografia paulista: o papel do bandeirante em Alfredo Ellis Jr.*

> Recordar o que o bandeirantismo representa é praticar grave desatenção para com meu tão culto auditório. Bastar-me á alegar que sua área varrida de mais de dez milhões de quilômetros quadrados recobre o Brasil atual e ainda grande superfície da America espanhola. Rememorar a parte que dele cabe ás jornadas dos paulistas já não mais seria desatenção senão suma injuria (Taunay, 1946, p. 8).

Antes de perscrutar esta questão mais detidamente, apresentada pela conferência de Afonso de Taunay, é necessário que resumamos as principais teses das narrativas dos textos apresentados no *curso de bandeirologia*. Como informamos há pouco, o curso parece tecer duas narrativas paralelas, ainda que em tensão uma com a outra, em função de certa hegemonia da primeira em relação à segunda, sobre o *bandeirantismo paulista*. A primeira, com os textos de Afonso de Taunay, Virgilio Corrêa Filho, Afonso Arinos de Mello Franco, AEJ e Joaquim Ribeiro, que visualizariam positiva e complacentemente o papel do bandeirante no "desbravamento" dos sertões, na captura de indígenas e na exploração do Território que formará o Brasil, efetuando um verdadeiro elogio da empresa bandeirante, como o feito mais importante na história de São Paulo e para o Brasil.

Depois, a de SBH, que seguindo as pistas e as críticas de Capistrano de Abreu e de José de Alcântara Machado, além de rever a historiografia paulista sobre esta questão, deteve-se nas *monções*, visualizando a pobreza dos bandeirantes, a dependência que tinham para com os nativos e a fragilidade das opções, nos percursos que eram trilhados pelas bandeiras paulistas, num exercício de crítica a tradição, inclusive, sobre a historiografia que se formava em São Paulo,[22] como aquela que vinha a fazer do bandeirante também um símbolo (Cf. Abud, 1985). Nesse aspecto, SBH também era autocrítico em relação a sua produção dos anos 1930, como seu artigo *Caminhos e fronteiras* de 1939, que então estava ainda enraizado a este tipo de interpretação. Daí a importância que teve a direção de Museus (no Rio de Janeiro e em São Paulo), o contato com a Etnologia, a Etnografia e a Antropologia, assim como teve seu diálogo com as Ciências Sociais nos anos 1940 na *Escola Livre de Sociologia e Política*, em São Paulo (Cf. Françozo, 2005, 2007; Nicodemo, 2012), para ele fazer essa viragem historiográfica em sua abordagem do tema.

Quando Taunay[23] foi convidado para proferir a conferência de abertura do *curso de bandeirologia*, ele já acumulava requisitos suficientes para ser convocado para tal tarefa. Era sócio do Instituto Histórico e Geográfico Brasileiro (IHGB), do Instituto Histórico e Geográfico de São Paulo (IHGSP), membro da Academia Brasileira de Letras (ABL), fora professor do curso de Geografia e História da Faculdade de Filosofia, Ciências e Letras da Universidade de São Paulo, entre 1934 e 1938 (Cf. Anhezini, 2011; Roiz, 2012a), e era então diretor do Museu do Ipiranga (também conhecido como Museu Paulista), sediado na capital do estado de São Paulo. Nesta instituição foi responsável pela organização das comemorações do primeiro centenário da Independência do Brasil,

---

22 Para uma discussão ampla e profunda do tema, ver: Abud, 1985; Luca, 1999; Ferreira, Luca, Iokoi, 1999; Goes Filho, 1999; Reis, 1999; Ferreira, 2002; Araujo, 2003; Santos, 2009; Anhezini, 2011.

23 O texto de Afonso de Taunay, que abre a coletânea, inicia sua conferência agradecendo ao convite que lhe foi expedido pelo Departamento Estadual de Informações de São Paulo, que teve no embaixador José Carlos de Macedo Soares (1883-1968), então interventor federal do Estado (pelo período de 3 de fevereiro de 1945 a 14 de março de 1947), e no Dr. Honório de Sylos, jurista, jornalista e autor de *São Paulo e seus caminhos*, os encarregados pela organização do evento em 1946. Fato, aliás, lembrado em quase todos os textos do curso, seja para agradecer ao convite que lhes foi feito, seja para demonstrar a importância do empreendimento, seja ainda para informar que embora a temática fosse do conhecimento de todos os paulistas, nem por isso esta deveria ser deixada de lado, razão pela qual um curso como esse era mais do que justificável. Para Danilo Ferretti: "Macedo Soares destacou-se [...] como figura chave da institucionalização do saber geográfico, que nos anos [19]30 avançou sob a dupla direção da abertura dos primeiros cursos universitários de geografia (USP e UDF) e da criação de instituições estaduais de atividades e pesquisas

que ocorreu em 1922, dedicando-se à manutenção e com a organização da "cultura material", dos resquícios do passado, com a especialização das seções e com o preparo do Museu para essa finalidade (Cf. Brefe, 2005; Anhezini, 2011). Ao mesmo tempo, ele dava continuidade aos seus estudos sobre a história do café e sobre as bandeiras e o bandeirante paulista, que seriam publicadas em vários volumes, entre os anos 1920 e 1950 (Cf. Anhezini, 2011). Inclusive, o autor chegou a organizar alguns dossiês com fontes e textos seus, nos *Anais do Museu Paulista*, nos números publicados nos anos 1930 e 1940. É muito provável que esses números foram de grande valia para AEJ elaborar vários de seus textos, que foram publicados nos *boletins* da cadeira de *História da Civilização Brasileira* em que foi catedrático na USP.

Assim, encarregado de discutir *O bandeirantismo e os primeiros caminhos do Brasil*, Taunay procurou "falar de certos e gloriosos caminhos bandeirantes", pois, inúmeros "foram eles, terrestres, fluviaes, marítimos", uma vez que nem "por menos podia ser na vastidão brasileira afuroada pelas bandeiras de S. Paulo que transbordavam dos limites do Brasil" (Taunay, 1946, p. 8). Após apresentar seu tema, e a importância da obra de Capistrano de Abreu para o conhecimento deste assunto, ele irá esboçar o itinerário das contribuições que foram trazidas por autores, como: Alfredo Ellis Jr., Paulo Prado, Washington Luis, Carvalho Franco, Oliveira Vianna, Osvaldo Cabral, dentre outros, que ao pesquisarem arquivos nacionais e estrangeiros, e publicarem fontes manuscritas e se deterem

---

geográficas. [...] Não somente está na base da instalação, em 1936, da Comissão Nacional de Estatística. Mais importante, reuniu o primeiro grupo de profissionais em geografia [...] inserindo-os na discussão e criação de um organismo estatal de geografia, consolidado em 1937 no Conselho Brasileiro de Geografia [...]. Todas essas iniciativas confluíram com a criação, em 1938, do Instituto Brasileiro de Geografia e Estatística (IBGE), órgão oficial de implementação da política territorial do Estado Novo, cuja primeira direção ficou a cargo de Macedo Soares. Além de implementar o programa da "Marcha para Oeste", fruto da interpretação varguista do mito bandeirante, ainda assumiu a presidência de instituições que veiculavam um saber mais aos moldes tradicionais, como era o Instituto Histórico e Geográfico Brasileiro (IHGB), que presidiu de 1938 a 1941, e da Academia Brasileira de Letras, a partir de 1942, tornando-se figura chave do ambiente intelectual durante o Estado Novo. Ao longo desse processo, incentivou a criação de ciclos de discussão, conferências e simpósios sobre temas geográficos, como etapas de divulgação de conhecimentos e articulação de profissionais, fundamental para a disciplinarização da geografia", e o "Curso de Bandeirologia, portanto, pode ser inserido no conjunto de iniciativas organizadas por Macedo Soares, com a originalidade de ser voltado à temática específica das bandeiras, que o acompanhava ao longo de sua trajetória" (2009, p. 2-3).

em tópicos inéditos sobre o bandeirantismo, estes fizeram com que a temática fosse revigorada na historiografia paulista e nacional, a partir dos anos 1920 – e, nesse caso, ele próprio fazia parte desse movimento (Cf. Abud, 1985).

Apesar de conhecer a obra de José de Alcântara Machado, *Vida e morte do bandeirante*, e indicar sua importância no relatório que apresentou para a cadeira de *História da Civilização Brasileira* da Faculdade de Filosofia, Ciências e Letras da Universidade de São Paulo (da qual era então professor), em fins de 1935,[24] este não o fez na conferência que apresentou no curso de 1946. Entre outras razões, porque o roteiro de análise de Alcântara Machado destoava do conjunto apresentado por Taunay naquela ocasião, ao fazerem o elogio da empresa bandeirante, demonstrando suas glórias e riquezas, e: "serviçal obrigado, e recalcitrante, das entradas e das bandeiras, com a lança do seu álveo, outróra enristado para Oeste contra o domínio castelhano, continua a servir à grandeza de São Paulo e do Brasil na nova arrancada que o café veio trazer à marcha do progresso e da civilização, preparando o advento e o surto de nova etapa notabilíssima, a da fase industrial" (Taunay, 1946, p. 26). E a qual o bandeirante além de ser figura histórica de relevo para a compreensão da história paulista, também era o símbolo que sintetizava a peculiaridade do povo de São Paulo, cujo empreendedorismo, aventura e iniciativas eram sintonizadas para interpretar o "bandeirante do passado" e vislumbrar os "novos

24 Com o objetivo de apresentar o programa de sua cadeira, e após discorrer sobre Varnhagen, Capistrano de Abreu, Pedro Calmon e Oliveira Vianna, assim Taunay destacará: "*A vida e morte do bandeirante* de Alcântara Machado [que] resume o produto de pesquisa longa e aturada nos vinte e sete tomos da documentação impressa dos *Inventários e testamentos quinhentistas e seiscentistas* de São Paulo. Representa belo mosaico muito trabalhado, largamente meditado para sua realização. Compendía, porém, um certo número, apenas, de aspectos do largo e vario painél da vida colonial paulista dos primeiros séculos. E é de desejar que o seu autor prossiga na faina encetada explorando outros fácies, onde muita novidade está a ser iluminada, sobretudo se alargar a área de explanação do forte material documentário existente e ainda inédito" (1937, p. 125). O mesmo tratamento vale para os outros autores do curso, ao não se referirem ao autor e a obra. De fato, apenas os textos de Afonso Arinos (1946, p. 86) e de Joaquim Ribeiro (1946, p. 112) analisaram/comentaram a obra de Alcântara Machado, no conjunto da historiografia sobre o bandeirantismo. O inverso também pode ser dito, quanto ao tratamento dado à obra de Oliveira Vianna, comentada em quase todos os textos do *curso*, seja para apoiar o argumento, seja também para criticá-lo pelas imprecisões, lacunas e tratamento do tema. Sabemos, ainda, que Belmonte conhecia tanto um quanto o outro, por tê-los discutido em seu livro *No tempo dos bandeirantes*, de 1937 (Belmonte, 1945, p. 11-16; 31-37; 75-94; 169-79).

bandeirantes" no presente, que eram representados nos sujeitos que davam ensejo ao processo de industrialização em todo o Estado, isto é, os grandes industriais e comerciantes. Mais precisamente, a narrativa de Alcântara Machado destoava do conjunto de análises que Taunay vinha enumerando em sua conferência, inclusive, para justificar sua interpretação da questão. No entanto, deve-se salientar que em sua história geral das bandeiras paulistas este autor aparecia em vários de seus volumes, contribuindo diretamente com a revisão que Taunay fazia da temática entre os anos 1940 e 1950.

No mesmo caminho foi o texto de Virgilio Corrêa Filho ao demonstrar a importância d'*O Bandeirantismo na formação das cidades* brasileiras. Ele que havia nascido na cidade de Cuiabá, no estado de Mato Grosso, em 6 de janeiro de 1887, formar-se-ia engenheiro e exerceria o cargo de jornalista, além de se aventurar pelo campo da pesquisa histórica, vinha a propor em sua conferência justamente a análise da contribuição das bandeiras paulistas para a fundação de cidades pelo interior do território que formaria o Brasil. Membro do Instituto Histórico e Geográfico Brasileiro desde 1931, já tinha conhecimento do ofício, ainda que vinculado a uma prática de "tradição autodidata" (Cf. Guimarães, 1988, 2002; Roiz, 2012a). Por certo, sua passagem por jornais, como o *Jornal do Comércio*, no Rio de Janeiro, e suas contribuições na revista do IHGB, bem como as suas congêneres estaduais, lhe creditavam certos méritos para a análise das fontes e para a interpretação do passado. Para Jérri Marin e André Silva: Virgílio "foi um dos escritores de grande notoriedade no âmbito da produção memorialística de Mato Grosso durante o período de 1920 até a década de 1970" (2008, p. 2). Para Gilmara Franco (2007) suas obras ajudaram a construir uma identidade regional para o (antigo) estado de Mato Grosso – e atual Mato Grosso e Mato Grosso do Sul.

De acordo com Carla Centeno (2007, p. 123-156), foi "estudioso de Mato Grosso que, em seu tempo, produziu mais sistematicamente; foi o autor que mais se aprofundou nos estudos históricos sobre a região [ainda que sob uma prática autodidata] por força dos cargos que ocupou no Instituto Histórico e Geográfico Brasileiro [...] e no Conselho Nacional de Geografia". Não por outra razão, tal percurso, segundo indica, lhe "facilitaram o acesso a inúmeras fontes, tanto primárias, quanto secundárias" e suas "obras revelam uma grande riqueza de informações" (2007, p. 123). Assim, até vir a participar do projeto do *curso de bandeirologia*, este já havia escrito: *Monografias cuiabanas* (de 1925), *As Raias de Mato Grosso* (de 1926), *Augusto Leverger: o bretão cuiabanizado* (de 1941), *Luis de Albuquerque: o Fronteiro Insigne* (do mesmo ano) e *Pedro Celestino: "o guia dos mato-grossenses"* (de 1945).

Ao se debruçar sobre o tema das cidades em 1946 não "fora em vão", para ele, "que os fundadores do germe urbano da Paulicéa, fora do alcance da pirataria litorânea, plantaram carinhosamente, sob os melhores auspícios, as sementes da civilização regional à vista do rio, que fluía em rumo dos ínvios sertões, como permanente convite para as arrancadas, ao som das correntes" (Corrêa Filho, 1946, p. 35). Não dispondo de equipamentos adequados, a aventura bandeirante, todavia, obteve sucesso sobre as matas, os nativos inóspitos, os animais, as doenças, os imprevistos e o clima tropical, construindo verdadeiramente uma "cruzada civilizatória" por entre o sertão e as matas virgens do interior do território que formou o Brasil. Mas, assim "que se verificou a ocorrência do ouro em zonas promissoras, a afluência de aventureiros, atraídos pela rutilante miragem do enriquecimento fácil, propiciou a aglomeração de povoadores a que houve mister de instituir as regras de disciplina coletiva" (Corrêa Filho, 1946, p. 38). Por esta e outras razões:

> As cidades bandeirantes [...] não provieram de planos premeditados, com propósitos defensivos, salvo, por ventura, o caso de Laguna, à beira-mar, em cuja formação preponderou a influência da gente de São Paulo, desenvolvida pela família de Brito Peixoto.
>
> A iniciativa particular, de arrojados pioneiros, atendeu, nesse lance, a conveniência de ordem política, ao estabelecer o posto avançado, em rumo do Rio da Prata, a cuja margem o govêrno lusitano ordenava contemporaneamente a fundação da Colônia de Sacramento (Corrêa Filho, 1946, p. 42).

A sua "sobrevivência por mais de dois séculos, a despeito de todas as adversidades", as quais não foram poucas, evidencia para o autor "que não se enganaram os destemerosos representantes do bandeirismo paulista ao plantarem no centro geométrico da América do Sul o arraial, a cujo engrandecimento consagraram os melhores esforços de que seriam capazes", pois, a "audácia afigurava-se maior da marca" (Corrêa Filho, 1946, p. 50), do empreendimento coletivo que eles realizaram.

Com vistas a destacar *O bandeirismo na economia do século 17*, o texto de AEJ não fugiu das características dos precedentes, antes viria a corroborar com as teses apresentadas. Naquele momento, AEJ já era professor catedrático da cadeira de *História da Civilização Brasileira* da Faculdade de Filosofia, Ciências e Letras da Universidade de São Paulo (FFCL/USP) - tendo substituído Taunay, que havia assumido a diretoria do Museu Paulista, no primeiro semestre de 1938 –, era correspondente do Instituto Histórico e Geográfico Brasileiro (IHGB) e sócio efetivo do Instituto Histórico e Geográfico de São Paulo (IHGSP), além de ser membro da Academia Paulista de Letras (APL). Vinha revisando sua produção histórica, tarefa que fazia desde os anos 1930, com relação a sua produção dos anos 1920 (como vimos nos capítulos anteriores), e que se intensificou a partir de 1938, quando ingressou no curso de Geografia e História da FFCL/USP (como veremos nos próximos capítulos).

No curso de Geografia e História ele lançaria, anualmente, os resultados de seu trabalho, por meio dos *Boletins* da cadeira de *História da Civilização Brasileira*, publicando 13 números até 1951 – aliás, iremos nos deter na análise desta produção no sexto capítulo deste estudo. Ao mesmo tempo, muitos desses trabalhos, que nos *Boletins* apareciam em edições reduzidas de 100 a 300 exemplares, também foram aparecendo em Editoras, como: a Companhia Editora Nacional e a José Olympio, nas quais suas obras chegaram a ter edições de até 3 mil exemplares. Assim, ao lado de uma produção já significativa, onde se encontravam obras, como: *Ascendendo na história de São Paulo*, *Novas bandeiras e novos bandeirantes* e *Alguns paulistas do século XVI e VXII* (todos de 1922); *O bandeirantismo paulista e o recuo do meridiano* (de 1924); *Raça de gigantes* (de 1926); *Confederação ou separação* e *A Nossa Guerra* (ambos de 1932); *Populações paulistas* (de 1934); *Os primeiros troncos paulistas e o cruzamento euro-americano* (de 1936, edição revista de *Raça de gigantes*); *A evolução da economia paulista e suas causas* (de 1937); que eram o resultado de uma reavaliação de suas concepções e interpretações do passado paulista, ainda tinha lugar os romances: *O thesouro de Cavendish* (em parceria com Menotti del Picchia) e *Pedras lascadas* (ambos em 1928); *Madrugadas paulistas: lendas de Piratininga* (1932); *O tigre ruivo* (1934); *Amador Bueno Rei de São Paulo* (1935) e *Jaraguá: romance de penetração bandeirante* (1936) - como vimos no terceiro capítulo. Além disso, também havia se dedicado nos anos 1930 a produção de livros didáticos de *História* da 3ª a 5ª série, e de *Geografia*, da 1ª a 5ª série do ensino secundário. Foi tendo em vista o resultado da experiência que vinha acumulando com a pesquisa histórica, que AEJ esboçou no *curso de bandeirologia* uma síntese sobre a história das bandeiras paulistas até o século XVII.

Ao fazê-lo, recorreu novamente a sua definição, tantas vezes utilizada (seja em suas pesquisas, seja em seus livros didáticos), a respeito do que entendia por História. Foi, assim, tendo em vista que "a História", era, para ele, "uma reconstituição de uma época do passado de um povo e, para êsse fim, o historiador tem que buscar elementos em todos os ramos do saber humano" (Ellis Jr., 1946, p. 57), que indicou quais as *causas* e as *consequências* da empresa bandeirante, para efetivar o desenvolvimento da economia paulista no século XVII. Por ser diferente da economia açucareira do Nordeste, a Capitania vicentina se viu obrigada a recorrer ao "bandeirismo apresador", que "não tendo outra fonte de riqueza, esteve diante da imperiosa necessidade de apresar índios" (Ellis Jr., 1946, p. 65). Contudo, "temos que o bandeirismo de apresamento [...] não foi um fenômeno voluntário, isto é, dependente da vontade dos realizadores, mas um ato predeterminado pela economia da terra e pela economia alheia" então ávida por mão-de-obra cativa, e "as quais obrigavam aos vicentinos ao apresamento, se quisessem se manter vivos e civilizados" (Ellis Jr., 1946, p. 65). Do "bandeirismo apresador", passou-se para o "bandeirismo pesquisador", que foi "impulsionado pela voracidade gulosa de Portugal que, por meio das famosas cartas autógrafas, incitava os lusitanófilos planaltinos à penetração no sertão, em buscas mineralógicas" (Ellis Jr., 1946, p. 74). Ao ser descoberto o ouro se passou a outra forma de bandeirismo, o "sedentário e minerador", entre outras razões, por que:

> O bandeirismo estático e minerador, empregou não a *"bandeira caçadora"* do apresador, não a *"bandeira povoadora"* do colonizador, não a "Entrada" do pesquisador, mas a *"Monção"*, que era uma grande massa de gente, homens, mulheres, crianças, velhos etc., que, povoadora como a já referida, se locomovia como em comboios, pela via fluvial, com data e itinerários certos, para os pontos de fixação junto às lavras, povoando largas zonas em tôrno delas, não só se entregando à atividade mineradora, mas, também, às correlatas (Ellis Jr., 1946, p. 75).

Ao destacar *A sociedade bandeirante das minas*, Afonso Arinos de Mello Franco (*sobrinho* de Afonso Arinos de Mello Franco, que nascera em 1868 e falecera em 1916) dava continuidade aos temas discutidos, enfocando que a "sociedade bandeirante é o início da aplicação e da adaptação das instituições sociais e dos padrões culturais vigentes na zona civilizada, ao deserto rude, súbito povoado pela estonteante atração do ouro" (Mello Franco, 1946, p. 83). Mas, encerrado "o ciclo da sociedade bandeirante, a civilização da capitania mineira marcha para uma ascenção que só se interrompe quando a base econômica, que era o ouro, entra em declínio" (Mello Franco, 1946, p. 104). Não fora por acaso que Afonso Arinos tocou no tema das bandeiras em Minas. Ele que nascera em Belo Horizonte a 27 de novembro de 1905, formara-se em Direito no Rio de Janeiro, vindo a exercer o ofício do jornalismo e a praticar a pesquisa histórica, além de cumprir mandatos de deputado federal por esse Estado, foi aos poucos aguçando sua curiosidade pela história e, depois, pela pesquisa histórica de seu Estado de origem.

Do mesmo modo que outros participantes do curso, sua obra se estendeu para várias áreas como: a política, o direito, a história, a crítica literária e a produção de memórias. Quando ministrou sua conferência em 1946, ele já havia publicado na área de história obras, como: *O índio brasileiro e a Revolução Francesa: as origens brasileiras da teoria da bondade natural* (de 1937); *Síntese da história econômica do Brasil* (de 1938); *Um soldado do Reino e do Império: vida do Marechal Callado* (de 1942); *Homens e temas do Brasil*, *Desenvolvimento da civilização material no Brasil*, e *História do Banco do Brasil. Primeira fase: 1808-1835* (todas de 1944). Curiosamente, a história de Minas Gerais circunscreveu mais sua produção jornalística, do que propriamente as obras que publicou no período no campo dos estudos da história. Mas, evidentemente, foram tais análises que contribuíram diretamente com o modo que veria o bandeirante no período, entre outras coisas, como o formador de cidades, desbravador de fronteiras e conquistador do território que formou o Brasil.

Destoando parcialmente dos textos precedentes, o de Joaquim Ribeiro, investigando os *Problemas fundamentais do Folklore dos Bandeirantes*, pode ser visto como um movimento intermediário entre a historiografia entusiasta com o bandeirantismo e a crítica a ele. No momento em que apresentava sua contribuição para o curso, Joaquim Ribeiro já havia publicado neste campo *Folklore Brasileiro* em 1944, e estava concluindo *Folklore dos bandeirantes*, que viria a ser publicado no final de1946 pela Editora José Olympio. Assim, não foi por acaso, que o autor partia da constatação de que:

> O bandeirismo não é apenas um tema do passado. É, sobretudo, uma tentação para a pesquisa e para a interpretação retrospectiva.
>
> Não ha erudito e estudioso de nossa vida histórica que não tenha se voltado, com interesse e amor, para o período das bandeiras.
>
> Todos reconhecem a importância dessa fase distante.
>
> Todos proclamam o papel decisivo desse movimento que determinou, nos principais rumos, os horizontes de nossa grandeza territorial (Ribeiro, 1946, p. 107).

No entanto, temas como o Folclore do homem do sertão, do bandeirante aventureiro e sua relação com os povos nativos, foram deixados a margem no conjunto dos trabalhos, não apenas pelo tardio reconhecimento desta área como *ciência*, mas pelo próprio descaso com o tema foram, para o autor, razões suficientes para constatar problemas de ordem antropológica, geográfica, histórica, linguística e sociológica sobre a questão. De imediato, identificava que houve a "existência de intensa *mestiçagem* entre elementos *ibéricos* e elementos *ameríndios*, localizados no planalto paulista", cujo mestiço, o mameluco foi à base do empreendimento bandeirante. E ao "lado da mestiçagem racial, processava-se também a mestiçagem cultural, mediante mútua influência de usos e costumes" (Ribeiro, 1946, p. 109). Por esta razão, não há como negar o "papel desses mestiços nas bandeiras, que, não raro, eram dirigidas por eles, que eram, na verdade, os legítimos bandeirantes" (Ribeiro, 1946, p. 110). E tudo isso "vem comprovar que o bandeirante, isto é, o mameluco estava apto para as correrias do sertão, quer por influxo ameríndio, quer por influência da ecologia regional" (Ribeiro, 1946, p. 111). Donde a relação sociológica entre o elemento europeu e o "caciquismo" na organização das regras, dos mandos, das formas de convivência e de distribuição de tarefas. De fato, "na época do bandeirismo, só havia duas classes: a dos dominadores (os brancos) e a dos dominados (os mestiços, os negros e os índios)" (Ribeiro, 1946, p. 114).

Para ele, foi por isso que os "bandeirantes *paulistanizaram* grande parte do Brasil e, em virtude disso, só é possível compreender o folklore atual da região da "Paulistânia" mediante a restauração do folklore antigo das bandeiras" (Ribeiro, 1946, p. 116). Além disso, as "bandeiras exerceram decisivo papel na formação de *núcleos urbanos*" (Ribeiro, 1946, p. 119) do território que formará o país – tema, aliás, tocado nos textos anteriores –, pois, a "maior parte das povoações, arraiais, vilas e cidades nasceu dos pousos – as *rancharias* – dos primeiros desbravadores e mais tarde, com o advento da descoberta do ouro, dos *núcleos de mineração*" (Ribeiro, 1946, p. 120, grifos no original).

Disso tudo que resultaria a psicologia do povo paulista, formada pelas guerras civis dos tempos coloniais, e que vieram a "acentuar ainda mais o sentimento bairrista do homem do planalto", além de contribuir também para formar seu "orgulho, a altivez, por vezes, exagerada, mas sempre forte e vigorosa dos homens de São Paulo". E o "folklore dos bandeirantes, reconstituindo essas 'estorias' dos antigos heróes, eivadas de verdade e de fantasia, de realidade e de lenda, ilustra os fundamentos psicológicos de tão forte e arraigado sentimento coletivo" (Ribeiro, 1946, p. 123). Portanto:

> O bandeirante desapareceu no momento em que o paulista abandonou o *nomadismo* e iniciou a *vida sedentária.*
>
> O bandeirante desapareceu no momento em que o paulista substituiu a atividade coletora e extrativa pela atividade agrícola, fundando a monocultura do café, que o levou ainda a trocar a pequena propriedade pelo latifúndio.
>
> O bandeirante desapareceu no momento em que o trabalho servil militarizado cedeu lugar ao trabalho servil agrícola, isto é, quando a "bandeira" foi derrotada pela "fazenda".
>
> Enfim, o bandeirante desapareceu no momento em que o sangue mameluco, ameríndio, se diluiu, contaminado pelo sangue negro-africano de escravos trazidos de fóra (Ribeiro, 1946, p. 124).

Ponto, aliás, também evidente para AEJ, que, por certo, nem chegaria a evidenciar possíveis cruzamentos entre o europeu e o negro africano ou afro-brasileiro, e que, para ele, era o que representava a peculiaridade do mameluco paulista, de cruzamento do europeu com o indígena.

Após nos determos nas principais teses apresentadas nessas conferências, ganha maior sentido a assertiva de Afonso de Taunay, no início deste item, de que não era necessário apresentar pormenorizadamente um tema que já estava consolidado na historiografia paulista, tanto quanto na memória coletiva dos paulistas, nos anos iniciais da década de 1940. E onde, não sem razão, AEJ estava a se amparar para demonstrar sua interpretação. Com base nesses pontos, é que devemos observar o texto de SBH, para o *curso de bandeiro-*

*logia*, especialmente por procurar indagar esse tipo de discurso *elogioso das tradições do passado*, que colocava o bandeirante como símbolo da história de São Paulo. Além disso, a abordagem de SBH procurava averiguar em que medida essa interpretação deixava de notar os "verdadeiros" rastros do passado deixados pela "cultura material", pela iconografia, etnografia, e pelos próprios documentos oficiais, como: os inventários e os testamentos. Para os quais os bandeirantes não eram expostos de modo a imporem certas vestimentas, costumes, bens e posturas, mas com imensas fragilidades, no que se refere à alimentação, aos bens que possuiam, a cultura que mantinham e a contribuição que deixaram para a (re)descoberta e desbravamento dos sertões.

## *A antítese do bandeirantismo na historiografia brasileira: a interpretação dos "povos nativos" em Sérgio Buarque de Holanda*[25]

> No mais, a técnica da navegação fluvial adotada durante a época das monções conservou praticamente intacta a tradição indígena. No fabrico das canoas, na escolha do material de construção, no próprio sistema de navegação, pode-se dizer que foi nula a influência europeia (Holanda, 1946, p. 138).

Assim, SBH notava a contribuição indígena no fabrico de canoas, nas técnicas de navegação e na escolha de caminhos terrestres e fluviais, na orientação dos bandeirantes pelas trilhas do sertão e no encontro dos metais preciosos.[26] Mas, antes de adentrar no seu texto, é preciso que façamos um pequeno aden-

25 Ele havia recebido novamente o convite para proferir esta conferência no curso de bandeirologia em 6 de março de 1946, em ofício de Honório de Sylos, que o informava da realização do curso de bandeirologia e o convidava para proferir uma palestra sobre as monções. Ofício de Honório de Sylos a Sérgio Buarque de Holanda, São Paulo, 6 de março de 1946, 3p. Siarq-Unicamp, Vp 38 P1. Não conseguimos ter acesso aos convites enviados para os demais participantes do curso de bandeirologia. Por outro lado, deve-se salientar que Sérgio Buarque de Holanda foi ampliando, ao longo dos anos 1940 e 1950 (Cf. Holanda, 2011a, 2011b), sua análise sobre as relações dos gentios, os nativos da terra, com os europeus, sertanejos e mamelucos (que se originariam dos cruzamentos étnicos e culturais aí definidos), de tal modo que em *Caminhos e fronteiras*, de 1957, notaria que: "entre portugueses e mamelucos, sobretudo nas terras vicentinas, o arco e a flecha entraram bem cedo no arsenal dos conquistadores, substituindo, em alguns casos, as próprias armas de procedência europeia" (Holanda, 1995, p. 66).

26 Desde os anos 1930, pelo menos, que Sérgio Buarque vem tratando destas questões (Cf. Wegner, 2000), como indica em seu artigo de 1939, *Caminhos e fronteiras*, publi-

do. Para Antonio Celso Ferreira (2002) o período de 1870 a 1940 representou, na historiografia paulista, o momento de auge na produção de uma história do bandeirantismo, como vimos acima, entre os letrados e as instituições, constituindo-se numa época de conformação de uma verdadeira "epopeia bandeirante". Os textos dos autores que vimos tratando até aqui, além de comporem parte dessa historiografia, que se consagraria por tentar reconstituir a história paulista e forjar uma identidade regional, também efetuaria simultaneamente um elogio as tradições do passado, que foram legadas aos homens e mulheres daquele período histórico nos anos 1920 e 1930. Nesse sentido:

> As letras históricas paulistas, congregando um arco de manifestações discursivas inter-relacionadas, no qual germinaram a historiografia e a literatura, constituíram-se como meios privilegiados de edificação de um saber sobre a terra e a gente de São Paulo, antes do advento de saberes profissionalizados desde os anos de 1940. Elas expressaram a busca de uma identidade regional no espaço amplo e movediço da modernidade, voltando-se simultaneamente para o passado e para o futuro. Na recriação (sempre mítica) do passado, elas buscavam

---

cado na *Revista do Brasil*, onde destaca que todo "o sentido da história paulista prende-se por muito tempo aos caminhos, atalhados de pé ou estradas seguidas, sobretudo às vias de penetração criadoras de cidades e disciplinadoras do povoamento", e o "estudo desses caminhos detém-nos justamente no processo através do qual a plasticidade admirável dos colonizadores procura imprimir a um mundo novo e desconhecido estilos de vida que lhes são mais familiares e aplica-se nisso com extraordinária consistência"; muito embora a "documentação existente seja precária nesse ponto, há razões para supor que nessas jornadas os bandeirantes andassem geralmente descalços" (Holanda, 2011a, p. 84-85), costume, aliás, que foram adquirindo com os nativos, os "negros da terra". No ano seguinte, em seu artigo *O índio no Brasil*, publicado no *Observador econômico e financeiro*, o autor retoma a temática, enfocando que mesmo seus vestígios materiais, em função da fragilidade dos empreendimentos, terem se apagado com o tempo, ainda assim teria ficado na sombra, "inapagável, no rosto dos bandeirantes, em certas peculiaridades de temperamento, marcando a remota presença do índio" (*Idem*, p. 94). Daí a importância de historiar as relações entre os bandeirantes e os "negros da terra", e os choques dos primeiros com os jesuítas; decorrendo já deste período pelo menos duas narrativas sobre o tema, uma favorável as ações dos bandeirantes e outra crítica de suas ações, seja em relação aos índios, seja em relação aos jesuítas. Mais instigante ainda foi o modo que o autor articulou estas questões, com o modo que o governo Vargas vinha tratando a questão indígena nos anos 1930 e no começo da década que se iniciou em 1940, seja diminuindo progressivamente os investimentos, seja alterando leis e regulamentos, seja ainda reajustando as áreas demarcadas como terras indígenas no país. Como base nesses problemas iniciais que devemos perscrutar seu texto de 1946 para o curso de bandeirologia.

> as energias capazes de garantir coesão social e durabilidade cultural para uma sociedade acometida por intensas e rápidas mudanças. Ao se projetarem para o futuro, deixaram entrever os conteúdos utópicos próprios aos regionalismos e nacionalismos (Ferreira, 2002, p. 353).

Por essa razão, essas narrativas históricas sobre os bandeirantes e as bandeiras paulistas buscavam fornecer subsídios seguros, para se alcançar certa regularidade no entendimento do processo histórico, tanto quanto na compreensão das instituições políticas e na movimentação da economia do país, que em meados dos anos 1920 e 1930, havia propiciado um conjunto de mudanças técnicas e culturais, além de uma drástica recomposição do poder político e da economia nacional, especialmente, durante a conjuntura de 1929 a 1932. Desse modo, essas narrativas ao se voltarem para o passado, dimensionando-o miticamente para o presente, visavam assegurar uma forma de compreender o processo histórico, de tal modo que as categorias: passado, presente e futuro tivessem um sentido para a orientação dos indivíduos em seu contexto (Cf. Rüsen, 2001, 2007b).

Ademais, elas pretendiam elaborar uma identidade para o povo paulista, cujo passado entendido como "heroico" e "glorioso" era uma forma de manobrar a fragilidade econômica (que se processou após a "crise de 1929", e atingiu diretamente a lavoura cafeeira) e a perda da autonomia política do estado de São Paulo (que se seguiu aos eventos de 1930, e inaugurariam o governo provisório de Getúlio Vargas).

Assim, ao vislumbrarem o modo como os bandeirantes "desbravaram" os sertões, contribuindo diretamente para assegurar as fronteiras que formaram o país, projetarem suas ações sobre a inauguração de caminhos terrestres e fluviais, além da fundação de povoamentos e cidades, aquelas narrativas também procuravam manter viva uma "memória coletiva", sob risco de esquecimento a partir dos anos 1930, em função dos episódios recentes sobre a história de São Paulo, e da própria Federação.

Em todos esses casos, fazer uso do passado era também uma forma de redimensionar os sentidos que se davam ao presente, ao mesmo tempo em que se procurava construir novas alternativas sobre as expectativas que se faziam sobre o futuro, bem como sobre os próprios sentidos e análises que se faziam a respeito do passado (Cf. Rüsen, 2001; Koselleck, 2006), num intenso processo de disputas e debates, e cuja temática das bandeiras estava então no centro de tais contendas.

Por essa razão, ao buscar rever o tema do bandeirantismo na historiografia brasileira, Márcio Santos (2009) acrescentará a avaliação de Ferreira (2002), que o tema basicamente esteve permeado por uma abordagem "tradicional", que visualizaria "um passado paulista glorioso, no qual o bandeirante exerceria o papel de elemento desbravador e integrador do interior do território nacional" (Santos, 2009, p. 29). Mas, se a "maioria dos historiadores do período lastrearam seus estudos no mito do herói bandeirante, é de assinalar que houve pelo menos um estudioso importante - Capistrano de Abreu - que fez o movimento contrário, revelando na ação do sertanista de São Paulo o que ela teria tido de negativo e condenável". No mesmo caminho, prossegue Santos, "Alcântara Machado é outro autor que se pode destacar do conjunto da produção historiográfica do período, por ter se distanciado da perspectiva valorativa da ação do bandeirante, para apontar as condições materiais objetivas que definiram a existência paulista no Seiscentos" (Santos, 2009, p. 30).

Assim, ao circunstanciar as principais características daquela abordagem, o autor indicará que se encontrariam: Teodoro Sampaio, Pandiá Calógeras, Capistrano de Abreu (apesar de certas diferenças evidentes, com relação às interpretações dos outros autores arrolados), Basílio de Magalhães, Oliveira Vianna, Alfredo Ellis Júnior, Afonso de Taunay, Cassiano Ricardo, Jaime Cortesão e Vianna Moog, que "articulam a heroicização da figura do bandeirante vicentino a uma defesa fortemente regionalista dos valores e da história do Estado de São Paulo" (Santos, 2009, p. 42). Num percurso distinto, estariam às abordagens de Alcântara Machado e SBH, que visualizaram nem "heróis que cumprem um destino glorioso, nem monstros condenáveis por suas ações imorais", mas sim "mestiços paulistas, homens concretos as voltas com recursos escassos, que lhes exigiram deixar seus povoados e sítios e enveredar pelo sertão em busca de mão-de-obra indígena [e metais preciosos]" (Santos, 2009, p. 47). Em certo sentido este também foi o norte da análise de Sérgio Costa, na qual ressaltava que o "tom desmistificador com que [SBH] se refere aos primeiros exploradores, os Bandeirantes, é inovador e continua sendo seguido até hoje pela historiografia correspondente." (Costa, 2014, p. 837).

Contudo, não devemos esquecer que as narrativas que foram feitas sobre os bandeirantes, não podem, nem devem ser tão facilmente distinguidas entre aquelas que fazem um *elogio evidente sobre as tradições que compõem as bandeiras paulistas* e aquelas que incidem a *uma crítica a elas*, ao relacionarem outros sujeitos históricos, como a contribuição direta dos "povos nativos", para a consecução dos objetivos das bandeiras no desbravamento dos sertões. Como salienta Danilo Ferretti (2009), ao comparar os textos de SBH e de Afonso de Taunay apresentados no curso de bandeirologia de 1946: em ambos os casos houve tentativas de aproximar os fenômenos das bandeiras com a das monções (o mesmo valendo para o texto de AEJ); ambos destacaram a questão da construção da unidade nacional, por meio da criação de linhas de comunicação entre as vias terrestres e fluviais, ligando o Planalto paulista a outras partes do território que formou o Brasil; em ambos, ainda, verificou-se tentativas de se assegurar a posse definitiva da terra, por meio do povoamento – e, como vimos acima, algumas dessas questões também se cruzavam com as análises contidas nas conferências de AEJ,[27] Viriato Corrêa Filho e Afonso Arinos de Mello Franco.

No entanto, "diferente da tradição historiográfica regional e de Taunay", SBH se "esforçava em mostrar que justamente [sobre] à continuidade havia uma série de rupturas que diferenciavam significativamente o movimento das bandeiras do das monções" (Ferretti, 2009, p. 9). E que apesar de SBH manter certa aproximação com uma história entendida como *mestra da vida*, porque fonecedora de exemplos do passado para a orentação das ações humanas no presente, ele "se apropriou do tropo ciceroniano para reverter e anular o caráter de exemplaridade do passado", ao fazer um "exorcismo do passado", na medida em que identificava "o passado para que dele nos libertemos", sendo, por isso, o "contrário da perspectiva de Taunay de idenficação da força diretora do passado, visando sua louvação e continuidade" – como também aparecerá no texto de AEJ e de uma parte dos participantes do curso de 1946.[28] Assim, a perspectiva

27 Como nos indica, em várias passagens, o livro *Monções*, que Sérgio Buarque havia publicado no ano anterior. Em sua terceira edição (Cf. Holanda, 2000), o livro nos traz tanto a versão do texto de 1945, quanto às reformulações que o autor procedeu em alguns de seus capítulos. Assim, ela pode nos servir de base para conjecturar tais afirmações. Como nos informa o autor: "Ao Sr. Alfredo Ellis Junior cabe, aparentemente, o mérito de ter sido o primeiro a mostrar o quanto é ilusória a crença de que as vias fluviais tiveram uma ação decisiva sobre esse movimento [das bandeiras]" (Holanda, 2000, p. 21, notan° 3), no seu livro *O bandeirismo paulista e o recuo do meridiano*. Além disso: "A história das monções do Cuiabá é, de certa forma, um prolongamento da história das bandeiras paulistas, em sua expansão para o Brasil Central" (*Idem*, p. 43).

28 Na resenha que faria do livro de Marc Bloch, sob o título homônimo de *Apologia da história*, e que foi publicada poucos anos depois da apresentação de sua conferência de 1946, no jornal *Folha da Manhã*, em 18 de julho de 1950, Sérgio Buarque iria ressaltar que: "Penso, muito ao contrário, que exatamente entre povos sem longo passado como o nosso torna-se, por isso mesmo, frequentemente tirânica a tentativa de forjar um passa-

"exorcista do passado", conclui Ferretti, em SBH "lançaria o historiador no campo da transformação, da criação do novo" (Ferretti, 2009, p. 10).[29]

E aqui chegamos num outro ponto importante para a análise. Em sua conferência Taunay sentia que não havia necessidade de prescrever para o público do evento as características gerais da história das bandeiras paulistas, uma vez que esta já era do conhecimento de todos os participantes. Mas quem foram eles? Sabemos que havia desde escritores, romancistas, jornalistas, políticos e funcionários do Estado ou de associações liberais, até provavelmente alunos dos cursos da Faculdade de Filosofia, Ciências e Letras da Universidade de São Paulo e da própria Escola Normal "Caetano de Campos". Contudo, não temos subsídios seguros e suficientes para aprofundar tal panorama, nem tampouco verificar em que medida a fala de Taunay era puramente retórica ou não. Como isso não se estendeu nas outras conferências, nem na fala de SBH, há que se presumir que o intento de Taunay era mais o de fortalecer a imagem que havia sido construída sobre o bandeirante paulista, resituando-a e ressignificando-a para um público que, ainda que conhecedor do tema, haveria de apreciar tanto os avanços das pesquisas, quanto a projeção da figura do bandeirante para reiterar a identidade do povo de São Paulo, também como um "símbolo" de suas "glórias" do passado. Ao que tudo indica, isso era justamente o que SBH procurava combater, e sua conferência, não sem razão, tentava relativizar as representações que foram feitas até então do bandeirante, com vistas a fazer com que as pessoas viessem a se desgarrar das amarras do pas-

do artificial e que a 'idolatria do ser efêmero' [...] tende a encontrar os mais fervorosos adeptos" (Holanda, 2004a, p. 109).

29 Além disso, como já indicamos em vários momentos, não se pode reduzir as análises feitas no curso de bandeirologia de 1946 a essas duas conferências, ainda que elas indiquem dois pontos de vista substancialmente distintos, mesmo que entre eles se formem certos paralelos e aproximações. Como indicaremos ao longo deste capítulo, tanto as narrativas históricas, quanto as imagens figurativas contidas no curso, demonstrariam um intenso processo de debates sobre a temática, nos quais certas mutações no modo de se ver e interpretar as bandeiras paulistas iriam se tornar mais evidentes somente no final dos anos 1950. Uma parte desse processo pode ser rastreado pela própria produção de Sérgio Buarque de Holanda (2011a, 2011b), especialmente, em seu livro: *Caminhos e fronteiras*, de 1957. Pode-se ainda visualizar tais questões nas revisões que Alfredo Ellis Jr. (1948, 1949, 1950, 1951, 1960) procederá em sua obra no final dos anos 1940 e nos anos 1950, ao tentar absorver e rearticular parte dessa produção historiográfica – como veremos no sexto capítulo desta pesquisa.

sado colonial, cujas raízes impediam, em pleno século XX, o desenvolvimento da democracia no país, e da sociedade civil nas decisões políticas para o país.

Por certo, tal perspectiva foi se formando aos poucos, e, desde os anos 1920, SBH a vinha esboçando em seus textos jornalísticos, até aparecer numa forma mais definida em *Raízes do Brasil* de 1936. Evidentemente, essa perspectiva foi se tornando cada vez mais elaborada em sua obra dos anos 1940 e 1950. E como indicou em seu artigo: *Para uma nova história*, publicado em 26 de julho de 1950 no jornal *Folha da Manhã*:

> No Brasil [...] onde só há pouco o tirocínio universitário, e um contato mais assíduo com os grandes centros culturais, começa a habituar-nos a não ver nas teorias e ideias seu mero valor fiduciário, a apresentação de alguma nova forma, nova fórmula, de conhecimento, reveste-se muitas vezes de caráter sacramental. A fórmula, que deveria ter efeito provisório apenas, e especulativo, converte-se sem dificuldade em dogma definitivo e inapelável, até que se insinue no horizonte quem deva decretar sua fatal derrocada. Os que ontem juravam por um profeta, congregam-se hoje à invocação de outro, convictos de que, enfim, se apropriaram da Verdade. Assim, entre historiadores, contra os que antes acreditavam no valor final da documentação, ergueu-se a seita dos que tendem a proscrevê-la em prol da simples especulação. A muitos destes não ocorreu pensar que, se os fatos materiais objetivamente averiguados, situados, datados, não formam a história, ou toda ela, formam, entretanto, um dos seus elementos (Holanda, 2004a, p. 131).

E que devem ser cotejados, por meio de questões igualmente adequadas.[30] Poucos anos depois, no artigo *O senso do passado*, que foi publicado em 13 de julho de 1952 no jornal *Diário Carioca*, ele avançava na análise ao retomar alguns desses pontos. No texto, evidencia a necessidade de um "senso do passado", que não se desvinculasse do presente. Para ele, a busca dos acontecimentos do passado não poderia estar fundamentada simplesmente num "sentimentalismo", em vista do que havia se passado outrora. Entre ou-

30 Como indicou em seu artigo *Para uma nova história*, publicado em 26 de julho de 1950 no jornal *Folha da Manhã:* "Bem sabemos que os fatos nunca falam por si, que o verdadeiro historiador não é apenas o que conseguiu acumulá-los no maior número possível, mas o que soube formular-lhes, a esses fatos, as perguntas realmente decisivas dando-lhes ao mesmo tempo voz articulada e coerência plausível" (Holanda, 2004a, p. 129).

tras razões, porque quando "queremos sentimentalmente uma coisa ou uma época, queremo-la com exclusividade e ciúme, contra as outras coisas e contra as outras épocas". Assim, não seria por acaso, que ressaltava "que o sentimentalismo histórico é o que há de mais avesso ao senso do passado", além de não ser "próprio do historiador, mas do mau antiquário" (Holanda, 2004a, p. 102). Nesse sentido, ele iria destoar da historiografia praticada pelos institutos históricos,[31] pois: "o próprio do historiador não está em querer ver e enaltecer o passado no presente ou vice-versa, mas em reconhecer e estimar as formas diferentes que se sucedem através dos tempos" (Holanda, 2004a, p. 103).

Desnecessário pormenorizar neste espaço a trajetória de SBH, anterior ao período em questão, sabidamente conhecida (Cf. Reis, 1999; Monteiro; Eugênio, 2008; Roiz, 2012a), e que vimos tratando nos capítulos anteriores. A partir de 1946, ele assumiu a diretoria do Museu Paulista e lá permaneceu até 1956, quando pediu a exoneração do cargo, para assumir interinamente a cadeira de *História da Civilização Brasileira* no curso de História da Faculdade de Filosofia, Ciências e Letras da Universidade de São Paulo – no lugar de AEJ, que se afastaria da função por motivos de saúde a partir de 1952, e viria a se aposentar em 1956 –, e a quê será catedrático, a partir de 1958. Durante o período em que esteve a frente do Museu Paulista empreendeu uma verdadeira remodelação dos setores e das áreas de pesquisa e de coleta de fontes da instituição, preocupando-se com a contratação de pessoal qualificado para o exercício dessas funções – e que voltaremos a essa questão no sétimo capítulo desse estudo. Também durante esse período aproveitou para dar continuidade a suas pesquisas, com a publicação de artigos, que na década de 1950 formaram o livro *Caminhos e Fronteiras*, de 1957 (Cf. Françozo, 2007; Wegner, 2016).

Mesmo que consideremos que na década de 1940 SBH ainda estivesse transitando da crítica literária e sociológica para a análise histórica, mais propria-

31 Já em seu artigo *O pensamento histórico no Brasil nos últimos 50 anos*, publicado no ano anterior, ele indicava que: "A complexidade desses assuntos está a requerer cada vez mais a utilização dos métodos que se vêm desenvolvendo em países onde existe longa tradição de estudos históricos especializados. E a preocupação de assimilar alguns desses métodos e aplicá-los a problemas brasileiros já é hoje o aspecto dominante e creio que o mais auspicioso do pensamento histórico entre nós. A esse propósito não se poderá acentuar demasiado a influência que tem cabido nos últimos anos aos mestres estrangeiros contratados para os institutos universitários" (Holanda, 2008a, p. 614-615), e que começaram a ser criados no país somente a partir dos anos 1930. Para uma análise da questão, ver: Roiz, 2012a; Ferreira, 2013.

mente dita, não há como negar que ele carregaria alguns tópicos expostos, já nos anos 1930, especialmente, em seu *Raízes do Brasil* (de 1936), e estes apareceriam de uma forma mais amadurecida em sua obra e em suas pesquisas conduzidas durante sua administração do Museu Paulista. A obra, *Caminhos e Fronteiras* além de trazer nitidamente esta virada teórica e metodológica na abordagem do autor, também traria a contribuição da etnografia, ao estudar os povos indígenas, e da arqueologia, ao visualizar os vestígios da "cultura material", e que foi fruto de sua trajetória no Museu. Já em seu livro *Monções*, de 1945, o autor demonstraria a redução de escala de análise, em sua interpretação dos avanços dos caminhos e das navegações efetuadas pelos bandeirantes paulistas nos séculos XVII e XVIII, com vistas a empreenderem viagens fluviais entre Porto Feliz e Cuiabá, para capturar índios para substituírem o trabalho escravo dos negros africanos,[32] assim como estavam ainda em busca de ouro e outros metais preciosos (Cf. Holanda, 2000; Wegner, 2000, 2016). Para Laura de Mello e Souza:

32 Nesse processo, como indicou Sérgio Buarque no livro em pauta: "Distanciados dos centros de consumo, incapacitados, por isso, de importar em apreciável escala os negros africanos, eles deverão contentar-se com o braço indígena – os "negros" da terra; para obtê-lo é que são forçados a correr sertões inóspitos e ignorados. Em toda parte é idêntico o objetivo dos colonos portugueses" (Holanda, 2000, p. 16). Além disso: "A capacidade de resistir longamente à fome, à sede, ao cansaço; o senso topográfico levado a extremos; a familiaridade quase instintiva com a natureza agreste, sobretudo com seus produtos medicinais ou comestíveis, são algumas das imposições feitas aos caminhantes, nessas veredas estreitas e rudimentares. Delas aprende o sertanista a abandonar o uso de calçados, a caminhar em "fila índia", a só contar com as próprias forças, durante o trajeto" (*Idem*, p. 17). Ademais: "À influência indígena, que também nesse particular foi decisiva [quanto ao uso dos rios e de embarcações], deve-se, por exemplo, o emprego, entre os sertanistas, da canoa de casca, especialmente indicada para os rios encachoeirados" (*Idem*, p. 19); e um "fator positivo, em todo caso, é que, recorrendo à matéria-prima indígena, os primeiros colonos e seus descendentes também mantiveram a técnica de construção naval dos naturais da terra. Não se pode afirmar que, durante a era colonial, o imigrante europeu tenha acrescentado grande coisa à arte de navegação interior, tal como já a encontrara, praticada entre o gentio. Não só no fabrico das embarcações, como na mareagem, os usos estabelecidos, antes do advento do homem branco, puderam, assim, sobreviver longamente à subjugação dos antigos moradores. Um desses usos, o dos tripulantes remarem sempre em pé, que foi corrente não só no Brasil, como em todo o continente americano, pertence certamente a tal categoria" (*Idem*, p. 28). Contudo, a "importância que rapidamente ganhou o comércio cuiabano por intermédio de São Paulo e do Tietê fez com que o nome de "paulista" muitas vezes se agregasse a esse tipo de embarcação, onde quer que surgisse" (*Idem*, p. 29). Veja-se ainda a recente organização de Laura de Mello e Souza e André Sekkel Cerqueira procederam sobre *Monções*, e os escritos agrupados em *Capítulos de expansão paulista*, nos quais os organizadores indicam como Sérgio teria planejado e articulado suas pesquisas sobre os bandeirantes e as monções (Cf. Holanda, 2014, 2014b).

> A preocupação com o movimento tem sido talvez o aspecto mais enfatizado no conjunto de escritos de Sérgio Buarque de Holanda sobre a história de São Paulo. Mas me parece ter sido o destaque aos elementos da vida e da cultura material o ponto distintivo de *Monções* com relação ao que se escrevera até o momento sobre as populações paulistas: os estudos de Alfredo Ellis Jr., os de Afonso de Taunay e até *Vida e morte do bandeirante* (1929), de Alcântara Machado, mais moderno na linguagem e na concepção. Se essa obra, em certos pontos, influenciou Sérgio Buarque, mantinha-se ainda presa à "mitologia bandeirante", à ideia de excepcionalidade da história paulista, na qual o isolamento no contexto luso-americano aparecia como um dos traços específicos. *Monções* deslocou o eixo da análise que dominava a historiografia sobre o assunto, em que pese certa originalidade presente em alguns dos livros de Alfredo Ellis Jr., como observou John Monteiro. Se Ellis havia destacado a importância do mameluco sob perspectiva ainda presa à concepção de raça, Sérgio procurou desvendar seu papel como intermediário entre dois mundos, debruçando-se sobre a constituição de uma cultura material específica, na qual traços indígenas e europeus se articularam e tornaram possível a adaptação dos adventícios portugueses ao novo meio [...]. (Souza, 2014b, p. 19-20).

E é justamente tendo em vista tal questão que devemos nos voltar para o texto que ele apresentou no curso de 1946, cujo título: *As Monções*, já indicava sua preocupação com a temática, muito embora esta fosse, em geral, deixada de lado na maioria dos estudos sobre as bandeiras paulistas – a exemplo de algumas das conferências ministradas durante o evento. Não sem razão, para ele, as "monções representa[va]m, em realidade, uma das expressões nítidas daquela força expansiva que parece ser uma constante histórica da gente paulista e que se revelara mais remotamente nas bandeiras" (Holanda, 1946, p. 127). Contudo, na "mareagem, tanto como na técnica de construção naval", e que estavam amplamente ligadas ao movimento das monções, "prevalecia decididamente a tradição indígena", a qual pertencia ainda "o uso dos tripulantes remarem sempre de pé, uso que foi corrente não só no Brasil como em todo continente americano antes do advento dos brancos" (Holanda, 1946, p. 140).[33] Nesse processo,

33 Como, aliás, já havia indicado em seu livro *Monções*, publicado ano anterior, onde ressaltava que: "Os mais antigos depoimentos acerca da navegação do Tietê [...] mostram bem como esse modelo de embarcação não constituiu invenção caprichosa dos colonos e nem nasceu de súbito, no segundo decênio do século XVIII, como as primeiras expedições fluviais rumo ao sertão do Cuiabá" faziam crer, pois, um "século antes de

a "colonização paulista do Cuiabá e Mato Grosso é como uma réplica, em escala reduzida, do que foi a colonização portugueza do Brasil", pois, "São Paulo deu o que podia dar, e certamente não era muito, uma vez que lhe faltava em braços e em recursos materiais o que lhe sobrava em energias" (Holanda, 1946, p. 143).[34] E aqui vemos certa aproximação de seu texto, com as conferências anteriores, apesar de suas nítidas diferenças no tratamento do tema.

É, portanto, averiguando esse duplo movimento da historiografia sobre a história do bandeirantismo, que devemos pensar os desenhos de Belmonte, que vieram a ilustrar os textos do *curso de bandeirologia*, em 1946, quando foi publicado no formato de livro.

## *A síntese das possibilidades: as imagens do bandeirantismo paulista nos desenhos de Belmonte*

> *O artista tem que viver entre o povo, embora não deva fazer concessões à popularidade. Ser popular não é o mesmo que ser vulgar. O "xis" da questão está em tomar um assunto complicado e difícil, digerí-lo, simplificá-lo e torná-lo acessível ao grande público. Resumir numa charge, por exemplo, um problema econômico ou financeiro, eis o ideal [...] fazer arte para ser entendido por algumas pessoas é criar [simplesmente] uma aristocracia artística.* (Belmonte, grifos no original).[35]

Caracterizando a criação artística dos anos de 1930 e 1940, na capital do estado de São Paulo, Belmonte – nascido a 15 de maio de 1896, com o nome de Benedito Carneiro Bastos Barreto, na Liberdade, bairro de São Paulo – assim resumiria o ofício que começou a praticar em 1914 (aos 18 anos) na revista *Rio Branco*. Criador do personagem Juca Pato, Belmonte se tornou popular

---

se iniciarem as expedições, já ele existia seguramente, e tudo leva a supor que, em sua fabricação, o europeu mal terá influído sobre a técnica indígena" (Holanda, 2000, p. 30), seja a de produção, seja ainda a de navegação pelas vias fluviais.

34 No final dos anos 1940, Sérgio Buarque (2011a, p. 465-506) retomaria a questão na sequência de artigos que publicou para o jornal *O Estado de S. Paulo*, entre 4 e 31 de julho de 1948, sob o título de *Pré-história das bandeiras* (I, II, III, IV, V, VI, VII e VIII). Aliás, ao longo da segunda metade daquela década este (Cf. Holanda, 2011a) produziu um número significativo de textos sobre essa temática, e que, em meados dos anos 1950, seriam reformulados e ampliados pelo autor para formarem a primeira parte de seu livro *Caminhos e Fronteiras*, de 1957.

35 Banco de Dados Folha, na página: http://almanaque.folha.uol.com.br/belmonte.htm.

a partir dos anos 1920, como cartunista da *Folha da Noite* (atual *Folha de S. Paulo*). Além de criar diversos personagens, também foi ilustrador de livros de Monteiro Lobato e de Eça de Queiroz (na edição brasileira de *O primo Basílio*). Atuando como pesquisador, fez as ilustrações do livro: *Povos e Trajes da América Latina*, de Egon Schaden, entre outros. Também foi autor de vários livros,[36] entre eles: *No tempo dos Bandeirantes*, de 1937. Faleceria em 19 de abril de 1947, próximo de completar 51 anos.[37] É nesse contexto que devemos entender a sua participação no *curso de bandeirologia* de 1946, ao fazer as ilustrações para representarem os textos das conferencias publicadas, pelo Departamento Estadual de Informações de São Paulo, também responsável pela organização do evento.

Imagem 1: Desenho do Juca Pato, feito por Belmonte[38] para ilustrar o Curso de Bandeirologia de 1946.

Mas, diferentes de suas charges, que enfatizavam situações cômicas sobre a política e o cotidiano, e cujos personagens apareciam com fisionomias caracterizando tais circunstâncias, os desenhos que apresentou para ilustrar o

36 *A cidade de ouro - livro para crianças* (1923), *Brasil de outrora - desenhos inspirados em Rugendas* (1924), *Angústias do Juca Pato - álbum de caricaturas* (1926), *O amor através dos séculos - álbum de desenhos humorísticos* (1928), *Assim falou Juca Pato - crônicas humorísticas* (1933), *Ideias de João Ninguém - crônicas humorísticas* (1935).

37 O resumo de dados que se apresenta de Belmonte foram pesquisados no Banco de Dados Folha, na página: http://almanaque.folha.uol.com.br/belmonte.htm, em 11 de novembro de 2010.

38 Fonte: Banco de Dados Folha, na página: http://almanaque.folha.uol.com.br/belmonte.htm.

curso de 1946, seguiram, ao contrário, aos mesmos padrões que adotou para seu livro: *No tempo dos bandeirantes*, de 1937. No *curso de bandeirologia*, além dos seis desenhos centrais que perpassam cada um dos ensaios do curso, alocados em página inteira, o autor fez um para a capa e para a página inicial de cada capítulo, além de apresentar desenhos menores, isto é, "vinhetas" para o início de cada texto. Vale destacar que o mesmo padrão aparecia em seu livro, acima indicado – com exceção dos desenhos de página inteira, pois, a grande maioria foi feita no formato de pequenas vinhetas.

Imagem 2: Vinhetas de Belmonte para o curso de Bandeirologia de 1946. As armas de fogo[39]

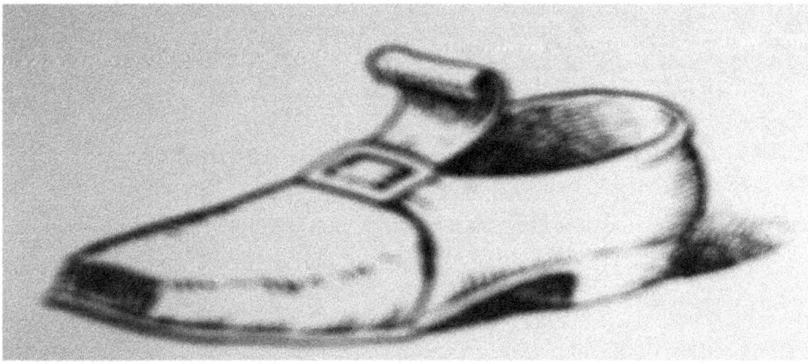

Imagem 3: Vinhetas de Belmonte para o curso de Bandeirologia de 1946. Os calçados[40]

39 Fonte: TAUNAY, A.; CORREA FILHO, V.; HOLLANDA, S. B.; ELLIS JUNIOR, A.; MELLO FRANCO, A. A.; RIBEIRO, J. Curso de Bandeirologia. São Paulo: Departamento Estadual de Informações, 1946.

40 Fonte: TAUNAY, A.; CORREA FILHO, V.; HOLLANDA, S. B.; ELLIS JUNIOR, A.; MELLO FRANCO, A. A.; RIBEIRO, J. Curso de Bandeirologia. São Paulo: Departa-

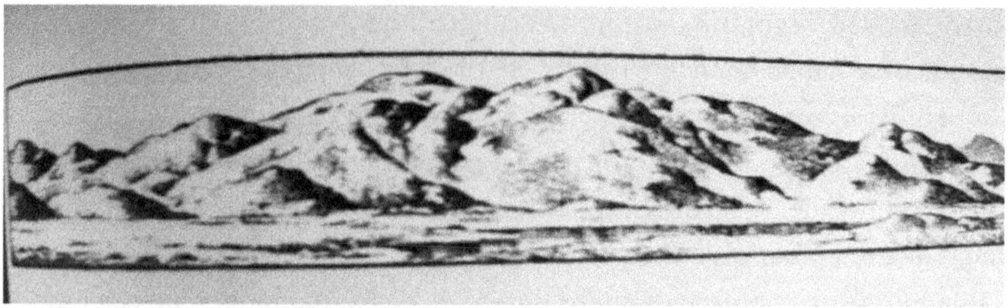

Imagem 4: Vinhetas de Belmonte para o curso de Bandeirologia de 1946. As Serras[41]

Imagem 5: Vinhetas de Belmonte para o curso de Bandeirologia de 1946. As fortificações[42]

Imagem 6: Vinhetas de Belmonte para o curso de Bandeirologia de 1946. As cidades I.[43]

mento Estadual de Informações, 1946.

41 Fonte: TAUNAY, A.; CORREA FILHO, V.; HOLLANDA, S. B.; ELLIS JUNIOR, A.; MELLO FRANCO, A. A.; RIBEIRO, J. Curso de Bandeirologia. São Paulo: Departamento Estadual de Informações, 1946.

42 Fonte: TAUNAY, A.; CORREA FILHO, V.; HOLLANDA, S. B.; ELLIS JUNIOR, A.; MELLO FRANCO, A. A.; RIBEIRO, J. Curso de Bandeirologia. São Paulo: Departamento Estadual de Informações, 1946.

43 Fonte: TAUNAY, A.; CORREA FILHO, V.; HOLLANDA, S. B.; ELLIS JUNIOR, A.; MELLO FRANCO, A. A.; RIBEIRO, J. Curso de Bandeirologia. São Paulo: Departamento Estadual de Informações, 1946.

Imagem 7: Vinhetas de Belmonte para o curso de Bandeirologia de 1946. As cidades II[44]

Imagem 8: Vinhetas de Belmonte para o curso de Bandeirologia de 1946. Os rios.[45]

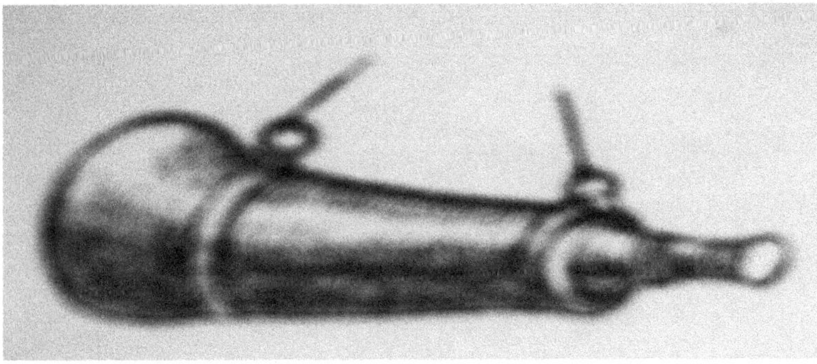

Imagem 9: Vinhetas de Belmonte para o curso de Bandeirologia de 1946. Os utensílios I.[46]

44 Fonte: TAUNAY, A.; CORREA FILHO, V.; HOLLANDA, S. B.; ELLIS JUNIOR, A.; MELLO FRANCO, A. A.; RIBEIRO, J. Curso de Bandeirologia. São Paulo: Departamento Estadual de Informações, 1946.

45 Fonte: TAUNAY, A.; CORREA FILHO, V.; HOLLANDA, S. B.; ELLIS JUNIOR, A.; MELLO FRANCO, A. A.; RIBEIRO, J. Curso de Bandeirologia. São Paulo: Departamento Estadual de Informações, 1946.

46 Fonte: TAUNAY, A.; CORREA FILHO, V.; HOLLANDA, S. B.; ELLIS JUNIOR, A.; MELLO FRANCO, A. A.; RIBEIRO, J. Curso de Bandeirologia. São Paulo: Departamento Estadual de Informações, 1946.

Imagem 10: Vinhetas de Belmonte para o curso de Bandeirologia de 1946. Os utensílios II.[47]

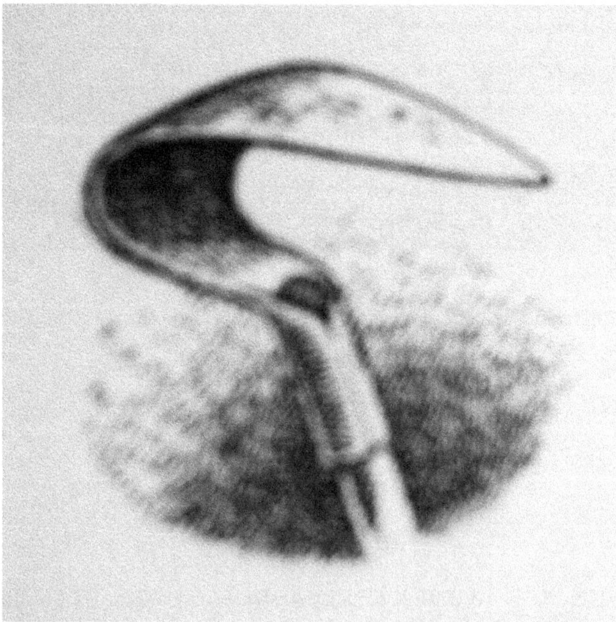

Imagem 11: Vinhetas de Belmonte para o curso de Bandeirologia de 1946. Os utensílios III.[48]

47 Fonte: TAUNAY, A.; CORREA FILHO, V.; HOLLANDA, S. B.; ELLIS JUNIOR, A.; MELLO FRANCO, A. A.; RIBEIRO, J. Curso de Bandeirologia. São Paulo: Departamento Estadual de Informações, 1946.

48 Fonte: TAUNAY, A.; CORREA FILHO, V.; HOLLANDA, S. B.; ELLIS JUNIOR, A.; MELLO FRANCO, A. A.; RIBEIRO, J. Curso de Bandeirologia. São Paulo: Departamento Estadual de Informações, 1946.

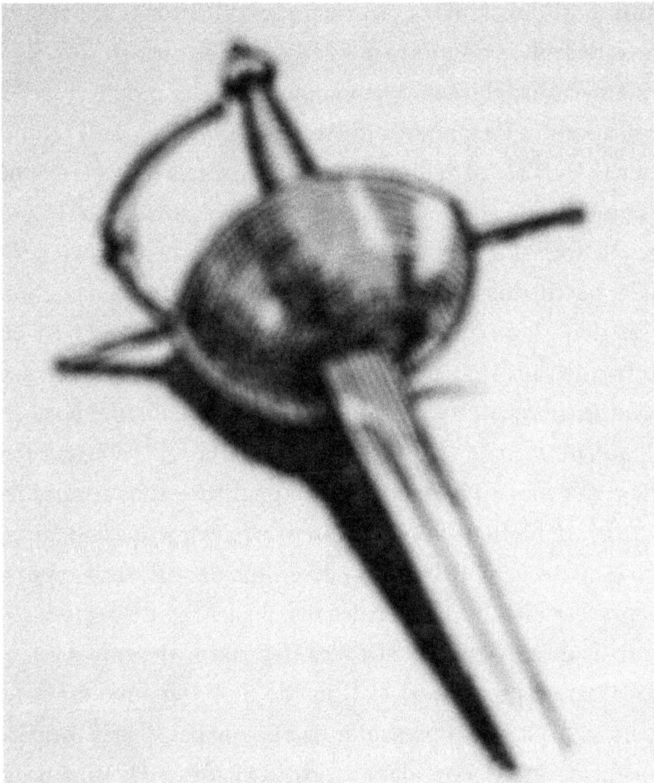

Imagem 12: Vinhetas de Belmonte para o curso de Bandeirologia de 1946. As armas.[49]

Para acompanhar o autor nesse empreendimento devemos fazer como indicou Baxandall (2006), e elencar o *encargo* e as *diretrizes* que estiveram por trás das escolhas efetuadas por Belmonte. Se ele teve como *encargo* a tarefa de elaborar os desenhos que iriam ilustrar o curso ministrado em doze conferências (das 14 previstas),[50] e das quais somente seis foram publicadas em livro no final de 1946, a pedido de José Carlos de Macedo Soares (1883-1968), então interventor federal do estado de São Paulo. E como *diretriz* a função de cumprir essa tarefa do modo mais adequado. Isso, todavia, não é suficiente para

49 Fonte: TAUNAY, A.; CORREA FILHO, V.; HOLLANDA, S. B.; ELLIS JUNIOR, A.; MELLO FRANCO, A. A.; RIBEIRO, J. Curso de Bandeirologia. São Paulo: Departamento Estadual de Informações, 1946.

50 Não conseguimos agrupar indicações seguras sobre as duas conferências que foram eliminadas do programa, e por qual razão.

visualizarmos as circunstancias e as *intenções* do autor (Cf. Baxandall, 2006), ao elaborar os desenhos do modo que fez, e não de outro.

Para rastrearmos tal intento, ainda que considerando a fragilidade da tarefa (como já apontou Baxandall, em *Padrões de intenção*), devemos primeiro, com os dados já levantados acima, pensar a existência de certas *causas* que poderiam ter conformado algumas das *intenções* do autor, como: 1) a experiência com charges de jornal e ilustração de livros didáticos, romances e pesquisas acadêmicas, a partir dos anos 1920; 2) sua dupla experiência com desenhos cômicos e satíricos, tanto quanto com personagens históricas; 3) suas pesquisas sobre o bandeirantismo nos anos 1930, que resultaram em seu livro *No tempo dos bandeirantes*, de 1937, com desenhos semelhantes aos que fará para o *curso de bandeirologia* de 1946; 4) o conhecimento dos debates apresentados pela historiografia sobre o bandeirantismo paulista e suas contradições, como indicava o texto e a bibliografia de seu livro *No tempo dos bandeirantes* (1945, p. 232); 5) o convite para elaborar os desenhos para ilustrar o curso, a partir dos textos apresentados;[51] 6) as técnicas de ilustração do período; 7) o tempo para elaborar os desenhos; 8) o encadeamento dos desenhos e a quantidade de ilustrações para os textos; 9) os tipos de desenhos que eram feitos sobre os bandeirantes; 10) como representar os personagens, suas roupas, calçados, chapéus, posturas, etnias, cor, idade e sexo; 11) como dar uma ordem as ilustrações do livro, sem perder a coerência dos textos; 12) e de que maneira apresentar o produto final para impressão. Os doze pontos levantados, e que não são os únicos que poderiam ser investigados, mas que tão somente nos servem de base inicial, fornecem-nos pistas relevantes para inquirirmos como Belmonte procedeu em seu trabalho. Evidentemente, não temos como responder adequadamente a todos esses pontos, mesmo que sejam fundamentais para compreender certas etapas do processo que circunscreveu a formação das *intenções* do autor. Nossa hipótese é que apesar de elaborar desenhos coerentes com os textos do *curso*, e circunstanciarem momentos das narrativas, estes formariam uma narrativa paralela a dos textos, *ainda que mais próxima àquela que efetuaria o elogio do bandeirantismo paulista* – como a destacamos acima.

Para indicar, pelo menos parte do processo de produção destas imagens, haja vista que a totalidade do processo seria inalcançável, tomemos três movi-

51 Que infelizmente não conseguimos ter acesso, ao longo de nossa pesquisa.

mentos simultâneos: a) sua experiência com charges e desenhos de personagens históricas; b) os tipos de ilustrações sobre o bandeirantismo do período; c) e, por fim, a execução dos desenhos para o curso.

Desde já, não podemos perder de vista que entre o final do século XIX e os anos 1940 foi um período promissor para a produção de charges, desenhos humorísticos, piadas e sátiras, sobre a vida política e o cotidiano do país, haja vista as mudanças periódicas de sistemas políticos, revezamentos de poder, flutuações da economia, crescimento das cidades e inclusão de diversas etnias, sejam as já presentes no campo, seja ainda aquelas vindas de outros países, para as grandes cidades (Cf. Saliba, 2002). É precisamente durante esse período que Belmonte iniciará suas atividades em revistas e jornais. Entre seus principais personagens humorísticos, estava o Juca Pato, homem de meia idade, magro, cabeçudo, quase grisalho, com dificuldades de visão, usando óculos "fundo de garrafa", em poucas palavras: o "típico inocente" num "mundo de espertalhões".

Mas se seus personagens humorísticos carregavam certos trejeitos para defini-los, o grafitado de Belmonte para elaborar seus desenhos de personagens históricas também eram peculiares. Tentemos efetuar esse exercício comparando seus desenhos com os de Yan de Almeida Prado, que ilustrou a primeira edição de *Vida e morte do bandeirante*, em 1929, e de José Wasth Rodrigues, que fez os desenhos para a quarta edição da obra em 1955.

João Fernando de Almeida Prado, ou simplesmente Yan de Almeida Prado, viveu entre 1898 e 1987 e foi escritor, jornalista, desenhista, historiador e bibliófilo. Autor de charges, desenhos para jornais e revistas, tinha muita preocupação com a exatidão dos perfis e a composição da fisionomia humana da cintura para cima, muito embora em várias ocasiões elaborasse desenhos de corpo inteiro. Nos desenhos que fez para o livro de Alcântara Machado em 1929, deu preferência aos perfis, destacando bustos e corpos da cintura para cima, e dando ênfase aos objetos mais comuns de uso dos bandeirantes. Basicamente homens (em apenas uma ilustração fez referências as mulheres do período), seus desenhos representavam europeus, ou nascidos da terra, que enriqueceram com o comércio e a plantação nas fazendas. Escassez de negros e indígenas. Os desenhos foram de pequenas proporções, quer dizer, pequenas "vinhetas" que ocupavam menos de um quarto de página cada uma.

No caso das ilustrações de José Wasth Rodrigues, que viveu entre 1891 e 1957, e foi desenhista, pintor, ilustrador, ceramista, professor e historiador, veremos uma característica distinta, ao apresentar paisagens inteiras, com ênfase nos bandeirantes, mas sem excluir a diversidade de personagens, etnias, diferenças nos trajes, calçados, utensílios e armas, entre cada um. Seus desenhos primavam pela representação do corpo inteiro dos personagens. Se tomarmos como exemplo seu desenho sobre *A leitura de um edital da Câmara, no séc. XVIII* (pag. 1225, da edição de 2002, de *Vida e morte do bandeirante*, e que reproduz as ilustrações relativas a edição de 1955), veremos todas essas características, ao apresentar pessoas calçadas e descalças, de acordo com sua posição social e idade, numa rua de cidade, as voltas com as deliberações da Câmara.

Imagem 13: Desenho de José W. Rodrigues para a quarta edição de Vida e morte do bandeirante de 1955. As cidades e as bandeiras[52]

52 Fonte: MACHADO, J. A. Vida e morte do bandeirante. In: SANTIAGO, S. (org.) Interpretes do Brasil. 2ª Edição. Rio de Janeiro: Editora Nova Aguilar, 2002, vol. 1, p. 1225.

Os desenhos de Belmonte, não se ocuparam tanto dos perfis, nem tampouco de tamanha variedade de detalhes ao apresentar as personagens, muito embora isso não seja suficiente para compreendê-los. Isso porque, como destacou em seu livro *No tempo dos bandeirantes*:

> É em vão que se procura reduzir ou exterminar o escravagismo. Leis, alvarás, cartas régias, bandos e quartéis são desobedecidos com a maior displicência dêste mundo, e nem mesmo as excomunhões conseguem assustar alguém. Contra aquêles, há alegação da *muita pobreza desta gente* que precisa do *seu remédio*... E, para imunidade contra as excomunhões e desencargo de consciência, manda-se comprar aos padres algumas *bulas de composição*... Feito o que, entra em cena a astúcia e, para não se afrontar a justiça com excessiva desfaçatez, estabelece-se que ninguém possui escravos. O que todos têm, são, apenas, *serviços forros, peças forras, gentio da terra, gente do Brasil* (Belmonte, 1945, p. 32, grifos no original).

Contudo, é necessário que tenhamos em mente a ressalva do próprio autor, quanto à maneira com que tratou esses temas neste livro, que:

> [...] não é, *pròpriamente, um livro de História, infalível e definitivo. Poder-se-ia, antes, classificá-lo na categoria dos livros subsidiários, se é que êste trabalho merece classificação. Pareceu-me, contudo, quando o planejei, o escrevi e o ilustrei, que um livro dêste* gênero poderia ser útil aos espíritos curiosos das tradições de sua terra, aos literatos que desejem tratar do seiscentismo paulista e aos artistas que se proponham fixar na tela ou no '*Whatman*' *episódios deste ciclo de nossa História, tão fascinante e ainda tão obscuro. Como, porém, não é possível a infalibilidade em assuntos históricos, o autor receberá como graças todas as correções que a Crítica fizer aos seus prováveis erros e cochilos...*
>
> *Quanto aos historiadores, estou certo de que perdoarão o humorista curioso que, com tanta sem-cerimônia, mas com a melhor das intenções, lhes invadiu os domínios.* (Belmonte, 1945, p. 7, grifos no original).

Mas, ao vislumbrar as fortificações, as vilas, os utensílios, os níveis de riqueza, os ricos e os pobres, judeus e cristãos-novos, a moda, as bebidas e as doenças, Belmonte demonstrava seu conhecimento apurado naquele momento, e, depois, a respeito do tema que veio a ilustrar em 1946. Diferente dos desenhos de 1946, em que os principais ocuparam página inteira, os do livro de 1937, ocupavam-se de um quarto, ou no máximo meia página, para expor a ilustração.

Os objetos ilustrados, tanto em um como no outro momento, são os mesmos e desenhados da mesma forma: jarros, facas, armas, enxadas, foices etc. Os perfis humanos também são muito parecidos, ainda que apareçam em situações distintas. Tanto em um, como no outro caso, dá mais ênfase a homogeneidade de apresentação das formas corporais e dos utensílios que carregam, não sendo tão minucioso com os detalhes, como fez José Wasth Rodrigues, ao ilustrar a quarta edição de *Vida e morte do bandeirante* em 1955.

Antes, porém, de efetuar tal comparação devemos nos deter um pouco mais nas seis ilustrações centrais do livro. Na primeira (que se encontra na pag. 17, e descreve os usos que o bandeirante fez do Tietê), feita para ilustrar o texto de Taunay, o autor descreve a travessia do bandeirante, com dois índios no remo, pelo Tietê e a caminho dos sertões, em busca de pedras preciosas. O bandeirante à frente, de pé, com armas e indumentárias completas, dá as ordens e orientava suas metas, que deveriam ser seguidas pelos indígenas. Na seguinte (pag. 39), que ilustrou o texto de Virgílio Corrêa Filho, aparece o bandeirante, com uma foice na mão, a frente de um mapa do território, representando a ocupação e a expansão das bandeiras pelo interior do território que formou o país, sendo responsável pela criação de postos comerciais e a fundação de cidades. Em seguida (p. 66), aparecerá um desenho com dois bandeirantes a procura de indígenas para aprisionar, ilustrando o "bandeirismo apresador", discutido no texto de AEJ. Na sequência (pag. 95), outros dois bandeirantes com armas, no Alto da Serra, fixados nas matas para se postarem como sentinelas, e ilustrou o texto de Afonso Arinos. Para o texto de Joaquim Ribeiro, Belmonte, curiosamente, descreveu uma cena (pag. 115) com Garcia Rodrigues Pais entregando dinheiro a D. Rodrigo de Castelo Branco, na praça de uma igreja, que, de fato, havia sido discutida no texto anterior. E para o de SBH, desenhou um bandeirante atravessando um mapa do território, para destacar a mobilidade bandeirante, com toda sua indumentária de praxe (pag. 137).[53] Além disso, este desenho ilustrava também a mu-

53 Nesse aspecto é sugestivo o apontamento feito por Sérgio Buarque em seu artigo *Um aspecto da iconografia bandeirante I*, publicado no jornal *O Estado de S. Paulo* em 16 de novembro de 1947 (continuado em seu artigo de 18 de janeiro de 1948, publicado no mesmo jornal), no qual refere que: "A silhueta convencional do bandeirante com o sombreiro largo de feltro, o arcabuz ou escopeta, e a respectiva forquilha, o terçado à cinta, o gibão de armas acolchoado de algodão, as calças tufadas e as botas altas de cordovão parece já definitivamente incorporada à nossa imaginação histórica. Como

dança dos centros de poder político e econômico, do Nordeste açucareiro para o Sudeste cafeeiro. Daí este bandeirante estar de costas para o Nordeste e ir em direção ao Centro-Sul do país.[54]

tentar corrigir uma imagem tão largamente difundida pelos retratos supositícios, sem ao mesmo tempo suprimir certas convicções, que a força de repetidas, tornaram-se inseparáveis da ideia que fazemos do antigo devassador do sertão [?]" (Holanda, 2011a, p. 383). Atente-se ainda para o fato de que ao longo dos anos 1930 e 1940, como já indicamos, o bandeirante se tornaria também o símbolo principal da história paulista, repetidas vezes inseridos não somente nos estudos acadêmicos, mas até com maior propensão nos manuais didáticos do período, com imagens figurativas desenhadas por Belmonte e por outros artistas do período (Cf. Oriá, 2011). Em vista disso, como ressaltaria Robert Wegner, em *A conquista do Oeste*, não "deixa de ser irônico [...] que, se corrermos as páginas do *Curso de Bandeirologia*, publicado pouco mais de um ano antes [de Sérgio Buarque ter publicado seu artigo], e atentarmos para os desenhos de Belmonte apostos entre as páginas das conferências proferidas por estudiosos do assunto, como Affonso de Taunay, Alfredo Ellis Jr. e Joaquim Ribeiro, vamos nos deparar com figuras que correspondem à imagem criticada por Sérgio Buarque [no texto apontado acima]. Diga-se de passagem, o desenho inserido no estudo apresentado por este autor, "As monções", corresponde exatamente à descrição que ele elaborou" (2000, p. 16), em seu artigo *Um aspecto da iconografia bandeirante I*, cuja passagem foi citada acima. Evidentemente, como estaremos indicando no texto, havia uma lógica para Belmonte dispor as imagens daquela maneira e não de outra, e, nesse aspecto, o apontamento de Wegner (2000) é insuficiente para pensar as imagens figurativas elaboradas por Belmonte para o curso de bandeirologia, mas contribuem para inquirirmos até com mais propriedade estas mesmas imagens.

54 Agradeço a Estevão Rezende Martins por sugerir o acréscimo desta observação.

Imagem 14: Desenhos de Belmonte para ilustrar o Curso de Bandeirologia de 1946[55]. Os usos que o bandeirante fez do Tiete[56]

55 Os desenhos menores, ou melhor, as "vinhetas" sobre objetos, armas e utensílios, já haviam aparecido anteriormente em: No tempo dos Bandeirantes, de 1937.

56 Fonte: TAUNAY, A.; CORREA FILHO, V.; HOLLANDA, S. B.; ELLIS JUNIOR, A.; MELLO FRANCO, A. A.; RIBEIRO, J. Curso de Bandeirologia. São Paulo: Departamento Estadual de Informações, 1946.

Imagem 15: Desenhos de Belmonte para ilustrar o Curso de Bandeirologia de 1946. Os bandeirantes se preparando para desbravarem os sertões nas bandeiras[57]

57 Fonte: TAUNAY, A.; CORREA FILHO, V.; HOLLANDA, S. B.; ELLIS JUNIOR, A.; MELLO FRANCO, A. A.; RIBEIRO, J. Curso de Bandeirologia. São Paulo: Departamento Estadual de Informações, 1946.

Imagem 16: Desenhos de Belmonte para ilustrar o Curso de Bandeirologia de 1946. Os bandeirantes e a captura de indígenas[58]

58 Fonte: TAUNAY, A.; CORREA FILHO, V.; HOLLANDA, S. B.; ELLIS JUNIOR, A.; MELLO FRANCO, A. A.; RIBEIRO, J. Curso de Bandeirologia. São Paulo: Departamento Estadual de Informações, 1946.

Imagem 17: Desenhos de Belmonte para ilustrar o Curso de Bandeirologia de 1946. Os bandeirantes e o caminho das bandeiras pelo Alto da Serra[59]

59 Fonte: TAUNAY, A.; CORREA FILHO, V.; HOLLANDA, S. B.; ELLIS JUNIOR, A.; MELLO FRANCO, A. A.; RIBEIRO, J. Curso de Bandeirologia. São Paulo: Departamento Estadual de Informações, 1946.

Imagem 18: Desenhos de Belmonte para ilustrar o Curso de Bandeirologia de 1946. Os bandeirantes e os entrepostos comerciais[60]

60 Fonte: TAUNAY, A.; CORREA FILHO, V.; HOLLANDA, S. B.; ELLIS JUNIOR, A.; MELLO FRANCO, A. A.; RIBEIRO, J. Curso de Bandeirologia. São Paulo: Departamento Estadual de Informações, 1946.

Imagem 19: Desenhos de Belmonte para ilustrar o Curso de Bandeirologia de 1946. Os bandeirantes e os caminhos das bandeiras[61]

61 Fonte: TAUNAY, A.; CORREA FILHO, V.; HOLLANDA, S. B.; ELLIS JUNIOR, A.; MELLO FRANCO, A. A.; RIBEIRO, J. Curso de Bandeirologia. São Paulo: Departamento Estadual de Informações, 1946.

Como vimos, os desenhos mantiveram certa autonomia com relação aos textos, apesar de, na maioria dos casos, representarem momentos das narrativas, especialmente, aquelas que efetuaram um elogio a empresa bandeirante e as tradições do passado paulista. Em certos casos, os desenhos que apareciam em um texto representavam mais o episódio narrado em outro, como no primeiro (pag. 17) e no último (pag. 137), que poderiam ser invertidos, pois, representariam melhor os textos em pauta. Em outros, como o que aparece no texto de Joaquim Ribeiro, no qual Belmonte representou uma situação, apresentada na cena do desenho, mas discutida no texto anterior. Ou ainda, ao circunstanciar parcialmente os apontamentos de SBH, ao se referir as técnicas de navegação, cujos remadores o faziam de pé, mas o fazê-lo com os indígenas atrás da canoa, um sentado e outro de pé, sob as ordens do bandeirante de pé a frente da embarcação (pag. 17), para representar o texto de Taunay.

Contudo, temos que notar que talvez a *intenção* (ou melhor, intenções) do autor, ao fazer essas escolhas, fosse justamente à de construir uma narrativa paralela, ainda que complementar, as duas que apareciam entre os textos, mesmo que, ao fim e ao cabo, se aproximando mais da primeira, então ainda hegemônica no período. Dado que os seis desenhos narravam à trajetória do bandeirante vicentino saindo de São Paulo, pelo Tietê, e indo para os sertões em busca de índios, de ouro e outras pedras preciosas, não há como deixar de sugerir que eles estariam mais complementando seu livro *No tempo dos bandeirantes*, de 1937, uma vez que este foi um tópico pouco discutido pelo autor naquela ocasião, do que apenas ilustrando os textos do *curso de bandeirologia*, em 1946. Nesse caso, os desenhos teriam uma lógica, na sucessão em que foram apresentados pelo autor, e editados no livro.

Evidentemente, a hipótese é plausível, mas não é suficiente para circunstanciar toda a complexidade dos desenhos e dos textos do curso. Devemos ter como base que tanto os desenhos como os textos, ainda que feitos em momentos diferentes, apresentavam um debate tenso, complexo, difícil e em movimento dinâmico naqueles anos iniciais da década de 1940, e que, provavelmente, os próprios autores não tivessem o conhecimento completo de todas as ramificações dos debates em curso (Cf. Abud, 1985; Ferreira; Luca; Iokoi, 1999; Goes Filho, 1999; Oliveira, 2000; Ferreira, 2002; Santos, 2009). Donde se depreende as sutis contradições internas entre um e outro, apesar das evidentes aproximações. E, no caso dos desenhos, como Belmonte já havia indicado em 1937, seu objetivo não era ser exato e infalível ao tratar de uma questão histórica, mas tão somente "*ser útil aos espíritos curiosos das tradições de sua terra, aos literatos que desejem tratar do seiscentismo paulista e aos artistas que se proponham fixar na tela ou no 'Whatman' episódios deste ciclo de nossa História, tão fascinante e ainda tão obscuro*". E quanto aos historiadores: "*estou certo de que perdoarão o humorista curioso que, com tanta sem-cerimônia, mas com a melhor das intenções, lhes invadiu os domínios*".

## *Considerações Finais*

Por certo, nossa proposta ao tratar de tema tão arredio e complexo neste capítulo foi o de demonstrar a importância das imagens, que não sendo meras ilustrações de um texto de história (Cf. Meneses, 2003a), são partes constitutivas do processo de explicação da ação dos homens e das sociedades no tempo, e servem ainda, desde que cotejadas adequadamente, para dar maior inteligibilidade à narrativa histórica, que fornece uma versão plausível sobre tais acontecimentos (Cf. Rüsen, 2001, 2007a, 2007b, 2010).

Ao darmos ênfase ao *curso de bandeirologia* de 1946, e editado no final daquele ano, preocupamo-nos em destacar os vários movimentos entre as narrativas presentes nos textos dos autores, e aquela presente nos desenhos de Belmonte. Evidentemente, não tivemos como precisar todas as etapas do processo, mas acreditamos que laçamos hipóteses coerentes para analisar o movimento das imagens e das narrativas, ao exporem a história do bandeirante e do bandeirantismo paulista.

Além disso, procuramos destacar, neste capítulo, como AEJ e SBH vieram a fazer uma "representação do passado", por meio da análise das ações e dos feitos dos bandeirantes e das bandeiras paulistas, bem como suas relações com os povos nativos e no "desbravamento" dos sertões.

Vimos, nesse caso, como a grande maioria das narrativas ainda estava atrelada a manutenção de uma interpretação do passado, onde a "grandiosidade" da empresa bandeirante fixava as bases para a elaboração de uma identidade regional para o estado de São Paulo, ao fazer, não por acaso, um elogio às *tradições do passado*. E também nesse caso AEJ não deixaria de ser um "intelectual-letrado", ao se apoiar neste discurso, então hegemônico, para balizar e dar consistência as suas interpretações. Enquanto SBH, seguindo as pistas de outros autores do período, e dando continuidade as investigações que iniciou em meados dos anos 1920, por sua vez, procuraria romper com as amarras do passado, ao centralizar sua análise nos personagens anônimos e não nos líderes das incursões bandeirantes; ao dar ênfase a cultura material, a análise etnográfica e a fontes pouco estudadas no período, descortinando quais os tipos de relações culturais que eram possíveis de serem efetuadas na época, ao invés de focalizar sua interpretação sobre as atitudes e decisões políticas e as movimentações e flutuações da economia dos séculos XVI ao XVIII, ou mesmo em relação ao XIX, com a ascensão da lavoura e da economia cafeeira. E, além disso, não se reduzindo apenas a análise das fontes oficiais. Em suas incursões, não deixou, por isso, de ser um "letrado-intelectual".

De modo que não era uma mera dicotomia de posições historiográficas, mas uma tensão dialética entre forças adversas, que embora também possuíssem pontos de contato, certas semelhanças na análise do processo, não estando apenas reduzidas a meras diferenças de posições teóricas e políticas no debate então em processo. O que fazia com que as "representações do passado" estivessem em constante movimento em seu processo de elaboração, na medida em que as disputas que se estabeleciam, exigia que fossem repensadas e, às vezes, até refeitas. E esse mecanismo de proceder à análise do passado não se reduziu apenas as narrativas históricas, pois, como vimos, também se estendeu para as imagens figurativas elaboradas naquele momento.

# 5.

# *A batalha pelas "regras do método histórico": entre o "autodidatismo" e a "profissionalização" do trabalho de pesquisa do historiador*

> A constituição de um corpo de historiadores profissionais supunha a autonomização, não só em relação ao mundo político, mas também frente a outras disciplinas literárias às quais a História era subordinada. No campo do ensino, as novas exigências se traduziam na vontade de romper com o elitismo da formação anterior no nível da pesquisa e promover a profissionalização do historiador pela introdução na universidade [...] dos princípios da ciência histórica, mobilizados até então pelos eruditos [...]. (Ferreira, 2013, p. 106).

Assim foi a maneira que se definiu o processo de transição do "autodidatismo" para a "profissionalização" do trabalho de pesquisa do historiador na Europa e depois no Brasil, em meados dos anos 1930 e início dos anos 1940, quando tais tentativas começavam a se tornar mais sistemáticas, ainda que com contornos não muito "nítidos e/ou consolidados", nas palavras de Ângela de Castro Gomes (2007) – que tem estudado o tema desde *História e historiadores* (1996).

Até então os historiadores brasileiros vinham, em sua grande maioria, formados em outras áreas do conhecimento. Os cursos universitários de Geografia e História no Brasil só começaram a ser criados na década de 1930, com a fundação das primeiras Faculdades de Filosofia, Ciências e Letras (Cf. Fonseca, 1997; Lima e Fonseca, 2003; Ferreira, 2006, 2012; Roiz, 2012a). Antes dos anos 1930 tínhamos mais "historiadores por vocação", isto é, "pessoas, [que] apesar de sua formação profissional ter sido feita em outra área do conhecimento, dedicavam-se à história", conforme definiria Raquel Glezer (1976, p. 234). Como indica Francisco Falcon:

> Tornou-se comum, entre nós, a ideia de que a criação e rápida expansão dos cursos de pós-graduação em História, nos anos [19]70, tornaram possível o surgimento do historiador profissional no Brasil. Verdadeira em parte [...], tal ideia contém [...] um certo risco,

> qual seja, o de levar ao esquecimento certos dados históricos igualmente importantes. Refiro-me, por exemplo, a um dos mais conhecidos de todos aqui - o fato de que a fase inicial da formação de profissionais *de História* antecedeu a pós-graduação respectiva. Foi nos cursos de graduação em História das Faculdades de Filosofia que se formaram os primeiros profissionais na área, licenciados e/ou bacharéis *em História*. (Falcon, 1996, p. 10-11, grifo no original).

A organização de grupos de especialistas aptos a exercerem o ofício de historiador no Brasil, tornou-se profícua, desse modo, com a criação dos primeiros cursos de Geografia e História, a partir da década de 1930. E que inicialmente estiveram estruturados com vistas a formar mais professores para suprirem as necessidades do ensino "secundário", em todos os estados do país, do que em definir o perfil de um novo profissional, o "historiador", e que começaria, aliás, a ser analisada tal condição, apenas a partir dos anos 1940 e 1950 (Cf. Fonseca, 1997; Ferreira, 2002; Falcon, 2011; Ferreira, 2011; Glezer, 2011; Ferreira, 2012; Roiz, 2012a).

Antes da década de 1930, a formação de profissionais em nível superior no Brasil estava limitada às áreas de Medicina, Direito e Engenharia (Cf. Coelho, 1999; Mota, 2006). Foi com a Reforma do Ensino de 1931, efetuada pelo então Ministro da Educação e Saúde Pública, Francisco Campos (1891-1968), que houve as primeiras tentativas de formação de pessoal qualificado para suprir as necessidades do ensino "primário" e "secundário" no país. Ao mesmo tempo em que se começava a discutir o aparecimento da figura do "filósofo", do "cientista social", do "geógrafo" e do "historiador" profissional na sociedade, muito embora o processo de profissionalização do ofício de historiador (bem como o de outras áreas, criadas naquele período) no país não fosse concomitante ao da criação do(s) (respectivos) curso(s).

A Universidade de São Paulo (USP), criada em 1934, esteve articulada a um conjunto de iniciativas (de letrados vinculados ao movimento da "Escola Nova" e de empresários liberais, em geral, proprietários de jornais e revistas de circulação nacional, como vimos no primeiro capítulo deste trabalho), e foi uma das pioneiras, neste projeto político, institucional, cultural e intelectual (Cf. Cardoso, 1982; Massi, 1991; Capelato, Glezer, Ferlini, 1994; Arruda, Tengarrinha, 1999; Roiz, 2012a).

Até a criação dos primeiros cursos de Geografia e História em Faculdades de Filosofia, a partir da década de 1930, o exercício do ofício de historiador foi praticado no Brasil por aqueles que se dedicavam ao estudo do passado e escreviam textos que, reconhecidas suas especificidades, poderiam ser entendidos como de História (Cf. Dias, 1974; Janotti, 1977; Malatian, 2001; Guimarães, 1988, 2002, 2006; Ferreira, 2002, 2011; Anhezini, 2011). Esses textos, em muitos casos, não tinham propósitos acadêmicos, com o objetivo de obtenção de títulos e o exercício de uma prática "científica" (Cf. Rodrigues, 1949, 1965, 1969; Lapa, 1981, 1985; Diehl, 1998, 1999, 2002). Não foi por acaso, portanto, que a maior parte de seus autores tivesse sido composta por biógrafos, memorialistas e profissionais inicialmente formados nas áreas de Letras, Direito, Sociologia, Engenharia e Medicina, que se dedicaram ao estudo do passado mais como "cultores do ofício", como "historiadores por vocação", do que como historiadores profissionais (Cf. Glezer, 1976; Rodrigues, 1978, 1979, 1988; Schapochnick, 1992; Gomes, 1996, 2009). Nas palavras de Teresa Malatian:

> A produção histórica constituía atividade de membros da classe dominante ou por ela recrutados e dada a inexistência de formação profissional específica, os historiadores que produziram no decorrer da Primeira República formaram-se em outras áreas do conhecimento, sendo a dedicação autodidata à história entendida como vocação (Malatian, 2001, p. 11).

Assim, se os estudos históricos brasileiros acompanharam, no século XIX, as preocupações da produção histórica internacional, o aparecimento e a institucionalização do ensino universitário neste campo do saber foi tardio, proliferando-se apenas a partir da década de 1930, com a criação dos primeiros cursos de Geografia e História em Faculdades de Filosofia, Ciências e Letras, do mesmo modo que as progressivas tentativas de profissionalização do ofício de historiador no país foi igualmente lenta (Cf. Guimarães, 1988, 2002, 2006; Arruda, Tengarrinha, 1999; Manoel, 2002; Ferreira, 2002, 2011; Roiz, 2004, 2012a; Ferreira, 2006, 2008, 2012). Ao mesmo tempo, a crítica do movimento dos *Annales* sobre a historiografia Oitocentista só começou a chegar ao Brasil, no momento em que estavam se formando os primeiros cursos universitários de Geografia e História em Faculdades de Filosofia, Ciências e Letras (Cf. Braudel, 1937; Simões de Paula, 1953; Netto, 1973; D'Alessio, 1994; Franzini, 2010; Roiz, Santos, 2012). Para Antonio Celso Ferreira:

> Já, então, não só se modificava o perfil do historiador, a caminho da profissionalização, como também mudavam os paradigmas his-

> tóricos, sob o efeito dos modelos de explicação econômica e, em parte, como decorrência da expansão ultramarina da moderna historiografia francesa. Naqueles anos, além do mais, os cursos universitários tornavam-se os principais centros produtores do conhecimento histórico, assim suplantando os institutos históricos, que foram, até então, as mais importantes agremiações de convívio dos historiadores (Ferreira, 2002, p. 336).

Nesse sentido, o processo de institucionalização do ensino universitário de Geografia e História teria sido iniciado num período de mudanças nos estudos históricos internacionais, quando se renovavam procedimentos de pesquisa, análises de fontes e objetos, e tais procedimentos começavam a ser discutidos e apropriados no Brasil (Cf. Simões de Paula, 1953; D'Aléssio, 1994, 1999; 2011; Roiz, Santos, 2012).

As obras e as trajetórias de Alfredo Ellis Jr. (AEJ) e Sérgio Buarque de Holanda (SBH) – tal como estivemos tratando até aqui – são extremamente representativas para a compreensão desse contexto, tanto quanto para o aprofundamento de suas peculiaridades, porque ambos vieram de uma tradição "autodidata", sendo "historiadores por vocação" – apesar de AEJ ter feito essa passagem mais por "indução" do que por "vocação", isto é, mais motivado pelas circunstâncias de seu contexto, que provocou profundas mudanças na estrutura socioeconômica de sua família e dos grupos a que estava ligado, do que em função de predisposições e motivações estritamente pessoais, nas quais certa "vocação" lhe conduzia e/ou direcionava-o para o ofício.

No entanto, em meio às práticas de pesquisa que foram desenvolvendo ao longo dos anos 1930 até meados dos anos 1950, período no qual também atuaram em Faculdades de Filosofia e na formação de historiadores profissionais e de professores de história, os colocariam igualmente num "conflito que [...] não opunha gerações entendidas no sentido de classe de idade mas *gerações universitárias*, isto é, agentes que, mesmo sendo da mesma idade, foram produzidos por dois modos de geração universitária diferentes" (Bourdieu, 2011, p. 192, grifo no original), conforme definiria Pierre Bourdieu, em seu *Homo academicus*. Assim, além de serem agentes fundamentais para acompanharmos como se deu o começo da transição do "autodidatismo" para a "profissionalização" do trabalho de pesquisa do historiador no Brasil, eles mesmos igualmente fizeram suas escolhas nesse processo.

Entender, portanto, em que medida a historiografia oitocentista balizou a interpretação da história de AEJ, e como a converteu em suas práticas de pesquisa e em sua docência é importante não somente para compreender porque foi crítico em relação às "inovações" trazidas pelas relações entre História e Ciências Sociais, e aos avanços consignados pelo movimento dos *Annales*, nas primeiras décadas do século passado, mas também no modo que viria a interpretar as categorias: passado, presente e futuro. Da mesma forma, entender como SBH, ainda que a princípio se debruçasse sobre o historicismo alemão, entre o final dos anos 1920 e meados dos anos 1930, não se fixaria somente nele para interpretar o passado, nem tampouco daria exclusividade a outros movimentos e/ou autores, apesar de não deixar de conhecer seus principais desdobramentos na Alemanha e na França, particularmente, e tomar para si o que fosse adequado de cada um, para construir sua(s) leitura(s) do passado brasileiro. Em resumo, enquanto AEJ parecia ter procurado mesclar os procedimentos da "escola metódica" francesa, tendo como base a obra de Fustel de Coulanges, e aliando-as com a "história econômica" e a "história dos costumes" que eram então praticadas no Brasil, especialmente atento as obras de Roberto Simonsen e de Afonso de Taunay – que veremos melhor no próximo capítulo. Por sua vez, SBH o fazia com base no "historicismo alemão" (Cf. Dias, 1985, 1988, 2002), no movimento dos *Annales* (Cf. Holanda, 2004, 2011a), na história sobre as fronteiras norte-americana (Cf. Wegner, 2000) e na crítica literária modernista (Cf. Galvão, 2001; Nicodemo, 2011).

Nesse sentido, depois de abordarmos as discussões efetuadas por AEJ e SBH sobre o que entendiam e como usavam a "temporalidade", a "periodização", a "verdade histórica" e a "representação do passado", para darem subsídios a exposição de seus dados de pesquisa (mediante uma narrativa ou outras formas de apresentação da investigação empreendida), pretendemos agora adentrar nas "regras do método histórico". Mais precisamente, no modo como justificavam suas escolhas para demonstrar quais *os caminhos que percorreriam para efetuarem suas pesquisas*, escreverem suas histórias e se debruçarem e inquirirem o próprio modo com que era definida a história e sua escrita, nos anos 1930 e 1940. Ao pensarmos, nesse caso, *o método como caminho seguido*, mediante a possibilidade de escolhas durante o andamento da pesquisa e da apresentação da análise dos dados, por meio de uma narrativa histórica (ainda que peculiar), não podemos esquecer que o pesquisador, isto é, o historiador, necessariamente deverá mediar seus procedimentos tendo em vista, pelo menos, os seguintes pontos:

> 1 – que o estudo do passado definia-se pela escolha e interpretação dos resquícios deixados pelas sociedades de outrora, que nos são legados em forma de documentos escritos, pictóricos, orais ou arquitetônicos. E essa massa documental que forma o *corpus* para a análise do historiador, não se resume a um mero exercício de críticas "internas" e "externas", de modo a definir sua autenticidade, como também está estreitamente ancorada sobre os meios pelos quais é inquirida e analisada pelo pesquisador;
>
> 2 – que essas escolhas também se expressavam de acordo com a compreensão que o historiador estivesse fazendo da "temporalidade". E, como vimos no primeiro capítulo, tanto AEJ quanto SBH estavam fazendo usos e compreensões peculiares sobre o tempo histórico nos anos 1930, e igualmente se desdobrando em formas específicas de perscrutarem e interpretarem as categorias: passado, presente e futuro;
>
> 3 – que a interpretação do tempo histórico estava intimamente articulada à compreensão que o historiador estivesse fazendo da "periodização". E, como vimos no segundo capítulo, enquanto AEJ procurou pensar a história de São Paulo, por meio das ações dos bandeirantes, cotejadas a partir dos fatos marcantes da "epopeia bandeirante" no quinhentismo e no seiscentismo, com vistas a usar o passado para contornar os problemas políticos e econômicos de sua época, que fizeram com que São Paulo perdesse sua autonomia diante da Nação. SBH, que no início dos anos 1930 procurou ver a mudança sociocultural por meio do "acontecimento-ruptura", a exemplo do fim da escravidão em 1888, e do início do regime republicano no ano seguinte, passou, ao longo dos anos 1940, a refletir melhor a relação entre acontecimentos e conjunturas, mudanças e continuidades, de modo a prescrever as relações dialéticas que se formariam entre essas diferentes dimensões espaços-temporais (Cf. Dias, 1985, 1988). E isto em razão de o século XIX parecer ter sido, para ambos, um paradigma para a elaboração e a demonstração de seus modelos de análise e interpretação do passado e do presente, de São Paulo e da Nação brasileira;
>
> 4 – que o produto dessa investigação devia ser expresso, por meio de um discurso verdadeiro sobre o passado. E, como vimos no terceiro capítulo, em função do "autodidatismo" ainda mediar os preceitos de investigação dos "historiadores por vocação", embora a "verdade histórica" devesse ser usada para dar um caráter "cien-

tífico" à escrita da história, esta esteve às voltas com a produção do romance histórico e da crítica literária, que então se fazia a partir de diversas formas de apresentação, algumas até, experimentais (como as propiciadas pelo Modernismo brasileiro dos anos 1920);

5 – e que ao ser feita a "representação do passado", com base numa narrativa histórica, esta igualmente se fazia por meio de escolhas, ao se definir os sujeitos, expressar suas ações, moldar suas fisionomias e justificar suas tomadas de decisão. E, como vimos no quarto capítulo, com base no *curso de bandeirologia* de 1946, estas igualmente eram diversificadas, estando pautadas de acordo com o projeto social do investigador.

Se entendermos, portanto, que as "regras do método histórico" são o conjunto de pressupostos que balizam as escolhas investigativas e os instrumentos teórico-metodológicos que mediavam os procedimentos de pesquisa do historiador (Cf. Rüsen, 2001, 2007a, 2007b; Certeau, 2002; Koselleck, 2006, Arostegui, 2006), nada mais adequado do que pensar como dois "historiadores por vocação" exerceram suas "práticas" (Cf. Certeau, 2002) e fizeram suas escolhas, num período de transições, como a do "autodidatismo" para a "profissionalização" do trabalho de pesquisa do historiador no Brasil.

Como AEJ e SBH construíram os fundamentos de suas escritas da história? De que maneira eles compuseram as "regras do método histórico", e que viria a balizar suas pesquisas e suas docências? Em que medida essas regras apareciam em suas obras e de que maneira foram usadas para mediar à fundamentação do ofício de historiador, quando se dedicaram a tal questão como professores universitários? Como aplicavam esses princípios ao avaliarem outros trabalhos de pesquisa?

Neste capítulo, pretendemos explorar um pouco mais essas questões, primeiro, procurando sintetizar como cada um deles formulou as "regras do método histórico", entre os anos 1930 e 1940, e como elas davam subsídios para fundamentarem a escrita de suas históricas. Em seguida, buscaremos analisar como eles aplicavam esses princípios para avaliarem outros trabalhos.

Para alcançarmos esses objetivos estaremos utilizando tanto as correspondências passivas e ativas de ambos, como os textos que elaboraram durante os anos 1930 e 1940. Além disso, também faremos uso dos relatórios da cadeira de *História da Civilização Brasileira* do curso de Geografia e História da Faculdade de Filosofia, Ciências e Letras da Universidade de São Paulo (FFCL/USP), da qual AEJ era então seu catedrático. Assim como dos relatórios e atas das bancas de doutoramentos, livre-docência e/ou de cátedra, em que eles participaram entre meados dos anos 1940 e 1950. Durante esse período foram defendidas 21 teses de cátedra (entre 1939 e 1952), 12 de livre-docência (entre 1940 e 1952) e 84 doutorados (entre 1942 e 1952), na FFCL/USP, das quais AEJ participou de 2 livres-docências e 17 doutoramentos, e SBH de 2 teses de cátedra e 1 de livre-docência.[1]

Muito embora essas fontes sejam riquíssimas, deve-se alertar, de imediato, que apenas sintetizavam as arguições dos avaliadores da banca e as respostas proferidas pelos candidatos aos títulos (e/ou cargos) pretendidos. Isso porque, além de serem o relato sucinto de um secretário que acompanhava a seção, em muitos casos, certos detalhes não eram anotados, outros eram omitidos. Há situações em que a própria documentação se perdeu, ou foi extraviada no processo de arquivamento da instituição. Além disso, até 1949 há mais as indicações dos trabalhos defendidos, sem os respectivos resumos e transcrições das arguições e respostas. E mesmo depois desse período os dados não são muito consistentes. Entre outras coisas, porque as sínteses oferecidas pelos secretários por mais bem feitas que fossem não nos revelam a maioria dos comentários e críticas dos avaliadores, e mesmo o que nos é revelado deve ser visto, por meio do filtro que nos é interposto pelo mediador. Por isso mesmo, nosso trabalho aqui também será o de cotejar mais o indício, o fragmentário, e não o detalhe sistemático e minucioso (Cf. Ginzburg, 1999, 2002, 2007).

## "Autodidatismo" e "profissionalização" do trabalho de pesquisa do historiador no Brasil: um período de mutações entre os anos 1930 e 1940?

> Mas, enquanto Henri Berr preocupara-se precocemente em formular uma doutrina da síntese histórica (era ele filósofo de formação), Lucien Febvre e Marc Bloch pregaram sobretudo mediante o exemplo: o primeiro, de preferência polemista; o segundo, antes de tudo prático. [...] O que recomendam ao historiador, não é conformar-se com os dogmas de uma nova filosofia, mas assumir diante da história uma atitude nova, libertando-se do seco espírito de sistema que a teoria dos "positivistas" decididamente dissimulava (Glénisson, 1983, p. 230-231).

1 Esses dados foram levantados e podem ser coligidos nos *Anuários* da Faculdade de Filosofia, Ciências e Letras da Universidade de São Paulo, relativos ao período de 1939-1949, 1950, 1951 e 1952.

No início dos anos 1960, quando saiu à primeira edição do livro de Jean Glénisson,[2] *Iniciação aos estudos históricos* (1983), aquele era um momento favorável não somente a crítica da historiografia oitocentista, num manual acadêmico voltado à formação de historiadores profissionais e de professores de história, mas também o era para a divulgação do movimento dos *Annales* no Brasil (Cf. Simões de Paula, 1953; Dosse, 1994, 2009; Burke, 1992, 1997, 2002, 2005; Reis, 1996, 2000; Hobsbawm, 1998, 2002; Silva, 2001). Naquela época, mesmo se considerarmos que já eram hegemônicos tanto na historiografia francesa, quanto na de outros países, especialmente, onde seus procedimentos foram amplamente assimilados, nem por isso podemos supervalorizar o andamento deste processo. No caso do Brasil, esse processo estava apenas em seu início nos anos 1930, quando foram fundadas as primeiras Faculdades de Filosofia, Ciências e Letras, em São Paulo, no Paraná e no Rio de Janeiro (Cf. Braudel, 1937; Monbeig, 1937; Simões de Paula, 1953; D'Aléssio, 1994; Ferreira, 2006, 2012; Roiz, Santos, 2012). Além disso, no interior dos próprios cursos havia richas e debates acalorados entre as cadeiras e suas respectivas escolhas teóricas e metodológicas (Cf. Roiz, 2012a; Ferreira, 2013).

No curso de Geografia e História da FFCL/USP, esses "novos ares" (Cf. Novais, 1994; Capelato, Glezer, Ferlini, 1994) eram sentidos na instituição em função da vinda da "missão francesa", na qual muitos de seus professores seriam membros do movimento, como foi o caso de Fernand Braudel, cuja participação nos *Annales* foi marcante, para consigná-lo como líder da "segunda geração" do movimento, entre os anos 1950 e 1960 (Cf. Aguirre Rojas, 1995, 2000, 2003, 2003b, 2004, 2007). O efeito e a expressividade deixada por esses docentes marcaram os alunos das primeiras turmas do curso de Geografia e História, que viriam a ser também docentes na instituição, como Eurípides Simões de Paula e Eduardo d'Oliveira França (Cf. Simões de Paula, 1953; Roiz, 2012a; Roiz, Santos, 2012), cuja produção histórica, desde os anos 1940, expressava essas posições e seus vínculos com o movimento dos *Annales*, e com a obra e as orientações deixadas por Braudel, quando este ministrou disciplinas, como a de *História das Civilizações*, no

2 Jean Glénisson foi o primeiro a ministrar o curso de *Introdução aos estudos históricos* no curso de História da Faculdade de Filosofia, Ciências e Letras da Universidade de São Paulo, a partir de 1957, quando o curso foi inaugurado (Cf. Noticiário. In: *Revista de História*, 1957-1958).

curso de Geografia e História, em meados dos anos 1930 (Cf. Lima, 2009; Roiz, 2012a, Roiz, Santos, 2012).

Contudo, embora o momento fosse favorável à elaboração de críticas aos procedimentos e aos preceitos de pesquisa formulados pela historiografia oitocentista, nem por isso esta deixava de exercer grande "influência" sobre a produção histórica nacional dos anos 1940 aos anos 1960 (Cf. Rodrigues, 1979, 1988; Lapa, 1981, 1985; Diehl, 1999; Cardoso, Vainfas, 1997, 2012; Franzini, 2010). Aliás, mesmo na França, a importância e os efeitos deixados pela historiografia oitocentista na sua produção histórica da primeira e da segunda metade do século passado é, em muitos casos, senão mal avaliada nos estudos historiográficos, quase que totalmente subestimada pelos seus críticos (Cf. Rémond, 2003).

Por outro lado, a obra de Glénisson não fazia apenas críticas à historiografia oitocentista, já no título ela faria uma menção direta ao manual de Charles-Victor Langlois (1863-1929) e Charles Seignobos (1854-1942), *Introdução aos estudos históricos*, cuja primeira edição foi publicada em 1898,[3] na França. No Brasil ela seria traduzida apenas em 1946, apesar de ser consideravelmente conhecida pelos "historiadores por vocação", desde as primeiras décadas daquele século (Cf. Anhezini, 2011). E essa também era uma das razões de o livro de Glénisson, em praticamente toda a sua segunda parte, *O domínio da erudição e da crítica*, ser dedicada a uma análise minuciosa deste manual e da historiografia oitocentista. Além disso, este manual marcaria, para o autor, a constituição do ofício de historiador, pois, foi durante este período, no século XIX, que verdadeiramente os estudos históricos foram pensados de modo a constituírem uma "ciência", e a darem subsídios para a profissionalização do trabalho de pesquisa do historiador (Cf. Glénisson, 1983).

Daí a necessidade, esboçada por Glénisson (1983), de definir o "fato histórico" como o "objeto intelectual da pesquisa", além de estarem sendo definidos por historiadores de ofício, que passariam a fazer a maior parte das pesquisas na área. De ter o "documento" como o "objeto material da pesquisa". E a "crítica aos testemunhos", mediante análises de "crítica interna" e "externa" ao documento, constituir o padrão para uma prática de pesquisa, cujos procedimentos estavam ainda em formação, em meados do século XIX.

3 O livro só seria traduzido no Brasil em meados dos anos 1940, cuja edição de 1946 (Langlois, Seignobos, 1946) é a única que temos conhecimento.

Evidentemente, desde que o "fazer história" passou a ser uma preocupação de historiadores profissionais, interessados em fazer da História também uma "ciência", em meados do século XIX, que se tornou comum a produção de manuais de metodologia da pesquisa histórica, onde se circunstanciava os princípios do método histórico a serem ensinados e compreendidos pelos ingressantes ao ofício de historiador (Cf. Prost, 2008). Entre os mais conhecidos (no Brasil e em várias partes da América Latina e mesmo da Europa) estava o livro *Introdução aos estudos históricos*, de Langlois e Seignobos, que, ao sintetizarem as regras da moderna crítica histórica, de certo modo também foram tradutores, na França, da história científica praticada na Alemanha, em especial, por Leopold von Ranke (1795-1886) e seus seguidores, desde as primeiras décadas do século XIX, ao esboçarem o "que são e do que devem ser os estudos históricos" (Langlois, Seignobos, 1946, p. 12). Originalmente publicado em 1898, o manual de Langlois e Seignobos foi traduzido em vários países, da Europa e da América Latina, servindo de base para a organização dos princípios do método histórico, a muitas gerações de historiadores que começavam a ser formadas nas universidades.

No entanto, os princípios do método histórico, então sintetizados por Langlois e Seignobos, e praticados pela historiografia oitocentista, foram sistematicamente criticados pelas Ciências Sociais (que estavam em pleno processo de constituição e desenvolvimento) no início do século XX (Cf. Dosse, 2003, 2004; Reis, 1999, 2000, 2003a, 2012). De proporções semelhantes foram as críticas que passaram a ser efetuadas pelos historiadores, a partir das primeiras décadas do século XX, à historiografia metódica, em especial, após a criação da revista *Annales d'Histoire Economique et Sociale* em 1929 (Cf. Reis, 1994, 1996, 2000). E que causou, de acordo com Peter Burke (1997), uma verdadeira revolução na historiografia praticada no século XX.

Com isso, as obras *Apologia da história ou ofício de historiador* (2001), de Marc Bloch (1886-1944), e *Combates pela história* (1989), de Lucien Febvre (1878-1956), respectivamente publicadas em 1949 e em 1953, passaram a nortear a organização dos princípios da pesquisa histórica, dado que o movimento se institucionalizaria na França a partir da década de 1930 (Cf. Revel, 1989, 2009, 2010; Reis, 2000; Roiz, Santos, 2012), e após a II Guerra Mundial, os procedimentos defendidos pelo grupo, tornar-se-iam hegemônicos no campo dos estudos históricos internacionais, inclusive, no Brasil (Cf. D'Aléssio, 1994,

2011; Cardoso, Vainfas, 1997, 2012; Roiz, Santos, 2012). Saliente-se que a tensão entre o movimento dos *Annales* e a historiografia oitocentista era muito visível no Brasil dos anos 1940 e 1950 (Cf. Lapa, 1981; Diehl, 1988, 1999; Franzini, 2010). Aliás, o próprio SBH, sensível as discussões historiográficas de sua época, não deixou de escrever resenhas e comentários elogiosos as iniciativas do movimento dos *Annales*, e a maneira com que eram então recebidos no Brasil, especialmente, no curso de Geografia e História da FFCL/USP, entre os anos 1940 e 1950, e cuja *Revista de História*, criada em 1950 por Eurípides Simões de Paula, era então um dos locais privilegiados para a divulgação de tais propostas (Cf. Holanda, 2004; Roiz, Santos, 2012).

Note-se que já em 1949, José Honório Rodrigues, na primeira edição de seu livro *Teoria da história do Brasil*, apesar de começar a observar os efeitos de tais debates para a escrita da história, não deixava de se alongar sobre a "*crítica de atribuição*", a "*crítica de textos*" e a "*crítica interna*", heranças da historiografia oitocentista. Para ele, depois de serem estudadas "a data e localização, a autenticidade e autoria das fontes, dev[ia]-se examinar a sua integridade, problema da chamada Crítica de Textos", que seria composta pela "recensão" e pela "emenda". A "ressensão é a escolha de um documento mais digno de fé, sob base da comparação" (Rodrigues, 1949, p. 221), enquanto a emenda "é a tentativa de eliminar tôdas as possibilidades de êrro que podem existir mesmo nos melhores documentos" (Rodrigues, 1949, p. 222). Nesse processo, o principal dever do historiador, para ele, "é distinguir o verdadeiro do falso, o certo do incerto, o duvidoso do inadmissível", e a função da crítica histórica era a de "tentar fixar, nas fontes, a realidade do sucedido, eliminando o documento espúrio, determinando a época, descobrindo o autor, estabelecendo a integridade do texto e firmando a credibilidade do documento e do fato" (Rodrigues, 1949, p. 236). Entre outras razões, porque "uma fonte histórica não é senão o testemunho escrito e espontâneo de uma testemunha já morta, e é assim dependente, como qualquer testemunho geral, do modo como esta percebeu o acontecimento, o conservou em sua memória, foi capaz de evocá-lo e como quis ou pôde exprimi-lo" (*Idem*). Evidentemente, José Honório Rodrigues (1978) viria a reestruturar a obra, para suas edições seguintes, revendo vários desses pontos (Cf. Glezer, 1976). O que nos é importante aqui foi o modo como exprimiu a questão no final dos anos 1940.

Exatamente dez anos depois, em 1959, Francisco Iglésias em seu texto *Introdução à historiografia econômica*, recolocaria a questão nos seguintes termos:

> A palavra *história*, tal como é usada entre nós, é ambígua, por descrever tanto o curso dos acontecimentos como o seu estudo e reconstituição. [...] Os estudos de história, embora feitos há muitos séculos, só modernamente adquirem justa conceituação (Iglésias, 1959, p. 11-12).

E ao ir definindo melhor seu objeto, por meio de estudos especializados no campo da política, da economia e da sociedade, "a história abandona o quadro do beletrismo, em que a quiseram colocar por muito tempo, para enquadrar-se entre as ciências sociais" (Iglésias, 1959, p. 23). Com isso, Iglésias passa a desenvolver seu argumento principal:

> O aparecimento recente do intêresse pela história econômica é mais uma prova de que só há poucos decênios a história se constitui de maneira devida como disciplina. Na necessidade de esclarecimento de assuntos até então descurados é que se constituíram histórias especiais, como a econômica. O comum, até então, era o estudo de questões políticas, em confusão da parte com o todo, como se só a política contasse. Essa realidade, por mais vistosa, é que atraía as atenções. E os que se preocupavam com o passado se absorviam em reis e generais, chefes ou condutores de povos, como se apenas essas entidades existissem; a vida política ou militar é que era objeto de exame. É explicável a preferência, pois êsses elementos é que aparentemente decidem tudo. Demais, é na exposição de seus atos que se realizava a tendência retórica dos historiadores antigos, que se compraziam no culto de heróis. Já os outros elementos da realidade, por menos brilhantes ou mesmo prosaicos, não despertavam atenção. Parecia indigno tratar da vida material, de satisfação de necessidades cotidianas. Nesse desprêzo, é possível identificar mais uma vez o velho preconceito de que o único trabalho digno do nobre ou do homem de condição superior é o político, com suas implicações administrativas ou militares. Tudo mais caía nas atividades modestas, remuneradas, dependentes, nas quais não se exercitava o mando. Atitude tão comum em período ainda mais próximo de nós não é mais que reminiscência de épocas em que o trabalho era para escravos ou servos ou pessoas sem qualificações, em que o recebimento por serviço retirava ao homem qualquer valor (Iglésias, 1959, p. 34-35).

Ao destacarmos os textos de Rodrigues (1949) e Iglésias (1959) nosso objetivo foi mostrar como as "novas gerações" de profissionais formados nas universidades, a partir dos anos 1930, estavam apreendendo esta questão. Da mesma forma que a referência a Glénisson (1983) também visava exemplicar como esse mesmo assunto era tratado em sua obra dos anos 1960. No entanto, ao longo desse processo, entre os anos 1930 e 1950 (mas que, evidentemente, não estaria aí limitado), a trajetória de Afonso de Taunay é muito representativa na historiografia brasileira da primeira metade do século passado. Primeiro, pelo impacto que causou na produção de AEJ e de SBH, por ter sido professor de história de ambos, no Colégio São Bento, durante o ensino secundário que eles fizeram nos anos de 1910, e pela representatividade de sua obra para a produção histórica dos autores em pauta. Não há dúvida que ela marcaria mais AEJ, do que SBH, mas em nenhum momento este deixou de referendá-la em suas pesquisas (Cf. Holanda, 1996b, 2011a, 2011b). Segundo, pelo modo original que Afonso de Taunay se apropriou da historiografia europeia oitocentista, com vistas a inquirir seus procedimentos com a "história dos costumes" então praticada no Brasil. Terceiro, porque seus estudos sobre o café e sobre os bandeirantes marcaram a historiografia da primeira metade do século, e tanto AEJ quanto SBH deixaram consignados seus débitos, para com esses trabalhos e ao seu autor, Taunay.

Assim, contrariando, de certa forma, aos cânones instituídos pela história do pensamento social e político brasileiro, o estudo de Karina Anhezini (2011) contribui para inquirirmos essa questão, por ter investigado como se deu a formulação de uma história da historiografia na obra de Afonso de Taunay, entre 1911 e 1939. Ao percorrer os lugares que propiciaram a Taunay rever e/ou reformular suas práticas, dando-lhes um caráter mais profundo e operacional, e permitindo-lhe perpassar o "autodidatismo", que a formação de engenheiro civil lhe possibilitou, para o constante aperfeiçoamento do ofício de historiador, por meio de leituras, práticas, exercícios de escrita e o intenso contato com os letrados do período, em especial, Capistrano de Abreu, não por acaso, mestre de toda uma geração de historiadores (Cf. Wehling, 1994, 1999; Gontijo, 2006; Amed, 2006), a autora nos mostra passo-a-passo como se configuraram os momentos que definiram a "operação historiográfica" de Taunay, ao ser ela também o trilhar de uma *prática* (inclusive, de pesquisa).

Este caso, indica-nos como, a partir de 1911, Taunay iria definir preceitos teórico-metodológicos, forjando os fundamentos de sua escrita da história, ao se apoiar no manual de Langlois e Seignobos, *Introdução aos estudos históricos* de 1898. Evidentemente, para ela:

> [...] afirmar que Taunay se inspirou nas diretrizes desse método histórico não significa dizer que ele tenha aplicado todos os procedimentos do método em cada passo de sua produção, o que talvez nem mesmo os próprios autores da *Introdução aos estudos históricos* tenham feito, mas sim que ele foi informado por esses princípios e, sobretudo, motivado pela busca da "verdade histórica" (Anhezini, 2011, p. 47).

Ao nos mostrar como o autor manteve tais preceitos, ao longo de sua trajetória de ensino e pesquisa, mas sem deixar de lado a historiografia nacional, com sua "história dos costumes", a autora nos indica como e por que Taunay soube em sua época ser um "metódico à brasileira". Entre outras razões, porque "ele reuniu os ensinamentos adquiridos com os historiadores franceses que resumiu em 1911", em sua conferência sobre alguns princípios do método e da narrativa histórica, apresentada no Mosteiro de São Bento, como abertura do curso de História Universal que ele ministrou, e unindo tais preceitos com "as orientações de Capistrano de Abreu", que vieram a lhe tornar "um *metódico* coerente com as produções brasileiras das primeiras décadas do século XX" (Anhezini, 2011, p. 88), e:

> Historiador por vocação, Taunay foi um *metódico à brasileira.* [...] Na produção da epopeia bandeirante ou na História dos monstros e monstrengos, assim como, nas obras lexicográficas, os princípios gerais da moderna crítica histórica guiaram a escrita desse *metódico* que soube combinar a leitura da historiografia francesa com o desenvolvimento da historiografia brasileira das primeiras décadas do século XX (Anhezini, 2011, p. 232).

Além disso, num percurso simultâneo e articulado a esse primeiro, a autora vai detalhando como os lugares que este autor passou, como: o Instituto Histórico e Geográfico Brasileiro (IHGB); o Instituto Histórico e Geográfico de São Paulo (IHGSP); o Museu Paulista; a Academia Brasileira de Letras (ABL), e na cadeira de *História da Civilização Brasileira* do curso de Geografia e História da Faculdade de Filosofia, Ciências e Letras da Universidade de São

Paulo (FFCL/USP), entre meados dos anos 1910 e a década de 1930, lhes foram de fundamental importância para a coleta, organização e análise de fontes primárias. Nesse caso, especialmente, por que:

> Os esforços despendidos em torno dessa busca de documentação estavam atrelados à necessidade que esses homens de letras tinham de definir o que era o Brasil, o que era ser brasileiro, o que era ser paulista. Para Taunay, a melhor forma de se escrever a História do Brasil era por meio da realização de uma "História dos Costumes", portanto, as "minas virgens" que se descobriam a cada dia deviam servir para que os "mosaístas" compusessem a História não mais política e administrativa, denominada "história batalha", mas sim uma "História da Civilização" [brasileira] (Anhezini, 2011, p. 64).

Com isso, ao cruzar as correspondências passivas e ativas deste autor, com o processo de produção de sua obra, em meio aos locais em que foi passando, ao longo de sua carreira, a autora conseguiu elaborar um modelo interpretativo pertinente e eficaz para perscrutar a trajetória de Afonso de Taunay. Modelo de interpretar a história que foi usado por Taunay, e certamente inspirou tanto AEJ quanto SBH em suas investigações históricas. Assim, é com base nessas questões que devemos passar a analisar as escolhas e o modo que AEJ e SBH procuraram praticar as "regras do método histórico", entre os anos 1930 e meados dos anos 1950, quando estiveram na cadeira de *História da Civilização Brasileira* do curso de Geografia e História da FFCL/USP e participaram de bancas de doutoramento, livre-docência e de cátedra na instituição.

## *As regras do método em Alfredo Ellis Jr.*

> Acabo de receber a carta de 8. Infelizmente, o caso de D. Dinah Spadão não poude ser resolvido a contento dela. Ela não foi bem, ela não foi aprovada. Tive a impressão dela, contrária a que vol. manifesta em sua carta. Achei que a D. Dinah não liga muito ao ensino. É displicente. Ela faz parte do curso de férias e foi muito pouco assídua. Por êsse motivo ela não pegou o nosso sistema. Ela revelou a mais completa ausência de espírito crítico, pois fez uma dissertação sôbre a "Reforma religiosa" na qual esqueceu as causas e não mencionou as consequências. Repetiu essa enorme cincada quando deu uma aula sobre "Maioridade". Espero, porém que D. Dinah adquira o que não revelou nesse exame, de modo que em 1949, no concurso

> que vamos ter, ela conquiste uma boa classificação. Quanto ao mais, nada mais fiz que justiça. Gratíssimo pelo que vol. me disse.[4]

Essa é uma das poucas missivas que conseguimos ter acesso de AEJ, escrita em abril de 1948, onde esboça de maneira cristalina o seu modo de avaliar o aprendizado dos alunos. Não somente isso, ele nos indicava como colocava em prática as regras do método histórico que foi desenvolvendo desde os anos 1930, como catedrático da cadeira de *História da Civilização Brasileira* no curso de Geografia e História da Faculdade de Filosofia, Ciências e Letras da Universidade de São Paulo (FFCL/USP).[5] E é tendo em vista essas questões que devemos pensar a sua escrita da história, e o modo como avaliava este tipo de produção.

Em sua escrita da história, ele tentava mostrar que primava pela "verdade", pela "objetividade" e pela "imparcialidade", com vistas à elaboração de um *discurso científico*, em cuja tarefa se detinha desde os anos 1920, quando começou a se dedicar com maior afinco ao ofício de historiador. E não que o historiador, para ele, não pudesse tomar partido em suas análises das sociedades do passado, em função das transformações manifestadas em seu presente histórico, mas sim que a "imparcialidade" era um dos caminhos para se alcançar a "objetividade", dando um "caráter científico" a "narrativa histórica" (Cf. Ellis Jr., 1936a, 1937, 1948, 1950). De acordo com Antonio Celso Ferreira:

> Ellis Jr. era, antes de mais nada, um historiador típico das primeiras décadas do século [XX]: dedicado a várias áreas de conhecimento, eclético em suas abordagens, literato no sentido amplo do termo. Não foram poucas as obras em que ele procurou dar vazão à vocação literária; obras, diga-se de passagem, ignoradas pela crítica.

---

4 Carta de Alfredo Ellis Jr. a Malaman, de 16 de abril de 1948. Inventário: Alfredo Ellis Jr. Cartas de 1 a 11. Caixa: 09; Envelope: 46. Pasta: 33. CAPH/USP.

5 Naquele momento, AEJ já era correspondente do Instituto Histórico e Geográfico Brasileiro (IHGB), desde 1926, e sócio efetivo do Instituto Histórico e Geográfico de São Paulo (IHGSP), além de ser membro da Academia Paulista de Letras (APL). Vinha revisando sua produção histórica, tarefa que fazia desde os anos 1930, com relação a sua produção dos anos 1920, e que se intensificaria a partir de 1938, quando ingressou no curso de Geografia e História da FFCL/USP. Assim, ao lado de uma produção já significativa, que era o resultado de uma reavaliação de suas concepções e interpretações do passado paulista, ainda tinha lugar a produção de romances e de livros didáticos de *História*, da 3ª a 5ª série, e de *Geografia*, da 1ª a 5ª série do ensino secundário, produzidos em meados dos anos 1930.

> Não se sabe, também, se tiveram algum impacto no público leitor. Afora os trabalhos de antropologia e historiografia, que tiveram boa aceitação, por certo tempo, em parte da inteligência local, ou os textos didáticos, de memória e de propaganda paulista, de público garantido até meados dos anos [19]40, não há notícia acerca da recepção de seus romances (Ferreira, 2002, p. 336).

Desse modo, tanto em suas obras históricas, quanto em seus romances históricos (como vimos no terceiro capítulo desta pesquisa), "objetividade" e "subjetividade" se mesclavam num discurso que tomava partido nas questões relativas à história de São Paulo e do Brasil, como também pode ser facilmente aferido em: *A nossa guerra* (1933) e em *Confederação ou separação* (1934a), ambas escritas em 1932, e cujo conteúdo tinha mais um aspecto "panfletário", do que uma análise histórica, até em função dos próprios efeitos de 1932 – da tentativa de "Revolução Constitucionalista" de São Paulo –, e, aos quais, o autor havia sentido diretamente, por ter participado como soldado das frentes paulistas (como vimos no primeiro capítulo).

Não só nestas obras podemos visualizar essas questões, em *Os primeiros troncos paulistas e o cruzamento Euroamericano* (de 1936), que foi a revisão e a reescritura de *Raça de gigantes* (de 1926), como em *O bandeirismo paulista e o recuo do meridiano* (1934b) – cuja segunda edição foi publicada em 1934, a primeira era de 1924 – é possível perceber a mesma tentativa de construção de um discurso histórico, com "caráter científico", mediante o cruzamento de análises "objetivas" e "subjetivas", nas quais seu autor tentava demonstrar a peculiaridade da miscigenação que se deu em São Paulo, em comparação com a que ocorreu no resto do país. Saliente-se que durante o período em que estava prestes a publicar esse texto, em 23 de novembro de 1923, AEJ encaminha uma carta para Afonso de Taunay, onde lhe agradece seus préstimos e seu apoio e lhe informa sobre o andamento da obra.[6] Para Katia Abud (1985):

> O estudo do Bandeirante e das Bandeiras estruturou-se na primeira metade do século XX, sobre vertentes inspiradas nas obras de Pedro Taques e Frei Gaspar. Afonso de Taunay deu ênfase à conquista

6 Carta de Alfredo Ellis Júnior a Afonso de Taunay, São Paulo, 23 de novembro de 1923. Arquivo Permanente Museu Paulista/Fundo Museu Paulista (APMP/FMP), 1ª entrada, pasta 120. Agradeço a gentileza de Karina Anhezini (da UNESP/Assis) por ter me cedido as missivas trocadas entre AEJ e Afonso de Taunay.

> territorial, às descobertas; Alfredo Ellis Jr. à "*raça paulista*"; Alcântara Machado enveredou pelo estudo das condições econômicas e sociais do seiscentismo.
>
> Afonso de Taunay, Alfredo Ellis Jr., Alcântara Machado foram os historiadores que deram, após Pedro Taques e Frei Gaspar, contribuições originais para a história do bandeirantismo, e com isso fizeram aparecer muitos outros autores preocupados com o mesmo tema e seguidores das linhas explicativas sugeridas por eles. As obras daqueles três autores podem ser considerados matrizes do conhecimento sobre as bandeiras e o bandeirantismo, produzido no século XX (Abud, 1985, p. 133).

Mesmo em seus romances: *Pedras lascadas* (de 1928), *O tigre ruivo* (de 1934), *A madrugada paulista* (do mesmo ano), e *Jaraguá* (de 1936), ao procurar descrever a "epopeia bandeirante" (Cf. Ferreira, 1999, 2002), AEJ tangencia entre o "acontecido" e o "imaginado", entre o "objetivo" e o "subjetivo" – como vimos no terceiro capítulo. De modo que em sua obra ele procurou testar possibilidades, exercitando sua escrita e suas hipóteses nos mais variados gêneros, para cotejar o modo mais adequado de (tentar) contar a história paulista. E nesse exercício visava cumprir, como os antepassados, a função de "novo bandeirante" nas terras de São Paulo (Cf. Abud, 1985, Ferreira, 2002).

Nesse processo, o essencial para alcançar essas metas na escrita da (sua) narrativa dos "fatos" e "acontecimentos" pioneiros na história de São Paulo era demonstrar as "causas" e as "consequências" do desenrolar dos acontecimentos, procurando investigar o "meio" e prognosticando qual o tipo de "raça" que este propiciou. Não por outra razão, tentou, especialmente, ao longo dos anos 1930, demonstrar a peculiaridade do povo de São Paulo, cuja origem "mameluca", isto é, de cruzamento entre o índio da terra e o português, é uma das explicações fornecidas pelo autor para justificar o tipo de pioneirismo e empreendedorismo, que foi se desenvolvendo no paulista, a partir do seiscentismo (Cf. Ellis Jr. 1934b, 1936a, 1937).

Com base nessas premissas, que ele se preocupou em definir a História como "uma reconstituição de uma época do passado de um povo e, para êsse fim, o historiador tem que buscar elementos em todos os ramos do saber humano" (Ellis Jr., 1946, p. 6). Entre outras razões, porque, para ele, é "certo que os acontecimentos históricos têm todos, mais ou menos, consequências" (Ellis Jr., 1946, p. 7). E, nesse caso, as consequências econômicas eram as que manifestavam as transformações (mais) imediatas na sociedade (Cf. Ellis Jr., 1939, 1946b, 1948, 1951). Por isso, suas causas deviam ser estudadas com todo cuidado, para se descortinar o maior número possível de detalhes, a serem fornecidos numa narrativa minuciosa dos "fatos".

Quanto aos *fatos*, acreditava que não eram todos que deviam receber a atenção do historiador. Para ele, os mais importantes são aqueles que produzem grande número de *consequências*, devendo, por isso, ser mais "esmerilhados" do que os *causadores* de menor efeito. Além disso, a História não poderia ficar presa à cronologia, mesmo sendo ela parte importante dos estudos históricos, e que se formaria da união de vários departamentos do saber humano, disciplinados pelo espírito crítico, e mobilizados pelo raciocínio, o bom senso e a imaginação. Muito embora fossem esses aspectos indispensáveis para o diagnóstico das *causas*, para interligação das *consequências* e a sincronização das *repercussões*, que se encadeavam com os *fatos principais* (Cf. Ellis Jr., 1950, 1951, 1959), o historiador não poderia perder de vista a relação crucial entre "causas" e "consequências", especialmente, as que produziam alterações na economia, cujos desdobramentos, não por acaso, também afetavam as decisões políticas num dado período histórico.

Em vista disso, *causas, consequências* e *repercussão* eram, para ele, o tripé que daria subsídios seguros ao historiador. Segundo ele: "Só assim podem ser erguidas as reconstituições do passado com suas causas, bem diagnosticadas, e com suas consequências, bem interligadas, com suas repercussões bem sincronizadas e encadeadas com os fatos principais, que devem ser analisados" (Ellis Jr., 1959, p. 41).

Mas, para que os *fatos*, tanto quanto suas *causas* e *consequências*, fossem adequadamente investigados era necessário identificar "primeiro, o fator *homem*, [que] seria o concernente à raça do mesmo, ao complexo hereditário, à sua educação, à sua eficiência, à sua inteligência, à sua fortaleza física ou fisiológica,[7] enfim, o conjunto de circunstâncias que definem o componente de um grupo humano qualquer" (1939, p. 8), como destacou em sua tese de cátedra *Meio século de bandeirismo*, defendida em meados de 1939. Em seguida, devia-se identificar "o fator *ambiente mesológico*, [que] seria o concernente

7 Na segunda edição de *Meio século de bandeirismo (1590-1640)*, mas a primeira se considerarmos sua publicação pela coleção Brasiliana, da Editora Companhia Nacional, o autor acrescentaria após "fisiológica", "à sua etnia" (1948b, p. 11). E no lugar de "fortaleza", o autor utilizaria "formação".

aos conjuntos que cercam o indivíduo, quer os de ordem geográfica, quer ainda os de ordem sociológica" (Ellis Jr., 1959, p. 10, grifos no original).

Por essa razão, conhecer "um facto não é apenas saber da sua realização mais ou menos minuciosamente", porque "se faz mister serem as suas causas bem esmerilhadas e esclarecidas, assim como as suas consequencias bem vislumbradas e prophetisadas" (Ellis Jr., 1937, p. 7), tal como ressaltou em *A evolução da economia paulista e suas causas*. Caso contrário, nada "disso aproveita ao estudioso do passado e ainda menos ainda ao estadista contemporaneo, que queira buscar na experiencia do passado elementos para a solução de problemas do presente" (Ellis Jr., 1937, p. 30).

Nesse sentido, a importância do pai, Alfredo Ellis, o encontro com Afonso de Taunay (1876-1958) no Colégio São Bento, quando este foi seu professor, marcando-o profundamente e desde então consolidando uma amizade por toda vida, constituem-se em parte significativa de suas "inspirações" para a carreira política, tanto quanto para o ofício de historiador e para as suas escolhas teóricas, ao explicar a formação da "raça (paulista) de gigantes".[8]

E que seriam complementados com o estudo sistemático das obras "monumentaes" de Pedro Taques de Almeida Pais Leme (1714-1777), com sua *Nobiliarquia paulistana histórica e genealógica* (em 3 volumes), e a de Luís Gonzaga da Silva Leme (1852-1919), no seu *Genealogia paulistana*. Essas obras serviam para o pesquisador poder cotejar melhor as fontes documentais quinhentistas e seiscentistas, pois, os dois genealogistas, ao consagrarem suas

8 Quanto à leitura que AEJ fez da obra de Oliveira Vianna (1883-1951), iniciada depois que concluiu o curso de Direito, em meados dos anos 1920, vendo-a de forma muito positiva até meados dos anos 1930 (quando então passa a criticá-la mais acentuadamente, em função da posição deste autor perante o *Estado Novo* varguista), tendo em vista suas fragilidades no trato das fontes empíricas e em suas generalizações, tal como veremos no próximo capítulo. Como indica Giselle Martins Venâncio (2006, p. 87-108), na extensa biblioteca de Oliveira Vianna, que chegou a agrupar 4.161 exemplares de 3.949 títulos distintos, onde se destacavam obras de Ciências Sociais (com 35 %) e Jurídicas (com 21% do total), também apareceriam 451 títulos em História do Brasil e Literatura de Viajantes, perfazendo 11,4% do total. Nessa categoria, se apresentariam obras de Max Fleiuss, Felisberto Freire, Afonso Celso, José Maria Bello, Alfredo Ellis Jr., Pedro Calmon, Caio Prado Jr. e Sérgio Buarque de Holanda. Nesse grupo, haveria maior representatividade da obra de Alfredo Ellis Jr., com um total de 12 títulos, a maioria deles enviados pelo próprio autor. O que, para ela, corresponderia a uma ampla relação de trocas, correspondências e comentários recíprocos. Por outro lado, veremos igualmente no próximo capítulo como AEJ tratou a obra de Gilberto Freyre (1900-1987) e de SBH.

obras ao estudo das famílias que formaram as terras paulistas do planalto, forneceram vários subsídios para que o pesquisador pudesse vir complementar esse trabalho pioneiro com novas pesquisas. Curiosamente, AEJ não mensiona com regularidade a obra de Frei Gaspar da Madre de Deus (1715-1800), cuja amizade com seu primo Pais Leme, segundo informa Afonso de Taunay, em suas *Memórias para a história da Capitania de São Vicente*, teria-lhe sido fundamental para poder escrever sua *Nobiliarquia paulistana*. Mesmo considerando suas justificativas, de que não tinha nenhuma richa com relação a obra dos jesuítas (Cf. Ellis Jr., 1934b, 1934c, 1936a, 1937), é muito provável que em função da interpretação que estes fizeram dos bandeirantes, justificassem suas restrições as suas obras, inclusive, a de Frei Gaspar – mas que nos anos 1940 e 1950, como veremos no próximo capítulo, AEJ foi progressivamente relativizando suas restrições a obra deste autor, devido, particularmente, a presença marcante de Taunay, na composição de suas ideias e no planejamento de suas pesquisas. Para John Monteiro (1994):

> Ao contrário de seu mestre Afonso d'Escragnolle Taunay, cuja vastíssima obra constituía uma desordenada crônica dos fatos, eventos e personagens pitorescos, Ellis Jr. ambientou o bandeirante, e sobretudo a mestiçagem, num contexto cientificista tão emaranhado quanto a densa mata penetrada pelos mesmos sertanistas. Lançando mão de uma verdadeira floresta de pressupostos evolucionistas, no que pesavam as teorias abraçando o papel determinista da raça e do meio físico, Ellis esforçou-se para mostrar as bases científicas e históricas da especificidade do caráter paulista, que fundamentavam seu papel de liderança econômica na República e justificavam seus anseios autonomistas (Monteiro, 1994, p. 79-80).

Ainda que em sua obra não aparecesse constantemente o exercício de uma história como *mestra da vida* e fornecedora de exemplos do passado para a orientação dos indivíduos no seu presente histórico, esta também será encontrada em algumas passagens de seus textos, na medida em que procurou demonstrar a importância da história do bandeirante para a consolidação da lavoura cafeeira no século XIX, e que esse exemplo era vital para que os paulistas do século XX, além de conhecerem corretamente a sua história (Cf. Ellis Jr., 1933, 1937), vissem nela uma inspiração para que o povo e o estado de São Paulo conseguissem sair da crise política e econômica, que o estado se encontrava naqueles anos iniciais da década de 1930, e recuperasse sua autonomia diante da Nação (Cf. Ellis Jr., 1934a). Ao longo dos anos 1940, não é de se estranhar, que tal projeto viesse a se completar com uma leitura histórica do papel exercido por seus ancestrais diretos, como o pai e o avô, para justificar, aliás, sua própria ação como um "novo bandeirante" de seu tempo.[9]

Foi justamente com essas ideias em mente que AEJ começou a ministrar suas aulas nas disciplinas que passou a oferecer, a partir de 1938, na cadeira de *História da Civilização Brasileira* do curso de Geografia e História da FFCL/USP.[10] Mas, como indicaria John Monteiro (1994):

> Percebe-se, contudo, nesta fase de sistematização didática, aliás orientada para o programa de estudos de História da Civilização Brasileira na FFCL, uma maior elaboração daquilo que seria uma teoria da história de São Paulo. Ellis aprofundava manifestações anteriores sobre a impossibilidade de se escrever uma história do Brasil, a não ser através de um ângulo regional, perspectiva essa que ganhou muitos adeptos em São Paulo: basta lembrar que o lema do Instituto Histórico e Geográfico de São Paulo resumia-se em "a história de São Paulo é a história do Brasil". O próprio Ellis, reagindo à acusação de ser "regionalista em exagero", já havia sentenciado: "É porque não acho que há história do Brasil, como um conjunto homogêneo".
>
> De fato, a partir da década de [19]40, sua esquematização da história de São Paulo introduziu um novo quadro de referência [em parte, resumido acima], que redundou em não poucas incoerências e contradições (Monteiro, 1994, p. 82).

Com isso, John Monteiro (1994) sintetizava a concepção historiográfica de AEJ em três pressupostos fundamentais: 1 – "o isolamento do planalto durante todo seu período formativo"; 2 – "o caráter específico da mestiçagem

9 E justamente por estar imerso nesse contexto cientificista de produção, que de forma semelhante apareceria, em seus textos, a obra de Fustel de Coulanges (1830-1889), ao contrário da de Leopold von Ranke (1795-1886), que seria muito pouco citada, em função da maneira com a qual o primeiro buscou analisar a cidade-estado Greco-romana, e concebia a escrita da história, assim como a pesquisa, como o produto de um trabalho "científico" efetuado pelo historiador (Cf. Hartog, 2003a). O quê para AEJ foi fundamental, ao buscar escrever a história de São Paulo, nos anos 1920 e 1930 – como vimos no terceiro capítulo.

10 E que podem ser aferidas por meio do exame de seus relatórios para a cadeira, que foram registrados também pelos *Anuários* da instituição, durante o período de 1938 a 1952.

luso-indígena (e a correspondente ausência do negro africano)"; 3 – "e o fenômeno *sui generis* do bandeirantismo paulista" (Monteiro, 1994, p. 83). Nesse sentido, procuraremos analisar na continuidade deste item como ele tentou colocar em prática o programa de pesquisa e as "regras do método" que foi compondo entre os anos 1930 e 1940 – e que iremos aprofundar no próximo capítulo desta pesquisa –, no ensino e na pesquisa praticados na cadeira. Assim como nos processos de avaliação de candidatos nas bancas que participou no período. Evidentemente, a sistematização das "regras do método" que AEJ procedeu durante o período em que regeu a cadeira foram diretamente "inspiradas" na maneira pela qual Afonso de Taunay havia inquirido a historiografia oitocentista, de modo a fazer um uso híbrido e original de seus procedimentos, ao se apoiar igualmente numa "história dos costumes" para escrever uma história dos bandeirantes e do café. O que, aliás, conforme indicou Karina Anhezini (2011), que discutimos acima, o teria tornado "um metódico à brasileira". Rastro, que com as suas devidas especificidades, teria sido também seguido por AEJ – veremos isso melhor no próximo capítulo.

Com isso, veremos que o trabalho que desempenhou na cadeira, coincidentemente seria favorecido pelos investimentos e acréscimo de materiais, chegando aos anos de 1950 com 396 livros devidamente catalogados, além da assinatura de revistas e da aquisição de fontes impressas e a reprodução de manuscritas (Cf. *Anuário da FFCL*, 1952, p. 218-220). Ao mesmo tempo, o catedrático e seus assistentes procuravam elaborar seminários versando sobre: os descobrimentos portugueses; a vinda da família real; os meios de transporte nas e para as Minas Gerais; a política econômica de D. João VI; a guerra dos Emboabas; a Inconfidência Mineira; etc. (Cf. *Anuário da FFCL*, 1953, p. 226-227). Além disso, ofereciam-se cursos especializados e regulares para os alunos do segundo e do terceiro ano, e opcionais para os do quarto e quinto ano do curso de Geografia e História (Cf. *Anuário da FFCL*, 1954, p. 237-239). E, durante a execução dessas atividades, o professor terminou em 1952 "uma obra sôbre a História de São Paulo, em 7 volumes, desde os primórdios da colonização até o século XIX" (Cf. *Anuário da FFCL*, 1954, p. 239). Isso era uma forma de não deixar passar despercebido o quarto centenário da cidade de São Paulo, capital do Estado, a ser comemorado em 1954[11] – e, nessas circunstân-

11 Curiosamente em 1960, quando foi publicada sua biografia, de o *Tenente-coronel Francisco da Cunha Bueno*, aquela obra ainda era anunciada no prelo.

cias, verificamos um pouco dos laços de continuidade, mais que de rupturas, entre Afonso de Taunay e AEJ no andamento das atividades da cadeira.

Como já havíamos adiantado, durante os anos 1930 até meados dos anos 1950 foram defendidas 21 teses de cátedra, 12 de livre-docência e 84 doutorados, e das quais AEJ participou de 2 livres-docências e 17 doutoramentos, enquanto SBH de duas teses de cátedra e uma de livre-docência[12] – como veremos no próximo item.

Para tentar refletir melhor sua participação durante esses processos de avaliação dos candidatos é que procuramos compor o quadro abaixo, no qual nossa meta foi indicar quais as áreas das teses a que AEJ participou durante este período; sua ligação com os orientadores e com os candidatos e as candidatas; e, enfim, seus comentários e críticas aos trabalhos.

**Quadro – 1: Distribuição de teses de doutorado de acordo com o(a) candidato(a), título, ano, área e orientador:**

| Candidato(a) | Título | Ano | Área | Orientador |
|---|---|---|---|---|
| Eurípedes S. Paula | *O comércio varegue e o Grão-Principado de Kiev* | 1942 | História | Jean Gagé |
| Alice Canabrava | *O comércio português no Rio da Prata de 1580 a 1640* | 1942 | História | Jean Gagé |
| Astrogildo R. de Mello | *As encomiendas e a política colonial de Espanha* | 1942 | História | Jean Gagé |
| José Quirino Ribeiro | *A memória de Martim Francisco...* | 1943 | História | Alfredo Ellis Jr. |
| Olga Pantaleão | *A penetração comercial da Inglaterra na América ...* | 1944 | História | Jean Gagé |
| Maria C. vol. de Carvalho | *Santos e a geografia humana do litoral paulista* | 1944 | Geografia | Pierre Monbeig |
| Dorival Teixeira Vieira | *Evolução do sistema monetário brasileiro* | 1945 | Economia | Paul Hugon |
| Pedro Moacyr Campos | *Alguns aspectos da Germânia antiga...* | 1945 | História | Eurípedes S. Paula |
| Eduardo d'O. França | *O poder real em Portugal e as origens do absolutismo* | 1945 | História | Eurípedes S. Paula |

12 Esses dados foram levantados e podem ser coligidos nos *Anuários* da Faculdade de Filosofia, Ciências e Letras da Universidade de São Paulo, relativos ao período de 1939-1949, 1950, 1951 e 1952.

| Carlos Drumond | *Da partícula bah.a do tupi-guarani* | 1946 | Etnografia | Plinio Ayrosa |
|---|---|---|---|---|
| João Dias da Silveira | *Estudo geográfico dos contrafortes ocidentais...* | 1946 | Geografia | Pierre Monbeig |
| Renato da S. Mendes | *Paisagens culturais da Baixada Fluminense* | 1948 | Geografia | Pierre Gourou |
| José Ribeiro de A. Filho | *A baixada do rio Itanhaém* | 1950 | Geografia | Aroldo de Azevedo |
| Gilda de Mello e Souza | *A moda no século XIX* | 1950 | Sociologia | Roger Bastide |
| José Aderaldo Castello | *A introdução do romantismo no Brasil* | 1950 | Literatura | Mário de S. Lima |
| Mafalda Zamella | *O abastecimento da Capitania de Minas Gerais...* | 1951 | História | Alfredo Ellis Jr. |
| Hélio S. Silva | *O comércio exterior do Brasil (1822-1918)* | 1951 | Economia | Paul Hugon |

Fonte: *Anuários da Faculdade de Filosofia, Ciências e Letras da USP, 1939-1949, 1950, 1951, 1952*

Com base no quadro acima, temos que AEJ participou de 8 teses da área de História, 4 de Geografia e 1 de Etnografia, que representavam os três campos especializados do curso de *Geografia e História* da FFCL/USP (Cf. Roiz, 2012a), e 2 de Economia, 1 em Sociologia e 1 em Literatura, que compunham os campos especializados de *Ciências Sociais* e de *Letras*, totalizando 17 bancas, das quais duas foi presidente (por ser orientador dos trabalhos).

A sua participação nos 4 trabalhos orientados por Jean Gagé, no período em que esteve na cadeira de *História da Civilização Moderna e Contemporânea*, de 2 orientados por Eurípedes Simões de Paula, quando este ainda era assistente da cadeira de *História da Civilização Antiga e Medieval* (foi catedrático a partir de 1946), de 2 trabalhos orientados por Pierre Monbeig, da cadeira de *Geografia Humana*, e por 1 orientado por Plinio Ayrosa, da cadeira de *Etnografia Brasileira e noções de Tupi-guarani*, todas do curso de *Geografia e História*, mostram a representatividade de AEJ no curso, ao qual se tornou catedrático da cadeira de *História da Civilização Brasileira*, em 1939, apenas depois de Plinio Ayrosa (que se tornou catedrático dias antes, seu concurso ocorreu entre os dias 23 e 27 de março e o de AEJ entre 24 e 29 do mesmo mês).[13] Por outro lado,

13 Cf. *Anuário da FFCL, 1939-1949*, 1953, 2v., p. 381-382.

esses dados também nos indicam que suas relações não se limitavam apenas ao curso de *Geografia e História*, mas se espalhavam ainda pelo de *Ciências Sociais* e no de *Letras*. E que, evidentemente, não era simplesmente pelo reflexo do período em que havia sido diretor da FFCL/USP, nos anos iniciais da década de 1940 (Cf. *Anuário da FFCL, 1939-1949*, 1953, 2v.), mas representava muito mais os intercâmbios mantidos entre os docentes, em função de ministrarem disciplinas em comum entre os cursos, direcionarem os alunos durante o período em que desenvolviam seus trabalhos, e firmarem parcerias com convites para suas respectivas bancas. Foi o caso de AEJ, que convidou tanto Astrogildo Rodrigues de Mello, quanto Eurípedes Simões de Paula (que haviam sido orientados por Jean Gagé em seus doutorados), para as suas bancas, depois de participar da banca de avaliação de seus respectivos trabalhos de doutorado.

Muito mais sutil, como já adiantamos, é tentar perceber como AEJ corrigia os trabalhos, apresentava seus comentários e dirigia suas críticas. Com base nos indícios que temos, nota-se: a) o mesmo cuidado em inquirir as "causas" e as "consequências", a quê chama a atenção dos(as) candidatos(as); b) sua preocupação em identificar as fontes que foram trabalhadas e de que maneira se procedeu a "crítica interna" e "externa", para que fosse construída a interpretação; c) de que modo se cuidou da "objetividade", da "imparcialidade" e da "verdade", para que fosse elaborada uma narrativa histórica, com caráter "científico"; d) e, por meio de quais recursos, procedia-se o recorte do objeto, a definição da cronologia da pesquisa e a construção do *corpus* documental para a análise.

Veja-se, por exemplo, como José Quirino Ribeiro, que se formou em Pedagogia, e foi orientado por AEJ em seu doutoramento, a respeito d'*A memória de Martim Francisco sobre a reforma dos estudos da Capitania de São Paulo*, defendida em 12 de novembro de 1943, perante a banca constituída por Roldão Lopes de Barros, Paul Arbousse Bastide, Astrogildo Rodrigues de Mello e João Cruz Costa, refere-se à seção. Depois de historiar a "origem" do trabalho em suas *Notas explicativas*, demonstrando os méritos do "Sr. Prof. Dr. Roldão Lopes de Barros", que manifestou seu apoio quando este lhe sugeriu o programa de uma disciplina que veio a lhe direcionar para a feitura deste trabalho, José Quirino passava a se dirigir a AEJ, agradecendo-lhe por ter aceitado a empreitada, especialmente, de alguém que vem de outra área. E, que como mostrou na introdução, orientou-lhe trabalhos para poder fazer o painel histórico do período em que foi elaborada a memória de Martim Francisco, além de lhe circunstanciar como devia proceder em relação ao método. Daí todo o histórico que foi construído na primeira parte da pesquisa, para se chegar à análise da memória na segunda. E, nesse caso, não era meramente para se reconstituir o contexto, mas para poder proceder a "crítica interna" e a "crítica externa" da fonte. Como indica:

> O manuscrito está sem data.
>
> Pelo que se pode inferir da caligrafia, foi escrito pelo próprio Martim Francisco que nele se assina [...]. A peça está redigida no verso e reverso de 13 folhas de papel de formato carta, cerradamente, com letra miúda, bem legível e de tipo impressionantemente igual. [...]
>
> Na correção que fizemos, à vista do original, atualizamos a ortografia e, porque não se trata mais de documento inédito, emendamos somente a redação e a pontuação. [...]
>
> A primeira dificuldade estava na necessidade de fazer uma revisão geral das ideias dominantes naquela época de tão grandes e profundas agitações do pensamento humano e a respeito dos vários aspectos que a "Memória" apresenta. [...]
>
> A segunda dificuldade encontramos em localizar com alguma precisão, a procedência das ideias que Martim Francisco expendeu, para o que deveríamos conhecer-lhe as fontes de estudo e autores preferidos. [...]
>
> A terceira dificuldade está no fato de a cópia, feita embora com todo cuidado, deixar sempre dúvidas. (Ribeiro, 1945, p. 73-74).

Aqui além de sintetizar um pouco das "regras do método" que fez uso para desenvolver o trabalho, indica-nos como AEJ, assim como na missiva de 1948 que foi analisada no início deste item, procedia com relação à orientação de seus trabalhos e de seus alunos. Evidentemente, apresentou-se mais o rastro de um percurso – que tentaremos aprofundar melhor no próximo capítulo – do que uma análise sistemática de como procedeu AEJ durante este período em seus textos e em suas avaliações.

### *As regras do método em Sérgio Buarque de Holanda*

Em SBH, esse processo foi muito mais sutil. Não há nele, como vimos em AEJ, um conjunto sistemático de princípios que lhe serviam de guia para direcionar suas pesquisas, aos quais seriam acrescentados "novos", ao longo de sua trajetória profissional. Há muito mais um movimento de crítica e diálogo intenso com diversos autores, particularmente, alemães e franceses, que lhe servia justamente para aprimorar procedimentos de investigação e não para deduzir, a partir deles, um conjunto de "regras do método" para serem seguidas.

Isso não quer dizer, evidentemente, que SBH deixasse de se preocupar com os procedimentos teóricos e metodológicos em suas pesquisas (Cf. Gusmão, 2012). Muito pelo contrário, chega a ser impactante sua vontade de inquirir caminhos a serem seguidos na pesquisa, na escrita, entre o processo de análise e interpretação das fontes, que se fazia por meio de um amplo diálogo com outros autores, e que podia ser percebido em seus artigos para a imprensa periódica, como em vários de seus livros (Cf. Holanda, 1936, 1959, 1996, 1996b, 2004, 2011a, 2011b). Muito embora tais apreciações fossem mais comuns em seus artigos de jornal, do que em sua obra histórica dos anos 1940, as quais SBH estava muito mais preocupado com a *forma* e a interpretação das fontes. Ao observarmos as missivas que recebeu, vê-se justamente a dificuldade de seus interlocutores em definirem o seu perfil teórico e metodológico. Apesar de não serem poucas as tentativas de assim o fazerem, como vemos na carta de Fernand Braudel:

> Recebi, antes de minha saída de Paris, suas *Raízes do Brasil* em triunfante segunda edição e venho agradecer-lhe em verdade um pouco de atrasado, pois o fim de nosso ano letivo foi terrivelmente sobrecarregado. Aliás, há muito tempo que eu tinha vontade de lhe escrever, pelo menos desde a simpática visita de seu cunhado, para dizer que boa lembrança minha mulher e eu guardamos de sua acolhida e das horas encantadoras passadas em sua companhia e de Mme. Buarque de Holanda e de suas preocupações de historiador tão próximas as nossas. Seguindo suas indicações, procurei e encontrei os arquivos dos Schetz, mas não ainda os papéis referentes ao engenho dos Erasmos, os quais, se não estiveram em certas malas de documentos ainda não inventariados, correm o risco de ficar perdidos para a História. Em todo caso, eu lhe darei notícias do prosseguimento de minhas pesquisas.[14]

14 Carta do Prof. Braudel a propósito da realização de um congresso internacional de história da colonização a Sérgio Buarque de Holanda, em 25 de julho de 1948, Paris. In: Sérgio Buarque de Holanda, *Raízes do Brasil*, 1991, p. XIX. O documento original em francês se encontra arquivado no Siarq/Unicamp, catalogado em Cp95 P7.

Assim, Fernand Braudel responde a SBH, em 25 de julho de 1948. Na missiva, ao mesmo tempo em que agradecia o envio da segunda edição de *Raízes do Brasil*, Braudel procurava alinhar a trajetória e as concepções históricas de SBH, com a do movimento dos *Annales*, na França, que naquele período estava em franca expansão não apenas por aquele país, mas igualmente para outras regiões da Europa e do mundo (Cf. D'Aléssio, 1994, 2011; Roiz, Santos, 2012). Apesar da leitura favorável que então SBH procurava fazer do movimento no Brasil (Cf. Holanda, 2004), com a resenha de livros e a análise do desempenho de professores franceses na fundação do curso de *Geografia e História* da FFCL/USP, e no avanço das pesquisas históricas no país, nem por isso ele se limitava a essas referências em suas pesquisas, como veremos abaixo.

Ao ser publicada a segunda edição de *Raízes do Brasil*, em 1948, SBH retirou 20 exemplares de circulação, editados em papel *Bouffant* especial, além de serem assinados pelo autor – como, aliás, já havia feito na primeira edição da obra. Muito provavelmente, o exemplar que ele encaminhou para Braudel entre o final de maio e o início de junho daquele ano tenha sido um daqueles que foram tirados de circulação pelo autor. É bem provável que ele tenha feito isso com os outros exemplares que tirou de circulação, para presentear amigos, divulgar a obra, estabelecendo ainda mais relações com o círculo restrito do "mundo dos letrados" do Brasil e no exterior.

Em sua trajetória SBH foi construindo relações profissionais e amizades sólidas com vários letrados brasileiros e estrangeiros[15] – voltaremos a isso no sétimo capítulo. Seja permutando fontes, livros, cartões ou fotos, essa estratégia, vinculada nas missivas, contribuía para aproximá-los, além de estabelecer uma "rede de relações" e troca de informações (Cf. Galvão, Goltib, 2000; Gomes, 2004), que favoreciam, entre outras coisas, o próprio desenvolvimento das pesquisas históricas que estavam fazendo – como nos indica a missiva de Braudel, que vimos acima, e a resposta de Taunay pelo envio do exemplar de *Monções*, em 1945, que veremos abaixo. Isso porque, em muitas ocasiões, além de verificar como estavam os amigos e suas respectivas famílias, SBH procura-

15 Note-se que, com relação à segunda edição de *Raízes do Brasil*, SBH enviou exemplares para Donald Pierson, Fidelino Figueiredo, Luiz Viana Filho e Ezequiel Martinez Estrada, como podemos ver pelas respostas que estes lhe enviaram em suas missivas, respectivamente, de 19 de março, 22 de março, 25 de abril e 27 de setembro de 1948. Cf. Siarq/Unicamp, Cp 83 P7, Cp 85 P7, Cp 87 P7 e Cp 92 P7.

va formar diálogos sobre livros, tirar dúvidas sobre o local onde estavam sendo catalogadas determinadas fontes, e solicitar cópia de textos e documentos.[16]

Pode-se conjecturar ainda, sobre essa questão, que tenha sido um dos exemplares que tirou de circulação em 1948, que foram encaminhados a Afonso de Taunay, a quem SBH havia substituído na diretoria do Museu Paulista no início de 1946 (Cf. Françozo, 2005, 2007; Roiz, 2012a), fazendo-lhe a seguinte dedicatória: "Ao mestre e fazedor [de] amigos Dr. Afonso d'E. Taunay, com o pendor, admiração e o apreço de Sérgio Buarque de Holanda, S. Paulo, fevereiro de 1948", tal como pode ser identificado na foto abaixo:

**Autógrafo de Sérgio Buarque de Holanda na dedicatória para Afonso de Taunay na segunda edição de Raízes do Brasil, em fevereiro de 1948.**

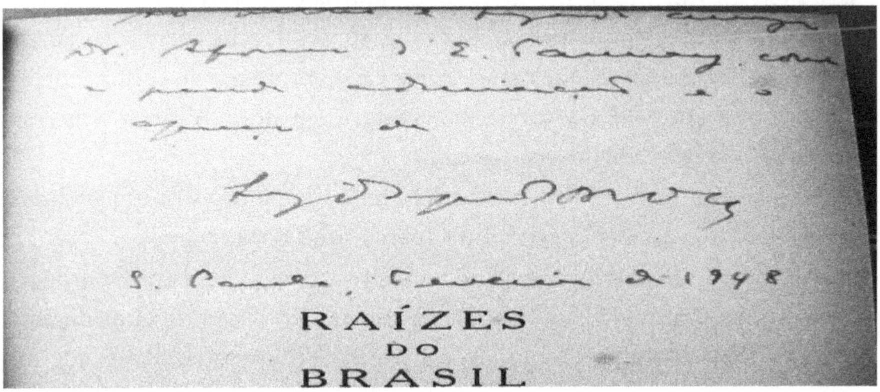


Fonte: Acervo pessoal.
Obs. Quando o texto foi adquirido, em dezembro de 2009, não havia nele nenhum grifo ou anotação.

Não tivemos como identificar se SBH fez algum tipo de dedicatória ao exemplar que enviou para Braudel, mas pelo teor da carta de Braudel a Sérgio é bem provável que este tenha feito, possivelmente, nos moldes da que fez para Taunay. Aliás, já em 1945, quando enviou um exemplar de seu livro *Monções* para Taunay, cujo teor da dedicatória não sabemos, mas muito provavelmente

16 Como pode ser visto na carta que SBH enviou para José Honório Rodrigues em 3 de junho de 1962, e que lhe seria respondida em 2 de julho daquele ano (Cf. Rodrigues, 2000, p. 282-284). Veja-se ainda sobre essa questão como SBH procedeu à criação do IEB/USP em 1962 (Cf. Caldeira, 2002).

tenha sido nos mesmos moldes da que fez na segunda edição de *Raízes do Brasil* que o enviou, até em função da resposta de Taunay, agradecendo a remessa e a dedicatória, com as seguintes palavras:

> Meu caro Dr. Sérgio;
>
> Recebi o volume das Monções que teve a bondade de me mandar e a que a propósito a cordial e generosa dedicatória.
>
> Parabéns pelo excelente volume que mais uma vez comprova o seu grande conhecimento de nossas cousas [...].[17]

Assim, para compreendermos como ele foi desenvolvendo seus procedimentos de pesquisa e estabelecendo certas regras, ainda que provisórias e sempre em movimento com o modo que inquiria e interpretava as fontes e a História, nos leva a ter que pensar não somente sua produção, mas tentar cotejá-la com suas missivas, que como temos visto, foram dando certos indícios sobre o modo que SBH pensava e interpretava a história, e, nesse processo, escrevia seus textos e estabelecia amizades.

Mas, ao contrário de AEJ que foi definindo toda uma estrutura analítica, com o objetivo de estabelecer de modo operacional, certas regras para praticar e usar o método histórico, com base na historiografia oitocentista europeia, a história econômica e a "história dos costumes" feita nas primeiras décadas do século passado no país. O modo como SBH procurou fazer esse mesmo exercício foi muito mais fluido e dinâmico. Enquanto AEJ pareceu chegar aos anos 1940 com um edifício teórico e metodológico pronto para ser usado e praticado, como vimos acima. SBH estava mais preocupado em conhecer os debates nacionais e internacionais, inquirir as possibilidades de pesquisa e interpretação da sociedade paulista e brasileira, mas sem, contudo, fixar-se num modelo, ou dimensionar a estrutura de um edifício a prescrever certas "regras do método histórico" a serem, por ele, utilizadas em suas pesquisas – como começamos a verificar no terceiro capítulo.

Evidentemente, isso não quer dizer que SBH não estivesse preocupado com esta questão, mas tal como havia feito nos anos 1930 em seu livro de estreia, ao criticar todos os tipos de posicionamentos políticos, sejam os de esquerda ou os

---

17 Carta de Afonso de Taunay para SBH, São Paulo, 23 de março de 1945. Siarq/Unicamp, Cp73 P6.

de direita, aptos a virem a se tornar imposições autoritárias e/ou ditatoriais (Cf. Holanda, 1936), é muito provável que ele tivesse a mesma preocupação, e estivesse sensível a essas questões, também com relação à escrita da história, como mostram muitos de seus textos jornalísticos escritos no período (Cf. Holanda, 1989, 1996a, 2004, 2011a). Do mesmo modo que as posições político-partidárias limitavam as tomadas de posição e a formulação de autocríticas, igualmente, acreditava, que a fixação estável num modelo teórico e metodológico, ainda que operacional para pensar as sociedades do passado, também condicionava as mesmas limitações ao pesquisador (Cf. Holanda, 2011a).

Isso pode ser facilmente percebido entre as correções que o autor efetuou da primeira para a segunda edição de *Raízes do Brasil* (1936, 1948). Em que, tudo indica, foi dando maiores indícios de comprovação documental em suas afirmações, expressivamente alargando a argumentação em sua narrativa histórica,[18] ao passo que as definições conceituais, os "tipos-ideais" (Cf. Monteiro, 1999), num jogo criativo de análise "dos contrários" e "dos contrastes" (Cf. Candido, 1998b, 2006) vividos no país, e seu imenso apoio sob a bibliografia alemã, especialmente, sobre a obra de Max Weber (Cf. Monteiro, 1999; Pesavento, 2005; Monteiro, Eugênio, 2008; Eugênio, 2011), pareciam ir se diluindo no texto, dando-lhe maior harmonia na narrativa, na mesma medida em que exprimia mais autonomia intelectual.

Apesar de Luís de Gusmão (2012, p. 173-338) acreditar que aquele foi o livro mais frágil escrito por SBH, em função de seus condicionamentos teóricos e metodológicos, deve-se notar que esse autor não fez tal análise comparando as diferentes edições de *Raízes do Brasil*, mas sim tendo como base a edição que se consolidou nos anos 1970, na qual SBH fez suas últimas alterações no texto.[19] De acordo com Gusmão, apesar de ser possível "inventariarmos trinta e duas explicações causais conteudísticas e ateóricas" (Gusmão, 2012, p. 206) em *Raízes do Brasil* (por meio da análise da edição ora mencionada), esse texto, segundo indica, é "também o mais frágil, o menos convincente de sua historiografia" (Gusmão, 2012, p. 216). Além disso, o texto limita as explicações conteudísticas as suas premissas teóricas, pois:

18 Questão, aliás, que ele irá prosseguir na terceira, quarta e quinta edição do livro, respectivamente, de 1956, 1963 e 1969 (Cf. Holanda, 1956, 1963, 1984).

19 Mais especificamente, o autor se pautou na edição comemorativa dos 70 anos da primeira edição do livro, publicada em 2006 (Holanda, 2006).

> Embora essa busca da exatidão vocabular esteja presente em apenas um único capítulo de *Raízes do Brasil* e não expresse, em verdade, um compromisso claro e inequívoco com qualquer teoria social particular, sendo antes motivada, sobretudo, pela preocupação em salvar do desmentido empírico uma das muitas conclusões dedutivas desse livro, ela revela, sem dúvida, uma crença tão otimista quanto ingênua, típica do interpretativismo teoricista, nos poderes explicativos de um simples quadro conceitual (Gusmão, 2012, p. 229).

Por esse motivo, seu autor esperaria demais, extrairia "coisas demais dos conceitos utilizados, incorrendo assim no que vimos chamando de fetichismo do conceito, ilusão típica das investigações sociais de inspiração teoricista" (Gusmão, 2012, p. 230). Todavia, na medida em que SBH foi se afirmando como historiador nos anos 1940 e 1950, e, nesse processo, passava a dar maior importância às explicações de tipo conteudístico e ateórico, é para Gusmão onde irá surgir o grande historiador e intérprete do país, como pode ser aferível em seus livros: *Caminhos e fronteiras* (de 1957), *Visão do paraíso* (de 1959), e, especialmente, em *Do Império à República* (de 1972). Nesse caso, poderíamos muito bem inquirir: em que medida as posições teórico-metodológicas de SBH seria (ou não) expressas em sua produção jornalística do período? Que tipo de relações poderia ter entre seus livros, sua produção crítico-literária e suas missivas dos anos 1940 e 1950? Como ele estaria entendendo as "regras do método" e as praticando em suas pesquisas e em suas avaliações de outras pesquisas históricas?

Nesse sentido, procuraremos inquirir na continuidade deste item de que maneira SBH foi desenvolvendo seus procedimentos de pesquisa, de modo a agrupar certas regras ao (seu) método histórico e em suas práticas de pesquisa e análise das fontes, e como ele converteu essas experiências para avaliar outros trabalhos de história. Como já adiantamos, apesar de indicarmos "método histórico" seria muito mais preciso dizer "métodos" experimentados em suas pesquisas empíricas, nas quais o uso intensivo dos mais variados tipos de documentos, desde que questionados de modo adequado pelo pesquisador, é que poderia assegurar e afiançar melhor os resultados de uma pesquisa.

Como vimos no terceiro capítulo, SBH não deixava de apreciar os fundamentos esboçados por Ranke, para se proceder a uma pesquisa histórica, apesar das restrições que lhe atribuía, assim como das críticas que via nele também pela leitura que fazia das obras de Dilthey, Weber, Burckhardt, Meinecke, ou mesmo na obra de Nietzsche.[20] Por sua vez, mesmo considerando a obra de Afonso de Taunay e o imenso respeito que SBH tinha por ele, parece-nos que, em função da leitura de Taunay sobre a história das bandeiras, este acabou por dar maior destaque à obra de Capistrano de Abreu.

Em seu texto: *O pensamento histórico no Brasil nos últimos 50 anos* (de 1951), apesar de começar por notar que na "obra de Capistrano de Abreu, é certo que a erudição teria de predominar de modo absorvente sobre a especulação, e só por vias indiretas é possível determinar razoavelmente o que fosse o "pensamento" histórico nela representado" (Holanda, 2008a, p. 601), esta não se fixaria nem no "fato bruto e o simples testemunho documental", nem se limitaria a "lisonjear interesses, vaidades ou paixões da hora que passa". Isso lhe garantia a preservação admirável a que sua obra se encontrava nas primeiras décadas do século XX. Sem contar que se "no princípio está o espírito", nunca "em ciência alguma, a observação simplesmente passiva conduziu a resultados fecundos" (Holanda, 2008a, p. 602). E nisso a obra de Capistrano de Abreu estaria cheia de exemplos, por saber questionar o passado, cotejando os documentos, com base nos problemas que o instigava a se voltar para o passado (e que SBH o aproximou de Marc Bloch neste texto). Além de os "aspectos mais nitidamente políticos e os que dependem de pura ação individual, dificilmente redutíveis a qualquer determinismo, cedem passo a outros", em seus *Capítulos da história colonial*, "aparentemente humildes e rasteiros, que mal encontram guarida na concepção tradicional da história" (*Idem*). Para Fernando Novais, isso se explicava por que:

> Partindo da avaliação crítica de Varnhagen, Capistrano desde logo percebeu o estágio incipiente de nossa historiografia, pois o levantamento documental não chegara ainda àquele ponto que permite o ensaio de síntese; mas, ao mesmo tempo, compreendia que a visão sintética é indispensável para orientar as prospecções tópicas (Novais, 2005, p. 314).

Assim, a obra de Capistrano de Abreu formava, para Novais, uma ponte entre o primeiro momento de nossos estudos históricos, então centrados no IHGB, durante o século XIX, e a "terceira fase", com nossa historiografia

20 Veja-se ainda os argumentos de: Monteiro, 1999; Pesavento, 2005; Monteiro, Eugênio, 2008; Eugênio, 2011.

universitária, "evitando a solução de continuidade", pois, "Capistrano encerra aquela fase, dando passagem para o que se poderia talvez chamar de historiografia brasileira moderna, a partir dos anos [19]30" (Novais, 2005, p. 316), onde, aliás, começou a ser produzida a obra de SBH.[21]

Imerso neste contexto de produção, os textos de SBH do período estariam a questionar os usos que se faziam então dos documentos, quase sempre, meramente analisados de acordo com "críticas internas e externas". O modo com que a maioria dos trabalhos se limitava a usar somente documentos de cunho oficial, para estabelecerem uma narrativa verdadeira sobre o passado, de modo a fazer da história uma "ciência". Além de suas interpretações primarem apenas pela ação de certos indivíduos, como poderia ser apreciado na história que se escrevia então sobre as "bandeiras paulistas" (Cf. Holanda, 2004, 2011a, 2011b). Nesse aspecto poderíamos tentar sintetizar os pontos centrais de sua análise, mediante:

> 1. A crítica que fazia sobre o uso padronizado de análise dos documentos, sem que estes fossem coligidos e interpretados a partir de um problema, direcionador da pesquisa;
>
> 2. Que o *corpus* documental se reduzia tão somente ao uso de documentos oficiais;
>
> 3. Que a abordagem se restringia, na maioria dos casos, em fazer um estudo dos condicionantes políticos de um dado contexto histórico;
>
> 4. Que sua apreciação se fazia por meio do estudo de uma parcela reduzidíssima da população do período, selecionada em função dos cargos que ocupava e de suas ações no período;
>
> 5. Que o estudo do passado se fazia mais para dar sentido ao presente, transformando o passado numa tradição a se manter em um outro período histórico, do que para mensurar as diferenças e mudanças de um momento para o outro.

Quando, de fato, devia-se levar também em consideração, no processo de pesquisa e na interpretação dos dados, que:

> 1. Muito embora a palavra de ordem fosse o conhecimento dos "fatos" e queiramos "saber como são realmente as coisas do mundo,

21 Sobre essa questão ver também a interessante análise de: Pereira, Santos, 2010.

e não como elas se refletem na retina de poetas esotéricos ou de simples parlapatões", e sobre "tal exigência todo mundo tem clareza", há que se reconhecer que "na prática as coisas ainda são muito diferentes" (Holanda, 2011a, p. 31);

2. Que, além disso, os "relatos de viajantes estrangeiros representam o elemento mais colorido com que conta o historiador para a evocação das épocas extintas", porque eles "completam o quadro muitas vezes deficiente e apagado que proporcionam os arquivos, penetram desvãos escuros do passado e animam de uma vida nova figuras esmaecidas pelo tempo", e sem "tal colaboração, muita peça documental [...] torna-se comparável a objetos de arqueologia, com sua linguagem mal articulada, que desafia a argúcia dos estudiosos e excita frequentemente a fantasia mais do que a observação serena e meticulosa" (Holanda, 2011a, p. 174);

3. Que "o verdadeiro historiador há de importar primeiramente o esforço para a boa inteligência da hora presente, se quiser entender o passado", porque a "valorização sentimental do passado", também poderia nos levar "a vê-lo com as cores da nossa nostalgia" (Holanda, 2011b, p. 19-20);

4. Quanto "à historiografia, não há dúvida que a demissão da inteligência, e direi também da imaginação – imaginação que escolhe, que simplifica, se necessário, e que recria –, associada a uma exaltação do fato puro e mensurável, pode significar em certos casos um regresso", pois, bem "sabemos que os fatos nunca falam por si, que o verdadeiro historiador não é apenas o que conseguiu acumulá-los no maior número possível, mas o que soube formular-lhe, a esses fatos, as perguntas realmente decisivas, dando-lhes ao mesmo tempo voz articulada e coerência plausível" (Holanda, 2011b, p. 23);

5. No caso dos historiadores, "contra os que antes acreditavam no valor final da documentação, ergue-se a seita dos que tendem a proscrevê-la em prol da simples especulação", quando na verdade a "muitos destes não ocorreu pensar que, se os fatos materiais objetivamente averiguados, situados, datados, não formam a história, ou toda ela, formam entretanto um dos seus elementos" (Holanda, 2011b, p. 24) mais significativos e expressivos para o historiador;

6. Se a "constante referência de dados apurados e rigorosamente documentados sobre um período histórico às figuras que possam até certo ponto centralizá-las é, em verdade, um dos modos válidos e perfeitamente legítimos de se selecionarem e disciplinarem aqueles dados" (Holanda, 2011b, p. 28), não é, contudo, o único meio pelo qual a história, ou toda ela, pode e deve ser mesurada entre as análises;

> 7. Por sua vez, os "historiadores têm a aprender do espírito que preside atualmente o trato das ciências formais muito mais do que julgam os produtos de hipóteses em que a complexidade do passado é sujeita a uma simplificação enganadora", porque a "desconfiança diante dos falsos conceitos é tão válida para o mister do historiador quanto o é para os modernos positivistas e fisicistas", mas "essa mesma desconfiança há de afastá-los justamente da sedução dos padrões rígidos e absolutistas, que nos permitiriam não apenas compreender o passado, como prenunciar o futuro" (Holanda, 2011b, p. 87);
>
> 8. Atente-se ainda que a "História é por excelência o domínio do individual, do espontâneo, do concreto", e estou "convicto de que a precisão nas disciplinas históricas só é verdadeiramente possível na medida em que se abandone de todo a esperança falaz no valor daqueles padrões rígidos, que no século [XIX] podiam seduzir um Taine ou um Buckle, o que ainda neste século [XX] encantam os partidários de um Spengler ou de um Toynbee" (Holanda, 2011b, p. 88).

Com base nesses pontos é que devemos passar a analisar como SBH procurava avaliar outros trabalhos de pesquisa, nas bancas de julgamento de teses que ele participou durante os anos 1940 e início dos anos 1950.[22] Como já adiantamos, ele participou de duas teses de cátedra e uma de livre-docência, a convite da seção técnica e administrativa da Faculdade de Filosofia, Ciências e Letras da Universidade de São Paulo. Ao participar das bancas de avaliação dos trabalhos de Alice Canabrava, em 1946, e de Eduardo d'Oliveira França, em 1951, para o caso dos concursos para cátedra, e no de Lourival Gomes Machado, em 1949, na de livre-docência, SBH se encontrava na diretoria do *Museu Paulista* (que ocupou entre 1946 e 1956). Apesar de os dados serem bastante restritos para fazermos uma apreciação sistemática do modo como SBH julgou os trabalhos no período, certamente ainda contamos com comentários que ele expressou na impressa periódica, especialmente, sobre Alice Canabrava e sobre Lourival Gomes Machado (Cf. Holanda, 2011b). E é com base neles que passamos a elaborar o painel que se segue abaixo.

O concurso para a cátedra de *História da Civilização Americana*, que Alice participou, ocorreu entre 30 de junho e 7 de agosto, e teve como banca

22 Seria também durante este período, que SBH aprofundaria suas leituras das obras de Ernst R. Curtius (1996), Benedetto Croce (2006), Erich Auerbach (2007) e Lucien Febvre (2009), e que lhe serviriam depois na confecção de *Visão do Paraíso*, nos anos iniciais da década de 1950 (Cf. Nicodemo, 2008).

examinadora, além de SBH, Jorge Americano, Zeferino Vaz, Jayme Coelho e Eremildo Luiz Viana, inaugurou um momento na universidade no qual começava a haver a participação de mulheres nos concursos da instituição (Cf. Roiz, 2012a). Nele se inscreveram Alice Canabrava, com a tese *A indústria do açúcar nas ilhas inglesas e francesas do mar das Antilhas, 1697-1755*, Odilon Araujo Grellet, com *A escravidão na América Espanhola*, e Astrogildo Rodrigues de Mello, com *Os serviços pessoais nas fainas agrícolas em Nova Espanha*, que, aliás, era o professor interino da cadeira (com o retorno de Paul Vanorden Schaw para os Estados Unidos), e numa decisão polêmica da congregação, apesar de Alice ter conseguido as notas mais altas, estas não definiam a ordem de classificação, e, por isso, acabou sendo preterida (Cf. Arruda, 2011; Roiz, 2012a). Em pelo menos três artigos que temos conhecimento, todos dos anos 1950, SBH veio a comentar a obra de Alice: em *Sobre o Colloquium*, que foi publicado em 12 de novembro de 1950 no *Diário Carioca*, em *História econômica*, publicado no mesmo jornal em 24 de agosto de 1952, e em *Portugueses na América*, publicado em 9 de maio de 1959 no jornal *O Estado de S. Paulo*.

No primeiro deles, SBH faz menção à obra de Alice, ao compará-la com a do historiador britânico Charles Boxer (1904-2000). Para ele, a "essa investigação, por assim dizer, "extensiva" que nos propõe o professor Boxer, caberia associar a investigação em profundidade sugerida por Alice P. Canabrava da USP" (Holanda, 2011b, p. 55). Note-se que neste período SBH já começava a estreitar mais suas relações com os historiadores britânicos, portugueses e norte-americanos, chegando a convidar Boxer para alguns projetos, como o de escrever sobre os Holandeses no Brasil, ao qual este acabou não podendo. Ao passo que Boxer, por sua vez, fazia votos de que pudesse reencontrá-lo no IV Colóquio Luso-Brasileiro que iria ocorrer na Bahia.[23] E a comparação que fazia de sua obra, com a de Alice Canabrava não era fortuita. Como podemos ver com maior precisão no artigo seguinte, quando SBH dirá que só "recentemente o nome de um dos mais notáveis pesquisadores de nossa história econômica – o de Alice Piffer Canabrava – começou a destacar-se do círculo ainda limitado de seus colegas e discípulos", por que:

23 Carta de Charles Boxer a SBH, 5 de novembro de 1957. Siarq/Unicamp, CP209 P9. Carta de Charles Boxer a SBH, 2 de dezembro de 1957. Siarq/Unicamp, CP210 P9

> O fato prende-se apenas em parte à especialização que escolheu e a que se entregou com devotamento bastante raro, mesmo entre os oficiais do seu mesmo ofício: ofício onde a exigência de rigor metódico, de obstinação no trabalho, paciência, prudência, é paga normalmente com o sacrifício de toda popularidade fácil. Pois o certo é que a historiadora paulista [então catedrática na Faculdade de Economia e Administração da USP] nada fez e, em realidade, nada quis fazer, até hoje, para superar essas contingências de sua especialização. O público que a acompanha desde os seus primeiros trabalhos publicados foi ela própria, em verdade, quem o escolheu. E o outro, mais numeroso e variado, que só nos últimos tempos tem ganho, bem se pode dizer que o ganhou involuntariamente e quase a seu pesar (Holanda, 2011b, p. 226).

Assim, SBH buscava apresentar a obra de Alice Canabrava para o grande público, procurando comentar seus principais textos (Cf. Holanda, 2011b, p. 226-232). Como indica:

> No caso particular de Alice Canabrava esse realce não há de provir, como em alguns outros, da simples curiosidade erudita da autora ou da sua alta capacidade de trabalho e pesquisa. À documentação generosa e à meticulosa elaboração que se denuncia em cada uma de suas páginas soma-se nela um elemento que as valoriza singularmente: o gosto constante de desbravar caminhos novos, vencendo, por vezes, as maiores dificuldades, e ainda a aptidão para transcender, através de sínteses estimulantes, esse domínio do fato bruto, que para o historiador positivista e até hoje para certa historiografia oficial, representa não só o ponto de partida mas também o fim supremo de toda investigação do passado. De modo que seus estudos tendem a inscrever-se, apenas publicados, entre as obras de consulta inevitável sobre o tema abordado. [...] [e] Contrariando a tendência tão generalizada entre nós para encarar o influxo luso-brasileiro, sobre as regiões platinas, unicamente do ângulo das campanhas militares ou das relações políticas e diplomáticas, essa obra de estreante [*O comércio português no Rio da Prata, 1580-1640*, que foi sua tese de doutorado, defendida em 1942] já é, pela sua originalidade e segurança, uma obra de mestre (Holanda, 2011b, p. 227).

Disso resultaria que, não seria surpresa, nem exagero, a admiração que ela já vinha alcançando, e é "característica a admiração e surpresa que pôde merecer de historiadores tão autorizados como o norte-americano Lewis Hanke, por exemplo, ou o professor Boxer, da Universidade de Londres, ou ainda um Fernand Braudel, do Collège de France" (Holanda, 2011b, p. 229), e que, como vimos acima, também faziam parte do círculo de amizades e intercâmbios profissionais de SBH.[24] Após fazer um balanço sobre a produção de Alice Canabrava, SBH conclui sua avaliação dizendo que:

> Se os modernos estudos de História Econômica, tais como entre nós vem praticando especialmente Alice Canabrava, podem ser responsabilizados até certo ponto pela renúncia às vastas sínteses em proveito de trabalhos monográficos, ninguém negará que tendem a oferecer, por outro lado, algumas vantagens claras. Entre elas a de contribuírem para desfazer as ilusões raciais, políticas ou nacionais que por tanto tempo vêm perseguindo certos espíritos (Holanda, 2011b, p. 231).

No artigo seguinte, novamente comenta trabalhos de Boxer e Alice, não com o objetivo de compará-los desta vez, mas com a meta de lhes citar como subsídios para tratar dos *Portugueses na América*. Note-se que já em 1946, no momento de defesa da tese, segundo José Jobson de Andrade Arruda (2011), SBH foi quem procedeu as maiores notas ao desempenho de Alice Canabrava em sua prova, aula e tese. Com relação a Lourival Gomes Machado, SBH faria parte da banca examinadora composta também pelos professores Charles Morazé, Fernando de Azevedo, Hildebrando Leal e Vicente Rao, que se reuniram entre os dias 24 e 29 de outubro de 1949, para avaliar o trabalho *O 'Tratado de Direito Natural' de Tomaz Antônio Gonzaga* (Cf. *Anuário, 1939-1949*, 1953, 2v.). Da mesma forma que no caso anterior, os dados também se apresentavam aqui de forma muito irregulares, não nos permitindo nenhum tipo de sistematização segura.

Mesmo os comentários que SBH fez sobre a obra de Lourival Gomes Machado, em *O senso do passado*, publicado no *Diário Carioca* de 13 de julho de 1952, são bem mais sutis, do que o que nos forneceu sobre Alice Canabrava. Ao destacar sua surpresa pelo convite de proferir uma conferência no Clube dos Artistas e Amigos da Arte, sobre a história do barroco no Brasil, SBH revelou que a "notícia colheu-me de todo desprevenido e sem preparo para

24 Note-se ainda que neste círculo também estava o historiador Lewis Hanke, que no início dos anos 1960 expediu para SBH uma dissertação, sobre sua direção, pedindo-lhe a gentileza de fazer comentários sobre o texto. Carta de Lewis Hanke a SBH, New York, 28 de dezembro de 1961. Siarq/Unicamp, CP237 P9. Mas que, desde os anos 1940, vinha estreitando relações profissionais com SBH (Cf. Nicodemo, 2012).

abordar um tema de que o verdadeiro conferencista, professor Lourival Gomes Machado, vos entreterá com sua constante e segura competência" (Holanda, 2011b, p. 216). Certamente, a esse quadro poderia vir a se completar com a análise que SBH fez do trabalho de Eduardo d'Oliveira França, que em 1951 participou do concurso para a cátedra de *História da Civilização Moderna e Contemporânea*, e que este depois participaria da banca do concurso para a cátedra de *História da Civilização Brasileira*, na qual SBH viria a concorrer e, depois, a se tornar catedrático, com sua aprovação no concurso, em 1958. Mas, como deste ponto já se pode contar com a instigante análise que Thiago Nicodemo (2008, p. 103-112; 136-151) fez da questão, não há razão para voltarmos a isso. Apenas acrescentaríamos que o quadro indicado por esse autor corrobora com os apontamentos feitos até aqui.

Desse modo, vimos procurando esboçar neste item como SBH refletiu as "regras do método histórico", e como ele avaliava outros trabalhos de pesquisa. Ao adentrarmos nessa questão foi possível observar como SBH começava a firmar contatos entre os historiadores brasileiros e estrangeiros, a partir dos anos 1940, mediante o envio de exemplares de seus livros, com a troca de textos, missivas e comentários de obras e documentos, e, nesse processo, foi criando uma "rede de relações" entre os profissionais da área em particular, e das Ciências Humanas em geral.

## *Considerações Finais*

Ao verificarmos as escolhas teórico-metodológicas de AEJ e de SBH, vimos como ambos se aproximaram de certos autores e não de outros, para cercearem suas investigações históricas. Na medida em que AEJ foi se pautando nas premissas de Fustel de Coulanges e nas orientações de Afonso de Taunay para escrever a história das bandeiras paulistas e do café, este tentou ao mesmo tempo ir aprimorando suas técnicas de pesquisa, seus conceitos e suas teorias. Enquanto, SBH, apesar de suas críticas diante da historiografia oitocentista e da obra de Ranke, nem por isso as deixaria de lado para compor seus questionamentos sobre o passado, embasar seus estudos e suas análises da documentação. Do mesmo modo, apesar de não deixar de manter certo débito diante de Afonso de Taunay e sua obra gigantesca, SBH parecia se aproximar mais de Capistrano de Abreu, cuja obra crítica que deixou sobre a história do Brasil, dava-lhe, nos anos iniciais da década de 1950 (Cf. Holanda, 2008a), mais subsídios para tê-lo como um verdadeiro mestre no campo dos estudos históricos (Cf. Novais, 2005). E, especialmente depois de 1956, quando assumiu interinamente (e, após 1958, como catedrático) a cadeira de *História da Civilização Brasileira* do curso de História da FFCL/USP.

Desse modo, discutimos, ao longo desta primeira parte de nosso estudo, quais as escolhas e como se posicionaram AEJ e SBH, diante da *guerra de ideias* que pareceu circunscrever o "mundo dos letrados" de São Paulo, especialmente, entre os anos de 1930 e 1940, quando seriam travadas *batalhas* em torno do uso da "temporalidade", da "periodização", da "verdade", da "representação do passado" e com relação às "regras do método histórico". Nesse caso, deu-se mais atenção à ação do contexto (particularmente a conjuntura de 1929 a 1932) sobre os textos de AEJ e SBH, e como eles se posicionaram diante daquelas contendas, ao longo dos anos 1930 e 1940. É preciso agora tentar fazer o movimento inverso, e pensar na segunda parte desta pesquisa *o mundo das representações*, contidas na escrita da história de AEJ e de SBH, e como seus textos redimensionavam, ainda que relativamente, o contexto em que viviam. Também nesse caso, nosso objetivo é pensar a dialética entre o "intelectual-letrado" e o "letrado-intelectual", assim como o movimento entre texto e contexto.

# Parte II
## A História e seu ofício

# 6.

## *O ofício de historiador para Alfredo Ellis Jr. (1939-1952)*

A trajetória de Alfredo Ellis Jr. na cadeira de História da Civilização Brasileira do curso de Geografia e História da Faculdade de Filosofia, Ciências e Letras da Universidade de São Paulo entre 1938 e 1952 é ainda muito pouco estudada em nossa historiografia. Como docente Ellis Jr. ministrou regularmente disciplinas no curso, publicou boletins anuais, orientou pesquisas e colaborou diretamente com a formação de profissionais.

A importância de compreender este momento em sua trajetória, não está apenas em verificar como passou a refletir os estudos históricos e a ensinar o ofício aos iniciantes, mas também em dirimir como participou dos debates, estudou os bandeirantes, a economia cafeeira e a história de São Paulo.

Além disso, está em observar se houve continuidades ou rupturas com suas primeiras pesquisas produzidas nos anos 1920, quando passou a lecionar no curso de Geografia e História nos anos 1930. Para isso, procuraremos identificar como apreendeu a discussão sobre a transição do autodidatismo para a profissionalização do trabalho intelectual de história entre os anos 1930 e 1940. Pretende-se analisar, ainda, como e por que procurou escrever uma História do Brasil quando foi catedrático, tendo como fundamento explicativo e paradigmático a história de São Paulo. As fontes principais desta pesquisa foram os programas da disciplina de História do Brasil, as correspondências pessoais e as obras escritas e publicadas nesse período. Para adentrarmos na questão tomemos o balanço feito por Sodré:

> [...] longe de admitir [...] como verdades estabelecidas as que foram escritas, no passado, a respeito dos problemas históricos de nossa gente, e longe de postar-se, como um soldado atrás de uma trincheira, atrás das suas verdades, como se elas não fossem passíveis de debate, de dúvida e de discussão, [Alfredo Ellis Júnior]

> vem procedendo, êle próprio, a uma revisão singular nos métodos de reconstituição histórica, mostrando, só por isso, não houvesse no seu trabalho de tantos anos outras qualidades, que a sua organização, o seu método, a sua maneira de fazer história é digna do melhor apreço, – é mesmo a única maneira que se pode aceitar em um professor universitário, para o qual a verdade não é um pilar de alvenaria, nem as conclusões já hauridas podem ser aceitas como infalíveis (Werneck Sodré Abud. Bandecchi, 1967, p. 7).

Assim, Nelson Werneck Sodré (1911-1999),[1] em artigo de 1° de janeiro de 1949, publicado no jornal *Correio Paulistano*, definia o trabalho efetuado por Alfredo Ellis Jr. (AEJ). Ele escrevera o texto quando AEJ já estava lecionando, como catedrático da cadeira de *História da Civilização Brasileira*, no curso de Geografia e História da Faculdade de Filosofia, Ciências e Letras da Universidade de São Paulo (FFCL/USP), há mais de dez anos. Num momento em que já tinha revisado a maioria dos livros que havia publicado nos anos 1920 e 1930. E tinha apresentado sua tese de cátedra em 1939 – que versava sobre *Meio século de bandeirismo* – e esta se encontrava em sua segunda edição (primeira para um público mais amplo), publicada pela Companhia Editora Nacional, na Coleção Brasiliana, em 1948. Além disso, já havia disponibilizado 9 boletins da cadeira de *História da Civilização Brasileira*, com obras de sua autoria (e, em alguns casos, agrupando trabalhos de orientandos de doutorado, como se encontra no boletim n° 5, de 1945, o ensaio de José Quirino Ribeiro, a respeito d'*A memória de Martim Francisco sobre a reforma dos estudos na Capitania de São Paulo*, que foi o resultado da tese que apresentou em 1943), e alguns desses boletins (que tinham tiragens de 100 a 300 exemplares, cada número)[2] começavam a circular em edições voltadas para um público mais

1 A obra de Nelson Werneck Sodré é extensa e tem recebido análises importantes, algumas reunidas em coletâneas, como as organizadas por: Silva, 2001; Cabral, Cunha, 2006.

2 O que, evidentemente, não quer dizer que não circulassem entre os letrados de São Paulo, ou de outros estados do país, como o comprova as várias correspondências administrativas de Alfredo Ellis Jr., armazenadas no CAPH da FFLCH/USP, nas quais despacharia exemplares dos boletins a diversos letrados, professores do ensino secundário e superior. Inclusive, a Sérgio Buarque de Holanda, que encaminhou os 9 publicados neste período. Muito embora a biblioteca de SBH, armazenada na Unicamp, com cerca de 10 mil obras (entre livros e periódicos), conte com os seguintes boletins: *O ouro e a Paulistânia*, *O café e a Paulistânia*, *A economia paulista no século XVIII*, *Meio século de bandeirismo*, *Capítulos da história psicológica de São Paulo*, *Panoramas históricos* e *Raposo Tavares e sua época*. E além desses títulos relativos aos boletins

amplo (seja em coleções ou não), em Editoras, como: a Companhia Editora Nacional, a José Olympio e a Tipografia Brasil.

Ademais, era ainda sócio da Academia Paulista de Letras, do Instituto Histórico e Geográfico de São Paulo (IHGSP), e da Sociedade de Estudos Históricos, fundada em 1942, e correspondente do Instituto Histórico e Geográfico Brasileiro (IHGB), desde 1926.[3] Em síntese, o texto de Werneck Sodré foi escrito num momento em que AEJ se encontrava no auge de sua produção e consagração acadêmica.

Contudo, quando Brasil Bandecchi (1917-1997),[4] em sua Nota Preliminar à edição de 1967, para a obra: *A lenda da lealdade de Amador Bueno e a evolução da psicologia planaltina*, cuja primeira edição havia sido publicada no boletim n° 4, da cadeira de *História da Civilização Brasileira*, em 1944 (sob o título de: *Amador Bueno e a evolução da psicologia planaltina*), e tomava de empréstimo a análise que Werneck Sodré expôs em 1949, este mais o faria para responder as críticas que a obra de AEJ estava recebendo naquele período. Ele também procurava justificar uma nova edição de sua obra, que entre os anos 1920 e 1950 havia circulado em várias edições, mas não encontrava o mesmo ambiente propício a novas edições a partir dos anos 1960, em pleno Regime Militar (1964-1985). Além disso, havia deixado a cadeira em 1952, por motivos de saúde, e se aposentado em 1956, cujo cargo foi ocupado interinamente por Sérgio Buarque de Holanda (SBH) no final daquele ano, e em 1958 este viria a se tornar o novo catedrático, com a tese *Visão do Paraíso*. Sem contar que SBH já vinha fazendo uma revisão crítica dos temas pesquisados por AEJ, desde os anos de 1930, em *Raízes do Brasil* (de 1936), *Monções* (de 1945) e em *Caminhos e fronteiras* (de 1957).[5] E, ao contrário de AEJ que orientou apenas

havia na biblioteca de SBH os seguintes títulos de AEJ: *A evolução da economia paulista e suas causas* (edição de 1937), *O bandeirismo paulista e o recuo do meridiano* (edição de 1934), *Populações paulistas* (edição de 1934) e *Tenente-coronel Francisco da Cunha Bueno, pioneiro da cafeicultura no Oeste Paulista* (edição de 1960). Totalizando 7 boletins e 4 outros títulos, assim representando 11 títulos deste autor. Por sua vez, a biblioteca de AEJ, com 2.200 títulos e armazenada no IEB da USP, conta com dois títulos de SBH, a saber: *Monções* (edição de 1945) e *Raízes do Brasil* (edição de 1948).

3 Em 1926 foi avaliada a proposta de ingresso de Alfredo Ellis Jr. como correspondente do IHGB (tomo 99, volume 153), na sétima sessão ordinária de 11 de outubro daquele ano (RIHBG, vol. 153, p. 436-474).

4 Advogado e historiador.

5 Mas os artigos que viriam a compor partes do livro já vinham sendo produzidos desde os anos 1940 (Cf. Wegner, 2000; Holanda, 2011a).

2 teses, entre 1939 e 1952, SBH durante o período em que esteve na cadeira, entre 1956 e 1968,[6] veio a orientar sete alunos em seus doutoramentos e três em seus mestrados, num total de 10 trabalhos, o que veio a contribuir para a formação de um grupo de pesquisadores na área.[7] E, em geral, contrários, ou no mínimo reticentes e críticos, as assertivas tanto de Afonso de Taunay, quanto de AEJ, antigos professores da cadeira, especialmente, ao segundo.

Por outro lado, o engajamento político (embora não exclusivamente partidário) e a forma de proceder a pesquisa e a escrita da história de SBH vieram, nas palavras de Maria Helena Capelato, Raquel Glezer e Vera Ferlini (1994), a renovar os estudos sobre a história do Brasil, até então praticados em nossas universidades. E, especialmente, na Universidade de São Paulo (USP), onde a cadeira vinha recebendo uma orientação de cunho tradicional e conservador, de viés metódico/positivista,[8] amplamente praticado no país desde o século XIX, no IHGB e em seus congêneres estaduais (Cf. Lapa, 1981, 1985; Capelato, Ferlini, Glezer, 1994; Diehl, 1998, 1999). Tal procediemnto era ainda remanescente na primeira metade do século passado, em várias cadeiras de cursos de Geografia e História das Faculdades de Filosofia, que foram criados a partir dos anos iniciais da década de 1930 (Cf. Lapa, 1981, 1985; Ferreira, 2006, 2013; Roiz, 2012a).

Apesar dos textos em homenagem a AEJ publicados na Academia Paulista de Letras (APL) e no Instituto Histórico e Geográfico de São Paulo (IHGSP), após sua morte em 1974, esta passou quase despercebida mesmo em instituições como o IHGB, que nem chegou a anunciá-la, já que ele foi um de seus corres-

6 Seu último ano letivo foi o de 1968, entre o final deste ano e o início de 1969 solicita a aposentadoria, em função da ação do AI-5 para vários amigos da FFLCH/USP, e a teve aprovada em 1969.

7 Como os de: Maria Odila da Silva Dias, Boris Fausto, Maria Thereza Petrone, Suely Robles Reis de Queiroz e José Sebastião Witter, e que seriam responsáveis pela formação de gerações de historiadores, a partir dos anos 1970, na Universidade de São Paulo (USP). Ainda que tal ponto seja fundamental, não podemos deixar de lado o que vimos no capítulo anterior, quanto à participação de ambos em teses de doutorado, livre-docência e de cátedra entre 1939 e 1952, nas quais AEJ teria uma participação muito maior, pelo simples fato de que era o catedrático da cadeira no período.

8 “Se de um lado [os franceses] traziam a experiência com um trabalho metodologicamente orientado e os ares renovadores dos Annales, por outro lado, encontraram caldo de cultura fértil, patente em produção historiográfica nacional de grande erudição, voltada para os temas paulistas, expressas nas obras de Taunay e Alfredo Ellis Jr. Em múltiplos aspectos, essa época corresponde a um repensar o Brasil” (Capelato, Glezer, Ferlini, 1994, p. 351).

pondentes. Ao historiar a construção do bandeirante como símbolo da história de São Paulo, em meados dos anos 1980, Katia Abud (1985), em sua tese de doutorado, indica-nos a escassez de estudos sobre AEJ. Escassez, aliás, nas próprias reedições de suas obras, cuja mais recente foi de 1980.[9] Para Abud: "Ellis Jr. deixou claro em sua obra que a raça planaltina, superior à que se formara no restante do Brasil, onde o elemento negro tivera maior influência [...], tinha alcançado um desenvolvimento" que permitiu a região atingir um patamar de vida autônoma, até superior a muitos países estrangeiros. Mas, ao fazer isso, ele teria virado "ao avesso o racismo europeu" (Abud, 1985, p. 143), tal como foi preconizado por autores como Joseph-Arthur, o conde de Gobineau (1816-1882), e Georges Vacher de Lapouge (1854-1936). Para John Monteiro (1994), em avaliação da obra de AEJ, produzida no início dos anos 1990:

> A concepção ellisiana da história paulista orientava-se por três pressupostos fundamentais: o isolamento do planalto durante todo o seu período formativo, caráter específico da mestiçagem luso-indígena (a correspondente ausência do negro africano) e o fenômeno *sui generis* do bandeirantismo paulista (Monteiro, 1994, p. 85).

Para Antonio Celso Ferreira (2002), em análise do final dos anos 1990, desde que ocupou o lugar de seu mestre Taunay na Faculdade de Filosofia da USP, até quando se (afastou por motivos de saúde em 1952 e) aposentou em 1956, AEJ:

> Procurou sistematizar e, em alguns casos rever, suas reformulações sobre a história paulista, por meio da publicação de numerosos trabalhos. Já então, não só se modificava o perfil do historiador, a caminho da profissionalização, como também mudavam os paradigmas históricos, sob os efeitos dos modelos de explicação econômica e, em parte, como decorrência da expansão ultramarina da moderna historiografia francesa (Ferreira, 2002, p. 336).

9 Uma segunda edição de seu livro *Feijó e a primeira metade do século XIX*, pela Companhia Editora Nacional.

Não foi por acaso, portanto, que o estudo de Myriam Ellis,[10] escrito nos anos 1990, pretendeu oferecer um painel sobre a vida e a obra de seu pai AEJ. Discutiu mais sobre a obra, e, em especial, aquela produzida no período de 1922 a 1937. Todavia, para ela, a obra só ganhava significado na medida em que se compreendia a vida de seu autor, suas escolhas e suas atitudes. Nesse aspecto, ela procurou problematizar de que maneira o contexto oferecia um significado para a vida e a vida, por sua vez, forneceria um sentido para a obra. Com isso, além de circunstanciar como seu pai produziu um "discurso sobre si", a partir de seus discursos parlamentares e de suas memórias (escritas no final dos anos 1960 e início dos 1970), a autora também nos forneceu um "discurso sobre o pai" para deixar a posteridade, e tirar do esquecimento, tanto a vida quanto a obra de AEJ. E o fez por cumprir "uma missão e um dever", desempenhando-os "com lealdade e devoção". Por isso, o livro, que foi organizado a partir de conferências, guardaria os traços de um discurso oral, sem o recurso a notas, discussões historiográficas e a referências bibliografias. Mais ainda, foram proferidas por uma descendente direta, guardiã da "memória familiar".

Além do mais, por terem sido apresentadas na Academia Paulista de Letras, e não na Universidade de São Paulo, onde seu pai foi professor (assim como ela) por quase quinze anos, sugere-nos certa insatisfação da autora sobre a maneira que a memória e a obra de seu pai foram preservadas naquela instituição – que passaria, aliás, a valorizar mais as contribuições de SBH, que ocuparia a cadeira, a partir de 1956. Em função das consequências do Regime Militar, que se iniciou em 1964, e o tipo de perseguição que foram geradas na universidade, acarretando até aposentadorias compulsórias, inclusive, com SBH solicitando sua aposentadoria no início de 1969 (como um gesto de solidariedade aos amigos perseguidos), os possíveis méritos da obra de AEJ teriam sido ainda mais restringidos, por ele ter pertencido a um partido de direita, conservador, como foi o Partido Republicano Paulista (PRP).

10 Fez os cursos de graduação e de pós-graduação, em nível de doutorado, na área de História na Universidade de São Paulo, sob a orientação de Astrogildo Rodrigues de Mello, e veio a substituir seu pai interinamente, a partir de 1952, na cadeira de *História da Civilização Brasileira* (Cf. *Anuários da FFCL*, 1950, 1951, 1952). Estudiosa do período colonial, ela contribuiu para o conhecimento da pesca da baleia na costa litorânea da América Portuguesa, quanto do abastecimento e da tributação do sal. Além disso, estudou, como o pai, a capitania de São Paulo, nos seus níveis de composição da riqueza pessoal dos indivíduos e nos processos de mobilidade social nos séculos XVII e XVIII.

Além disso, durante as comemorações dos 50, dos 60, dos 70 e dos 80 anos de fundação da universidade, entre 1984 e 2014, apenas seriam lembrados os professores franceses, como fundadores da moderna pesquisa histórica nos anos 1930, e a contribuição de SBH para a renovação da cadeira de História do Brasil, a partir dos anos 1950. Em todas essas circunstâncias, AEJ seria visto como "conservador", "desatualizado", "positivista", "retrógrado" (Cf. Capelato, Glezer, Ferlini, 1994; Novais, 1995, 2005; Mota, 2000, 2008, 2010, 2011; Moraes, Rego, 2002; Perone-Moisés, 2004). Em razão disto é que talvez se explique porque a autora deu maior importância ao período que vai de 1922 a 1937, para a formação do historiador e o planejamento de sua obra, e o de 1896 a 1937, como o momento de formação do cidadão, do político e militar, e do advogado que foi AEJ, seguindo os passos e as orientações do pai Alfredo Ellis. Em ambos os casos, o momento seguinte de 1938 a 1974, quando esteve na universidade e publicou a maior parte de sua obra, foi quase que silenciado pela autora, como período de menor importância para a trajetória do pai, quanto para a produção de sua obra.[11]

Como dito acima, o livro foi composto por três conferências apresentadas na Academia Paulista de Letras – a qual seu pai foi eleito em 1929, para ocupar a cadeira de número 18, e serviram para homenagear o centenário de seu nascimento –, nas quais a autora buscava pensar: "À margem do centenário de Alfredo Ellis Júnior", proferida em 11 de maio de 1995; "Homenagem a Alfredo Ellis Júnior no centenário do seu nascimento", apresentada em 13 de junho de 1996; e "Cunha, 1932. Reminiscências de um voluntário da Liga de Defesa Paulista", que ocorreu em 10 de julho de 1997.

A primeira buscava sintetizar os momentos decisivos da produção de sua obra, dividindo-a em três grandes períodos: a) de 1922 a 1930, na qual houve a publicação de seus primeiros textos, a formação do gosto pelos estudos históricos como "autodidata", e a definição de temas como o bandeirantismo, a história do café e de São Paulo; b) um segundo, de 1930 a 1937, em que aproveitou sua experiência política e militar para avaliar a conjuntura que se

11 Apesar de ter sido publicada nos final dos anos 1990, continua sendo o único esboço biográfico sobre o autor até aqui impresso, e também por esse motivo se justifique uma rediscussão da obra que, aliás, passou praticamente despercebida pela crítica quando foi publicada – mesmo considerando a tiragem baixa de 500 exemplares, e saindo por uma editora pouco conhecida, não se justificava uma recepção tão ínfima.

iniciava com os acontecimentos de 1929, 1930 e 1932; c) e de 1938 a 1974, quando se firmou como historiador e professor na cadeira de *História da Civilização Brasileira* no curso de Geografia e História na FFCL/USP, onde ficaria até 1952, quando se afastou do magistério, em função da saúde comprometida. Em sua exposição, a autora deu maior ênfase ao primeiro momento, analisando as obras: *O bandeirismo paulista e o recuo do meridiano* (de 1924); *Raça de gigantes* (de 1926) e *Populações paulistas* (produzida nos anos de 1920, mas publicada apenas em 1934).

A segunda fez um esboço biográfico do autor, tendo em vista o papel do pai na formação de seu caráter, incentivando-o a fazer o curso de Direito e seguir a carreira política;[12] seu ingresso no grupo "verde-amarelo" do jornal *Correio Paulistano* em 1926 (veremos abaixo que ele entraria em 1923), então órgão oficial do estado de São Paulo e do Partido Republicano Paulista; sua participação nos conflitos de 1932 e o impacto que geraram em sua obra; bem como seu percurso como professor na universidade. Assim como na primeira conferência, nesta segunda a autora abordou com maior atenção o momento de 1896 a 1937, em função de ter sido aquele período que teria dado um sentido a trajetória do autor, além de marcar um significado para sua obra, ao estudar a história de São Paulo, com vistas a restaurar seu passado "glorioso" e sua autonomia perdida nos anos 1930. A terceira conferência retoma os conflitos de 1932 e buscava avaliar como foi construída a memória daqueles acontecimentos, com base nas memórias de seu pai e de outros participantes do conflito.[13]

12 Como indicou na 68ª Sessão Ordinária de 4 de julho de 1935: "Não sou rico, nem recebi patrimônio material de meus antepassados. [...] Mas recebi, em compensação, um patrimônio moral que me dá suficientes forças e têmpera para lutar com energia contra quaisquer tempestades". Publicada nos *Annaes da Assembleia Constituinte* em 1935, vol. II, p. 361.

13 Nesse sentido, a obra tangencia entre o "anedótico", quando a filha fala do pai com afeto e ternura, e o interpretativo, quanto ela, como historiadora, procura pensar a trajetória do pai e avaliar sua contribuição para a história do país. Esses dois momentos se complementam ao longo de todo texto. Seja quando expressa o amor do pai pelo estado de São Paulo, amor que foi passado de pai para filha; ou quando o descreve fisicamente, com os olhos vívidos, o semblante sereno, o bigode e a barba imponentes; ou mesmo quando resume sua trajetória profissional, como bom aluno no ginásio, e, depois, na Faculdade de Direito; advogado competente e político sério; professor democrático, de mentalidade aberta às mudanças e sem dogmatismos. Essas características físicas e profissionais são convertidas na análise da obra, como parte de suas qualidades, ao pensar o povo de São Paulo, ao avaliar os conflitos de 1932, e ao estudar o bandeirante e seu papel na formação do território nacional.

Por essa razão, a autora tenta pensar o indivíduo em seu contexto, e a maneira pela qual este procurou agir e mudar sua época,[14] por meio de sua ação política e militar e de sua obra de historiador. Nesse caso, a vida íntima dava lugar à sua ação no espaço público, embora o "anedótico" não deixasse de fazer parte da narrativa, ao compor o perfil e as qualidades do indivíduo em questão. Em sua narrativa o via como figura *exemplar* de sua época, por, ao mesmo tempo, incorporar as qualidades de seus *antepassados*, como um "novo bandeirante" de sua época, e não deixar de agir diante das intempéries de seu presente, como político, militar, advogado, historiador e professor. Assim, ele seria digno de ser lembrado pelo valor da obra de historiador que deixou, tanto quanto pela sua ação política e militar, em um momento decisivo para a história do estado de São Paulo. Não sem razão, ele teria sabido cumprir seu papel, ao defender o estado com *as armas do militar*, tanto quanto com *a pena do letrado*.[15]

Portanto, o livro em questão, ainda que em nenhum momento se colocasse como uma biografia de AEJ, não o deixava de fazer em várias passagens, apreciando o indivíduo em sua época, como agiu nela, qual o significado de sua obra e como pensou a história de seu país. Fixando-se entre o "juízo de

14 Desse modo, semelhante ao que fez Plutarco ao estudar a vida de homens ilustres da Grécia e de Roma, com o objetivo de comparar suas biografias e suas atitudes morais, Myriam Ellis procurou construir o perfil de seu pai de modo a ilustrar um "grande homem", que viveu intensamente a sua época, identificando a importância da cafeicultura e da propriedade rural para o desenvolvimento do estado e do país, exercendo os ofícios de advogado, político, militar, historiador e professor, e fazendo uso dessas experiências para escrever a história de seu povo. Muito embora não seja uma hagiografia (que conta a vida de santos), há algumas de suas características, ao demarcar as atitudes do "herói", seu pai, ao participar dos conflitos de 1932, derramar seu sangue por São Paulo, e a partir dessa experiência vir a fazer de sua obra um espaço para descrever a coragem dos combatentes, que como ele, enfrentaram o inimigo em desvantagem bélica e numérica, com vistas a tornar essa história um painel para que o povo de São Paulo não se esqueça daqueles acontecimentos ilustres, e que indicavam como o estado de São Paulo foi traído pelo resto da nação. E seria justamente essa conjuntura política e econômica que daria um sentido para suas ações, assim como um significado para sua obra.

15 Ainda que faça uso de "juízos de valor" para apreciar (sempre de maneira positiva) a trajetória do pai, não se deve perder de vista a tentativa de interpretação da obra. E que o fez com base nos textos publicados, nas memórias inéditas escritas pelo pai entre o final dos anos 1960 e início dos anos 1970, e dos discursos que pronunciou entre os anos de 1935 e 1937 na Assembleia Constituinte de São Paulo, como deputado estadual. Mas, mesmo nesse caso, a obra que começou a ser composta nos anos 1920, só ganharia maior sentido e significado com a conjuntura de 1930.

valor" e a interpretação das ações do indivíduo e de sua obra, procurava dar sentido a ambas, ao definir como deveriam ficar para a posteridade, e serem lidas e apreciadas. Por esses motivos a autora teria cumprido mais o papel de "memorialista", do que de "historiadora", ao procurar retirar do esquecimento a vida e a obra do pai, e lhe dar um sentido, inclusive, para a posteridade.

A longa digressão que foi feita sobre o livro de Myriam Ellis se deveu ao fato de mostrar como ela, filha de AEJ, tentou, no final dos anos 1990, redefinir a herança crítica da produção histórica que este deixou, com o objetivo de mostrar como o pai soube em seu tempo ser um "novo bandeirante", ao atuar em prol da soberania de São Paulo, como soldado e como um "homem de letras". E seu objetivo não era casual, pois, ela escrevia num momento em que a obra do pai era esquecida, criticada e negada no campo dos estudos históricos, de forma bastante categórica na maioria dos trabalhos (Cf. Monteiro, 2001; Ferreira, 2002; Ricci, 2002). Além de, por outro lado, as últimas edições de seus livros datarem dos anos 1970 e 1980, num movimento consideravelmente distinto ao dos anos 1930 até 1950, quando seus livros tiveram várias edições e eram apreciados pelos letrados de São Paulo.

Note-se ainda que, no quarto volume da série *Os historiadores clássicos da história do Brasil*, organizada por Maurício Parada e Henrique Estrada Rodrigues (2018), Ellis Jr., além de não estar no rol de historiadores analisados, somente é mencionado em um dos 17 ensaios (na página 210) do livro. Em importante trabalho realizado sob a organização de Fernando Nicolazzi (2015), em *História e historiadores no Brasil*, com a meta de divulgar historiadores e textos pouco conhecidos do período de 1870 a 1940, igualmente Ellis Jr. segue como um ilustre desconhecido, não sendo sequer mencionado entre os 11 ensaios do livro. Que razão teria levado a este esquecimento? Por que Ellis Jr. praticamente deixou de ser mencionado nos estudos historiográficos a partir dos anos 1990? A importância deste tipo de estudo não está apenas em mostrar por que é necessário conhecer a obra deste autor, mas também em inquirir algumas das razões que levaram ao seu "quase total" esquecimento em nossa historiografia.

Assim, é com base nestas avaliações sobre a trajetória e a obra de Ellis Jr. que devemos refletir de que maneira ele reviu suas concepções sobre a "temporalidade", a "periodização", a "verdade", a "representação do passado" e as "regras do método", quando esteve à frente da cadeira de *História da Civilização Brasileira* no curso de Geografia e História da FFCL/USP, entre o final dos anos 1930 e meados da década de 1950. Para efetuarmos essa análise devemos começar por inquirir de que maneira Ellis Jr. se aproximou dos estudos históricos.

## *A trajetória de Alfredo Ellis Jr. e o(s) encontro(s) com a História*

> Tomo a liberdade de enumerar a vol. Ex. estas linhas depois de uma longa conversa que tive o prazer de entreter com seu filho e meu distintissimo aluno Dr. Alfredo Ellis Junior, conversa que provavelmente elle já referiu a vol. Ex. Disse-me que certamente veria vol. Ex., com bons olhos a transformação por que passou o Museu Paulista tomando uma feição absolutamente nacionalista, nelle se celebrando os grandes feitos e os grandes vultos da História brasileira, especialmente de S. Paulo.
>
> O Dr. Alfredo Ellis Junior que longamente verificou tal transformação com o cuidado e o amor que lhe merecem as cousas da nossa tradição poderá expor a vol. Ex. tudo que aqui se faz por ocasião das festas do centenário de setembro, de apresentar aos paulistas aos brasileiros aos visitantes estrangeiros alguma coisa que traduzisse materialmente a memória dos factos illustres de nosso passado. Incumbo ao meu distinto ex-aluno da descripção pormenorizada do que se faz no Museu e do que ficou ainda por fazer. [...].[16]

Foi no dia 26 de setembro de 1922, que o senador Alfredo Ellis (1850-1925) recebeu a carta de Afonso de Taunay (1876-1958), após ele ter entrado em contato com seu ex-aluno Alfredo Ellis Jr.[17] A carta expressava um conjunto de relações entre professor e ex-aluno, pai e filho, num tipo de sociabilidade muito comum entre os grupos dirigentes no Brasil da Primeira República (Cf. Gomes, 1996, 1999, 2009; Miceli, 2001; Malatian, 2001; Pallares-Burke, 2005; Anhezini, 2011). Mais do que isso, a missiva nos indicava um pouco dos locais

---

16 Carta de Afonso de Taunay ao senador Alfredo Ellis, de 26 de novembro de 1922. Arquivo Permanente Museu Paulista/Fundo Museu Paulista (APMP/FMP), 1ª entrada, pasta 117. Agradeço a gentileza de Karina Anhezini (da UNESP/Assis) por ter me cedido às missivas trocadas entre AEJ e Afonso de Taunay, que usou em suas pesquisas.

17 Cf. Carta de Alfredo Ellis Júnior a Afonso de Taunay, Rio de Janeiro, de 24 de setembro de 1922. Arquivo Permanente Museu Paulista/Fundo Museu Paulista (APMP/FMP), 1ª entrada, pasta 117. Em 29 de Setembro de 1922, Taunay responde a AEJ, sobre seu pedido de auxilio para o Museu Paulista. Carta de Afonso de Taunay a Alfredo Ellis Júnior, de 29 de setembro de 1922. Arquivo Permanente Museu Paulista/Fundo Museu Paulista (APMP/FMP), 1ª entrada, pasta 117.

por onde os "homens de letras" circulavam para fazerem suas pesquisas sobre São Paulo e sobre o Brasil. E a ocasião da comemoração do centenário da Independência do país (Cf. Oliveira, 1990; Motta, 1992; Alves, 2001), possibilitava não só "apresentar aos paulistas aos brasileiros aos visitantes estrangeiros alguma coisa que traduzisse materialmente a memória dos factos illustres de nosso passado", mas também instigava o desenvolvimento de pesquisas sobre o principal personagem da história de São Paulo, "os bandeirantes", cuja "epopeia" construída pelas narrativas históricas, e que já tinham uma fortuna crítica desde o século XVIII, estava então em seu auge nas primeiras décadas do século XX (Cf. Abud, 1985; Ferreira, 2002).

A ocasião favorecia, por isso, não só a comemoração dos paulistas e dos brasileiros, com a total remodelação do Museu Paulista para as festividades (Cf. Alves, 2001; Brefe, 2005; Anhezini, 2011), mas ainda, e talvez com maior intensidade, contribuía para a elaboração de certos tipos de "representação do passado", nos quais os grupos dirigentes faziam, não por acaso, a história de seus antepassados, com vistas a também justificarem suas ações políticas e culturais no presente, que era então os anos iniciais da década de 1920 (Cf. Love, 1982; Prado, 1985; Capelato, 1989; Bittencourt, 1990; Carvalho, 2001; Pereira, 2010). E cujos efeitos simbólicos e políticos, aliás, se fariam sentir ainda mais após os anos 1930, por marcar ao mesmo tempo o início do governo de Getúlio Vargas (1930-1945) e a perda da autonomia política e econômica do estado de São Paulo (Cf. Prado, 1974; Capelato, 1981; Love, 1982; Abud, 1985) – como vimos na primeira parte deste estudo.

Esse foi o ambiente em que começaram a se desenvolver as ideias, que fariam de AEJ um "intelectual-letrado" de seu tempo. Como já havíamos adiantado na introdução de nosso estudo, AEJ fora o filho caçula de Alfredo Ellis e de Sebastiana Eudóxia da Cunha Bueno Ellis, ao lado de seus outros nove irmãos e irmãs, todos nascidos na Fazenda Santa Eudóxia, localizada em Mogi Guaçu, no município de São Carlos do Pinhal. Nela AEJ viveu sua infância e começou seus estudos. Mas, ele que havia nascido em 1896, veria com pouco mais de 20 anos de idade a fazenda (falida pelos infortúnios do preço do café, pelas safras ruins, em função das geadas do período, e por más administrações) ter que ser vendida no final de 1918. Justo no ano em que ele regressou para o local, após concluir seus estudos em Direito, na capital do estado de São Paulo, e ir para a região praticar por algum tempo o ofício, para tentar salvar a propriedade (Cf. Ellis, 1959, 1997; Ferreira, 2002; Roiz, 2012a).

Essas circunstâncias iriam se fixar em sua memória, sendo-as convertidas em boa parte de seus discursos, como deputado estadual na Assembleia Legislativa de São Paulo, durante os anos 1920 e 1930, quando então procurava defender a soberania do estado e sua balança comercial, em função das constantes flutuações nos preços do café e das alterações dos impostos submetidas pela Federação aos estados, e, particularmente, a São Paulo, onde sua economia ainda estava alicerçada na lavoura de café (Cf. Nozoe, 1983) – como vimos no primeiro capítulo deste livro. Para ele, em seu *A evolução da economia paulista e suas causas*, de 1937:

> Isso quer dizer que todo o nosso saldo mercantil é desviado para pagar a nossa contribuição para o Brasil, pois que a tanto monta a annuidade com que S. Paulo satisfaz a conta para ser brasileiro. [...] [e] depois de 1930 o cambio teve um movimento de quéda que não se sabe até onde irá. Isso acarretou uma grande desvalorisação no dinheiro e portanto os proprietarios desse capital magnífico que se achava nos bancos, na perspectiva de verem os patrimônios diminuírem de poder acquisitivo, trataram de invertel-o em immoveis, isto é, em casas, em terrenos, em construcções etc. [...] Enquanto isso, vemos os governantes do Estado sem comprehender com exactidão o que se passa, tecer lôas ao nacionalismo abraçados com um lyrismo de causar lastima (Ellis Jr., 1937, p. 536-537).

Nesse período, não por acaso, suas *batalhas* eram com os grupos políticos que haviam tomado o poder em 1930, e tinham subjugado o estado de São Paulo, aos mandos do "Sr. Getúlio Vargas" (Cf. Ellis Jr., 1933, 1934a, 1934b).

Mas, quando passou a contar a história de sua família, fazendo a biografia do pai, e, depois, a do avô (Cf. Ellis Jr., 1949, 1950, 1960), vê-se que as circunstâncias que levaram a falência da fazenda foram muito mais profundas. Com as reviravoltas dos preços do café, desde o final do século XIX (Cf. Ellis, 1924; Nozoe, 1983; Mello, 1998; Cano, 1998a; Suzigan, 2000), e com o avançar da idade, o "Senador Ellis foi perdendo o gosto pelo meio rural, que antes tinha tantos atrativos para êle" (Ellis Jr., 1950, p. 315), como nos revelaria AEJ na biografia que escreveu de seu pai, no final dos anos 1940. No texto, AEJ nos relatava como percebeu a situação que viria a causar a falência da fazenda, pois, parecia "que, um certo mal estar, um certo desalento [...] eram causados no Senador pelo pé de café, sempre e indefectívelmente credor de más notícias e de contínuas contrariedades, que o aborreciam e o amolavam", porque do "café, seguramente, êle só se recordava, pelos maús momentos causados!". E, não sem razão, seria necessário "precisas dóses não pequenas de estoicismo e de heroísmo, para enfrentar essas fontes e constantes dissabores e de amarguras, resumidos no café e em Sta. Eudóxia" (Ellis Jr., 1950, p. 316). De um lado, os filhos mais velhos não queriam lhe substituir na política, e, de outro, havia dificuldades com relação àqueles que se prontificaram em cuidar dos negócios da família e administrar a fazenda. Para ele:

> O Senador sabia da feição psíquico-moral do filho mais velho, e por isso hesitava em lhe confiar a exploração da indústria agrícola de Sta. Eudóxia, mas por fim, devido à insistência contínua da esposa e almejando uma solução, que lhe suprimia um problema difícil, a qual lhe permitia continuar sua vida tranquila no Rio de Janeiro, transigiu e entregou, por duas vezes o timão do barco do patrimônio da família, ao seu filho mais velho [Francisco Ellis], que não sendo um estróina, era um perdulário! Com isso, a fazenda de Sta. Eudóxia, de 1909 a 1911 e de 1914 a 1917, em duas quadras diferentes, ficou entregue á gerência e á administração de Francisco Ellis, o filho mais velho do Senador.
>
> O desastre não iria demorar! (Ellis Jr., 1950, p. 319).

Até porque, ao invés de cuidar dos negócios e se prontificar em observar as variações dos preços do café, Francisco Ellis "tinha decidido pendor pelo belo sexo e em toda Sta. Eudóxia não havia donzela, que não suprimisse pelo "*Brumel paulista*", com a sua alta estatura de corpo atlético de esgrimista", e com "tantas e tão ardentes admiradôras", ele era "como um lôbo voraz, guardando rebanho de níveas e cândidas ovelhas" (Ellis Jr., 1950, p. 318). Mas, suas ações não se limitavam apenas a isso, pois, ei-lo "cavalgando com arte e maestria o seu ricamente ajaezado cavalo e imaculada brancura, correndo, com suas coleções selecionadas de centenas de cachorros escolhidos, atraz de um porco do mato ou de um 'catingueiro', ou ainda cercando uma 'pintada'", ou ei-lo "no volante de sua possante "*Zust*" ou da sua poderosa "*Fiat*" de corrida", ou ainda com "um rajá indiano, a descer pelo belíssimo e selvático Mogí-guaçú, a bordo de sua confortável lancha-yate", e, nisto, fazendo com que "quase todo o "*patrimônio da família*", desgastado para alimentar essas sultanescas aventuras, nas quais, muitas delas eu, inconscientemente, tomei parte" (Ellis Jr., 1950, p. 318-319). Até que, por fim, com um contexto socioeconômico também adverso, em função das geadas e constantes variações nos preços das safras do café no período, viessem a causar a falência e a consequente venda da fazenda em 1918.

Contudo, antes que isso viesse a ocorrer, de fato, AEJ mostrava o quanto foi feliz vivendo no campo (Cf. Ellis Jr., 1950; Ellis, 1959, 1997), e o que não o impediu de ter uma boa formação, como o pai queria (Cf. Ellis, 1997). Nesse percurso inicial, mesmo tendo passado por bons professores e professoras, foi no colégio São Bento que a figura de Afonso de Taunay lhe marcaria por toda a sua vida, e lá despertaria seu gosto pela História e por sua escrita (Cf. Ellis, 1997; Ferreira, 2002). Já em meados dos anos 1940, em seu livro *Amador Bueno e a evolução da psicologia planaltina*, ele destacou que "tinha estudado os sapientíssimos ensinamentos do Professor Taunay, que é um dos intelectuais a quem mais devo na formação da minha mentalidade e quem eu considero como o "*primus inter pares*" dos que nos oferecem preciosos relatos da vida seiscentista de S. Paulo" (Ellis Jr., 1944a, p. 12). Em suas memórias, escritas no final da vida, ao se lembrar dos tempos de estudante, diz-nos que na ocasião a "matéria de minha predileção era História Universal, sempre com o professor Taunay" (Ellis, 1959, p. 12), que também era "professor de Geografia". E, além disso, o "Dr. Afonso Taunay, que depois foi amigo meu, a quem muito haveria de dever nas minhas carreiras política e científico-literária" (Ellis, 1959, p. 12) – como vimos na primeira parte deste estudo.[18]

Em meados dos anos 1920, quando começava a divulgar seus primeiros trabalhos em livros e pela imprensa periódica, especialmente, pelo *Correio Paulistano*, que passou a integrar neste período, juntamente com parte do grupo dos "verde-amarelos" – como vimos no terceiro capítulo –, que suas relações com Afonso de Taunay se ampliaram para além de uma mera relação professor/aluno, e muito mais se aproximando de uma interlocução entre mestre e aprendiz em fase de conquistar sua autonomia intelectual. As correspondências que trocaram neste período nos dão prova disso, como nos mostra a missiva de 23 de novembro de 1923, na qual AEJ se referindo ao "prezado amigo Dr. Taunay", e agradecendo-lhe pelos conselhos e por sua amizade, dava-lhe mostras do resultado de seu trabalho, *O bandeirismo paulista e o recuo do meridiano*, que deu

18 Aliás, sobre o desenvolvimento dos níveis e graus de ensino no país, ver: Nadai, 1987; Bittencourt, 1990, 2005, 2008; Nunes, 2001; Carretero, Rosa, Gonzalez, 2007.

"umas 250 a 300 paginas iniciadas [...] do Brasil dividido pela linha de Tordesilhas", e que o *Correio Paulistano* "deveria, publicar ainda, trez a quatro artigos, pertencentes ao livro". Ademais, perguntava ao amigo em "que pé est[ava] a sua publicação da História das bandeiras? Acho que se o meu [...] amigo conversar diretamente com o Dr. Washington, será mais facil do que o fazer por intermédio das Secretarias Internas". Além do mais, a gráfica e tipografia "Piratininga cobra 13$ [mil réis] por pagina".[19] Saliente-se ainda que, em suas memórias, assim AEJ destacava a importância de sua entrada neste grupo: "a entrada no *Correio Paulistano* [em 1923] foi o primeiro degrau na escalada da minha carreira política e literária, bem como da ascensão como historiador, pois data de meus artigos semanais" (Ellis, 1997, p. 17). De acordo com Antonio Celso Ferreira:

> Alfredo Ellis Jr., que ficaria conhecido como um dos principais ideólogos do regionalismo paulista, manteve contatos políticos estreitos com os verde-amarelos, apesar de não ter participado das experiências estéticas do modernismo. As suas ligações com o grupo se iniciam em 1923, quando ingressou no jornal *Correio Paulistano* [...] então se juntando a Menotti, Cassiano Ricardo e Plínio Salgado, também colaboradores do jornal e líderes da corrente (Ferreira, 2002. p 331).

Neste jornal, que era órgão oficial do governo do estado de São Paulo, AEJ relacionou-se com os "homens de letras", escritores, como: Menotti de Picchia, Cassiano Ricardo, Plínio Salgado, Afonso de Taunay, dentre outros, e se integrou ao "movimento renovador do pensamento nacional" – como vimos no terceiro capítulo –, e como destaca:

> Resolvi aceitar os bons ofícios do meu antigo professor Taunay, que me apresentou à redação do Correio Paulistano dirigido, então, por Flamínio Ferreira e onde encontrei Menotti del Picchia, Cassiano Ricardo, Plínio Salgado e outros (Ellis, 1959, p. 13).

Ao mesmo tempo, como nos dava mostra ainda a missiva que abriu este item, AEJ já começava a circular sem cerimônias neste período pela política, com base no "capital político e simbólico" (Cf. Bourdieu, 1990, 2009) acumulado pelo pai, o senador Alfredo Ellis, que lhe abria as portas de gabinetes e lhe

19 Carta de Alfredo Ellis Júnior a Afonso de Taunay, São Paulo, 23 de novembro de 1923. Arquivo Permanente Museu Paulista/Fundo Museu Paulista (APMP/FMP), 1ª entrada, pasta 120.

ensinava como funcionavam os mecanismos de negociação entre os partidos políticos da Primeira República (Cf. Ellis Jr., 1950b). Tal "influência" foi o que levou Taunay a entrar em contato com o amigo e ex-aluno, para intervir junto com o pai, para que este levasse ao Senado o pedido de subvenção para auxiliar nas reformas e na ampliação do Museu Paulista em 1922.

As ligações de AEJ com seu pai não se limitavam, entretanto, apenas a isso. Já nos anos 1910 o pai o levou numa viagem pela Europa, que igualmente o marcou profundamente, como deixou registrado na biografia que escreveu do senador Alfredo Ellis. Ali AEJ nos falaria de como o "Senador Alfredo Ellis, [foi] com seu filho mais moço, que fizera seu curso ginasial em São Paulo, [e] embarcava nêsse rilhento navio, que zarpou do Rio de Janeiro, nessa procelosa tarde de julho de 1911, em direção a Portugal" (Ellis Jr., 1950b, p. 334). Durante a viagem, ele dizia que nunca "pensára [...] que, a cultura literária episódica do Senador Ellis fosse tão grande!", ao lhe falar desde os "feitos militares franceses na guerra de [18]70", até a fazer um esboço das características da história paulista. Nisso a "minha alma juvenil se impressionava com as lições ouvidas do inegualável mestre e se moldava, qual tenra cêra, nessa forma psicológica única", e mal "podia eu, com os meus quinze anos, compreender como me seriam úteis esses preciosos ensinamentos e que a êles eu teria de recorrer um dia, quando tive que tirar do cerébro o meu "*ganha pão*" de mestre de escola!" (Ellis Jr., 1950b, p. 335). Assim, de Portugal foram para a Espanha, e de lá foram para a França, "onde, em Bordeaux, nos esperava a esposa do Senador, que nos havia precedido na Europa". Nesse ínterim:

> A ausência da família do Senador, por largos mêses separada dêle, tinha dado lugar a que êle manifestasse o seu genio poético, escrevendo áureas cartas à sua esposa, que são verdadeiros poemas em prósa, centelhas divinisíacas de um temperamento cuja rebrilhante faceta poética fulgia como o faixo luminoso do faról, na noite escura da ausência! (Ellis Jr., 1950b, p. 335).

Mas, foi durante o período em que a família esteve reunida na França:

> Aí, junto ao Senador, [que] assisti uma das cênas mais emocionantes da minha vida, recebendo eu uma lição de civismo, que ficará indelevelmente gravada na minha memória e não obstante essa cena ter-se passado a cerca de trinta e muitos anos, eu dela não me esqueci jamais! Foi na praça da Concórdia! O Senador, o grande

> mestre que tive de culto cívico, profundamente emocionado me mostrava a estátua da Alsácia Lorena, províncias arrebatadas pelo prussiano vitorioso na guerra de 1870-71, tôda vestida de negror lutuoso do crépe! (Ellis Jr., 1950b, p. 336).

A importância do momento, de fato, reapareceria quando, em 1932, em sua obra *A nossa guerra* (1933), AEJ compararia o destino do estado de São Paulo, com o da França em 1870. Mas diferente dela, São Paulo ainda havia passado, segundo ele, por um destino ainda mais obscuro, em função dos efeitos que lhe causaram a reação do governo de Getúlio Vargas – tal como vimos no primeiro capítulo. Daí, também, vemos um pouco do por quê certos autores se conectavam melhor que outros em sua argumentação, como no caso de Fustel de Coulanges,[20] historiador francês, em prol de Ranke, que fora historiador alemão – como iniciamos a análise no terceiro capítulo. Mas, antes de avançar nesse ponto, retornemos a viagem. Depois de visitarem vários pontos da França, eles partiram para a Inglaterra, e de lá passaram pela Itália. Foi em meados do mês de novembro de 1912 que chegaram a Santos, no estado de São Paulo, depois dessa vasta travessia pela Europa. A importância desta viagem, para a trajetória política e intelectual de AEJ, ainda aparecia nas memórias que escreveu no final da vida, na qual ele ainda nos informava sobre seu pai que:

> Eu soube aproveitar a sólida orientação que meu pai me dava [...] meu pai ... meu guia ... meu orientador ... meu grande mestre [...] com ele aprendi a raciocinar com lógica e compreensão ... incentivou meu espírito de independência ... o hábito das polêmicas ... o meu amadurecimento mental ... argumentar com segurança, a dialética do combate ... toda a tática e a estratégia na argumentação polêmica ... o maior lucro que obtive desses debates foi a conquista foi a confiança nos meus próprios recursos intelectuais (Ellis, 1997, p. 45).

As mesmas referências, ou muito próximas a esta, viriam a aparecer originalmente em sua produção histórica dos anos 1920 e 1930, na qual boa parte delas era dedicada ao pai, como em seu *Populações Paulistas*, em que a dedicava:

---

20 Outro ponto a se notar na obra deste autor, especialmente, em sua *A cidade antiga*, foi o modo que fez a análise das relações políticas, familiares e de parentesco (Cf. Coulanges, 2009, p. 17-186), e que viriam a "inspirar" AEJ, ao propor sua interpretação da história de São Paulo, como veremos a seguir.

> A sagrada memória de meu pae, o senador ALFREDO ELLIS, meu grande mestre, que, mesmo depois de morto [em 1925], pelos exemplos de virtude, rectidão, destemor e energia orienta meus passos nesta vida arestosa, dedico, com a mais profunda saudade (Ellis Jr., 1934c, p. 5).

Este livro, *Populações Paulistas*, parte do qual havia publicado semanalmente no jornal *Correio Paulistano*, de São Paulo, e que em função das "tempestades" de 1930, fora "caçado inescrupulosamente" pelo novo governo, liderado por Getúlio Vargas. Desse modo, a figura do pai, Alfredo Ellis, e do professor e amigo, Afonso de Taunay, junto com o partido político (o P.R.P.) e o jornal *Correio Paulistano* eram notoriamente lembrados por AEJ, sempre que indicava o que moveu suas paixões para o estudo da história, especialmente, do passado paulista. Na Assembleia Legislativa de São Paulo, aliás, ele homenageou Afonso de Taunay pela produção histórica tão rica e importante para o estado, assim como usava o nome do pai para dar maior consistência em vários de seus discursos.[21]

Esse quadro era sempre completado, como vimos acima, pelos bons professores e professoras de história que teve no ensino "primário" e "secundário", principalmente, Afonso de Taunay, destacadamente lembrado como seu mestre no campo dos estudos históricos. Não por acaso, Antonio Celso Ferreira (2002), afirmará sobre AEJ, que: "considerava-se um paulista por excelência, descendente dos primeiros e mais notáveis troncos da terra" (Ferreira, 2002, p. 331).

Destarte, se encontramos essa narrativa desde o momento em que AEJ começava a publicar seus primeiros textos na década de 1920, nem por isso seus encontros com a História (e a sua escrita) devem ser aí reduzidos, apesar da importância que tiveram esses fatores, como vimos acima.

Em primeiro lugar, porque na medida em que o autor ia se adentrando pelos meandros dos estudos históricos, mais este procurava justificar suas escolhas, definir seus métodos, detalhar como e quais conceitos estava usando, com vistas a demonstrar que mesmo vindo de uma "tradição autodidata", este foi gradativamente se especializando e se profissionalizando no "ofício de historiador".

21 Cf. *Annaes da Assembleia Legislativa do Estado de São Paulo de 1935*, 3v; *Annaes da Assembleia Legislativa do Estado de São Paulo de 1936*, 3v; *Annaes da Assembleia Legislativa do Estado de São Paulo. Sessão ordinária de 1937*, 3v.

Em segundo, porque, ao se pautar nesses referenciais, além de formar um tipo de quadro interpretativo para sua obra, inclusive, como deveria ser lembrada na posteridade, demonstrando a regularidade das escolhas teóricas e metodológicas, e indicando suas filiações, nas quais cruzava os procedimentos da historiografia Oitocentista, com a sociologia, a antropologia, a economia e a psicologia de seu tempo, também norteava os instrumentais adotados pelo autor em sua trajetória.

Mas, tal como começamos a ver na primeira parte deste trabalho, nem, por isso, deve-se procurar interpretar a sua obra, como um conjunto de textos estáticos. Muito pelo contrário, como veremos abaixo, o dinamismo, seja da compreensão do passado, das fontes e da escrita da história; seja dos meios pelos quais procurava interpretar a sociedade paulista e, nesse processo, também a brasileira; seja ainda na construção dos procedimentos de pesquisa, apesar da nítida continuidade temática e de análise, com a sua produção dos anos 1920 e 1930, AEJ não deixou de fazer constantes revisões em sua obra, assim como na compreensão que tinha da História e de sua escrita.

## *A obra de Alfredo Ellis Jr. e a elaboração de um projeto de "escrita da história"*

> Não tem este trabalho a pretensão de ser uma história do bandeirantismo, e nem mesmo a da conquista territorial, que sobrepujou o meridiano de Tordesilhas.
>
> É elle tão sómente a reunião de alguns artigos que publicámos no "Correio Paulistano", fructo muito modesto de pesquizas que procedemos nos documentos officiaes, que o benemérito Dr. Washington Luis, como Prefeito da Capital e como Presidente do Estado [de São Paulo], fez publicar, franqueando, assim, aos que se interessam pelas cousas do nosso brilhante passado um riquissimo cabedal que, até então, se achava quasi inesplorado (Ellis Jr., 1924, p. V).

Com essas palavras, AEJ justificava o estudo que empreendeu nos anos iniciais da década de 1920, alguns deles publicados sob a forma de artigos no *Correio Paulistano*, e, depois, foram revistos para formar, em 1924, *O Bandeirismo paulista e o recuo do meridiano*, cujo subtítulo: *pesquizas nos documentos seiscentistas publicados pelos governos estadual e municipal* nos informaria algumas das razões que o levaram a dedicar a obra ao "Dr. Washington Luis Pereira de Sousa, homenagem muito grata" (Ellis Jr., 1924, p. III), e que na sua segunda edição de 1934, ele acrescentaria a essas palavras: "homenagem muito grata e muito sincera". E a essas palavras, ele ainda complementava no final de seu *prefácio* a primeira edição do livro, que neste "trabalho, encontrando bondosamente o Dr. Washington Luis, com o seu grande amor ao passado paulista, algum préstimo, houve por bem ordenar a sua publicação, pelo que lhe hypothecamos a nossa gratidão" (Ellis Jr., 1924, p. VII). Como vimos no item anterior, às ligações do senador Alfredo Ellis, com políticos do estado de São Paulo e da Federação, vieram a possibilitar ao seu filho, AEJ, contatos com os grupos dirigentes do Estado, e que, aliás, não deixava de indicar aos amigos, meios para lhes facilitar o acesso direto com os gabinetes estaduais e com o presidente do Estado, como indicou, em 1923, a Afonso de Taunay. E cujos mecanismos ele próprio se aproveitou para garantir a publicação desta obra, sem nenhum custo adicional para o autor.[22]

Quando publicou, em 1924, *O bandeirismo paulista e o recuo do meridiano*, AEJ só havia publicado anteriormente algumas conferências, como: *Ascendendo na história de São Paulo*; *Novas bandeiras e novos bandeirantes* e *Alguns paulistas do século XVI e XVII*, todas elas apresentadas ao longo de 1922 (Cf. Ellis Jr., 1922; Ellis, 1959, 1979, 1997; Ferreira, 2002). É muito provável, como nos mostram as missivas trocadas entre AEJ e Afonso de Taunay (e que vimos acima), que o segundo tivesse muito bem tido contato com os textos antes de terem sido apresentados a redação do jornal. Mas seria por meio de sua experiência como membro do grupo do *Correio Paulistano*, que formava também o núcleo central dos "verde-amarelos" em São Paulo (Cf. Velloso, 1993), que, a partir de 1923, AEJ procurou avançar em suas pesquisas sobre as fontes oficiais do seiscentismo paulista, e:

> Assim, procedemos ás nossas pesquizas, procurando adaptar os conhecimentos novos nellas colhidos, a respeito do bandeirismo, ao que já era fartamente sabido, através dos muitos escriptos dos sabios historiadores como Pedro Taques, Azevedo Marques, Silva Leme, Orville

22 Mecanismos políticos, aliás, que seriam consideravelmente alterados após 1930, quando o PRP perde sua hegemonia política no estado de São Paulo, o *Correio Paulistano* é, segundo AEJ, caçado brutalmente pelo governo federal e perde sua subvenção do estado de São Paulo, e as alianças com o PD seriam, após 1932, desfeitas, em função de sua aproximação com o governo federal, que lhe valeriam em 1933 a indicação de Armando de Salles Oliveira como interventor federal do estado de São Paulo. Em todos esses casos, AEJ seria um crítico severo como vimos na primeira parte deste estudo.

> Derby, Toledo Piza, Capistrano de Abreu, Washington Luis, Basilio de Magalhães, Diogo de Vasconcellos, Padre Carlos Teschauer e Affonso d'E. Taunay, que com precisão nos têm revelado tanta cousa a proposito do capitulo magno da nossa historia (Ellis Jr., 1924, p. VI).

No entanto, como viria a esclarecer, "nossas buscas, foram, principalmente orientadas pelo que nos tem ensinado Taunay, na sua preciosa analyse da documentação hespanhóla, no que diz respeito ao passado paulista" (Ellis Jr., 1924, p. VI), e, com base em tais ensinamentos, que procedeu a análise da documentação oficial, com o objetivo de detectar "a mentira e a falsidade" até então espalhadas sobre o tema, em certas obras, inclusive, a de alguns viajantes que aqui estiveram desde o período colonial. Assim, procurando investigar o passado paulista, com base em "provas irrecusaveis", AEJ se propôs identificar e analisar as principais bandeiras do quinhentismo e do seiscentismo paulista.

Desse modo, indo de 1596 até 1690, e passando pelas bandeiras de João Pereira de Souza Botafogo e de Domingos Rodrigues, entre 1596 e 1600, até as aclamações de Amador Bueno e Dom João IV, em abril de 1641, as bandeiras de Fernão Dias nos anos 1670 e 1680 e as várias expedições ao sertão de Garcia Rodrigues Paes e de Dom Rodrigues de Castel Branco nos anos 1680 e 1690, AEJ procurava nos contar "novos capítulos" da história dos bandeirantes de São Paulo.

Na segunda edição da obra, publicada em 1934, isto é, logo após os desdobramentos dos anos iniciais do governo instituído em 1930 e que colocou Getúlio Vargas no poder, não somente AEJ apreciava essas questões no prefácio que escreveu para essa edição – mesmo considerando que algumas coisas apareciam ali cifradas, como sua crítica ao governo Vargas, por meio do enaltecimento da figura de Washington Luis. Mas, antes disso, ligava as ações dos bandeirantes do passado, aos atos dos "novos bandeirantes" de sua época, como a de Washington Luis, "o notável estadista que presidiu São Paulo e que depois foi chamado a dirigir o Brasil", e quanto "mais delle nos afasta o tempo, mais se vae tornando harmônica a sua obra notável de dirigente" e mais "se vão fixando os perfis puros da sua governação", pois, os "serviços prestados a São Paulo por esse ilustre varão, jamais poderão ser esquecidos pelo nosso povo", porque, entre outras coisas, e fazendo "do modo mais sincero, que aqui fica testemunhado publicamente, o quanto me está merecendo o dr. Washington Luis, que, pelas suas inconfundiveis attitudes, pela sua austeridade inatacavel, pela sua rectidão de proceder, pela sua coherencia inflexivel, traçou tantas directrizes á nossa geração" (Ellis Jr., 1934b, p. 12-13) – e esta análise, aliás, articulava-se as críticas que efetuou em *A nossa guerra* (1933), que foi um estudo "*de synthese critica político-militar*" sobre os acontecimentos de 1932, e em *Confederação ou separação* (1934a), como vimos no primeiro capítulo desta pesquisa. E é tendo em vista esses pontos que devemos sintetizar neste item o projeto de escrita de uma história para o estado de São Paulo, que AEJ começou a desenvolver a partir dos anos 1920 e 1930.

Como se destacou, se *O bandeirismo paulista e o recuo do meridiano* (1924), constituía-se em sua primeira tentativa de sistematizar "novos capítulos" da história paulista, por meio de um estudo pormenorizado dos bandeirantes, no quinhentismo e no seiscentismo, foi em *Raça de Gigantes* (1926), publicado dois anos depois, que o autor procurou demonstrar por que o paulista tinha o senso da "aventura", de "direção" pelos sertões, de "empreendedorismo" pelos rios e pelas matas, e de "iniciativa" para buscar riquezas e suprimentos. E a começar pelo escopo da análise, muito mais amplo, como bem nos demonstra já o subtítulo da obra: "*A evolução no Planalto Paulista. Estudos da evolução racial antroposocial e psicológica do paulista dos séculos XVI, XVII, XVIII e XIX e das mesologias físicas e social do Planalto Paulista*". Para ele, o deslocamento, em função do meio ambiente adverso do Planalto paulista, teria possibilitado, desde o início do processo de colonização, a formação de uma "raça" apta para tais intempéries, e que se originou do cruzamento do "europeu" com o "índio da terra". De acordo com Afonso de Taunay, que prefaciou a primeira edição da obra, "largamente estribado na farta documentação regional que tanto permite surpreender os estados d'alma da gente rude de nossos primeiros séculos", este foi um trabalho que "só officiaes do officio estão em condição de avaliar exactamente o que nelle se condensa de labor paciente e repassado de attentissima argucia" (Ellis Jr., 1926, p. 13). Entre outras razões, por que:

> Ninguém de boa fé jamais lhe poderá contestar a valia do enorme repositório de argumentos [...] inéditos de subido preço, acumulados com tanta inteligência, lealdade e vontade de acertar [com tamanho] labor [...] [a] manipulação de grande material virgem de pesquisa (Ellis Jr., 1926, p. 14).

Além disso, prossegue Taunay, "exteriorização severíssima dos sentimentos que lhe deixou o exame tão acurado e tão consciencioso das origens e das vicissitudes de existência das populações paulistas", AEJ soube se compenetrar na "grande obra passada na formação territorial brasileira e na devassa e na civilização de enormes tratos sul-americanos" e anteviu "para a nova fase paulista esplendoroso surto, a que já serve de formosíssimo prêmio à grandeza presente de São Paulo, célula gigante superiormente desenvolvida" (Ellis Jr., 1926, p. 14), em meados do século XIX e XX, tal como expressivamente soube lhe analisar AEJ, como nos assevera Taunay. Como vimos, as relações entre ambos vinham se estabelecendo desde os anos 1910, quando AEJ foi seu aluno no colégio São Bento, e, desde então, foi prosperando a amizade entre ambos. E, como vimos acima, se estendia nas missivas, em conselhos de pesquisa e informações privilegiadas sobre o funcionamento das engrenagens políticas e dos mecanismos de acesso a ela.

Quando, em 1936, AEJ procedeu à revisão do texto, publicando-o sob o título de *Os primeiros troncos paulistas e o cruzamento euro-americano*, ele não deixaria de advertir que para "chegar á meta a que me propus vou lançar mão de muitos conhecimentos históricos paulistas aos quaes vou applicar os ensinamentos de varias sciencias, tidos como bons, seguindo o mesmo methodo" (Ellis Jr., 1936a, p. 5). E com o objetivo de mostrar a especificidade do processo de miscigenação que se deu no Planalto paulista, ele prossegue:

> [...] Só agora emerge nítida e desarestada a historia do bandeirismo. Com ella não se entremeia de modo algum o passado de outras regiões luso-americanas.
>
> Assim tambem o nosso passado sociologico. Este nada tem de commum com o das outras terras sul-americanas. E nada tendo em commum, tem pouca semelhança com algumas dellas.
>
> São apenas fórmas de culturas sul-americanas que pelas suas delimitações e contornos lembram os typos que aqui se formavam através de algum tempo do nosso passado (Ellis Jr., 1936a, p. 6).

Nesse ponto procura justificar por que a concepção do livro ainda carregava certo caráter evolucionista em suas análises, em função de buscar "applicar ao homem no planalto paulista o que em geral vem sendo doutrinado", e, por isso, sua meta era "saber por que o homem se associou dessa fórma no planalto paulista evoluindo de uma certa maneira, [e] seguindo determinadas directrizes" (Ellis Jr., 1936a, p. 6). Assim, justificava que não era um mero adepto da escola de Friedrich Ratzel (1844-1904) – geógrafo e etnógrafo alemão, criador da antropogeografia –, mas sim que procurava "um ecletismo entre os deterministas do meio physico e os adeptos das raças como factor humano", além de acreditar que "as seleções diversas nos grupos humanos são os magnos elementos a marcar uma progressão ou uma regressão nelles, fazendo-os escalar culminancias, ou os obrigando a se afundar na decadencia, sujeitando-os mesmo a extincção". Por isso mesmo, não "fosse o nucleo primeiro de povoadores paulistas composto de indivíduos filtrados pelas selecções que atravessaram na Iberia e na emigração da Iberia, não teriam elles conseguido galgar o alti plano de Paranapiacaba e ahi produzir os phenomenos de que somos hoje estudiosos envaidecidos" (Ellis Jr., 1936a, p. 7).

Aqui AEJ justificava por que ainda preferia usar o termo "raça", ao invés de "cultura". Melhor dizendo, enquanto o termo "raça" lhe possibilitava mostrar a especificidade do grupo étnico que se formou no Planalto paulista, "cultura" nada mais faria do que generalizar os cruzamentos e etnias, em prol do que se formou em comum nos grupos humanos ao longo do tempo naquela região do Planalto paulista. Ao contrário, para ele, raça "é o conjunto mais ou menos numeroso de individuos de identica constituição biologica, a qual se transmite por hereditariedade aos seus descendentes" (Ellis Jr., 1936a, p. 28). Para sua conformação, duas forças agiam simultaneamente neste processo, uma "derivada do meio physico que actua sobre o homem directamente", e a outra "decorrente das muitas selecções a que está sujeito o homem, quer as provenientes do meio physico, quer as que são consequencias do meio social" (Ellis Jr., 1936a, p. 28). Ao estudar como se deu a mestiçagem que propiciou a formação do "mameluco", AEJ indicava que ela se definia por: "1 – ligações legalizadas pelo matrimonio, entre o homem branco e a mulher índia, ou entre esta e o mameluco"; "2 – ligações, sem o laço de legalidade, entre o branco ou o mameluco e a índia, mas que tinham o nexo da continuidade pela mancebia"; e "3 – ligações fortuitas e accidentais, entre o branco ou o mameluco e a índia, ás vezes vendadas pelo mysterio, mas que produziam immenso numero de bastardos" (Ellis Jr., 1936a, p. 54). Essas três possibilidades coexistiram "harmoniosamente" para a formação da "raça de gigantes" no Planalto paulista, ao longo dos primeiros séculos de colonização, apesar de a terceira ter sido, certamente, a mais comum. Assim, afora as análises que viram nesse processo de cruzamento nos séculos XVI e XVII, entre os "typos ibero" e o "americano", algo funesto e estéril, AEJ mostra justamente o inverso, ao tentar comprovar a larga fertilidade dimensionada pelo número médio de filhos, seja dos cruzamentos iniciais, seja mesmo a dos "mamelucos" (Cf. Ellis Jr., 1936a, p. 69-83).

Por outro lado, AEJ ainda se mantinha ligado a certo evolucionismo racial, no qual podia ao mesmo tempo justificar por que o "negro entrou em decadência" no século XIX, e antes disso não tinha feito parte dos processos de miscigenação no Planalto paulista, por que este não foi elemento constitutivo do bandeirante paulista, nos primeiros séculos de colonização. Por isso, que seu propósito estaria em "estudar a sociogenia paulista e mostrar como teve origem nosso planalto e nelle evoluiu o aggregado humano civilizado" (Ellis Jr., 1936a, p. 15), em função de um cruzamento étnico peculiar, em relação às outras regiões do território que viria a formar o Brasil. Disso resultariam suas críticas as obras de Oliveira Viana e de Gilberto Freyre. Para ele:

> Oliveira Vianna [...] ao reconstituir a organização sociologica paulista nos primeiros séculos [em seu: *Populações meridionais*], teve que por si mesmo elaborar todo o material de que lançou mão. Nada havia feito. Além do sociólogo, synthetizador, Oliveira Vianna teve que ser um analysta pesquisador nos arcanos do nosso passado para dali tirar premissas que lhe iriam servir de alicerce (Ellis Jr., 1936a, p. 10).

E, por certo, ao se basear em material tão genérico, este não teria como deixar de incorrer em vários erros, ao interpretar o homem que se formou no Planalto paulista. Desse modo, em "falta de elementos, teve que se estribar, ao reconstituir o seu typo sociológico, no paulista do século XIX que, em plena phase da cultura cafeeira, se alastrou senhorialmente pelo valle do Parahyba". Daí decorria a fragilidade de seu edifício sociológico para analisar os paulistas dos primeiros três séculos. Para AEJ, isso também se devia "a influencia do latifúndio do Estado do Rio [de Janeiro] que com a cultura do café se estendia Parahyba acima" (Ellis Jr., 1936a, p. 10).[23] Por outro lado, o problema na obra de Gilberto Freyre, *Casa-grande & senzala*, estava justamente em tentar gene-

23 Ver também: Ferretti, 2008, p. 59-78. E, como veremos abaixo, essas críticas iriam prosseguir nos *boletins* que AEJ publicou entre 1939 e 1951. Não só com relação à obra de Oliveira Viana e Gilberto Freyre, mas também com a de SBH, Sérgio Milliet (1898-1966), Caio Prado Jr. (1907-1990) e outros.

ralizar o tipo humano que se formou no Nordeste para o resto do país, sem considerar a especificidade da miscigenação que se deu no Planalto paulista, em particular, e no sul do país, de modo geral. Como indica:

> Aqui tudo era diferente. Não havia ainda monocultura especializada. Não havia latifúndios. Não havia escravidão africana. Não havia opulencia. O paulista valia, não de per si, mas pela suas allianças, pela sua parentela, pelos seus correlatos. O regimen sociologico era o comunitarismo das bandeiras e os nucleos patriarchaes, [e] por não haver latifundio, se agglomeravam na pequena propriedade banindo o isolamento, e cultivando maior sociabilidade nos villarejos satellites de Piratininga. "*Casa Grande e senzala*" descreve o norte mas ignora o sul (Ellis Jr., 1936a, p. 14).

Além disso, os "heróes do norte eram desconhecidos no sul, e os heróes do sul nada evocavam no norte", e os "feitos dos nortistas não emocionavam o sulista" (Ellis Jr., 1936a, p. 16), assim como os do sulista não significavam nada para o nortista. Ademais, ao mostrar as especificidades na constituição do tipo étnico que se formou no Planalto paulista, AEJ chegaria à seguinte conclusão:

> A raça, o meio physico e o meio social são os creadores da nossa grandeza. Esses fatores do passado secular, agindo sobre a raça, no seu physico, no seu moral e na sua psychologia; esses factores, moldando os moradores e orientando-lhes na sua evolução historica e social, predeterminaram que seriamos um agrupamento humano superiormente dotado, capaz de attingir o grau de prosperidade em que nos encontramos.
>
> Esta consequencia devemos exclusivamente a esses factores, tendo, apenas, o elemento estrangeiro das correntes immigratorias avolumado o nosso progresso e nos auxiliado a conquistar a opulência (Ellis Jr., 1936a, p. 350).

Mas, entre a publicação da segunda edição de *O bandeirismo paulista e o recuo do meridiano*, em 1934, e a reformulação de *Raça de gigantes*, para o que se tornaria *Os primeiros troncos paulistas e o cruzamento euro-americano*, em 1936, estaria justamente seu: *Populações paulistas*, publicado em 1934, que surgiu justamente no momento em que se davam as mudanças "bruscas" em seu contexto social, iniciadas em 1929, e cujo auge em 1932, manteve Vargas no poder, ao mesmo tempo em que sobrepujava o estado de São Paulo – tal como vimos no terceiro capítulo. De acordo com ele, tempos "se passaram e devido a conselhos repetidos do meu prezado amigo Antonio de Alcantara Machado, reconstitui o estudo incendiado no 'O Correio Paulistano'", e foi graças "a novas pesquisas e a novos esforços [que] eu refiz as paginas do trabalho" (Ellis Jr., 1934c, p. 7). Esse estudo também se dedicava a contar a história dos habitantes de São Paulo, e todo "meu esforço tem girado em torno de buscar esclarecer o grupo social paulista nos phenomenos da sua vida pelos capitulos fulgurantes da sua trajetoria evolutiva" (Ellis Jr., 1934c, p. 8). A começar por explorar como se deu o desenvolvimento do núcleo humano no planalto de Piratininga, a partir do século XVI, que viria a dar "origem" ao "mameluco". Para ele:

> Quando duas raças, ou dois grupos de raças se defrontam, quaesquer que sejam as proporções de vulto com que se apresentem um ao outro, jamais desapparece o concurso de cada um na mestiçagem, por mais intensa, por mais demorada, por mais intima, por mais completa que se realise. [...]
>
> Nessa mestiçagem, os caracteres dominantes e recessivos de ambas as estirpes se combinam alternadamente em genotypos que apparecem em phenotypos. Esses caracteres diversamente associados não se fundem, não se misturam. Combinam-se, superpõem-se. Naturalmente o meio, physico ou social, elimina, pelo jogo de selecções, os phenotypos menos aptos, apenas deixando sobreviver os melhores, tendendo assim a uniformidade [...] (Ellis Jr., 1934c, p. 25-26).

E era esse o processo pelo qual havia passado o bandeirante do passado, vindo a gerar em seus descendentes as características que tornaram os paulistas uma "raça de gigantes". Note-se que mesmo considerando a peculiaridade do paulista, nem por isso AEJ via que a distribuição de características físicas e sociais haviam sido espalhadas uniformemente por todo o estado de São Paulo (Cf. Ellis Jr., 1934c, p. 267-360). Como indicou:

> Na retorta territorial que é o Estado de S. Paulo com esses elementos todos de uma chimica humana muito complexa; com essas alternativas de pressão e de temperatura diversamente graduados, pelas differentes zonas da area paulista, está se compondo a nossa gente.
>
> Esta não se mistura nas diversas raças que para aqui foram trazidas. Por esse lado as raças são immutaveis e só se subordinam ás selecções que as extinguem.

> Mas os exoticos perdem os caracteristicos de origem. A sua mentalidade se funde e a sua psychologia se modifica, moldadas pelo ambiente extrinsico paulista.
>
> Aqui, não ficarão escorias residuais do processo assimilatorio, porque os que refugam a mudança de nacionalidade, voltam a patria de origem e reemigram (Ellis Jr., 1934c, p. 361).

Nesse aspecto, não se deveria esperar a formação de um tipo humano "loiro", mas sim a que melhor pudesse servir ao estado de São Paulo. No processo de imigração, como ele destacou, as condições para a continuidade do processo de miscigenação que se iniciou nos primeiros séculos de colonização, já estavam dadas pelo meio físico e social, específico do Planalto paulista. E para verificarmos isso "só precisamos de estudo, de observação e de paciencia com desapaixonada imparcialidade" (Ellis Jr., 1934c, p. 362). E como estamos vendo, e continuaremos a ver abaixo, este não era o caso de AEJ. Entre outras coisas, porque, como ele mesmo mostrou em *A evolução da economia paulista e suas causas* (de 1937), seu principal objetivo com a obra era, ao historiar a evolução da economia paulista, oferecer um diagnóstico das razões que levaram a se definir um dado tipo de desenvolvimento econômico e social no estado de São Paulo, que fornecesse *exemplos* tanto ao político, quanto ao estudioso, para que pudesse ter subsídios para "remediar" onde fosse o caso, e ter meios para efetuar mudanças nas rotas de suas decisões, em função do contexto social que se formou para o Estado após 1930. Isso por que:

> Todos estes attributos de um grupo humano [...] são directamente derivados do elemento interno ou psychologico dos individuos componentes desse grupo humano, o qual está submettido a intensa acção do meio geographico [...] [e] todos esses attributos acima mencionados são consequencia indirecta do meio geographico [...] (Ellis Jr., 1937, p. 156).

Além disso, os paulistas estavam ligados, de fato, "pelos laços de um parentesco physico, sanguineo, sentimental, intelectual, moral, economico, o qual só existe em relação a elles paulistas e desapparece em se transpondo as fronteiras do planalto paulista ou o *Estado de S. Paulo*" (Ellis Jr., 1937, p. 540). Razão pela qual, o grupo humano paulista estaria ligado pelas "mesmas famílias, os mesmos nomes familiares, as mesmas genealogias, denunciando as mesmas estirpes basicas" na constituição deste povo, que "commungam nos mesmos costumes e hábitos, conservam as mesmas tradições, se afinam pela mesma sentimentalidade, anseiam pelos mesmos objectivos, soffrem ao peso das mesmas agruras", e isso "forma uma tal identidade de pensar e sentir que homogenisa os paulistas em um blóco que se destaca nitido na immensidão que o cerca" (Ellis Jr., 1937, p. 540-541). Por que, entre outras coisas, "todos os habitantes de S. Paulo são premidos pelos mesmos interesses econômicos, que se alicerceiam no café, na industria, nos cereaes, no algodão", e todos esses fatores fazem com que "o paulista form[e] um blóco homogeneo, o qual cada vez se distingue com mais nitidez na heterogeneidade que o circumda" (Ellis Jr., 1937, p. 541-542). E é tendo em vista esse tipo de avaliação, que devemos questionar de que maneira AEJ reviu seus textos, seus procedimentos e sua escrita da história sobre São Paulo e sobre o Brasil, ao ter que ministrar aulas e pesquisar, a partir de 1938, na cadeira de *História da Civilização Brasileira* do curso de Geografia e História da FFCL/SUP.

## *As regras do método no ofício de historiador: "verdade", "objetividade", "imparcialidade"*

Com base nesses pontos que iremos discutir neste item como o autor procurou pensar e repensar as "regras do método histórico" para o ofício de historiador, que nos anos 1940 se encontrava num início de processo de profissionalização da área (como vimos no quinto capítulo), quando ele já estava na cadeira de *História da Civilização Brasileira* do curso de Geografia e História da Faculdade de Filosofia, Ciências e Letras da Universidade de São Paulo (FFCL/USP). Para ele, conhecer as "causas" e as "consequências" era fundamental para definir os "acontecimentos", os quais deveriam ser descritos com "objetividade" e "imparcialidade", para se poder atingir a "verdade" e tornar a narrativa histórica um discurso de caráter "científico".

Mas, como veremos, a estrutura que AEJ foi construindo para definir as "regras do método histórico" e o exercer na FFCL/USP não eram totalmente fixas, como um exame apressado poderia sugerir. Além de dinâmicas, de um momento para o outro, o autor procurava revê-las, alterá-las e reformulá-las de acordo com as novas circunstâncias de seu contexto. E para demonstrar essa questão procuraremos analisar os *Boletins* relativos a cadeira de *História da Civilização Brasileira* (normalmente publicados anualmente por todas as cadeiras dos cursos da FFCL/USP), em que AEJ publicou obras suas, ou dirigiu a edição de textos de alunos e colegas de área do conhecimento. Durante o período em que esteve como catedrático foram publicados 13 *boletins* entre 1939 e 1951, todos eles elencados abaixo:

1. *Meio século de Bandeirismo*, publicado em 1939, de autoria de AEJ
2. *Feijó e sua época*, publicado em 1940, de AEJ.
3. *Resumo da história de S. Paulo*, publicado em 1942, de AEJ.
4. *Amador Bueno e a evolução da psicologia planaltina*, publicado em 1944, de AEJ.
5. *Capítulos da história psicológica de S. Paulo*, publicado em 1945, de AEJ.
6. *Panoramas históricos*, publicado em 1946, de AEJ.
7. *Amador Bueno e seu tempo*, publicado em 1948, de AEJ.
8. *O ouro e a paulistânia*, publicado em 1948, de AEJ.
9. *Um parlamentar paulista da República*, publicado em 1949, de AEJ.
10. *Américo Vespucci e suas viagens*, publicado em 1949, de Thomaz Oscar Marcondes de Sousa.
11. *A economia paulista no século XVIII: o ciclo do muar e o ciclo do açúcar*, publicado em 1950, de AEJ.
12. *O abastecimento da Capitania de Minas Gerais no século XVIII*, publicado em 1951, de Mafalda P. Zamella.
13. *O café e a paulistânia*, publicado em 1951, de AEJ.

A publicação dos *boletins* manteve certa regularidade durante todo o período em que AEJ foi o catedrático da cadeira de *História da Civilização Brasileira* no curso de Geografia e História da FFCL/USP. Apenas os números 10 e 12, relativos a *Américo Vespucci e suas viagens*, e *O abastecimento da Capitania de Minas Gerais no século XVIII*, não tiveram AEJ como autor. No número 4 relativo a *Amador Bueno e a evolução da psicologia planaltina*, após o texto de AEJ, contou também com o de Gerson Costa e Éli Piccoli, no qual faziam *Considerações sobre o estado econômico do Planalto no século XVII: suas causas e suas consequências* (Ellis Jr., 1944, p. 171-208). No número 5 sobre *Capítulos da história psicológica de São Paulo*, também após o texto de AEJ, contou com a publicação da tese de seu aluno José Quirino Ribeiro (que a tinha defendido em 1943, como vimos no quinto capítulo), a respeito d'*A memória de Martim Francisco sobre a reforma nos estudos na Capitania de São Paulo*. E no número 11, com os textos de Myriam Ellis, também após o de AEJ, relativos a *Pesquisas sobre a existência do ouro e da prata no Planalto Paulista, nos séculos XVI e XVII* e *Estudos sobre alguns tipos de transporte no Brasil Colonial*. A análise que faremos irá se deter apenas nos textos de AEJ, não por que os outros textos deixem de ter importância, mas sim para centrarmos nossa interpretação nos meios pelos quais este autor deu continuidade a sua obra, ao pensar como deveria ser escrita a história de São Paulo, e, por consequinte, a do Brasil.

Quando, em julho de 1938, AEJ ingressou como professor interino da cadeira de *História da Civilização Brasileira* no curso de Geografia e História da FFCL/USP, substituindo Afonso de Taunay (que a ocupou entre 1934 e 1938), aquele seria o início de um momento muito fértil na produção histórica de AEJ, na qual ampliaria seus temas de pesquisa, muito embora a história de São Paulo, com base na "epopeia bandeirante", continuasse a ser o nexo de ligação decisivo em seus estudos (Cf. Monteiro, 1994, 2001; Ferreira, 2002; Roiz, 2012a). Já em 1939 ele se tornaria o catedrático da cadeira, ao ser aprovado em concurso com a tese *Meio século de bandeirismo* (Ellis Jr., 1939),[24] onde fazia novos estudos sobre a documentação oficial, complementando-a com análises anteriores, tal como expressaria em seu subtítulo.[25] Na tese o autor partia de uma pesquisa pormenorizada sobre as relações do *homem* com seu *meio ambiente* (tal como vimos no capítulo passado), durante o período de 1590 a 1640, para constatar de que maneira foi se formando o perfil "étnico" e "racial" do homem planaltino durante o início do processo de colonização das terras Vicentinas e em suas circunvizinhanças. Quando então, nas primeiras décadas do seiscentismo, o homem do Planalto iria se "aventurar" para locais mais distantes na Capitania de São Paulo, e para além dela.

24 Em 1948 foi publicada uma nova edição deste texto, com algumas pequenas alterações e acréscimos efetuados pelo autor (Cf. Ellis Jr., 1948b), para que fosse editada pela Companhia Editora Nacional, na coleção *Brasiliana*.

25 Como os dados relativos a essa questão, limitavam-se a indicar os dias do concurso (de 24 a 29 de março) e a composição da banca (onde estavam: Ernesto de Moraes Leme, Afonso d'E. Taunay, Basílio de Magalhães, Pedro Calmon e Max Fleiuss), sem que tenhamos pormenores da defesa, dos temas da aula didática e do ponto de prova escrita, e nem se apresente um resumo da tese, não temos como aprofundar esse ponto em nossa análise (Cf. *Anuário da FFCL de 1939-1949*, 1953, 2v., p. 382).

Com base em hipóteses já levantadas em outras obras (Cf. Ellis Jr., 1934b, 1934c, 1936a, 1937), de que o bandeirantismo quinhentista e seiscentista havia sido movido em função de não ter o homem do planalto paulista outros meios de fomentar sua subsistência, senão a partir do apresamento e comercialização de indígenas, que eram comercializados para o então próspero Nordeste açucareiro, além do fato de os "reinóis" solicitarem aos planaltinos que empreendessem buscas mineralógicas, com vistas a encontrarem pedras preciosas, que AEJ tentou escrever mais esse capítulo da história dos bandeirantes de São Paulo. Assim, indo da bandeira de Nicolau Barreto e sua época, e passando pela tragédia no Guairá (em 1628), até chegar às investidas de Fernão Dias Pais, AEJ procurava nos contar a "saga" dos homens que sairam pioneiramente do Planalto paulista, para começarem a "desbravarem" os sertões, por meio de caminhos ainda "inóspitos". Para ele:

> [...] O *homem* – como fator na história brasileira é elemento de grande valor, pois é êle quem realiza o unico fenomeno de civilisação sobre o Equador, aí estabelecendo o unico paiz independente, e o unico nucleo de povo civilisado. O fator *ambiente* geográfico brasileiro é que é o responsavel não só pela heterogeneisação da gente ao longo deste paiz, como no seu desnivelamento em materia de eficiencia (Ellis Jr., 1939, p. 207).

Daí resultar, entre outras coisas, que:

> *O bandeirismo só teve lugar em São Paulo.* [...] [e por isso] *O homem prosperou no planalto paulista de uma forma muito mais sensivel do que alhures. Aqui ele manifestou sempre epopeias iluminadoras do cenario historico, os quaes fizeram falta alhures. Aqui houve o bandeirismo, e desde então, o homem no planalto paulista vem sempre dando mostras de superioridade, até que hoje ele apresenta um indice medio de produção per capita, muito acima de qualquer outro no paiz.* [...] [e isso seria explicado em função de] Causas biológicas, atuando sobre o homem e sobre os demais seres organicos, [que] naturalmente influiram nessa superioridade que se manifesta inequivoca [nos paulistas desde então] (Ellis Jr., 1939, p. 208, grifos no original).

Mas, se para efetuar este tipo de pesquisa de forma adequada era preciso se basear nas fontes documentais, especialmente, as "oficiais", para se tirar delas subsídios essenciais para a elaboração de uma narrativa histórica, onde a "objetividade", a "imparcialidade" e a "verdade", deveriam ser sempre as causas básicas do historiador, para este poder chegar com maior precisão à formulação de um discurso "científico" sobre o passado. Como temos visto, essas questões estiveram sempre em tensão na produção histórica (didática e literária) de AEJ, desde os anos 1920 – como já mostramos na primeira parte desta pesquisa. Em seu texto *Feijó e sua época*, publicado em 1940,[26] novamente o autor acentua o cuidado que teve com a análise dos documentos, apesar de se enveredar por uma temática que tinha pouco domínio, e se arriscar a escrever uma "biografia" de Feijó. Como indica:

> Um traço [...] na formação mental do padre Feijó se distingue, nitida da do Senador Alfredo Ellis. É a rapidez intellectual deste, se destacando da maior lentidão daquelle. O Senador Alfredo Ellis era um relâmpago humanisado, ao pensar.
>
> O seu raciocinio parecia uma vertiginosa catadupa a se despenhar do alto de uma nevosa montanha. Elle foi muito mais impectuoso do que o Regente. Elle não media consequencias de seus actos. Foi essa velocidade em tomar decisões, as quaes nem sempre eram acertadas [como no caso da Fazenda Sta. Eudoxia, ao ser deixada sob os cuidados do irmão mais velho, e também quanto a algumas questões políticas, apesar de], que [isso, ainda assim] constitui o maior da minha admiração por esse homem de fogo [...].
>
> Como eu invejava aquella promptidão nas respostas, aquella aggressividade ferina nos ataques, aquellas decisões que se cinematisavam como relâmpagos [...].
>
> Nisso me parece que, o Senador Alfredo Ellis se differenciou do Padre Feijó, mas no mais a convivencia com o estadista da Republica nos lembravam a firmeza, a tenacidade, o desassombro, a coragem cívica, a abnegação, a audácia, o liberalismo, a tolerância, a simplicidade, a severidade, do Regente. Escravorocrata, o Senador Alfredo Ellis, libertou os seus servos, como Feijó, o fizera, isto é sem constrangimento de uma lei. Nisso eu divirjo inteiramente do meu antecessor. Homem pobre e trabalhador, o Senador Alfredo Ellis, como Feijó, viveu a vida toda no trabalho rude, a pensar naquelles que lhe eram caros. Parlamentar, o Senador Alfredo Ellis, levou quasi que meio seculo se empenhando pelo povo, ao qual dedicava todas as forças de

26 E neste mesmo ano foi publicado sob o título *Feijó e a primeira metade do século XIX*, pela Editora Companhia Nacional, na coleção Brasiliana. A segunda edição sairia em 1980 (Cf. Ellis Jr., 1940b, 1980).

> sua voz infatigavel de orador, do seu sentir empolgado e sincero que se concentrava exacerbado no objectivo que o levou a por duas vezes a se abeirar do supremo sacrificio (Ellis Jr., 1940b, p. 13-14).

Nisso vemos o "intelectual-letrado" expondo as razões que o levavam a comparar o Regente Feijó, com o senador Alfredo Ellis, e, nesse percurso, mostrar como ambos, "bandeirantes" que eram, cumpriam em suas respectivas épocas a função de "direcionar" o andamento da política em São Paulo e para o Brasil. Daí seu apego pela "verdade", pela "objetividade" e pela "imparcialidade", justificarem ao mesmo tempo suas posições (que não se limitavam apenas a serem "objetivas", nem tampouco "imparciais"),[27] em função de uma narrativa presumivelmente "científica". E, nesse sentido, mais como juiz do que como historiador, formar suas posições e definir sua leitura do processo histórico, cuja *tradição* das bandeiras e os *exemplos* dos bandeirantes do passado e do presente, deviam continuar a servir de guia para o estadista e para o cidadão comum de seu tempo.

Para ele, isso justificava a constante repetição de conceitos, exemplos, análises e interpretações, que nada mais tinham do que um cunho professoral, no qual sua função era ensinar aos alunos por meio de "repetições" – tanto destacando as *tradições do passado*, que foram as bandeiras, quando demonstrando os *exemplos* dos bandeirantes de outrora, para as novas gerações conhecerem melhor os feitos e os fatos relativos à história de São Paulo e a história do Brasil. E era isso o que fazia no curso de Geografia e História da FFCL/USP, e era isso que aparecia sistematizado em seus *boletins*. Mas, como temos visto,

27 Como mostrará em seu texto *A economia do século XVIII* (de 1950), que o historiador não poderia ser imparcial, ao passo que o memorialista deveria ser, para não produzir um discurso *ufanista* sobre o passado, por que: "De todos os posicionamentos de crítica à escrita da História do Brasil, por parte de Ellis Jr., o seu desprezo pela história dopada de civismo chama atenção. Ataca veementemente o louvor exagerado ao povo brasileiro, o *me ufanismo* que forjou o muito pouco inteligente *desígnio* de que tudo o que é brasileiro é melhor, mais perfeito e mais razoável do que o restante. Para ele, isso acarreta enorme mal a verdade, pois, tal confusão e mistura entre a história e o civismo patriótico, mistura profundamente desinteligente e contraproducendente, não contribui para o melhor conhecimento do passado. A literatura sobre o passado brasileiro se acha embuida desse "espírito mefítico" que compromete toda a noção sobre a vida da nossa terra. O pieguismo do brasileiro e o romantismo do século XIX deram amplitude a este espírito desvirtuador da verdade, a tal amplitude que o passado de nossa gente se torna monstruosamente irreconhecível" (Roiz, 2012a, p. 131-132).

se a "repetição" tinha uma função didática, nem por isso ele deixaria de complementar suas interpretações e rever suas posições. Em *Capítulos da história social de São Paulo*, de 1944, ao lado da análise das relações entre o *homem* e o *meio ambiente*, dirimidas em seu *Meio século de bandeirismo*, ele acrescentou sobre o *meio físico* do Planalto, que agia de duas formas no homem:

> *Diretamente*, modificando o povoador e o morador nas suas constituições físicas, morais, fisiológicas, intelectuais etc, no sentido de os adaptar aos moldes planaltinos;
>
> *Indiretamente*, eliminando drasticamente do convivio e da reprodução os individuos mais rígidos e imodificaveis, os menos plásticos[28] etc., de modo que o grupo humano planaltino se foi depurando e tornando-se, através das gerações cada vez mais moldado de conformidade com as linhas em que se havia perfilado o meio físico planaltino (Ellis Jr., 1944b, p. 6).

E é justamente isso que AEJ procurava provar nesta obra, ao analisar o indígena, o português, os processos de miscigenação e os cruzamentos "raciais", de modo a esboçar tanto uma história de *longa duração*, do início da colonização até meados do século XIX, para indagar e esmiuçar a continuidade "étnica" e "racial" dos paulistas, quanto em diálogo com a *curta duração* dos *exemplos* e dos acontecimentos narrados, por meio da análise dos sujeitos que compunham as bandeiras, daqueles que proliferaram a lavoura do café e dos que participaram dos processos de decisão política, antes e depois do momento em que o país se tornou independente em 1822.

Apesar dessas duas abordagens estarem articuladas no texto (e não somente nesta obra, como temos visto), esta se centra, particularmente, nos séculos XVI, XVII e XVIII. Mesmo não nos oferecendo indícios mais substanciais de que estivesse respondendo a SBH,[29] quando tratou da questão da *democracia*

---

28 É muito interessante, dadas as especificidades de ambos, como AEJ e SBH pensaram a *plasticidade* do paulista e sua capacidade de *adaptação*. Para AEJ, isso seria o resultado direto dos processos de miscigenação. Para SBH (2000), esse não seria o único, nem o mais importante fator, porque antes disso o português soube aprender com os "negros da terra" como cultivar essas terras, alterar sua dieta (com o milho e a mandioca, em lugar da batata), andar pelos sertões descalço, assim como se aventurar em rios e fabricar canoas e aprender a navegar de pé.

29 Até porque não temos como precisar quando AEJ leu *Raízes do Brasil*, pois a edição que ficou em sua biblioteca é relativa à de 1948, e é a partir desse ano que ele fez ci-

no planalto paulista, assim parecia o fazer, ao destacar que os "moradores, em pequeno número, isolados pelos elementos naturais [...] não só os uniformizou, mas também os democratizou" (Ellis Jr., 1944b, p. 225), isto é, todos "se fizeram iguais", pois a "pequena propriedade a policultura e a autarquia tornaram ainda mais acentuada essa igualdade que se foi solidificando pelos laços de sangue", dado que "o parentesco ia travando as estirpes primitivas, estreitando-se em um amplexo que cada dia se fazia mais íntimo", e, por isso, era "a essência mais pura da democracia, a que reinava" (Ellis Jr., 1944b, p. 225 e 227) aqui, desde o início do processo de colonização do Planalto paulista.

Note-se que até aqui a atenção de AEJ, estendeu-se fundamentalmente pelos séculos XVI, XVII e XVIII. Mas, nos *boletins* seguintes, além de avançar em suas análises para os séculos XIX e XX, este alicerçava a sua narrativa as "causas" e as "consequências", especialmente, as de cunho econômico, que fomentaram a formação da "raça de gigantes", no "meio ambiente" propício que lhe foi dado pelo Planalto paulista.

## *As regras do método na escrita da história: as "causas" e as "consequências", o "meio" e a "raça"*

No entanto, se sua narrativa histórica procurava se pautar na "verdade", na "objetividade" e na "imparcilidade", em função do uso dos documentos "oficiais" (mas não somente neles) para deduzir, por meio desses vestígios o que foi o passado, e dar um caráter "científico" ao texto, AEJ tentava complementar essas premissas, com a análise das "causas" e "consequências", particularmente, as de cunho econômico, que vieram a dar subsidíos para que fosse possível formar no "meio ambiente" do Planalto paulista, a "raça de gigantes" que veio a se tornar o "paulista". Em *Capítulos da história psicológica de São Paulo* (de 1945), assim AEJ sintetizava a questão:

> Quanto mais me aprofundo no estudo do passado, mais se firma em meu cérebro a convicção arraigada de que, a quase totalidade

tações mais diretas sobre a obra de SBH. O que não quer dizer, evidentemente, que só foi a partir deste ano que tenha tido contato com a obra deste autor. Sua edição de *Monções*, por exemplo, é a de 1945. Nos *boletins*, só os relativos à segunda metade da década de 1940 é que apresentam citações ou comentários, ainda que secundários, sobre os dois textos indicados de SBH. Como pode ser visto em *O ouro e a Paulistânia* (Cf. Ellis Jr., 1948a, p. 21, 82, 83, 96, 108, 141, 191, 239).

> dos acontecimentos que capitulam a história da civilização tem por base os fenomenos económicos, que envolvem os agentes dessa história da civilização, os influenciando de tal modo que, eles se modelam, sob os pontos de vista biológico, social, étnico, político, psicologico etc., de acordo com os modelos desses fenomenos económicos. A história brasileira não escapa dessa regra geral. [...] É a economia, que vem dirigindo todos os quadros do nosso passado [...]. Infelizmente o estudo do passado brasileiro não tem sido considerado assim! Ele tem consistido mais em um desfiar fastidioso de uma longa cronologia política, na qual as seriações de nomes exóticos e algumas datas e de acontecimentos vem sendo desinteressantemente empilhados, sem explicação causal alguma, se alterando com apelidos, títulos nobiliarquicos, batalhas, números, efetivos, leis, cartas regias [...] alem de fatos, sem a menor importancia, que só servem para cansar a memória do estudioso, deles não advindo a menor consequencia (Ellis Jr., 1945, p. 3-4).

E aqui se apresentava a importância da obra de Roberto Simonsen (1889-1948), que para AEJ havia pioneiramente pensado a história econômica do Brasil, nas primeiras décadas do século XX. No entanto, apesar do "imenso que significa o que deve a Simonsen, o estudioso do passado, penso que o emerito economista, ainda não teve em conta exatamente o quanto devemos atribuir à economia, na interpretação dos fenomenos da nossa peregrinação pelas edades" (Ellis Jr., 1945, p. 4). Nesse caso, mostra como sua perspectiva para estudar a história econômica tangenciou pelo interior da própria historiografia brasileira, sem ter que se apropriar do movimento dos *Annales*, mas antes vir a sutilmente criticá-lo em suas análises sobre São Paulo, o Brasil e como deveria ser escrita a História nessas terras (Cf. Ellis Jr., 1944a, 1948a, 1949, 1951).

Ao mesmo tempo, AEJ indicava que essa área permitia *vários avanços, mas só tí*nhamos estudos concernentes ao Rio de Janeiro, a Minas Gerais e a Bahia, e São Paulo só havia recebido até então um número muito escasso de investigações. No anseio de avançar neste campo foi que retomou os estudos de: Varnhagen, Capistrano de Abreu, Rocha Pombo, Afonso de Taunay e outros. Pedro Taques e Frei Gaspar também eram importantes, mas o estudioso devia ter claro que "não foram historiadores, como erradamente eles tem sido qualificados", porque talvez "se os possa chamar de cronistas, mas a função que eles desempenharam, com mais propriedade, foi a de linhagistas panegiristas de uma situação que eles procuravam enaltecer, tecendo ditirambos, sem verificar se os documentos confirmavam os seus relatos". Ao contrário, eles "tomavam partido e evidenciavam certa dóse de paixão a qual, às vezes, suplantando a serenidade desvirtua a verdade dos fatos" (Ellis Jr., 1945, p. 8).

Note-se que já em *Amador Bueno e a evolução da psicologia planaltina*, de 1944, AEJ justificava seu estudo mostrando a imprecisão dos trabalhos de Pedro Taques e de Frei Gaspar, na qual "fui educado, como de resto todos os da minha geração, sob a falsa comédia de lealdade de Amador Bueno" (Ellis Jr., 1944a, p. 7), que a pena deles havia disseminado. Nessa interpretação, a "lenda romântica de Pedro Taques, a propósito da aclamação de Amador Bueno, obrigava a ser o povo planaltino um agrupamento extremamente leal a Portugal" (Ellis Jr., 1944a, p. 12), e era justamente isso que AEJ queria contrapor, com base em provas documentais, que asseveravam o inverso – como vimos no segundo capítulo desta pesquisa. Para ele, por Portugal ter o poder diferentemente distribuído entre as Capitanias, e estas irem formando certa autonomia administrativa, como se sucedeu no Planalto paulista, isso teria feito emergir um certo "nativismo", entre a população "crioula", porque nascida na Colonia portuguesa, e que fez com que essa mesma população fosse contrária aos mandos da Metrópole. Por isso, o momento da aclamação teria sido "a primeira manifestação de nativismo, havida na história brasileira", e circunstâncias "fizeram com que o movimento não tivesse sucesso, mas êle revela, entretanto que, o povo planaltino estava, no século XVII, maduro para uma vida separada de Portugal" (Ellis Jr., 1944a, p. 14).

Assim temos tanto o movimento da obra em torno da história econômica, quanto a definição de um problema, como a base para se fundamentar uma investigação histórica, assemelhando-se aos preceitos definidos pelo movimento dos *Annales*, mas que AEJ os apropriou por outros meios, no próprio interior da historiografia brasileira. Não há dúvida de que AEJ conhecia alguns textos disseminados por Fernand Braudel em sua estada pelo curso de Geografia e História nos anos 1930, mas em nenhum momento os colocava como colaboradores para a definição de sua abordagem em suas respectivas pesquisas (Cf. Ellis Jr., 1944a, 1944b, 1945, 1946, 1948c, 1951).

Por essa razão, procuraremos dar continuidade aqui a *síntese que temos feito do modelo que AEJ foi construindo durante o período em que esteve na cadeira de História da Civilização Brasileira* do curso de Geografia e História na FFCL/USP, entre 1938 e 1952, para definir as principais regras do método, a cercearem o bom andamento da escrita da história, onde a compreensão das "causas" e das "consequências", o conhecimento do "meio" e o estudo da "raça" eram fundamentais para se apreciar a história de uma dada sociedade no tempo e no espaço.

Nesse aspecto, "a História Econômica" era "a base causal de todos os acontecimentos" (Ellis Jr., 1946, p. 3), como mostraria em seus *Panoramas históricos*, de 1946. No qual retomava pontos de sua pesquisa sobre os bandeirantes, como o bandeirismo apresador, seu declínio e outras formas de bandeirismo - que, aliás, resumiria na conferência que proferiu no *curso de bandeirologia* de 1946, que vimos no quarto capítulo -, além de avançar em tópicos como o açúcar, a democracia planaltina, a restauração lusa e a questão das fronteiras. Para efetuar tais estudos, AEJ entendia que a história não era uma mera reportagem do passado, não se resumia ao estudo de cronologias, nem era o relato singelo de acontecimentos. Também não se "pode confundir História com a exaltação do patriotismo" (Ellis Jr., 1946, p. 5), não é ela "uma bíblia cívica que se embebeda apaixonadamente com o espírito de um '*me ufanismo*' laudatório e menos verdadeiro, completamente cégo à verdade", nem tampouco "pode unicamente, se resumir na parte política e superficial da vida de um povo" (Ellis Jr., 1946, p. 6). Nesse sentido, a "História é uma reconstituição de uma época do passado de um povo e, para êsse fim, o historiador tem que buscar elementos em todos os ramos do saber humano" (Ellis Jr., 1946, p. 6). Daí a importância de se estudar o "meio externo" físico, *no qual a natureza age sobre o homem*, em relação ao "interno", biológico e individual, *no qual se formam todas as características físicas e emocionais do indivíduo*. Com base nesses pontos é que se deveria fundamentar uma tipologia das fontes, para poder se perscrutar o passado adequadamente, numa ordem em que as "fontes" estariam classificadas da seguinte maneira:

> 1. documentos: a) escritos oficiais; b) iconográficos e epigráficos; c: escritos particulares;
>
> 2. relatos e testemunhos coevos - visitantes etc.;
>
> 3. analogia e razão natural das coisas;
>
> 4. ensinamentos, outros ramos científicos;
>
> 5. repercussão da evolução de outros povos;
>
> 6. ensinamentos de autoridade e de mestres reconhecidos;

7. tradição oral, transmitida em familias etc., e por pessoas idôneas;

8. literatura, folclore, musicologia, pintura, arquitetura etc.;

9. toponímia.[30]

E é claro que tudo isso, para ele, deveria "obedecer a uma interpretação lógica, de acôrdo com o bom senso e com a razão natural das cousas, sendo consideradas as situações especiais" (Ellis Jr., 1946, p. 7). Com isso seu modelo interpretativo, baseava-se no estudo sistemático da história econômica de um povo, por meio da análise das principais "causas" e "consequências", e estas eram deduzidas a partir do estudo das fontes, entendidas e inquiridas com base em tipologias, como a acima indicada.

Assim, depois de resumirmos os principais pontos das regras do método histórico, construídas por AEJ para fundamentar seus estudos sobre os bandeirantes, as bandeiras paulistas, o café e o desenvolvimento do homem planaltino, devemos a seguir verificar como ele achava que deveria ser escrita a história de São Paulo, onde, não por acaso, os seus antepassados ocupavam lugar de destaque em suas narrativas, até para dar maior ênfase a sua própria contribuição pessoal, para contornar a crise política e econômica que se alastrou pelo estado de São Paulo, a partir do final dos anos 1920 e início dos anos 1930.

## *A escrita de uma história de São Paulo: a "causa" bandeirante e o "efeito" do progresso econômico foram as "consequências" do desenvolvimento paulista?*

Assim, ganhava maior sentido o questionamento de AEJ se a "causa" bandeirante foi que deu efetivamente subsídios para alavancar o "efeito" do progresso econômico da Capitania, depois Província, de São Paulo nos séculos XVII e XVIII, favorecendo, desse modo, o desenvolvimento da economia

30 É muito interessante como de uma obra para a outra, essa tipologia sofria alterações, nas quais a hierarquia se alterava, como no caso de seu *A economia paulista no século XVIII*, de 1950, na qual estava: 1. Documentos; 2. Ensinamentos de vários ramos científicos; 3. Analogia e razão natural das coisas; 4. Lógica tirada da repercussão da evolução histórica de outros povos; 5. Toponímia; 6. Literatura, Folclore, Musica Pintura, Arquitetura etc.; 7. Tradição oral transmitida em famílias; 8. Ensinamentos de autoridades e de mestres reconhecidos; 9. Relatos e testemunhos coevos de viajantes, visitantes etc. (Ellis Jr., 1959, p. 51). Ou em obras como *O café e a paulistânia*, de 1951, na qual o autor repetia a mesma tipologia (Ellis Jr., 1951, p. 30-31). Ver também: Roiz, 2012a.

cafeeira no século XIX. Daí se indagar se seria isso que constituiria verdadeiramente as "consequências" para a "evolução" e o "avanço" paulista no século XX? Pergunta, aliás, cuja resposta já era a justificativa de todo seu trabalho de pesquisa nos anos 1940 e meados dos anos 1950, e a qual a *afirmativa* era certamente uma resposta que tinha antecipadamente, sendo a sua comprovação documental apenas uma questão de assegurar qual o tipo de história que deveria ser escrita sobre o estado de São Paulo. E que era, para ele, a base para se conhecer e entender a própria história do Brasil.

Com base nesses pontos é que buscaremos analisar neste item qual foi a proposta de AEJ para se escrever a história de São Paulo – que, não por acaso, também representava a história do Brasil –, ao ter em vista as "causas" da empresa bandeirante e seu "efeito" para o progresso econômico e político da Província no século XIX, cuja base estaria na cafeicultura (Cf. Ellis Jr., 1948, 1951). Para isso, buscaremos dar atenção especial a maneira pela qual AEJ articulou as trajetórias de seu avô, o tenente-coronel Francisco da Cunha Bueno (1830-1903), e de seu pai, o senador Alfredo Ellis, no interior de sua proposta para se escrever a história de São Paulo, na qual tais escolhas não eram fortuitas, mas davam *sentido* a sua própria trajetória, que como a deles, "bandeirantes" que eram, davam continuidade a "saga" empreendida por seus antepassados. Por isso mesmo, de início há que se notar que AEJ já havia escrito neste mesmo período as biografias do Regente Diogo Antônio Feijó (Cf. Ellis Jr., 1940a, 1940b); de Raposo Tavares (Cf. Ellis Jr., 1944c); e de Amador Bueno, em duas circunstâncias nos anos 1940 (Cf. Ellis Jr., 1944a, 1948c), para, em seguida, se debruçar na trajetória de seu pai, o senador Alfredo Ellis (Cf. Ellis Jr., 1949, 1950b), e, depois, na de seu avô o tenente-coronel Francisco da Cunha Bueno (Cf. Ellis Jr., 1960).

Apesar de estar ciente da importância da história econômica para delinear os processos produtivos, a circulação e a venda de mercadorias, e as circunstâncias que plasmavam certas condições para o desenvolvimento das relações sociais num dado contextos social, a maioria de seus estudos até então se centrava na analise da trajetória de indivíduos, como os referidos no parágrafo anterior. Em seus estudos sobre as bandeiras paulistas nos anos 1930 e 1940 isso é mais nítido, como vimos anteriormente, ao mostrar como a ação de certos indivíduos conduziu o desenvolvimento inicial do Planalto paulista, e essa "saga" foi a base de toda a história de São Paulo. Quando inicia seus estudos sobre o "ouro" e o "café" na segunda metade dos anos 1940, os processos socioeconômicos começavam a aparecer mais diretamente ligados ao modo com que os "homens" se relacionavam com seu "meio ambiente", centralizando o enredo de sua narrativa histórica nas questões econômicas (e sociais), para interpretar a sociedade paulista do passado (e também a que surgia em seu presente histórico). Mas, ao mesmo tempo em que circunstanciava tais processos, AEJ não deixou de lado a análise de trajetórias, concentrando alguns de seus estudos na confecção de biografias.

Muito embora suas escolhas estivessem diretamente ligadas ao formato dos estudos que se faziam, desde o final do século XIX, no Instituto Histórico e Geográfico de São Paulo (IHGSP) e no Instituto Histórico e Geográfico Brasileiro (IHGB) (Cf. Ferreira, 2002), por tentar centrar seus estudos nos processos econômicos, onde as "causas" e as "consequências" deviam ser rastreadas com o máximo de detalhes possível, AEJ se propunha a uma síntese de possibilidades em seus estudos. Note-se ainda, que os estudos biográficos sempre contaram com um público leitor, ávido pelas curiosidades, as quais o mercado editorial brasileiro soube atender nesta época (Cf. Oliveira, 2012).

Desde o século XIX, pelo menos, quando se deu a criação do IHGB, em 1838, no ano seguinte o de sua revista, e desdobrando-se suas iniciativas na criação de congêneres estaduais, como o IHGSP, em 1894 – mesmo que estes em muitas situações fossem (no todo ou na parte) até contrários ao IHGB –, o estudo de "homens ilustres" foi um dos componentes de análise a serem pesquisados, mais destacados nas páginas da revista e no trabalho de seus associados (Cf. Oliveira, 2007, 2010, 2010b). Servindo-se, em grande parte, dos modelos construídos na Antiguidade Clássica, como aparece em AEJ (ao pensar no estoicismo, no heroísmo e na ação de seus biografados), os "homens de letras" que se reuniram nessas instituições – alguns deles também ministrando aulas no Colégio Pedro II (criado nesse mesmo período) –, elaboravam os esboços de seus biografados, contando com as lições de Plutarco e Suetônio, mas sem, com isso, esquecerem-se das orientações de Heródoto, Tucídides, Políbio, Cícero, dentre outros. Ao lado desses modelos e autores, esses "homens de letras" souberam inquirir a produção histórica europeia do período, de modo a refletirem as contribuições dos antigos e as inovações dos modernos, como, dentre outros: Voltaire, Thomas Carlyle, François Guizot, Fustel de Coulanges e Augustin Thierry (Cf. Enders, 2000; Oliveira, 2010b,

2012), conferindo aos "estudos biográficos" um lugar de destaque desde o final do século XIX, na produção historiográfica brasileira, inclusive, a feita nas primeiras décadas do século passado (Cf. Oliveira, 2007, 2010).[31]

Nesse processo, o gênero biográfico não perdeu força, muito embora tenha passado a coexistir com maior regularidade com outros gêneros, como a história dos costumes, a história política e a militar, a história religiosa e a diplomática, e uma história social e econômica ainda insipiente – mas que, a partir do final dos anos 1930, ganhava maior fôlego, com a criação das primeiras universidades e cursos de Geografia e História no país (Cf. Roiz, 2012a). Evidentemente, os estudos biográficos conviveram com outros gêneros no Oitocentos, como a produção dos "homens de letras", associados ao IHGB, o indica (Cf. Oliveira, 2012). O que se ressalta aqui é apenas o modo como houve gradativamente maior diversidade de análises sobre os homens e as sociedades do passado, a partir das primeiras décadas do século passado, e que tornaram mais complexas as relações entre história e biografia, e o modo como as biografias passavam a ser elaboradas (Cf. Gonçalves, 2010). E no caso da obra de AEJ não seria diferente.

Além disso, é importante observarmos como conduzia os trabalhos na cadeira no final dos anos 1940 e início da década de 1950, quando teve como assistente de cadeira Mafalda Zamella, e auxiliar de ensino Myriam Ellis. Ellis Jr. ficava responsável pelos cursos ordinários relacionados aos séculos XVI e XVII, enquanto Zamella ministrava os relativos ao século XVIII. Em 1951 o catedrático ficou ainda responsável pelo oferecimento de curso sobre "estudo histórico, social e econômico do café", apresentando resultados de sua pesquisa recém publicada. No mais, os seminários do período tratavam de temas,

31 No entanto, a publicação de livros ainda era incipiente no país, vindo à grande maioria deles da Europa, inclusive os produzidos pelos autores brasileiros, que eram editados no exterior. Essa situação só iria começar a se alterar nas primeiras décadas do século XX, quando várias iniciativas nesse gênero seriam feitas, criando as primeiras Editoras no país – muitas de origem estrangeira, e/ou se desdobrando da iniciativa de livreiros, que acumularam certo capital com seus empreendimentos e livrarias (Cf. Hallewell, 2005; Deaecto, 2011). Não há dúvida que essas iniciativas foram centradas em São Paulo e no Rio de Janeiro (Cf. Franzini, 2010; Machado, 2012), mas isso não deixava de favorecer as relações dos "homens de letras" com as instituições políticas, que como mostramos com a trajetória de AEJ, o estado de São Paulo, durante a administração de Washington Luis, era um lugar que favorecia a publicação de obras, desde que os autores fossem do mesmo grupo político (e econômico).

como: 1. Os descobrimentos portugueses; 2. A descoberta das minas de ouro nas Gerais; 3. A vinda da família real portuguesa ao Brasil e sua repercussão na Independência; 4. Os meios de transporte nas minas; 5. A política econômica de D. João VI. (*Anuário da FFCL - 1951*, 1952, p. 226-227)

Veja-se que, enquanto em suas obras *O ouro e a Paulistânia*, de 1948, e *O café e a Paulistânia*, de 1951, o contexto socioeconômico iluminava a ação dos indivíduos e as relações que produziam com seu meio ambiente, Ellis Jr. também produzia interpretações nas quais o indivíduo era o centro da análise. Em suas biografias, *Um parlamentar paulista da República*, de 1949, que narrava à história de seu pai, e *Tenente-coronel Francisco da Cunha Bueno, pioneiro da cafeicultura*, de 1960, que contava a história de seu avô, as ações dos indivíduos é que propiciavam a reavaliação de uma época. Como indica o próprio subtítulo de *Um parlamentar paulista da República*, sua meta era fornecer *subsídios para a história da República em S. Paulo e subsídios para a história econômica de São Paulo*. Daí os resultados de uma obra servirem também para iluminar o contexto identificado na outra. Como ele indica em *O ouro e a Paulistânia*:

> Não mudei de pensamento, ao achar que todas as ações humanas são baseadas em causas e produzem maior ou menor quantidade de consequências. Tanto aquelas, como estas, devem ser descobertas, perquiridas e analisadas pelo historiador, que não queira passar de um simples registrador de acontecimentos marcantes do passado humano, dispostos em ordem cronologica, ou sistematizados alfabeticamente. O historiador diagnostica os casos dêsse passado humano, os explicando, com o que deu motivo a êles, bem como analisando [...] [o] que teria posto termo a êles [...]. Tambem sou coerente absolutamente no modo de pensar, que me tem orientado sempre: os acontecimentos, dos quais o homem vem sendo protagonista, tem tido sempre como causa mater a Econômia (Ellis Jr., 1948a, p. 7).

E nesse caso:

> É a função do verdadeiro historiador, clarear e reconstituir quadros do passado humano, baseado na estrita verdade, inovando sempre que, haja oportunidade e necessidade, para isso, nunca se limitando a copiar servilmente, o que já se acha impresso. Para realizar essa missão, o historiador, ao interpretar os documentos e mais relatos sôbre o passado, ao imaginar soluções, comparar textos, pesquisar

> situações, depoimentos, ensinamentos etc., recompor, ressuscitar, restaurar, reviver capítulos históricos etc., terá que, se conter nos estritos limites da razão natural das cousas e do bom senso, ajuizados por critério crítico, bem como na vontade honesta de acertar (Ellis Jr., 1948a, p. 9).

Se em *O ouro e a Paulistânia* e *O café e a Paulistânia*, esse quadro foi assim construído, pelo menos na maior parte destes textos, em *Um parlamentar paulista da República* e em *Tenente-coronel Francisco da Cunha Bueno*, o apego pessoal fez com que a "memória" suplantasse o ocorrido, a paixão a razão, e o suposto a prova documental, especialmente, na segunda obra, concebida quando já estava aposentado da universidade. Nesse sentido, se em *O café e a Paulistânia*, o contexto iluminava a ação dos indivíduos, ao mostrar como a cultura do café se espalharia pelo Vale do Paraíba no Oitocentos; como foi utilizado o braço escravo do negro e, depois, o trabalho dos imigrantes; como estava composta a riqueza dos indivíduos e quais os tipos de autarquias que se formavam com a lavoura do café, em meio a preponderância de pequenas e médias propriedades em seu cultivo. E nesta obra:

> Apesar dêsse esfôrço analítico inigualável, consubstanciado no monumental trabalho de 15 volumes do Professor Taunay, ainda não se havia ressaltado suficientemente a função da riqueza econômica do café na comunidade brasileira [e era isso que AEJ procurava fazer nesta obra]. Essa ação da cafeicultura na evolução nacional, principalmente na política externa do país não vinha sendo suficientemente posta em saliência, pelo simples motivo de que tal ação era ignorada, uma vez que não havia sido estudada. O Prof. Taunay, no seu trabalho básico citado analisou a lavoura cafeeira, mas apenas nas suas características. Foi um maravilhoso tratado descritivo, com uma imensa cópia de documentos inéditos e desconhecidos, os quais, ao serem interpretados, produziram desusada luz sôbre capítulos até então inexplicados e inexplicáveis sem a interveniência desses elementos esclarecedores (Ellis Jr., 1951, p. 5).

Veremos que após ser exposto tal quadro analítico nesta obra, em *Tenente-coronel Francisco da Cunha Bueno* a prova documental dava lugar ao testemunho pessoal e familiar, a análise minuciosa ao quadro rememorado, por meio da "memória coletiva" dos familiares, assim como da sua, numa tensão permanente entre "real" e "imaginado", "fato" e "ficção". Como mostra, ele uniu o panorama estudado em suas pesquisas, com o painel esboçado pelos familiares em suas lembranças do tenente-coronel. Para ele, "é impossível se ser imparcial, sem ser honesto, ou se ser honesto, sem ser imparcial", e esta deve ser "a norma de conduta do historiador". Apesar de "não recorr[er] muito ao documento", e o "documento [ser] a fonte primacial, para a reconstituição do passado", ele não "é a única [fonte], para o estabelecimento da verdade" (Ellis Jr., 1960, p. IV), pois como já havia demonstrado em sua tipologia das fontes documentais, além dos documentos "oficiais", havia muitas outras formas de testemunho que poderiam ser usadas pelo historiador, para proceder a sua reconstituição do passado. Mas aqui também a visão hierárquica dos fatores que definiam suas tipologias, e dava o norte de suas interpretações, eram consideravelmente refeitas para justificar tal empreendimento. Por sua vez, AEJ justificava esta ausência de provas documentais, por ser esta "reconstituição biográfica [...] uma simples fixação da tradição verbal, que recebi de meus pais e que completei com raciocínios e observações próprios, além de elementos colhidos, em não pequena bibliografia" (Ellis Jr., 1960, p. V), e cujo painel mais amplo havia sido exposto em seu *O café e a Paulistânia*.[32] Assim:

> As biografias, encaradas e reconstituídas, do modo e com os atributos com os quais procurei escrever esta [...], passando em revista todos os acontecimentos nos quais esteve envolvido o meu biografado, com suas causas, repercussões e consequências analisadas, constituem rememorações da história secular de um povo, com todos os seus eventos de importância revividos e explicados repetidamente (Ellis Jr., 1960, p. VI).

32 Note-se que essas questões não passariam despercebidas na historiografia brasileira, e como nos mostra Muriel Nazzari em seu trabalho: "Outro exemplo de contrato com separação total de bens é o do dr. William Ellis (pai de Alfredo Ellis), que, ao casar-se com a jovem viúva Maria do Carmo da Cunha Bueno, assinou um contrato matrimonial estipulando separação total de bens. Como Maria do Carmo pertencia a uma das famílias mais tradicionais e importantes de São Paulo, que era também rica, e, como viúva, possuísse recursos independentes, pode ser que seu marido inglês tenha insistido em celebrar um contrato matrimonial por não querer que pensassem que havia se casado com ela por dinheiro. Por outro lado, ela ou sua família podem ter insistido no contrato. Além disso, Maria do Carmo tinha dois filhos do primeiro marido e William pode não ter desejado que esses filhos herdassem, através da mãe, parte do dinheiro que vinha conseguindo ganhar com muito trabalho. De sua parte, ele tinha duas filhas naturais, nascidas enquanto ainda era solteiro, as quais reconhecera e indicara como herdeiras em igualdade de condições com quaisquer filhos que ele e Maria do Carmo pudessem ter.

Por essa razão, "foi com extrema parcimonia e talvez com exagerada prudência que, apliquei a imaginação", só "evoquei o provável e, nem por sombras, inventei ou fantasiei acontecimentos", porque é "imperioso [...] que se faça a distinção entre fantasia e imaginação", visto que esta é "a evocação do provável e mesmo apenas do possível", e nada "imaginei que não tivesse como fundações a solidez granítica das linhas mestras da verdade" (Ellis Jr., 1960, p. VII). Apesar de seu biografado não ter sido um "grande homem", "sem os quais, a evolução dos povos teria tomado rumos diferentes" (Ellis Jr., 1960, p. X), Francisco da Cunha Bueno soube ser em seu tempo um pioneiro no plantil e cultivo do café, e mesmo após sua morte em 1903:

> A presença do vulto do meu avô Cunha Bueno, que, com a marca gigantesca de sua vincada personalidade, enchera tôda a História paulista do século XIX, saturava o ambiente da casa de morada da fazenda de Sta. Eudoxia, de tal forma, que a casa foi julgada assombrada, o que era confirmado pelo rumor do voo dos morcêgos, o que dava a impressão de que alguém arrastava móveis e andava pela vastidão êrma dos salões da casa de Sta. Eudoxia (Ellis Jr., 1960, p. XIII).

Desse modo, tal como o avô soube ser pioneiro do café no século XIX, seu pai, o senador Alfredo Ellis, soube ser como político na Primeira República, pois "Proclamada a República em novembro de 1889, o Dr. Alfredo Ellis, como Apóstolo do novo regime, do qual fora propagandista eficiente e ardorosamente sincero desde 1870" (Ellis Jr., 1960, p. 356), conseguiu se articular nele desde o início, como um de seus principais colaboradores. Assim, nos *exemplos* que lhe davam a história paulista, forjada sob o manto das *tradições* dos bandeirantes e das bandeiras do passado, AEJ procurava dar continuidade neste empreen-

---

Além da separação total de bens, William prometeu no contrato a Maria do Carmo um dote de 3 contos que ela receberia se sobrevivesse a ele, tendo vivido com ele em harmonia. Se ela viesse a morrer primeiro, o dote permaneceria sendo dele. Esse contrato matrimonial visara claramente a estabelecer um regime de casamento tal como o que os cônjuges poderiam ter estabelecido num ajuste matrimonial se tivessem se casado na Inglaterra" (Nazzari, 2001, p. 236). Alé disso, prossegue a autora, e aqui é o ponto mais importante: "Seu neto, o historiador Alfredo Ellis Jr., parece não ter tido conhecimento do contrato matrimonial entre seus avós, pois indaga porque o dr. William Ellis parece não ter herdado tanto quanto seus cunhados quando da morte de seu sogro [...]. Como o contrato estipulara que toda herança recebida seria mantida separada, o viúvo não foi herdeiro de seu sogro, como teria sido se ele e a esposa tivessem sido casados em regime de comunhão de bens." (*Idem*, p. 335, nota 57).

dimento, ao escrever mais um capítulo para a "epopeia bandeirante" (Cf. Ferreira, 2002). Por essa razão, ao expor a aventura dos familiares, eles próprios herdeiros desta *tradição*, e como "bandeirantes" que eram em suas respectivas épocas, ocupavam-se de dar continuidade a esta saga de "herois" com seus próprios *exemplos* a serem fincados na história do estado de São Paulo, que, não por acaso, era também a base sobre a qual se fundava a própria história do Brasil.

## *Considerações Finais*

No decorrer deste capítulo procuramos mostrar as "redes de relações" que AEJ foi formando ao longo de sua trajetória profissional, na qual se destacavam a figura do pai, o senador Alfredo Ellis, de seu antigo professor e amigo, Afonso de Taunay, e a eles se acrescentariam políticos como Washington Luis, que lhe viabilizou a publicação de seus primeiros livros, assim como teria conduzido *exemplarmente* a administração da cidade e, depois, do estado de São Paulo, nas décadas iniciais do século XX.[33]

Ao indicarmos a importância desses "agentes sociais" na trajetória de AEJ, antes e depois de 1930, nossa meta foi a de compor um painel das razões que levaram esse autor a destacar tanto esses sujeitos, quanto ele próprio, como "novos bandeirantes" a lutar pela soberania e pela autonomia política e econômica do estado de São Paulo, perante uma Nação, que após a subida de Getúlio Vargas ao poder quis fazer com que a história "gloriosa" deste estado, formado por um povo "pioneiro" e "empreendedor", fosse reduzida a um conjunto de "derrotas".

Por essa razão, mais do que contar uma história de "derrotas", a questão que se colocava para AEJ era justamente – rastreando a história de São Paulo, cuja "origem" esteve sempre alicerçada ao "bandeirante" –, destacar que a "derrota" não era um ponto de chegada na história de São Paulo, mas sempre um caminho para se alcançar a "vitória". E para que isso fosse possível era necessário que a história de São Paulo fosse escrita com "objetividade", "imparcialidade" e "equilíbrio", destacando-se sempre as "causas" e as "consequên-

---

33 Contudo, devemos ter claro que as relações de AEJ não se limitavam apenas a essas pessoas, muito embora estas tenham sido fundamentais em sua trajetória. Ao observarmos seus despachos dos *boletins* da cadeira, vê-se justamente que os encaminhava para pessoas vinculadas ao IHGB, ao IHGSP, a APL, ao Museu Paulista, a Biblioteca Nacional, ou a autores como Oliveira Viana, Afonso de Taunay, SBH e outros. Inventário de Alfredo Ellis Junior. Caixa: 09; Envelope: 46. Pasta: 36. CAPH/USP.

cias", para que a "verdade" – das razões que levaram a "derrota" do estado de São Paulo em 1932 – viesse sempre a tona. Assim como, ao ser composta uma "narrativa histórica", de cunho "científico", esta também pudesse expressar os motivos da especificidade "étnica" e "racial" do povo paulista, que, aliás, o haviam preparado, pelas intempéries do passado, a sempre conseguir resolver os "novos" problemas postos nos diferentes contextos sociais, inclusive, os que vieram com as reviravoltas dos anos de 1929, 1930 e 1932.

Daí seu cuidado em construir um modelo teórico e metodológico, e que fosse operacional, para poder interpretar a história paulista, ao mesmo tempo em que demonstrava a sua centralidade no desenvolvimento da história nacional. Daí por que criticava tanto o modelo de Oliveira Viana, quanto o de Gilberto Freyre, ao pensarem a história do Brasil, seja com os olhos voltados para a história fluminense, seja ainda com eles postos para a história do Nordeste, cuja especificidade de um ponto ou de outro eram invariavelmente generalizados para todo o país – fato, aliás, que não escapava na própria análise promovida por AEJ. Daí a obra de SBH aparecer apenas secundariamente em algumas poucas citações nos anos de 1940, quando AEJ analisou certos pontos de *Raízes do Brasil* e de *Monções*, ao mesmo tempo em que a obra de Roberto Simonsen despontava com certa centralidade em seus estudos, visto que ela justificava a importância da história econômica, especialmente, para se empreender tais estudos, com o objetivo de se compreender a história (e a economia) de São Paulo. E em cujos "ciclos econômicos" eram articulados estrategicamente as ações de determinados "agentes sociais" (como os "bandeirantes", ou mesmo seus "antepassados"). Daí também suas dúvidas quanto a possibilidade de se escrever uma história do Brasil, senão por meio de uma abordagem regionalista, cuja parte não definia o todo, nem tampouco o todo dava conta das peculiaridades das partes.

No entanto, nesse caso, ao tomar a parte dessa história, tendo em vista a especificidade "racial" do planaltino paulista, mesmo que daí não se formasse toda a história do Brasil, com ela poderia se formar novas luzes sobre o passado, em função da centralidade das bandeiras, primeiro para "desbravar" os sertões, depois, para assegurar as fronteiras do que se tornaria o Brasil. Em ambos os casos, além de o bandeirante propiciar uma história "gloriosa" para o estado de São Paulo, e favorecer o desenvolvimento da cultura do café no século XIX, e, por conseguinte, do progresso urbano e industrial no século XX, este ainda deu base para o surto da cultura canavieira no Nordeste, enviando-lhes mão-de--obra escrava, com os "negros da terra". Melhor dizendo, os indígenas que eram então capturados e vendidos por estes "desbravadores". E definir os contornos das fronteiras territorias e formar os caminhos pelo sertão, que viriam a proporcionar o desenvolvimento nacional nos séculos XVIII e XIX.

Por fim, para demonstrar como a herança "étnica" e "racial" dos bandeirantes do passado, corriam nas veias de seus descendentes em seu presente histórico, ele mesmo traça a história de sua família. Para mostrar o pioneirismo do avô, o tenente-coronel Francisco da Cunha Bueno, fazendeiro do café no século XIX, do pai, o senador Alfredo Ellis, que deu *exemplo* de como conduzir a política na Primeira República, e dele próprio, que como advogado, político, militar e historiador, soube ao mesmo tempo usar as "armas" no *front* de guerra para defender o estado de São Paulo em 1932, como a "pena" do "letrado" para contar a história "verdadeira" de São Paulo. E todos eles, como "novos bandeirantes" que eram, davam seus *exemplos* nos séculos XIX e XX, assim como seus antepassados "bandeirantes" fizeram nos três séculos iniciais da colonização destas terras, no Planalto paulista. E cuja herança, não por acaso, viria a ser revista pela filha, Myriam Ellis, em meados dos anos 1990, para relembrar o pai, AEJ, e com ele todos aqueles que agiram com a "coragem nativa" dos "mamelucos", forjados como "bandeirantes", em suas andanças pelos sertões, numa saga em que os seus *exemplos* e as *tradições* das "bandeiras do passado", ainda guiavam o *destino* do estado de São Paulo, assim como do Brasil, em pleno século XX.

# 7.

## *Sérgio Buarque de Holanda: o crítico literário que se tornou historiador*

Ao contrário de Ellis Jr., cuja trajetória foi muito pouco estudada em nossa historiografia, a de Sérgio Buarque de Holanda, após a década de 1980, revela-se como uma das mais minuciosamente investigadas. (Nicodemo, 2014). Se a dificuldade em analisar o primeiro caso estava na ausência de estudos, e dificuldade de se ter acesso as fontes manuscritas, a do segundo se encontra justamente na abundância de análises. (Monteiro, 2015). É compreensível que grande volume destes estudos se concentre na obra de estreia, *Raízes do Brasil* (de 1936), mas não justifica que outros momentos e textos do autor não sejam igualmente instigantes, importantes e fundamentais para compreender sua trajetória e contribuições para a história da historiografia brasileira e, portanto, também dignos de interesse e interpretações. (Monteiro, Eugênio, 2008; Nicodemo, 2008; Franzini, 2010; Eugênio, 2011). Mesmo em relação a sua obra de estreia, verifica-se estudos que trazem novas indagações, sobre as interpretações até então consolidadas. (Piva, 2000; Pesavento, 2005; Waizbort, 2011; Eugênio, 2011; Rocha, 2012; Mata, 2016). Ademais, cruzando-se volumoso contingente de missivas ativas e passivas, com a critica e a recepção das primeiras edições de seus livros, novos caminhos tem sido abertos na análise da obra e da trajetória de Sérgio Buarque. (Wegner, 2000, 2016; Carvalho, 2013; Furtado, 2016, 2018). Enveredar pelo denso caminho trilhado pelo autor entre a crítica literária e a sua fixação no ofício de historiador, por meio do estudo de missivas, de sua obra e a crítica e recepção que alcançou entre os anos 1930 e 1950 é o que procuraremos fazer nesta etapa do estudo, inspirando-se em trabalhos que tem avançado sobre as análises da contribuição deste autor para a constituição do campo da História em nosso país. (Wegner, 2000; Carvalho, 2003; Nicodemo, 2008).

Digno de nota é a recorrência das relações de novos caminhos de pesquisa trilhados por Sérgio Buarque, a partir de suas missivas, como a que se segue abaixo:

> Depois de sua notável excursão afro-brasileira, venho acompanhando com maior interesse as últimas publicações do Arquivo, que bem mostram o acerto de sua escolha para a direção daquela Casa. Prova desse interesse você a terá em capítulo meu no proximo volume, a sair brevemente, da *História geral da civilização brasileira*. De passagem lembro-me que no *Registro de Estrangeiros não encontrei, como não o encontrei no volume* especial sobre franceses, o nome de Horace Say. [...] Teria desembarcado com outro nome ou estará incompleta a relaçao existente no Arquivo? Deixo a você, se tiver tempo e vontade, o cuidado de deslindar o problema (SBH. In: Rodrigues, 2000, p. 282).

A carta que Sérgio Buarque de Holanda (SBH) enviou a José Honório Rodrigues em 3 de junho de 1962, lhe foi respondida em 2 de julho. Nela, o historiador e ensaista José Honório Rodrigues (1913-1987), indicava que realmente "Horace Say não aparece nos Registros Estrangeiros e a única hipótese é a de que tenha entrado pelos Estados", mas somente "quando acabarmos o Rio de Janeiro é que trataremos dos registros estaduais. Aqui ele não aparece. O próximo volume, nº 3, irá até 1841" (Rodrigues, 2000, p. 284).

A rotina de trabalho de SBH, em meados dos anos 1960, demonstrava como a profissionalização do "ofício de historiador" no país, embora caminhasse gradativamente, e para alguns a passos lentos (Cf. Lapa, 1981, 1985; Diehl, 1998, 1999; Falcon, 2011; Roiz, 2012a), havia sentido um grande avanço desde a criação dos primeiros cursos de Geografia e História, nos anos iniciais da década de 1930 (Cf. Ferreira, 2006, 2012, 2013; Silva, Ferreira, 2011; Roiz, 2012a). Como professor catedrático da cadeira de *História da Civilização Brasileira* do curso de História na Faculdade de Filosofia, Ciências e Letras da Universidade de São Paulo (FFCL/USP) desde 1958, quando apresentou sua tese (*Visão do Paraíso*), ele dava continuidade a seus trabalhos de pesquisa,[1] ao mesmo tempo em que orientava alunos, ministrava aulas e participava de eventos no país e no exterior.

Desse modo, após discutirmos como SBH participou ativamente das discussões sobre a compreensão e os usos da "temporalidade", da "periodização",

1 E o volume das pesquisas que SBH fez ao longo de sua trajetória profissional podem ser, pelo menos em parte, cotejadas com os documentos que permaneceram entre seus papeis e se encontram arquivados no Siarq/Unicamp, na subsérie *Anotações de pesquisa*, de 792 a 2.014, da pasta 20 a 57, totalizando cerca de 1.225 documentos, entre cópias e

da "verdade histórica", da "representação do passado" e das "regras do método histórico", entre os anos 1930 e 1940, cabe-nos agora discutir em que medida essas questões foram revistas pelo autor, nos anos 1940 e 1950, em compasso com os comentários que sua obra passou a receber com maior regularidade em jornais e revistas especializadas, e nas correspondências que trocava com outros profissionais e amigos do Brasil e do exterior.

---

transcrições de alvarás, correspondências, decretos etc. Apesar de ser apenas uma parcela das fontes que SBH transcreveu, copiou, conseguiu com instituições e amigos do país e do exterior, impressiona pela quantidade e pela qualidade das anotações, e o cuidado com que SBH procedia as suas pesquisas e análises. Nessa mesma subsérie ainda consta com a numeração 2.015, uma caixa de madeira com as fichas de anotações de SBH, a respeito de suas pesquisas em arquivos, fichamentos de documentos, leituras, totalizando 1.380 fichas com nomes, locais e temas em ordem alfabética (em 4 caixas) e outras 416 fichas com informação de arquivos e bibliotecas (em mais 1 caixa). É bem provável que esta característica de pesquisa e anotação dos documentos tenha sido o resultado do trabalho que aprendeu a fazer como assistente da cadeira de *História Moderna e Contemporânea* do curso de História da UDF, quando Henri Hauser (1866-1946) esteve lá como docente, em meados dos anos 1930, como ele mesmo lembraria em passagem da introdução de seu livro: *Tentativas de mitologia* (Cf. Holanda, 1979, p. 7-35). Além dessa subsérie, há ainda outras, como: *Produção de terceiros*, relativa a recortes de jornais que SBH procedeu, indo da nº 2.016 a 2.190, e da pasta 58 a 60. Nosso objetivo ao demonstrar esses dados é indicar a rotina de trabalho do autor, a qual as correspondências analisadas no início do texto, apenas corroboram com essa referência. E é isso que pretendemos analisar neste capítulo. Ao contrário de AEJ que formou suas "redes de relações" no interior do próprio estado de São Paulo (com raras exceções), SBH a fez pelo país e pelo mundo, especialmente, entre a Alemanha, a França, a Inglaterra, Portugal, Espanha, Itália e Estados Unidos. Por outro lado, enquanto AEJ, depois que ingressou como catedrático na cadeira de *História da Civilização Brasileira* do curso de Geografia e História da FFCL/USP, pareceu diminuir acentuadamente sua rotina de trabalho e pesquisa em arquivos, levantando, coletando e analisando "fontes primárias" (como vimos no capítulo anterior). SBH em meio ao seu trabalho docente como catedrático da mesma cadeira, a partir do final dos anos 1950, pareceu justamente intensificar ainda mais seu trabalho em arquivos, aliando-se num trabalho individual e coletivo com seus alunos e colegas de trabalho – no que depois, aliás, se desdobraria no projeto de escrita da *História geral da civilização brasileira*, em vários volumes, e iniciada nos anos 1960; ou no projeto de criação do Instituto de Estudos Brasileiros (Cf. Caldeira, 2002). Nesse sentido, ao invés de centralizarmos nossa análise na sua obra, e articulando-a com as correspondências que trocou, tal como fizemos no capítulo anterior, neste procuraremos ver como os seus contemporâneos viram seu trabalho, apreciaram sua obra, ao mesmo tempo em que cotejaremos os recortes de jornal comentando seus livros, com as correspondências passivas (e ativas), e em meio ao processo de produção de seus livros. Com tal estratégia queremos mostrar mais um pouco da dialética entre o "intelectual-letrado" e o "letrado-intelectual".

Se em meados dos anos 1930 ele viu que uma saída *utópica*, com base num projeto de implementação de uma "democracia plena" no país,[2] era a via mais adequada para contornar a crise política e econômica que se iniciou naquele período, quando publicou seu livro *Raízes do Brasil* em 1936 (como indicamos no primeiro capítulo desta pesquisa), como enfrentou os dilemas de uma democracia que não se enraizava nem na prática política, nem no cotidiano da sociedade brasileira, nas décadas de 1940 e 1950? Que críticas e comentários sua obra recebeu neste mesmo período?

Se o século XIX foi um momento crucial para romper com as amarras do passado colonial (tal como vimos no segundo capítulo), porque os momentos de ruptura iniciados em 1888 e 1889 não estavam tendo continuidade nas décadas iniciais do século XX? De que maneira a passagem de "crítico literário" em "historiador profissional" poderia contribuir para repensar esses dilemas? Que tipo de alterações sofreu a sua produção, ao longo dos anos 1940 e 1950, quando passou a se dedicar integralmente a pesquisa histórica, muito embora não deixasse de lado a crítica literária? Como passou a definir as regras do método histórico e de que maneira as iria praticar em suas pesquisas? Essas foram às questões que nortearam as reflexões que procuraremos efetuar neste capítulo.

Contudo, antes de iniciar esta análise, cabe-nos inquirir, de imediato, que a partir dos anos 1960, com o prefácio que Antonio Candido (1984, p. XI--XXIII) escreveu a 5ª edição de *Raízes do Brasil*, de 1969,[3] e após a morte de SBH em 1982, tanto este livro, como o restante de sua obra passariam a ser "canonizadas" na historiografia brasileira dos anos 1980 e 1990 (Cf. Candido, 2008a; Franzini, Gontijo, 2009; Marras, 2012; Monteiro, 2015; Furtado, 2016), resultando, desde então, num tipo de interpretação de sua obra, filtrada por meio de análises, como a exposta por Candido nos anos 1960 (Cf. Monteiro, Eugênio, 2008; Martins, 2009; Franzini, 2010; Nicodemo, 2014).

2 Para uma discussão a respeito do conceito e dos usos que se fizeram da "democracia", ver: Burguière, 1993; Outhwaite, 1996; Boudon, Borricaud, 2000; Abreu, 2001; Abbagnano, 2007; Bobbio, Pasquino, Mateucci, 2007.

3 De acordo com Candido, em *Sérgio, o radical*: "Eu conheci a sua obra pela leitura de Raízes do Brasil no final dos anos 1930; pessoalmente, só o conheci ali por 1943, apesar de termos estado em Berlim ao mesmo tempo e até morado bem perto um do outro, no ano de 1929, quando eu tinha 11 anos. Raízes do Brasil é um livro que li e reli muitas vezes; no entanto, a cada leitura descubro coisas que não tinha percebido na anterior. Este livro pequeno e discreto é inesgotável" (Candido, 1988, p. 63).

No entanto, durante quase todo o Regime Militar (1964-1985) sua obra teria sido associada a do sociólogo Gilberto Freyre (1900-1987), então favorável ao regime ditatorial, o que lhe valeu certa reserva na universidade. Porém, em função de seu gesto de solidariedade com amigos injustamente acusados pelo regime,[4] e ao igualmente pedir sua aposentadoria em meados de 1969 (em solidariedade aos amigos que foram perseguidos injustamente na instituição, em geral, e nas Ciências Sociais, em particular), juntamente com o prefácio de Candido, que distinguia o posicionamento teórico e político dos autores, tornariam-se uma *antítese* neste processo de recepção da obra de SBH, cuja *síntese* teria sido sua "consagração", a partir de meados dos anos 1980 e 1990, entre as universidades brasileiras e estrangeiras (Cf. Candido, 1998a; Monteiro, Eugênio, 2008; Marras, 2012; Monteiro, 2015; Furtado, 2018).

Mas, nem por isso, pode-se dizer que sua obra já tenha sido suficientemente estudada, como mostra Antonio Celso Ferreira (2007), concluindo em seu estudo, depois de sintetizar o itinerário do autor, que: a) faltaria aprofundar sua formação intelectual e a participação que teve no universo letrado brasileiro das primeiras décadas do século passado; b) que seus escritos deveriam ser também pensados numa relação dialógica e intertextual com os "homens de letras" que conviveu; c) falta aprofundar suas viagens e as visões que foi construindo sobre o Brasil, durante e depois delas; d) e devia-se considerar melhor sua condição de "historiador profissional" desde os anos 1950 (Cf. Ferreira, 2007, p. 14-30). Além desses pontos, poderíamos ainda indagar: a recepção que a sua obra passou a ter desde então, fora a mesma que teve entre os anos 1930 e 1950, quando começou a ser produzida?

Tais indagações são substanciais, primeiro, porque a maioria dos trabalhos sobre SBH se concentraram justamente na análise de seu livro de estreia, *Raízes do Brasil*, de 1936.[5] Segundo, porque apesar dos avanços das pesquisas em circunstanciarem outros momentos da produção do autor, igualmente ressentem-se de não perscrutarem pormenorizadamente sua produção crítico-

4 Como os depoimentos que concedeu em favor de amigos, como o historiador Caio Prado Jr., em 1969, contribuíram para que aquela imagem fosse progressivamente desfeita na academia. Cf. Carta de Caio Prado Jr. a SBH, Santiago, 19 de março de 1969. Siarq/Unicamp, Cp 296 P10.

5 Cf. Monteiro, 1999; Velozo, Madeira, 1999; Reis, 1999; Piva, 2000; Pesavento, 2005; De Decca, 2006, 2007; Ricupero, 2007; Eugênio, 2011; Ramirez, 2011; Monteiro, 2015.

-literária e jornalística, a qual se dedicou entre os anos 1920 e 1970.[6] Terceiro, porque a correspondência ativa e passiva de SBH ainda foi muito pouco inquirida e analisada, assim como as críticas e os comentários que recebeu de seus contemporâneos, ao publicar as primeiras edições de seus livros, e essas limitações se encontram mesmo entre os trabalhos que começaram a pensá-la de um modo mais pormenorizado (Cf. Wegner, 2000; Eugênio, 2011; Nicodemo, 2014; Furtado, 2018). Ademais, antes dos anos 1960, a obra de SBH tinha um impacto ainda restrito (Cf. Franzini, Gontijo, 2009, p. 141-160; Waizbort, 2011; Mata, 2016), apesar dos vários comentários efetuados na imprensa periódica, a respeito das primeiras edições de seus livros, serem, na grande maioria dos casos, muito elogiosas sobre os *méritos* dos textos, a elegancia da narrativa, o ecletismo no uso de fontes e conceitos e em sua abertura teórico-metodológica e antidogmatismos, como veremos abaixo.

Desse modo, para efetuar esta análise não usaremos a mesma estratégia que utilizamos para interpretar a obra e a trajetória de AEJ no capítulo anterior. Entre outras razões, porque a obra de SBH, desde os anos 1980, tem recebido uma quantidade tão grande de análises, que qualquer tipo de tentativa de síntese seria invariavelmente incompleta (Cf. Oliveira, 1999; Reis, 1999; Costa, 2007; Sanches, 2007; Monteiro, Eugênio, 2008; Iglésias, 2000, 2009; Ramirez, 2011). Nem tampouco é esse o nosso objetivo. Nossa proposta será a de tentar rastrear sua trajetória, por meio de suas correspondências ativas e passivas, e buscaremos ao mesmo tempo vislumbrar como seus contemporâneos leram seus textos e interpretaram seus livros, quando foram publicadas as suas primeiras edições. Nossa meta será tentar reconstituir uma parte de suas "redes de relações", que foram sendo estabelecidas com profissionais do Brasil e do exterior, desde os anos 1920.

Com isso procuraremos mostrar que enquanto AEJ centralizou seus contatos no próprio estado de São Paulo, especialmente, com o pai "o senador" Alfredo Ellis, o "antigo professor e mestre" Afonso de Taunay, o "presidente do estado de São Paulo" Washington Luis e a "abordagem cíclica sobre a história econômica brasileira" de Roberto Simonsen.[7] SBH foi construindo uma "rede de relações"

6 Cf. Candido, 1998; Luca, 1999, 2011; Wegner, 2000; Françozo, 2005, 2007; Costa, 2007; Sanches, 2007; Nicodemo, 2008, 2011; Monteiro, Eugênio, 2008; Iglésias, 2009; Franzini, 2010.

7 No caso de Roberto Simonsen é muito interessante como AEJ toma sua *História econômica do Brasil* (de 1937) nos anos de 1940, que em sua abordagem dos "grandes

muito mais ampla e complexa. Sendo, aliás, este tipo de "rede de relações", de cunho nacional e internacional, a que passaria a caracterizar o trabalho de pesquisa do historiador profissional, a partir de meados dos anos 1970, no Brasil (Cf. Lapa, 1981, 1985; Capelato, Glezer, Ferlini, 1994, 1995; Candido, 1998a; Diehl, 1999; Novais, 2005; Monteiro, Eugênio, 2008; Falcon, 2011; Roiz, Santos, 2012).

Nesse caso, estamos entendendo aqui por "rede de relações" o estabelecimento de contatos com outros profissionais, cuja função principal era a de demarcar campos de pesquisa, definir as regras do ofício de historiador, propiciar troca de informações, permutar livros, documentos e comentários de textos e autores, além de também possibilitar a construção de laços duradouros de amizade, que, aliás, contribu*í*am com o próprio trabalho de pesquisa e a escrita da narrativa histórica.[8] Ao contrário de Jean-François Sirinelli (1996, p. 131-138; 2003, p. 231-270) que procurou pensar a relação dos "homens de letras" e dos "pesquisadores profissionais", por meio do conceito de "redes (ou espaços) de sociabilidades", e este parece se centrar mais na analise dos espaços, dos locais, para os quais estes "letrados" se encontravam, conformando certos microclimas e interações, nós pretendemos explorar não só esses locais (como tentamos rastrear na primeira parte de nosso estudo), mas antes, também, as relações destes locais com os meios pelos quais estes "homens de letras" se comunicavam, como nas missivas, e discutiam suas obras, como na imprensa periódica, e que propiciou a eles virem a se tornar igualmente "profissionais", numa área do conhecimento e dentro de um campo de pesquisa, que no período em estudo ainda se encontrava em formação.

Mais precisamente, pretendemos pensar mais como as relações pessoais e profissionais eram contruídas, desdobrando-se em laços duradouros, que contribu*í*am no processo de pesquisa, além de efetuarem diálogos e até elaborarem um perfil do(a) pesquisador(a) e de sua obra, nos comentários que faziam

ciclos" econômicos da história brasileira, favoreceriam a sua justificativa de estudar as diferentes fases da história dos bandeirantes, a história do café, e nesses processos justificar ainda a própria história de seus antepassados. Por sua vez, ao ver a história enquanto um processo contínuo em direção ao futuro, SBH se aproximaria muito mais da abordagem de Caio Prado Jr., que em seu livro *Formação do Brasil contemporâneo* (de 1942) viria a criticar justamente a abordagem de Simonsen. Para uma síntese desses debates, ver: Fragoso, 1998.

8 Sobre esse ponto, ver também a interessante análise construída por Estevão Martins, a respeito da ideia de "rede de relações": Martins, 2012.

deles(as) na imprensa periódica e em suas próprias obras e correspondências. Assim, ao fazermos esse exercício pretendemos mostrar mais um momento da dialética entre o "intelectual-letrado" e do "letrado-intelectual" nessa segunda parte de nossa pesquisa, por meio da análise da trajetória e da obra de AEJ (como fizemos no capítulo passado) e de SBH (como faremos neste).

Para alcançarmos esses objetivos neste capítulo, nos baseamos nas cerca de 370 correspondências passivas (enviadas a SBH), que conseguimos levantar e se encontram arquivadas no Siarq/Unicamp, e nas 29 ativas de SBH (das quais 11 se encontram no Siarq/Unicamp, e 18 no IEB/USP).[9] Evidentemente, esse número de missivas ainda está muito distante da totalidade de cartas escritas e recebidas por SBH.[10] Essas correspondências como já começamos a destacar neste capítulo (e nos anteriores), expressavam desde contatos pessoais, nos quais a amizade aparecia mais do que as relações profissionais entre os missivistas, quanto àquelas onde a troca de informações, indicação de comentários de livros, ideias, pesquisas, dúvidas na análise e na escolha dos procedimentos, constituiam a sua base, e ao longo do tempo poderia cercear igualmente a formação de laços de amizade. Há casos, como a correspondência de Mário de Andrade e SBH, que durou entre 1922 e 1944, com alguns momentos de silêncio na regularidade das missivas, onde as relações profissionais foram firmando, ao longo dos anos, uma forte amizade entre os dois missivistas (Cf. Monteiro, 2012).

O mesmo pode ser percebido entre as correspondências de SBH e Prudente de Morais, neto, e José Olympio; ou de SBH com Octávio Tarquinio de Souza, Menotti del Picchia, Manuel Bandeira, Carlos Drummond de Andrade, Sérgio Milliet, Afonso de Taunay e Otto Maria Carpeaux; ou mesmo de

9 Graças ao cuidadoso trabalho de Pedro Meira Monteiro temos disponibilizadas as correspondências trocadas entre SBH (18) e Mário de Andrade (13), totalizando 31 missivas distribuídas entre 1922 e 1944, que ele organizou e as publicou. No mesmo volume contamos ainda com um ensaio que procura analisar minuciosamente as missivas. Ver: Monteiro, 2012.

10 Por ter feito intercâmbios com profissionais de várias partes do Brasil e do mundo, é muito difícil ter precisão do número de cartas que SBH escreveu. Mais preciso é o número de cartas que ele recebeu, apesar de o acervo do Siarq/Unicamp, que é o mais completo do país, certamente não possuir a totalidade de correspondências passivas que SBH recebeu, até em função das que foram destruídas, das que se perderam, ou daquelas que não estavam de posse da família, quando o acervo foi passado para a Unicamp em 1983.

SBH com Antonio Candido e sua família.[11] Muito embora tenhamos apenas indícios, pode-se indagar que esse tipo de tratamento pessoal não se reduzia apenas aos profissionais brasileiros (que formavam seu círculo de amizades), mas SBH conseguia estender as mesmas relações com alguns estudiosos no exterior, como: Lucien Febvre (1878-1956), Fernand Braudel (1902-1985), Charles Boxer (1904-2000) e Vitorino Magalhães Godinho (1918-2011).[12]

No caso dos comentários feitos as primeiras edições de *Raízes do Brasil*, *Cobra de Vidro*, *Monções*, *Caminhos e fronteiras* e *Visão do Paraíso*, temos: 78 recortes de jornal, elaborados entre 1936 e 1938, e reunidos pela irmã de SBH, Cecília Buarque de Holanda, num álbum, para a primeira edição de *Raízes do Brasil*, e se encontram no Siarq/Unicamp,[13] assim como os que se seguem se encontram arquivados no mesmo local. A primeira edição de *Cobra de vidro*, de 1944, tem um comentário, o mesmo valendo para a primeira edição de *Monções*, de 1945. A segunda edição de *Raízes do Brasil*, de 1948, conta com mais três, assim como a terceira edição de 1956. Já *Caminhos e fronteiras*, cuja primeira edição é de 1957, teve entre 1957 e 1959, 34 comentários na imprensa. E *Visão do paraíso*, cuja primeira edição foi de 1958, nos 100 exemplares para a defesa da tese para a cátedra editada pela Saraiva, e, depois, em 1959 numa edição mais ampla feita pela livraria José Olympio Editora (Cf. Holanda, 1958, 1959), teve entre 1958 e 1959, mais 24 comentários.[14] No total temos cerca de 144 recortes de jornal, para o perío-

11 Cf. Siarq/Unicamp, Cp 19 P5, Cp 20 P5, Cp 21 P5, Cp 22 P5, Cp 24 P5, Cp 25 P5, Cp 26 P5, Cp 27 P5, Cp 51 P6, Cp 52 P6, Cp 57 P6, Cp 65 P6, Cp 66 P6, Cp 69 P6, Cp 70 P6, Cp 71 P6, Cp 73 P6, Cp 77 P6, Cp 78 P6, Cp 79 P6, Cp 91 P7, Cp 97 P7, Cp 98 P7, Cp 99 P7, Cp 123 P7, Cp 126 P7, Cp 127 P7, Cp 130 P7, Cp 135 P7, Cp 136 P7, Cp 142 P8, Cp 144 P8, Cp 148 P8, Cp 150 P8, Cp 154 P8, Cp 156 P8, Cp 157 P8, Cp 161 P8, Cp 169 P8, Cp 176 P8, Cp 199 P9, Cp 200 P9, Cp 201 P9, Cp 202 P9, Cp 205 P9, Cp 206 P9, Cp 208 P9, Cp 211 P9, Cp 214 P9, Cp 216 P9, Cp 217 P9, Cp 220 P9, Cp 238 P9, Cp 243 P9, Cp 245 P9, Cp 321 P11, Cp 362 P11, Cp 370 P11, Cp 372 P11, Ca 7 P5.

12 Cf. Siarq/Unicamp, Cp 94 P7, Cp 95 P7, Cp 96 P7, Cp 209 P9, Cp 210 P9, Cp 219 P9, Cp 246 P9, Cp 252 P9, Cp 253 P9, Cp 256 P9, Ca 3 P5.

13 Siarq/Unicamp, Pt176 P61.

14 Note-se que a tese *Visão do paraíso*, foi defendida em 1958, e teve naquele período uma tiragem de 100 exemplares, em função das normas do concurso para a cátedra na FFCL/USP. Os comentários do livro, por isso, começam nesse período, mas encontramos textos anteriores há esse ano, mencionando essa temática nos trabalhos de SBH. Além disso, em 1960 foram produzidos mais 2 comentários sobre *Caminhos e fronteiras*, e mais 7 sobre *Visão do paraíso*. Apenas quando for indicado é que usaremos os comentários feitos

do de 1936 a 1959, comentando, criticando e analisando as obras: *Raízes do Brasil, Cobra de Vidro, Monções, Caminhos e Fronteiras* e *Visão do paraíso*, nas suas primeiras edições, e que foram produzidas no mesmo momento em que os livros eram editados (ou meses e no máximo um ou dois anos depois de sua publicação). Do mesmo modo que as correspondências (passivas e ativas), aqui também não temos a totalidade dos comentários e críticas que foram feitos em periódicos e na imprensa periódica, durante os anos 1930 aos anos 1950, ainda que esse acervo represente, sem dúvida alguma, uma parte significativa deles.

Evidentemente, a riqueza das correspondências passivas e ativas, assim como dos recortes de jornal, comentando as primeiras edições dos livros de SBH, além de serem muito instigantes e esclarecedores sobre a trajetória e a obra deste autor, também são muito difíceis de serem interpretados. Primeiro, pela pluralidade de vozes e olhares que eram lançados sobre a obra e a trajetória do autor. Depois, pelo fato de, mesmo considerando a sua enorme quantidade, ainda assim estarem incompletos. Ademais, temos desde correspondências que se mantém ao longo do tempo, até aquelas que são interrompidas abruptamente, e não conseguimos averiguar possíveis continuidades em outros momentos. E recortes de jornal, cujo conteúdo se limitava a uma simples menção a publicação do livro em um único parágrafo informativo, até aquelas que incidiam em comentários abalizados, longos e instigantes, e muitos deles eram feitos por amigos de SBH do Brasil e do exterior – e o que não os privava de efetuarem desde o elogio e a admiração, até a crítica e a reprovação da análise que fora feita. E *é* por entre esses dois problemas que tentaremos elaborar uma interpretação plausível, tendo em vista a problemática levantada ao longo de toda esta pesquisa.

Além disso, para elaborarmos o texto não podemos deixar de lado a obra produzida por SBH, que além dos livros indicados acima (e suas diferentes edições, que tiveram que ser cotejadas, em função das alterações que SBH fazia de uma edição para a outra, especialmente, em *Raízes do Brasil*, como vimos nos capítulos anteriores), ainda possui centenas de artigos de jornal produzidos entre 1920 e 1959,[15] em São Paulo, Rio de Janeiro, no Espírito Santo e na Alemanha, para ficarmos apenas nos principais locais.

neste ano. Em regra nos deteremos até os produzidos durante o ano de 1959.

15 Desnecessário acrescentar que SBH continuou publicando artigos em jornais até o final de 1979 (Cf. Holanda, 1978, 1979, 1989, 1996a, 1996b, 2004, 2011a, 2011b).

Por fim, devemos expressar uma pequena nota metodológica antes de darmos continuidade a nossa análise. Como estamos destacando desde a introdução, para estudarmos as obras e as trajetórias de AEJ e de SBH, por meio do questionamento, cotejamento e do acompanhamento de uma possível dialética entre o "intelectual-letrado" e o "letrado-intelectual", ao mesmo tempo fizemos isso com base em análises comparativas na primeira parte de nosso estudo, e nesta segunda estamos fazendo isso com base numa interpretação da trajetória de cada um deles, com vistas a indicar, nesta etapa, mais as diferenças entre eles. Nesse aspecto, as obras de Pierre Bourdieu (1990, 2009, 2011) e de Jörn Rüsen (2001, 2007a, 2007b, 2010) tem nos servido de guia para construirmos nossos procedimentos metodológicos.

E aqui já temos condições de avançar em alguns pontos. Na medida em que as ideias de "campo (intelectual)", "*habitus*", "bens simbólicos" e "capital cultural", são categorias instigantes para pensarmos a movimentação dos "agentes sociais" nas décadas iniciais e mesmo ao longo do século XX, quando se formavam as primeiras Faculdades de Filosofia, e seus respectivos cursos de Geografia e História no Brasil, temos que a análise desse autor, além de não mostrar pormenorizadamente em sua obra como se formavam os diferentes "campos" (por, em geral, parecerem realidades já dadas em sua exposição), ou de que maneira se definia ao longo do tempo as regras específicas de seu funcionamento e como e por que elas mudavam (Cf. Bourdieu, 1983, 1989, 1990, 2009). A sua obra igualmente carece de maior aplicação do método em casos específicos, a exemplo de seu *Homo academicus* (Bourdieu, 1992, 2011), no qual o que ganhava em análise do processo, na mesma medida perdia em circunstanciar a movimentação dos diferentes "agentes sociais", quando estava se recompondo o "campo intelectual" na França dos anos 1950 e 1960, em função da criação e institucionalização de novas áreas, como a de Sociologia. Nesse momento se estabeleciam novas disputas pelo poder e a consequente formulação de novas regras específicas, para definir seu funcionamento e mecanismos de consagração.

Além disso, como temos visto ao analisar as obras e as trajetórias de AEJ e de SBH, as relações entre os diferentes "campos" e os "agentes sociais" são muito mais dinâmicas e complexas: seja porque o agente social não aceita suas regras específicas em vigor; seja porque ele próprio, mesmo sem o querer, contribui para a definição de novas; seja ainda porque mesmo que não as mude de imediato, nem tampouco procure construir novas, em função do "capital cultural" adquirido no processo e que resultou na produção de novos "bens" que o *agente social* acumulava ao longo do tempo, juntamente com outras forças em disputa, impunham alterações significativas ao próprio funcionamento do *campo* e de suas regras específicas, bem como de seus mecanismos de "consagração". E nisso também as trajetórias de AEJ e de SBH são muito instigantes[16] (como começamos a ver na primeira parte deste estudo). Porque enquanto o primeiro se amparava em regras específicas já dadas pelo "campo intelectual" em formação nos anos 1930 e 1940 (Cf. Miceli, 1989, 1995, 2001, 2012), e onde começavam a se estabelecer nos cursos de Geografia e História das Faculdades de Filosofia do país. Este também se apoiou na historiografia oitocentista e no IHGB e no IHGSP, mesmo que não se limitasse apenas a eles, ao tentar aproximar a história econômica então praticada por Roberto Simonsen, numa tentativa de síntese destes modelos teórico-metodológicos. Já SBH procurava justamente avançar sobre elas, e deduzir novas, ao se amparar tanto no "historicismo alemão", quanto no "movimento dos *Annales*", muito embora não se reduzisse apenas a esses movimentos, ou se apropriasse acriticamente de seus procedimentos, como veremos abaixo.

Por outro lado, ao procurarem interpretar o processo histórico, por meio de uma apreensão peculiar das categorias: passado, presente e futuro, igualmente AEJ e SBH firmaram certos tipos de "consciência histórica" (Cf. Rüsen, 2001), que invariavelmente se refletiam em seus textos. E como temos visto (desde a primeira parte de nossa pesquisa), enquanto AEJ tangenciava por entre uma "consciência histórica" *tradicional* e *exemplar*, ao escrever a história das bandeiras, do café e de seus antepassados. SBH fazia o mesmo movimento, mas tangenciando por entre uma "consciência histórica" *crítica* e *genética* (Cf. Rüsen, 2007a, 2007b, 2010, 2012), ao repensar a história dos bandeirantes e criticar as "raízes" ibéricas, que resultaram na conformação de "relações cordiais" ao longo da história brasileira.

16 Embora aqui não passe de uma nota especulativa, não deixa de ser instigante pensar que a historiografia brasileira e as relações entre os historiadores de ofício, sintetizaram nas últimas décadas dois modos de agir e pensar completamente distintos. Enquanto certo nível de "relações cordiais" ainda prepondera no meio acadêmico brasileiro, num tipo muito semelhante a que firmou AEJ em sua trajetória; no campo da escrita da história o que se estabeleceu foi justamente o tipo de análise preconizado por SBH.

Com isso, devemos antes de procurar rastrear os pontos sugeridos acima, visualizar de que maneira SBH se aproximou dos estudos históricos, tendo em vista:

> 1 – as diferenças entre ele e AEJ, no que dizia respeito ao uso e a análise da "temporalidade", da "periodização", da "verdade", da "representação do passado" e das "regras do método histórico" (como indicamos na primeira parte desta pesquisa);
>
> 2 – como cada um deles construiu seu percurso, indo progressivamente em direção aos "estudos históricos", de modo a virem a se tornarem "historiadores profissionais";
>
> 3 – e de que maneira estiveram formando as suas "redes de relações".

Com base nesses três pontos é que poderemos circunstanciar melhor as diferenças entre AEJ e SBH, e como este último veio a tangenciar pelos estudos jurídicos, literários, sociológicos, até se firmar no campo dos "estudos históricos", como um "historiador por vocação" (Cf. Glezer, 1976) entre os anos 1930 e 1940, e que a partir dos anos 1950 passaria a se dedicar ao ofício, integral e verdadeiramente como um "historiador profissional" (Cf. Nicodemo, 2008, 2014), como também o veriam seus "pares" (Cf. Candido, 1998; Monteiro, Eugênio, 2008; Eugênio, 2011; Marras, 2012; Furtado, 2016, 2018).

## *A trajetória de Sérgio Buarque de Holanda e os (des)encontros com a História*

> [...] desde muito moço [SBH] aproveitou ao máximo as leituras e acumulou um saber que espantava os amigos. Sobretudo porque a sua curiosidade era dirigida igualmente ao passado e ao presente, à inovação e à tradição, com o dom contraditório de se apaixonar tanto pela minúcia quanto pelo conjunto (Candido, 1995, p. 327).

Assim Antonio Candido resumia o perfil de SBH, em *Sérgio em Berlim e depois* (Candido, 1995, p. 323-335). Mas, se essa já era também a opinião de amigos que conviveram com SBH, desde o início dos anos 1920 (Cf. Neumann, 1988, p. 101-102), antes mesmo de Antonio Candido manifestar sua análise, devemos observar que SBH, na introdução de seus estudos em *Tentativas de mitologia*, alertava que só "eu sei o que isso me custou de aplicação obstinada, às vezes quase desesperada, de arrebatamentos, vigílias, insônias, leituras ou releituras, paciências, impaciências, horas em transe e desfalecimentos" (Holanda, 1979, p. 16), tanto para conseguir compreender adequadamente um campo de estudos e/ou escrever um texto, quanto poder rever um tema e/ou se atualizar em um assunto em História, Literatura ou em Filosofia.

Para Arlinda Rocha Nogueira (1988) foram os livros que trouxeram para SBH o sentido dos processos históricos, ao começar a se definir como historiador entre os anos 1920 e 1930. De acordo com Francisco de Assis Barbosa (1988), o "prazer da leitura, cedo despertado, não interferia no adolescente com outros interesses, próprio da idade, entre esses, a paixão pelo cinema e pela dança" (Barbosa, 1988, p. 29); mas antes ajudaria a moldar e a definir a sua personalidade de escritor e futuro historiador. Como lembrou Maria Odila da Silva Dias (1988), foi a "erudição do historiador, que se transformava num instrumento de conhecimento e de interpretação", sendo a "sua contribuição mais sofisticada para elaboração do estilo do historiador, capaz de reconstruir, devassar, representar com minúcias aspectos do modo de ser das sociedades de épocas passadas", e foi justamente o *historicismo alemão*, que atraiu SBH desde os anos 1920, e que proporcionou a ele ver que a "relação entre as palavras e a realidade era uma questão de interpretação e não de dedução filosófica" (Dias, 1988, p. 73).

Note-se ainda sobre esse ponto, que depois que SBH retornou da Alemanha, em meados de 1930, ele provavelmente trouxe consigo, pelo menos, 2 obras de Jacob Burckhardt (1818-1897), 2 de Max Weber (1864-1920), 4 de Leopold von Ranke (1795-1886), 8 de Wernet Sombart (1863-1941), 2 de Wilhelm Dilthey (1833-1911) e 1 de Robert Ernst Curtius (1886-1956), todas datadas deste período. Além de possuir outras dos mesmos autores, com edições posteriores aos anos 1930 – e que se encontram no setor de obras raras da biblioteca central da Unicamp, onde estão preservados os cerca de 10 mil títulos da biblioteca de SBH.[17] Para Antonio Candido, caso sua biblioteca fosse reunida na sua totalidade, esta reuniria provavelmente cerca de 30 ou 40 mil títulos (Cf. Candido, 1995; Marras, 2012). Nesse sentido, os 10 mil títulos preservados, e muitos deles fartamente anotados, apesar de concentrarem boa parte de seu acervo, estariam longe de constituir a sua

17 A indicação do número de obras dos autores arrolados, seguiu a lista do Catálogo, em 5 volumes, constando o inventário de todos os títulos presentes na biblioteca que foi encaminhada para a Unicamp, em meados dos anos 1980.

totalidade. Evidentemente, não eram apenas as obras destes autores que podiam ser encontradas em sua biblioteca. Aliás, além de haver muitas outras desses mesmos autores, mas adquiridas em outros momentos, há de muitos outros autores alemães e de outras nacionalidades, além, evidentemente, das relativas aos autores brasileiros e latinos e norte-americanos.[18]

Além disso, desde os anos 1930, SBH foi acumulando livros de Lucien Febvre (1878-1956), Marc Bloch (1886-1944) e Fernand Braudel (1902-1985), que inauguraram o movimento dos *Annales* na França, e que grande repercussão teria no Brasil, a partir da criação dos primeiros cursos de Geografia e História, em meados dos anos 1930 (Cf. Simões de Paula, 1953; D'Aléssio, 1994; Roiz, Santos, 2012; Roiz, 2012a). Ademais, surpreende a preocupação demonstrada por SBH em adquirir e conhecer as obras de autores latino-americanos, norte-americanos, portugueses, italianos, franceses, alemães, ingleses e espanhois, no momento mesmo em que os livros eram lançados em sua terra natal. Esse seria outro ponto que o distinguiria de AEJ, visto que este teve apenas tal preocupação, com relação aos autores paulistas e cariocas – como vimos no capítulo anterior. Outro ponto importante, relativo à sua estadia em Berlim, na Alemanha, foi sua participação na *Revista Duco*, na qual publicaria análises sobre a economia, a política e a literatura brasileira, com o objetivo de estreitar os laços entre as duas nações.[19] Nesse sentido, as avaliações esboçadas acima, algumas de ex-alunos seus na FFCL/USP, constituem um ponto fundamental para inquirirmos a trajetória de SBH.

No entanto, se todas essas avaliações são coerentes e instigantes para pensarmos SBH, devemos antes notar que a forma pela qual ele adquiriu o gosto pela leitura, sua sensibilidade pelo passado e o prazer pela escrita, deu-se em meio a certa "rebeldia", contra os mandos do pai, no interior de sua família, e que amadureceriam no jovem escritor um estilo crítico, igualmente "rebelde", ao tratar de temas, autores e obras de sua época, ou de outras (Cf. Schapochnick, 1999; Marras, 2012).

18 Sergio da Mata (2016) demonstrou, em análise instigante, o quanto as anotações deixadas por Sérgio Buarque de Holanda em seus livros podem ser úteis para repensar a produção de sua obra e a formulação de suas ideias.

19 Tal como nos dá conta documento relativo à "Declaração e agradecimento em alemão da Latein-Amerikanischer Verlag, editora responsável pela Revista Duco (Berlin), dizendo que SBH trabalhou na redação de 15 fev. a 30 set.1930, numa tentativa de estreitar os laços de cooperação intelectual entre Brasil e Alemanha". Berlim, 30 de setembro de 1930, Siarq/Unicamp, Vp11 P1.

Mesmo que consideremos que foi sendo coerente com as expectativas que começava a criar com seu primogênito, que Cristóvão Buarque de Holanda (pai de SBH), o fez cursar o primário na escola modelo Caetano de Campos, e, depois, fazer o ginásio no colégio de São Bento (entre 1915 e 1918), em São Paulo, onde conheceria Afonso de Taunay, nem por isso devemos deixar de lado que para o jovem SBH isso se fazia em meio a um perfil ditatorial de seu pai tratar das coisas e da família (Cf. Nogueira, 1988; Martins, 2009; Carvalho, 2013). Mas, evidentemente, as suas relações com a família não devem ser resumidas a isso. Nem tampouco podemos ajustar sua trajetória tão somente a esses pontos, pois, muitas outras variáveis foram importantes.

Contudo, deve-se notar que foi justamente nesses locais que SBH, então já apaixonado "pela leitura, desde cedo adquiriu o hábito de anotar – em tiras de papel almaço – suas impressões diárias e anotações de leituras" (Nogueira, 1988, p. 20), começaria a exercitar suas predisposições literárias. E esse hábito chamaria a atenção de seu professor, Afonso de Taunay, que veio a publicar um de seus primeiros textos na imprensa periódica em 1920, que foi seu: *Originalidade literária*, publicado no *Correio Paulistano*, do estado de São Paulo. Desse modo, foi em meio a um ambiente familiar "compreendido" como ditatorial, e em escolas e com professores que vieram a aguçar o desenvolvimento de sua sensibilidade literária, que devemos visualizar o jovem escritor, então no Rio de Janeiro dos anos 1920 – mudaria para lá em 1921 com a família –, tentando se estabelecer junto aos movimentos literários e os jornais e periódicos de seu tempo, ao mesmo tempo em que ingressava na Faculdade de Direito. Já neste período começavam a se formar as primeiras impressões de outros escritores a seu respeito, e que se tornariam seus amigos, como a que nos mostraria Mário de Andrade no início dos anos 1920 (Cf. Monteiro, 2012), ou Gilberto Freyre (1979) no mesmo período, ou mesmo Alcântara Machado, a partir de 1926, quando cobraria de SBH sua contribuição para a revista *Terra Roxa*, endereçando carta a Prudente de Morais, neto:

> Olhe aqui: o Sérgio é um sujeito impossibilíssimo! com os diabos! Mande ao menos a parte já feita. *Terra roxa* já anunciou, por intermédio do Millet, o artigo do homem. Vem ou não vem? Conto com você para que venha. E logo. E Já.[20]

20 Carta de Antônio de Alcântara Machado a Prudente de Moraes, neto, em 28 de abril de 1926. In: Machado, 1997, p. 33.

Assim, Antônio de Alcântara Machado (1901-1935) se referia a Prudente de Morais, neto, sobre SBH, em meados de 1926. Naquele momento todos estavam as voltas com o projeto de publicação do periódico: *Terra roxa*, que teria vida curta, como a tentativa anterior que Sérgio e Prudente fizeram ao tentarem empreender a direção e publicação de *Estética* e, antes dela, com a participação que tiveram em *Klaxon* (Cf. Lara, 1972; Luca, 2011) - como vimos no terceiro capítulo de nossa pesquisa.

Em 11 de julho do mesmo ano, o mesmo Antônio de Alcântara Machado diz a Prudente que dê "um tapa no Sérgio", e em 19 de julho para que dê um "formidável safanão no Sérgio",[21] em função de seus atrasos no encaminhamento de seus artigos para o periódico. Essa rotina de tratamento ao jovem e promissor Sérgio, de pouco mais de vinte anos, evidentemente, alterava-se quando ele fornecia os textos esperados. Em 8 de novembro daquele ano Antônio de Alcântara Machado diz a Prudente que o "artigo sobre crônica [de] Sérgio [é] magnífico".[22] Vale lembrar ainda, que Alcântara Machado também havia entrado em contato com SBH. Muito embora a carta que lhe enviou não esteja datada, é bem provável que seja do mesmo período em que entrava em contato com Prudente. Nela informava a Sérgio que havia recebido sua carta, e:

> Espero (urgente) o artigo anunciado. Preciso dele até o dia 25. Envie, quanto antes melhor.
>
> Si vão (pelo mesmo correio desta), cincoenta [exemplares de] Terra Roxa, que vol. dará, sob consignação [...] ao Garnier, e ás livrarias que vol. entender [possam vir comercializá-la]. Não fazemos questão de condições para a revenda. Está claro!
>
> Escreva-me. Diga-me coisas. Mande endereços [do] (Renato Almeida, Ronald, Arinos Soares, A. Machado, e outros tipos).
>
> Obrigado. Daí então,
>
> Abraço-o;
>
> Alcântara.[23]

21 Carta de Antônio de Alcântara Machado a Prudente de Moraes, neto, em 11 de julho de 1926; Carta de Antônio de Alcântara Machado a Prudente de Moraes, neto, em 19 de julho de 1926. In: *Idem*, p. 42-43.

22 Carta de Antônio de Alcântara Machado a Prudente de Moraes, neto, em 8 de novembro de 1926. In: *Idem*, p. 59.

23 Carta de Antonio de Alcântara Machado a SBH, São Paulo, s/d. Siarq/Unicamp, Cp 361 P11.

Note-se que essa estratégia, de SBH representar o grupo modernista de São Paulo no estado do Rio de Janeiro, já vinha sendo utilizada desde a publicação de *Klaxon*, em 1922, quando então ele inicia o que se tornará um conjunto representativo de missivas com Mário de Andrade (Cf. Monteiro, 2012). Nesse aspecto, sua movimentação no interior do modernismo, entre São Paulo e Rio de Janeiro, é consideravelmente dinâmica nos anos iniciais da década de 1920. Inclusive, pela igualmente "polêmica" análise que consignava na proposta de seus textos de "crítica literária", ou de "interpretação histórica", que naqueles anos sairiam publicados, em especial, na revista *Klaxon*, na *Estética*, na *Revista do Brasil* e em *Terra Roxa*, além de em vários jornais do Rio de Janeiro e de São Paulo (Cf. Monteiro, 1999; Luca, 1999, 2011; Eugênio, 2011; Gusmão, 2012; Nicodemo, 2014).

Foi durante este período que SBH começou a aguçar sua "rebeldia literária", dando um tom inovador sobre a leitura que fazia tanto de obras literárias, sociológicas e filosóficas, quanto de textos históricos, ou mesmo de relatos de cronistas e viajantes, que aqui estiveram desde o período colonial. Pode-se muito bem visualizar tais questões em suas contendas com parte do movimento modernista em 1926, ou com Tristão de Athayde no final daquela década, ou com Oliveira Viana, com relação à ideia de estado centralizador e estado democrático no final dos anos 1930 e meados de 1940, ou mesmo com Cassiano Ricardo nos anos 1940, com relação à definição e aos usos que se fazia da categoria "homem cordial", ou ainda com Jaime Cortesão sobre a atribuição de uma "ilha Brasil", para justificar o empreendimento da colonização portuguesa para além do litoral da América portuguesa, entre o final dos anos 1940 e meados de 1950 (Cf. Holanda, 1948, 1979, 1989, 1991a, 1996a, 2011a; Athayde, 1969).

Com base nessas questões é que queremos adentrar neste item nos encontros e desencontros de SBH com a pesquisa histórica nos anos 1920 e 1930, quando ainda estava as voltas com a crítica literária e sociológica, na imprensa periódica de São Paulo e do Rio de Janeiro. E que havia sido inicialmente aguçada por Afonso de Taunay, quando fora seu professor, e ainda mais por Mário de Andrade (1893-1945), que entre 1922 e 1944 mantiveram uma relativa troca de cartas, e como nos informa Pedro Meira Monteiro, salta "aos olhos o sentido de *missão* que os conectava, como se dependesse deles a invenção de um público para as novidades das artes e da literatura, na onda das inovações das vanguardas que eles recebiam com entusiasmo", além de ficar igualmente "claro, desde as primeiras cartas, que se tratava de um grito paulista, e que no Rio de Janeiro seria preciso ainda descobrir solo fértil para que as ideias daqueles que ganhariam o ambivalente epíteto de 'futuristas'" (Monteiro, 2012, p. 174), fossem discutidas e aceitas pela intelectualidade carioca. Veremos abaixo que o perfil construído sobre SBH, ao redor dos modernistas de São Paulo, estaria a circunstanciar parte dos comentários e críticas que sua obra de estreia, *Raízes do Brasil*, de 1936, receberia na imprensa periódica, entre os anos de 1936 e 1938, e mesmo depois desse período, em seus livros: *Monções*, *Caminhos e fronteiras* e *Visão do paraíso*. Para Antonio Candido:

> A Semana de Arte Moderna [...] foi realmente o catalisador da nova literatura, coordenando, graças ao seu dinamismo e à ousadia de alguns protagonistas, as tendências mais vivas e capazes de renovação, na poesia, no ensaio, na música, nas artes plásticas. Integram o movimento alguns escritores intimistas como Manuel Bandeira, Guilherme de Almeida; outros, mais conservadores, como Ronald de Carvalho, Menotti del Picchia, Cassiano Ricardo; e alguns novos que estrearam com livre e por vezes desbragada fantasia: Mário de Andrade, Oswald de Andrade, na poesia e na ficção; Sérgio Milliet, Sérgio Buarque de Holanda, Prudente de Moraes Neto, no ensaio. Dirigindo aparentemente por um momento, e por muito tempo proclamando e divulgando, um escritor famoso da geração passada: Graça Aranha (Candido, 2000, p. 108).

O crítico literário Alceu Amoroso Lima (1893-1983), cujo pseudônimo Tristão de Athayde lhe era mais comum,[24] faria no final dos anos 1950 indicação semelhante à de Candido, ao colocar SBH como figura representativa da crítica militante, ao lado de Mário, Oswald, Ronald de Carvalho, Sérgio Milliet e outros. Para ele:

> O fato é que foi de São Paulo que veio o grito que logo ecoou no Rio e do eixo partiu e ecoou pelo Brasil afora. Mário de Andrade, Menotti Del Picchia, Guilherme de Almeida, Cassiano Ricardo, Plínio Salgado, Ribeiro Couto, Raul Bopp, Luís Aranha, Sérgio Buarque de Holanda, os mais destacados na barricada, no terreno das letras, e Anita Mafaltti, Bucheret, Di Cavalcante, Villa-Lobos, Portinari, logo no início ou pouco depois, lá nascidos ou lá formados e reunidos, das

24 Para uma análise circunstanciada de sua trajetória e de sua produção literária, ver: Rodrigues, 2013.

> margens do Tietê, que Mário de Andrade iria cantar tão trágicamente no fecho de sua curta e fulgurante carreira literária de quinze anos, é que partiu o novo grito do Ipiranga (Athayde, 1969, p. 231).

Mas não apenas isso, ele próprio justificava sua tomada de posição no período, e com relação ao movimento modernista, da seguinte maneira:

> [...] a posição que assumi, entre 1922 e 1928, e que parecia a Jackson de Figueiredo contraditória. Apoiava decididamente os "modernistas" embora nem a todos e a tudo e ao mesmo tempo, sentia vivamente que a "revolução" de Jackson era muito mais profunda. Mas também não compartilhava a posição dêste, ligando a verdade e a beleza pelo mesmo critério de apreciações. Por isso mesmo tive então polêmicas, tanto com os modernistas, como Oswald de Andrade e Sérgio Buarque de Holanda, como com os antimodernistas como Jackson de Figueiredo ou José Maria Belo. [...] Mas realmente não podia compreender a incompatibilidade entre os dois mundos, ou antes a associação inevitável entre catolicismo e passadismo estético, como hoje [1952] não compreendo a associação, que a tantos parece evidente, entre catolicismo e passadismo político (Athayde, 1969, p. 46).

A trajetória de SBH, não por acaso, estaria permeada por esses debates, que colocavam em questão o "antigo" e o "moderno", a "tradição" e a "inovação", o "passado" e o "futuro" (Cf. Barbosa, 1988; Galvão, 2001; Prado, 2004; De Decca, 2006, 2007), cujo norte delas, sem dúvida alguma, retornaria em *Raízes do Brasil*, em 1936 (Cf. Monteiro, 1999; Eugênio, 2011; Nicodemo, 2011). Ao distinguir, por intermédio da "análise dos contrários", com os "pares antitéticos", como diria Antonio Candido (1991a, 1995, 1998b, 2006), as "amarras do passado", apreciando sua "longa duração" na história brasileira, em função da constituição de certos padrões de sociabilidade, que paulatinamente foram sendo manisfestadas por meio de relações que tinham um caráter "cordial". Essas relações se reproduziam no tempo, constituindo-se verdadeiramente como uma das maiores barreiras para a formação de um "espaço público" adequado as discussões coletivas, e, por isso, instando sempre ao não desenvolvimento da "democracia" entre nós (Cf. Rocha, 1998, 2005; Ramirez, 2011). Com isso, a sua maior meta no período era justamente tentar sugerir uma possível superação desse modo de agir e pensar dos letrados do período. Daí a razão de todo seu questionamento sobre as "raízes" que fundaram certos padrões de "cordialidade" na história do povo brasileiro, que não se baseava em atitudes *boas* ou *ruins*, mas sim nas ações *emocionais*, prescindirem as *racionais*, os *sentimentos* preponderarem sobre a *razão*, o *público* estar sob o domínio do *particular*.[25] E é justamente estando atentos a tais questões que devemos passar a inquirir de que maneira SBH procurou elaborar um projeto de "escrita da história" para pensar o Brasil, ao começar a investigar as "raízes" de nosso passado colonial, em meados dos anos 1930.

## *A obra de Sérgio Buarque de Holanda e a elaboração de um projeto de "escrita da história" para pensar o Brasil*

> Mais um livro bastante interessante acaba de dar á estampa a *Livraria José Olympio*. Trata-se de *Raizes do Brasil*, obra que inicia, dirigida por Gilberto Freyre, a Coleção "Documentos Brasileiros". *Raizes do Brasil* vem trazer ao movimento intellectual que agita o nosso paiz, á ânsia de introspecção social que é um dos traços mais vivos da nova intelligencia brasileira, uma variedade de material, em grande parte ainda virgem. Desde o inventario á biographia: desde o documento em estado quase bruto á interpretação sociológica em forma de ensaio. Por isso, muita razão teve o prefaciador ao affirmar que "animando-a o jovem editor José Olympio mais uma vez se revela um editor consciencioso". Não podia ser mais feliz, portanto, a novel collectanea, sendo iniciada por uma obra do folego intellectual de *Raizes do Brasil*.[26]

Essas observações foram expostas na *Revista Beira-Mar*, no final de 1936, quando foi publicada a primeira edição de *Raízes do Brasil*. Mas antes de chegar a esse tipo de sistematização do processo histórico, de modo a interpretar a sociedade brasileira, inquirindo a conformação de uma psicologia social coletiva de "longa duração", sintetizada sob a definição do "homem cordial", SBH havia percorrido livros, cidades, arquivos e a imprensa periódica, para poder acumular indícios plausíveis sobre suas afirmações. Para poder justificar sua opção pelo

25 Ademais, como já havia salientado José Carlos Reis (1999), ao notar que a crítica de SBH sobre as "relações cordiais", acentuava também um manifesto direto à burguesia e a classe média brasileira, em ascensão nas cidades e da qual fazia parte, em função da sua falta de autonomia, e cujos méritos profissionais de um indivíduo eram preteridos, em prol daqueles que estabeleciam melhores laços de "cordialidade" no local e entre o grupo.

26 Siarq/Unicamp, Pt176 P61.

uso de outros tipos de fontes, além das de cunho "oficial", ele não só adentrou nos relatos de viajantes, como também se apropriou abundantemente da produção literária. E igualmente ter subsídios para criticar teorias aceitas, interpretações acentadas na tradição crítico-literária, sociológica e historiográfica, tal como vimos na primeira parte de nosso estudo, e estamos retomando neste capítulo.

Por essa razão, pretendemos neste item verificar de que maneira SBH procurou elaborar um projeto de escrita da história para pensar o estado de São Paulo e o Brasil, nos anos de 1930 e 1940, quando começava a caminhar progressivamente, como "historiador por vocação" (Cf. Glezer, 1976), para o campo específico dos "estudos históricos". Sua produção, evidentemente, não estaria limitada apenas a este campo de estudos, mas mantinha uma nítida relação com outras áreas, como a filosofia, a crítica literária e a sociologia (Cf. Galvão, 2001; Prado, 2004; Nicodemo, 2011). Para Maria Odila da Silva Dias, na década de 1930 "parecia ainda oscilar nas suas vocações de jornalista crítico do presente e de historiador da sociedade e da cultura brasileiras". E desvendar "no presente as 'sobrevivências arquaicas' do passado levou-o a uma concepção libertária e relativista do processo histórico, propícia à tarefa, que se impunha, de renovar as diretrizes de interpretação do processo de formação da sociedade e do Estado no Brasil" (Dias, 1985, p. 10), e ao qual começou a levar a cabo, segundo a autora, com a publicação de *Raízes do Brasil*, em 1936. De acordo com ela:

> Há uma ponte na formação intelectual de Sérgio Buarque de Holanda entre a sua militância modernista e a vocação de historiador, que valeria a pena ser mais esmiuçada. O fato é que há um fulcro inspirador comum a todos os seus trabalhos, que é a reconstituição das tensões entre as tradições e a mudança histórica, sucessivamente retomadas em suas obras sob ângulos de abordagem diferentes. Entrevia a condição humana através do seu acontecer no tempo, como que aspirando a libertar-se do domínio da própria cultura e do legado dos antepassados; modernista e relativista, admitia a imanência das forças históricas e a singularidade, o peculiar, o específico de cada sociedade ou nação. A mudança parecia inerente ao devir, oriunda da interação espontânea de suas contradições, do movimento de forças antagônicas, e nunca uma atribuição da vontade de alguns indivíduos ou de sistemas políticos artificiais, impostos por grupos sociais hegemônicos. O processo histórico não lhe parecia um plano racional e dirigido, nem a condição dos homens muito dependente de legados ou tradições, ou sequer submissa às forças da natureza (Dias, 1985, p. 11).

Além disso, seus trabalhos não se reduziam a uma interpretação meramente política do processo histórico, visto que procurava avançar justamente sobre as questões sociais e culturais, e não se mantinha enclausurado em teorias, conceitos e metodologias, mas antes procurava usar tais pontos, sempre como hipóteses de trabalho a serem inquiridas durante o processo de pesquisa e no período da escrita, onde expunha os resultados alcançados. E como nos indica ainda Maria Odila da Silva Dias:

> Focalizar a ação transformadora do tempo parecia uma alternativa promissora para uma visão do passado excessivamente preocupada com as forças de permanência e conservação; propunha-se libertar a historiografia de valorizações épicas e das distorções de um paroquialismo patrioteiro e apologético. Ao culto dos bandeirantes heroicos, opôs estudos sistemáticos de suas formas de sobrevivência, de técnicas materiais copiadas dos índios, ressaltando as forças mais dinâmicas e ativas da fronteira, em detrimento de determinismos climáticos ou raciais. Criticou a tese, defendida por Oliveira Viana, da falta de vocação dos portugueses para a democracia e o governo local, assim como a mistificação do povo-massa dos autores integralistas. Em contrapartida, elaborou estudos sobre os obstáculos que se opunham à renovação das elites dirigentes no Brasil colonial e no Império, dando nova abordagem ao papel dos figurantes mudos na história do Brasil – vadios, remeiros das monções, mamelucos, homens pobres, anônimos (Dias, 1985, p. 12-13).

Apesar de parecerem triviais essas observações, no período em que SBH começava a transitar em direção aos "estudos históricos", de modo a praticá-los como um "historiador por vocação" (Cf. Glezer, 1976), entre os anos 1930 e 1940, e que, a partir dos anos 1950, seria reconhecido pelos "pares" igualmente como um "historiador profissional" (Cf. Dias, 1985, 1988; Marras, 2012). Estas são, muito pelo contrário, cruciais, ainda mais por ser aquele momento o de formação das primeiras turmas de alunos nos cursos de Geografia e História, que começaram a ser criados no Brasil, a partir dos anos iniciais da década de 1930 (Cf. Ferreira, 2006, 2012, 2013; Roiz, 2012a).

E foi justamente em um deles, no curso de História da Faculdade de Filosofia, Ciências e Letras da Universidade do Distrito Federal (UDF), que SBH atuou como assistente nas cadeiras de *História Moderna e Contemporânea*, e de *Literatura Comparada*[27] (esta no caso do curso de Letras). Apesar de ambas terem lhe sido importantes, em sua formação de crítico literário, cuja "versatilidade de minhas preocupações não justificava por si só o primeiro convite que recebi para professor universitário", mas o fato "é que me encaminhou para a crítica literária em jornais de mais de um Estado, numa época em que a imprensa diária não dispensava os rodapés de crítica" (Holanda, 1979, p. 15). E no que se referia a história é "verdade que as desvantagens da versatilidade se fazem menos sensíveis no caso particular dos estudos históricos do que se pode esperar, e nem cabe reiterar aqui tudo quanto escreveu Lucien Fèbvre, renovador de tais estudos, contra o espírito de especialização na historiografia" (Holanda, 1979, p. 31). E, neste aspecto, quanto "a mim, julgo que o exercício da crítica, mesmo que a não aperfeiçoasse, não transtornou minha vocação principal, de historiador", e inclino-me a "suposição de que ela me foi ao cabo proveitosa, embora não seja eu o melhor juiz para dizê-lo" (Holanda, 1979, p. 32).

O fato é que foi como assistente de Henri Hauser (1866-1946), quando este presidiu a cadeira de *História Moderna e Contemporânea* (Cf. Ferreira, 2013), em meados dos anos 1930, que SBH teria aprendido as especificidades do ofício de historiador, para o qual passaria a se dedicar. Isto é, viu desde a confecção e o uso que deveriam ser feitas de fichas para anotação de obras, textos e fontes; que igualmente deveriam ser feitas outras fichas para o processo de fichamento das fontes; que o trabalho de pesquisa em história é lento e meticuloso, por isso exigia tempo e paciência, por parte de quem o praticava; e que o questionamento devia estar sempre a percorrer as fontes e a bibliografia, para o bom andamento do trabalho de pesquisa (Cf. Holanda, 1979, 2011a; Ferreira, 2011; Marras, 2012). Desse modo, as regras do método que começou a aprender com Hauser, se converteram no crítico literário, em uma oportunidade de ir se aperfeiçoando num campo de pesquisa que começava a prosperar no país, especialmente entre as universidades (Cf. Nicodemo, 2008, 2011; Franzini, 2010). E igualmente num momento de mutações, tanto da sociedade

27 Para Arlinda Rocha Nogueira: "Profissionalmente, também, o ano de 1936 foi positivo. [...] Em 13 de maio foi contratado para o cargo de Professor-Assistente da cadeira de História Moderna e Contemporânea, da qual era titular o Professor Henri Hauser; e da de Literatura Comparada, do Professor Trouchon. Com o retorno dos professores para a Europa, Dr. Sérgio assumiu-a. Em 1938 foi nomeado Professor-Adjunto da segunda secção didática. Permaneceu apenas um ano como tal, pois, em 1939, foi extinta a Universidade do Distrito Federal" (Nogueira, 1988, p. 22).

brasileira, quanto dos próprios "estudos históricos" nacionais e internacionais (Cf. Gomes, 1996, 1999, 2009; Diehl, 1998, 1999; Reis, 2000, 2003b).

Destarte, não podemos perder de vista, que ao mesmo tempo em que SBH ia explorando novos caminhos para praticar o "ofício de historiador" e proceder a "pesquisa histórica" no Brasil, este também teria visto as limitações de certos programas políticos. Como o então usado pela esquerda brasileira, cujo marxismo em prática, era para SBH uma verdadeira prisão teórica e metodológica, além de representar mais um dogmatismo político. De acordo com ele:

> Minha inclinação marxista no Brasil, frustada depois de uma conversa tediosa com Otávio Brandão, um dos próceres comunistas no Rio, não bastava para tirar-me do beco sem saída em que me afundava [de uma prática política, além da de pesquisa], e voltar a ela seria voltar um pouco ao ambiente intelectual que eu quis deixar, deixando o Brasil (Holanda, 1979, p. 30).

Apesar de sua prática política, mais voltada para o caminho das "esquerdas", não ter se arrefecido em sua estadia em Berlim, na Alemanha, certamente SBH voltou para o Brasil ainda mais crítico, com relação aos regimes totalitários, que, para ele, poderiam surgir tanto da direita como da esquerda política (Cf. Holanda, 2004, 2011a). E isso, evidentemente, se refletiu em sua tentativa de pensar o Brasil, em sua obra de estreia. Para Antonio Candido:

> Os marxistas brasileiros não haviam criado um pensamento equivalente ao que estou me referindo [a *Raízes do Brasil*], porque a sua tendência foi transpor mecanicamente os esquemas externos. Apenas um, Caio Prado Junior, desenvolveu mais tarde um pensamento vinculado às condições brasileiras (e aí, com um timbre revolucionário), no livro A Revolução Brasileira (Candido, 1988, p. 65).

Ao mesmo tempo em que desenvolvia uma prática política equilibrada para pensar o Brasil, em consonância com um projeto peculiar para rastrear e interpretar a sua história, SBH também foi definindo essas práticas, mediante as relações que foi estabelecendo com parentes, amigos e profissionais do Brasil e do exterior. Veja-se, por exemplo, a missiva que o escritor e jornalistas Antonio Carlos Couto de Barros (1896-1966), expediu de São Paulo em 17 de abril de 1939, na qual relatava a Sérgio que:

> Parece que estamos combinados em viver o mesmo rythmo no tempo: demoramos os dois: vol. em escrever, dando notícias, e eu em responder, agradecendo.
>
> Muitas coisas teria que lhe dizer agora, mas prefiro contal-as de viva voz, á sua próxima vinda a S. Paulo. Antes de tudo, quero agradecer os seus votos de felicidade. Retribuo "com juros", como se diz na tecnica dos agradecimentos – desejando a vol., a Maria Amelia e Heloisa Maria tudo quanto possa haver de bom neste mundo. [...]
>
> Quanto a mim, estou professoral, substituindo a Simonsen na cadeira de H. Economica do Brasil.
>
> V. dê lembranças ao Manuel Bandeira, ao Prudentinho, ao Rodrigo, aos velhos amigos enfim [...].[28]

Ao tom amigável e fraterno dessa missiva, seu cunhado, José Augusto Cesário Alvim, escrevendo-lhe de Lisboa em 16 de outubro de 1940, não deixando de lado tais questões, preferiu lhe circunstanciar outros pontos:

> Meu caro cunhado e professor:
>
> Estive hoje no Arquivo Colonial com o Dr. Múrias que é um desses portugueses que até parecem brasileiros – é delicado, agradavel, interessantisssimo no bate papo. Elogiou o seu livro [*Raízes do Brasil*], falou muito no Dr. Afranio Peixoto, no Taunay, no Rodolfo Garcia etc... Colocou logo todo o arquivo a minha disposição. Há lá coisas de 1ª ordem e inéditas. Quasi todos os papeis referentes á historia colonial nos séculos XVI, XVII e XVIII (estes ultimos em menor numero) que se achavam na Biblioteca Nacional, [mas] foram transferidos para lá. Grande parte dos documentos (que se encontram aos milhões) só agora estão sendo catalogados. Os catálogos antigos – inclusive o que existe aí em nossa Biblioteca Nacional – estão, no dizer do Dr. Múrias, muito defeituosos e incompletos [...].[29]

Foi, assim, em meio a uma rotina de trabalho, cujos contatos lhe mantinham informado sobre as novidades no mercado editorial, com relação à disposição dos arquivos nacionais e estrangeiros, e a possibilidade de novos

28 Carta de Antonio Carlos Couto de Barros a SBH, São Paulo, 17 de abril de 1939. Siarq/Unicamp, Cp 37 P5.

29 Carta de José Augusto Cesário Alvim a SBH, Lisboa, 16 de outubro de 1940. Siarq/Unicamp, Cp 47 P5.

trabalhos, que SBH começou a desenvolver sua predisposição pelos "estudos históricos", iniciando um projeto que só levaria a cabo nas décadas seguintes, e que teve início com a publicação de *Raízes do Brasil*, em 1936. Da mesma forma que ele igualmente lhes mantinham informados a respeito das novidades do Brasil e do exterior.

## *De crítico literário e sociólogo: os caminhos da escrita como "historiador por vocação"*

> Poderia objectar-se: estará certo, esse appeito á "forma", com despreso pelo "espirito" interior que o deve animar? Não será isso uma continuidade do erro posto em relevo, a respeito do bacharelismo [...]? [...] Foi talvez porque, no Brasil, esquecemos esse "espirito" criador, deixando-nos acalentar pelas [...] ideologias extranhas – que até hoje não somos um povo verdadeiramente democratico [...].[30]

Essas foram as indagações levandadas sobre a primeira edição de *Raízes do Brasil*, por Álvaro Augusto Lopes – então pertencente ao Instituto Histórico e Geográfico de Santos (IHGS), como um dos sócios a ocupar a cadeira de nº 67 –, que a esboçou em seu artigo, *A margem dos Livros*, publicado no jornal *A Tribuna* de Santos, no estado de São Paulo, em 9 de novembro de 1936.

Após destacar a importância do livro e o pioneirismo do empreendimento iniciado pela livraria José Olympio Editora, do Rio de Janeiro, com a criação da coleção *Documentos Brasileiros*, sob a direção de Gilberto Freyre (1900-1987), o autor se deteve na análise sintética do texto, expressando seu apreço pelo escritor que, para ele, conseguia demonstrar os principais obstáculos para o desenvolvimento do país e de sua população. Sua análise *é*, como já adiantamos, um dos 78 recortes de jornal reunidos pela irmã de SBH, Cecília Buarque de Holanda, relativos aos comentários que a primeira edição de *Raízes do Brasil* foi recebendo entre 1936 e 1938, e expõem desde notas rápidas e, quase sempre, não assinadas, até comentários circunstanciados sobre o livro (e, em alguns casos, também sobre seu autor).[31]

30 Álbum de 78 recortes de jornal, elaborados entre 1936 e 1938, e reunidos pela irmã de SBH, relativos à primeira edição de *Raízes do Brasil*, e se encontram no Siarq/Unicamp, Pt176 P61.

31 Uma primeira tentativa de sistematização deste material pode ser vista em: Carvalho, 2012, 2013. Alguns anos depois de ter sido defendida esta tese, Furtado (2018) avan-

A partir dessa documentação pretendemos fazer, neste item, um duplo movimento: 1 – circunstanciar os comentários e as críticas que a primeira edição do livro de estreia de SBH foi recebendo neste período; 2 – ao mesmo tempo em que tentaremos mostrar como o autor foi tangenciando pela crítica literária e sociológica, até começar a se firmar no campo dos estudos históricos, a partir dos anos 1930. Movimento, aliás, sentido em muitos dos comentários expressos sobre *Raízes do Brasil*, que, em muitos casos, não se reduziam a análise da obra, mas por meio dela vinham a destacar parte da trajetória inicial de seu autor.

Desse modo, com base nas perspectivas que SBH foi desenvolvendo em suas primeiras pesquisas históricas é que procuraremos refletir como perpassou da crítica literária e sociológica para a análise histórica, num momento em que igualmente a pesquisa histórica começava a transitar entre o "autodidatismo" e a "profissionalização" do trabalho de pesquisa do historiador, com a criação dos primeiros cursos de Geografia e História das Faculdades de Filosofia, Ciências e Letras, em vários pontos do país, a partir dos anos 1930 (Cf. Ferreira, 2006, 2012,2013; Falcon, 2011, 2013; Roiz, 2012a).

Essa foi uma das razões que nos levaram a estudar na primeira parte desse estudo, e no item anterior, parte desse movimento na trajetória de SBH. Assim, antes de avançarmos neste ponto, começaremos por analisar os comentários que foram feitos de seu livro de estreia. Como já antecipamos, os comentários foram produzidos entre 1936 e 1938, em várias partes do país, indo da nota rápida até a analise circunstanciada da obra, e nos serviram de guia para cotejarmos como os contemporâneos de SBH, começaram a avaliar sua produção inicial, feita entre os anos 1920 e 1930, e que culminaria com a publicação de *Raízes do Brasil* em 1936. No jornal *Correio do Povo*, de Porto Alegre/RS, em notícia, cuja autoria permaneceu anônima,[32] de 27 de novembro de 1936, assim se destacava a publicação do livro:

> As novas diretrizes que está tomando a intelligencia brasileira são bem differentes dos rumos seguidos, até ha pouco tempo pela maioria dos nossos intellectuais. Ha, principalmente nos novos, um

---

çou na análise da distribuição geográfica dos críticos e comentadores da obra de Sérgio Buarque de Holanda.

32 As notícias e os artigos não assinados, normalmente eram produzidos pela equipe editorial do jornal, responsável pela seção, ou mesmo pelo editor chefe. Para uma discussão desta fonte e de suas características, ver: Prado, 1974; Capelato, Prado, 1980; Mota, Capelato, 1981; Martins, Luca, 2008; Lustosa, 2008; Pilagallo, 2012.

> desejo sadio de pesquisar, de inquirir, de explicar racionalmente todos os multiplos problemas que se apresentam aos seus olhos avidos de conhecimento.
>
> Sergio Buarque de Hollanda situa-se entre os que mais pacientemente tem trilhado esse caminho. O livro: *Raizes do Brasil* que acaba de publicar, iniciando a collecção "Documentos Brasileiros" creada pela livraria José Olympio Editora e dirigida pelo sociólogo Gilberto Pierre [aqui aparece errado o sobrenome, que seria "Freyre"], é o resultado de um acurado estudo, de uma paciente pesquisa, e diz bem da capacidade invulgar do seu autor para esse genero de estudos.
>
> Nos capitulos que compõem esse ensaio [...] o autor estuda a nossa evolução, desde os phenomenos caracteristicos do descobrimento e colonização, até o momento actual, provando possuir um vasto cabedal de conhecimentos e uma segura visão para distinguir e julgar com acerto. Alliando a essas virtudes de pesquisador os meritos de prosador claro e elegante, consegue o autor dar ao seu trabalho verdadeiramente valioso uma feição agradavel, tornando-se a sua leitura um requintado prazer espiritual [...].[33]

Também do Sul do país, veio o comentário que apareceu em *O Tempo*, jornal de Rio Grande/RS, em nota não assinada de 7 de dezembro de 1936, onde informava que:

> O sr. Sergio Buarque de Hollanda, estudando as diversas phases successivas de nossa evolução, se revela um profundo pesquisador de nosso passado e um analysta muito perspicaz. Interpretando com muita justeza os factores de nosso desenvolvimento economico, as causas de nossa evolução politica e as raízes de nossas reformas sociais, o autor vae buscar nelles, na sua interdependencia, as bases do progresso brasileiro, affirmando a sua fé nos destinos do Brasil.[34]

Poucos dias depois, em 9 de dezembro de 1936, apareceria na *Gazeta do Povo*, jornal da cidade de Curitiba, no estado do Paraná, texto assinado por F. Albizu, no qual destacou na seção de *Livros novos* que:

> [...] [n]a obra de Sergio Buarque de Hollanda "Raizes do Brasil" [...] o jovem autor paulista revela-se um profundo conhecedor

33 Siarq/Unicamp, Pt176 P61.

34 Siarq/Unicamp, Pt176 P61.

> do assunto, um arguto pesquisador dos fenomenos formadores da nossa nacionalidade.
>
> Retomando á psicologia dos nossos descobridores, aos seus processos de colonisação e de adaptação, em face das reações do ambiente, das influencias interiores e exteriores, consegue, por um claro e metodisado estudo da evolução brasileira, chegar ate a explicação lógica de muitas particularidades da nossa psicologia social, desfazendo muitos preconceitos correntes, destruindo algumas teorias, aceitas por varios autores nacionais.[35]

Em Florianópolis, no estado de Santa Catarina, em 22 de janeiro de 1937, no jornal *Diário da Tarde*, numa notícia não assinada, destacava-se que o livro se tratava de "um estudo muito serio das nossas origens, dos aspectos mais significativos da nossa formação, e da introdução desses factores de origem e seus effeitos em nossa actualidade".[36] Apreciação, aliás, semelhante podia ser encontrada também nos artigos de Octavio Tarquinio de Souza (1889-1959), publicado em *O Jornal*, do Rio de Janeiro, em 8 de dezembro de 1936, ou no de Roberto Seidl, na sua resenha bibliográfica, publicada em *Através dos livros* (apesar de não datada, é bem provável que seja do mesmo período, do final de 1936 ou início de 1937), onde enfatizava que o "sr. Sergio Buarque de Hollanda sabe observar as cousas e dizel-as sem rebuços, sem a preocupação de agradar ou de desagradar" [37] a quem quer que seja.

Mas não seria, evidentemente, apenas do Sul do país que viriam as apreciações esboçadas sobre a primeira edição de *Raízes do Brasil*. Encontrava-se igualmente material rico em informações nos jornais e revistas do Nordeste do Brasil, como no jornal *A Tarde*, de Salvador, na Bahia, que em 13 de março de 1937 observava, em notícia assinada por um tal de K., que era "o indice de uma mentalidade superior, em quem o pensamento alto e o senso cientifico da realidade preponderam", e "não é história romantizada, numa sonora fantasia, mas austera lição, projeção luminosa de catedra".[38] Com isso, após esmiuçar o empreendimento que começava a ser desenvolvido pela livraria José Olympio Editora, com seu projeto de publicar títulos na coleção "Documentos Brasi-

35 Siarq/Unicamp, Pt176 P61.

36 Siarq/Unicamp, Pt176 P61.

37 Siarq/Unicamp, Pt176 P61.

38 Siarq/Unicamp, Pt176 P61.

leiros", K. procurava comparar esta produção, com as obras de Arthur Ramos (1903-1949), Gilberto Freyre e Nina Rodrigues (1862-1906), de modo a expor as aproximações e as diferenças entre elas e em relação a *Raízes do Brasil*.

Temos, igualmente, que Gilberto Freyre tenha lançado pelo menos dois artigos neste período, com o objetivo de divulgar a obra e a coleção que então estava sob sua direção. Num deles, de 25 de novembro de 1936, publicado em *A Nação*, do Rio de Janeiro, Freyre se utilizaria, com poucas alterações, do prefácio que escreveu para apresentar o livro de SBH. Por sua vez, em artigo que é provavelmente do mesmo período (final de 1936 ou início de 1937), Aurélio de Limeira Tejo (1908-1992) - autor de *Brejos e carrascais do Nordeste* (de 1937), *Retrato sincero do Brasil* (1950), *Brasil: potencia frustada* (1968), dentre outros, além de crônicas, contos e romances - publicaria no *Departamento de Publicações* de João Pessoa, no estado da Paraíba, que na "rapidez de um ensaio de [...] quasi duzentas páginas, ó autor realizou um verdadeiro milagre de objectivação e de synthese, sem nenhum prejuizo para o conhecimento pleno da materia e sem incorrer em precipitações muito naturaes a quem se aventura em terreno tão complexo".[39]

Em *O Nordeste*, de Fortaleza, no Ceará, em 19 de abril de 1937, em notícia não assinada, procurava-se alertar que aos "estudiosos das coisas do Brasil e capazes de distinguir as críticas verdadeiras das impressões pessoaes este livro é digno de [ser] folheado e apreciado"[40] pelo público leitor em geral, e de especialistas em particular. Também desta região do país, no *Diário da Tarde*, de Recife, Pernambuco, em 12 de novembro de 1937, no texto *Conversa sobre "Raizes do Brasil"*, de Luiz Pandolfi, lia-se que "procurando os elementos mais expressivos de nossa formação, Sergio Buarque, tudo expoz numa analise agil e mostrando um grande senão de introspecção social", mas errava "redondamente [...] quando diz[ia] no capitulo [sobre] o 'homem cordial' [que] não existe entre o circulo familiar e o Estado uma gradação, mas antes uma descontinuidade e até uma opposição", além de haver "também exagero, do sr. Sergio Buarque, quando diz que no Brasil, durante a fase colonial, exceptuando os jesuitas, houve falta de bons clerigos". No entanto, apesar "desses cochilos, Sergio Buarque de Hollanda escreveu um agradavel e bom livro sobre a nossa formação social, sobre as raizes do Brasil".[41]

39 Siarq/Unicamp, Pt176 P61.

40 Siarq/Unicamp, Pt176 P61.

41 Siarq/Unicamp, Pt176 P61.

A essa última impressão poderíamos acrescentar a do Padre F. Domingues Carneiro, que no seu texto "Raizes do Brasil", de 1937, chegaria a constatações semelhantes a do artigo de Luiz Pandolfi. No texto, Domingues Carneiro expõe:

> Um capitulo, no livro, obrigando a serias reflexões, fasendo ainda desejar um maior desenvolvimento que lhe fosse dado é aquelle que estuda o 'Homem Cordial', expressão que foi do escriptor Ribeiro Couto quando dizia que a contribuição brasileira para a civilização será a cordialidade. Traz esse capitulo, considerações curiosas, de importancia mesmo, sobre as manifestações da nossa vida emocional: na linguistica, nos negocios, no culto. É imprecionante a firmeza de observação do escriptor sobre a famosa questão ecclesiastica, no Imperio, luta furiosa que durante longo tempo abalou o paiz, travada somente porque Don Vidal se obstinasse em não abandonar o seu *excesso de zelo*.[42]

Apesar do tom mais elogioso, seu texto, como o anterior, não deixava de observar o uso polêmico que o autor de *Raízes do Brasil*, alocava a expressão "homem cordial", para demonstrar o processo de desenvolvimento de nossas relações sociais, cuja persistência de certos padrões de comportamento, ao longo do tempo, acabavam por inviabilizar mudanças no modo de agir e pensar das pessoas, assim como na própria estrutura política e administrativa do país.[43]

Mesmo considerando a importância destas notícias produzidas no Sul e no Nordeste do Brasil, certamente seria no Sudeste que se concentrariam as análises mais consistentes do tema, especialmente, em Minas Gerais e no Rio de Janeiro. No estado de São Paulo, curiosamente a primeira edição de *Raízes do Brasil* não despertou discussões e polêmicas tão acaloradas, como as que ocorreram nesses outros dois estados, mais se aproximando, aliás, das impressões dirimidas nas notas e nos comentários elaborados no Sul e no Nordeste do Brasil. Em *O Oeste Paulista*, jornal de Santo Anastácio, no estado de São Paulo, por exemplo, em 11 de julho de 1937, noticiava-se (em artigo não assinado) que "no volume em apreço o brilhante ensaista estuda a nossa

42 Siarq/Unicamp, Pt176 P61.

43 E cujos percalços SBH sentiu diretamente nos anos 1930, em função de sua instabilidade empregatícia, seja nos jornais, seja na universidade, onde havia atuado por curto período naquele momento.

evolução, desde os fenomenos caracteristicos do descobrimento e colonização até o momento actual".[44]

Mas, como já indicamos, seria de Minas Gerais e, principalmente, do Rio de Janeiro que se reuniria o maior número de comentários a essa primeira edição de *Raízes do Brasil*, além de cercearem os debates mais acalorados. Evidentemente, o fato de SBH estar morando no Rio de Janeiro, atuar como professor assistente na Universidade do Distrito Federal (UDF) e estar diretamente envolvido com a imprensa períodica (Cf. Franzini, 2010; Nicodemo, 2011; Marras, 2012), contribuíram para essa questão. Assim como sua participação no movimento modernista em São Paulo e no Rio de Janeiro (Cf. Luca, 1999, 2011) iriam, certamente, refletir no tom dos comentários e no modo como seria avaliado seu livro de estreia, assim como sua trajetória inicial pela imprensa periódica. Destaque-se inicialmente a notícia que Oscar Mendes publicou no jornal *Folha de Minas*, de Belo Horizonte/MG, em 17 de janeiro de 1937, intitulada *A alma*, onde revelava que:

> Um dos efeitos da revolução de 1930 foi chamar a atenção dos nossos intellectuais para o estudo dos problemas caracteristicamente brasileiros [...] e [o] sr. Sergio Buarque de Hollanda [procurava] traçar novo 'retrato do Brasil' [em seu livro *Raízes do Brasil*], buscando para isso, os traços ancestrais que portugueses, indios e negros nos herdaram.[45]

Por essa razão, procurava mostrar "as heranças morais" e as "caracteristicas e costumes que nos vieram dos tempos coloniais, apurados e estratificados no longo periodo da nossa vida agraria até a época da mudança do nosso sistema economico-social, em 1888, bem como analisa o nosso carater, mais os defeitos que as qualidades, tentando explicar o verdadeiro sentido de nossas agitações".[46] Donde Oscar Mendes se questionar:

> Qual é essa tradição? Quais são seus preconizadores? Ataca-os vagamente, sem que a gente fique sabendo quais são eles, afim de verificar si há razão no ataque, se o adversario é mesmo fraco ou se tudo não passa de uma fácil vitória verbal do autor sôbre um

44 Siarq/Unicamp, Pt176 P61.

45 Siarq/Unicamp, Pt176 P61.

46 Siarq/Unicamp, Pt176 P61.

> inimigo que nem chegou a comparecer pessoalmente ao debate.[47]

Ao tomar esse caminho em sua análise, ele nos mostrava a relação e a tensão entre o pensamento medieval e o pensamento moderno na formação do colonizador português, ao qual *Raízes do Brasil* buscava salientar para dimensionar as diferenças do empreendimento luso-brasileiro, em relação ao hispânico, no que se referia ao processo de colonização nos Trópicos. Numa linha que também situava o que entendiam como "fragilidades" do livro estava o texto de Jayme de Barros (amigo de Gilberto Freyre), publicado em *O Estado de Minas*, em meados de 1937, na seção de "Chronica Literaria" do jornal, onde salientaria que o "autor de 'Raizes do Brasil' não empresta demasiada importancia á influencia do meio, sem duvida poderosa" para se entender a história brasileira. Além disso, afirma a "supremacia da lei da hereditariedade na formação do nosso agrupamento social, sujeito embora ás surprezas de todas as transformações e ao milagre dos aperfeiçoamentos",[48] viria a constituir um dos núcleos explicativos escolhidos pelo autor para interpretar a história do país. No entanto, veremos abaixo que o mesmo autor, em notícia anterior, publicada no Rio de Janeiro, procurava justamente enfatizar as qualidades do trabalho. Por sua vez, Octaviano Domingues publicaria na *Folha de Minas*, de Belo Horizonte, Minas Gerais, em 14 de maio de 1937, que o "sr. Buarque de Hollanda não disse [...] porque razão tal plasticidade do mestiço é que facilitou" a construção de uma nova pátria nos Trópicos. Para ele:

> O mestiço-individuo *não é o maleavel. A maleabilidade está nas gerações mestiçadas, que surgem; na população de mestiços, em conjunto considerados é que se verifica essa grande variabilidade de formas, entre as quaes ha umas tantas, que se adaptam bem ao novo meio tropical.*
>
> Nas raças mais puras essa variabilidade é mais difficil, e quando se verifica, sua amplitude é reduzida, de pequena oscillação. Dahi a apparencia de rigidez da raça, a falta daquella maleabilidade de que se fala [...].
>
> Os defeitos, que, por ventura, apresenta o nosso povo, não serão em maioria num balanço que se fizer com as nossas qualidades, convindo lembrar que, graças a estas, foi que transplantamos ou creamos uma civilização em pleno dominio tropical. E só este fac-

47 Siarq/Unicamp, Pt176 P61.

48 Siarq/Unicamp, Pt176 P61.

> to bastaria, por certo, para que fossem revelados aquelles defeitos, num julgamento imparcial do que somos e do que podemos valer.[49]

A impressão causada neste autor sobre o tom pessimista acalentado nos últimos dois capítulos de *Raízes do Brasil*, e aos quais segundo informava se deviam a "influência" que SBH havia recebido de Capistrano de Abreu e de Paulo Prado, é que lhe teriam obrigado a fazer seu ajuste de contas, ao demonstrar efetivamente as "qualidades" da população brasileira, em prol dos "defeitos" considerados pelo autor de *Raízes do Brasil*.

No Rio de Janeiro, a polêmica também se abateu no tom dos artigos, e até com maior ênfase do que a proposta em Minas Gerais. Em *A Offensiva*, Alberto B. Cotrim Netto, revelava-nos em seu texto de 8 de fevereiro de 1937, que:

> *É de pasmar [...] aos que se detenham na sua leitura, a vaicuidade das theses que o autor* desenvolve, quasi sempre com o objetivo de contrariar conclusões ha muito estabelecidas e que trazem a chancella dos nossos grandes sociologos, principalmente de Oliveira Vianna.[50]

A sua referência para a formação de um estado de tipo totalitário no Brasil seria frágil, assim como suas observações quanto ao Integralismo. Com o objetivo dc corriguir justamente esses pontos foi que Cotrim Netto alertava ao autor de *Raízes do Brasil*:

> Saiba o sr. Hollanda [que] Estado Fascista não é Estado Integralista: se um e outro são Estados Corporativos, são Estados Fortes, a Corporação Integralista assenta em outras bases [e] o integralismo organizará o Brasil differentemente da forma porque o Fascimo organizou a Italia centralizando em Roma a vida administrativa e politica do paiz, ao passo que nós objectivamos descentralizar o mais possivel, até aos municipios.[51]

Além disso, ainda notava que:

> Para que o autor de 'Raizes do Brasil' não continue tentando lamentavelmente a existencia de corporações de periodo [tão extenso] de

49 Siarq/Unicamp, Pt176 P61.

50 Siarq/Unicamp, Pt176 P61.

51 Siarq/Unicamp, Pt176 P61.

> nossa formação histórica aconselhamos apenas a leitura instructiva e agradavel de Affonso de Taunay, de Capistrano de Abreu, ou de Rocha Pombo, já que talvez lhe não seja interessante (o que se infere da leitura do livro em referencia) a pesquisa das fontes dos archivos.[52]

Ao nos revelar esses pontos, (1) o autor da matéria apenas tomava como fonte a documentação "oficial", desconsiderando o uso intenso que o autor de *Raízes do Brasil* fizera então dos relatos de viajantes e da correspondência e documentação administrativa relativa aos atos e mandos dos presidentes de Província; (2) que seu debate com os autores arrolados acima era igualmente acalorado, e não apenas neste livro, mas desde os anos 1920 em seus artigos de jornal (Cf. Holanda, 1989, 1996a, 2004, 2011a); (3) que sua visão do Fascismo e do Integralismo, tinha tanto uma crítica política, quanto um apontamento sociológico, pautados em acontecimentos no Brasil e na Europa, e cuja crítica de SBH não estava simplesmente reduzida a opinião de um "esquerdista" (Cf. Candido, 1998a; Sanchez, 2007; Costa, 2007; Ramirez, 2011); (4) e o olhar crítico sobre a interpretação do processo histórico esboçada pelo autor se devia ao estreitamento de suas posições junto ao Integralismo no Brasil. Nesses pontos o texto de Jayme de Barros, publicado no *Diário da Noite*, em 23 de novembro de 1936, era categórico: "O Brasil de hoje não é mais o que saiu do Brasil de Capistrano, e de Paulo Prado", e "Sergio Buarque de Hollanda faz parte da nova geração que procura interpretá-lo sob ângulos diversos aos propostos pelos estudos feitos no passado".[53] Para Belarmino Maria Austrigésilo Augusto de Athayde, ou simplesmente Austrigésilo de Athayde (1898-1993), jornalista, professor e ensaísta (que ingressaria na Academia Brasileira de Letras em 1951), também em artigo para o *Diário da Noite*, jornal do Rio de Janeiro, em 16 de novembro de 1936, apontava que:

> Não ha aqui o lugar de uma critica sobre 'Raizes do Brasil'. Apenas quero chamar a attenção dos leitores para a constancia de certos vicios brasileiros que constituem um peso hereditario, cuja extirpação deve ser um ponto de programa para os renovadores da vida brasileira.
>
> Refiro-me á absurda tendencia aos titulos academicos, que ainda se conserva no Brasil, a despeito dos postulados da vida moderna.

52 Siarq/Unicamp, Pt176 P61.

53 Siarq/Unicamp, Pt176 P61.

> O sr. Sergio Buarque de Hollanda mostra como vem de longe, não na colonia, mas na propria metropole, essa attração dos moços para o bacharelado inutil.[54]

Por essa razão, o autor de *Raízes do Brasil*, teria prestado para Athayde, "um serviço transcedente ao paiz, explicando aos estadistas a origem dos nossos males para que comprehendam e tanto quanto possivel adaptem [a] o processo therapeutica ás condições psycologicas que elles revelam", ao ser analisada as "amarras" na história do Brasil, que ainda impediam seu desenvolvimento, como uma nação democrática. Com a perspectiva de também salientar os méritos do livro foi que Vieira de Mello registraria em seu texto "Raizes do Brasil", publicado em *A Nota* de 15 de novembro de 1936, que:

> [...] o sr. Buarque de Hollanda não é caólho, não soffre a doença dos exclusivismos unilateraes de methodos historicos.
>
> Não é um desses diabos maniacos do determinismo, que querem reduzir os organismos sociaes a puras leis biologicas. Nem é um dos livre arbitristas, que submettem os acontecimentos a meras volições erradas ou certas das gerações successivas.
>
> Feliz intelligencia a desse homem, sem rigidez de dogma, com o faro das essencias escondidas da psycologia collectiva, e servida por uma solida cultura, uma cultura sanguinea, bem absorvida, e bem respirada.
>
> A grande linha do livro [...] é a que elle procura traçar sobre a plastica adaptação ruralista da cultura iberica ao nosso paiz e a forte transformação que ella começou a soffrer depois de 1888.[55]

Com base na trajetória de SBH foi que António Amorin destacou em *O Aliado*, de 14 de fevereiro de 1937, que quando "apareceu ha quase dez ou doze anos, ao lado de Prudente de Morais, neto (Pedro Dantas) – talvez a vocação mais pura de crítico que já surgiu entre nós – foi logo revelando as qualidades e o gôsto que agora se afirma virtuosamente"[56] em seu *Raízes do Brasil.*

Como temos visto, a critica era consideravelmente variada, indo do elogio a recusa peremptória das teses apontadas por SBH. A recepção de sua obra de

54 Siarq/Unicamp, Pt176 P61.

55 Siarq/Unicamp, Pt176 P61.

56 Siarq/Unicamp, Pt176 P61.

estreia, diferentemente da de AEJ – que além de estar estreitamente reduzida a análise da história do estado de São Paulo (mesmo que, para ele, isso formasse a base para a compreensão da história nacional), igualmente os comentários que foram feitos sobre ela se centralizavam no *Correio Paulistano*, no IHGSP e na APL –, teve genuninamente uma projeção nacional. Talvez por isso, a "rebeldia" de sua crítica, ao analisar a constituição histórica da população brasileira, levasse tantos críticos literários, historiadores, sociólogos e jornalistas a se recusarem em observar a sensatez de suas observações e a propriedade de suas teses. Primeiro, por estar indo contra a "tradição historiográfica", ou nos termos de Astor Diehl (2002) da "cultura historiográfica", que se formou desde o final do Oitocentos no Brasil. E, depois, por tentar apresentar uma "nova" leitura do processo histórico, cuja marca principal era justamente a de mostrar as nossas "raízes", para podermos nos desvencilhar delas.

Isso, talvez, foi o que tenha levado Hélio Vianna (1908-1972), historiador e futuro catedrático (a partir de 1939) da cadeira de *História da Civilização Brasileira* na Faculdade Nacional de Filosofia, Ciências e Letras da Universidade do Brasil, no Rio de Janeiro (Cf. Ferreira, 2013), a fazer já em 1936 uma leitura tão crítica da obra de SBH, em *O Jornal*, do Rio de Janeiro, de 30 de novembro de 1936, em sua *Nota sobre Raízes do Brasil* (anteriormente publicada no *Diários Associados*, naquele mesmo ano).

Para ele, apesar "de fazer justiça á acção colonizadora de Portugal", o autor de *Raízes do Brasil* "resolve arbitrariamente distinguir os povoadores mais antigos de trabalho dos que apenas procuravam as aventuras [...] como se fosse possivel differencia-los com nitidez, em sua acção nos primeiros seculos da vida brasileira". Como nos informava, também haveria fragilidade em sua exposição da tentativa dos holandeses em colonizar o Nordeste açucareiro. De igual maneira, ele persistiria em apontar que a colonização portuguesa majoritariamente esteve limitada ao litoral, "esquecendo, portanto, toda a obra de penetração realizada [...] no segundo seculo, o das grandes bandeiras e conquistas". Não só isso, pouca importância ele teria dado "a nossa formação espiritual, assumpto em que passa de largo o sr. Sergio Buarque de Hollanda", por cometer "assim a injustiça de esquecer o valor da contribuição que á nossa existencia trouxeram innumeros sacerdotes de outras ordens, carmellitas, franciscanos, capuchinhos, oratorianos etc., além dos seculares", uma vez que lhe bastaria "olhar qualquer quadro dos aldeamentos de silvicolas nos séculos XVII e XVIII [...] para se capacitar do contrario da referida asserção".[57] Além disso:

> Sae, entretanto, de seu campo de simples commentarios ou do jogo mais ou menos artificioso das ideias, quando surprehendentemente ataca como pacifico o integralismo [...], quando quer mais objectividade na obra de Oliveira Vianna [...] e quando revela singular incomprehensão da these sustentada no livro "Machiavel e o Brasil", pelo sr. Octario de Faria [...]. Fora, porém, dessas ultimas paginas, que por certo são demais no livro, a elle acrescentadas talvez simplesmente para augmentar o volume, o nivel de "Raizes do Brasil" é o de uma obra sem duvida alguma digna de apreço, sobretudo por ser da autoria de um escriptor com os [...] meritos que possui o sr. Sergio Buarque de Hollanda.[58]

Ao mesmo tempo, Hélio Vianna ainda nos lembraria que "nem sempre incide em erros de Historia ou de interpretação o autor de Raizes do Brasil", como se revelava quando "critica a proclamação da Republica e o positivismo inicial", ou quando "affirma que 'a democracia no Brasil foi sempre um lamentavel mal-entendido'", visto que "em todos esses pontos a argumentação do sr. Sergio Buarque de Hollanda é perfeitamente certa".[59] Apesar da autoridade com que Hélio Vianna procurava se expressar em seu texto, Dioclesiano Pereira Lima, em *Sobre "Raizes do Brasil"*, publicado no *Jornal do Commercio* de Recife, em Pernambuco, nos apresentava na edição de 15 de dezembro de 1936, que:

> Se accaso, o sr. Sergio Buarque de Holanda incide, como observa o sr. Helio Vianna, em erros de interpretação quando fixa alguns aspectos de nossa historia, ou expande conceitos pouco razoaveis a respeito das nossas inclinações políticas, o facto jamais invalidaria o estudo honesto que faz dos verdadeiros rumos a que obedeceu o processo de nossa estructuração como sociedade.
>
> *Raizes do Brasil* é, pois, um trabalho que, se realmente, offerece margem a restrições idoneas da critica, não deixa, contudo, de merecer da mesma os justos ecomios a que tem direito como lucubração conscienciosa e sincera, que *é*, de uma intelligencia moça

57 Siarq/Unicamp, Pt176 P61.

58 Siarq/Unicamp, Pt176 P61.

59 Siarq/Unicamp, Pt176 P61.

> voltada para a interpretação dos phenomenos mais intimos e mais serios da formação nacional.[60]

Para chegar a dirimir essa opinião, o autor procurou inicialmente indicar que conheceu SBH, quando Graça Aranha, com base no "espírito moderno", havia rompido na Academia Brasileira de Letras (ABL), do Rio de Janeiro, com seus companheiros "imortais". Doravante, quando partiu para o Nordeste do país, retornando a sua terra natal, depois de concluir seus estudos em Medicina, este perdeu a ligação com o movimento modernista (que estava em plena expansão de suas diretrizes nos anos 1930, como vimos no terceiro capítulo deste estudo), e com SBH, que desde o início havia lhe causado uma ótima impressão. Para ele:

> O sr. Sergio Buarque de Hollanda [...] soube, á semelhança do mallogrado Ronald de Carvalho, seguir do pensamento de Graça Aranha, tão somente, o que no mesmo deixava de ser arrebatamento transitorio ou reflexo de influencia extranha. Donde, o sentido profundamente objectivista e essencialmente brasileiro do bello livro que acaba de publicar [...].[61]

Além dos comentários de Pereira Lima, o próprio SBH havia lançado um texto, *Maquiavel e o sr. Otávio de Faria*, publicado no *Boletim de Ariel* em dezembro de 1933 (Cf. Holanda, 1996a, p. 248-250), no qual destacava a impropriedade da crítica que este lançava sobre a obra de Pedro Dantas (pseudônimo de Prudente de Morais, neto), e cujas teses apresentadas eram verdadeiramente pessimistas quanto a "espécie humana". Para SBH, o problema foi evidentemente mal posto no livro, acentando suas propostas em base religiosa e metafísica, deduzindo a impropriedade de uma solução democrática, em povo onde apenas um Estado forte poderia ser a imediação dos problemas políticos, sociais e econômicos. Por fim, observava como o livro esgotou-se rapidamente, servindo até de receituário para as "novas gerações", e cujas propostas SBH demonstrava claros receios. Mas, ao que tudo indica, eram viáveis para Hélio Vianna.

60 Siarq/Unicamp, Pt176 P61.

61 Siarq/Unicamp, Pt176 P61.

Assim, rapidamente sintetizado o painel que nos possibilitou a análise de uma parte dos setenta e oito recortes de jornal, do Álbum organizado pela irmã de SBH, e termos como seus contemporâneos viram a publicação de seu livro de estreia no mercado editorial brasileiro, nos quais eles apresentavam desde o elogio amigo, até a crítica cerrada e viceral. E com eles ter nos sido possível fazer um panorama muito mais complexo e completo da movimentação e da recepção da obra de SBH nos anos 1930. Assim, é preciso agora tentar fazer o movimento inverso, e ver como SBH propunha escrever seus textos. Por essa razão, temos que tentar fazer outro movimento, isto é, o de demarcar como SBH estava perpassando pela critica literária e sociológica, que como "historiador por vocação" (Cf. Glezer, 1976) que era então, iria progressivamente caminhar para a pesquisa histórica, de modo a tentar se aperfeiçoar no ofício.

Note-se, que apesar de estar a par dos comentários que então eram feitos sobre sua obra de estreia, não encontramos indícios de que SBH se preocupasse em responder as críticas, ou mesmo que estava intimidado por elas, nos textos que escrevia para a imprensa periódica do período (Cf. Holanda, 1989, 1996a, 2011a). Mas se compararmos a primeira com a segunda edição de seu livro de estreia, veremos, com base nestes comentários, algumas das razões que levaram SBH a retirar, por exemplo, suas referências a Carl Schmidt e a Gilberto Freyre[62] – *até como uma forma de demarcar melhor sua autonomia intelectual*. Mesmo se considerarmos que a divulgação da obra se devia ao trabalho efetuado por Gilberto Freyre, então diretor da coleção *Documentos Brasileiros*, que *Raízes do Brasil* inaugurou em 1936, ou por José Olympio (1902-1990), como editor, que logo após o lançamento do livro, como de costume (Cf. Sora, 2010), havia pago a SBH os direitos autorais relativos a primeira edição de seu livro, tal como vemos no recibo que este assinou em outubro de 1936, onde declarava que:

> Recebi de José Olympio Pereira Filho a importancia de 3:000$000 (três contos de reis) correspondentes aos direitos autorais da primeira edição de meu livro "Raizes do Brasil", edição de 3.000 exemplares, tendo sido tirada mais 100 exemplares para publicidade e mais 20 exemplares em papel especial [...].[63]

62 Ver ainda sobre essa questão as instigantes análises de: Waizbort, 2011; Rocha, 2012.

63 Siarq/Unicamp, Vp18 P1.

E que José Olympio estava, evidentemente, comprometido com a possibilidade de divulgar e vender a obra, que então estava sendo comercializada por 10$000 (dez mil reis) o exemplar, nem por isso podemos perder de vista que SBH, como vimos nos comentários acima, já começava a ser conhecido entre os círculos intelectuais dos "homens de letras" de várias partes do país, e mesmo do exterior. E como veremos abaixo, apesar de não haver certamente a totalidade das notícias que foram publicadas, as edições seguintes de *Raízes do Brasil* (em 1948, a segunda, e em 1956, a terceira),[64] ou as primeiras de: *Cobra de vidro* (1944), *Monções* (1945), *Caminhos e fronteiras* (1957) e *Visão do Paraíso* (1958, 1959) não chegaram a gerar um número tão representativo e diversificado de comentários e críticas, como neste caso. Ainda mais se considerarmos que nos anos 1950, SBH estava no auge de sua carreira profissional, como diretor do Museu Paulista, e, depois, como catedrático da cadeira de *História da Civilização Brasileira* da FFCL/USP, a partir de 1958.

## *O sociólogo a procura do historiador: o encontro do(s) método(s)?*

> Meu caro Sergio:
>
> Recebi e muito agradeço a Memoria de Sequeira. É efetivamente um trabalho interessantissimo, e fora das obras de Eschwege não sei de nada tão minucioso a respeito da mineração no Brasil de principios do seculo passado [o XIX]. É um grande favor que vol. me fez, e fico-lhe realmente muito grato.
>
> O outro trabalho não me chegou ás mãos, mas tive conhecimento dele. É magnifico, e estou seguro que terá enorme repercussão. Marcou uma data. Transmita, tendo oportunidade, minhas sinceras felicitações, o que farei pessoalmente na primeira ocasião.
>
> Estou esperando sua visita a S. Paulo. A nossa editora vae caminhando, e já está com contrato assinado, e meia instalada. Diga ao Mayer que já estão programados alguns livros de viagem, e que oportunamente lhe escreverei a respeito. Tenho em mãos alguns textos interessantes, que estão sendo traduzidos.

---

64 Note-se ainda, que seria entre essas duas edições, que SBH iria relativizar o sentido de "estudo compreensivo" que dava a primeira edição de *Raízes do Brasil*, em 1936, dando até um caráter mais histórico em suas demonstrações no livro, e flexibilizando ainda mais o uso que fazia de categorias weberianas na obra (Cf. Holanda, 1948, 1956; Monteiro, 1999; Pesavento, 2005; Eugênio, 2011).

Receba um grande abraço do amigo,

Caio Prado Junior.[65]

São Paulo, 30 de novembro de 1943. Caio Prado Jr. respondia a SBH, agradecendo-lhe pelo envio da *Memória de Siqueira*, que detalhava o processo de mineração no Brasil do final do século XVIII e das primeiras décadas do século XIX. Dando-lhe notícia ainda da organização da editora Brasiliense, com a perspectiva de editar os primeiros livros, em especial, os relatos de viajantes que estiveram no Brasil, entre os séculos XVIII e XIX.[66]

Em meados dos anos 1940, essa era uma rotina de trabalho na qual SBH transitava entre os letrados de São Paulo, de outras regiões do Brasil e do exterior, com vistas a trocar informações, referências de obras e documentos, permutar livros e textos. Além de começar a preparar a segunda edição de seu livro de estreia, *Raízes do Brasil*, SBH estava preparando os originais do livro: *Monções*, que seria publicado em 1945, pela Editora e Livraria Casa do Estudante do Brasil.

Ao ir se definindo como historiador teria SBH se fixado em algum procedimento metodológico? Essa é a questão que pretendemos adentrar neste item. De imediato, como já vimos adiantando, na análise de sua trajetória e por meio do estudo dos comentários que as primeiras edições de seus livros foram recebendo, indica-nos o quanto ele não procurou se "amarrar" ou se "limitar" a usar apenas um único método de trabalho. O ecletismo de leituras no campo literário e sociológico deu-lhe igualmente sensibilidade para notar a inviabilidade em formar qualquer tipo de dogmatismo teórico ou metodológico. E foi justamente durante este período, nos anos 1940 e meados dos anos 1950, que SBH esteve na direção do Museu Paulista (também conhecido como Museu do Ipiranga).

A partir de 1946, SBH assumiriu a diretoria do museu e lá permaneceu até 1956, quando pediu a exoneração do cargo, para assumir interinamente a

65 Carta de Caio Prado Junior a Sérgio Buarque de Holanda, S. Paulo, 30 de novembro de 1943, 1p. Siarq-Unicamp, Cp 61 P6.

66 Pode-se mesmo até indagar que tenha sido a partir desse período, que SBH começou a se colocar criticamente em relação à obra de Gilberto Freyre (Cf. Rocha, 1998; Nicolazzi, 2011), cujo prefácio que fez a seu livro, *Raízes do Brasil*, foi igualmente retirado, a partir da segunda edição (Cf. Holanda, 1948), além de ir se aproximando gradativamente da obra de Caio Prado Jr., especialmente, quando teve que apresentar uma dissertação na *Escola Livre de Sociologia e Política* de São Paulo, antes de poder concorrer à cátedra naquele mesmo ano de 1958 (Cf. Nicodemo, 2008).

cadeira de *História da Civilização Brasileira*, no curso de História da FFCL/USP.[67] Durante o período em que esteve na direção do Museu Paulista, entretanto, SBH não deixou de continuar contribuindo com a publicação de textos de crítica literária e resenhas de livros nos jornais do Rio de Janeiro e de São Paulo (Cf. Holanda, 1996a, 1996b, 2011a), nem tampouco de avaliar novas oportunidades, como a proposta que lhe sugeriu Prudente de Morais, neto, em 10 de outubro de 1949. Após destacar-lhe o processo de remodelação a que havia passado o jornal *Diário Carioca*, ele lhe transmitia do Rio de Janeiro que:

> Amado Teteia; [...]
>
> Você e o Antonio Candido sois figuras das quais não posso prescindir. Combinai, pois, entre vós, mas não me abandoneis ao [...] desespero da resposta negativa e cruel [com relação a participarem, com textos, no jornal]. Sereis um ou dois miseraveis, conforme o caso e a minha furia sem limites seria enfim de civilizações, quero dizer o fim da civilização.
>
> Estou autorizado a oferecer 500 pratas por artigo de colaboração indeterminada, 800 pelo artigo de crítica. Bem entendido: com exclusividade no Rio e prioridade no resto do todo universal. Aguardo os dois "sins" com ansiedade imperial. É claro que você e Antonio Candido aceitam uma coisa ou outra, a seu critério, contanto que ambos aceitem e um seja o crítico e o outro colabore. Dentro dêsse esquema, podem trocar a vontade – até a resposta que espero poder anunciar aos meus donos.
>
> Mais um afetuoso abraço a Maria Amélia, carinho aos jovens e a ti um saudoso e carinhoso beijo.
>
> Do teu velho,
>
> Prudente.[68]

---

67 Em 7 de setembro de 1895 foi inaugurado o Museu Paulista, a princípio como museu de História Natural. Com esse encargo que o zoólogo alemão Hermann Von Ihering (1850-1930) assumiria a diretoria do Museu, lá permanecendo até 1916. Em 1917, o engenheiro e historiador Afonso D'Escragnolle Taunay (1876-1958) assumiu a sua diretoria e lhe conferiu um perfil de museu de história (Cf. Alves, 2001; Brefe, 2005). As circunstâncias do primeiro centenário da Independência do país em 1922 também favoreceriam esta iniciativa. Ao preparar o Museu para as comemorações do centenário da Independência este o remodelou quase que completamente (Cf. Brefe, 2005; Araujo, 2006). Na diretoria do Museu, Afonso de Taunay também pôde efetuar pesquisas que lhe permitiriam avançar em suas análises sobre a história do café e do bandeirante (Cf. Araujo, 2006).

68 Carta de Prudente de Moraes Neto a SBH, Rio de Janeiro, 10 de outubro de 1949. Siarq/Unicamp, Cp 98 P7.

Assim se manteve sua rotina entre a direção do Museu e a publicação de artigos, concomitantemente com a realização de suas pesquisas. Apenas durante o período de 1952 a 1954, que SBH se afastou do cargo para lecionar e pesquisar na Itália (Cf. Nicodemo, 2014), "deixando o etnólogo alemão Herbert Baldus como diretor-substituto da instituição" (Françozo, 2005, p. 585). Note-se, que enquanto esteve com a família na Itália, SBH não perdeu contato com os amigos no Brasil, como indicava a carta de Carlos Drummond de Andrade de 7 de agosto de 1954:

> O Manuel Bandeira me disse que vol. desejava alguma coisa minha para uma revista italiana de poesia que vai publicar um número consagrado ao Brasil. Si vai a "coisa", a que me permito acrescentar nova do Abjaur Renault, por minha alta recreação: a meu ver, êle está cada dia fazendo versos mais bonitos. E aproveito o ensejo para uma reclamação: não vejo mais no "Diário Carioca" aqueles estudos excelentes que vol. mandava de Roma. É uma pena, e daqui lhe faço um apelo "queremista" para continua-los [...].[69]

Durante o período em que esteve à frente do Museu, SBH empreendeu uma verdadeira remodelação dos setores, e das áreas de pesquisa e de coleta de fontes da instituição, preocupando-se com a contratação de pessoal qualificado para o exercício dessas funções. Foi com esse objetivo que se esforçou para conseguir a contratação de Herbert Baldus (1899-1970) e Harald Schultz (1909-1965) como seu assistente, para a recém-criada seção de etnologia do Museu (Cf. Françozo, 2005, 2007). Ao mesmo tempo, essa rotina de trabalho era mediada por solicitação de documentos e revistas, de colegas de ofício e amigos, como a que lhe fez, em 18 de junho de 1948, do Rio de Janeiro, Miguel Costa Filho:

> Prezado Sr. Sérgio Buarque de Holanda. Desejando-lhe felicidades e agradecendo a remessa de dois volumes anteriormente pedidos, quero hoje pedir-lhe novamente mandar-me, se possível, o tomo IV dos Anais do Museu Paulista.
>
> Digo novamente acima não porque tenha pedido anteriormente o referido tomo IV, mas porque lhe pedira antes outro tomo e um

69 Carta de Carlos Drummond de Andrade a SBH, Rio de Janeiro, 7 de agosto de 1954. Siarq/Unicamp, Cp 169 P8.

> volume da Historia das Bandeiras Paulistas, as quais vol. teve a gentileza de me mandar.
>
> Grato por tudo isso, aqui fico a sua disposição.[70]

Além disso, este também retomaria a publicação da *Revista do Museu Paulista*, que havia sido criada quando Afonso de Taunay estava na diretoria.[71] E sobre isso iria escrever em seu artigo, *Revista do Museu Paulista*, de 16 de novembro de 1947, para o *Estado de S. Paulo*, anunciando que:

> A oportunidade do seu reaparecimento deve-se à reforma que, em dezembro de 1946, criou a seção de Etnologia, destinada a preservação, enriquecimento e estudo do acervo antropológico do Museu Paulista – compreendido aqui o precioso material de Etnologia, Arqueologia e Antropologia Física reunido no estabelecimento. A conexão íntima entre os modernos estudos de História do Brasil e os de Etnologia requer a aliança, no mesmo instituto, entre as duas disciplinas. Por outro lado, a diversidade nos seus métodos de pesquisa e em suas finalidades precípuas, aconselhava e impunha mesmo uma separação que se refletisse em publicações distintas e especializadas.
>
> Destinando-se a *Revista*, doravante, aos estudos antropológicos, enquanto os *Anais* continuam dedicados, de preferência, a assuntos históricos, consagra-se nitidamente essa separação (Holanda, 2011a, p. 382).

Em 1952, SBH retomou essa discussão em seu artigo, *Museu Paulista*, publicado na *Revista do IHGB*. Assinala novamente como foi fundado o Museu, os diretores que o antecederam, como estavam distribuídas as seções, e quais as mudanças que procedeu a partir de 1946. Em suas palavras:

> Nomeado por decreto de 25 de janeiro de 1946, quem subscreve essas notas, para diretor do estabelecimento, em substituição ao dr. Afonso de E. Taunay, que, atingido pela compulsória, deixara a sua a 2 de dezembro de 1945, o então interventor Federal em São Paulo, embaixador José Carlos de Macedo Soares, mostrou-se logo empenhado em ver sanadas as anomalias resultantes dessa discrepância. Reduzido à seção de História do Brasil, especialmente a de São

70 Carta de Miguel Costa Filho a SBH, RJ, 18 de junho de 1948. Siarq/Unicamp, Cp 88 P7.

71 Que, aliás, iria manter correspondência com SBH neste período, especialmente, para efetuar doações e solicitar documentos. Cf. Siarq/Unicam, Cp 78 P6, Cp 91 P7, Cp 99 P7.

> Paulo, embora continuasse teoricamente em vigor o regulamento antecedente, onde se consignava a existência de uma seção de Botânica e outra de Zoologia, cumpriria, através de uma transformação de estrutura, o reajuste entre a situação legal e as condições efetivas do estabelecimento. Acrescia ainda que, na chamada seção de História, se incluía disciplinas que, pela sua especialização, requeriam pessoal técnico adequado: o caso, sobretudo, da parte de Etnologia.
>
> O projeto de reforma que elaboramos e apresentamos em esboço ao sr. interventor Macedo Soares e por ele aprovado previa não só a criação de quatro seções técnico-científicas – a) de História do Brasil, especialmente de São Paulo, tendo como anexo o Museu de Itu; b) de Etnologia; c) de Numismática e Medalhística; d) de Documentação e Linguística –, como da seção de Biblioteca, Arquivo e Publicações. Previa-se ainda o ingresso no estabelecimento de técnicos especializados em cada disciplina representada no estabelecimento. Da ausência desses técnicos ressentia-se, sem dúvida, a administração anterior, e só em parte poderia ser suprida pela exemplar competência, no domínio da História do Brasil, do meu antecessor na direção dessa casa (Holanda, 2011b, p. 166).

Durante esse período, como já adiantamos, SBH aproveitou para dar continuidade a suas pesquisas, com a publicação de artigos, que na década de 1950 formariam o livro *Caminhos e Fronteiras*, além de publicar já em 1945 o livro *Monções*, antes mesmo de assumir a diretoria do Museu – e que contribuiu, como vimos no quarto capítulo, em sua participação no *curso de bandeirologia* de 1946.

Mesmo que consideremos que na década de 1940, SBH estivesse transitando da crítica literária e sociológica para a análise histórica, mais propriamente dita (como vimos no quinto capítulo de nossa pesquisa, e neste), não há como negar que ele carregaria aqueles objetivos, e estes apareceriam de uma forma mais amadurecida em sua obra e mesmo em sua administração do Museu Paulista. E seu livro, *Caminhos e Fronteiras* (de 1957), além de trazer nitidamente esta virada teórica e metodológica em sua abordagem, também traria a contribuição da etnografia e da etnologia, ao estudar os povos indígenas, e da arqueologia, ao visualizar os vestígios da "cultura material", que foi fruto de sua trajetória no Museu (Cf. Françozo, 2007; Nicodemo, 2012). De acordo com Mariana Françozo:

> Ao circular pelo Museu Paulista, pela Escola de Sociologia e Política e pelo ambiente acadêmico das ciências humanas em São Paulo

> nas décadas de 1940 e 1950, Sérgio Buarque presenciou e participou da formação e da consolidação das ciências sociais como disciplinas no Brasil. Nesse processo, foi fundamental a presença de professores e pesquisadores estrangeiros nas instituições de ensino e pesquisa paulistas, que trouxeram consigo temas, métodos e conceitos que formariam a base dos estudos em ciências sociais no período (Françozo, 2007, p. 139).

Por outro lado, em sua gestão no Museu, SBH notou o abandono de alguns acervos, como o de etnografia e de etnologia, pouco aproveitados pela falta de pessoal qualificado para organizá-los e catalogá-los adequadamente. De pronto, a sua principal tarefa foi a de negociar junto ao secretário de educação de São Paulo, a contratação de profissionais para tal tarefa, indicando o nome de Herbert Baldus, para exercer essa função, numa seção de etnologia criada para tal meta. Em algumas cartas, SBH procurava justificar os motivos da contratação e da indicação de Baldus.[72] Para Mariana Françozo:

> Além da criação da seção de etnologia e das contratações de Baldus e Schultz, mais uma iniciativa de Sérgio Buarque de Holanda foi importante no sentido de incentivar as pesquisas etnológicas feitas no Museu Paulista. Em novembro de 1946, esse diretor manifestou ao secretário de Educação de São Paulo a intenção de retomar a publicação da *Revista do Museu Paulista*. Lembrando que ela havia sido extinta em 1938, afirma que desde então diversos institutos científicos, nacionais e estrangeiros tinham solicitado a retomada da publicação, o que atestaria sua importância (Françozo, 2005, p. 592).

Como não bastasse isso, informava ainda ao secretário da educação de São Paulo, que já havia recebido contribuições suficientes para fechar um primeiro número. A proposta foi aprovada e a revista foi retomada no ano seguinte. Além do mais:

> As mudanças até agora descritas tiveram, evidentemente, um grande impacto no perfil do Museu Paulista. Tendo sido primeiro um museu dedicado à zoologia, depois à zoologia e à história paulista, essa instituição passou, a partir de 1946, a incentivar e a realizar pesquisas nos domínios da antropologia e da arqueologia como suas principais atividades. Os relatórios da seção de etnologia, es-

72 Conforme prontuário de SBH, no Museu Paulista, onde estão arquivadas essas missivas.

> critos e publicados por Baldus anualmente, na *Revista do Museu*, deixam clara essa nova vertente do museu (Françozo, 2005, p. 594).

Ademais, a iniciativa de SBH também iria favorecer aos cursos de História Natural e de Geografia e História da Faculdade de Filosofia, Ciências e Letras da Universidade de São Paulo (FFCL/USP), que havia sido criada em 1934 (Cf. Roiz, 2012a). Com base nessas questões é que devemos adentrar em sua produção do final dos anos 1940 e meados de 1950, e verificar como sua obra foi recebida na imprensa periódica, especialmente, comparando tal processo com os comentários que circunstanciaram a primeira edição de seu livro de estreia.

## *A escrita de uma história do Brasil: as "pressões" do passado, as "oportunidades" do presente e a "esperança" no futuro*

> Meu querido Sergio:
>
> Vindo hoje ao Rio (estou em Petrópolis) encontrei sua carta de 19 deste mês. Só concordo em publicar A vida de D. Pedro I resumido ou em cortes se você quiser incumbir-se da tarefa. Eu não posso fazer o trabalho aqui (acabei a revisão total de todos os meus textos), sinto-me sem paciência e cansadissimo. Bem sei que estou propondo um absurdo, mas não confio no tal Barão tradutor.[73]

Era então, 26 de fevereiro de 1954, quando Octávio Tarquinio de Souza respondeu a carta de SBH do dia 19 do mesmo mês. Conhecidos de longa data, Octávio informava que estava chegando de viagem, cansado do trabalho, e pedia a Sérgio para que se ocupasse da função de terminar as correções dos originais da biografia que escrevera d'*A vida de D. Pedro I*.[74] Aquela rotina de trabalho era então comum entre os dois amigos, que escreveram juntos uma *História do Brasil* (Holanda, Souza, 1944), livro didático voltado para a 3ª série

73 Carta de Octávio Tarquinio de Souza a Sérgio Buarque de Holanda, Rio de Janeiro, 26 de fevereiro de 1954, 2p. Siarq-Unicamp, Cp 142 P8.

74 Aquele não era o primeiro estudo biográfico empreendido por Octávio Tarquínio de Souza, que desde os anos 1940 vinha cotejando a possibilidade de historiar os principais personagens do período imperial brasileiro; tarefa, aliás, que foi levando a cabo entre os anos 1950 e 1960. Para maiores informações a respeito de sua produção biográfica, consultar: Gonçalves, 2010.

do ensino secundário,[75] e que foi publicado em 1944 pela José Olympio Editora.[76] A missiva em questão serve para verificarmos como SBH foi aos poucos intensificando sua rotina de trabalho, seja na escrita e correção de textos, seja na pesquisa em arquivos, ou mesmo na apresentação de trabalhos (Cf. Holanda, 2002a; 2011b), cada vez mais voltados para os "estudos históricos", de modo a ir se especializando neste campo de estudos, verdadeiramente como um "historiador profissional" (Cf. Dias, 1985; Candido, 1998a; Marras, 2012).

Por isso mesmo, queremos, neste item, analisar como SBH pensou a história do Brasil nos anos 1940 e 1950, e como essa produção foi analisada pela crítica especializada, especialmente, nos textos publicados na imprensa periódica, no momento mesmo em que seus livros: *Monções*, de 1945, *Caminhos e fronteiras*, de 1957, e *Visão do paraíso*, de 1958 e 1959, foram lançados. Além de concomitantemente ir preparando a segunda e a terceira edição de *Raízes do Brasil*, que foram publicadas, respectivamente, em 1948 e em 1956.

Assim como fizemos no item relativo à análise da primeira edição de *Raízes do Brasil*, começaremos por ver os comentários aos livros de SBH, para em seguida fazermos o movimento inverso, o de analisar como o autor esteve perpassando pela crítica especializada, e se firmando como "historiador profissional" na universidade (Cf. Candido, 1998a; Marras, 2012). Como já adiantamos no início deste capítulo, tanto *Cobra de vidro*, quanto *Monções*, tiveram apenas um comentário na imprensa periódica neste momento, e no caso de *Monções*, para sermos ainda mais precisos, apenas o cartaz de divulgação da Editora, que apresentava uma síntese da obra em seu verso. Em 14 de agosto de 1944, em resenha sobre o livro *Cobra de vidro*, Nelson Werneck Sodré (1911-1999), autor de vários livros e que começava a se aventurar pelo marxismo nos anos 1940 (Cf. Silva, 2001; Cabral, Cunha, 2006), começava por observar que apesar da variedade de artigos que foram reunidos para formar o volume, SBH conseguiu lhes dar coerência e consistência. Para ele:

> Desde "Raízes do Brasil", o ensaista se firmou como um dos nossos estudiosos capazes de ver melhor nem só os motivos nacionais,

75 Veja-se, por exemplo, o comentário de jornal, intitulado "Acerca dos livros didáticos", de Olivio Montenegro, no qual destaca a utilidade dos livros didáticos, especialmente, o de "História do Brasil", de autoria de Octávio Tarquinio de Souza e Sérgio Buarque de Holanda. Correio da Manhã, São Paulo, 29/10/1944. Siarq/Unicamp, PT55 P59.

76 Para maiores informações sobre isso, ver: Gonçalves, 2009, p. 109-124.

> aquele lado peculiar, e ás vezes até ornamental, das nossas coisas, como as razões motoras do processo social, analisado por ele em suas fases mais significativas, e situado, segundo as suas particularidades, na totalidade do desenvolvimento humano, com o rigor [...] e numa escala compativel com a nossa contribuição.[77]

E a quê muito de nossos estudiosos tinham temerosa dificuldade. Além disso, a "cultura literária" que foi acumulando "é um complemento necessario á sua personalidade", não lhe servindo, aliás, "senão para encarar a atividade criadora no seu verdadeiro sentido [...] como um dos aspectos mais curiosos e mais significativos da atividade social". Ademais:

> [...] nesse pequeno livro, afirma-se, pois, o mesmo interprete seguro de "Raízes do Brasil", oferecendo fatias de uma critica sutil e aguda, que é indispensável conhecer e onde ha muitos pontos de grande interesse, tratados por alguem que conhece a significação dos detalhes mas sabe, ainda, dar-lhes, no conjunto, a situação própria.[78]

Apesar dos elogios lançados por Sodré, quando publicou em 1945 (e reeditou em 1949) seu livro *O que se deve ler para conhecer o Brasil*, além de não acrescentar o livro *Raízes do Brasil* entre as obras básicas, manteve-se próximo a "tradição historiográfica" de então, vindo a destacar autores como Varnhagen, Capistrano de Abreu, Oliveira Vianna, dentre outros (Cf. Sodré, 1945; Franzini, Gontijo, 2009). Por sua vez, a obra *Monções*, de 1945, curiosamente não chegou a gerar discussão na imprensa periódica, provavelmente, devido ao local em que foi publicada a primeira edição do livro, a Livraria e Editora Casa do Estudante do Brasil. Não temos o número exato da tiragem, mas é bem provável que não tenha passado dos 500 exemplares (número que chegamos comparando-a com a tiragem de outros títulos da editora), sendo o exemplar comercializado por 25,00 cruzeiros. Por essa razão, a divulgação da obra se deu por meio de cartazes produzidos pela própria Editora, que além do preço e a indicação de que o "livro [era] indispensavel aos estudiosos e professores de história do Brasil", apresentava em seu verso, que:

77 Siarq/Unicamp, Pt 177 P61.

78 *Idem*.

> O autor de *Monções* não pretende oferecer simplesmente um quadro cronológico dos acontecimentos que deveriam assegurar a ampliação do domínio luso-brasileiro para o Oeste, mas interpretar a vida e atividade dos homens que participaram dêsse esfôrço, examinar as influências de tôda ordem que sôbre êles se exerceram e fixar os motivos que determinaram sua marcha para o sertão remoto e desconhecido.
>
> O livro, que apresenta em anexo documentos inéditos de grande importância, abrange os seguintes capítulos: "Os caminhos do sertão", "O transporte fluvial", "Ouro", "Sertanistas e mareantes", "As estradas móveis" e "Comércio de Cuiabá". São todos temas da maior importância para o estudo da origem, desenvolvimento e expansão da América portuguêsa e do povo brasileiro, cada dia mais forte nas suas afirmativas nacionais e na sua vocação econômica e socialmente democrática. Livro, portanto, valioso e indispensável aos estudiosos da nossa cultura.[79]

Há que se notar que certamente SBH teria sido contrário a opinião lançada pela Editora, de que o "povo brasileiro, cada dia mais forte nas suas afirmativas nacionais e na sua vocação econômica e socialmente democrática" estaria se estabelecendo no Brasil, visto que na segunda edição de *Raízes do Brasil*, então em preparo, ele não mudou nada de suas premissas a esse respeito (Cf. Holanda, 1948). Mas infelizmente não temos subsídios suficientes para adentrarmos nesse ponto. Até por se tratar mais de um chamativo comercial, do que de uma constatação presente na obra em questão.

Contudo, se *Cobra de vidro* e *Monções* passaram quase despercebidos nos anos 1940, o contrário se veria com a segunda e a terceira edição de *Raízes do Brasil* (de 1948 e de 1956), que receberam pelo menos 3 comentários na imprensa periódica cada uma delas, assim como a primeira edição de *Caminhos e fronteiras* (de 1957) e de *Visão do paraíso* (de 1958, 1959), que tiveram, respectivamente, 34 e 24 comentários, durante o período de 1957 a 1959.

Assim como no item relativo à análise da primeira edição de *Raízes do Brasil*, não tivemos como percorrer a totalidade dos 78 recortes de jornal, nesse caso igualmente só teremos como fazer um breve panorama, e que esperamos possa indicar que, ao contrário de verificarem um estreante no mercado editorial, salientavam a maturidade, a erudição, a inovação e a propriedade

79 Siarq/Unicamp, Pt279 P62.

com que o "historiador por vocação" (Cf. Glezer, 1976) que foi até então SBH, em função de seu percurso, firmava-se verdadeiramente como um "historiador profissional" na universidade, a partir dos anos 1950 (Cf. Dias, 1985, 1988, 2002; Candido, 1998a; Marras, 2012). Local, aliás, onde o "ofício de historiador" estava então se estabelecendo de fato, com a separação dos cursos de Geografia e História, que até 1955 funcionaram unificados, na formação de seus profissionais, em ambas as áreas (Cf. Ferreira, 2006, 2012, 2013; Roiz, 2012a).

Sobre isso é interessante constatar como o advogado e jornalista Candido Motta Filho (1897-1977) e o historiador João Camilo de Oliveira Torres (1915-1973) apresentaram suas leituras da segunda edição de *Raízes do Brasil*. Para Motta Filho, que publicou sua análise no *Diário de S. Paulo* de 4 de abril de 1948, e que lia pela segunda vez a obra, este acabaria tendo a mesma impressão positiva. Especialmente, pelo modo como seu autor demonstrava as razões que levaram ao fracasso da empresa holandesa, ao passo que o sucesso da portuguesa esteve intimamente ligado ao uso que se fez da língua portuguesa no processo de colonização das novas terras, de modo a fazer com que tanto o gentil, como o africano escravizado, fossem assimilados na cultura lusitana, tendo-a como base em seu cotidiano. Outro ponto importante na obra, segundo nos informa, é relativo ao trabalho escravo do negro, que consolidou o domínio agrário e assegurou a promoção e a conformação de "relações cordiais" entre os indivíduos, tendo este domínio apenas começado a declinar no final do século XIX, com a extinção do trabalho escravo (em 1888) e com o início da consolidação do predomínio urbano (a partir da década de 1850). Para ele ainda, "este ensaio não apanha todas as ramagens das raizes do Brasil, que estão ocultas por entre antagonismos e que pedem explicação e estudos", mas, certamente, com "o presente ensaio [...] fez muito mais do que outros que se dizem os donos das verdades brasileiras".[80]

No texto de Oliveira Torres, publicado em *O Diário* de Belo Horizonte, em Minas Gerais, na edição de 30 de outubro de 1950, cujo tom de sua análise era a "Reedição de um clássico", lia-se que foi publicado "primeira vez em 1936 [...] [e] logo se impôs como um dos livros essenciais para o conhecimento da realidade brasileira", e por essa e outras razões é "um clássico e está dito tudo". Apesar de erroneamente estar indicado que aquela era a terceira, e não

80 Siarq/Unicamp, Pt 178 P61.

a segunda edição, sua análise é muito elucidativa, e mostra como parte da intelectualidade brasileira estava sendo inspirada pelas teses apresentadas no livro. E, para ele, certamente a principal era a do "brasileiro, homem cordial, eis uma das teses célebres do livro", e o "mais é lê-lo",[81] para apreender seu projeto de mudança social gradual, efetivamente alicerçada com a consolidação da democracia no país, em prol das atitudes cordiais ainda vigentes.

Note-se que além dos comentários que saiam nos jornais, e da divulgação que empreendia José Olympio, por meio de sua livraria e editora, SBH também procurava divulgar seus livros entre amigos e conhecidos, sempre tirando 20 exemplares de suas respectivas edições, cuja função era a de presentear, apresentar sua obra, e assim tentar ir alcançando um público maior para consumi-la. Veja-se, por exemplo, a resposta que o sociólogo estado-unidense Donald Pierson (1900-1995), que então se encontrava no Brasil, lecionando e fazendo pesquisas, ofereceu a SBH em 19 de março de 1948, após receber a segunda edição de seu livro *Raízes do Brasil*:

> Por intermédio do Professor Herbert Baldus, recebi o exemplar, com que me honrou, da segunda edição da sua excelente obra, "Raizes do Brasil". Aqueles, como eu, que têm verdadeiro interesse pelo Brasil, estão-lhe muito gratos pela reedição desta penetrante análise da origem e função de certas atitudes, ideas e pontos de vista brasileiros e sua relação a organização e mudança sociais.[82]

Muito próximo a opinião de Oliveira Torres, a missiva encaminhada por Pierson centralizava justamente sua reflexão sobre as "relações cordiais", que fundamentaram certos tipos de padrões de sociabilidade na história brasileira. Certamente, até aqui acentuamos como foram definidas algumas impressões sobre a publicação da primeira edição de *Cobra de vidro*, em 1944, e de *Monções*, no ano seguinte, e como foi recebida a segunda edição revista de *Raízes do*

81 Siarq/Unicamp, Pt 179 P61. Aqui é desnecessário adentrarmos na avaliação esboçada pelo crítico de arte e ensaista Sérgio Milliet (1898-1966), publicada na *Folha de Minas* de Belo Horizonte, em Minas Gerais, na edição de 31 de dezembro de 1950, onde destacava a propriedade da nova edição, revista pelo autor, que acentuava com mais argumentos aspectos da colonização portuguesa, do predomínio rural, do caráter ruralista de nossa formação cultural, acentuada pelo tom cordial das relações sociais que aqui se manifestaram, ao longo da história brasileira. Siarq/Unicamp, Pt 61 P59.

82 Carta de Donald Pierson a SBH, São Paulo, 19 de março de 1948. Siarq/Unicamp, Cp 83 P7.

*Brasil*, em 1948.[83] Contudo, convém, desde já, salientarmos que seria com a primeira edição de *Caminhos e fronteiras*, em 1957, e, depois, com *Visão do paraíso*, entre 1958 e 1959, que foram demarcadas efetivamente as qualidades do "crítico literário" e "sociólogo", que progressivamente foi se definindo como "historiador do Brasil". É o que já acentuava o escritor e jornalista Edgard Cavalheiro (1911-1958), que em 21 de dezembro de 1957, no jornal *O Estado de S. Paulo*, na seção *A semana e os livros*, destacou em seu artigo "Caminhos e fronteiras" que:

> Sérgio Buarque de Holanda será, entre os nossos historiadores, aquele de melhor estilo, de lingua mais pura, mais envolvente e agradavel de se percorrer. É lugar comum a afirmativa de que os nossos melhores pesquisadores, perdidos entre montanhas de documentos, nem sempre conseguiram dirigi-los e apresentá-los de forma convidativa aos leitores. Isso jamais aconteceu com qualquer estudo do autor de "Raízes do Brasil" [...].[84]

Avaliação semelhante seria feita poucos dias depois pelo historiador João Camilo de Oliveira Torres, em *O Diário* de Belo Horizonte de 27 de dezembro de 1957, onde revelava que houve "muitos livros de temas históricos publicados este ano: 'Caminhos e Fronteiras' é um dos melhores", entre outras razões, por que:

> Se o leitor não especializado lê com agrado este livro ameno e interessante que trata de uma infinidade de assuntos, o historiador de profissão, apreendendo em cada página, admira a complexa e exata informação de Sérgio Buarque de Holanda, e admira-se da inconsciência e tranquilidade de muitas afirmações da historiografia nacional média. Este livro mostra-nos como são limitadas, falhas e inexatas as informações de muitas e muitas obras históricas brasileiras. Livro que rasga horizontes, demonstra que devemos estudar muito e muito a história do Brasil.[85]

Além disso, para Oliveira Torres, SBH mantinha sempre uma atitude crítica e comparativa em suas análises; seria minucioso com o detalhe e igualmente atento para alcançar a compreensão do andamento do processo geral.

83 No caso da terceira edição, igualmente seriam salientadas tais características, como nos indicam as notícias publicadas na *Folha da Manhã*, de 7/10/1956, e n'*O Estado de S. Paulo*, de 17/10/1956. Cf. Siarq/Unicamp, Pt 186 P61, Pt 187 P61.

84 Siarq/Unicamp, Pt 205 P61.

85 Siarq/Unicamp, Pt 206 P61.

E, ao invés de aceitar o já dado, ele age sempre como historiador de ofício, ao questionar os documentos e a historiografia, e por meio deles formular novas interpretações de um dado momento histórico. O mesmo autor voltaria a tratar da questão na *Tribuna da Imprensa* de 2 de janeiro de 1958, em seu artigo "Caminhos e fronteiras", no qual diria que:

> Muito se escreve sôbre História do Brasil, [mas] pouco se trabalha com rigor neste campo, tanto que, sempre que alguém faz uma pesquisa a sério em qualquer setor destrói meia dúzia de lugares-comuns estabelecidos e descobre novidades sensacionais.
>
> Do sr. Sérgio Buarque de Holanda se pode dizer, após a leitura dêste magnífico volume [...], que faz, realmente trabalho de pesquisa histórica. Não se limita a escrever coisas sôbre História do Brasil, como tanta gente faz, repetindo autores; o importante é que conhece os assuntos de que trata. Este volume faz parte dêstes livros, geralmente raros, nos quais aprendemos em tôdas as páginas [...].[86]

Para ele, outro ponto importante era que SBH sabia pensar a História do Brasil, em conexão com a História Mundial, porque a "História do Brasil não é um setor isolado, estanque, faz parte da História do Mundo", e se "o nosso homem culto costuma nutrir um soberano desprêzo pela História do Brasil, como se fôsse estudo subalterno, os historiadores de profissão, por outro lado, aferram-se demais aos nossos problemas e não olham em tôrno de si na apreciação de situações análogas". Por sua vez, segundo nos indica, SBH, "ao tratar de monjolos, ou de qualquer outro assunto, vai procurar fora do Brasil a sua origem, as semelhanças existentes etc.".[87] Nesse caso, ele consegue mostrar a permanência dos costumes, como o de caminhar a pé, apreendido com o gentil, os "negros da terra", demonstrando a inadequação da forma pela qual a iconografia do período descrevia e ilustrava personagens como os bandeirantes – assunto, aliás, que vimos com maior propriedade no quarto capítulo de nosso estudo.

Note-se sobre essa questão, que entre 14 e 15 de dezembro de 1957, o escritor e jornalista Cassiano Ricardo (1895-1974), que havia debatido nos anos 1940 com SBH a definição e o uso da categoria "homem cordial" (Cf. Holanda, 1948, 1991, 1996a, 2011a), apresentou na *Tribuna da Imprensa*, em sua seção *Tribuna dos Livros*, seu texto "Caminhos e fronteiras", onde diria que:

86 Siarq/Unicamp, Pt 209 P61.

87 *Idem*.

> [...] mestre de bandeirologia, explica êle os prós e os contras que o homem de Piratininga ia encontrando mato adentro, na sua rude avançada. [...] O bandeirante, mais tarde, usará botas altas, mas o grosso da expedição vai sem sapato, no duro. [...] [e] não falta[va] penúria alimentar [...] como não falta[va] a sêde, apesar de tanto rio [...].[88]

Assim, para Ricardo, SBH nos ilustraria em sua obra tanto o comum, como o insólito, a exemplo da caça ao jaguar, além de demonstrar a dificuldade inicial com o uso e o manejo de armas de fogo. O que nos indica que para além da contenda que tiveram nos anos 1940, Cassiano Ricardo soube inquirir e apreender a sofisticada análise de SBH, quando ele se opôs a historiografia então consagrada sobre o bandeirante e as bandeiras paulistas, já em meados dos anos 1940 – tal como acentuamos no quarto capítulo deste trabalho, ao estudarmos o *curso de bandeirologia* de 1946 –, e ver o que de profícuo sua obra trazia para o conhecimento da história de São Paulo e do Brasil. Ademais, ainda nos ilustra uma outra discussão de SBH:

> Lembre-se que Sérgio Buarque de Holanda se opôs, certa vez, a uma sedutora tese de Jaime Cortesão a respeito do mito da "ilha Brasil", como razão de Estado, portuguêsa, de uma consciente expansão para Oeste. O seu argumento consistiu, principalmente, em demonstrar que mesmo a penetração no Amazonas obedeceu, não a qualquer mito de ilha Brasil, mas ao tipo português de colonização costeira, prolongando-se do Mar Oceano para o Rio Mar.
>
> Também no caso da penetração bandeirante esclareceu êle em "Raízes do Brasil" que não a podemos compreender bem se não a destacarmos um pouco do esfôrço luso como um fenômeno que encontra em si mesmo a sua explicação.
>
> Agora o seu estudo é diferente: é aquele aconselhado por Gilberto Freyre, o do dinamismo da cultura também, em relação a área ecológica, com a série de relações entre o homem e os animais, entre o homem e as plantas, entre os animais e o solo, entre uns homens com outros homens [...].
>
> A verdade [...] é que um douto escritor como é êle tem autoridade suficiente para nos dizer, como diz, muita coisa em caráter conclusivo e definitivo.

88 Siarq/Unicamp, Pt 204 P61.

> Êste novo livro, denso de substância e riquíssimo de informações, completa, a meu ver, e já num outro setor, extremamente sugestivo, as suas magníficas obras anteriores sôbre a formação brasileira.[89]

Desde que foi lançado o livro, como temos visto, este gerou uma série de debates, a maioria deles ressaltando o pioneirismo, a originalidade e o profissionalismo com o trato do tema. No *Diário do Paraná* de 22 de setembro de 1957 seria reforçada a ideia do pioneirismo de *Caminhos e fronteiras*, ao percorrer certos temas da história do Brasil, e, com isso, firmando a atividade de SBH como "historiador profissional".[90] Na *Folha da Manhã* de São Paulo, em sua edição de 22 de setembro de 1957, inclinava-se aos mesmos pontos, ao expor as mesmas qualidades da obra e do autor.[91] Nesta mesma data saiu no *Correio Paulistano* que:

> Erudito que não vive apenas do simples deglutir de livros e manuscritos, mas que de fato assimila e transfunde suas exaustivas pesquisas [...] dá em verdade uma nova categoria aos trabalhos de reconstituição do passado brasileiro, sobretudo naqueles aspectos que dizem mais de perto com o tecnico e social no período anterior a conquista da liberdade política, [e] CAMINHOS E FRONTEIRAS, por isso mesmo, assume grande importância na bibliografia do autor, que é sem duvida, um dos maiores especialistas brasileiros nesse genero de estudos a que se vem dedicando.[92]

Para o escritor e jornalista José Condé (1917-1971), em notícia publicada no *Correio da Manhã* de 26 de setembro de 1957, *Caminhos e fronteiras* seria "uma obra que amplia a área já perlustrada anteriormente por Sérgio Buarque de Holanda em 'Monções', dando tôda a medida não sòmente da capacidade de pesquisa do autor, como de sua visão de sociólogo e historiador servida pelos predicados de excelente escritor".[93] No *Jornal do Comércio* de 6 de outubro de 1957 seria frisado que o livro é "obra de afirmações sempre documentadas, demonstrando meticulosas pesquisas em diferentes setores de nossa tão des-

89 *Idem*.

90 Siarq/Unicamp, Pt 192 P61.

91 Siarq/Unicamp, Pt 193 P61.

92 Siarq/Unicamp, Pt 191 P61.

93 Siarq/Unicamp, Pt 194 P61.

curada história econômica e social do período colonial", e muito embora "de preferência restritos ao ambiente vicentino e paulistano", conseguia projetar suas análises também "por terras hoje matogrossenses e paranaenses." No *Jornal do Brasil* de 13 de outubro de 1957, Reginaldo Guimarães acentuava que:

> [...] os horizontes dessa obra se alargaram ainda mais com a publicação de Caminhos e fronteiras. As qualidades apontadas em 'Raizes do Brasil' como que se aprimoraram, notando-se no escritor mais serenidade, melhor exposição do documentário e menos preocupação interpretativa. [...] Sem desprezar as ciências afins da Sociologia e da História, sem querer transformar o processo da formação cultural de Piratininga em um fenômeno meramente sociológico e histórico, Sérgio Buarque de Holanda dá-nos um estudo mais objetivo que 'Raízes do Brasil'. Daí a riqueza de material folclórico, etnográfico e linguístico que há espalhado pelo Caminhos e fronteiras, tornando-o um livro raro, obra de erudição e trabalho [de pesquisa prolongada em arquivos].[94]

Na *Folha de Minas* de 17 de outubro de 1957, anunciava-se que SBH retomava temas analisados em obras anteriores, mas avançando no tratamento que lhes era dado, e nos resultados que alcançava, além de ainda procurar pensar novos assuntos de forma original.[95] Com isso, temos basicamente circunscrito, o inventário de opiniões que foram lançadas sobre a primeira edição de *Caminhos e fronteiras*, restando-nos apenas acentuar a opinião de um outro historiador, José Roberto do Amaral Lapa (1929-2000), que em meados dos anos 1950 começava a ingressar na carreira. Ele aponta, em "Fundamentos da civilização paulista I", publicado no *Diário do Povo*, de São Paulo, na edição de 13 de março de 1958, a inegável erudição, que possui um de nossos melhores ensaistas, e:

> [...] o seu trabalho representa uma contribuição sociológica inestimável para a interpretação dos fundamentos históricos de nossa civilização [...] [e] deixa sempre transparecer [...] o critério com que se houve em busca das fontes para estudo dos padrões indígenas, calcando[-se] [n]a obra de [vários] etnólogos [...].[96]

94 Siarq/Unicamp, Pt 196 P61.

95 Siarq/Unicamp, Pt 197 P61.

96 Siarq/Unicamp, Pt 218 P62.

Ao dar continuidade a sua análise, em seu texto "Fundamentos da civilização paulista II", de 20 de março de 1958, ele ainda ressaltaria que:

> [...] o sr. Sérgio Buarque de Holanda chega a uma visão de conjunto, que sem se delinear numa configuração completa, apresenta entretanto, num esfôrço considerável de historiador em nos dar algumas linhas marcantes da civilização do planalto. As suas conclusões sôbre a realidade social e histórica paulista, em algumas assertivas, mostram sua motivação, que não se acanha nos limites do fluido temporal, embora se reservem [...] a uma unidade espacial relativa, pois não representam o todo nacional.[97]

Apesar de estar estritamente ligado ao campo dos "estudos históricos" em suas pesquisas, para Lapa, SBH não deixou de lado a interpretação sociológica, que vinha cerceando seus trabalhos desde *Raízes do Brasil*. Por outro lado, sem ser polêmico, observa ainda, que "chega a retificar não poucos historiadores e ensaistas do nosso passado, em conclusões mais açodadas ou pesquisas menos atuais, como é o caso de Pandiá Calogeras, Sérgio Milliet, Varnhagen, Otoniel Mota, Basílio de Magalhães e outros."[98] Nesse sentido, vê-se como a maioria dos comentaristas das primeiras edições dos livros de SBH viram a passagem do "crítico literário", que se mantinha atento as "análises sociológicas", para o campo dos "estudos históricos", onde passou a exercer de fato o "ofício de historiador". Tal como o mesmo autor, Amaral Lapa, viria a destacar em "Considerações em torno de uma cátedra", publicado no *Diário do Povo*, de 19 de novembro de 1958, no qual mostrava a importância da tese para o próprio desenvolvimento da cadeira de *História da Civilização Brasileira*, onde SBH passou a atuar como professor catedrático.[99]

Em 14 de dezembro de 1958, o crítico literário e jornalista Afrânio Coutinho (1911-2000), diria que o livro, *Visão do paraíso*, abria novos rumos nos estudos brasileiros, além de trazer "novas perspectivas de interpretação de nossa história, na linha da moderna corrente historiográfica que acentua o papel das ideias na gênese dos acontecimentos, pondo em relêvo sobretudo o seu conteúdo mítico e a função que a imaginação e o símbolo, o mito e as fôrças do

97 *Idem*.

98 *Idem*.

99 Siarq/Unicamp, Pt 96 P59.

inconsciente exercem na vida humana."[100] Desse modo, detalha que esta linha investigativa foi estabelecida nos Estados Unidos nos anos 1940, tendo a obra de Arthur O. Lovejoy (1873-1962) como sua fundadora.[101] Mas, para ele, SBH não teria se inspirado diretamente neste autor, que nem aparece em sua bibliografia, o que tornaria seu trabalho ainda mais original. Por isso mesmo, para ele:

> É [...] um dos trabalhos mais fecundos que têm surgido ultimamente, como ponto de partida de uma nova escola historiográfica, a cujo desenvolvimento a cátedra universitária será para o escritor paulista instrumento de grandes possibilidades e oportunidades.[102]

Acentuando igualmente o caráter histórico da obra, o *Diário Carioca* de 15 de outubro de 1959, iria noticiar que apesar "de o título sugerir obra de ficção, trata-se de um alentado estudo histórico-social, em que o autor analisa os motivos edênicos que teriam contribuído para a descoberta do Brasil."[103] Na *Tribuna da Imprensa* de 4 de novembro de 1959, no artigo "A visão do paraíso de Sérgio Buarque", iria ser indicado que:

> Autor de "Raízes do Brasil" e "Caminhos e fronteiras", Sérgio Buarque de Holanda estuda, agora, em "Visão do paraíso", as inquietações renascentistas que dinamizaram as culturas e o homem europeu, nos séculos XIV e XV, levando-os à procura de um mundo portentoso onde as maravilhas se misturavam com a realidade. Assim, mitos como o do Eldorado, da Fonte de Água de Juventa e outros estiveram na raiz da aventura geográfica e econômica que provocou a descoberta e a colonização do Brasil pelos portugueses, uma vez que êles suscitaram a aparição de aventureiros e místicos em busca do Paraíso Terreal.[104]

Em 6 de dezembro de 1959, foi a vez de Sérgio Milliet, em *O Estado de S. Paulo*, comparar a originalidade e a erudição do trabalho de SBH, com as obras de Paulo Prado e Alcântara Machado, destacando que já em *Raízes do*

---

100 Siarq/Unicamp, Pt 222 P62.

101 Para maior detalhamento da questão, ver: Berlin, 2002; Pocock, 2003; Skinner, 2005; Lovejoy, 2005; Bevir, 2008.

102 *Idem*.

103 Siarq/Unicamp, Pt 227 P62.

104 Siarq/Unicamp, Pt 228 P62.

*Brasil* se apresentava algumas das teses que seriam exploradas com maior profundidade em *Visão do paraíso*. Para ele, o principal valor da obra não estaria nas teses que desenvolve, mas sim "na beleza e na riqueza do estilo, no conhecimento profundo e nada pedante, nada professoral, do assunto tratado, nas qualidades que se confirmaram e se aprimoram do grande escritor que tanto brilha no ensaio como brilhou anteriormente na crítica literária."[105] Contudo, não devemos concluir com esse itinerário que, nos anos 1950, a obra de SBH gerasse unanimidade de opiniões positivas.

Novamente teríamos no historiador Hélio Vianna, que vimos acima levantar um conjunto de críticas à primeira edição de *Raízes do Brasil*, décadas depois fazer a mesma análise, ao comentar *Visão do paraíso*, numa série de artigos publicados no *Jornal do Comércio*, do Rio de Janeiro. Naquele momento, o autor ainda era responsável pela seção de Resenhas da revista do IHGB e fora catedrático de História do Brasil no curso de Geografia e História da Faculdade Nacional de Filosofia, Ciências e Letras da Universidade do Brasil, a partir de 1939 (Cf. Ferreira, 2013). Em "Visão do paraíso I", publicado em 13 de dezembro de 1959, veio a salientar a história da cadeira na qual SBH se tornava seu catedrático em 1958, além de demonstrar sua admiração por Afonso de Taunay, que considerava o maior de nossos historiadores, assim como seu conhecimento pela versão da tese de 1958, cuja edição foi restrita, e a de 1959, que saiu pela José Olympio, com as revisões do autor. Para ele, o texto tinha mais o perfil de ensaio, do que de uma tese acadêmica, o que fazia com que deixasse muitas coisas em aberto, na análise a que se propôs fazer seu autor. Além de não esgotar a temática, os relatos atinentes a ideia de Paraíso Terreal seria pouco explorada para o conjunto das Américas, ao passo que no caso da África seriam pouco visualizadas as características do processo de colonização empreendido pelos portugueses, e a visão que lá se manifestou sobre o paraíso teria sido tão somente panorâmica, com pouca pormenorização de detalhes. Apesar de notar a importância do sincretismo religioso, no reajustamento das visões sobre o paraíso terreal, este acabaria por avançar pouco na sua investigação.[106]

Na continuidade de sua análise, em 20 de dezembro de 1959, no texto "Visão do paraíso II", nota que ao adentrar sobre os mitos minerais seria natural que tratasse das "entradas" e das "bandeiras". Mas ressaltaria que mesmo

105 Siarq/Unicamp, Pt 240 P62.

106 Siarq/Unicamp, Pt 241 P62.

considerando seus méritos, ao tratar do tema, SBH não conseguiu superar a sólida demonstração de seus antecessores na cátedra: Afonso de Taunay e Alfredo Ellis Jr. Se de um lado conseguiu corrigir os exageros de alguns religiosos do período colonial, igualmente teria persistido na de outros.[107] Por fim, em "Visão do paraíso III", de 27 de dezembro de 1959, destacou sua credulidade com relação aos milagres e sua aproximação com o materialismo de Caio Prado Jr., além de acentuar que:

> Cabalmente discordamos da exclusividade dos objetivos econômicos da colonização portuguêsa de nosso país. Firmemente acreditamos que com ela também se construa uma nação, o Brasil. E êste não se fêz apenas com "a procissão dos milagres" a que se referiu o Sr. Sérgio Buarque de Holanda nas últimas linhas de seu, entretanto, admirável trabalho, dando-a como contínua da Colônia à Independência e à República. Milagres em que não acreditamos, pois o que houve foi, realmente, aquilo que Benda sugeriu ser *a vontade de construir uma nação.*[108]

Ao apontar o que deduz como as fragilidades da obra, Vianna demonstrava estar articulado a uma "tradição historiográfica",[109] na qual os livros de SBH se opunham criticamente, desde meados dos anos 1930, quando foi lançado *Raízes do Brasil.* Desse modo, apesar de sua leitura acentuar mais os "defeitos" da obra, no fundo sua meta era tentar dar maior credibilidade e reabilitar esta historiografia, que então era criticada com sólida demonstração documental e interpretativa, sobre o processo histórico brasileiro, por parte de SBH. No entanto, sua análise serve para demonstarmos que apesar de maior aceitação e reconhecimento nos anos 1950, quando então seria visto como um "historiador de ofício", nem por isso a obra de SBH estaria isenta de críticas.

Ao mesmo tempo, sua obra dos anos 1950 era quase sempre associada a seu livro de estreia. Curiosamente, como vimos acima, o livro que havia sido

107 *Idem.*

108 *Idem.*

109 Ou nos termos de Astor Diehl (2002), de uma "cultura historiográfica", que naquele momento estava passando por um processo de revisão e mudança, direcionando-a progressivamente para a apreensão das questões econômicas e sociais, em oposição às políticas e diplomáticas, para se poder compreender com maior profundidade a formação da sociedade brasileira (Cf. Mesgravis, 1983, 1997; Capelato, Glezer, Ferlini, 1994, 1995; Novais, 2005; Ferreira, 2011).

fortemente criticado nos anos 1930, quando apareceu sua primeira edição, veio a reaparecer entre os comentaristas nos anos 1940 e 1950, como uma "obra prima", um "clássico", ao lado da produção subsequente de SBH, onde apresentava resultados mais pautados em análise documental e interpretação histórica. Mas, também nesse caso, pode-se presumir que isso era o resultado do início da "consagração" da produção de SBH na universidade. Esse fato, como vimos tratando, esteve intimamente associado ao começo do processo de transição do "autodidatismo" para a "profissionalização" do trabalho de pesquisa do historiador no Brasil, que teve início entre os anos 1930 e 1950, assim como a crítica sobre a historiografia oitocentista (então ainda praticada no IHGB e seus congêneres estaduais) e a recepção e utilização de novos programas e procedimentos de pesquisa, associados diretamente ao movimento dos *Annales* (Cf. Braudel, 1937; Monbeig, 1937; Simões de Paula, 1953; Capelato, Glezer, Ferlini, 1994; Novais, 2005; Roiz, Santos, 2012).[110] E como indica Antonio Celso Ferreira:

> A docência na USP (1956-1969) significou o coroamento de sua carreira como historiador profissional. Há muitos aspectos a pesquisar sobre essa fase: os conteúdos que lecionou e como foram recebidos; as teses que orientou e os grupos de discípulos que formou; os temas a que se dedicou; as novas sociabilidades profissionais nas quais se envolveu com seus afetos e desafetos; como participou da profissionalização dos estudos históricos e qual a relação entre tal profissionalização e as contingências de natureza social e política; o seu papel no meio intelectual e político brasileiro após a aposen-

110 Destaque-se ainda que foi no mesmo ano em que defendeu sua tese de cátedra, que SBH ingressou na Academia Paulista de Letras (APL), como nos informa a missiva do advogado e político brasileiro, então pertencente a Academia, Oscar Pedroso Horta (1908-1975), que em 26 de junho de 1958 diria: "Meu caro Sérgio – em primeiro lugar, as minhas mornas felicitações para seu ingresso na nossa melancólica Academia de Letras. Como você tem o hábito de não ouvir o que lhe dizem, sempre mais preocupado com o que você mesmo está ruminando, penso que a Academia não lhe fará maior mal. Mando-lhe, em anexo, os dados que obtive sôbre a revolução monárquica de Taquaritinga e São Carlos. É possível que você não se recorde da promessa, jurada entre "Chiantis" e "Gorgonsolas", na casa do Arnaldo. Enpenhei-me em cumpri-la porque você pôs em dúvida a exatidão dos meus poucos conhecimentos. Terminei a leitura do seu último livro [*Caminhos e fronteiras*]. É inacreditável que um sujeito tão confuso como você saiba escrever com a clareza, a precisão e a simplicidade que conformam os seus livros. Recomende-me a tribu dos Holanda e aceite um abraço afetuoso [...]." Carta de Oscar Pedroso Horta a SBH, São Paulo, 26 de junho de 1958. Siarq/Unicamp, Cp 215 P9.

> taria em 1969 – eis alguns temas que ajudariam a compreendê-lo de maneira menos isolada ou hagiográfica (Ferreira, 2007, p. 29).

Nesse aspecto, diferente de AEJ que permaneceu associado à historiografia oitocentista (como vimos no capítulo anterior), tudo indica que SBH soube não somente colher do "historicismo alemão" as propostas que ainda eram promissoras para a formulação de procedimentos adequados e operacionais a pesquisa histórica que então empreendia pelos arquivos, como igualmente conseguiu apreender as inovações trazidas por historiografias, como a do movimento dos *Annales*. Veja-se, a esse respeito, três momentos de *Visão do paraíso* (1959), onde SBH demonstrava como construia seus argumentos, mediante a indicação da insuficiência e/ou fragilidade de outros textos.

Ao começar a justificar sua pesquisa, SBH observava que: "se bem que ainda alheios a êsse 'senso do impossível', por onde, segundo observou finamente Lucien Febvre, pode distinguir-se a nossa da mentalidade quinhentista, nem por isso mostravam grande afã em perseguir quimeras", pois, estes podiam "admitir o maravilho, e admitiam-no até de bom grado, mas só enquanto se achasse além da órbita de seu saber empírico", da mesma forma que "em suas cartas náuticas, continuarão a inscrever certos topônimos antiquados ou imaginários, até ao momento em que se vejam levados a corrigi-los ou suprimi-los, conforme o caso" (Holanda, 1959, p. 8). De acordo com ele:

> [...] sabe-se como o fato de numerosos mapas quinhentistas e seiscentistas mostrarem as águas do Amazonas e as do Prata unidas no nascedouro, através de uma grande lagoa central, levou o historiador Jaime Cortesão a sugerir ùltimamente a ideia de uma 'ilha Brasil', que teria sido concebida entre os portuguêses da época sob a forma de um mito geopolítico.
>
> Não é fácil, contudo, imaginar-se de que forma concepções como essa, se é que existiram de fato, poderiam ter tido papel tão considerável na expansão lusitana. No caso particular da África, onde elas deviam encontrar terreno excepcionalmente favorável a seu desenvolvimento, devido à velha sugestão de que as águas do Senegal, assim como as do Nilo, provinham do próprio Paraíso Terreal, nada faz crer que chegassem a exercer sôbre aquêles navegantes algum extraordinário fascínio (Holanda, 1959, p. 13).[111]

111 Note-se que, nos anos 1970, SBH (1979) retomaria essa questão na introdução de seu livro, *Tentativas de mitologia*, para justificar a reprodução dos artigos que publicou na

Do mesmo modo que há "quase século e meio mostrou Ranke o engano dos que pensavam num império português quinhentista, considerando a extensão ocupada pelos seus estabelecimentos do além-mar", devia-se ter em vista, contudo, "que dêsse engano estavam longe de participar os que, durante o século XVI, puderam informar-se com segurança sôbre o que representavam aquêles estabelecimentos" (Holanda, 1959, p. 356). Ao lado desses exemplos poderíamos, evidentemente, associar dezenas de outros, para mostrar o estilo argumentativo que o autor de *Raízes do Brasil* foi amadurecendo ao longo dos anos 1930 até meados de 1950, e que não somente podem ser encontrados em *Visão do paraíso*, mas igualmente poderiam ser mensurados e retirados de *Monções* ou de *Caminhos e fronteiras* (Cf. Wegner, 2000; Nicodemo, 2008, 2011). No entanto, tal esforço, parece desnecessário para demonstrar o que vimos chamando a atenção desde a primeira parte de nosso estudo, e neste capítulo temos nos referido, por meio da análise das correspondências passivas e ativas de SBH, assim como dos comentários que foram feitos as primeiras edições de seus livros, entre os anos 1930 e 1950.

Mas resta-nos, por fim, salientar que SBH, no processo de revisão de seu livro de estreia (Holanda, 1948, 1956) e na produção de suas novas pesquisas nos anos 1940 e 1950 procurou, ao mesmo tempo, acentuar melhor as "pressões do passado" que impunham a permanência das "relações cordiais", subjulgando o desenvolvimento tanto de um "espaço público" quanto dos processos "democráticos" no país, mas sem, com isso, deixar de vislumbrar as novas oportunidades que se abriam em seu presente histórico (após 1946), para que as "amarras do passado" pudessem ser, enfim, superadas (Cf. Holanda, 1959, 1989, 1991b, 1994, 1996a, 2002a, 2011a).[112] Evidentemente, como vimos analisando nos comentários de seus contemporâneos, desde a primeira edição de *Raízes do Brasil*, nos anos 1930, esse era um dos pontos mais polêmicos, e, em alguns casos, o menos entendido, donde o vigor com que a crítica especializada se detinha para acentuar a "fragilidade" da proposta de mudança social

imprensa periódica, entre o final dos anos 1940 e meados de 1950, onde discutia com Jaime Cortesão esse tema.

112 Não podemos esquecer que esse problema permaneceu na pauta de análise de SBH, mesmo em sua produção dos anos 1960 e 1970, como pode ser visto em seu livro, *Do Império a República*, de 1972 (Cf. Holanda, 2004b; Assis, 2004; Roiz, 2012a); ou nos vários artigos que escreveu (além deste livro), para a *História geral da civilização brasileira*, onde foi ainda coordenador dos volumes relativos ao período Colonial e Imperial.

para o país, sugerida por SBH, especialmetne, em *Raízes do Brasil*. Do mesmo modo que convinha a muitos estudiosos criticá-lo, em função de suas escolhas teóricas e metodológicas buscarem superar os percalços da historiografia oitocentista, cujas bases ainda serviam para mediar e sustentar o trabalho de muitos historiadores brasileiros daquele período.

## *Considerações Finais*

> [...] paulista nato, é dos que mais honram a cultura bandeirante, com uma série de estudos, alguns já clássicos.[113]

Assim, o poeta e jornalista Menotti del Picchia (1892-1988) sugeria em seu artigo "Visão do Paraíso", publicado em *A Gazeta* de 17 de setembro de 1960, como deveria ser encarada a obra pioneira de SBH. De modo semelhante se pronunciaria o historiador João Camilo de Oliveira Torres, no seu artigo "Dois livros", publicado em *O Diário*, de Belo Horizonte, em 29 de dezembro de 1960, ao dizer, se referindo a *Visão do paraíso*, que vamos "seguindo por ai, lendo e aprendendo, descobrindo coisas extraordinárias e sentindo que havia mais coisas naqueles nossos antepassados que mudaram a história do mundo do que geralmente se supõe."[114] Pioneirismo, inovação, originalidade e erudição passariam a ser, a partir dos anos 1960, quase sempre, a norma nos argumentos presentes nos comentários publicados na imprensa periódica sobre os livros de SBH. Tal como vimos, ao longo deste capítulo (e do trabalho), SBH foi progressivamente se estabelecendo como "historiador por vocação", após transitar pela crítica literária e sociológica nos anos 1920 e 1930, mas sem, com isso, deixar de praticar o ofício de "crítico literário" na imprensa periódica dos anos 1940 e 1950.

Foi aos poucos que ele foi se definindo no campo dos "estudos históricos", mas sem nunca abandonar sua aptidão pela "crítica literária". Que, aliás, lhe valeu não apenas a sensibilidade literária na escrita de seus textos, no devassamento dos arquivos, na análise de acervos documentais cada vez mais amplos e no cultivo de um ecletismo teórico e metodológico em suas práticas de pesquisa. Como também lhe permitiu tanto trilhar um caminho promissor pelo campo dos estudos históricos, quanto ser ainda pioneiro na abertura

113 Siarq/Unicamp, Pt 248 P62.

114 Siarq/Unicamp, Pt 251 P62.

de frentes de pesquisa sobre temas novos (o estudo das massas e dos personagens anônimos em nossa história) e antigos, como os "bandeirantes", as "monções", as "fronteiras", o "imaginário social" e as "mentalidades coletivas" (Cf. Candido, 1998a, Monteiro, Eugênio, 2008; Martins, 2009; Franzini, 2010; Nicodemo, 2011; Marras, 2012; Monteiro, 2015). Assim como de empreender abordagens inovadoras para analisar a temática, sustentando a importância de não se deixar de lado questões socioculturais e econômicas, que ao lado das políticas, permitiram reconstituir melhor a história de uma dada sociedade do passado. Tais premissas vieram a contribuir diretamente com a consolidação do "ofício de historiador", após os anos 1950 (Cf. Nicodemo, 2008; Franzini, 2010), quando então ele se estabeleceu como professor catedrático na cadeira de *História da Civilização Brasileira* do curso de História da FFCL/USP, e efetivamente iria atuar como um "historiador profissional", como seria depois definido pelos seus "pares" (Cf. Dias, 1985, 1988; 2002; Capelato, Glezer, Ferlini, 1994; Candido, 1998a; Novais, 2005; Franzini, 2010; Nicodemo, 2011; Marras, 2012).

No entanto, seu percurso não foi nem simples, nem tampouco linear. Vimos como sua "rebeldia juvenil" contribuiu para definir sua aptidão pela crítica as "tradições do passado", pela contraposição as ideias fixadas no tempo e numa geração, pela busca de inovação na linguagem, na pesquisa, na interpretação, e de mudanças nas atitudes, nas ações e nas ideias de seu tempo. Ao mesmo tempo, vimos como esse modo de agir e pensar lhe valeram críticas e elogios por parte de seus contemporâneos, desde o lançamento de seu livro de estreia, *Raízes do Brasil*, em 1936. E que não deixou de mediar mesmo às intervenções subsequentes, que foram produzidas para comentar, discutir, e até mesmo criticar as edições seguintes de seu livro de estreia, assim como as primeiras edições de: *Cobra de vidro* (de 1944), *Monções* (de 1945), *Caminhos e fronteiras* (de 1957) e *Visão do paraíso* (1958, 1959). Ao lado desse tipo de percepção de sua obra, vimos também como, a partir dos anos 1950, esses mesmos comentários acentuavam o pioneirismo, a inovação, a originalidade e a erudição do "historiador profissional", tal como seria definida, desde então, a obra e a trajetória de SBH na historiografia brasileira (Cf. Dias, 1985; Candido, 1998a; Ferreira, 2011; Marras, 2012).

Com isso, foi possível adentrar tanto sobre a trajetória de SBH no momento em que estava produzindo seus livros, quanto na maneira sobre a qual estes estavam sendo recebidos na imprensa periódica, entre os anos 1930 e 1950. Ao fazermos esse duplo movimento, vimos como SBH foi construindo uma "rede de relações" muito mais ampla do que a estabelecida por AEJ – tal como tratamos no capítulo anterior. Nesse aspecto, acompanhamos tanto um quanto o outro, e vimos que enquanto AEJ centralizou suas relações em Alfredo Ellis, seu pai, Afonso de Taunay, seu antigo professor, e Washington Luis, então presidente do estado de São Paulo, além de se inspirar na obra de Roberto Simonsen, perfazendo uma "rede de relações" centralizadas no estado de São Paulo, mas não reduzidas apenas a este. E mesmo suas relações não se limitavam apenas a esses autores e políticos, muito embora eles fossem fundamentais para AEJ. SBH a compôs não somente com letrados de São Paulo e do Rio de Janeiro, por onde esteve a maior parte de sua vida, mas também com aqueles estabelecidos em outros pontos do país e do exterior. Isso se revelou muito frutífero, como vimos em suas missivas, para a formação de um circuito de troca de informações, localização de documentos, envio e recebimento de obras e de cópias de fontes documentais, discussão de obras, textos em produção e de autores do Brasil e do exterior.

Nesse processo, acompanhamos sua lenta e gradual consolidação no campo dos "estudos históricos", cuja base de seus procedimentos viria a inspirar a própria definição do "ofício de historiador" após os anos 1950, e, especialmente, depois de 1970, quando veio a se estabelecer o novo formato das pós-graduações *stritu senso* no país (Cf. Mesgravis, 1983, 1997; Capelato, Glezer, Ferlini, 1994, 1995; Candido, 1998a; Novais, 2005; Nicodemo, 2008; Monteiro, Eugênio, 2008; Ferreira, 2011; Marras, 2012; Roiz, 2012a). Com isso, SBH forneceu subsídios para: 1 – os profissionais na área notarem a importância dos relatos de viajantes e outros tipos de fontes documentais, além das de cunho "oficial"; 2 – instigou a observarem a importância do questionamento, antes mesmo do agrupamento dos documentos, aliando as premissas do "historicismo alemão", aos avanços do "movimento dos *Annales*"; 3 – mostrou a propriedade de não se estabelecer amarras teóricas e metodológicas no processo de pesquisa e durante a confecção da narrativa; 4 – nem tampouco reduziu a análise do processo histórico a circunstâncias políticas e diplomáticas, mas igualmente adentrou no modo de agir e pensar de uma dada sociedade do passado, demonstrando suas peculiaridades sociais, culturais e econômicas; 5 – e incentivou a formação de intercâmbios de profissionais no Brasil e no exterior, assim como de obras, cujo processo de internacionalização de diálogos e de troca de informações, seria essencial para o próprio desenvolvimento do "ofício de historiador" no país,[115] a partir dos anos 1950.

115 Evidentemente, a herança crítica da obra de SBH começaria a ser incorporada e apreendida com maior propriedade na historiografia brasileira, a partir dos anos 1980, como pode ser observado nos vários verbetes, conceitos, acontecimentos e interpretações que auxiliou na definição, na demarcação e no questionamento, ou inversamente propiciou a sua crítica e revisão. Sobre isso ver: Iglésias, 2000; Vainfas, 2000, 2002; Abreu, 2001; Diehl, 2004; Silva, Silva, 2005; Bittencourt, 2007; Monteiro, Eugênio, 2008; Vainfas, Neves, 2008; Neves, Guimarães, Gonçalves, Gontijo, 2011; Eugênio, 2011; Monteiro, 2015.

# Epílogo

## *A dialética entre o "intelectual-letrado" e o "letrado-intelectual" nas trajetórias de Alfredo Ellis Jr. e Sérgio Buarque de Holanda*

> O historiador deveria ser a pessoa mais apta a saber que o uso dos mesmos termos aplicados a períodos históricos diferentes conduz a ilusões nominalistas e a anacronismos. (Charle, 2018, p. 30).
>
> O sentido da atualidade do passado no presente se entrelaçava com os objetivos da especialização e da profissionalização [nos anos 1940 e 1950]; afinal, era necessário precisão na descrição do estado corrente da arte, retrato analítico da conjuntura presente. (Nicodemo, Santos, Pereira, 2018, p.108).

O que torna alguém um historiador? O que faz com que uma obra seja definida como histórica? Como se deve pesquisar o passado e escrever uma história, por meio de uma pesquisa cientificamente conduzida? Qual a função social dos historiadores? Entre as décadas de 1930 e 1950 essas questões foram postas num momento de constituição do campo disciplinar da História, entre as universidades brasileiras, com a criação dos cursos de Geografia e História nas Faculdades de Filosofia, Ciências e Letras, em várias regiões do país, como: São Paulo, Rio de Janeiro, Paraná e Minas Gerais (Roiz, 2012a, 2019; Ferreira, 2013, Santos, 2013). Foi um momento em que a História foi pensada como um ofício a ser praticado por profissionais formados em um curso universitário (Falcon, 2011; Nicodemo, Santos, Pereira, 2018). As discussões que cercearam a compreensão do que deveria ser o ofício de historiador, processaram-se durante um período de transição entre o "autodidatismo" (até então praticado, especialmente, pelos associados ao IHGB) e a "profissionalização" do trabalho intelectual de história (que começava a ser concebido nas universidades).

Compreender como Alfredo Ellis Jr. e Sérgio Buarque de Holanda transitaram por entre esses dilemas acadêmicos e teórico-metodológicos, ao longo dos anos 1930 até o final dos anos 1950, foi nosso principal objetivo nesta pesquisa. Como procuramos demonstrar, o papel destes dois profissionais foi marcante para a constituição do campo disciplinar da História, a definição do ofício de historiador e a demarcação do que era uma obra de história. Para refletir a especificidade de suas contribuições tomemos, de início, suas próprias palavras:

> Ha homens que são como os grandes monumentos naturaes. Vistos de perto não podem ser fielmente observados, mas á medida que a distancia augmenta com a majoração do angulo visual os seus contornos se fazem mais nítidos, proporcionaes e expressivos tomando um realce formidavel (Ellis Jr., 1934b, p. 12).
>
> No domínio da literatura temos visto frequentemente como a ambição de se preservarem formas consagradas pela tradição guarda ainda hoje inabalável prestígio. Não há quase movimento inovador que não se pretenda ao mesmo tempo restaurador. [...] A querela de antigos e modernos conserva sua atualidade, mas apenas nas aparências vistosas e enganadoras: no fundo, quase todos fazem empenho em reivindicar para si as siglas de algum passado ilustre e venerável. [...] Tudo isso serve para revelar o que há de ilusório no empenho daqueles – e penso aqui especialmente em certos críticos literários que insistem em procurar no terreno movediço da história a terra firme que ajudará a superar a História [e não seria exagero incluir também alguns historiadores da época de SBH]. Em outras palavras, dos que insistem em discernir num passado morto as normas fixas que hão de dirigir, obrigatória e eternamente, todos os nossos pensamentos, palavras e obras (Holanda, 1996b, vol. 2, p. 303 e 306).

Foi nesses termos que Alfredo Ellis Jr. (AEJ) sintetizou o papel exercido por Washington Luis (1869-1957) na presidência do governo do estado de São Paulo, em meados dos anos de 1910 e 1920, cuja administração favorecel diretamente o aumento de pesquisas históricas, com a publicação da maior parte dos documentos quinhentistas e seiscentistas da região e da capital do Estado (Cf. Pereira, 2010; Anhezini, 2011). Mas poderíamos também ampliar tal percepção, esboçada em seu *O bandeirismo paulista e o recuo do meridiano*, que teve sua segunda edição em 1934 (a primeira fora de 1924), como a síntese da compreensão de AEJ sobre o passado paulista e nacional.

Nessa análise que ele destacava o papel exercido pelos bandeirantes e, depois, pelos fazendeiros do café. E em sua época figuras como a do pai, o senador Alfredo Ellis, político de destaque na Primeira República (tal como assinalaria em sua obra), de Afonso de Taunay, seu antigo professor e amigo, de alguns políticos do estado, como o acima referido, sendo verdadeiramente os "novos bandeirantes", capazes de fomentar o retorno "glorioso" de São Paulo, com a recuperação de sua autonomia financeira e de sua hegemonia política diante da Nação.

Não sem razão, expressava tal ligação entre o passado e o presente, também com a própria genealogia familiar, na qual seu avô, Francisco da Cunha Bueno (Cf. Ellis Jr., 1960), representava a figura do fazendeiro de café no século XIX, seu pai, Alfredo Ellis (Cf. Ellis Jr., 1950), a do político da Primeira República, e ele, AEJ, a do historiador, político e advogado, preocupado com as "coisas" e as "causas" paulistas. Daí os nexos entre o passado e o presente que deveriam ser resguardados para se poder construir um futuro adequado para o estado de São Paulo, e cujos pontos AEJ resumiria em vários momentos de sua obra, como em sua tese de cátedra, *Meio século de bandeirismo (1590-1640)*, defendida em 1939 (para concorrer e depois ocupar a cadeira de *História da Civilização Brasileira* do curso de Geografia e História da FFCL/USP), onde indicava que:

> Mais tarde, com a volta de muitos dos mineradores, em razão do enfraquecimento das lavras de além, foi iniciada, em fins do século XVIII e no princípio do XIX [...], a lavoura de café no planalto paulista, que é, sem dúvida, o maior repositório de esfôrço agrícola realizado na face do planeta. Êsse fenômeno esplendoroso, testemunhador da imensa eficiência de um agregado humano, perdurou por mais de século e meio, e se manifesta, ainda hoje na extraordinária situação de São Paulo [...], bem como na criação do maior parque industrial da América Latina. Essa tem sido a evolução histórica do grupo humano planaltino, sempre a demonstrar, em sucessivos capítulos [desde o das bandeiras], uma energia descomunal, um espírito de arrojo inimaginável, uma coragem estupenda, um ânimo alevantado e extraordinário, capaz de um esforço físico notável, e uma eficiência magnífica, que se revela a cada iniciativa em que se engolfa (Ellis Jr., 1939, p. 6).

Já para Sérgio Buarque de Holanda (SBH), tal questão foi amplamente revista. Ainda como diretor do Museu Paulista, quando em *Crítica e história*, publicado em 10 de dezembro de 1950 no *Diário Carioca*, ao inquirir como os críticos literários de sua época se (re)apropriavam do passado, tornando-o uma tradição a ser renovada no presente, para justificar as tomadas de posição dos sujeitos, esta mesma avaliação, tal como mostrou o autor, também servia muito bem para demonstrar a atitude de vários "historiadores por vocação" (Cf. Glezer, 1976), que, como ele, vieram a se tornar progressivamente historiadores profissionais, formadores de novos profissionais para atuarem como professores e/ou pesquisadores na área.

Ao sugerir que o passado não é uma matéria estática, mas sim o produto de relações humanas, que como tais são dinâmicas, móveis, sujeitas as intempéries de cada contexto histórico e aos usos e abusos dos resquícios deixados por aquele passado por parte de seus intérpretes, este procurava indicar que mais do que continuidades lineares entre o passado e o presente, o processo histórico era mediado por constantes mutações, nas quais as mudanças e as rupturas não deixavam de fazer parte, mesmo onde se verificava uma aparente imobilidade, seja no processo, seja nas relações humanas e nas culturas, seja ainda nas questões políticas e econômicas de seu tempo e na história do Brasil. As mudanças eram propulsoras de oportunidades que vislumbravam a possibilidade de ação e, com isso, de mudança social num dado contexto histórico. E ao serem efetuadas, tais alterações permitiam que aqueles agrupamentos humanos rompessem com as amarras de seu passado.

Em vista disto, o principal objetivo desta pesquisa foi justamente mostrar que a dialética entre o "intelectual-letrado" e o "letrado-intelectual" que deu base à formação e a formulação do *homo academicus* (nos termos que Bourdieu o definiu) no campo da pesquisa histórica brasileira, em particular, e provavelmente tenha vindo a contribuir decisivamente para as Humanidades em geral,[1] a partir da década de 1930, quando estas começaram a se expandir pelo país, por meio da criação de Universidades e suas respectivas Faculdades de

1 Dado que não temos aqui subsídios suficientes para expressar tal afirmação categoricamente, mas tão somente fragmentos de um todo a ser ainda estudado com maior acuidade, em função de as pesquisas nessa área apenas nessas últimas décadas começarem a se adensar, como pode ser averiguado nas análises de: Miceli, 1989, 1995, 2001; Abreu, 1996; Bontempi Jr., 2001; Ferreira, 2002; Anhezini, 2011; Leite, Alves, 2011. Mas o problema não se limita apenas a escassez de trabalhos na área, ela também está em que a dialética entre o "intelectual-letrado" e o "letrado-intelectual" não se reduziu a uma formação comum de seus "agentes sociais" nos cursos de Direito (em outras áreas ou mesmo em outros cursos de Geografia e História), nos quais estes iam progressivamente tangenciando autodidaticamente para os estudos históricos. Primeiro, porque temos aí a interconexão de outras formações como em Medicina e em Engenharia, que aliadas a de Direito, dado que os três cursos foram criados no

Filosofia, Ciências e Letras (Cf. Miceli, 1989, 1995; Schwartzman, 1979, 1982; Roiz, 2012a; Ferreira, 2013). Como em nosso estudo não tivemos o objetivo de fazer uma "sociologia dos intelectuais" (Cf. Alonso, 2002, 2015), mas sim com base em instrumentos teóricos e conceituais, pormenorizar a análise das trajetórias e das obras de dois importantes "agentes sociais" no interior desse processo, que foram AEJ e SBH, na medida em que buscamos caracterizar suas aproximações e distanciamentos, por meio de comparações tanto em relação as suas produções, como em relação as suas trajetórias. Ademais, se o impacto específico nos estudos históricos brasileiros como procuramos indicar, foi o de definir o historiador profissional, para atuar nas universidades, e cuja base esteve no papel exercido pelos "historiadores por vocação" (Cf. Glezer, 1976), na qual a dialética acima referida cerceou a movimentação destes "autodidatas" para o "ofício de historiador", nesse caso também foi estratégica a participação de AEJ e de SBH, no interior dessas contendas, como procuramos mostrar ao longo desta pesquisa.

Daí se justificar a razão para exemplificarmos essa questão, ao tomarmos como ponto de análise as trajetórias e as obras de AEJ e de SBH, durante o período de 1929 a 1959, momento no qual publicaram a maior parte de seus textos, fizeram critica literária, escreveram romances, se debruçaram sobre as fontes e atuaram em universidades, especialmente, na cadeira de *História da Civilização Brasileira* do curso de Geografia e História da Faculdade de Filosofia, Ciências e Letras da Universidade de São Paulo (FFCL/USP). Além disso, ambos vieram de uma formação jurídica, e progressivamente foram caminhando como "autodidatas" para o campo dos estudos históricos, no qual vieram a se tornar "historiadores por vocação" (Cf. Glezer, 1976) no caso de SBH, ou por "indução", em função das exigências do contexto, como em AEJ.

Como procuramos demonstrar, AEJ fundamentou esse processo em sua trajetória numa retórica de cunho bacharelesco que, muito embora viesse a sofrer alterações substanciais ao longo de sua carreira, esteve sempre a cercear

Brasil do século XIX, fazem com que a análise de outras áreas ou cursos leve inevitavelmente este ponto em consideração. Depois, porque mesmo nos próprios cursos de Geografia e História em que há traços comuns com o da FFCL/USP, aqui estudado, também havia neles certas peculiaridades em relação a formação de seus docentes, no tempo que permaneceram nas cadeiras (Cf. Ferreira, 2013), e em função destes pontos deve-se questionar em que medida a dialética entre "intelectual-letrado" e "letrado-intelectual" pode ser também operacional para inquirir e analisar estes cursos.

seus trabalhos, no tipo de posicionamento empregado nas questões políticas e históricas, no formato das ações desenvolvidas nos enredos de suas narrativas (históricas e romanciadas) e no modo com que procurava avaliar o processo, sendo ao mesmo tempo intérprete e juiz nas questões relativas ao passado e ao presente, especialmente aquelas ligadas ao "tipo humano" que se formou em São Paulo e a história do povo paulista. Fato, aliás, que o colocaria como um "intelectual-letrado" de seu tempo. Já SBH, como se viu, amparou suas análises primeiramente com base numa crítica enfática ao tipo de papel exercido pelos bacharéis de direito, que, desde o Oitocentos brasileiro, fundamentaram seus discursos numa retórica, muitas vezes desnecessária e inapropriada, e na qual as palavras diziam mais que as ações e os gestos, símbolos e a genealogia familiar expressavam mais que as atitudes e as ações dos "agentes sociais" num dado período histórico (Cf. Holanda, 1936, 1948, 1956), num processo de constate crítica de autores e obras, e autocrítica de seus próprios textos. Nesse sentido, ele foi sendo progressivamente um "letrado-intelectual" de seu tempo.

Num primeiro momento poderíamos alicerçar a tão propalada *atualidade* da obra de SBH (Cf. Ferreira, 2007, 2011; Marras, 2012; Monteiro, 2015), em função de suas escolhas políticas e teórico-metodológicas, ao passo que as de AEJ vieram a tornar a sua *inatual* (Cf. Capelato, Glezer, Ferlini, 1994, 1995; Ferreira, 2002). Contudo, antes de apressarmos esse tipo de conclusão, devemos refletir melhor tanto a definição de "intelectual-letrado" e "letrado-intelectual", e quais relações estabeleceram nos autores estudados nesta pesquisa.

Para tentar fundamentar melhor a definição de "intelectual-letrado" e de "letrado-intelectual" procuramos estabelecer uma série de pontos que puderam ser rastreados nos autores estudados, ainda que como veremos abaixo (e vimos ao longo deste estudo) este processo tenha sido extremamente dinâmico e complexo. Para o caso do "intelectual-letrado":

> 1. Havia continuidade entre passado e presente em sua análise do processo, que lhe permitia usar o passado para justificar suas ações no presente;
>
> 2. A compreensão que fazia da temporalidade lhe possibilitava ver o passado como *exemplar* e definir a importância das *tradições*, de modo a lhes fazer certo *elogio* em seu presente histórico;
>
> 3. A periodização lhe servia para justificar as continuidades e criticar o caminho das mudanças tanto nas esferas socioculturais, quanto políticas e econômicas de seu tempo;

4. O compromisso com a verdade, comprovada por meio da análise das fontes documentais (com foco nas de cunho oficial), lhe servia para afiançar os prognósticos sobre o passado e o presente (e até dar-lhes continuidade no futuro);

5. As representações construídas sobre o passado favoreciam a identificação dos homens do presente, com os seus antepassados, e qual o tipo de papel que deveriam exercer em suas respectivas épocas;

6. As regras do método histórico deviam estar pautadas por um cânone de obras e autores, para fundamentar as escolhas do pesquisador e dar respaldos as suas análises e conclusões;

7. A retórica de tipo bacharelesca fundamentava o modo como devia ser construída uma posição na arena política, quanto num debate e/ou questão averiguada na pesquisa histórica;

8. O posicionamento político-partidário não impedia a elaboração de um discurso (que se queria) científico, imparcial, verdadeiro e objetivo;

9. O sujeito (pesquisador) se posicionava não somente como intérprete do processo, mas também como juiz sobre as intempéries do contexto, e na relação passado, presente e futuro;

10. Definia sua interpretação do processo histórico mediante uma análise do local e do regional, onde tais características e peculiaridades eram generalizadas para o resto da Nação, de modo a justificar certo pioneirismo nas iniciativas;

11. Havia certa hierarquia no quadro de análise do processo, dado que os autores clássicos mantinham maior credibilidade que os contemporâneos, e as fontes oficiais tinham maior autenticidade que outros documentos, que, aliás, eram justificadas por meio de certas tipologias;

12. Apenas o agir humano dos indivíduos que se sobressaíam em seu contexto histórico deveria ser levado em consideração, para se produzir um exame adequado do processo histórico;

13. A sua posição política e teórico-metodológica era construída mediante certo tipo de provincianismo, por suas escolhas estarem atreladas com os setores rurais e sua formação estar reduzida ao estado de origem, e a obras e autores ali consumidos/apropriados (Cf. Chartier, 1990, 2009, 2011);

14. E a sua "rede de relações" estaria limitada aos seus espaços de atuação, formando laços duradouros naquela região, quando muito em parte do território nacional.

Após detalharmos as características do "intelectual-letrado", devemos passar em revista agora o caso do "letrado-intelectual":

> 1. Havia rupturas, além de continuidades, entre o passado e o presente, que lhe fornecia subsídios para pensar os processos de transformação e o andamento das mudanças num dado contexto histórico, que dava a possibilidade de refletir o presente e planejar o futuro;
>
> 2. A compreensão que fazia da temporalidade possibilitava não só perceber as continuidades, mas antes como se formavam as rupturas, de modo a lhe fornecer instrumentos para elaborar novas leituras do passado, do presente e até do futuro;
>
> 3. A periodização servia para dimensionar como e porque ocorriam mudanças e rupturas num dado contexto histórico, dando novos contornos sobre a relação: passado, presente e futuro;
>
> 4. A verdade deveria ser um horizonte a ser buscado no andamento da pesquisa e na formulação da narrativa histórica, com o apoio dos mais variados tipos de documentos, que lhe tivessem sido legados do passado, e fossem assim inquiridos pelo investigador em sua análise;
>
> 5. As representações do passado além de fornecerem meios para pensar o antes e o depois num dado processo histórico, também deveria viabilizar o estudo das semelhanças e diferenças entre o passado e o presente;
>
> 6. As regras do método histórico deveriam ser construídas mediante uma análise crítica dos cânones estabelecidos e por intermédio de questionamentos e interpretações feitos sobre as fontes documentais;
>
> 7. A retórica de tipo bacharelesca deveria ser descartada tanto nas contendas políticas, quanto nas análises a respeito do processo histórico e das sociedades;
>
> 8. O posicionamento político-partidário além de impedir a elaboração de um discurso científico, verdadeiro e objetivo, estes deveriam ser ademais relativizados em seu alcance, para o campo dos "estudos históricos", dadas suas estreitas relações com a literatura, a sociologia e a filosofia (Cf. Lima, 2005, 2006, 2007, 2009);
>
> 9. O sujeito (pesquisador) deveria se posicionar tão somente como intérprete do processo, sendo crítico com relação à obra de terceiros e autocrítico com a própria;
>
> 10. Definia sua análise do processo histórico, por meio de uma correlação entre a história mundial e a história nacional, na qual as comparações serviam para dar fundamentos às aproximações e as distinções sobre a formação histórica de cada sociedade e território;

11. Não se poderia proceder a um exame coerente e consistente de um dado contexto social, mediante a hierarquização de obras e autores, nem tampouco com base em tipologias documentais, nas quais se definia a maior credibilidade de umas em detrimento de outras;

12. Todo agir humano no tempo deve ser levado em consideração para se elaborar um estudo adequado de um contexto social e histórico de uma dada sociedade;

13. A sua posição política e teórico-metodológica era construída mediante certo tipo de cosmopolitismo, por suas escolhas estarem atreladas a diferentes locais, como as cidades, e sua formação não estar limitada ao seu local de origem, mas antes ser feita num circuito nacional e internacional, possibilitando maior diversidade sobre os autores e as obras consumidos/apropriados (Cf. Chartier, 1990, 2009, 2011);

14. E a sua "rede de relações" não estaria limitada aos seus espaços de atuação, possibilitando a formação de laços duradouros tanto no território nacional quanto no exterior.

Atente-se que esse conjunto de pontos que servem para circunstanciar o "intelectual-letrado" e o "letrado-intelectual", com base no estudo que foi feito sobre a trajetória e a obra de AEJ e de SBH, devem ser vistas sempre em relação umas com as outras, além de serem dinâmicas nas obras e nas trajetórias dos autores, como os que foram aqui analisados na primeira e na segunda parte desta pesquisa.

Ao verificarmos como se posicionaram e como agiram diante da guerra de ideias que se formou entre os letrados de São Paulo (e do Rio de Janeiro) em meados dos anos de 1930 e 1940, vimos às "redes de relações" que tanto AEJ, quanto SBH, foram formando, ampliando, ou mesmo rompendo, ao longo do tempo. Para contornarem os problemas observados para sua época, ambos fizeram um uso peculiar da "temporalidade", para comporem uma interpretação das categorias: passado, presente e futuro.

Em AEJ, o passado deveria ser usado para justificar as ações no presente, de modo a fazer com que aquele passado, entendido como "pioneiro" e "glorioso", fosse à base da restauração da autonomia e da hegemonia política e econômica do estado de São Paulo, que fora perdida com a conjuntura de 1929 a 1932. Nesse caso, a estratégia de fazer uso de *um discurso no qual as mitologias do passado asseguravam um elogio das tradições no presente*, esteve a cercear a "consciência histórica" de AEJ, que tangenciava entre uma compreensão *tradicional* e *exemplar* do passado (Cf. Rüsen, 2001, 2007a, 2007b, 2010, 2012), e esta era de forma direta ou indireta convertida em sua interpretação do processo histórico paulista e nacional.

Já em SBH, o passado deveria ser interpretado para mostrar as raízes de certas barreiras para o desenvolvimento da democracia, de atitudes racionais e impessoais, então inviabilizadas por certa preponderância a que tinham as atitudes "cordiais", forjadas no passado colonial e rural brasileiro, de raiz ibérica, e cujas bases ainda não haviam sido totalmente superadas em sua época, apesar de uma "revolução lenta e silenciosa" já estar, para ele, em processo. Por essa razão, ele procurou formular um projeto no qual *um discurso de tipo utópico, com ênfase numa mudança gradual, mas profunda, da consciência histórica e da postura dos indivíduos*, esteve a cercear a "consciência histórica" de SBH, que tangenciaria entre uma compreensão *crítica* e *genética* do passado (Cf. Rüsen, 2001, 2007a, 2007b, 2010, 2012), e esta era de forma direta ou indireta convertida em sua interpretação do processo histórico, desde a história dos povos da península ibérica, até os contornos que deram sobre a formação do caráter e das atitudes do povo brasileiro, em geral, e dos paulistas, em particular.

Para indicarmos como esses programas não eram os únicos a pensarem e planejarem alternativas para São Paulo e para o Brasil, tentamos mostrar sua interligação com outras propostas como a de Fernando de Azevedo e do grupo d'*O Estado de S. Paulo*, articulados com os fundamentos da "escola-nova" (Cf. Cardoso, 1982; Monarcha, 2009), para definirem meios para a reconstrução nacional, com base num programa de formação de jovens e de profissionais, de modo a ter na renovação da educação brasileira a chave para a consecução de tais objetivos. Nesse caso, na medida do possível, tentamos mostrar as aproximações e as diferenças de um projeto para o outro e como estavam em disputa no período, no qual ainda não havia nenhuma hegemonia assegurada entre eles. Mesmo considerado que Fernando de Azevedo e o grupo d'*O Estado* só viessem a desenvolver um projeto para a escrita da história da educação brasileira a partir dos anos 1940 (Cf. Roiz, 2009), todos os pontos principais dessas iniciativas haviam sido estabelecidos na década anterior, a de 1930.

Ao mesmo tempo em que procuravam formular uma interpretação do processo histórico para justificarem suas iniciativas, tanto AEJ quanto SBH vieram a conceber uma "periodização" sobre a história do Brasil, na qual o século XIX pareceu despontar como um paradigma em suas análises. Para AEJ fora o momento em que São Paulo verdadeiramente começou a se destacar diante do Império do Brasil, em função do papel pioneiro dos bandeirantes dos séculos XVI ao XVIII, que possibilitaram o resguardo das fronteiras do que se tornaria o Brasil e em função de sua peculiaridade étnica, o bandeirante, isto é, o mameluco (do cruzamento do "índio da terra" com o português europeu), fincaram na Capitania, depois Província de São Paulo, a constituição de um povo "desbravador" e "empreendedor", e que viria a se desdobrar no século XIX nas ações dos fazendeiros do café. Para SBH, o século XIX seria o momento em que se vislumbraria uma transição do poder do campo para as cidades, a partir de 1850, intensificadas pelos eventos de 1888 e de 1889, e que deram base a "revolução lenta e gradual" que se processava em torno da democracia, de viés americanista, em prol de certo "caráter cordial" em desagregação, em vista de seus primeiros sinais de decadência e dissolução já serem ali observados nas primeiras décadas do século XX.

Para AEJ este projeto estava articulado a uma compreensão da "verdade", na qual a comprovação documental, o domínio da narrativa e o amparo a procedimentos adequados de pesquisa, além de assegurarem que o discurso histórico mantivesse um caráter científico, também servia para justificar certas ações no seu presente histórico. Aliado a tais iniciativas estariam às obras de cunho didático, que escreveu nos anos iniciais da década de 1930 para as áreas de *Geografia* e de *História*, do 1º ao 5º ano do ensino secundário. Além disso, ele escreveu uma série de romances entre o final dos anos 1920 e o início dos anos 1930 que procuraram dimensionar as etapas das jornadas bandeirantes para as "novas" gerações. Nesse ínterim, o autor estava articulado com as propostas dos "verde-amarelos", onde o culto as tradições, a rememoração do passado e a crença no pioneirismo de São Paulo sobre o resto da Nação condicionavam a maioria de seus esforços, que eram representados em seus textos, discursos e ações. E AEJ soube muito bem como se apropriar desses "valores" e dessas "premissas" para produzir tanto suas obras históricas, quanto seus romances. Enquanto isso, SBH que a princípio estava entre os "futuristas" paulistas, como um "klaxista" (tal como confidenciaria a Mário de Andrade, em uma de suas missivas de meados dos anos 1920), romperia com uma parte do movimento modernista, a partir de 1926. Nesse processo, com sua experiência por Cachoeiro de Itapemirim/ES, e, depois, pela Alemanha, deram-lhe ainda maior sensibilidade para refletir os contrastes de sua realidade, assim como as forças em choque no passado e no presente da sociedade brasileira (Cf. Holanda, 1989, 1996a, 2011a; Prado, 2004; Nicodemo, 2011).

Para AEJ, o romance histórico tinha basicamente uma função pedagógica: ao formar novas gerações de leitores, ensinar-lhes como deveriam compreender a história de São Paulo e do Brasil. Por isso mesmo, sua produção literária se articulava as "lições" de seus livros didáticos de *Geografia* e de *História*, e ainda serviam para sintetizar sua discussão teórica empreendida em suas obras históricas de maior envergadura. Apesar de não escrever muitos contos e poesias, nem tampouco procurar elaborar romances, SBH foi um leitor voraz, exercitando a crítica literária, ao lado da pesquisa histórica, ao longo dos anos 1920 e 1930 (Cf. Holanda 1989, 1996a, 2011a) - exercício, aliás, que não deixaria de praticar com certa regularidade mesmo depois desse período (Cf. Holanda, 2004, 1996b, 2011b). Isso lhe proporcionou grande sensibilidade, ao analisar a produção literária e os relatos de viajantes, para ampliar seu *corpus documental*, em suas investigações históricas. Em carta enviada a Mário de Andrade, de 10 de maio de 1931, SBH confidenciaria ao amigo as razões que lhe levaram a ter certo distanciamento com relação à produção literária, especialmente na elaboração de contos e romances, quando estava terminando de revisar seu conto surrealista e autobiográfico *A viagem a Nápoles* (Holanda, 2008c), sua contribuição a *Revista Nova*, que: "A mim, na verdade, não me satisfaz muito esse exercício de ficção".[2] Por que diferente de Mário, ele não conseguia escrever com a mesma "espontaneidade", "paixão" e "abandono". Curiosamente, enquanto AEJ que fora um praticante da escrita romanesca nos anos 1920 e 1930, colocou-se como grande crítico deste tipo de produção, ao definir a história enquanto uma "ciência", já que estas produções não deveriam ser agrupadas em torno do *corpus* documental do historiador. Por sua vez, SBH, que não a praticou tanto, em nenhum momento deixou de considerá-la relevante em suas pesquisas, que nem por isso seriam menos "cientificamente" conduzidas (Cf. Dias, 1985, 1988, 2002; Eugênio, 2011; Marras, 2012; Monteiro, 2015).

2 Carta de SBH para Mário de Andrade, Rio de Janeiro, 10 de maio de 1931. *In:* Monteiro, 2012, p. 99. O manuscrito original se encontra arquivado no fundo Mário de Andrade do Instituto de Estudos Brasileiros (IEB) da Universidade de São Paulo.

As escolhas teórico-metodológicas feitas pelos autores transparecem cristalinamente ao empreenderem suas análises sobre as bandeiras e os bandeirantes. E o *Curso de Bandeirologia*, que foi sendo apresentado ao longo do ano de 1946, num ciclo de várias conferências, a pedido do Departamento Estadual de Informações de São Paulo, como vimos, além de ter sido um momento em que se encontraram letrados das mais variadas procedências, também reuniria AEJ e SBH.

Foi a partir de 1946, depois de morar 25 anos no Rio de Janeiro (mudara-se com a família em 1921), com o seu retorno para São Paulo, que, como vimos, SBH começava a ver os primeiros resultados de seu livro *Monções*, que havia sido publicado no ano anterior. Além de alguns poucos comentários na imprensa periódica e em panfletos de divulgação, o livro passaria quase despercebido no momento de sua publicação, muito embora expressasse para os organizadores do curso a importância da participação de seu autor no evento. Mas, certamente, SBH era ainda muito mais conhecido por seu livro de estreia: *Raízes do Brasil* de 1936 – tal como vimos no sétimo capítulo de nosso estudo.

Nesse mesmo ano de 1946 foi que ele assumiria a diretoria do Museu Paulista, cujo convite lhe foi feito pelo próprio Interventor Federal no estado de São Paulo, o Embaixador José Carlos de Macedo Soares, um dos organizadores do curso de 1946. Até então a direção do Museu Paulista estava sob a responsabilidade de Afonso de Taunay, antigo professor no Colégio São Bento, onde SBH foi seu aluno, e quem lhe havia aberto as "portas" na imprensa periódica nos anos 1920. Com esse exemplo, vimos como certas "redes de relações" iam sendo formadas, inclusive, no caso específico do *curso de bandeirologia* de 1946.

Contudo, quem parecia estar mais articulado com as posições hegemônicas de interpretação dos bandeirantes não era SBH, mas sim AEJ. E o *Curso de Bandeirologia* de 1946, ao invés de compor uma narrativa linear, ao longo das seis conferências publicadas (das 14 planejadas), iria justamente apresentar duas, que mesmo parecendo caminhar paralelas, em certa medida, fixava-se nitidamente as diferenças entre elas, já que estavam pontuadas por certa hegemonia de uma sobre a outra. De um lado, com os textos de Afonso de Taunay (1876-1958), Virgilio Corrêa Filho (1887-1973), Afonso Arinos de Mello Franco (1905-1990), AEJ e Joaquim Ribeiro (1907-1964), que visualizaram positiva e complacentemente o papel do bandeirante no desbravamento dos sertões, na captura de indígenas e na exploração do Território, como o feito mais importante na história de São Paulo e para o Brasil, acabando por *construírem uma narrativa elogiosa sobre a(s) tradição (ões) do passado*. E, de outro, com o de SBH, que seguindo as pistas e as críticas de Capistrano de Abreu (1853-1927) e de José de Alcântara Machado (1875-1941), deteve-se nas *monções*, visualizando a pobreza dos bandeirantes, a dependência que tinham para com os nativos e a fragilidade das opções, nos percursos que eram trilhados pelas bandeiras paulistas, ao formular *uma crítica a narrativa elogiosa da(s) tradição(*ões*) do passado*.

Evidentemente, não devemos esquecer que as narrativas que foram feitas sobre os bandeirantes, não podiam, nem deviam, ser tão facilmente distinguidas entre aquelas que faziam um *elogio evidente sobre as tradições que compunham as bandeiras paulistas* e aquelas que incidiam *numa crítica a elas*, ao relacionarem outros sujeitos históricos, como a contribuição direta dos "povos nativos", para a consecução dos objetivos das bandeiras no "desbravamento" dos sertões.

Vimos, nesse caso, como a grande maioria das narrativas ainda estava atrelada a manutenção de uma interpretação do passado, onde a "grandiosidade" da empresa bandeirante fixava as bases para a elaboração de uma identidade regional para o estado de São Paulo, ao fazer, não por acaso, um elogio das tradições do passado naquele presente histórico. Enquanto SBH, por sua vez, seguindo as pistas de outros autores do período, e dando continuidade as investigações que iniciou em meados dos anos 1920, procuraria romper com as "amarras do passado", ao centralizar sua análise nos personagens anônimos e não nos líderes das incursões bandeirantes. Ao dar ênfase a "cultura material", a análise etnográfica e etnológica e a fontes pouco estudadas no período, este descortinou quais os tipos de relações culturais que eram possíveis de serem efetuadas na época, ao invés de focalizar sua interpretação sobre as atitudes e decisões políticas, e as movimentações e flutuações da economia dos séculos XVI ao XVIII, ou mesmo em relação ao XIX, com a ascensão da lavoura e da economia cafeeira.

As obras e as trajetórias de AEJ e de SBH são extremamente representativas para a compreensão desse contexto, tanto quanto para o aprofundamento de suas peculiaridades, porque ambos vieram de uma tradição "autodidata", sendo "historiadores por vocação" (Cf. Glezer, 1976). No entanto, em meio às práticas de pesquisa que foram desenvolvendo ao longo dos anos 1930 até meados dos anos 1950, período no qual também atuaram em Faculdades de

Filosofia e na formação de historiadores profissionais e de professores de história, os colocariam igualmente num "conflito que [...] não opunha gerações entendidas no sentido de classe de idade mas *gerações universitárias*, isto é, agentes que, mesmo sendo da mesma idade, foram produzidos por dois modos de geração universitária diferentes" (Bourdieu, 2011, p. 192, grifo no original), conforme definiria Pierre Bourdieu, em seu *Homo academicus*. Assim, além de serem "agentes sociais" fundamentais para acompanharmos como se deu o começo da transição do "autodidatismo" para a "profissionalização" do trabalho de pesquisa do historiador no Brasil, fazendo com que o "homem de letras" viesse a se tornar verdadeiramente um pesquisador profissional no campo dos estudos históricos, eles mesmos igualmente fizeram suas escolhas nesse processo, como "intelectual-letrado" e como "letrado-intelectual".

Entender, portanto, em que medida a historiografia oitocentista balizou a interpretação da história de AEJ, e como a converteu em suas práticas de pesquisa e em sua docência foi importante não somente para visualizarmos porque foi crítico em relação às "inovações" trazidas pelas relações entre História e Ciências Sociais, e aos avanços consignados pelo movimento dos *Annales*, nas primeiras décadas do século passado (Roiz, Santos, 2012), mas também no modo que viria a interpretar as categorias: passado, presente e futuro. Da mesma forma, entender como SBH, ainda que a princípio se debruçasse sobre o "historicismo alemão", entre o final dos anos 1920 e meados dos anos 1930, não se fixaria somente nele para interpretar o passado, nem tampouco daria exclusividade a outros movimentos e/ou autores, apesar de não deixar de conhecer a maioria deles, e tomar para si o que fosse adequado de cada um, para construir sua(s) leitura(s) do passado brasileiro.

Nesse sentido, depois de abordarmos sinteticamente as discussões efetuadas por AEJ e SBH sobre o que entendiam e como usavam a "temporalidade", a "periodização", a "verdade histórica" e a "representação do passado", para darem subsídios a exposição de seus dados de pesquisa (mediante uma narrativa ou outras formas de apresentação da investigação empreendida), tivemos que adentrar nas "regras do método histórico". Mais precisamente, no modo como justificavam suas escolhas para demonstrar quais *os caminhos que percorreram para efetuarem suas pesquisas*, escreverem suas histórias e se debruçarem e inquirirem o próprio modo com que era definida a história e sua escrita nos anos 1930 e 1940.

Com isso, vimos que apesar de terem em Afonso de Taunay um mestre em comum no momento inicial de suas formações, este produziu maior impacto na produção de AEJ do que na de SBH. Enquanto para AEJ a figura de Taunay se manteve como a de um mestre cujas "lições" deveriam ser seguidas ao longo de sua trajetória profissional, o que justificaria seu empenho em estudar as bandeiras e, depois, a civilização que se formou com a expansão da cafeicultura pelo estado de São Paulo. SBH, apesar de manter sua gratidão com Taunay, teve antes em Capistrano de Abreu a figura mais próxima de um mestre (aliás, Capistrano havia sido o mestre de Taunay), em função de sua obra expressar mais o estudo de todo agir humano, ao mesmo tempo em que enfatizava certo desacordo com a historiografia então praticada, especialmente, em relação à história escrita sobre as bandeiras paulistas.

Depois de concluirmos tal análise na primeira parte de nosso estudo, passamos a reunir subsídios na segunda parte para demonstrar como AEJ reviu seus posicionamentos, reformulou parte de seus procedimentos, mas ainda assim se mantinha fixado numa "rede de relações" limitada ao estado de São Paulo e as suas associações como o IHGSP e a APL. Além de continuar a ter em Taunay à figura do mestre para exercer o ofício de historiador, ao longo dos anos 1940 e 1950, AEJ foi construindo uma genealogia familiar, com a biografia de seu pai, depois, de seu avô, para indicar que ele próprio fazia parte de uma "tradição de bandeirantes", cuja meta era assegurar o lugar de São Paulo diante da Nação brasileira. No caso de SBH, vimos como este procurou firmar uma autocrítica com relação a sua obra dos anos 1930, especialmente, em relação ao seu livro de estreia: *Raízes do Brasil*, de 1936. O livro, aliás, mais parecia exercer o papel de um programa de estudos, como um projeto de pesquisa, onde *Monções*, de 1945, *Caminhos e fronteiras*, de 1957, e *Visão do paraíso*, de 1958, 1959, estariam sempre a aprofundar e estabelecer um diálogo direto e intenso com este texto – que, aliás, se manteria mesmo em sua produção dos anos 1960 e 1970 (Cf. Assis, 2004; Nicodemo, 2008; Roiz, 2012a). Parte da critica e das resenhas produzidas no período chegou a averiguar alguns desses nexos, como indicamos no sétimo capítulo desta pesquisa. Além de verem em SBH um "historiador profissional" das coisas do Brasil.

Portanto, ao esboçarmos no decorrer deste texto, os pontos de aproximação e os distanciamentos teórico-metodológicos e políticos de AEJ e SBH, nossa meta foi a de mostrar a importância desses autores na constituição do ofício de historiador no país, num período de intensos debates, no qual "autodidatismo" e "profissionalização", "homem de letras" e "pesquisador profissional" estavam em questão, com a fundação das primeiras universidades e cursos na área (Cf. Ferreira, 2006, 2012, 2013; Glezer, 2011; Falcon, 2011, 2015; Roiz, 2012a).

Mesmo tendo vindo de uma tradição comum de "autodidatismo", e, por isso, sendo "historiadores por vocação" (Cf. Glezer, 1976), SBH, ao não enraizar seus procedimentos de pesquisa numa única tradição teórico-metodológica, e sendo, além disso, sempre autocrítico sobre sua produção, conseguiu adentrar no ofício, constituindo-se como um exemplo de historiador profissional e de *homo academicus* no país (Cf. Dias, 1988; Capelato, Glezer, Ferlini, 1994; Mesgravis, 1997). Para fazer isso, como vimos, ele se distanciou da retórica bacharelesca a qual havia sido formado nos anos 1920, ao mesmo tempo em que procurava mostrar as suas fragilidades, e vinha a se firmar, de fato, como historiador (profissional). Mesmo considerando a importância e os méritos da obra de AEJ, este não conseguiu nem se desvencilhar totalmente da retórica bacharelesca, nem tampouco da historiografia oitocentista, para produzir suas obras e efetuar suas pesquisas (Cf. Abud, 1985; Monteiro, 2001; Ferreira, 2002; Roiz, 2012a).

Desse modo, a dialética entre o "intelectual-letrado" e o "letrado-intelectual" nos deu suporte para analisarmos as escolhas, os posicionamentos, os projetos, as tensões e os debates na escrita da história de AEJ e de SBH durante o período de 1929 a 1959, e que esperamos, desde que cotejados de forma adequada, que os instrumentais teórico-metodológicos desenvolvidos e os resultados alcançados nesta pesquisa possam vir a inspirar outras, de modo a propiciar comparações, críticas e a ampliação de nosso conhecimento sobre a história do ofício de historiador e da escrita da história no Brasil.

Com isso, poderemos averiguar com maior propriedade como ocorreu a passagem do "homem de letras" em "pesquisador profissional" neste campo do conhecimento, cujo início do processo, que foi na segunda metade do século XIX (Cf. Guimarães, 1988, 2002, 2011), teria seu auge entre os anos 1930 e 1950 (Nicodemo, Santos, Pereira, 2018), quando foram criados os primeiros cursos de Geografia e História em Faculdades de Filosifia pelo país

(Cf. Ferreira, 2006, 2012, 2013; Falcon, 2011, 2015; Roiz, 2012a), e teve início a transição do "autodidatismo", então praticado pelos "historiadores por vocação" (Cf. Glezer, 1976), para a profissionalização do trabalho de pesquisa do historiador no Brasil. Especialmente num momento em que se discutia a profissionalização da área, do ofício de historiador no Brasil, e cujos tramites do processo que se encontrava em sua fase conclusiva no Senado Brasileiro e na Câmara dos Deputados, e o projeto deveria ter sido sancionado pela presidente Dilma Rousseff (ou o presidente interino Michel Temer, que em 2016, após a deposição da presidente Dilma, assumiu a presidência), mas que com os desdobramentos de nossa história recente, novamente tal contenda se arrefeceu, diante da reação neoconservadora em curso no país.[3] Sobre isso impressiona a divisão da comunidade de historiadores profissionais no Brasil, favoráveis ou contrários ao projeto (de lei sobre o ofício de historiador e sobre a reação neoconservadora em curso na nossa sociedade), e na qual poderíamos fechar essas reflexões questionando: se as "raízes" (Cf. Holanda, 1936) dessas posições não estariam justamente no modo como a dialética entre o "intelectual-letrado" e o "letrado-intelectual" poderia ter fundamentado o estabelecimento da profissionalização do trabalho de pesquisa do "historiador profissional" e do "acadêmico" no país e cujos rastros ainda nos seriam perceptíveis e "caros" em nossa contemporaneidade?

3 As discussões sobre os rumos da história recente do Brasil são ainda muito fluídas, mas para uma primeira aproximação com a questão, ver: Abranches, 2018; Vieira, 2018; Carazza, 2018; Machado, Toledo, 2017; Nobre, 2013; Singer, 2012, 2018.

# Apêndice

## *Maria Amélia Alvim Buarque de Holanda (1910-2010)*

À primeira vista a trajetória de Maria Amélia Cesário Alvim (depois do casamento com Sérgio Buarque de Holanda nos anos 1930, Maria Amélia Alvim Buarque de Holanda) pode não chamar a atenção de nosso leitor.

Não produziu uma obra que lhe conferisse notoriedade intelectual, tal como o fez sua amiga Gilda de Mello e Souza (1919-2005), esposa de Antônio Candido (1918-2017).

Não atuou em universidades, nem formou novas gerações de pesquisadores, como Alice Piffer Canabrava (1911-2003).

Não criou teorias, procedimentos ou conceitos que ficassem na posteridade, a exemplo de Maria Isaura Pereira de Queiroz (1918-2018).

Não publicou regularmente na imprensa periódica; nem criou revistas acadêmicas ou de cunho cultural, como a amiga Gilda, quando ainda era estudante de Ciências Políticas e Sociais na Faculdade de Filosofia, Ciências e Letras da Universidade de São Paulo, que com o marido e os amigos criaram a revista *Clima* e nela aturam nos anos 1940 (Cf. Pontes, 1998).

Mas, foi mãe e cuidou dos filhos, e era o que se esperava das mulheres no Brasil dos anos 1930 e 1940. Mãe de Francisco (o Chico) Buarque de Holanda (cantor, compositor e escritor), de Heloísa Maria Buarque de Holanda (cantora e compositora), mais conhecida como Miúcha, Ana Maria Buarque de Holanda (cantora e compositora) e Maria Cristina Buarque de Holanda (cantora e compositora), além de Maria do Carmo, Sérgio e Álvaro, criando, portanto, uma família de artistas, dos quais o primeiro se notabilizou na música popular brasileira (MPB) a partir dos anos 1960. Mãe de sete filhos, treze netos e doze bisnetos.

Não fosse por tal questão, que já torna a vida de nossa personagem muito marcante, por que se deve estudar a trajetória de D. Maria Amélia (tal como era conhecida pelos mais próximos da família)?

Ao que tudo indica, Maria Amélia estava inserida dentro de uma tradição de cunho patriarcal, proveniente do período colonial e então persistente no

Brasil dos anos 1930 e 1940, tão bem estudada por Gilberto Freyre e Sérgio Buarque, na qual a função das mulheres era estritamente o cuidado do lar, dos filhos e do marido. Mas, igualmente, ela estava fora desta tradição ao auxiliar seu esposo, Sérgio Buarque de Holanda, datilografando parte de seus trabalhos, participando de suas pesquisas em museus e arquivos, sendo anfitriã do encontro com os amigos; e, depois, da morte do marido, organizando seus inéditos e participando diretamente do processo de publicação e divulgação de seu espólio (com textos acadêmicos inéditos, textos literários e missivas; além de uma rica biblioteca fartamente enriquecida de anotações feitas por Sérgio Buarque, ao longo de sua vida).

Além disso, foi responsável pela organização do espólio de Sérgio Buarque de Holanda, inclusive, da biblioteca e dos documentos pessoais, que se encontram desde 1983 armazenados e catalogados na Biblioteca Central da Unicamp e no SIARQ (Arquivo central do sistema de arquivos) da mesma instituição.

A biblioteca está no setor de coleções especiais, na coleção Sérgio Buarque de Holanda, com 8.513 livros, 227 títulos de periódicos, 600 obras raras e 74 rolos de microfilmes. As correspondências passivas e parte das ativas, bem como material de escritório, rascunhos de textos, recortes de jornal, anotações, encontram-se catalogados também no Arquivo central do sistema de arquivos (SIARQ) da Unicamp.

Com o marido participou ativamente da criação do Partido dos Trabalhadores (PT) em 1979. Depois da morte de Sérgio Buarque em 1982, Maria Amélia continuou participando de reuniões, convenções e das ações do partido, tendo em Luiz Inácio Lula da Silva um de seus admiradores e amigo.

Embora esse texto busque despretensiosamente mostrar a importância de Maria Amélia no processo de canonização da obra de Sérgio Buarque de Holanda na história da historiografia brasileira depois da década de 1980, é obvio que ele representa apenas um convite para novas pesquisas.

## *Estando na tradição, fora da tradição*

A discreta participação de Maria Amélia nos trabalhos de Sérgio Buarque era motivo de orgulho para muitos colegas do autor, mas do conhecimento de um grupo muito restrito, a exemplo de Antonio Candido e Gilda.

Vivendo em um mundo no qual apenas aos homens era dado o direito da consagração, Maria Amélia viveu sua rotina diária de cuidado com os filhos, preservando um ambiente de trabalho apto ao silêncio, a discrição e a harmonia, para Sérgio Buarque tem condições ideais para a preparação de seus textos.

Com o seu zelo e total despretensão, não se avaliou ainda em que medida Maria Amélia esteve participando das pesquisas efetuadas por Sérgio Buarque em bibliotecas e arquivos, na preparação dos originais, ou na revisão dos seus textos.

Ao que tudo indica, ela esteve ao lado de Sérgio na produção de todos seus textos após os anos iniciais da década de 1930, quando se casaram. Bonnie Smith (2003) nos indica que os meninos do século XIX foram moldados com uma narrativa histórica, que sutilmente em seus valores e revelações excluía a participação das mulheres no processo de construção das sociedades, nas decisões políticas, nas conjunturas econômicas e na construção da memória coletiva sobre o passado. A sociedade brasileira das décadas iniciais do século passado vivia clima semelhante. Não temos como explorar tais pontos neste texto – coisa que já foi feita por outros estudiosos (Blay & Lang, 2004) –, mas apenas chamar a atenção para uma questão que foi fundamental no processo de canonização da obra de Sérgio Buarque, sem, contudo, averiguar-se com a devida precisão o papel desempenhado por Maria Amélia no processo.

## *A anfitriã exemplar na confraria dos historiadores e cientistas sociais*

Ao lado do cuidado com os filhos, tudo indica que Maria Amélia foi uma anfitriã exemplar, e uma das responsáveis pela organização das redes de relações que Sérgio Buarque foi formando em sua carreira profissional.

De familiares a amigos, de amigos e recém conhecidos, em todos os círculos de amizade que Sérgio ia formando no caminho, Maria Amélia esteve ao seu lado para fazer com que tais encontros, circunstâncias e relações fossem duradouras.

Tomem-se alguns exemplos rápidos sobre a questão. Em 10 de julho de 1962, com um modesto recado, Gilda e Antonio Candido assim se dirigem a Sérgio:

> Querido Sérgio, esta [embalagem] serve para levar a beca à Faculdade e para pequenas viagens. E servirá para você se lembrar dos seus amigos.[1]

1 SBH, Siarq-Unicamp, Cp. 245 Cx.03.

Às vezes as ausências de respostas aos amigos lhe eram lembradas por Maria Amélia, que sempre era saudada pelos amigos e amigas em suas missivas, em função de seu carinho, respeito e cuidado para com eles. Maria Amélia estava nos mínimos detalhes, ao informar que uma notícia lhe fragilizou, outra lhe alegrou, outra ainda lhe deixou introspectivo por algum tempo. Veja-se o caso abaixo:

> Pobre São Jorge. Falecendo-lhe o gosto de Santo Antonio, para aquele gênero da intermediação, que sabemos, e que jamais buscará a quem quer que fosse, resta-lhe, a São Jorge, estio far-se e desaparecer, com dignidade. Viva São Jorge!
>
> Martha e eu lhe pedimos que abrace, carinhosamente, por nós, à santa Maria Amélia. Não exagere no abraço, nem no carinho. Você já tem filhos demais. Afetuosamente;[2]

A participação de Maria Amélia na vida e na produção da obra de Sérgio Buarque foi, sem dúvida alguma, muito intensa. Entender um pouco deste processo torna ainda mais rica à compreensão da obra deste autor.

## *A guardiã da memória e do espólio de Sérgio Buarque de Holanda (1902-1982)*

As atividades de Maria Amélia não se reduziam ao cuidado com os filhos e as atividades de anfitriã de amigos de Sérgio Buarque. Sem seus cuidados como guardiã da memória e do espólio de seu esposo, a obra de Sérgio Buarque não teria o impacto que possui atualmente, nem tampouco teríamos conhecimento de muitos de seus textos que foram publicados postumamente.

Não estamos a negar a qualidade do pesquisador, em tantas situações já ressaltada por outros estudiosos, nem do escritor que foi Sérgio Buarque, mas como pode ser facilmente aferível no quadro abaixo, após a década de 1980 (com a morte de Sérgio) houve um evidente movimento de preparo e publicação de seus inéditos, organização da sua produção literária dispersa e reedição de livros esgotados.

2 SBH, Siarq-Unicamp, Cp. 247, Cx.03.

## *Quadro 2: Distribuição dos livros publicados de Alfredo Ellis Jr. e Sérgio Buarque de Holanda*

| Ano de publicação do livro | Alfredo Ellis Jr.* | Sérgio Buarque de Holanda** |
|---|---|---|
| 1922 | *Ascendendo na história de São Paulo* | |
| 1924 | *O bandeirismo paulista e o recúo do meridiano* | |
| 1926 | *Raça de gigantes* | |
| 1932 | *A nossa guerra / Confederação ou separação* | |
| 1934 | *Populações Paulistas* | |
| 1936 | *Os primeiros troncos paulistas e o cruzamento Euroamericano* | *Raízes do Brasil* |
| 1937 | *A evolução da economia paulista e suas causas* | |
| 1939 | *Meio século de bandeirismo (1590-1640)* | |
| 1940 | *Feijó e a primeira metade do século XIX* | |
| 1942 | *História de São Paulo* | |
| 1944 | *Amador Bueno e a evolução da psicologia Planaltina/ Capítulos da História Social de São Paulo/ Raposo Tavares e sua época* | *Cobra de vidro* |
| 1945 | *Capítulos da História Psicológica de São Paulo* | *Monções* |
| 1946 | *Panoramas históricos* | |
| 1948 | *O ouro e a Paulistânia* | |
| 1949 | *Um parlamentar paulista da República* | |
| 1950 | *A economia paulista no século XVIII* | |
| 1951 | *O café e a Paulistânia* | |
| 1953 | | *Antologia dos poetas brasileiros da fase colonial* |
| 1956 | | *Caminhos e fronteiras* |
| 1958/1959 | | *Visão do Paraíso* |
| 1960 | *Tenente-coronel Francisco da Cunha Bueno pioneiro da cafeicultura* | Inicio da publicação de: *História Geral da Civilização Brasileira* |
| 1972 | | *Do Império à República*, tomo II, vol. 5 |
| 1979 | | *Tentativas de mitologia* |
| 1986 | | *O extremo oeste* |
| 1989 | | *Raízes de Sérgio Buarque de Holanda* |

| | | |
|---|---|---|
| 1991 | | *Capítulos de literatura colonial* |
| 1996 | | *O espírito e a letra, 2v.* |
| 2004 | | *Para uma nova história* |
| 2006 | | *Raízes do Brasil* (Edição comemorativa dos 70 anos) |
| 2010 | | *Capítulos de história do Império* |
| 2011 | | *Escritos coligidos, 1920-1949/ Escritos coligidos, 1950-1979* |
| 2014 | | *Capítulos de expansão paulista* |
| 2016 | | *Raízes do Brasil* (Edição crítica) |
| 2017 | | *Livro dos prefácios* (2ª Ed.) |

Fonte: Do autor.

* Não consideramos a produção didática e de romances.

** Não consideramos edições subsequentes, nem a produção de romances ou a literária dispersa.

Após a morte de Sérgio Buarque em 1982, tanto o movimento de reedição de seus livros, como a de publicação de trabalhos inéditos ou dispersos, ganhou nova envergadura.[3] Em 1986 foi publicado *O extremo Oeste*, sob os cuidados de José Sebastião Witter. Na ocasião José da Cunha Lima, então Secretário de Cultura em São Paulo, destacava que "Sérgio não é apenas o grande historiador brasileiro sobre quem tudo o que se diz parece pouco", ele é também o cidadão exemplar, orientador de gerações de pesquisadores, além de "responsável por uma das melhores gestões que teve o Museu Paulista" (Holanda, 1986, p. 9). De acordo com Witter: "Batizado como *O extremo Oeste*, aqui está o esboço do outro livro anunciado pelo historiador, em 1976 [com a segunda edição de *Monções*]. Sobre ele é necessária uma explicação, que fiquei incumbido de dar pela família de Sérgio Buarque de Holanda, preservadora de mais esta preciosidade" (Holanda, 1986, p. 11).

Com a mesma preocupação de construir uma memória sobre a produção e a trajetória de Sérgio Buarque de Holanda foi a iniciativa de publicar, em 1988, *Sérgio Buarque de Holanda: vida e obra*, por iniciativa de ex-alunos, as-

3 Note-se ainda o movimento inverso em relação à obra de Alfredo Ellis Jr., que depois dos anos 1980 foi sendo relativamente esquecida na história da historiografia brasileira.

sistentes de cadeira e professores da USP e da Secretaria de Estado da Cultura, em parceria com a Universidade de São Paulo.

Em 1989, Francisco de Assis Barbosa reuniu uma pequena parte da produção dispersa, anterior a publicação de *Raízes do Brasil*, com o sugestivo título de *Raízes de Sérgio Buarque de Holanda*.

Em 1991 foi publicado *Capítulos de literatura colonial*, sob os cuidados de Antonio Candido.

Em 1996 foram publicados dois significativos volumes, que reuniam grande parte da produção histórica e literária dispersa de Sérgio, com quase 200 textos, na cuidadosa preparação dos originais que foi feita por Antonio Arnoni Prado.

Em 1998, com a publicação de *Sérgio Buarque de Holanda e o Brasil*, mais um conjunto de textos foi produzido em sua homenagem.

Em 2004, com o significativo título de *Para uma nova história*, Marcos Costa reuniu outros 21 textos publicados em jornais e revistas.

Em 2010 foi lançada nova edição de *Visão do Paraíso*, juntamente com a publicação de *Capítulos de história do Império*, sob os cuidados de Fernando Novais, Ronaldo Vainfas e Laura de Mello e Souza.

Em 2011, Marcos Costa reuniu dois outros volumes com a produção histórica e literária dispersa, em jornais e revistas, e publicados entre 1920 e 1979, com mais de 120 textos.

Em 2014, Laura de Mello e Souza fez um cuidado trabalho de preparação de uma nova edição de *Monções*, junto com *Capítulos de expansão paulista*. Sem contar a edição comemorativa dos 70 anos de *Raízes do Brasil*, em 2006, que culminou na edição crítica do livro, na comemoração de seus 80 anos em 2016. Além do mais, não consideramos nesse rápido esboço reedições de seus outros livros neste mesmo período.

Quase todas essas circunstâncias tiveram a participação direta de Maria Amélia. Sem dúvida alguma ela foi a grande encarregada pela divulgação da obra, responsável pelos inéditos e formadora de uma "imagem de si" sobre Sérgio Buarque de Holanda, que foi imprescindível no processo de canonização de seus textos na história da historiografia brasileira. Com sua delicadeza, humildade e simplicidade, Maria Amélia passou quase despercebida neste processo, que nas palavras de Bonnie Smith (2003, p. 37): "É hora de uma versão da historiografia que reconheça o gênero – uma versão que nos permitirá dar novo polimento em nosso espelho sobre o passado." E porque não dizer: é hora de se estudar a fundo o papel de Maria Amélia no processo de canonização da obra de Sérgio Buarque de Holanda.

# Bibliografia

### *Fontes impressas:*


*Annaes da Assembleia Legislativa do Estado de São Paulo de 1935.* Organizados pelos Tachygraphos Mariano Costa Ferreira; Gustavo Milliet e Manoel M. Erichsen. São Paulo: 1936, 3v.

*Annaes da Assembleia Legislativa do Estado de São Paulo de 1936.* Organizados pelos Tachygraphos Mariano Costa Ferreira; Gustavo Milliet e Manoel M. Erichsen. São Paulo: 1937, 4v.

*Annaes da Assembleia Legislativa do Estado de São Paulo. Sessão ordinária de 1937.* São Paulo: Industria Gráfica Siqueira S. A., 1953, 3v.

BRAUDEL, Fernand. O ensino da História – suas diretrizes (Cátedra de História da Civilização). In: *Anuário da Faculdade de Filosofia, Ciências e Letras da Universidade de São Paulo, 1934-1935.* São Paulo: Empreza Gráfica da "Revista dos Tribunaes", 1937, p. 113-121.

GAGÉ, Jean. Considerações sobre o curso de História da Civilização. In: *Anuário da Faculdade de Filosofia, Ciências e Letras, 1937-1938*, 1939.

MONBEIG, Pierre. Cadeira de Geografia Física e Humana. Orientação didática. In: *Anuário da Faculdade de Filosofia, Ciências e Letras, 1934-1935.* São Paulo: Empreza Gráfica da "Revista dos Tribunaes", 1937, p. 105-112.

REVISTA do Instituto Histórico e Geográfico Brasileiro, vol. 153 a 341, de 1926 a 1983.

REVISTA de História, USP, n° 1 a 112, de 1950 a 1977.

SIMÕES DE PAULA, Eurípedes. A História e o seu ensino na Faculdade (aula inaugural em 11 de março de 1949). In: *Anuário da FFCL., 1939-1949.* USP, São Paulo: Seção Gráfica; Industria Gráfica José Magalhães Ltda., 1953, 2v., p. 157-164.

SIMÕES DE PAULA, Maria R. C. R. Teses defendidas no departamento de História da Universidade de São Paulo (1939-1974). *Revista de História*. Número Jubilar, São Paulo/USP, Tomo II, 2(100): 821-857, 1974, 2v.

SCHAW, Paul vol. Ideias e sugestões. In: *Anuário da Faculdade de Filosofia, Ciências e Letras, 1936*, 1937, p. 41-65.

*USP 70 anos*. Caderno especial. *Folha de S.Paulo*, sexta-feira, 23 de janeiro de 2004.

USP, FFCL. *Anuário da Faculdade de Filosofia, Ciências e Letras, 1934-1935*. USP, São Paulo: Empreza Grafica da "Revista dos Tribunaes", 1937.

USP, FFCL. *Anuário da FFCL.,1936*. USP, São Paulo: Empreza Grafica da "Revista dos Tribunaes", 1937.

USP, FFCL. *Anuário da FFCL., 1937-1938*. USP, São Paulo: Empreza Grafica da "Revista dos Tribunaes", 1939.

USP, FFCL. *Anuário da FFCL., 1939-1949*. USP, São Paulo: Seção Gráfica; Industria Gráfica José Magalhães Ltda., 1953, 2v.

USP, FFCL. *Anuário da FFCL., 1950*. USP, São Paulo: Seção Gráfica; Industria Gráfica José Magalhães Ltda., 1952.

USP, FFCL. *Anuário da FFCL., 1951*. USP, São Paulo: Seção Gráfica; Industria Gráfica José Magalhães Ltda., 1953.

USP, FFCL. *Anuário da FFCL., 1952*. USP, São Paulo: Seção Gráfica; Industria Gráfica José Magalhães Ltda., 1954.

TAUNAY, Afonso. A propósito do curso de História da Civilização Brasileira na Faculdade de Filosofia, Ciências e Letras. In: USP, FFCL. *Anuário da Faculdade de Filosofia, Ciências e Letras, 1934-1935*. USP, São Paulo: Empreza Grafica da "Revista dos Tribunaes", 1937, p. 122-131.

TAUNAY, Afonso.; CORREA FILHO, vol.; HOLLANDA, S. B.; ELLIS JUNIOR, A.; MELLO FRANCO, A. A.; RIBEIRO, J. *Curso de Bandeirologia*. São Paulo: Departamento Estadual de Informações, 1946.

VILLELA LUZ, Nicia. A verdadeira crítica histórica. *Revista de História*. São Paulo, nº 48, 1961.

### *Obras de Alfredo Ellis Jr.:*

ELLIS Jr., Alfredo. *Ascendendo na história de São Paulo*. São Paulo: Imprensa Nacional, 1922.

_____. *O bandeirismo paulista e o recúo do meridiano.* 1ª Edição. São Paulo: Typoghaphia Piratininga, 1924.

_____. *Raça de gigantes. - A evolução no Planalto Paulista. Estudos da evolução racial antroposocial e psicológica do paulista dos séculos XVI, XVII, XVII e XIX e das mesologias físicas e social do Planalto Paulista.* 1ª Edição. Com Prefácio de Afonso de Taunay. São Paulo: Editorial Hélios Limitada - Novíssima, 1926.

_____. *A nossa guerra. Estudo de synthese critica político-militar.* 2ª Edição. São Paulo: Editora Piratininga S. A., 1933 (1ª Edição de 1932).

_____. *Confederação ou separação.* 3ª Edição revista e aumentada. São Paulo: Editorial Paulista, 1934a (1ª Edição de 1932).

_____. *O bandeirismo paulista e o recúo do meridiano.* 2ª Edição. São Paulo: Companhia Editora Nacional, 1934b.

_____. *Populações Paulistas.* São Paulo: Editora Companhia Nacional, 1934c.

_____. *Os primeiros troncos paulistas e o cruzamento Euroamericano.* São Paulo: Companhia Editora Nacional, 1936a.

_____. *A evolução da economia paulista e suas causas.* São Paulo: Companhia Editora Nacional, 1937.

_____. *Meio século de bandeirismo (1590-1640).* São Paulo: FFCL/USP, 1939 (Boletim IX, nº 1, da cadeira de *História da Civilização Brasileira*).

_____. *Feijó e sua época.* São Paulo: FFCL/USP, 1940a (Boletim XIX, nº 2, da cadeira de *História da Civilização Brasileira*).

_____. *Feijó e a primeira metade do século XIX.* São Paulo: Companhia Editora Nacional, 1940b (Coleção Brasiliana, nº 189).

_____. *História de São Paulo - Resumo da História de São Paulo.* São Paulo: Tipografia Brasil, 1942.

_____. *Amador Bueno e a evolução da psicologia Planaltina.* São Paulo: FFCL/USP, 1944a (Boletim XLII, nº 4, da cadeira de *História da Civilização Brasileira*).

_____. *Capítulos da História Social de São Paulo.* São Paulo: Companhia Editora Nacional, 1944b.

_____. *Raposo Tavares e sua época.* Rio de Janeiro: José Olympio, 1944c.

_____. *Capítulos da História Psicológica de São Paulo.* São Paulo: FFCL/USP, 1945 (Boletim LIII, nº 5, da cadeira de *História da Civilização Brasileira*).

_____. *Panoramas históricos*. São Paulo: FFCL/USP, 1946 (Boletim LXXIII, n° 6, da cadeira de *História da Civilização Brasileira*).

_____. *O ouro e a Paulistânia*. São Paulo: FFCL/USP, 1948a (Boletim XCVI, n° 8, da cadeira de *História da Civilização Brasileira*).

_____. *Meio século de bandeirantismo*. 2ª Edição. São Paulo: Companhia Editora Nacional, 1948b.

_____. *Amador Bueno e seu tempo*. São Paulo: FFCL/USP, 1948c (Boletim n° 7, da cadeira de *História da Civilização Brasileira*).

_____. *Um parlamentar paulista da República*. São Paulo: FFCL/USP, 1949 (Boletim CII, n° 9, da cadeira de *História da Civilização Brasileira*).

_____. *A economia paulista no século XVIII*. São Paulo: FFCL/USP, 1950a (Boletim 115, n° 11, da cadeira de *História da Civilização Brasileira*).

_____. *Um parlamentar paulista da República: subsídios para a história da República em S. Paulo e subsídios para a história econômica de São Paulo*. São Paulo: João Bentivegna, 1950b.

_____. *O café e a Paulistânia*. São Paulo: FFCL/USP, 1951 (Boletim 141, n° 13, da cadeira de *História da Civilização Brasileira*).

_____. *Tenente-coronel Francisco da Cunha Bueno pioneiro da cafeicultura*. 1ª Edição. São Paulo: Do autor, 1960.

_____.; ELLIS, M. *A economia paulista no século XVIII. O ciclo do açúcar, o ciclo do muar*. 2ª Edição. São Paulo: Academia Paulista de Letras, 1959.

_____.; ELLIS, M. *A economia paulista no século XVIII. O ciclo do açúcar, o ciclo do muar*. 3ª Edição. São Paulo: Academia Paulista de Letras, 1979.

_____. *Feijó e a primeira metade do século XIX*. 2ª Edição. São Paulo: Companhia Editora Nacional, 1980.

_____. *Noções Elementares de Geographia e Estatistica*. São Paulo: Livraria Acadêmica, 1932.

_____. *Geografia – 1ª série*. São Paulo: Livraria Acadêmica, Saraiva & Cia., 1934e.

_____. *Geografia – 2ª série*. São Paulo: Livraria Acadêmica, Saraiva & Cia., 1935b.

_____. *Geografia – 3ª série*. São Paulo: Livraria Acadêmica, Saraiva & Cia., 1935c.

_____. *Geografia – 4ª série*. São Paulo: Livraria Acadêmica, Saraiva & Cia., 1934f.

_____. *Geografia – 5ª série*. São Paulo: Livraria Acadêmica, Saraiva & Cia., 1935d.

_____.; PINTO Jr., F. *História da Civilização - 2ª série*. São Paulo: Livraria Acadêmica, Saraiva & Cia., 1935e.

_____.; PINTO Jr., F. *História da Civilização - 3ª série*. São Paulo: Livraria Acadêmica, Saraiva & Cia., 1935f.

_____. *História da Civilização - 4ª série*. São Paulo: Livraria Acadêmica, Saraiva & Cia., 1935g.

_____. *História da Civilização - 5ª série*. São Paulo: Livraria Acadêmica, Saraiva & Cia., 1935h.

_____.; PICCHIA, M. *O thesouro de Cavendish*. 1ª Edição. São Paulo: Editora Companhia Nacional, 1928.

_____. *Pedras lascadas*. 1ª Edição. São Paulo: Hennies Irmãos & Cia., 1928.

_____. *O tigre ruivo*. 1ª Edição. São Paulo: A Gazeta, 1934g.

_____. *A madrugada paulista - lendas de Piratininga*. 1ª Edição. São Paulo: Editorial Paulista, 1934h.

_____. *Amador Bueno o rei de São Paulo*. 1ª Edição. São Paulo: J. Fagundes, 1935i.

_____. *Jaraguá (Romance de penetração bandeirante)*. 1ª Edição. São Paulo: Empresa Editora J. Fagundes, 1936b.

_____. *Geografia econômica*. São Paulo: Atlas, 1945.

### Obras de Sérgio Buarque de Holanda:

HOLANDA, Sérgio Buarque de. *Raízes do Brasil*. 1ª Edição. Prefácio de Gilberto Freyre. Rio de Janeiro: José Olympio, 1936.

_____. *Raízes do Brasil*. 2ª Edição revista e ampliada. Rio de Janeiro: José Olympio, 1948.

_____. *Raízes do Brasil*. 3ª Edição revista pelo autor. Rio de Janeiro: José Olympio, 1956.

_____. *Raízes do Brasil*. 4ª Edição revista pelo autor. Prefácio de Antônio Candido. Brasília: Editora da UnB, 1963.

_____. *Raízes do Brasil*. 17ª Edição. Rio de Janeiro: José Olympio, 1984.

_____. *Raízes do Brasil*. 23ª Edição. Rio de Janeiro: José Olympio, 1991.

_____. *Raízes do Brasil*. Edição comemorativa 70 anos. São Paulo: Companhia das Letras, 2006.

_____. *Cobra de vidro*. 2ª Edição. São Paulo: Perspectiva, 1978 (1ª Ed. 1944).

_____. *Tentativas de mitologia*. São Paulo: Perspectiva, 1979.

_____. *Antologia dos poetas brasileiros da fase colonial.* 2ª Edição. São Paulo: Perspectiva, 1979b (1ª Edição 1953).

_____. *O extremo oeste.* Introdução de José Sebastião Witter. São Paulo: Brasiliense, 1986.

_____. *Monções.* 1ª Reimpressão da 3ª Edição ampliada. São Paulo: Brasiliense, 2000 (1ª Ed. 1945).

_____. *Caminhos e fronteiras.* 3ª Edição. São Paulo: Companhia das Letras, 1994 (1ª Ed. 1956).

_____. *Visão do Paraíso: os motivos edênicos no descobrimento e colonização do Brasil.* São Paulo: Saraiva, 1958, 382p.

_____. *Visão do Paraíso: os motivos edênicos no descobrimento e colonização do Brasil.* 1ª Edição. Rio de Janeiro: José Olympio, 1959, 412p.

_____. *Visão do Paraíso: os motivos edênicos no descobrimento e colonização do Brasil.* Posfácio de Ronaldo Vainfas e de Laura de Mello e Souza. São Paulo: Companhia das Letras, 2010.

_____. *A contribuição italiana para a formação do Brasil.* Introdução de Aniello Angelo Avella. Florianópolis/SC: Editora da UFSC, 2002a.

_____. Do Império à República. In: *História Geral da Civilização Brasileira.* Tomo II, 5º volume; 7° edição. Rio de Janeiro: Difel, 2004b (1ª Ed. 1972).

_____. O descobrimento do Brasil; As primeiras expedições; A instituição do governo geral; Conquista da costa leste-oeste; Os franceses no Maranhão; As monções; A colônia de Sacramento e a expansão no extremo-sul. In: *Idem. História Geral da Civilização Brasileira.* 1. A época colonial. 1. Do descobrimento à expansão territorial. 14ª Edição. Rio de Janeiro: Difel, 2004c, p. 35-54; 89-95; 103-137; 190-203; 204-234; 307-321; 322-363.

_____. A mineração: antecedentes luso-brasileiros; Metais e pedras preciosas. In: *Idem. História Geral da Civilização Brasileira.* 1. A época colonial. 2. Administração, economia, sociedade. 11ª Edição. Rio de Janeiro: Difel, 2004d, p. 228-258; 259-310.

_____. A herança colonial – sua desagregação. In: *Idem. História Geral da Civilização Brasileira.* 2. O Brasil monárquico. 1. O processo de emancipação. 9ª Edição. Rio de Janeiro: Difel, 2001, p. 9-39.

_____. São Paulo. In: *Idem. História Geral da Civilização Brasileira.* 2. O Brasil monárquico. 2. Dispersão e unidade. 6ª Edição. Rio de Janeiro: Difel, 2002b, p. 415-447.

_____. As colônias de parceria. In: *Idem*. *História Geral da Civilização Brasileira*. 2. O Brasil monárquico. 3. Reações e transações. 7ª Edição. Rio de Janeiro: Difel, 2004e, p. 245-260.

_____. *Capítulos de história do Império*. Organização de Fernando Novais; posfácio de Evaldo Cabral de Mello. São Paulo: Companhia das Letras, 2010b.

_____. *Vale do Paraiba, velhas fazendas*. Rio de Janeiro: José Olympio, 2010c.

_____. *Capítulos de literatura colonial*. Organização e introdução de Antônio Candido. São Paulo: Brasiliense, 1991b.

_____. *Livro dos prefácios*. São Paulo: Companhia das Letras, 1996c.

_____. *Raízes de Sérgio Buarque de Holanda*. Organização e introdução de Francisco de Assis Barbosa. 2ª Edição. Rio de Janeiro: Rocco, 1989.

_____. *O espírito e a letra: estudos de crítica literária I (1920-1947)*. Organização, introdução e notas de Antônio Arnoni Prado. São Paulo: Companhia das Letras, 1996a, vol. 1.

_____. *O espírito e a letra: estudos de crítica literária II (1948-1959)*. Organização, introdução e notas de Antônio Arnoni Prado. São Paulo: Companhia das Letras, 1996b, vol. 2.

_____. *Para uma nova história*. Organização de Marcos Costa. São Paulo: Editora Fundação Perseu Abramo, 2004a.

_____. *Escritos coligidos, 1920-1949*. Organização de Marcos Costa. São Paulo: Editora Fundação Perseu Abramo; Editora UNESP, 2011a.

_____. *Escritos coligidos, 1950-1979*. Organização de Marcos Costa. São Paulo: Editora Fundação Perseu Abramo; Editora UNESP, 2011b.

_____. O pensamento histórico no Brasil nos últimos 50 anos (1951). In: MONTEIRO, P. M.; EUGÊNIO, J. K. (org.) *Sérgio Buarque de Holanda: perspectivas*. Campinas/SP: Ed. Unicamp; UERJ, 2008a, p. 601-616.

_____. Elementos básicos da nacionalidade: o homem (1967). In: MONTEIRO, P. M.; EUGÊNIO, J. K. (org.) *Sérgio Buarque de Holanda: perspectivas*. Campinas/SP: Ed. Unicamp; UERJ, 2008b, p. 617-637.

_____. *Viagem a Nápoles*. 2ª Edição. Rio de Janeiro: Terceiro Nome, 2008c (1ª Edição de 1931).

_____. *Capítulos de expansão paulista*. Organização de Laura de Mello e Souza e André Sekkel Cerqueira. São Paulo: Companhia das Letras, 2014.

_____. *Monções*. 4ªEdição. Organização de Laura de Mello e Souza e André Sekkel Cerqueira. São Paulo: Companhia das Letras, 2014b.

______.; JOHNSON, M. *Livro do tombo do mosteiro de São Bento da cidade de São Paulo.* São Paulo: s/d, 1977.

______.; SOUZA, Octávio T. *História do Brasil.* Rio de Janeiro: José Olympio, 1944.

### Obras sobre Alfredo Ellis Jr.:

ABUD, Katia. *O sangue intimorato e as nobilíssimas tradições. A construção de um símbolo paulista: o bandeirante.* Tese de Doutorado em História, Faculdade de Filosofia, Letras e Ciências Humanas, USP, 1985.

ANHEZINI, Karina. *Um metódico à brasileira: a história da historiografia de Afonso de Taunay (1911-1939).* São Paulo: Editora UNESP, 2011.

ELLIS, Myriam. *Alfredo Ellis Júnior, 1896-1974.* São Paulo: Editora Bentivegna, 1997.

FERREIRA, Antonio Celso. *A epopeia bandeirante. Letrados, instituições, invenção histórica (1870-1940).* São Paulo: Editora UNESP, 2002.

______. A historiografia profissional paulista: expansão e descentramento. In: GLEZER, Raquel. (Org.) *Do passado ao futuro:* edição comemorativa dos 50 anos da ANPUH. São Paulo: Contexto, 2011, p. 321-41.

FERRETTI, Danilo Z. O uso político do passado bandeirante: o debate entre Oliveira Vianna e Alfredo Ellis Jr. (1920-1926). *Estudos Históricos,* FGV, n° 41, 2008, p. 59-78.

MONTEIRO, John M. *Tupis, tapuias e historiadores.* Estudos de história indígena e de indigenismo. Tese de Livre Docência, Unicamp, Campinas, 2001.

______. Caçando com gato: raça, mestiçagem e identidade paulista na obra de Alfredo Ellis Jr. *Novos Estudos CEBRAP,* São Paulo, vol. 38, 1994, p. 79-88.

RICCI, Magda. *Assombrações de um padre regente: Diogo Antonio Feijó (1784-1843).* Campinas/SP: Editora da Unicamp, 2002.

### Obras sobre Sérgio Buarque de Holanda:

ARRUDA, José Jobson. A. Alice Canabrava: história e mito. In: CANABRAVA, A. P. *O desenvolvimento da cultura do algodão na Província de São Paulo (1861-1875).* 2ª Edição. São Paulo: Edusp, 2011, p. 9-70.

ASSIS, Arthur. *O que fazem os historiadores quando escrevem história?* A teoria de Jörn Rüsen e Do império à República de Sérgio Buarque de Holanda. Dissertação (mestrado em História), UNB/Brasília, 2004.

ATHAYDE, Tristão de. (Alceu Amoroso Lima). *Meio século de presença literária (1919-1969).* Rio de Janeiro: José Olympio, 1969.

BARBOSA, Francisco A. Verdes anos de Sérgio Buarque de Holanda: ensaio sobre sua formação intelectual até Raízes do Brasil. *In:* Vários. *Sérgio Buarque de Holanda*: Vida e Obra. Secretaria do Estado da Cultura. São Paulo – SP: Arquivo do Estado; USP e Instituto de Estudos Brasileiros, 1988, p. 27-54.

BOTELHO, André.; SCHWARCZ, Lilia M. (Org.) *Um enigma chamado Brasil: 29 intérpretes e um país.* São Paulo: Companhia das Letras, 2009.

BRANDÃO, Gildo M. *Linhagens do pensamento político brasileiro.* São Paulo: Hucitec, 2007.

BRESCIANI, Maria S. M. *O charme da ciência e a sedução da objetividade: Oliveira Vianna entre intérpretes do Brasil.* São Paulo: Ed. UNESP, 2005.

CALDEIRA, João Ricardo C. *IEB: origem e significado.* São Paulo: Imprensa Oficial do Estado, 2002.

CALDEIRA, João Ricardo C. (Org.) *Perfis buarquianos: ensaios sobre Sérgio Buarque de Holanda.* São Paulo: IMESP, 2005.

CANDIDO, Antonio. *Formação da literatura brasileira.* 13ª Edição. Rio de Janeiro: Ouro Sobre Azul, 2012.

_____. *A educação pela noite.* 6ª Edição. Rio de Janeiro: Ouro Sobre Azul, 2011.

_____. *O discurso e a cidade.* 4ª Edição. Rio de Janeiro: Ouro Sobre Azul, 2010.

_____. O significado de *Raízes do Brasil.* In: HOLANDA, S. B. *Raízes do Brasil.* Edição comemorativa 70 anos. SP: Companhia das Letras, 2006, p. 235-50.

_____. Contos de duas cidades. In: CALDEIRA, J. R. C. (org.) *Perfis buarquianos: ensaios sobre Sérgio Buarque de Holanda.* São Paulo: IMESP, 2005, p. 9-16.

_____. *Textos de intervenção.* Seleção, apresentação e notas de Vinicius Dantas. São Paulo: Editora 34; Duas Cidades, 2002.

_____. Literatura e cultura de 1900 a 1945. In: *Idem. Literatura e sociedade.* São Paulo: T. A. Queiroz; Publifolha, 2000.

_____. *Sérgio Buarque de Holanda e o Brasil.* 3ª edição. São Paulo: Fundação Perseu Abramo, 1998a.

_____. A visão política de Sérgio Buarque de Holanda. In: CANDIDO, A. (Org.). *Sérgio Buarque de Holanda e o Brasil.* 3ª edição. São Paulo: Fundação Perseu Abramo, 1998b.

_____. Sérgio em Berlim e depois. In: *Idem. Vários escritos.* 3ª Edição revista e ampliada. São Paulo: Duas Cidades, 1995, p. 323-335.

______. Sérgio, o radical. *In:* Vários. *Sérgio Buarque de Holanda*: Vida e Obra. Secretaria do Estado da Cultura. São Paulo – SP: Arquivo do Estado; USP e Instituto de Estudos Brasileiros, 1988, p. 61-65.

______. Prefácio. In: HOLANDA, S. B. *Raízes do Brasil.* 17ª Edição. Rio de Janeiro: José Olympio, 1984, p. XI-XXII. (incluído a partir da 5ª edição de 1969)

______. Prefácio. In: HOLANDA, S. B. *Raízes do Brasil.* 4ª Edição revista pelo autor. Brasília: Editora da UnB, 1963, p. IX-XI.

CARVALHO, Raphael G. A escrita de si de Sérgio Buarque de Holanda nos anos 1970 (notas para estudo). *Revista Tempos Históricos*, Unioeste, vol. 19, n°1, 2015, p. 103-119.

______. *Um "estudo comprehensivo": historicidade em "Raízes do Brasil", de Sérgio Buarque de Holanda (1920-1936).* Dissertação de mestrado em História, UFPR, 2013.

______. Capítulo da recepção de "Raízes do Brasil", de Sérgio Buarque de Holanda: leituras contemporâneas à obra (1936-1938). História e-História, vol. 1, p. 1-24, 2012.

CARVALHO, Marcus Vinícius C. *Outros lados: Sérgio Buarque de Holanda, crítica literária, história e política (1920-1940).* Tese de doutorado. Departamento de História, IFCH, Unicamp, Campinas, 2003.

______. Sérgio Buarque de Holanda, escritor de espírito, não de escola. *Ethnos Brasil*, São Paulo, vol. 2, 2002, p. 21-27.

______. *Raízes do Brasil, 1936. Tradição, cultura e vida.* Dissertação de mestrado. Departamento de História, IFCH, Unicamp, Campinas, 1997.

COSTA, Marcos A. S. *Biografia histórica: a trajetória intelectual de Sérgio Buarque de Holanda entre os anos de 1930 e 1980.* Tese de doutorado em História, UNESP/Assis, 2007.

COSTA, Sérgio. O Brasil de Sérgio Buarque de Holanda. *Revista Sociedade e Estado*, vol. 29, n° 3, 2014, p. 823-839.

DE DECCA, Edgar S. Ensaios de nacionalidade: cordialidade, cidadania e desterro na obra de Sergio Buarque de Holanda. *Locus* (Juiz de Fora), vol. 12, 2007, p. 145-160.

______. As metáforas da identidade em Raízes do Brasil: decifra-me ou te devoro. *Varia História*, vol. 22, 2006, p. 424-443.

DIAS, Maria Odila L. S. Sérgio Buarque de Holanda, historiador. In: *Idem*. (org.) *Sérgio Buarque de Holanda.* São Paulo: Ática, 1985, p. 7-64.

_____. Estilo e método na obra de Sérgio Buarque de Holanda. In: Vários. *Sérgio Buarque de Holanda*: Vida e Obra. Secretaria do Estado da Cultura. São Paulo – SP: Arquivo do Estado; USP e Instituto de Estudos Brasileiros, 1988, p. 73-82.

_____. Sérgio Buarque de Holanda na Universidade de São Paulo. *Estudos Avançados*, São Paulo, vol. 8, n° 22, 1994, p. 269-274.

_____. Política e sociedade na obra de Sérgio Buarque de Holanda. In: CANDIDO, A. (org.) *Sérgio Buarque de Holanda e o Brasil.* São Paulo: Perseu Abramo, 1998, p. 11-28.

_____. Texto introdutório a *Raízes do Brasil.* In: SANTIAGO, S. (org.) *Intérpretes do Brasil* (v. 3). 2ª Edição. Rio de Janeiro: Nova Aguilar, 2002, p. 901-928.

EUGÊNIO, João Kennedy. *Ritmo espontâneo – organicismo em Raízes do Brasil de Sérgio Buarque de Holanda.* São Paulo: Editora João Kennedy, 2011.

FRANÇOZO, Mariana. O Museu Paulista e a história da antropologia no Brasil entre 1946 e 1956. *Revista de Antropologia*, USP, vol. 48, n° 2, 2005, p. 585-612.

_____. Os outros alemães de Sérgio. Etnografia e povos indígenas em *Caminhos e Fronteiras. Revista Brasileira de Ciências Sociais*, vol. 22, n° 63, 2007, p. 137-152.

FRANZINI, Fabio. À sombra das palmeiras: a coleção Documentos Brasileiros e as transformações da historiografia nacional (1936-1959). Rio de Janeiro: Edições Casa de Rui Barbosa, 2010.

FREYRE, Gilberto. Sérgio, mestre de mestres. *Folha de S. Paulo.* São Paulo, 11 de maio de 1982.

FURTADO, André C. *Das fortunas críticas e apropriações ou Sérgio Buarque de Holanda, historiador desterrado.* Tese de doutorado em História, UFF, 2018. Link: http://www.historia.uff.br/stricto/td/2032.pdf.

_____. *As edições do cânone: da fase buarqueana na coleção História Geral da Civilização Brasileira (1960-1972).* Rio de Janeiro: Editora da UFF, 2016.

GALVÃO, Walnice n° Presença da literatura na obra de Sérgio Buarque de Holanda. *Estudos Avançados*; vol.15, n°. 42, 2001, p. 471-486.

GONÇALVES, M. A. Uma história de cruzamentos providenciais: o manual didático de Octávio Tarquínio de Souza e Sérgio Buarque de Holanda. In: ROCHA, H. A. B.; REZNIK, L.; MAGALHÃES, M. S. *A história na escola: autores, livros e leitores.* Rio de Janeiro: FGV; FAPERJ, 2009, p. 109-124.

GUSMÃO, Luís de. Notas epistemológicas sobre Sérgio Buarque de Holanda historiador. In: *Idem. O fetichismo do conceito: limites do conhecimento teórico na investigação social.* Rio de Janeiro: Topbooks, 2012, p. 173-338.

IANNI, Octávio. *Pensamento social no Brasil.* Bauru/SP: Edusc, 2004.

IGLÉSIAS, Francisco. (et. al.) *3º Colóquio UERJ: Sérgio Buarque de Holanda.* Rio de Janeiro: Imago Editora, 1992.

IGLÉSIAS, Francisco. *Sérgio Buarque de Holanda, historiador. In: Idem. História e Literatura: ensaios para uma história das ideias no Brasil.* São Paulo: Perspectiva, 2009, p. 117-68.

LARA, Cecília de. *Klaxon & Terra Roxa e outras terras*: dois periódicos modernistas de São Paulo. São Paulo: IEB, 1972.

LIMA, Luiz Costa. *Pensando nos trópicos.* Rio de Janeiro: Rocco, 1991.

______. *Dispersa demanda.* Rio de Janeiro: José Olympio, 1981.

LIMA, Nisia Trindade. *Um sertão chamado Brasil: intelectuais e representação geográfica da identidade nacional.* Rio de Janeiro: Revan, 1999.

LUCA, Tânia Regina de. *A revista do Brasil: um diagnóstico para a (n)ação.* São Paulo: Editora UNESP, 1999.

______. *Leituras, projetos e (re)vista(s) do Brasil (1916-1944).* São Paulo: Editora UNESP, 2011.

MARRAS, Stelio. (Org.) *Atualidade de Sérgio Buarque de Holanda.* São Paulo: Edusp, 2012.

MARTINS, R. (Org.) *Sérgio Buarque de Holanda – entrevistas.* Porto Alegre/RS: Azougue Editorial, 2009.

MATA, Sérgio da. Tentativas de desmitologia: a revolução conservadora em Raízes do Brasil. *Revista Brasileira de História,* vol. 36, nº 73, p. 63-87, 2016. Link: http://www.scielo.br/pdf/rbh/2016nahead/1806-9347-rbh-2016v36n73-005.pdf.

MATOS, Julio Silveira. O intelectual e a obra Raízes do Brasil: uma discussão historiográfica. *Biblos* (Rio Grande), vol. 1, 2006, p. 151-170.

______. Sérgio Buarque de Holanda: um historiador do tempo presente. Revista História; *Unicruz,* Cruz Alta/ RS, vol. 1, nº VI, 2003, p. 90-100.

MESGRAVIS, Laima. A produção histórica sobre São Paulo de 1960 a 1995. *Revista Estudos de História,* Franca, 4(2): 93-108, 1997.

MONTEIRO, Pedro M.; EUGÊNIO, João K. (Org.) *Sérgio Buarque de Holanda: perspectivas.* Campinas/SP: Ed. Unicamp; UERJ, 2008.

MONTEIRO, Pedro M. *Signo e desterro: Sérgio Buarque de Holanda e a imaginação do Brasil.* São Paulo: Hucitec, 2015.

_____. *A queda do aventureiro: aventura, cordialidade e os novos tempos em Raízes do Brasil.* Campinas/SP: Unicamp, 1999.

_____. Sergio Buarque de Holanda e os atores da nossa revolução. *Cadernos de História Social*, Campinas (SP), n° 4, 1996, p. 59-72.

MONTEIRO, Pedro M. (Org.) *Mário de Andrade e Sérgio Buarque de Holanda: correspondência.* São Paulo: Companhia das Letras, Edusp, 2012.

MORAES, R.; ANTUNES, R.; FERRANTE, vol. B. (org.) *Inteligência brasileira.* São Paulo: Brasiliense, 1986.

MOTA, Carlos Guilherme. *Ideologia da cultura brasileira (1933-1974). Pontos de partida para uma revisão histórica* – 9ª edição – São Paulo: Ática, 2000.

NICODEMO, Thiago Lima. *Urdidura do vivido: Visão do paraíso e a obra de Sérgio Buarque de Holanda nos anos 1950.* São Paulo: Edusp, 2008.

_____. *Alegoria moderna: consciência histórica e figuração do passado na crítica literária de Sérgio Buarque de Holanda.* Tese de doutorado em História; FFLCH/USP, 2011.

_____. Sérgio Buarque de Holanda e a dinâmica das instituições culturais no Brasil, 1930-1960. In: MARRAS, S. (org.) *Atualidade de Sérgio Buarque de Holanda.* São Paulo: Edusp, 2012, p. 109-132.

_____. *Alegoria moderna: consciência histórica e figuração do passado na crítica literária de Sérgio Buarque de Holanda.* São Paulo: Editora da Unifesp, 2014.

NOGUEIRA, A. R. Sérgio Buarque de Holanda: o Homem. In: Vários. *Sérgio Buarque de Holanda*: Vida e Obra. Secretaria do Estado da Cultura. São Paulo – SP: Arquivo do Estado; USP e Instituto de Estudos Brasileiros, 1988, p. 17-26.

OLIVEIRA, Lucia Lippi. Interpretações sobre o Brasil. In: MICELI, S. (org.) *O que ler na ciência social brasileira (1970-1995).* 2ª Ed. São Paulo: Anpocs/ Sumaré/Capes, 1999, p. 147-181.

PEREIRA, Mateus Henrique F.; SANTOS, Pedro Afonso C. Odisseias do conceito moderno de história: *Necrológio de Francisco Adolfo Varnhagen*, de Capistrano de Abreu, e *O pensamento histórico no Brasil nos últimos cinquenta anos*, de Sérgio Buarque de Holanda. *Revista do Instituto de Estudos Brasileiros*, USP, vol. 50, 2010, p. 27-78.

PESAVENTO, Sandra J. (org.) *Um historiador nas fronteiras: a obra de Sérgio Buarque de Holanda.* Belo Horizonte/MG: Editora UFMG, 2005.

PIVA, Luiz Guilherme. *Ladrilhadores e semeadores: a modernização brasileira no pensamento político de Oliveira Vianna, Sérgio Buarque de Holanda, Azevedo Amaral e Nestor Duarte (1920-1940)*. São Paulo: Ed. 34, 2000.

PRADO, Antonio A. *Trincheira, palco e letras*. São Paulo: Cosac Naify, 2004.

_____. *Itinerários de uma falsa vanguarda: os dissidentes, a semana de 1922 e o integralismo*. 2ª Edição. São Paulo: Editora 34, 2010.

_____. *Cenário com retratos: esboços e perfis*. São Paulo: Companhia das Letras, 2015.

_____. *Dois letrados e o Brasil nação: a obra crítica de Oliveira Lima e Sérgio Buarque de Holanda*. São Paulo: Editora 34, 2015b.

RAMIREZ, Paulo Niccoli. *Sérgio Buarque de Holanda e a dialética da cordialidade*. São Paulo: Educ, 2011.

REIS, José Carlos. *As identidades do Brasil: de Varnhagen a FHC*. Rio de Janeiro: FGV, 1999.

RICUPERO, Bernardo. *Sete lições sobre as interpretações do Brasil*. São Paulo: Alameda, 2007.

ROCHA, José Castro C. *Raízes do Brasil*: biografia de um livro-problema. In: MARRAS, S. (org.) *Atualidade de Sérgio Buarque de Holanda*. São Paulo: Edusp, 2012, p. 19-40.

SALIBA, Elias T. De Pafuncio Pechincha a Sérgio Buarque dos Países Baixos: formatos da narrativa humorística brasileira. In: MURARI, F. (org.) *Antigos e modernos: diálogos sobre a (escrita da) História*. São Paulo: Alameda, 2009, p. 231-248.

SANCHES, Rodrigo Ruiz. *Sérgio Buarque de Holanda: a trajetória de um intelectual independente*. Tese de doutorado em Sociologia, UNESP, Campus de Araraquara, 2007.

SCHAPOCHNIK, Nelson. Sérgio Buarque de Holanda, um crítico impertinente. In: FERREIRA, A. C., LUCA, T. R., IOKOI, Z. G. (Org.). *Encontros com a História*. São Paulo: Editora da UNESP, 1999, p. 181-188.

VALENTE, Giselle L. *As missões culturais de Sérgio Buarque de Holanda*. Tese de doutorado em Memória Social, Unirio, Rio de Janeiro, 2009.

VELOZO, Marisa.; MADEIRA, Angelica. (Org.) *Leituras Brasileiras. Itinerários do pensamento social e na literatura*. São Paulo: Paz e Terra, 1999.

VENANCIO, Gisele M.; FURTADO, André. Passados (im)perfeitos ou a ótica buarquiana sobre o Império do Brasil na América. *Revista Brasileira de*

*História*, vol. 36, nº 73, p. 135-157, 2016. Link: http://www.scielo.br/pdf/rbh/2016nahead/1806-9347-rbh-2016v36n73-005.pdf.

VIANNA, Luiz W. *A revolução passiva: iberismo e americanismo no Brasil.* Rio de Janeiro, 1999.

WAIZBORT, Leopoldo. O mal entendido da democracia – Sérgio Buarque de Holanda, *Raízes do Brasil*, 1936. *Revista Brasileira de Ciências Sociais*, vol. 26, nº 76, 2011, p. 39-62.

WEGNER, Robert. *A conquista do oeste. A fronteira na obra de Sérgio Buarque de Holanda.* Belo Horizonte: Ed. UFMG, 2000.

_____. A montanha e os caminhos: Sérgio Buarque de Holanda entre Rio de Janeiro e São Paulo. *Revista Brasileira de História*, vol. 36, nº 73, p. 111-133, 2016. Link: http://www.scielo.br/pdf/rbh/2016nahead/1806-9347-rbh-2016v36n73-005.pdf.

### *História do Brasil:*

ABRANCHES, Sérgio. *Presidencialismo de coalizão:* raízes e evolução do modelo político brasileiro. São Paulo: Companhia das Letras, 2018.

AZEVEDO, Cecília.; RAMINELLI, Ronald. (Org.) *História das Américas: novas perspectivas.* Rio de Janeiro: FGV, 2011.

BRANDÃO, Gildo M. *A esquerda positiva: as duas almas do partido comunista, 1920-1964.* São Paulo: Hucitec, 1997.

CAPELATO, Maria Helena R. *Multidões em cena.* 2ª Edição. São Paulo: Ed. UNESP, 2009.

CARAZZA, Bruno. *Dinheiro, eleições e poder:* as engrenagens do sistema político brasileiro. São Paulo: Companhia das Letras, 2018.

CARONE, Edgar. *A República Velha II. Evolução política.* São Paulo: Difel, 1971.

_____. *A República Velha I. Instituições e classes sociais.* 3ª Edição revista e aumentada. São Paulo: Difel, 1975.

_____. *A República Nova (1930-1937).* 2ª Edição. São Paulo: Difel, 1976.

_____. *O Estado Novo (1937-1945).* 2ª Edição. São Paulo: Difel, 1977.

_____. *Revoluções do Brasil contemporâneo (1922-1938).* 3ª Edição. São Paulo: Difel, 1978b.

_____. *A Segunda República (1930-1937).* 3ª Edição. São Paulo: Difel, 1978.

CARVALHO, José Murilo de. *Cidadania no Brasil: o longo caminho.* Rio de Janeiro: Civilização Brasileira, 2001.

_____. *D. Pedro II: ser ou não ser.* 3ª Reimpressão. São Paulo: Companhia das Letras, 2007.

_____. (Org.) *A construção nacional, 1830-1889.* Rio de Janeiro: Objetiva, 2012.

CORSI, Francisco Luiz. *Estado Novo: política externa e projeto nacional.* São Paulo: Editora UNESP; FAPESP, 2000.

COSTA, Cruz. *Pequena história da República.* 3ª Edição. Rio de Janeiro: Civilização Brasileira, 1974.

COSTA, Wilma Peres. A Independência na historiografia brasileira. *In:* JANCSÓ, I. (org.) *Independência: história e historiografia.* São Paulo: Hucitec, 2005, p. 53-117.

DAVATZ, T. *Memórias de um colono no Brasil (1850).* Tradução de Sérgio Buarque de Holanda. São Paulo: Edusp; Itatiaia, 1980.

DE DECCA, Edgar S. *1930: o silêncio dos vencidos.* 2ª Edição. São Paulo: Brasiliense, 2004.

DIAS, Maria Odila L. S. *A interiorização da metrópole e outros estudos.* São Paulo: Alameda, 2005.

DOYLE, Dom., Marcos.; VILELLA, Marco A. (Org.) *Nacionalismo no Novo Mundo.* Rio de Janeiro: Record, 2008.

DOLHNIKOFF, Miriam. *O pacto imperial: origens do federalismo no Brasil.* Rio de Janeiro: Globo, 2005.

DRAIBE, Sônia M. *Rumos e metamorfoses – Estado e industrialização no Brasil (1930-1960).* Rio de Janeiro: Paz e Terra, 1985.

ELLIS, Alfredo. *O problema do café no Senado da República.* Rio de Janeiro: Imprensa Oficial, 1924.

FAUSTO, Boris. *A revolução de 1930: história e historiografia.* 16ª Edição revista e aumentada. São Paulo: Cia. das Letras, 1997.

_____. *História do Brasil.* São Paulo: Edusp, 1995.

_____. *Getúlio Vargas: o poder e o sorriso.* São Paulo: Companhia das Letras, 2006.

FLORENTINO, Manolo.; FRAGOSO, João L. *O arcaísmo como projeto. Mercado atlântico, sociedade agrária e elite mercantil em uma economia colonial tardia (Rio de Janeiro, 1790-1840).* 4ª Edição revista e aumentada. Rio de Janeiro: Civilização Brasileira, 2001.

FRAGOSO, João L. *Homens de grossa aventura*. Rio de Janeiro: Civilização Brasileira, 1998.

GOES FILHO, Synesio S. *Navegantes, bandeirantes, diplomatas: um ensaio sobre a formação das fronteiras do Brasil*. São Paulo: Martins Fontes, 1999.

GOMES, Angela M. C. Propaganda política, construção do tempo e do mito Vargas: o Calendário de 1940. In: BASTOS, E.; RIDENTI, M.; ROLLAND, D. (Org.). Intelectuais: sociedade e política. São Paulo: Cortez, 2003b, p. 112-145.

JANCSÓ, Istvan. (Org.) *Brasil: formação do estado e da nação*. São Paulo: Hucitec, 2003.

_____. (Org.) *Independência: história e historiografia*. São Paulo: Hucitec, 2005.

LENHARO, Alcir. *A sacralização da política*. 2ª Edição. Campinas/SP: Papirus, 1986.

LEVINE, Robert M. *Pai dos pobres? O Brasil e a era Vargas*. São Paulo: Companhia das Letras, 2001.

MATTOS, Ilmar R. *O tempo saquarema*. 5ª Edição. São Paulo: Hucitec, 2004.

MELLO, João Manoel C. *O capitalismo tardio. Contribuição à revisão crítica da formação e do desenvolvimento da economia brasileira*. Campinas: UNICAMP. IE, 1998.

MOTA, Carlos Guilherme. (Org.) *Juristas na formação do Estado-nação brasileiro: século XVI a 1850*. São Paulo: Quartier Latin, 2006.

MOTA, Carlos Guilherme.; FERREIRA, Gabriela n° (Org.) *Os juristas na formação do Estado-Nação brasileiro (1850-1930)*. São Paulo: Saraiva, 2010.

MOTA, Carlos Guilherme.; SALINAS, n° S. C. (Org.) *Os juristas na formação do Estado-Nação brasileiro: de 1930 aos dias atuais*. São Paulo: Saraiva, 2010b.

NOBRE, Marcos. *Imobilismo em movimento:* da abertura democrática ao governo Dilma. São Paulo: Companhia das Letras, 2013.

NOVAIS, Fernando. *Portugal e Brasil na crise do antigo sistema colonial (1777-1808)*. 8ª Edição. São Paulo: Hucitec, 2006.

PERISSINOTTO, Renato M. *Classes dominantes e hegemonia na República Velha*. Campinas/SP: Editora da Unicamp, 1994.

PIMENTA, João Paulo. *A Independência do Brasil e a experiência Hispano-americana (1808-1822)*. São Paulo: Hucitec, 2015.

_____. *Estado e nação no fim dos impérios ibéricos no Prata*. São Paulo: Hucitec, 2002.

SINGER, André. *Os sentidos do Lulismo:* reforma gradual e pacto conservador. São Paulo: Companhia das Letras, 2012.

_____. *O Lulismo em crise:* um quebra-cabeça do período Dilma (2011-2016). São Paulo: Companhia das Letras, 2018.

SKIDMORE, Thomas E. *Brasil: de Getúlio a Castello (1930-1964).* Tradução de Berilo Vargas. São Paulo: Companhia das Letras, 2010.

SKIDMORE, Thomas E. *Preto no Branco: Raça e Nacionalidade no Pensamento Brasileiro (1870-1930).* São Paulo: Companhia das Letras, 2012.

SUZIGAN, Wilson. *Indústria brasileira: origem e desenvolvimento.* São Paulo: Hucitec, 2000.

TOTA, Antonio Pedro. *O imperialismo sedutor: a americanização do Brasil na época da Segunda Guerra.* São Paulo: Companhia das Letras, 2000.

_____. *O amigo americano: Nelson Rockefeller e o Brasil.* São Paulo: Companhia das Letras, 2014.

URICOECHEA, Francisco. *O minotauro imperial: a burocratização do estado patrimonial brasileiro no século XIX.* São Paulo: Difel, 1978.

VIEIRA, Oscar vol. *A batalha dos poderes.* Da transição democrática ao mal-estar constitucional. São Paulo: Companhia das Letras, 2018.

WEFFORT, Francisco. *O populismo na política brasileira.* 2ª Edição. São Paulo: Paz e Terra, 1980.

### *História de São Paulo:*

ADDUCI, Cassia C. *A "Pátria Paulista". O separatismo como resposta à crise final do Império brasileiro.* São Paulo: Arquivo do Estado/Imprensa Oficial, 2000.

ARRUDA, Maria Arminda nº *Metrópole e cultura: São Paulo no meio século XX.* São Paulo: Edusc, 2001.

BARBOSA, Agnaldo S. *Empresário fabril e desenvolvimento econômico: empreendedores, ideologia e capital na Indústria do calçado.* São Paulo: Hucitec, 2006.

BELMONTE. *No tempo dos bandeirantes.* 4ª Edição revista e aumentada pelo autor. São Paulo: Melhoramentos, 1945 (1ª Edição de 1937).

BORGES, Vavy Pacheco. *Getúlio Vargas e a oligarquia paulista.* São Paulo: Brasiliense, 1979.

CANO, Wilson. *Raízes da concentração industrial em São Paulo.* Campinas: Ed. UNICAMP. IE, 1998a.

_____. *Desequilíbrios regionais e concentração industrial no Brasil.* Campinas: UNICAMP. IE, 1998b.

CAPELATO, Maria Helena R. *Os arautos do liberalismo: imprensa paulista, 1920-1945*. São Paulo: Brasiliense, 1989.

_____. *O movimento de 1932: a causa paulista*. São Paulo: Brasiliense, 1981.

CASALECCHI, José E. *O Partido Republicano Paulista (1889-1926)*. São Paulo: Brasiliense, 1987.

DEAN, Warren. *A industrialização de São Paulo*. São Paulo: Difel; Edusp, 1971.

GLEZER, Raquel. *Chão de terra e outros ensaios sobre São Paulo*. São Paulo: Alameda, 2007.

LOVE, Joseph. *A Locomotiva - São Paulo na Federação Brasileira (18891937)*. Tradução de Vera Alice Cardoso Silva. Rio de Janeiro: Paz e Terra, 1982.

MACHADO, José de Alcântara. *Vida e morte do bandeirante*. In: SANTIAGO, S. (Org.) *Interpretes do Brasil*. 2ª Edição. Rio de Janeiro: Editora Nova Aguilar, 2002, vol. 1, p. 1189-1358.

MORAES, José G. vol. *Metrópole em sinfonia: história, cultura e música popular na São Paulo dos anos 30*. São Paulo: Estação Liberdade, 2000.

NAZZARI, Muriel. *O desaparecimento do dote: mulheres, famílias e mudança social em São Paulo, Brasil, 1600-1900*. São Paulo: Companhia das Letras, 2001.

NOZOE, Nelson. H. *A estrutura tributária e as atividades econômicas na capital paulista (1889-1933)*. Tese de doutorado em Economia, FEA/USP, 1983.

ODALIA, Nilo.; CALDEIRA, J. R. C. (org.) *História do Estado de São Paulo: a formação da unidade paulista. vol. 1 - Colônia e Império*. São Paulo: Editora UNESP, 2010a.

_____. *História do Estado de São Paulo: a formação da unidade paulista. vol. 2 - República*. São Paulo: Editora UNESP, 2010b.

_____. *História do Estado de São Paulo: a formação da unidade paulista. vol. 3 - Governo e municipalidade*. São Paulo: Editora UNESP, 2010c.

PEREIRA, Robson M. *Washington Luis na administração de São Paulo (1914-1919)*. São Paulo: Editora da UNESP, 2010.

PERISSINOTTO, Renato M. *Estado e capital cafeeiro em São Paulo (1889-1930)*. São Paulo: Annablume, 2000, 2v.

PORTA, Paula. (Org.) *História da cidade de São Paulo. vol. 3 - A cidade na primeira metade do século XX (1890-1954)*. São Paulo: Paz e Terra, 2005, 3v.

PRADO, Maria Ligia C. *A democracia ilustrada (São Paulo, 1926-1934)*. São Paulo: Ática, 1985.

RAMOS, Plinio de Abreu. *Os partidos paulistas e o Estado Novo.* Petrópolis/RJ: Vozes, 1980.

RODRIGUES, João Paulo. *1932 pela força da tradição: do confronto bélico a batalha pela memória (1932-1934).* São Paulo: Annablume, 2012.

SANTOS, Jonas R. *As transformações da riqueza em Ribeirão Preto entre 1920 e 1951.* Tese de doutorado em História, UNESP, Franca, 2004.

SANTOS, Marcos Cabral.; MOTA, André. *São Paulo, 1932: memória, mito e identidade.* São Paulo: Alameda, 2010.

SILVA, Marcos. (Org.) *São Paulo: espaço e história.* São Paulo: LTCE, 2008.

VILLA, Marco Antonio. (Org.) *História geral do Estado de São Paulo.* São Paulo: IMESP, 2011, 5v.

### *História da Europa e da França:*

BALAKRISHNAN, Gopal. (Org.) *Um mapa da questão nacional.* Tradução de Vera Ribeiro. Rio de Janeiro: Contraponto, 2000.

CASANOVA, Pascale. *A república mundial das letras.* Tradução de Marina Appenzeller. São Paulo: Estação Liberdade, 2002.

CHARTIER, Roger. *Origens culturais da Revolução Francesa.* Tradução de George Schlesinger. São Paulo: Edunesp, 2009.

CHAUÍ, Marilena. *Introdução a história da filosofia: as escolas helenísticas* (v.2). São Paulo: Companhia das Letras, 2010.

______. *Introdução a história da filosofia: dos pré-socráticos a Aristóteles* (v.1). 2ª Edição. São Paulo: Companhia das Letras, 2002.

COULANGES, Fustel de. *A cidade antiga: estudos sobre o culto, o direito e as instituições da Grécia antiga e de Roma.* Tradução de Edson Bini. 4ª Edição. Bauru/SP: Edipro, 2009.

CURTIUS, Ernest R. *Literatura europeia e Idade Média Latina.* São Paulo: Edusp; Hucitec, 1996.

HOBSBAWM, Eric J. *A era dos extremos: o breve século XX (1914-1991)* – São Paulo: Cia das Letras, 1995.

______. *Globalização, democracia e terrorismo.* Tradução de José Viegas. São Paulo: Companhia das Letras, 2007.

HUNT, Lynn. *A invenção dos direitos humanos: uma história.* Tradução de Rosaura Eichenberg. São Paulo: Companhia das Letras, 2009.

_____. *Política, cultura e classe na Revolução Francesa*. Tradução de Laura Teixeira Motta. São Paulo: Companhia das Letras, 2007.

KERSHAW, Ian. *Hitler*. Tradução de Pedro Maia Soares. São Paulo: Companhia das Letras, 2010.

MAYER, Arno J. *A força da tradição. A persistência do antigo regime (1848-1914)*. Tradução de Denise Bottmann. São Paulo: Companhia das Letras, 1987.

MARSHALL, Thomas H. *Cidadania, classes sociais e status*. Rio de Janeiro: Zahar, 1967.

SILVA, Glaydson José. *História Antiga e usos do passado: um estudo de apropriações da Antiguidade sob o regime de Vichy (1940-1944)*. São Paulo: Annablume; FAPESP, 2007.

### História das Instituições, Movimentos, da Educação e do pensamento educacional brasileiro:

ABREU, Regina. *A fabricação do imortal - memória, história e estratégias de consagração no Brasil*. Rio de Janeiro: Rocco, 1996.

ADORNO, Sérgio. *Os aprendizes do poder. O bacharelismo liberal na política brasileira*. Rio de Janeiro: Paz e Terra, 1988.

ALMEIDA, Martha.; VERGARA, Moema R. (Org.) *Ciência, história e historiografia*. São Paulo: Via Lattera; Rio de Janeiro: MAST, 2008.

AZEVEDO, Fernando de. *História de minha vida*. São Paulo: Livraria José Olympio Editôra, 1971.

_____. *A cultura brasileira. Introdução ao estudo da cultura no Brasil*. - 4ª edição revista e ampliada - Brasília: Ed. UNB, 1963.

_____. *A cultura brasileira. Introdução ao estudo da cultura no Brasil*. São Paulo: Edusp, 2010.

_____. *As universidades no mundo do futuro*. Rio de Janeiro: Casa do Estudante do Brasil, 1944.

BALBACHEVISKY, Elizabeth. *Atos e estratégias institucionais: a profissão acadêmica no Brasil*. São Paulo, 1996. Tese (doutorado em Sociologia), Universidade de São Paulo, São Paulo.

BREFE, Ana Claudia F. *O Museu Paulista: Affonso de Taunay e a memória nacional, 1917-1945*. São Paulo: Ed. UNESP, 2005.

BITTENCOURT, Circe M. F. *Pátria, civilização e trabalho. O ensino de história nas escolas paulistas (1917-1939)*. São Paulo: Edições Loyola, 1990.

______. *Ensino de História: fundamentos e métodos*. São Paulo: Cortez, 2005.

______. *Livro didático e saber escolar, 1810-1910*. Belo Horizonte: Autêntica, 2008.

BONTEMPI Jr., Bruno. *A cadeira de História e Filosofia da Educação da USP entre os anos 40 e 60: um estudo das relações entre a vida acadêmica e a grande imprensa*. Tese de doutorado em Educação, PUC/SP, 2001.

CAMPOS, Francisco. *Educação e cultura*. Rio de Janeiro: Ed. José Olympio, 1940.

CAMPOS, Névio. *Intelectuais paranaenses e as concepções de universidade (1892-1950)*. Curitiba/PR: Editora da UFPR, 2008.

CARDOSO, Irene A. R. *A universidade da comunhão paulista. O projeto de criação da Universidade de São Paulo*. São Paulo: Cortez, 1982.

CENTENO, Carla vol. *Educação e fronteira com o Paraguai na historiografia mato-grossense (1870-1950)*. Tese de doutorado em Educação, Unicamp, 2007.

COELHO, Edmundo Campus. *As profissões imperiais. Medicina, Engenharia e Advocacia no Rio de Janeiro, 1822-1930*. Rio de Janeiro: Record, 1999.

CUNHA, Marcus Vinícius. *Indivíduo e sociedade no ideário escolanovista (Brasil: 1930-1960)*. São Paulo, 1992. Tese de doutorado em Educação, FE/USP, São Paulo.

DA CÁS, Danilo. *História da universidade brasileira: a universidade de fato*. Marília, 1996. Tese de doutorado, FFC/UNESP, Marília.

FABRIS, Annateresa. (org.) *Modernidade e modernismo no Brasil*. 2ª Edição revista. Porto Alegre/RS: Zouk, 2010.

______. *O futurismo paulista*. São Paulo: Perspectiva, 1994.

FERREIRA, Marieta de Moraes. Notas sobre a institucionalização de cursos universitários de História no Rio de Janeiro. In: GUIMARÃES, Manoel Luiz Salgado. (org.) *Estudos sobre a escrita da história*. Rio de Janeiro: Editora 7 letras, 2006, p. 139-61.

______. A trajetória de Henry Hauser: um elo entre gerações. In: NEVES, L. M. B. P.; GUIMARÃES, L. M. P.; GONÇALVES, M. A.; GONTIJO, R. (org.) *Estudos de Historiografia Brasileira*. Rio de Janeiro: FGV; FAPERJ, 2011, p. 237-60.

______. *A História como ofício: a constituição de um campo disciplinar*. Rio de Janeiro: FGV; Faperj, 2013.

FERREIRA, Antonio Celson.; LUCA, T. R.; IOKOI, Z. G. (org.) *Encontros com a História: percursos históricos e historiográficos de São Paulo*. São Paulo: Ed. UNESP, 1999.

FONSECA, Selva Guimarães. *Ser professor no Brasil: história oral de vida*. Campinas/SP: Papirus, 1997.

FRANCO, Gilmara Y. *A construção da identidade Mato-grossense na escrita de Virgílio Corrêa Filho (1920-1940)*. Dissertação de mestrado em História, UFGD, 2007.

GATTI Jr., Décio. *A escrita escolar da História: livro didático e ensino no Brasil (1970-1990)*. Bauru - SP: Edusc; Belo Horizonte - MG: Edufu, 2004.

LIMA E FONSECA, Thais n° *História & Ensino de História*. Belo Horizonte: Autêntica, 2003.

LIMONGI, Fernando. A Escola Livre de Sociologia e Política em São Paulo. In: MICELI, Sérgio (Org.) *História das Ciências Sociais no Brasil*. São Paulo: Vértice; Editora Revista dos Tribunais: IDESP, 1989, 2v., p. 217-233.

_____. *Educadores e empresários culturais na construção da USP*. Campinas, 1988. Dissertação de mestrado em História, IFCH/UNICAMP, Campinas.

LUSTOSA, Isabel. (Org.) *Imprensa, história e literatura*. Rio de Janeiro: Casa de Rui Barbosa, 2008.

MACHADO, André Roberto A.; TOLEDO, Maria Rita A. (Org.). *Golpes na História e na Escola:* o Brasil e a América Latina nos séculos XX e XXI. São Paulo: Cortez; Anpuh/SP, 2017.

MACHADO, Ubiratan P. *História das livrarias cariocas*. São Paulo: Edusp, 2012.

MARTINS, Ana Luiz., LUCA, Tânia Regina. *História da imprensa no Brasil*. São Paulo: Contexto, 2008.

MATE, Cecília Hanna. *Tempos modernos na escola. Os anos 30 e a racionalização da educação brasileira*. Bauru: Edusc; Brasília: INEP, 2002.

_____. *Dimensões da educação paulista nos anos 20: inquirindo, reformando e legitimando uma nova escola*. Dissertação de Mestrado, PUC/SP, 1991.

MESQUITA FILHO, Júlio de. *A crise nacional. Reflexões em torno de uma Data*. São Paulo: Seção de Obras de O ESP, 1925.

_____. *Política e cultura*. São Paulo: Martins, 1969.

MONARCHA, Carlos. *Brasil arcaico, escola nova: ciência, técnica e utopia nos anos 1920-1930*. São Paulo: Ed. UNESP, 2009.

MOTA, Carlos Guilherme.; CAPELATO, Maria Helena. *História da Folha de S. Paulo, 1921-1981*. São Paulo: Imprensa Oficial, 1981.

MOTTA, Marly Silva. *A nação faz 100 anos: a questão nacional no centenário da independência*. Rio de Janeiro: FGV, 1992.

NADAI, Elza. *Ideologia do progresso e ensino superior: São Paulo, 1891-1934*. São Paulo: Edições Loyola, 1987.

NUNES, Maria Thetis. *Ensino secundário e sociedade brasileira.* Sergipe: Ed. UFS, 2001.

OLIVEIRA, A. J. B. (Org.) *Universidade e lugares de memória.* Rio de Janeiro: UFRJ, Fórum de Ciência e Cultura, 2008.

OLIVEIRA, Armando de Salles. *Escritos políticos.* 2ª Edição. São Paulo: Arx, 2002.

ORIÁ, Ricardo. *O Brasil contado às crianças: Viriato Corrêa e a literatura escolar brasileira (1934-1961).* São Paulo: Annablume, 2011.

PENNA, Maria Luiza. *Fernando de Azevedo: educação e transformação.* São Paulo: Perspectiva, 1987.

PILAGALLO, Oscar. *História da imprensa paulista: jornalismo e poder de D. Pedro I a Dilma.* São Paulo: Três Estrelas, 2012.

PILETTI, Nelson. *A reforma Fernando de Azevedo. Distrito Federal, 1927-1930.* São Paulo: Estudo e documentos publicação da FE/USP, 1982 (v. 20).

PRADO, Maria Ligia C. *A ideologia liberal de 'O Estado de S. Paulo' (1932-1937).* São Paulo, 1974. Dissertação de mestrado em História, FFLCH/USP, São Paulo.

PRADO, Maria Ligia.; CAPELATO, Maria Helena. *O bravo matutino. Imprensa e ideologia: o jornal O Estado de S. Paulo.* São Paulo: Alfa-Omega, 1980.

RIBEIRO, J. Q. *A memória de Martim Francisco sobre a reforma dos estudos na Capitania de São Paulo.* São Paulo: FFCL/USP, 1945 (Boletim LIII, n° 5, da cadeira de *História da Civilização Brasileira*).

RINGER, Fritz K. *O declínio dos mandarins alemães: a comunidade acadêmica alemã, 1890-1933.* São Paulo: Edusp, 2000.

______. *A metodologia de Max Weber: unificação das ciências culturais e sociais.* São Paulo: Edusp, 2004.

ROCHA, Mario Bessa M. *Matrizes da modernidade republicana: cultura política e pensamento educacional no Brasil.* São Paulo: Ed. Autores Associados; Ed. Plano, 2004.

______. *Educação conformada: a política pública de educação (1930-45).* Campinas, 1990. Dissertação de mestrado, UNICAMP\IFCH.

ROIZ, Diogo da Silva. *A institucionalização do ensino universitário de História na Faculdade de Filosofia, Ciências e Letras da Universidade de São Paulo, 1934-1956.* Franca, 2004. Dissertação de Mestrado em História, FHDSS da UNESP.

SAVIANI, Dermeval. *A pedagogia no Brasil. História e teoria.* Campinas/SP: Autores Associados, 2008.

_____. *Escola e democracia.* 40ª Edição. Campinas/SP: Autores Associados, 2008b.

_____. *História das ideias pedagógicas no Brasil.* Campinas/SP: Autores Associados, 2007.

SCHWARTZMAN, Simon.; BOMENY, H. M. B.; COSTA, vol. M. R. *Tempos de Capanema.* São Paulo: Paz e Terra; Rio de Janeiro: FGV, 2000.

SCHWARTZMAN, Simon. *Formação da comunidade científica no Brasil.* São Paulo: Companhia Editora Nacional; Rio de Janeiro: Financiadora de Estudos e Projetos, 1979.

_____. *Bases do autoritarismo brasileiro.* 5ª Ed. Campinas/SP: Editora da Unicamp, 2015.

_____. *Um espaço para a ciência:* a formação da comunidade científica no Brasil. 4ª Ed. Campinas/SP: Editora da Unicamp, 2015b.

SORA, Gustavo A. *Brasilianas – José Olympio e a gênese do mercado editorial brasileiro.* São Paulo: Edusp, 2010.

VIEIRA, Carlos Eduardo. Erasmo Pilotto: identidade, engajamento político e crenças dos intelectuais vinculados ao campo intelectual brasileiro. In: LEITE, J. L.; ALVES, C. (org.) *Intelectuais e história da educação no Brasil: poder, cultura e políticas.* Vitória/ES: Editora da UFES, 2011, p. 25-54.

_____. Intelligentsia e intelectuais: sentidos, conceitos e possibilidades para a história intelectual. *Revista Brasileira de História da Educação*, Campinas, nº 16, 2008, p. 63-86.

## *História do Pensamento Social Brasileiro:*

ALONSO, Angela. *Ideias em movimento. A geração 1870 na crise do Brasil-Império.* São Paulo: Paz e Terra, 2002.

______. *Flores, votos e balas: o movimento abolicionista brasileiro (1868-1888).* São Paulo: Companhia das Letras, 2015.

AMED, Fernando José. *As cartas de Capistrano de Abreu: sociabilidade e vida literária n belle époque carioca.* São Paulo: Alameda, 2006.

ARAUJO, Karina Anhezini. *Intercâmbios intelectuais e a construção de uma história. Afonso d'Escragnolle Taunay (1911-1929).* Franca, 2003. Dissertação de mestrado em História, Faculdade de Ciências Humanas e Sociais, UNESP, Franca.

ARAUJO, Ricardo Benzaquem de. *Guerra e paz: Casa-grande & Senzala e a obra de Gilberto Freyre nos anos 30.* 2ª Ed. São Paulo: Ed. 34, 2005.

ARRUDA, Maria Arminda nº; GARCIA, S. G. *Florestan Fernandes: mestre da sociologia moderna.* Brasília: Paralelo 15; CAPES, 2003.

BASTOS, Elide Rugai.; RIDENTI, Marcelo. & ROLLAND, D. (org.) *Intelectuais: sociedade e política, Brasil-França.* São Paulo: Cortez, 2003.

BASTOS, Elide Rugai. *Gilberto Freyre e o pensamento hispânico.* Bauru/SP: Edusc, 2003.

_____. *As criaturas de Prometeu.* Rio de Janeiro: Global, 2006.

BEIRED, José Luiz B. *Sob o signo da nova ordem. Intelectuais autoritários no Brasil e na Argentina (1914-1945).* São Paulo: Edições Loyola, 1999.

BRANDÃO, Gildo Marçal. *Gildo Marçal Brandão: itinerários intelectuais.* São Paulo: Hucitec, 2010.

BURKE, Peter.; PALLARES-BURKE, Maria Lucia G. *Repensando os trópicos: um retrato intelectual de Gilberto Freyre.* Tradução de Fernanda Veríssimo. São Paulo: Ed. UNESP, 2009.

CARVALHO, José Murilo de. *Pontos e bordados: escritos de história e política.* Belo Horizonte: Ed. UFMG, 1998.

_____. *A construção da ordem/Teatro das sombras.* 3ª Edição. Rio de Janeiro: Civilização Brasileira, 2003.

_____. (Org.) *Nação e cidadania no Império: novos horizontes.* Rio de Janeiro: Civilização Brasileira, 2007.

CEVASCO, Maria Elisa.; OHATA, Milton. (Org.) *Um crítico na periferia do capitalismo: reflexões sobre a obra de Roberto Schwarz.* São Paulo: Companhia das Letras, 2007.

CHALHOUB, Sidney. *Machado de Assis, historiador.* São Paulo: Cia. das Letras, 2003.

CORREA, Mariza. *As ilusões da liberdade: a escola de Nina Rodrigues e a antropologia no Brasil.* Bragança Paulista/SP: Ed. USF, 2000.

CABRAL, Fatima.; CUNHA, Paulo Ribeiro. (Org.) *Nelson Werneck Sodré – entre o sabre e a pena.* São Paulo: Editora UNESP, 2006.

D'INCAO, Maria Angela. (Org.) *História e ideal: ensaios sobre Caio Prado Jr.* São Paulo: Brasiliense, 1989.

DUTRA, Eliana de Freitas. (Org.) *O Brasil em dois tempos: história, pensamento social e tempo presente.* Belo Horizonte/MG: Autêntica, 2013.

FERREIRA, Antonio Celso. *Um eldorado errante: São Paulo na ficção histórica de Oswald de Andrade.* São Paulo: Editora UNESP, 1996.

FERREIRA, Gabriela n°; BOTELHO, André. (org.) *Revisão do pensamento conservador: ideias e política no Brasil.* São Paulo: Hucitec, 2011.

FONSECA, Maria Augusta.; SCHWARZ, Roberto. (Org.). *Antonio Candido 100 anos.* São Paulo: Editora 34, 2018.

GALVÃO, Walnice n° *Euclidiana: ensaios sobre Euclides da Cunha.* São Paulo: Companhia das Letras, 2009.

GARCIA, S. G. *Destino impar: sobre a formação de Florestan Fernandes.* São Paulo: Ed. 34, 2002.

GLEDSON, John. *Machado de Assis: impostura e realismo.* São Paulo: Companhia das Letras, 1991.

_____. *Por um novo Machado de Assis: ensaios.* São Paulo: Cia. das Letras, 2006.

IGLÉSIAS, Francisco. *História e ideologia.* São Paulo: Perspectiva, 1987.

IUMATTI, Paulo T. *Caio Prado Jr.: uma trajetória intelectual.* São Paulo: Brasiliense, 2007.

KOTHE, Flavio R. *O cânone republicano I.* Brasília: UnB, 2003.

_____. *O cânone republicano II.* Brasília: UnB, 2004.

JACKSON, Luiz Carlos. *A tradição esquecida: Os parceiros do Rio Bonito e a sociologia de Antônio Candido.* Belo Horizonte: Ed. UFMG, 2002.

LAFETÁ, João Luiz. *1930: a crítica e o modernismo.* 2ª Edição. São Paulo: Editora 34, 2000.

LAHUERTA, Milton. *Intelectuais e transição: entre a política e a profissão.* São Paulo, 1999. Tese de doutorado em Ciência Política, FFLCH/USP, São Paulo.

LARRETA, Enrique R.; GIUCCI, Guilhermo. *Gilberto Freyre: uma biografia cultural.* Rio de Janeiro: Civilização Brasileira, 2007.

LEITE, Dante Moreira. *O caráter nacional brasileiro: história de uma ideologia.* 6ª Edição. São Paulo: Editora UNESP, 2003.

LEITE, Renato Lopes. *Republicanos e libertários: pensadores radicais no Rio de Janeiro (1822).* Rio de Janeiro: Civilização Brasileira, 2000.

LIMA, Marcos Costa.; DAVID, Maurício D. (Org.) *Atualidade de Celso Furtado.* São Paulo: Verbena Editora, 2008.

MACHADO NETO, A. L. *Estrutura social da república das letras. Sociologia da vida intelectual brasileira (1870-1930).* São Paulo: Edusp, Gradiva, 1973.

MAIO, Marcos C.; SANTOS, R. vol. (org.) *Raça, ciência e sociedade.* Rio de Janeiro: Fiocruz, 1996.

MALATIAN, Teresa Maria. *Oliveira Lima e a construção da nacionalidade.* Bauru – São Paulo: Edusc; FAPESP, 2001.

MARTINEZ, Paulo Henrique. *A dinâmica de um pensamento crítico: Caio Prado Jr. (1928-1935).* São Paulo: Edusp, 2008.

MEUCCI, Simone. *Institucionalização da Sociologia no Brasil: primeiros manuais e cursos.* São Paulo: Hucitec; FAPESP, 2011.

MICELI, Sérgio. *Vanguardas em retrocesso.* São Paulo: Companhia das Letras, 2012.

_____. *A elite eclesiástica brasileira (1889-1930).* São Paulo: Cia. das Letras, 2009.

_____. *Nacional estrangeiro: história social e cultural do modernismo artístico em São Paulo.* São Paulo: Companhia das Letras, 2003.

_____. *Intelectuais à brasileira.* São Paulo: Companhia das Letras, 2001.

_____. *Imagens negociadas.* São Paulo: Companhia das Letras, 1996.

_____. (Org.) *História das Ciências Sociais no Brasil II.* São Paulo: Sumaré; FAPESP, 1995, 2v.

_____. (Org.) *História das Ciências Sociais no Brasil I.* São Paulo: Vértice; Editora Revista dos Tribunais: IDESP, 1989, 2v.

MIRANDA DE SÁ, Dominichi. *Ideias sem fronteiras: da generalidade à especialização no pensamento intelectual no Brasil republicano (1895-1935).* Tese de doutorado, UFRJ, 2003.

MONTEIRO, John. *Os negros da terra: índios e bandeirantes na origem de São Paulo.* 5ª Reimpressão. São Paulo: Companhia das Letras, 2009.

MORAES, João Q.; BASTOS, Elide R. (Org.) *O pensamento de Oliveira Vianna.* Campinas/SP: Ed. Unicamp, 1993.

MARTINS, Wilson. *História da inteligência brasileira.* São Paulo: Cultrix, 1976/8, 7v.

MOTA, Carlos Guilherme. *A ideia de revolução no Brasil e outras ideias.* Rio de Janeiro: Globo, 2008.

_____. *História e contra-história – perfis e contrapontos.* Rio de Janeiro: Globo, 2010.

_____. *Educação, contraideologia e cultura.* Rio de Janeiro: Globo, 2011.

MOTA, Lourenço Dantas. (Org.) *Introdução ao Brasil. Um banquete no trópico.* São Paulo: Senac, 1999.

_____. (Org.). *Introdução ao Brasil. Um banquete no trópico 2.* São Paulo: Senac, 2001.

NICODEMO, Thiago L.; SANTOS, Pedro A. C.; PEREIRA, Mateus H. F. *Uma introdução à história da historiografia brasileira (1870-1970).* Rio de Janeiro: Editora FGV, 2018.

NICOLAZZI, Fernando. *Um estilo de história: a viagem, a memória, o ensaio. Sobre Casa-grande & Senzala e a representação do passado.* São Paulo: Editora UNESP, 2011.

NOGUEIRA, Marco Aurélio. *As desventuras do liberalismo: Joaquim Nabuco, a Monarquia e a República.* Rio de Janeiro: Paz e Terra, 1984.

ODÁLIA, Nilo. *As formas do mesmo. Ensaios sobre o pensamento historiográfico de Varnhagen e Oliveira Lima.* São Paulo: Editora UNESP, 1997.

OLIVEIRA, Lucia Lippi. *Americanos. Representações da identidade nacional no Brasil e nos EUA.* Belo Horizonte: Ed. UFMG, 2000.

_____. *A questão nacional na Primeira República.* São Paulo: Brasiliense, 1990.

OLIVEIRA, M. (Org.) *As ciências sociais no Paraná.* Curitiba/PR: Protexto, 2006.

PALLARES-BURKE, Maria Lucia G. *Gilberto Freyre: um vitoriano nos trópicos.* São Paulo: Editora UNESP, 2005.

_____. *O triunfo do fracasso: Rüdiger Bilden, o amigo esquecido de Gilberto Freyre.* São Paulo: Editora UNESP, 2012.

PENNA, H. (Org.) *República das Letras: entrevistas com 20 grandes escritores brasileiros.* 3ª Edição revista e ampliada. Rio de Janeiro: Civilização Brasileira, 1996.

PRADO, Maria Emília. (Org.) *O Estado como vocação: ideias* e práticas políticas no Brasil oitocentista. Rio de Janeiro: Access, 1999.

PÉCAUT, Daniel. *Os intelectuais e a política no Brasil (entre o povo e a nação).* São Paulo: Ática, 1990.

PEIXOTO, Fernanda A. *Diálogos brasileiros. Uma análise da obra de Roger Bastide.* São Paulo: Edusp, 2000.

PERRONE-MOISÉS, Leyla. *Vira e mexe, nacionalismo: paradoxos do nacionalismo literário.* São Paulo: Companhia das Letras, 2007.

PONTES, Heloisa. *Destinos mistos – os críticos do grupo Clima em São Paulo (1940-1968).* São Paulo: Companhia das Letras, 1998.

_____. *Intérpretes da metrópole: história social e relações de gênero no teatro e no campo intelectual (1940-1968).* São Paulo: Edusp, 2011

PRADO, Paulo. *Retrato do Brasil: ensaio sobre a tristeza brasileira.* Organização de Carlos Augusto Calil. 10ª Edição, revista e ampliada. São Paulo: Companhia das Letras, 2012.

PULICI, Carolina. *Entre sociólogos: visões conflitivas da 'condição de sociólogo' na USP dos anos 1950-1960.* São Paulo: Edusp, 2008.

RÊGO, Rubem Murilo L. *Sentimento do Brasil: Caio Prado Jr. – continuidades e mudanças no desenvolvimento da sociedade brasileira.* Campinas/SP: Ed. Unicamp, 2000.

REIS, José Carlos. *As identidades do Brasil 2.* Rio de Janeiro: FGV, 2006.

RICUPERO, Bernardo. *Caio Prado Jr. e a nacionalização do marxismo no Brasil.* São Paulo: Ed. 34, 2000.

______. *O romantismo e a ideia de nação no Brasil (1830-1870).* São Paulo: Martins Fontes, 2004.

ROCHA, João Cezar C. *Machado de Assis: por uma poética da emulação.* Rio de Janeiro: Civilização Brasileira, 2013.

RODRIGUES, Leandro Garcia. *Alceu Amoroso Lima: cultura, religião e vida literária.* São Paulo: Edusp, 2013.

SANTOS, Marcio. *Bandeirantes paulistas no sertão do São Francisco: povoamento e expansão pecuária de 1688 a 1734.* São Paulo: Edusp, 2009.

SANTOS, Raimundo. *Caio Prado Júnior na cultura política brasileira.* Rio de Janeiro: Mauad, 2001.

SCHWARCZ, Lilia K. M. *O espetáculo das raças. Cientistas, instituições e questão racial no Brasil.* São Paulo: Companhia das Letras, 1993.

SECCO, Lincon. *Caio Prado Júnior: o sentido da revolução.* São Paulo: Boitempo, 2008.

SEVCENKO, Nicolau. *Literatura como missão: tensões sociais e criação cultural na Primeira República.* 2ª Edição revista e ampliada. São Paulo: Companhia das Letras, 2003.

______. Transformações na linguagem e advento da cultura modernista no Brasil. *Estudos Históricos*, FGV, vol. 6, n° 11, 1993, p. 78-88.

______. *Orfeu estático na metrópole: São Paulo, sociedade e cultura nos frementes anos 20.* São Paulo: Companhia das Letras, 1992.

SILVA, A. R. C.; NICOLAZZI, F.; PEREIRA, M. (Org.) *Contribuições à história da historiografia Luso-brasileira.* São Paulo: Hucitec, 2014.

SILVA, Marcos. (org.) *Nelson Werneck Sodré na historiografia brasileira.* São Paulo: Edusc, 2001.

SODRÉ, Nelson W. *O que se deve ler para conhecer o Brasil.* Rio de Janeiro: Civilização Brasileira, 1945.

SOUZA, Jessé. *A tolice da inteligência brasileira: ou como o país se deixa manipular pela elite.* São Paulo: LeYa, 2015.

SOUZA, Ricardo Luiz. *Identidade nacional e modernidade brasileira: o diálogo entre Sílvio Romero, Euclides da Cunha, Câmara Cascudo e Gilberto Freyre.* Belo Horizonte/MG: Autêntica, 2007.

_____. *Nativismos, conflitos e pactos na América Portuguesa.* São Paulo: Lcte, 2009.

_____. *Pensamento social brasileiro: de Raul Pompeia a Caio Prado Júnior.* Uberlândia/MG: Edufu, 2011.

SUSSEKIND, Flora. *Cinematógrafo de letras. Literatura, técnica e modernização no Brasil.* SP: Cia. das Letras, 1987.

_____. *Papeis colados.* 2ª Ed. Rio de Janeiro: Editora UFRJ, 2002.

TRINDADE, Alexandre Dantas. *André Rebouças: um engenheiro do Império.* São Paulo: Hucitec, 2011.

VELOZO, Marisa.; MADEIRA, A. (org.) *Descobertas do Brasil.* Brasília: Editora da UnB, 2001.

VENTURA, Roberto. *Estilo tropical: história intelectual e polêmica literária no Brasil (1870-1914).* São Paulo: Companhia das Letras, 1991.

_____. *Euclides da Cunha: esboço biográfico.* São Paulo: Companhia das Letras, 2003.

_____.; SUSSEKIND, Flora. *História e dependência: cultura e sociedade em Manoel Bonfim.* São Paulo: Moderna, 1984.

VIANNA, Luiz W. *A revolução passiva: iberismo e americanismo no Brasil.* Rio de Janeiro, 1999.

VILLAS BÔAS, Gláucia. *Mudança provocada: passado e futuro no pensamento sociológico brasileiro.* Rio de Janeiro: FGV, 2006.

_____. *A vocação das ciências sociais: um estudo de sua produção em livros do acervo da Biblioteca Nacional.* Rio de Janeiro: Fundação Biblioteca Nacional, 2007.

WEHLING, Arno. *Estado, História, Memória: Varnhagen e a construção da identidade nacional.* Rio de Janeiro: Nova Fronteira, 1999.

### *Teoria, Metodologia e História da historiografia:*

AGAMBEN, Giorgio. *O que é o contemporâneo? e outros ensaios.* Chapecó/SC: Argos, 2009.

AGUIRRE ROJAS, Carlos Antonio. *Os Annales e a historiografia francesa.* Londrina: Eduel, 2000.

_____. *Fernand Braudel e as ciências Humanas*. Tradução de Jurandir Malerba. Londrina: Eduel, 2003a.

_____. *Braudel, o mundo e o Brasil*. Tradução de Sandra Trabucco Valenzuela. São Paulo: Editora Cortez, 2003b.

_____. *Uma história dos Annales (1921-2001)*. Tradução de Jurandir Malerba. Maringá: Eduem, 2004.

_____. *Antimanual do mau historiador ou como se fazer uma boa história crítica?* Tradução de Jurandir Malerba. Londrina: Eduel, 2007.

ALBUQUERQUE Jr., Durval M. *História: a arte de inventar o passado*. Bauru: Edusc, 2007.

ALVES, Ana Maria A. *O Ipiranga apropriado: ciência, política e poder. O museu paulista, 1893-1922*. São Paulo: Humanitas, 2001.

ANDERSON, Benedict. *Comunidades imaginadas: reflexões sobre a origem e a difusão do nacionalismo*. São Paulo: Companhia das Letras, 2008.

_____. *Sob três bandeiras: anarquismo e imaginação anticolonial*. Tradução de Sebastião Nascimento. São Paulo: Ed. Unicamp; EdUECE, 2014.

ANDERSON, Perry. *Considerações sobre o marxismo ocidental*. São Paulo: Boitempo Editorial, 2004.

ARAUJO, Karina Anhenzini de. *Um metódico à brasileira: a história da historiografia de Afonso de Taunay (1911-1939)*. Franca, 2006. Tese de doutorado em História, FHDSS, UNESP.

ARAUJO, Valdei L. *A experiência do tempo: conceitos e narrativas na formação nacional brasileira (1813-1845)*. São Paulo: Hucitec, 2008.

_____. (Org.) *A dinâmica do historicismo*. Belo Horizonte: Argvmentvm, 2008b.

ARMITAGE, David. *Declaração de Independência: uma história global*. São Paulo: Companhia das Letras, 2011.

ARÓSTEGUI SÁNCHEZ, Julio. *A pesquisa histórica. Teoria e método*. Tradução de Andréa Dore. Bauru/SP: Edusc, 2006.

ARRUDA, José Jobson A.; TENGARRINHA, J. M. *Historiografia Luso-brasileira contemporânea*. Bauru/São Paulo: Edusc, 1999.

AUERBACH, Eric. *Mimesis: a representação da realidade na literatura ocidental*. São Paulo: Ed. Perspectiva, 2007.

AUMONT, Jacques. *A imagem*. Tradução de Estela dos Santos Abreu e Cláudio Cesar Santoro. 15ª Edição. Campinas/SP: Papirus, 2010.

BANN, Stephen. *As invenções da História: ensaios sobre a representação do passado*. Tradução de Flávia Vilas Boas. São Paulo: Edunesp, 1994.

BARROS, José Costa d'Assunção. *O campo da História: especialidades e abordagens*. Petrópolis/RJ: Vozes, 2004.

_____. *Teoria da história, volume IV: acordes historiográficos – uma nova proposta para a teoria da história*. Petrópolis/RJ: Vozes, 2011.

BAXANDALL, Michael. *Padrões de intenção: a explicação histórica dos quadros*. Tradução de Vera Maria Pereira. São Paulo: Companhia das Letras, 2006.

BÉDARIDA, François. (Org.) *L'Histoire el le metier d'historien en France, 1945-1995*. Paris: Editions de la Maison des Sciences de L'homme, 1995.

BENDA, Julien. *A traição dos intelectuais*. Tradução de Paulo Neves. São Paulo: Peixoto Neto, 2007.

BENJAMIN, Walter. *Magia e técnica, arte e política (obras escolhidas I)*. 6ª Edição. São Paulo: Brasiliense, 1996.

BERLIN, Isaiah. *Estudos sobre a humanidade: uma antologia de ensaios*. São Paulo: Companhia das Letras, 2002.

BEVIR, Mark. *A lógica da história das ideias*. Bauru/SP: Edusc, 2008.

BLOCH, Marc. *Os reis taumaturgos. O caráter sobrenatural do poder régio, França e Inglaterra*. São Paulo: Companhia das Letras, 1993.

_____. *Apologia da história ou o ofício de historiador*. Tradução de André Telles. Rio de Janeiro: Jorge Zahar Editor, 2001.

_____. *A terra e seus homens. Agricultura e vida rural nos séculos XVII e XVIII*. São Paulo: Edusc, 2001b.

_____. *A sociedade feudal*. Lisboa: Edições 70, 2009.

_____. *A estranha derrota*. Tradução de Adriana Aguiar. Rio de Janeiro: Jorge Zahar Editor, 2011.

BLOOM, Harold. *O cânone ocidental*. Rio de Janeiro: Objetiva, 2010 (Ed. Bolso).

BOBBIO, Norberto. *Direita e esquerda. Razões e significados de uma distinção política*. Tradução de Marco Aurélio Nogueira – 2ª edição revista e ampliada – São Paulo: Edunesp, 2001.

_____. *Os intelectuais e o poder. Dúvidas e opções dos homens de cultura na sociedade contemporânea*. Tradução de Marco Aurélio Nogueira. São Paulo: Edunesp, 1997.

BOURDÉ, Guy.; MARTIN, Herve. *As escolas históricas*. Portugal: Publicações Europa/América, 1983.

BOUDIEU, Pierre. *Homo Academicus.* Santa Catarina: Editora da UFSC, 2011.

_____. *O senso prático.* Tradução de Maria Ferreira. Petrópolis/RJ: Vozes, 2009.

_____. *Meditações Pascalianas.* Tradução de Sérgio Miceli. Rio de Janeiro: Bertrand Brasil, 2001.

_____. *A economia das trocas linguísticas.* São Paulo: Edusp, 1996.

_____. *As regras da arte.* São Paulo: Companhia das Letras, 1996b.

_____. *Homo academicus.* Paris: Minuit, 1992.

_____. *O poder simbólico.* Rio de Janeiro: Bertrand Brasil, 1990.

_____. *La Noblesse D'etat: grandes ecoles et esprit de corps.* Paris: Minuit, 1989.

_____. O campo científico. In: ORTIZ, Renato (org.) *Pierre Bourdieu.* São Paulo: Ática, 1983, p. 122-155.

BOURDIEU, Pierre.; PASSERON, Jean-Claude. *Los herderos: los estudiantes y la cultura.* Argentina: Siglo XXI, 2009.

_____. *A reprodução: elementos para uma teoria do sistema de ensino.* Tradução de Reynaldo Bairão. Petrópolis/RJ: Vozes, 2008.

BOUTIER, Jean.; JULIA, Dominique. (Org.) *Passados recompostos: campos e canteiros da história.* Tradução de Marcella Mortara e Anamaria Skiner. Rio de Janeiro: UFRJ; FGV, 1998.

BRAUDEL, Fernand. *Reflexões sobre a história.* Tradução de E. Brandão - 2ª edição - São Paulo: Martins Fontes, 2002.

_____. *Escritos sobre a história.* São Paulo: Perspectiva, 1993.

_____. *O Mediterrâneo e o mundo mediterrânico na época de Felipe II.* São Paulo/ Lisboa: Martins Fontes, 1983, 2v.

BURKE, Peter. (Org.). *A escrita da história. Novas perspectivas.* Tradução de Magda Lopes - 4ª reimpressão - São Paulo: Edunesp, 1992.

_____. *A escola dos Annales, 1929-1989. A revolução francesa da historiografia.* Tradução de Nilo Odalia - 4ª reimpressão - São Paulo: Edunesp, 1997.

_____. *História e teoria social.* São Paulo: Edunesp, 2002.

_____. *O que é história cultural?* Rio de Janeiro: Jorge Zahar Editor, 2005.

CAIRE-JABINET, Marie-Paule. *Introdução à historiografia.* São Paulo: Edusc, 2003.

CANABRAVA, Alice P. *História econômica: estudos e pesquisas.* São Paulo: Hucitec; Editora UNESP; ABPHE, 2005.

CAPELATO, Maria Helena R.; FERLINI, Vera.; GLEZER, Raquel. *A produção histórica no Brasil (1985-1994). Catálogos de dissertações e teses dos programas e cursos de pós-graduação em História.* São Paulo: Xamã, 1995, 3v.

CARBONELL, Charles-Olivier. *Histoire et historiens: une mutation idéologique des historiens français, 1865-1885.* Toulouse: Privat, 1976.

_____. *Historiografia.* Portugal: Teorema, 1987.

CARDOSO, Ciro Flamarion.; VAINFAS, Ronaldo. (Org.) *Domínios da História. Ensaios de teoria e metodologia.* Rio de Janeiro: Campus, 1997.

_____. (Org.) *Novos domínios da história.* Rio de Janeiro: Campus, 2012.

CARELLI, Mario. *Culturas cruzadas. Intercâmbios culturais entre França e Brasil.* Tradução de Nícia Adan Bonalti. Campinas/São Paulo: Papirus, 1994.

CERTEAU, Michel de. A operação historiográfica. In: *Idem. A escrita da História.* Tradução de Maria de Lourdes Menezes. Rio de Janeiro: Florense Universitária, 2002, p. 65-122.

CHARLE, Christophe. *Homo historicus:* reflexões sobre a história, os historiadores e as ciências sociais. Rio de Janeiro: Editora FGV; Editora UFRGS, 2018.

CHARTIER, Roger. *A História Cultural: entre práticas e representações.* Lisboa/Rio de Janeiro: Difel/Bertrand Brasil, 1990.

_____. *À beira da falésia. A história entre certezas e inquietudes.* Tradução de Patrícia Chittoni Ramos. Porto Alegre: Ed. Universidade/UFRGS, 2002.

_____. *A história ou a leitura do tempo.* Tradução de Cristina Antunes. Belo Horizonte: Ed. Autêntica, 2009.

_____. "Escutar os mortos com os olhos". *Estudos Avançados,* USP, vol. 24, n° 69, 2010, p. 7-30.

_____. *A força das representações: História e Ficção.* Organização de João Cezar de Castro Rocha. Chapecó/SC: Argos, 2011.

CHESNEAUX, Jean. *Devemos fazer tabula rasa do passado? Sobre história e os historiadores.* Tradução de Marcos A. da Silva. São Paulo: Ática, 1995.

COHEN, A.; CONGOST, R.; LUNA, P. F. (org.) *Pierre Vilar. Uma história total, uma história em construção.* Bauru/SP: Edusc, 2007.

COLLINGWOOD, Robin George. *Idea de la historia.* Edicion revisada que incluye las conferencias de 1926-1928. Tradução de Edmundo O'Gorman; Jorge Hernández Campos. 3ª Edição. México: FCE, 2004.

CORREA, Priscila Gomes. *História, política e revolução em Eric Hobsbawm e François Furet.* São Paulo: Annablume, 2008.

COUTAU-BÉGARIE, Hervé. *Le Phénomène Nouvelle Histoire.* Paris: Economica, 1989.

CROCE, Benedetto. *História como história da liberdade.* Tradução de Julio Castañon Guimarães. Rio de Janeiro: Topbooks, 2006.

CUSSET, François. *Filosofia Francesa. A influência de Foucault, Derrida, Deleuze & Cia.* Tradução de Fátima Murad. Porto Alegre, RS: Ed. Artmed, 2008.

D'ALÉSSIO, Marcia Mansor. *Reflexões sobre o saber histórico. Entrevistas com Pierre Vilar, Michel Vovelle e Madeleine Rebérioux.* São Paulo: Edunesp, 1999.

_____. *História e historiografia – inquietações em torno do conhecimento histórico.* Tese de livre-docência em História, UNIFESP, 2011.

DANTO, Arthur C. *Após o fim da arte:* a arte contemporânea e os limites da história. Tradução de Saulo Krieger. São Paulo: Edusp; Odysseus, 2006.

DARNTON, Robert. *O beijo de Lamourette. Mídia, cultura e revolução.* Tradução de Denise Bottmann – 1ª reimpressão – São Paulo: Cia das Letras, 1995.

DELACROIX, C.; DOSSE, F.; GARCIA, P. (org.) *Historicités.* Paris: La Découverte, 2009.

_____. *Correntes históricas na França – séculos XIX e XX.* Rio de Janeiro: FGV, 2012.

DELACROIX, C.; DOSSE, F.; GARCIA, P.; OFFENSTADT, n° (org.) *Historiographies: concepts et débats.* Paris: Éditions Gallimard, 2010, 2v.

DIAS, Maria Odila S. *O fardo do homem branco: Southey, historiador do Brasil.* São Paulo: Companhia Editora Nacional, 1974.

DIEHL, Astor A. *A cultura historiográfica brasileira. Do IHGB aos anos 1930.* Passo Fundo: Ediupf, 1998.

_____. *A cultura historiográfica brasileira. Década de 1930 aos anos 1970.* Passo Fundo: Ediupf, 1999.

_____. *Cultura historiográfica. Memória, identidade e representação.* Bauru/SP: Edusc, 2002.

_____. *A cultura historiográfica brasileira nos anos 1980.* 2ª Edição revista e ampliada. Passo Fundo/RS: UPF Editora, 2004.

DOSSE, François. *A história em migalhas. Dos Annales à Nova História.* Tradução de Dulce A. Silva Ramos – 2ª reimpressão – São Paulo: Ensaio; Campinas: Edunicamp, 1994.

_____. *A história à prova do tempo. Da história em migalhas ao resgate do sentido.* Tradução de Ivone Castilho Benedetti. São Paulo: Edunesp, 2001.

_____. *La marche des idees: histoire des intellectuels, histoire intellectuel.* Paris: La Decouverte, 2003.

_____. *História e Ciências Sociais.* Tradução de Fernanda Abreu. Bauru/SP: Edusc, 2004.

_____. *O desafio biográfico: escrever uma vida.* Tradução de Gilson Cesar Cardoso de Souza. São Paulo: Edusp, 2009.

EAGLETON, Terry. *A ideia de cultura.* São Paulo: Editora UNESP, 2005.

_____. *Ideologia: uma introdução.* São Paulo: Boitempo Editorial; Editora UNESP, 1997.

ENDERS, Armelle. *Os vultos da Nação: fábrica de heróis e formação dos brasileiros.* Rio de Janeiro: FGV, 2014.

FALCON, Francisco José Calazans. *Estudos de teoria da história e historiografia. Volume II: historiografia.* São Paulo: Hucitec, 2015.

_____. *Estudos de teoria da história e historiografia. Volume I: teoria da história.* São Paulo: Hucitec, 2011.

FEBVRE, Lucien. *Combates pela História.* 3ª edição. Lisboa: Editorial Presença, 1989.

_____. *O problema da incredulidade no século XVI.* Tradução de Maria Lucia Machado. São Paulo: Companhia das Letras, 2009.

FERES Jr., José; JASMIN, Marcelo G. (Org.) *História dos conceitos. Debates e perspectivas.* São Paulo: Ed. Loyola, 2006.

FÉRES Jr., José. *A história do conceito de "Latin America" nos Estados Unidos.* Bauru/SP: Edusc, 2004.

FERREIRA, Marieta de Moraes.; AMADO, Janaina. (Org.) *Usos e abusos da História Oral.* Rio de Janeiro: FGV, 1996.

FERRY, Luc. & RENAUT, Alain. *Pensamento 68: ensaio sobre o antihumanismo contemporâneo.* Tradução de Roberto Markenson & Nelci do Nascimento Gonçalves. São Paulo: Ed. Ensaio, 1988.

FONTANA, Josep. *História: análise do passado e projeto social.* Bauru\ São Paulo: Edusc, 1998.

_____. *A história dos homens.* Tradução de Heloisa Jochims Reichel e Marcelo Fernando da Costa. Bauru/SP: Edusc, 2004.

FOUCAULT, Michel. *Arqueologia do saber.* Rio de Janeiro: Florense Universitária, 1997.

_____. *Arqueologia das ciências e história dos sistemas de pensamento* (Ditos e escritos, vol. 2). 2ª Edição. Rio de Janeiro: Forense Universitária, 2005.

_____. *Estética: literatura e pintura, música e cinema.* (Ditos e escritos, vol. 3). 2ª Edição. Rio de Janeiro: Forense Universitária, 2006.

FRANZINI, Fabio.; GONTIJO, Rebeca. Memória e história da historiografia no Brasil: a invenção de uma moderna tradição, anos 1940-1960. In: SOIHET, R.; AZEVEDO, C.; GONTIJO, Rebeca.; ALMEIDA, M. R. C. (org.) *Mitos, projetos e práticas políticas: memória e historiografia.* Rio de Janeiro: Civilização Brasileira, 2009, p. 141-160.

FREITAS, Marcos Cezar de. (Org.) *Historiografia brasileira em perspectiva.* São Paulo: Contexto, 1998.

FREITAS, Sonia Maria de. *Reminiscências.* São Paulo: Maltese, 1993.

FURET, François. *A oficina da História.* Tradução de Adriano Duarte Rodrigues. Portugal: Gradiva, 1985.

GADDIS, John Lewis. *Paisagens da História. Como os historiadores mapeiam o passado.* Tradução de Marisa Rocha Motta. Rio de Janeiro: Campus, 2003.

GAY, Peter. *O estilo na História: Gibbon, Ranke, Macaulay, Burckhardt.* Tradução de Denise Bottmann. São Paulo: Companhia das Letras, 1990.

_____. *Modernismo. O fascínio da heresia. De Baudelaire a Beckett e mais um pouco.* Tradução de Denise Bottmann. São Paulo: Companhia das Letras, 2009.

_____. *Represálias selvagens: realidade e ficção na literatura de Charles Dickens, Gustave Flaubert e Thomas Mann.* Tradução de Rosaura Eichenberg. São Paulo: Companhia das Letras, 2010.

GARDINER, Patrick. *Teorias da História.* Tradução de Vítor Matos e Sá. 5ª Edição. Lisboa: Fundação Calouste Gulbenkian, 2004.

GINZBURG, Carlo. *Relações de Força. História, retórica, prova.* São Paulo: Companhia das Letras, 2002.

_____. *Nenhuma ilha é uma ilha. Quatro visões da literatura inglesa.* São Paulo: Cia. das Letras, 2004.

_____. *O fio e os rastros. Verdadeiro, falso, fictício.* Tradução de Eduardo Brandão e Rose Freire d'Aguiar. São Paulo: Companhia das Letras, 2007.

GLEZER, Raquel. (Org.) *Do passado ao futuro:* edição comemorativa dos 50 anos da ANPUH. São Paulo: Contexto, 2011.

GLEZER, Raquel. *O fazer e o saber na obra de José Honório Rodrigues: um modelo de análise historiográfica.* São Paulo, 1976. Tese de doutorado em História, FFLCH\USP, 2v.

_____. História da historiografia brasileira: construção e permanências. In: SAMARA, Eni de Mesquita. (Org.) *Historiografia brasileira em debate: olhares, recortes e tendências.* São Paulo: Humanitas/FFLCH/USP, 2002, p. 25-46.

GOMES, Angela de Castro. *História e historiadores. A política cultural do estado novo.* Rio de Janeiro: FGV, 1996.

_____. *Essa gente do Rio... Modernismo e nacionalismo.* Rio de Janeiro: FGV, 1999.

_____. Essa gente do Rio... Os intelectuais cariocas e o modernismo. *Revista Estudos Históricos,* Rio de Janeiro, 6(11): 62-77, 1993.

_____. (Org.) *Escrita de si, escrita da História.* Rio de Janeiro: Ed. FGV, 2004.

_____. *A República, a história e o IHGB.* Belo Horizonte: Argvmentvm, 2009.

GONÇALVES, M. A. *Em terreno movediço: biografia e história na obra de Octavio Tarquinio de Sousa.* Rio de Janeiro: Eduerj, 2010.

GRAMSCI, Antonio. *Cadernos do cárcere: os intelectuais, o princípio educativo, jornalismo.* Edição de Carlos Nelson Coutinho. 4ª Edição. Rio de Janeiro: Civilização Brasileira, 2006, vol.2.

GRUZINSKI, Serge. *Que horas são lá, no outro lado? América e Islã no limiar da época moderna.* Belo Horizonte/MG: Autêntica, 2012.

_____. *Las quatro partes del mundo: historia de una mundialization.* Argentina: Fondo de Cultura, 2010.

_____. *A guerra das imagens.* São Paulo: Companhia das Letras, 2006.

_____. *A colonização do imaginário.* São Paulo: Companhia das Letras, 2003.

_____. *O pensamento mestiço.* São Paulo: Companhia das Letras, 2001.

_____. *A passagem do século, 1480-1520: as origens da globalização.* São Paulo: Companhia das Letras, 1999.

GUERRA, François-Xavier. *Modernidad e independencias: ensayos sobre las revoluciones hispánicas.* 3ª Edição. Argentina: Fondo de Cultura, 2001.

GUERRA, François-Xavier., ANNINO, A. *Inventando la Nacion Iberoamerica, siglo XIX.* Argentina: Fondo de Cultura, 2003.

GUIMARÃES, Manoel Luiz Salgado. (Org.) *Estudos sobre a escrita da história.* Rio de Janeiro: Editora 7 Letras, 2006.

GUIMARÃES, Manoel Luiz Salgado. *Historiografia e Nação no Brasil, 1838-1857.* Tradução de Paulo Knauss e Ina de Mendonça. Rio de Janeiro: Eduerj; Anpuh 50 anos, 2011.

HAMBURGER, A. I.; DANTES, M. A. M.; PATY, M.; PETITJEAN, P. (org.) *A ciência nas relações Brasil-França (1850-1950).* São Paulo: Edusp; FAPESP, 1996.

HARTOG, François. *Evidência da História: o que os historiadores veem*. Tradução de Guilherme João de Freitas Teixeira; Jaime Clasen. Belo Horizonte: Autêntica Editora, 2011.

_____. *O século XIX e a história: o caso Fustel de Coulanges*. Rio de Janeiro: Ed. UFRJ, 2003a.

_____. *Os antigos, o passado e o presente*. Tradução de José Otávio Guimarães. Brasília: Ed. UNB, 2003b.

_____. *Régimes d'historicité. Présentisme et expériences du temps*. Paris: Le Seuil, 2003c.

_____. (Org.) *A História de Homero a Santo Agostinho*. Tradução de Jacyntho Lins Brandão. Belo Horizonte: Ed. UFMG, 2001.

_____. *O espelho de Heródoto: ensaios sobre a representação do outro*. Tradução de Jacyntho Lins Brandão. Belo Horizonte: Ed. UFMG, 1999.

HOBSBAWM, Eric. & RANGER, Taurence. (Org.) *A invenção das tradições*. Tradução de Celina Cardim Cavalcante – 2ªedição – Rio de Janeiro: Paz e Terra, 1997.

HOBSBAWM, Eric. *Sobre história: ensaios*. Tradução de Cid Knipel Moreira. São Paulo: Companhia das Letras, 1998.

_____. *Tempos interessantes. Uma vida no século XX*. Tradução de S. Duarte. São Paulo: Companhia das Letras, 2002.

_____. *Nações e nacionalismos desde 1780*. 5ª Edição. São Paulo: Paz e Terra, 2008.

JACOBY, Russell. *Os últimos intelectuais: a cultura americana na era da academia*. Tradução de Magda Lopes. São Paulo: Trajetória cultural; Edusp, 1990.

KONDER, Leandro. *A questão da ideologia*. São Paulo: Companhia das Letras, 2002.

KOSELLECK, Reinhart. *Estratos do tempo. Estudos sobre História*. Tradução de Markus Rediger. Rio de Janeiro: Contraponto, 2014.

_____. *Esbozos teoricos. Segue teniendo utilidad la historia?* Madri: Escolar Mayo, 2013.

_____. *Historias de conceptos. Estudios sobre semântica y pragmática del lenguaje político y social*. Madri: Trotta, 2012.

_____. *Futuro passado: contribuição à semântica dos tempos históricos*. Rio de Janeiro: Contraponto; Ed. PUC-Rio, 2006.

_____. *Crítica e crise: contribuição à patogênese do mundo burguês*. Rio de Janeiro: Contraponto; Eduerj, 1999.

KUHN, Thomas S. *A estrutura das revoluções científicas*. Tradução de Beatriz Vianna Boeira (et. el.). 7ª Edição. São Paulo: Editora Perspectiva, 2003.

IGLÉSIAS, Francisco. *Historiadores do Brasil. Capítulos de historiografia brasileira.* Rio de Janeiro: Nova Fronteira, 2000.

_____. *Introdução à historiografia econômica.* Belo Horizonte/MG: Faculdade de Ciências Econômicas da Universidade de Minas Gerais, 1959.

IGGERS, Georg. *New directions in European Historiography.* London: Methuen, 1988.

_____. *Historiography in the twentieth century.* Hanover: Wesleyan University Press, 1997.

JANOTTI, Maria de Lourdes M. *João Francisco Lisboa: jornalista e historiador.* São Paulo: Ática, 1977.

JENKINS, Keith. *A história repensada.* Tradução de Mário Vilela. 2ª Edição. São Paulo: Contexto, 2004.

LAMOUNIER, Bolivar. *Tribunos, profetas e sacerdotes: intelectuais e ideologias no século XX.* São Paulo: Companhia das Letras, 2014.

LANGLOIS, Charles H. vol.; SEIGNOBOS, Charles H. *Introdução aos estudos históricos.* São Paulo: Renascença, 1946.

LAPA, José Roberto do Amaral. *Historiografia brasileira contemporânea. A história em questão* – 2ª edição – Petrópolis/São Paulo: Vozes, 1981.

_____. *História e historiografia: Brasil pós 64.* São Paulo: Paz e Terra, 1985.

LE GOFF, Jacques. *História e Memória.* Tradução de Bernardo Leitão (et. al.) – 4ª edição – Campinas: Ed. Unicamp, 1996.

LÉVI-STRAUSS, Claude. *Tristes trópicos.* Tradução de Rosa Freire d'Aguiar. 7ª reimpressão. São Paulo: Companhia das Letras, 2007.

LIMA, Luiz Costa. *História. Ficção. Literatura.* São Paulo: Companhia das Letras, 2006.

_____. *O controle do imaginário & a afirmação do romance. Dom Quixote, As relações perigosas, Moll Flanders, Tristan Shandy.* São Paulo: Companhia das Letras, 2009.

_____. *Trilogia do controle – O controle do imaginário/ Sociedade e discurso ficcional/ O fingidor e o censor.* Rio de Janeiro: Topbooks, 2007.

_____. *Limites da voz: Montaigne, Schlegel, Kafka.* 2ª Edição revisada. Rio de Janeiro: Topbooks, 2005.

LIMA, Luiz C. *Fernand Braudel e o Brasil. Vivência e brasilianismo (1935-1945).* São Paulo: Edusp, 2009.

LOPES, A. H.; VELLOSO, M. P.; PESAVENTO, S. J. *História e linguagens. Texto, imagem, oralidade e representações.* Rio de Janeiro: Editora 7 Letras; Edições Casa de Rui Barbosa, 2006.

LOPES, Marcos Antonio. (Org.) *Ideias de história: de Maquiavel a Herder.* Londrina/PR: Eduel, 2007.

_____. (Org.) *Fernand Braudel. Tempo e história.* Rio de Janeiro: FGV, 2003.

_____. (Org.) *Grandes nomes da história intelectual.* São Paulo: Contexto, 2003b.

_____. *Voltaire historiador.* Campinas/SP: Papirus, 2001.

LOVEJOY, Arthur. O. *A grande cadeia do ser.* São Paulo: Polindromo, 2005.

LOWY, Michael.; SAYRE, R. *Revolta e Melancolia. O romantismo na contramão da modernidade.* Trad. Guilherme Joaõ de Freitas – Petrópoles. São Paulo: Vozes, 1995.

MALERBA, Jurandir. (org.) *Lições de história: da história científica à crítica da razão metódica no limiar do século XX.* Porto Alegre/RS: Edipucrs, FGV, 2013.

_____. *Ensaios: teoria, história & ciências sociais.* Londrina/PR: Eduel, 2011.

_____. (Org.) *Lições de história: o caminho da ciência no longo século XIX.* Porto Alegre/RS: Edipucrs, FGV, 2010.

_____. *A história na América Latina: ensaio de crítica historiográfica.* Rio de Janeiro: FGV, 2009.

_____. (Org.) *A história escrita. Teoria e história da historiografia.* São Paulo: Contexto, 2006.

_____. (Org.) *A velha história: teoria, metodologia e historiografia.* Campinas: Papirus, 1998.

MALERBA, Jurandir.; AGUIRRE ROJAS, Carlos Antonio. (Org.) *Historiografia contemporânea em perspectiva crítica.* Bauru/SP: Edusc, 2007.

MANOEL, Ivan Aparecido. *O pêndulo da História. Tempo e eternidade no pensamento Católico (1800-1960).* Maringá: Eduem, 2004.

MANNHEIM, Karl. *Ideologia e utopia.* Sérgio Magalhães Santeiro. 4ª Edição. Rio de Janeiro: Guanabara, 1986.

_____. *Sociologia da cultura.* 2ª Edição. São Paulo: Perspectiva, 2008.

MARROU, Henri-Irinee. *Sobre o conhecimento histórico.* Rio de Janeiro: Zahar, 1978.

MARTINS, Estevão Rezende. O conhecimento histórico e sua rede fatorial. In: PRADO, M. E., MUNTEAL, O. (Org.) *Francisco Falcon: o ofício de historiador.* Rio de Janeiro: Revan, 2012, p. 99-121.

_____. (Org.) *A história pensada: teoria e metodologia na historiografia europeia do século XIX*. São Paulo: Contexto, 2010.

_____. *Cultura e poder.* 2ª Edição. São Paulo: Saraiva, 2007.

MASSI, Fernanda P. *Estrangeiros no Brasil: a missão francesa na Universidade de São Paulo.* Campinas, 1991. Dissertação de mestrado em História, IFCH/UNICAMP, Campinas.

_____. Franceses e Norte-americanos nas Ciências Sociais Brasileiras. In: MICELI, Sérgio (org.) *História das Ciências Sociais no Brasil.* São Paulo: Vértice; Editora Revista dos Tribunais: IDESP, 1989, 2v., p. 410-460.

MASTROGREGORI, M. *Il genio dello storico: le considerazioni sulla stori di Marc Bloch e Lucien Febvre e la tradizione metodologica francese.* Nápoles: Edizione Scientifiche italiane, 1987.

MATA, Sérgio da. *A fascinação weberiana: as origens da obra de Max Weber.* Belo Horizonte: Fino Traço, 2013

MOMIGLIANO, Arnaldo. *As raízes clássicas da historiografia moderna.* Bauru: Edusc, 2004.

MORAES, Antonio Carlos R. *Território e História no Brasil.* São Paulo: Hucitec; Annablume, 2002.

MORAES, José G. vol.; REGO, José M. *Conversas com historiadores brasileiros.* São Paulo: Ed. 34, 2002.

MUNSLOW, Alan. *Desconstruindo a História.* Tradução de Renata Gaspar Nascimento. Petrópolis, RJ: Vozes, 2009.

NETTO, U. T. G. *Leituras dos textos de Lucien Febvre e Marc Bloch nos Annales. Introdução a análise do conhecimento histórico.* São Paulo, 1973. Tese de doutorado em História, FFCL/USP, São Paulo.

NEVES, L. M. B. P.; GUIMARÃES, L. M. P.; GONÇALVES, M. A.; GONTIJO, R. (org.) *Estudos de Historiografia Brasileira.* Rio de Janeiro: FGV; FAPERJ, 2011.

NICOLAZZI, Fernando. (Org.). *História e historiadores no Brasil:* do fim do Império ao alvorecer da República – c. 1870-1940. Porto Alegre: EdiPUCRS, 2015.

NIETZSCHE, Fredrich. *Escritos sobre História.* Tradução de Noéli Correia de Melo Sobrinho. Rio de Janeiro: Edições Loyola; Editora PUC Rio, 2005.

NOVAIS, Fernando. *Aproximações: estudos de história e de historiografia.* São Paulo: Cosac Naify, 2005.

OLIVEIRA, Maria da Glória. *Escrever vidas, narrar a história: a biografia como problema historiográfico no Brasil oitocentista.* Rio de Janeiro: Editora FGV, 2012.

_____. Brasileiros ilustres no tribunal da posteridade: biografia, memória e experiência da história no Brasil oitocentista. *Varia História*, UFMG, vol. 26, n° 43, 2010, p. 283-298.

_____. Fazer história, escrever a história: sobre as figurações do historiador no Brasil oitocentista. *Revista Brasileira de História*, São Paulo, vol. 30, n° 59, 2010b, p. 37-52.

_____. Traçando vidas de brasileiros distintos com escrupulosa exatidão: biografia, erudição e escrita da história na *Revista do Instituto Histórico e Geográfico Brasileiro* (1839-1850). *História*, São Paulo, vol. 26, n° 1, 2007, p. 154-178.

PARADA, Mauricio.; RODRIGUES, Henrique E. (Org.). *Os historiadores clássicos da história do Brasil:* dos primeiros relatos a José Honório Rodrigues. Rio de Janeiro: Vozes, 2018, vol. 4.

PERRONE-MOISÉS, Leyla. (Org.) *Do positivismo à desconstrução. Ideias Francesas na América.* São Paulo: Edusp, 2004.

PEREIRA, S. L. n° *Geografia: caminhos e lugares da produção do saber geográfico no Brasil.* São Paulo, 1997. Dissertação de mestrado, FFLCH/USP, São Paulo.

PETITJEAN, P. As missões universitárias francesas na criação da Universidade de São Paulo (1934-1940). In: HAMBURGER, A. I.; DANTES, M. A. M.; PATY, M.; PETITJEAN, P. (org.) *A ciência nas relações Brasil-França (1850-1950).* São Paulo: Edusp; FAPESP, 1996, p. 259-330.

PESAVENTO, Sandra J. *História & História Cultural.* 2ª Edição. Belo Horizonte: Autêntica, 2005.

_____. (Org.) *Escrita, linguagem, objetos. Leituras de história cultural.* Bauru/SP: Edusc, 2004.

_____. (Org.) *História cultural: experiências de pesquisa.* Porto Alegre: Ed. Universidade, 2003.

_____. (Org.) *Leituras cruzadas: diálogos da História com a Literatura.* Porto Alegre/RS: Editora da UFRGS, 2000.

PINSKY, Carla B. (Org.). *Fontes históricas.* São Paulo: Contexto, 2005.

PIRES, Francisco Murari. (Org.) *Antigos e modernos: diálogos sobre a (escrita da) história.* São Paulo: Alameda; Capes, CNPq, 2009.

POCOCK, John C. A. *Linguagens do ideário político.* São Paulo: Edusp, 2003.

POSNER, Richard A. *Fronteiras da teoria do Direito.* Tradução de Evandro Ferreira e Silva (et. al.). São Paulo: Martins Fontes, 2011.

PRADO, M. E., MUNTEAL, O. (Org.) *Francisco Falcon: o ofício de historiador.* Rio de Janeiro: Revan, 2012.

PROST, Antoine. *Doze lições sobre a história.* Tradução de Guilherme João de Freitas Teixeira. Belo Horizonte: Ed. Autêntica, 2008.

REIS, José Carlos. *Teoria & História. Tempo histórico, história do pensamento histórico ocidental e pensamento brasileiro.* Rio de Janeiro: FGV, 2012.

_____. *História da "consciência histórica" Ocidental contemporânea: Hegel, Nietzsche, Ricoeur.* Belo Horizonte/MG: Autêntica, 2011.

_____. *Wilhelm Dilthey e a autonomia das ciências histórico-sociais.* Londrina: Eduel, 2003a.

_____. *História & Teoria. Historicismo, modernidade, temporalidade e verdade.* Rio de Janeiro: FGV, 2003b.

_____. *Escola dos Annales. A inovação em História.* São Paulo: Paz e Terra, 2000.

_____. *A História: entre a filosofia e a ciência* – 2ª edição – São Paulo: Ática, 1999.

_____. *Annales: a renovação da história.* Belo Horizonte: Editora da UFOP, 1996.

_____. *Nouvelle Histoire e tempo histórico. A contribuição de Febvre, Bloch e Braudel.* São Paulo: Ática, 1994a.

_____. *Tempo, História e Evasão.* Campinas/São Paulo: Papirus, 1994b.

RÉMOND, Rene. (Org.) *Por uma história política.* Tradução de Dora Rocha. 2ª Edição. Rio de Janeiro: Ed. FGV, 2003.

REVEL, Jacques. História e Ciências Sociais: os paradigmas dos *Annales.* In: *Idem. A invenção da sociedade.* Tradução de Vanda Anastácio. Rio de Janeiro: Difel, 1989, p. 13-41.

_____. *Proposições: ensaios de história e historiografia.* Tradução de Cláudia O'Connor dos Reis. Rio de Janeiro: Ed. UERJ, 2009.

_____. *História e historiografia: exercícios críticos.* Curitiba/PR: Editora UFPR, 2010.

ROCHA, João Cezar de Castro. *Crítica literária: em busca do tempo perdido.* Chapecó/SC: Argos, 2011.

_____. *Exercícios críticos – leituras do contemporâneo.* Chapecó/SC: Argos, 2008.

_____. (Org.) *Cordialidade a brasileira: mito ou realidade?* Rio de Janeiro: Museu da República, 2005.

_____. *Literatura e cordialidade.* Rio de Janeiro: Eduerj, 1998.

RICOEUR, Paul. *A memória, a história, o esquecimento.* Tradução de Alain François (et. al.). Campinas, SP: Ed. Unicamp, 2007.

_____. *Tempo e narrativa. A intriga e a narrativa histórica.* São Paulo: Martins Fontes, 2010a, vol. 1.

_____. *Tempo e narrativa. A configuração do tempo na narrativa de ficção.* São Paulo: Martins Fontes, 2010b, vol. 2.

_____. *Tempo e narrativa. O tempo narrado.* São Paulo: Martins Fontes, 2010c, vol. 3.

_____. *A metáfora viva.* Tradição de Dion Davi Macedo. 2ª Edição. São Paulo: Loyola, 2005.

_____. *O conflito das interpretações. Ensaios de hermenêutica.* Tradução de Hilton Japiassu. Rio de Janeiro: Imago Editora, 1984.

_____. *Percurso do reconhecimento.* 2ª Reimpressão. São Paulo: Loyola, 2017.

RODRIGUES, José Honório. *Teoria da história do Brasil. Introdução metodológica.* São Paulo: Instituto Progresso Editorial S. A., 1949.

_____. *História e historiadores do Brasil.* São Paulo: Editora Fulgor, 1965.

_____. *A pesquisa histórica no Brasil* – 2ª edição revista e ampliada – São Paulo: Companhia Editora Nacional, 1969.

_____. *Teoria da história do Brasil. Introdução metodológica.* 5ª Edição atualizada. São Paulo: Companhia Editora Nacional, 1978.

_____. *História da história do Brasil. Historiografia colonial* (v. 1). 2ª Edição. São Paulo: Companhia Editora Nacional, 1979.

_____. *História da história do Brasil. A metafísica do latifúndio; o ultra-reacionário Oliveira Viana* (v. 2, t. 2). São Paulo: Companhia Editora Nacional, 1988.

_____. *Correspondência de José Honorio Rodrigues.* Organização de Lêda Boechat Rodrigues. Rio de Janeiro: Academia Brasileira de Letras, 2000.

_____. *Nova correspondência de José Honorio Rodrigues.* Organização de Lêda Boechat Rodrigues. Rio de Janeiro: Academia Brasileira de Letras, 2004.

ROIZ, Diogo da Silva. *Os caminhos (da escrita) da História e os descaminhos de seu ensino: a institucionalização do ensino universitário de História na Faculdade de Filosofia, Ciências e Letras da Universidade de São Paulo (1934-1968).* Curitiba/PR: Editora Appris, 2012a.

_____. *Linguagem, cultura e conhecimento histórico: ideias, movimentos, obras e autores.* Jundiaí/SP: Paco Editorial, 2012b.

_____. *A dialética entre o "intelectual-letrado" e o "letrado-intelectual": projetos, tensões e debates na escrita da história de Alfredo Ellis Jr. e Sérgio Buarque de Holanda (1929-1959).* Tese de doutorado em História, UFPR, 2013.

Roiz, Diogo da Silva.; Santos, Jonas Rafael dos. *As transferências culturais na historiografia brasileira: leituras e apropriações do movimento dos Annales no Brasil.* Jundiaí: Paco Editorial, 2012.

RÜSEN, Jörn. *Razão histórica. Teoria da História I: os fundamentos da ciência da história.* Tradução de Estevão de Rezende Martins. Brasília: Ed. UnB, 2001.

_____. *Reconstrução do passado. Teoria da história II: os principios da pesquisa histórica.* Tradução de Asta-Rose Alcaide. Brasília: Ed. UnB, 2007a.

_____. *História viva. Teoria da História III: formas e funções do conhecimento histórico.* Tradução de Estevão de Rezende Martins. Brasília: Ed. UnB, 2007b.

_____. *Jörn Rüsen e o ensino de história.* Organização de Maria Auxiliadora Schmidt, Isabel Barca e Estevão de Rezende Martins. Curitiba: Editora da UFPR, 2010.

_____. *Aprendizagem histórica: fundamentos e paradigmas.* Curitiba/PR: W. A. Editores, 2012.

_____. *Cultura faz sentido: orientações entre o ontem e o amanhã.* Tradução de Nélio Schneider. Petrópolis/RJ: Vozes, 2014.

_____. *Teoria da história: uma teoria da história como ciência.* Tradução de Estevão Rezende Martins. Curitiba/PR: Editora da UFPR, 2015.

SAID, Edward W. *A questão da Palestina.* São Paulo: Editora UNESP, 2012.

_____. *Representações do intelectual. As conferências Reith de 1993.* Ttradução de Milton Hatoum. São Paulo: Companhia das Letras, 2005.

_____. *Cultura e imperialismo.* Tradução de Denise Bottman. São Paulo: Companhia das Letras, 1995.

_____. *Orientalismo: o Oriente como invenção do Ocidente.* São Paulo: Companhia das Letras, 1990.

SALIBA, Elias Thomé. *Raízes do riso: a representação humorística na história brasileira.* São Paulo: Companhia das Letras, 2002.

SAMARA, Eni de Mesquita. (Org.) *Historiografia brasileira em debate: olhares, recortes e tendências.* SP: Humanitas/FFLCH/USP, 2002.

SCHAFF, Adam. *História e verdade.* Tradução de Maria Paula Duarte. São Paulo: Martins Fontes, 1995.

SCHAPOCHNIK, Nelson. *Letras de fundação: Varnhagen e Alencar – projetos de narrativa instituinte.* São Paulo, 1992. Dissertação de mestrado em História, FFLCH/USP, São Paulo.

SCHLUCHTER, Wolfgang. *Paradoxos da modernidade: cultura e conduta na teoria de Max Weber.* São Paulo: Editora UNESP, 2012.

SCHWARZ, Roberto. *Martinha versus Lucrécia: ensaios e entrevistas.* São Paulo: Companhia das Letras, 2012.

_____. *O pai de família e outros contos.* São Paulo: Companhia das Letras, 2008.

_____. *Um mestre na periferia do capitalismo: Machado de Assis.* 4ª Edição. São Paulo: Editora 34, 2000a.

____. *Ao vencedor as batatas: forma literária e processo social nos inícios do romance brasileiro.* 5ª Ed. São Paulo: Ed. 34, 2000b.

_____. *Sequências* brasileiras: ensaios. São Paulo: Companhia das Letras, 1999.

_____. *Duas meninas.* São Paulo: Companhia das Letras, 1997.

_____. *Que horas são?* São Paulo: Companhia das Letras, 1987.

SKINNER, Quentin. *Visões da política: questões metodológicas.* Tradução de João Pedro George. Portugal: Difel, 2005.

SEBRIAN, R. n° n° (Org.) *Dimensões da política na historiografia.* RS: Pontes, 2008.

SERNA, Justo.; PONS, Anaclet. *La historia cultural: autores, obras, lugares.* Madrid: Ediciones Akal, 2005.

SETERS, John Van. *Em busca da história: historiografia no mundo antigo e as origens da história bíblica.* São Paulo: Edusp, 2008.

SILVA, Helenice Rodrigues da. *Fragmentos da história intelectual.* Campinas: Papirus, 2002.

_____. (Org.) *Travessias e cruzamentos culturais: a mobilidade em questão.* Rio de Janeiro: FGV, 2008.

SILVA, Maria Aparecida de Oliveira. *Plutarco historiador. Análise das biografias espartanas.* São Paulo: Edusp, 2006.

SILVA, Rogério Forastieri. *História da Historiografia. Capítulos para uma história das histórias da historiografia.* São Paulo: Edusc, 2001.

SIMIAND, François. *Método Histórico e Ciência Social.* Tradução de José Leonardo do Nascimento. Bauru/SP: Edusc, 2003.

SIRINELLI, Jean-François; RIOUX, Jean-Pierre. (Org.) *Para uma história cultural.* Tradução de Ana Moura. Lisboa: Estampa, 1998.

SIRINELLI, Jean-François. Os intelectuais. In: REMOND, René (org.) *Por uma história política.* 2ª Edição. Tradução de Dora Rocha. Rio de Janeiro: FGV; Ed. UERJ, 2003, p. 231-270.

_____. A geração. In: FERREIRA, Marieta M. & JANAÍNA, Amado (org.) *Usos e abusos da história oral.* Rio de Janeiro: FGV, 1996, p. 131-138.

SMITH, Bonnie G. *Gênero e história: homens, mulheres e a prática histórica.* Bauru/SP: Edusc, 2003.

SOIHET, Raquel.; ABREU, Martha.; GONTIJO, Rebeca. (Org.) *Cultura política e leituras do passado: historiografia e ensino de história.* Rio de Janeiro: Civilização Brasileira, 2007.

SOUZA, Maria das Graças. *Ilustração e História. O pensamento sobre a história no Iluminismo Francês.* SP: Discurso Editorial, 2001.

TÉTART, Philippe. *Pequena história dos historiadores.* Tradução de Maria Leonor Lourciro. Bauru: Edusc, 2000.

THOMPSON, Edward Paul. *A formação da classe operária inglesa.* São Paulo: Paz e Terra, 1987, vol. 1.

VENÂNCIO, Giselle M. Da escrita impressa aos impressos da biblioteca: uma análise da trajetória de leitura de Francisco Jose de Oliveira Vianna. In: Eliana Dutra; Jean Yves Mollier. (Org.). *Política, Nação e Edição.* O lugar dos impressos na construção da vida política. São Paulo: Annablume, 2006, p. 87-108.

VISENTINI, Carlos Alberto. *A teia do fato: uma proposta de estudo sobre a memória histórica.* São Paulo: Hucitec, 1997.

WEHLING, Arno. *A invenção da história. Estudos sobre o historicismo.* Rio de Janeiro: Editora Central da Universidade Gama Filho; Niterói: Editora da Universidade Federal Fluminense, 1994.

WIGGERSHAUS, Rolf. *A escola de Frankfurt. História, desenvolvimento teórico, significação política.* Rio de Janeiro: Difel, 2002.

WHITE, Hayden. *Trópicos do Discurso: ensaios sobre a crítica da cultura.* Tradução de Alípio Correia de Franca Neto. São Paulo: Edusp, 1994.

_____. *Meta-História. A Imaginação Histórica do Século XIX.* Tradução de José Laurêncio de Melo. São Paulo: Edusp, 1995.

VILA NOVA, Sebastião. *Donald Pierson e a Escola de Chicago na sociologia brasileira: entre humanistas e messiânicos.* Lisboa: Vega, 1998.

VASCONCELOS, José Antonio. *Quem tem medo de teoria? A ameaça do pós-modernismo na historiografia americana.* São Paulo: Annablume; FAPESP, 2005.

VEYNE, Paul. *Como se escreve a história e Foucault revoluciona a história*. Tradução de Alda Baltar e Maria Auxiliadora Kneip. Brasília: Editora UnB, 1998.

VERNANT, Jean-Pierre. *Mito e pensamento entre os gregos*. 2ª Edição. São Paulo: Paz e Terra, 2008.

VIDAL-NAQUET, Pierre. *Os gregos, os historiadores, a democracia*. São Paulo: Companhia das Letras, 2002.

### *Artigos:*

ABREU, J. M., CONCEIÇÃO, S. Cultura política e relações de poder em São Paulo: uma análise do imaginário social paulista na década de 1930. *Opsis*, Catalão, vol. 11, nº 2, 2011, p. 63-74.

AGUIRRE ROJAS, Carlos Antonio. El legado de los Annales Braudelianos: 1956-1968. *Revista Anos 90*, Porto Alegre, vol. 3, 1995, p. 17-42.

ARAUJO, J. C. S. Concepções de universidade e de educação superior no *Inquérito de 1926* de Fernando de Azevedo. *Revista Brasileira de História da Educação*, nº 17, 2008, p. 73-102.

BONTEMPI Jr., Bruno. Em defesa de 'legítimos interesses': o ensino secundário no discurso educacional de *O Estado de S. Paulo* (1946-1957). *Revista Brasileira de História da Educação*, nº 12, 2006, p. 121-158.

CAPELATO, Maria H. R., GLEZER, Raquel.; FERLINI, Vera L. A. Escola uspiana de História. *Revista Estudos Avançados*, vol. 8, nº 22, 1994, p. 349-358.

COSTA, Emília Viotti da. A dialética invertida: 1960-1990. *Revista Brasileira de História*. São Paulo, vol. 14, nº 27, 1994, p. 9-26.

D'ALÉSSIO, Márcia Mansor. Os *Annales* no Brasil. Algumas reflexões. *Revista Anos 90*, Porto Alegre, vol. 2, 1994, p. 127-142.

FALCON, Francisco José Calazans. A identidade do historiador. *Revista Estudos Históricos*, Rio de Janeiro, vol. 9, nº 17, 1996, p. 7-30.

______. "Historicismo": a atualidade de uma questão aparentemente inatual. *Revista Tempo*, Rio de Janeiro, vol. 4, 1997, p. 5-26.

FÁVERO, M. L. A. Anísio Teixeira e a Universidade do Distrito Federal. *Revista Brasileira de História da Educação*, nº 17, 2008, p. 161-180.

FERREIRA, Antonio Celso. As relíquias de Sérgio Buarque de Holanda: pistas e armadilhas. *Triceversa: revista do centro ítalo-luso-brasileiro de estudos linguísticos e culturais*, UNESP, Assis, vol. 1, nº 1, 2007, p. 14-30.

FERREIRA, Marieta de Moraes. O ensino da história na Faculdade Nacional de Filosofia da Universidade do Brasil. *História, Ciência, Saúde*, RJ, vol. 19, nº 2, 2012, p. 611-639.

FERRETTI, Danilo J. Z. Lições do passado bandeirante no "Curso de Bandeirologia": Taunay e Sérgio Buarque de Holanda (1946). *Anais do 3º Seminário Nacional de História da historiografia*. Ouro Preto: Edufop, 2009.

GUIMARÃES, Manoel Luiz Salgado. Historiografia e cultura histórica: notas para um debate. *Agora. Revista de História e Geografia*. UNISC, vol. 11, nº 1, 2005, p. 31-48.

_____. Usos da História: refletindo sobre identidade e sentido. *História em revista*. UFPEL, Pelotas, vol. 6, 2000, p. 21-36.

_____. Entre amadorismo e profissionalismo: as tensões da prática histórica no século XIX. *Topoi. Revista de História*, UFRJ, nº 5, 2002, p. 184-200.

_____. Nação e civilização nos trópicos: o Instituto Histórico e Geográfico Brasileiro e o projeto de uma história nacional. *Revista Estudos Históricos*, RJ/FGV, vol. 1, nº 1, 1988, p. 4-28.

MENESES, Ulpiano Toledo Bezerra de. Fontes visuais, cultura visual, história visual. Balanço provisório, propostas cautelares. *Revista Brasileira de História*, São Paulo, vol. 23, nº 45, 2003a, p. 11-36.

_____. A fotografia como documento. Robert Capa e o miciliano abatido na Espanha: sugestões para um estudo histórico. *Tempo*, Niterói, vol. 7, nº 14, 2003b, p. 131-142.

_____. Rumo a uma história visual. In: MARTINS, J. S. (org.) *O imaginário e o poético nas ciências sociais*. Bauru/SP: Edusc, 2005, p. 33-56.

MESGRAVIS, Laima. O curso de pós-graduação do departamento de História da Faculdade de Filosofia, Letras e Ciências Humanas da Universidade de São Paulo. *Revista Brasileira de História*, São Paulo, 3(5): 87-118, março/1983.

_____. A produção histórica sobre São Paulo de 1960 a 1995. *Revista Estudos de História*, Franca, 4(2): 93-108, 1997.

MUCCHIELLI, L. O nascimento da sociologia na universidade francesa (1880-1914). *Revista Brasileira de História*, São Paulo, 21(41): 35-54, 2001.

NADAI, Elza. O projeto republicano de educação superior e a Universidade de São Paulo. *Revista de História*. São Paulo, nº 115, 1983, p. 3-16.

ROCHA, M. B. M. Historiografia e significação histórica em Fernando de Azevedo. *Revista Brasileira de Educação*, vol. 13, nº 38, 2008, p. 265-278.

ROIZ, Diogo da Silva. Dos 'discursos fundadores' à criação de uma 'memória coletiva': formas de como se escrever a(s) História(s) da Universidade de São Paulo. *Revista Brasileira de História da Educação*, nº 19, 2009, p. 137-185.

______. A escrita e o ofício da história no curso de Geografia e História da Faculdade de Filosofia, Ciências e Letras da Universidade do Paraná (1938-1948). *Revista Brasileira de História da Educação*, vol. 19, p. 1-24, 2019.

SANTOS, A. S. Francisco Iglésias e o curso de Geografia e História da Faculdade de Filosofia de Minas Gerais (década de 1940). *História da historiografia*, vol. 6, nº 11, p. 104-121, 2013. Link: https://www.historiadahistoriografia.com.br/revista/article/view/521/348.

SILVA, A. L. J.; MARIN, J. R. *História de Mato Grosso, de Virgílio Corrêa Filho, e seu projeto de construção identitária.* Relatório de Iniciação Científica, CNPq/UFMS, 2008, 17pgs.

SILVA, Helenice Rodrigues da. A história global: abordagens comparativas e cruzadas. *Anais do XXV Encontro nacional de História* - ANPUH, Fortaleza/CE, 2009, p. 1-9.

SILVA, nº L., FERREIRA, M. M. Os caminhos da institucionalização do ensino superior de história. *História & Ensino*, Londrina, vol. 2, nº 17, 2011, p. 283-306.

SILVA, R. P. Modernismo, historiografia e sociabilidade intelectual: apontamentos sobre o quinto volume da coleção Biblioteca Histórica Brasileira (1931-1940). *História*, UNESP, vol. 31, nº 2, 2012, p. 310-337.

VELLOSO, M. P. A brasilidade verde-amarela: nacionalismo e regionalismo paulista. *Estudos Históricos*, FGV, vol. 6, nº 11, 1993, p. 89-112.

VIDAL, D. G., FARIA FILHO, L. M. História da Educação no Brasil: a constituição histórica do campo (1870-1970). *Revista Brasileira de História*, vol. 23, nº 45, 2003, p. 37-70.

WASSERMAN, C. História intelectual: origem e abordagens. *Revista Tempos Históricos*, Unioeste, vol. 19, nº1, 2015, p. 63-79.

### *Dicionários:*

ABBAGNANO, nº *Dicionário de Filosofia.* 5ª Ed. São Paulo: Martins Fontes, 2007.

ABREU, A. A. (et. al.) *Dicionário histórico-biográfico brasileiro pós-1930* – 2ª edição revista e atualizada – Rio de Janeiro: Ed. FGV; CPDOC, 2001, 5v.

BITTENCOURT, Circe. *Dicionário de datas da História do Brasil.* São Paulo: Contexto, 2007.

BOBBIO, Norberto.; PASQUINO, G.; MATEUCCI, nº *Dicionário de Política.* 13ª Edição. Brasília: Ed. UNB, 2007, 2v.

BOUDON, R.; BOURRICAUD, F. *Dicionário crítico de sociologia.* São Paulo: Ática, 2000.

BURGUIÈRE, André. (org.) *Dicionário das Ciências Históricas.* Tradução de Henrique de Araujo Mesquita - Rio de Janeiro: Imago Ed., 1993.

FÁVERO, M. L. A.; BRITTO, J. M. (org.) *Dicionário de educadores no Brasil: da colônia aos dias atuais.* 2ª Ed. revista e ampliada. Rio de Janeiro: UFRJ Editora, 2002.

OLIVEIRA, J. T. *Dicionário brasileiro de datas históricas.* 4ª Ed. Petrópolis: Vozes, 2002.

OUTHWAITE, W. (org.) *Dicionário do pensamento social do século XX.* Rio de Janeiro: Jorge Zahar Editor, 1996.

SILVA, M. H.; SILVA, K. vol. *Dicionário de conceitos históricos.* São Paulo: Contexto, 2005.

VAINFAS, Ronaldo. (Org.) *Dicionário do Brasil Imperial (1822-1889).* Rio de Janeiro: Objetiva, 2002.

_____. (Org.) *Dicionário do Brasil Colonial (1500-1808).* Rio de Janeiro: Objetiva, 2000.

VAINFAS, Ronaldo.; NEVES, Lucia Bastos Pereira das. (Org.) *Dicionário do Brasil Joanino (1808-1822).* Rio de Janeiro: Objetiva, 2008.

# Sobre o Autor

**Diogo da Silva Roiz** é Professor Associado na Universidade Estadual de Mato Grosso do Sul (UEMS), nos cursos de Pedagogia e de Ciências Sociais, e dos programas de pós-graduação em Educação e do ProfHistória. Doutor em História pela Universidade Federal do Paraná (UFPR), onde também concluiu estágio de pós-doutorado em 2015. É um dos editores da revista *Interfaces da Educação*. Participou como autor ou organizador de 15 livros, 22 capítulos e 60 artigos. Foi coordenador institucional do projeto: *Biografias intelectuais: trajetórias de pesquisadoras pioneiras nos estudos históricos brasileiros*, contemplado pelo Edital nº 013/2015 - Memórias Brasileiras: Biografias, da Capes. Suas pesquisas tem se preocupado com a constituição do campo disciplinar da História no Brasil, a história de historiadores e historiadoras, a formação do ofício de historiador e a história da historiografia.

Alameda nas redes sociais:

Site: www.alamedaeditorial.com.br
Facebook.com/alamedaeditorial/
Twitter.com/editoraalameda
Instagram.com/editora_alameda/

Esta obra foi impressa em São Paulo
no outono de 2020. No texto foi
utilizada a fonte Bembo em corpo 10,5
e entrelinha de 15 pontos.